Jörg Jenatsch / Sein Leben und seine Zeit

Oberst Jörg Jenatsch (ca. 1596–1639)
Reproduktion nach dem Original-Porträt
in Privatbesitz

Alexander Pfister

JÖRG JENATSCH

Sein Leben und seine Zeit

Vierte, durchgesehene und um ein
Zusatzkapitel von Jon Mathieu
erweiterte Auflage

Herausgegeben von
der Jörg Jenatsch-Stiftung

Terra Grischuna Buchverlag
Chur 1984

© 1984 Jörg Jenatsch-Stiftung, Chur
Druck: Gasser AG, Druck und Verlag, Chur
ISBN 3-908133-03-3

Vorwort zur 4. Auflage

Alexander Pfisters Hauptwerk «Georg Jenatsch, Sein Leben und seine Zeit» gehört ohne Zweifel zu den am meisten verbreiteten Werken zur Bündner Geschichte.

Der 1961 verstorbene Autor hat sein wissenschaftliches Erbe durch letztwillige Verfügung der Jörg Jenatsch-Stiftung anvertraut, die im vergangenen Jahr in Erfüllung des Stiftungszweckes Pfisters Werk «Jörg Jenatsch / Briefe 1614–1639» herausgegeben hat.

Heute freut sie sich, die Jenatsch-Biographie, deren dritte und bisher letzte Auflage über dreissig Jahre zurückliegt, als willkommene Ergänzung zur Briefedition neu aufzulegen. Der vorliegende Band berücksichtigt in einem Zusatzkapitel die Forschungsergebnisse seit 1951 und ist mit einem Register und einem Literaturverzeichnis ausgestattet.

Am ursprünglichen Text der dritten Auflage von 1951 sind einige wenige Änderungen und Korrekturen vorgenommen worden. Der Buchtitel «Georg Jenatsch» wurde in Anlehnung an denjenigen der Briefausgabe und unter Berücksichtigung der Verwurzelung der Namensform «Jörg» im Volksbewusstsein in «Jörg Jenatsch» abgeändert. Einige notwendige Korrekturen in Pfisters Text sind am Schluss des Bandes (S. 523) auf einer Korrigenda-Seite zusammengefasst worden. Die in Anmerkung 2 zum 1. Kapitel wiedergegebene Stammtafel ist durch die neuere Forschung überholt. Eine dem heutigen Wissensstand entsprechende Genealogie findet sich im Zusatzkapitel auf Seite 494.

Es ist dem Stiftungsrat ein Bedürfnis, allen zu danken, die an der vorliegenden Neuauflage mitgearbeitet haben. Er dankt besonders Herrn Dr. phil. Jon Mathieu, der das Zusatzkapitel erarbeitet, und Herrn lic. phil. Ursus Brunold, der zusammen mit Dr. phil. Silvio Margadant das Register erstellt hat. Er dankt im weiteren Herrn Jean-Louis Burckhardt für die Überlassung einer Reproduktion des Originalgemäldes von Jörg Jenatsch, Herrn Prof. Toni Nigg für den Kupferstich des Schädels, Frau Sabine Lange vom Schweizerischen Landesmuseum für die Rekonstruktionszeichnung der Kleider Jenatschs und Herrn Domsakristan Clemens Räber für die Photo des Skapuliers. Endlich richtet sich der Dank des Stiftungsrates an den Terra Grischuna Buchverlag und die Buchdruckerei Gasser AG für die ansprechende Gestaltung des Bandes.

Chur, im Februar 1984

Jörg Jenatsch-Stiftung
Der Stiftungsrat

Silvio Margadant
Georgina Vieli
Leo Schmid

Inhaltsverzeichnis

Einleitung

Jörg Jenatschs Leben und Wirken fiel in eine Zeit, da zwei
Geistesströmungen sich heftig bekämpften. Auf der einen Seite standen Spaniertum und Katholizismus Philipps II. und seiner Nachfolger, die die Kirche groß und mächtig machten und die Hegemonie
in Europa erstrebten, auf der andern die Reformation und der Calvinismus, der mit seiner Kraft mutig und mächtig um sich griff und
die Bildung der Nationalstaaten und der Nationalkirchen in England,
in den Niederlanden und in Frankreich förderte. Diese beiden kon-
fessionspolitischen Strömungen berührten auch die III Bünde in Hohenrätien und auch Jenatschs Leben. Herkommen, Jugend und Studien wiesen ihn zur Reformation und zu Calvin hin; er diente zunächst mit ganzer Geisteskraft und wildem Temperament diesen Zielen und an der Seite Venedigs und Frankreichs gegen Spaniertum
und auch gegen Katholizismus und Gegenreformation. Mehr und
mehr aber traten dann das politische Interesse, das Staatsgefühl und
der Staatsgedanke in den Vordergrund seines Wirkens, und Jenatsch
suchte, die Ziele des französischen Imperialismus erkennend, in seinem erstarkten Staatsbewußtsein die Aussöhnung und den Frieden
mit Spanien und mit der Gegenreformation, um seinem Volke den
Frieden und die Freiheit zu geben. Dieser konfessionspolitische Wandel wurde zunächst von seinen Zeitgenossen betrachtet und beurteilt, und man könnte glauben, daß niemand Jenatsch besser gekannt
habe als diese; ihnen stehe darum die Beurteilung des Mannes und
seiner Tätigkeit ganz besonders zu. Das mag für das äußere Leben
in gewissem Maße zutreffen; doch die Wertung der politischen Ziele

9

und der politischen Tätigkeit und deren Auswirkung lag ihrem Leben und Empfinden zu nahe, um Jenatsch gerecht zu werden; so blieb das Urteil einer späteren Zeit, einer späteren Einsicht und Erkenntnis vorbehalten. Dennoch wird die Forschung immer wieder das Urteil der Zeitgenossen überprüfen und ihr Verhältnis zu Jenatsch ergründen. Vor allem muß dies bei Fortunat von Sprecher, Ulysses von Salis und Fortunat von Juvalta geschehen.

Dr. Fortunat Sprecher von Bernegg (1585—1647) erzählte die Leidenszeit Bündens in seiner «Historia motuum», in der von Conradin von Mohr übersetzten «Geschichte der bündnerischen Kriege und Unruhen». Er war bemüht, das bewegte Geschehen seiner Zeit in gemessener, ruhiger Sprache, im wohlerwogenen Ausdruck zu schildern; das entsprach seiner aristokratischen Natur, dem verschlossenen Wesen, der Zurückhaltung des Verfassers. Die intime Freundschaft mit dem Chronisten und Staatsmann Johannes Guler, der der Schwager des Herkules von Salis-Grüsch, des politischen Führers der Aristokratie war, mag Sprecher nicht unwesentlich beeinflußt haben. Demgemäß ist in seiner Darstellung die Zuneigung zur Republik Venedig und zu Frankreich ausgedrückt, und Sprecher hat auch sein Werk sowohl in Paris als in Venedig vorgelegt. Er genoß in hohem Maße das Vertrauen des Herzogs Heinrich von Rohan; er war sein Berater und diente dem französischen Feldherrn, dem Führer der Besetzungsarmee in Bünden, unter anderm im Verkehr mit der eidgenössischen Tagsatzung und mit den Schweden; zudem war er einer der einflußreichsten Berichterstatter der venezianischen Residenten (Andrea Rosso, Domenico Vico) in Zürich. Als sich die bündnerische Landesregierung, die drei Häupter und die Volksvertreter, im Jahre 1637 gegen die imperialistische Politik Frankreichs in Bünden und im Veltlin wandten, stand Sprecher gemäß seiner politischen Gesinnung abseits; er mißbilligte trotz seiner aufrichtigen Hingabe an die Heimat die antifranzösische Haltung der Häupter und Räte und versagte in seinem Geschichtswerk den bündnerischen Freiheitskämpfern und ihrem kühnen Streben die Anerkennung. Als französisch-venezianischer Parteimann wurde er so auch zum leidenschaftlichen Gegner Jenatschs und seiner Gesinnungsgenossen. Sprechers Werk ist eine breite, anschauliche Darstellung der Zeitereignisse und für den Historiker unentbehrlich, doch bei aller Mäßigung das Zeugnis eines

Parteimannes und seiner politischen Gesinnung. In diesem Sinne hat Sprecher auch das Urteil über Jenatsch beeinflußt.

Anders geartet sind die «Memorie» des Ulysses von Salis-Marschlins (1594—1674); sie sind nicht als staatsgeschichtliches Werk zu betrachten, sondern dienen der eigenen Familie als Erinnerung für die nachfolgenden Generationen und zudem als Darstellung der aristokratischen Politik. Die Form der Autobiographie erlaubte dem Verfasser, das persönliche aristokratische Denken, das eigene Wesen in den Vordergrund zu stellen. Die Erzählung wird dementsprechend mitunter zum Ausdruck der Selbstüberhebung, und mit Leidenschaft wendet sich der Verfasser gegen jene Zeitgenossen, die ihm und der Befriedigung seines Geltungsbedürfnisses im Wege standen, wie besonders Jenatsch. Ueber die politische Tätigkeit und über die Entschlüsse der Häupter und Räte geht der Verfasser oft stillschweigend hinweg, besonders wenn es gilt, die Gegner wie Jenatsch und andere Männer aus dem Volke in Bünden als Urheber eines vermeintlichen Ränkespiels und Verrates zu bezichtigen und die politische Stellung der Aristokratie rechtfertigen zu können. Die «Memorie» dienen so weitgehend den persönlichen Gefühlen des Verfassers und seiner Bindung an das Ausland, an Frankreich, und in diesem Lichte erscheinen die Gestalten und das Geschehen der Zeit.

Ein ganzer Bündner im Fühlen, Denken und Urteilen ist der Zuozer Fortunat von Juvalta (1567—1654). Seiner Herkunft nach war auch er Aristokrat, und in jungen Jahren verbarg er als Oberengadiner nicht seine Neigung für Venedig; aber zu einer Bindung wie bei Sprecher oder gar bei Ulysses von Salis kam es nie. Juvalta diente der Heimat; unzählige Male hat diese ihn gerufen und seine Dienste gebraucht. Er ging als Gesandter zu den Nachbarmächten; er saß als Ratsgesandter an der Seite der Häupter, wenn es galt die schwersten Entscheidungen des Landes zu treffen, und seine Stimme hatte auch im Bundestag besonderes Gewicht. Er kannte die Geschäfte des Landes wie kaum einer und genoß das Vertrauen der Häupter, der Räte und des Volkes. In seinen wahrheitsgetreuen «Denkwürdigkeiten» hat er offen und unabhängig die Begebenheiten seiner Zeit erzählt und beurteilt. Schon Rosius à Porta rühmt Juvaltas Klarheit und Beredsamkeit und nennt ihn einen der gelehrtesten Männer seines Jahrhunderts, der den Verhandlungen beiwohnte und somit der höchst glaubwürdige, beste Zeuge sei. In Rohan anerkennt Juvalta die Persönlichkeit, den «tapferen und großherzigen» Feldherrn; doch er vergißt dabei nicht, daß Rohan als Werkzeug Richelieus nach Bünden gesandt worden war und den Interessen Frankreichs und nicht denen Bündens diente. Jenatschs Wirken als Prädikant, besonders am Strafgericht von Thusis, verurteilt er; seine Politik der späteren Tage hat Juvalta mitwirkend gefördert. Der Herzog Heinrich von Rohan hat in seinen «Mémoires» als treuer Diener Richelieus und des Père Joseph gesprochen. Seine Freunde und Berater, Ulysses von Salis und Fortunat Sprecher von Bernegg, haben ihn dabei am meisten beeinflußt und Jenatsch und seine Mitkämpfer bei Rohan in das Licht gerückt, das ihrer politischen Gesinnung und ihrer Erzählung entsprach. — Der Chronist Bartholomäus Anhorn lebte in der Zeit, da Jenatsch seine eifrigste politische und militärische Tätigkeit entfaltete, als Pfarrer in Gais. Dort empfing er die wöchentlichen Berichte seines Freundes Jakob Wigeli (Vigeli), der von Truns stammte und lange Jahre (seit 1610) als Schulmeister, Ratsherr und Zoller in Maienfeld gewirkt hatte, dann aber in Chur (1639) lebte (B. Anhorn Graw-Pünter Krieg S. 561; Staatsarchiv Chur Mscr.B. 1590). Von hier aus gingen einzelne seiner eigenhändig geschriebenen Berichte oder Avisen nach Zürich, Bern und wohl auch nach Frankfurt, regelmäßig aber an seinen Freund Bartholomäus Anhorn nach Gais. Dieser sammelte sie, und heute bilden sie zusammen mit einigen Briefen aus Chur (z. B. von Hartmann Schwartz) den X. Band seiner Werke (Vadiana St. Gallen). Wigeli selbst hat 62 Berichte oder Continuationen vom 15. Januar 1639 (alten Stiles) bis zum 17. März 1640, d. h. bis zum Tode Anhorns, aufbewahrt (Staatsarchiv Graubünden, Archiv Ortenstein Bd. 18, 141 Seiten).

In diesen zeitgenössischen Quellen kamen fast ausschließlich die Gegner Jenatschs zum Wort. Trotzdem lebte das Interesse für die Taten und das Leben Jenatschs im Volke weiter. Die nachfolgenden Geschlechter sahen in ihm das Bild der Urkraft, der Heldengestalt und einer seltenen geistigen Eigenart; er erschien als der ganz ungewöhnliche Mensch, der große Soldat und Führer, der Staatsmann mit dem zähen Willen und dem klaren Denken, mit der außerordentlichen Schlauheit und Kühnheit, der sich durch keine Gefahr abhalten ließ, für die Heimat das zu erkämpfen, was ihm für Bünden nötig schien. Der Versuch, das Bild Jenatschs auch fernerhin im Schrifttum festzuhalten, führte aber immer zu den alten Darstellungen der Zeitgenossen zurück, zu Sprecher und zu Salis. Vielleicht der erste Biograph war der Zuozer Gubert Wiezel in Churwalden (um 1737—53 Landammann im Zehngerichtenbund). Er mochte vom Freunde Jenatschs, von Giörin Wiezel in Zuoz abstammen oder von dorther zu seiner Darstellung angeregt worden sein; sie ist nicht mehr zu finden. Der deutsche Erzieher H. L. Lehmann hatte im Domleschg Briefe Jenatschs gesehen und faßte den Entschluß, ein Lebensbild des seltenen Mannes zu schreiben; es ist nicht entstanden. Alfons von Flugi prüfte dann schon vorsichtig die vorliegenden Zeugnisse der Zeitgenossen Jenatschs und die Ueberlieferung und das handschriftliche Material, um eine Biographie zu schreiben (1851/52). Auf Flugis Arbeit stützte sich dann der Basler Professor Balthasar Reber mit seiner Darstellung: Georg Jenatsch, Graubündens Pfarrer und Held; sie wurde durch G. Revilliod ins Französische übersetzt. Pfarrer Paul Kind in Schwanden gab dann ein abgerundetes Lebensbild Jenatschs, und der Staatsarchivar Kind in Chur verfaßte einen kurzen Lebensabriß für die Allgemeine Deutsche Biographie (Bd. XIII, 763 ff. 1881). Auch die Presse befaßte sich mit dem Jenatschproblem, so Samuel Plattner im «Bündner Tagblatt» (1888), Wiget von Herisau im «Thurgauer Tagblatt» (1890), Huldreich Christoffel im «Centralblatt des Zofinger Vereins» (1877). Alter und Jugend versuchten das Bild zu entwerfen; doch immer waren die Berichte der Zeitgenossen als Quelle zu Grunde gelegt. Alle diese Versuche wurden von Ernst Haffter mit seiner Dissertation, Georg Jenatsch, ein Beitrag zur Geschichte der Bündner Wirren, Davos 1894, und dem dazu gehörigen Urkundenbuch von 1895 überboten. Haffter prüfte mit kritischem Auge die Erzählungen von Sprecher, Salis, Juvalta, Anhorn und die Darstellungen der späteren Zeit und ihre Quellen; dazu benutzte er ungedruckte Quellen in schweizerischen Archiven und Bibliotheken und die Abschriften der Berichte der venezianischen Residenten im Bundesarchiv, um zu einer objektiven Beurteilung Jenatschs zu gelangen. Diese Wege der Forschung, der Quellenkritik und Sachlichkeit fanden aber weniger Nachahmung als sie verdienten.

In dieser Zeit erschien auch die Dissertation von Daniel Veraguth, Herzog Rohan und seine Mission in Graubünden und im Veltlin (1893). Sie erfüllte keineswegs die große Aufgabe, die dem Verfasser gestellt war. .F. Pieth, Die Feldzüge des Herzogs Rohan im Veltlin und in Graubünden (II. Auflage 1935), befaßte sich eingehend und gründlich mit der militärischen Aufgabe Rohans; auf politischem Gebiete folgte auch Pieth der Darstellung von Salis und Sprecher, während Juvalta unbeachtet blieb. Von den «Memorie» des Ulysses von Salis schreibt F. Pieth in seiner Bündner Geschichte (1945): Nie aber verleitet ihn diese (aristokratische Gesinnung) zur Unwahrheit. Besonders nach diesen Quellen werden dann Jenatsch und die bündnerischen Politiker und Freiheitskämpfer des Jahres 1637 noch als Verschwörer betrachtet und der Untreue und des Verrates an der Besetzungsmacht Frankreich oder an Rohan beschuldigt (Pieth, Rohan 136 ff., 140, 141 und Bündner Geschichte 223). Zur Entstehung dieser Auffassung mag auch E. Rott, Histoire Diplomatique beigetragen haben. Rotts großes Werk beurteilte die bündnerische Politik besonders auf Grund von Sprecher und Salis und der französischen Akten. So blieb Jenatsch im Lichte der drei Jahrhunderte entsprechend den benutzten Quellen eine stark umstrittene Persönlichkeit, wobei noch der Parteigeist und der Konfessionalismus ihren Anteil hatten. Diese Umstände mußten die Forschung reizen, das Problem Jenatsch wieder aufzugreifen und auf Grund neuer Quellen des In- und des Auslandes eine sachliche, unabhängige Darstellung zu versuchen.

Für die ersten Auflagen des vorliegenden Buches (1938, 1939) hatte der Verfasser neben den schweizerischen Bibliotheken und Archiven die venezianischen, spanisch-mailändischen, französischen und auch römischen Akten (im Bundesarchiv) überprüft. Manches Rätsel an der Gestalt und mancher Widerspruch in den Quellen wurde abgeklärt, doch tauchten vor allem über das politische Wirken des «gewaltigen Puntsmannes», besonders über sein Verhältnis zum Ausland, über seine politischen Ziele wieder neue Fragen auf. Wieder mußte nach dieser Richtung die Forschung erweitert und vertieft werden. Der Kulturkreis des Oberengadins mit Samedan als Mittelpunkt, die politische und religiöse Einstellung Jenatschs in der Jugendzeit, das Verhältnis zu Venedig wurden genauer überprüft. Das Staatsarchiv in Venedig wurde auch zur Hauptquelle, um die Kämpfe

Venedigs und Spaniens um die Alpenpässe und um die politische Stellung in Mitteleuropa zu ergründen, dann ging der Weg weiter zur eingehenden Untersuchung der Politik Richelieus und des Père Joseph in Bünden, zu Rohans Tätigkeit, zu den Plänen Gustav Adolfs in Bezug auf Bünden. Die Außenpolitik des Kleinstaates und seiner führenden Männer, die an der Seite Jenatschs um ihre teuersten Güter rangen, sollte damit in den Mittelpunkt gerückt werden. Das geschah auch bei der Betrachtung des neuen Verhältnisses zu Oesterreich und zu Spanien, als die Bündner unter der Last der französischen Besetzung, des Krieges und der Politik Frankreichs sich immer mehr nach Befreiung von ihrem «Schutzherren», nach dem Besitz ihres Untertanenlandes und nach dem Frieden sehnten. Und endlich erlaubten neue Quellen auch die Vorgänge bei der Ermordung Jenatschs abzuklären. Die Ergebnisse dieser langjährigen Forschung sollten auch ganz allgemein die Verhältnisse Bündens in der ersten Hälfte des 17. Jahrhunderts beleuchten.

Die Quellen flossen in den Kriegsjahren mühsam, doch vielseitig. Aufschlußreich waren die Briefe der Zeitgenossen Jenatschs an ihre Freunde und Bekannten in Zürich, Basel und Genf, die in der Zentralbibliothek in Zürich, in der Universitätsbibliothek in Basel, im Staatsarchiv, in der Universitätsbibliothek und im Archiv Tronchin in Genf erhalten sind. Im Landesregierungs-Archiv für Tirol in Innsbruck gaben besonders Briefe Jenatschs und an Jenatsch und die Berichte des Landvogtes Hans Viktor Travers auf Castels im Prätigau an den Erzherzog Leopold und an seine Witwe Erzherzogin Claudia ein klares Bild der Beziehungen zu Oesterreich. Dann wurden im Eidgenössischen Bundesarchiv in Bern zu den früher benutzten Kopien aus den «Archives du Ministère des Affaires Etrangères, fonds Suisse et Grisons» noch umfangreiche Bestände der «Bibliothèque Nationale» in Paris, besonders der Briefwechsel zwischen Rohan, Du Landé, Bullion und Lasnier und ihr Verkehr mit Richelieu und Père Joseph und endlich im «Archives du Ministère de la Guerre» einschlägige Akten geprüft. Weiteres Material fand sich in der «Biblioteca Ambrosiana» in Mailand, in den Staatsarchiven von Graubünden, Basel, Zürich, Frauenfeld und in den Privatarchiven, wie im Archiv Ortenstein (im Staatsarchiv in Chur aufbewahrt), im Archiv Salis-Marschlins, im Planta-Archiv Samedan, im Archiv Sprecher von Bernegg in Maienfeld, im Archiv von Albertini in Ponte, im Jenatsch-Archiv der Familie Burckhardt-von Mechel in Chardonnay sur Morges und im Stiftsarchiv in Disentis. Wertvolle Ergebnisse brachten noch die letzten Nachforschungen im Archivio di Stato in Venedig (1948) und im Landesregierungs-Archiv in Innsbruck (1949). Bei allen diesen Nachforschungen fand ich reichliche Hilfe. Besonders zu Dank verpflichtet fühle ich mich meinem Freunde Herrn Rektor Dr. Paul Burckhardt gegenüber, der mir bei den Uebersetzungen und Korrekturen große Dienste leistete, dann den Herren Dr. Max Burckhardt, Bibliothekar in Basel, Direktor André Bovet in Neuenburg. Monsignore Prof. Giovanni Galbiati, Präfekt der Ambrosiana in Mailand, Oberdirektor E. Bonga und seinen Mitarbeitern im Staatsarchiv in Venedig, Staatsarchivar P. Geisendorf in Genf, Dr. Hans Roth in Bern, Staatsarchivar Dr. R. Jenny in Chur, Dr. Ulysses Conrad auf Baldenstein, Fräulein Nina von Cleric in Chur, Frau S. Burckhardt-von Mechel in Chardonnay, Dr. P. Iso Müller in Disentis, Professor Dr. Ludwig Forrer, Direktor der Zentralbibliothek in Zürich, Dr. Ernst Haffter in Bern, cand. med. Henri Alesch in Samedan, Ernst Schneider-Zollinger in Bischofszell, Oberstaatsarchivar Hofrat Dr. Karl Dörrer, Landesarchivar Dr. Hanns Bachmann und Dr. Eduard Widmoser in Innsbruck, Bundesarchivar Prof. Dr. Léon Kern und seinem Adjunkten Herrn Dr. Leonhard Haas in Bern.

I

Herkommen und Studienzeit

Germanischer Geist und germanische Sprache hatten im frühen
und späteren Mittelalter das Romanentum in der Ostschweiz zurückgedrängt oder assimiliert, und schon im 15. Jahrhundert schritt die
Germanisierung am Eingange der Bündnertäler fort. Die Romanen
in Bünden aber lenkten ihre wirtschaftlichen Interessen mehr und
mehr nach dem Süden, und als sie im Jahre 1512 in den Besitz des
Veltlins und der Grafschaften Bormio und Cläven gelangten, eröffnete sich ihnen im Süden ein Gebiet von großer wirtschaftlicher Bedeutung. Die Paßhöhen des Splügen und des Wormserjoches mit
den großen Verkehrswegen bis an den Comersee kamen in ihren Besitz; Venedig wurde ihr Nachbar; die Bündner waren dem Weltver-
kehr näher gerückt und wurden mit den Weltbegebenheiten mehr
und mehr verflochten. Die Wirtschaftsbeziehungen zum Süden entwickelten sich immer stärker. Die Bündner fanden bei ihren Nachbaren lohnende Beschäftigung in Handel und Gewerbe; sie lieferten
nach Venedig und ins Veltlin Vieh, Käse und bezogen von ihren Untertanen (90 000 Einwohnern) Wein, Branntwein, Kastanien, Roggen, Seide und andere Produkte. Daneben fanden einzelne von ihnen
als Beamte Gelegenheit, sich zu bereichern. Die Beziehungen zum
Süden waren so enge und vielfältig, daß das Italienische eine wichtige
Landessprache Bündens wurde, und es schien, als präge sich der
Stempel der südlichen Kultur bald dem Leben des Engadins und
auch dem der diesseitigen Täler Bündens auf.

Da setzte eine neue starke Welle des Geisteslebens von Norden
ein; die Ideen der Reformation drangen in Bünden ein und beeinfluß-

ten immer stärker das Verhältnis zum Süden. Der neue Geist, der Individualismus, der der Reform zu Grunde lag und der die Schranken zwischen Gott und dem einzelnen Menschen niederreißen, den Menschen mündig machen sollte, traf in den stark entwickelten demokratischen Bestrebungen der Bündner verwandte politische Geistesrichtungen. So schritten die Ideen der Reformation und der Demokratie ohne allzugroßen Widerstand fort und fanden in den Ilanzer Artikeln der Jahre 1524 und 1526 den Ausdruck der revolutionären, politisch-religiösen Bewegung. Die entwickelte Form der Demokratie, die Macht der Gemeinden, verhinderte eine diktatorische Entscheidung in der religiösen Frage zu Gunsten der katholischen oder evangelischen Kirche, und es kam zum religiösen Dualismus, in dem sich die Sympathien der Evangelischen nach Zürich und die der Katholiken südwärts nach Mailand und nach Rom wandten; aber wirtschaftlich blieben alle Bündner vorwiegend nach dem Süden gebunden. Die Gegenden des Zehngerichtenbundes, in denen eben die Germanisierung fortschritt, bekannten sich in rascher Folge zur Reformation, und ihnen folgten später die Engadiner und die Bergeller; eine Minderheit, namentlich Romanen in den Gebieten des Oberhalbsteins und des Vorderrheins, blieben der römischen Kirche treu. Die evangelische Mehrheit wachte nun in der folgenden Zeit darüber, dem Geiste Zürichs offene Wege zu erhalten, und ihre Vertreter wollten als Vermittler und Träger des protestantischen und germanischen Geistes die Reformationsgedanken auch über die Berge tragen und ihr Wirtschaftsgebiet von Bormio, Veltlin und Cläven und selbst Oberitalien für ihre Ideen gewinnen. In dieser Absicht schränkten sie die religiösen Einflüsse des Bischofs von Como, des geistlichen Oberhauptes, und Roms im Untertanengebiet nach Kräften ein und schufen eine Schule der evangelischen Propaganda in Sondrio.

Den individualistischen Gedanken der Reformation begegnete nach der Mitte des 16. Jahrhunderts die Gegenreformation, die machtvoll den Geist des Kollektivismus, der Einordnung in die alte Kirche und in den absolutistischen Staat vertrat. In Trient erfuhr diese Kirche ihre Neuordnung; die neuen Orden der Jesuiten und der Kapuziner stellten sich in ihren Dienst und entwickelten nun ihrerseits einen Kampf der Abwehr und eine Propaganda gegen die Reformation. Schon sehr früh richteten die Vertreter der Gegenreformation den Blick nach der Alpenscheide in Bünden, um hier dem Fortschreiten der Reformation nach dem Süden Einhalt zu gebieten. Die Führer der Reformation in Bünden aber wachten mit immer vermehrter Spannung, um jedes Unternehmen gegen ihre Pläne abzuwehren und um selbst ihr Ziel zu erreichen. Von Süden her leiteten Carlo Borromeo und Bonhomini den Kampf ein. Mit dem Ausbruch des Krieges in Böhmen begannen dann im Innern Bündens die beiden Geistesrichtungen sich schärfer zu befehden. Die evangelischen Bündner setzten sich unter der Führung der Prädikanten und der Salis für ihre Ziele in Bünden und im Veltlin ein, während die Mächte der Gegenreformation darnach trachteten, sie aus den ennetbirgischen Tälern zu verdrängen, um die Gefahr für die römische Kirche in Italien zu beschwören und zugleich die Verbindungsstraßen vom Reich ins spanische Mailand zu erhalten, also der evangelischen Mehrheit in Bünden die Erreichung ihrer propagandistischen Ziele zu verunmöglichen und ihren Anteil am Wirtschaftsleben im Süden einzuschränken. So begann das heftige Ringen zwischen Nord und Süd um die religiöse und wirtschaftliche Herrschaft in Bormio, Veltlin und Cläven und im Misox, Bergell, Puschlav, Münstertal und Engadin.

Keine Talschaft Bündens wurde so sehr von diesen Vorgängen an der Alpenscheide, vom Segen der wirtschaftlichen Expansion und auch vom Kampf um die Reformation berührt wie das Engadin. Im späten Mittelalter hatte das Volk in diesem Hochtal noch vorwiegend durch die Landwirtschaft, Jagd und Fischerei das Leben gefristet. Die Erwerbung des Veltlins (1512) brachte besonders dem Engadin eine neue Zeit; die Wege nach dem Veltlin und dann von Finstermünz über Maloja und Cläven und über den Bernina nach Tirano belebten sich; der Handel mit dem Veltlin und mit dem benachbarten venezianischen Gebiet blühte auf; überall im Süden betätigten sich die Engadiner im Handel und auch ganz besonders im Gewerbe; sie kamen zu Wohlstand, und in der Heimat entwickelte sich die Architektur und schuf die schönen Dörfer, die heute noch das Staunen des Wanderers erwecken. Im Strome dieser wirtschaftlichen Entwicklung erwachte jetzt auch ein neues geistiges Leben. Aus den Dörfern, besonders des Oberengadins, wanderte die Jugend nach den Bildungszentren wie Zürich, das meist als eine Schule der Vorbereitung diente und dann an die Universität nach Basel und vereinzelt auch nach

Genf. Auch im Auslande begegnete man nicht selten den Söhnen aus Rätien, so in Bologna, in Padua, Montpellier, Paris, wo die berühmten Gelehrten der Jurisprudenz und der Medizin wirkten; aber Basel wurde für das 16. und 17. Jahrhundert die wichtigste Bildungsstätte der Bündner, besonders der Engadiner. Sie alle die vielen Jungen, trugen dann mehr oder weniger zur Entwicklung des neuen Geistes in der Heimat bei; so lebte die humanistische Strömung im Hochtal auf. Ein Friedrich von Salis-Samedan studierte mit Johann Baptista von Salis seit 1527 in Basel und ging mit Simon Grynäus, der seit 1529 in Basel lehrte, nach Freiburg zu einer Unterredung mit Erasmus von Rotterdam, um dann später in Samedan die Einführung der Reformation zu fördern und zugleich als Kommissar in Cläven, der Grafschaft, das bündnerische Untertanenland zu verwalten (1). Der Münstertaler Johannes Blasius wirkte bis zu seinem Tode (1550) als evangelischer Pfarrer in Chur neben dem Ardezer Philipp Galizius (Saluz), einem Verwandten des Dichters Simon Lemnius aus dem Münstertal, und Johann Travers in Zuoz schuf in dieser regen humanistischen und heimatlichen Bewegung den Romanen eine Schriftsprache und Literatur, die in epischer und dramatischer Form bald zahlreiche Erzeugnisse aufwies. Der Samedener Gian Bifrun, der in den Jahren 1523—1526 in Paris lebte, übersetzte in der Sprache des Travers als erster das Neue Testament (1560) und Werke des Erasmus von Rotterdam. Allmählich erwachte das neue Leben auch im Unterengadin; der Einfluß eines Campell, der Vulpi und à Porta und besonders eines Stephan Gabriel wurde nicht weniger nachhaltig. Was Johannes Travers und Bifrun dem Volke des Engadins geschenkt hatten, schuf Stephan Gabriel dem Gebiete des Vorderrheins und seiner Einzugsgebiete. Er zog als evangelischer Pfarrer aus seiner Heimat Fetan nach Flims und Ilanz und übersetzte hier ins Idiom des Oberlandes die Psalmen und sein Sohn Luzius das Neue Testament, und auch hier entwickelte sich, ähnlich wie im Engadin, eine reiche romanische Literatur. So begründete diese Kulturbewegung des Engadins allen Romanen ein geistiges Dasein. Selbstverständlich war dieses Leben der Zeit entsprechend nach der religiösen Seite gerichtet.

Den Kampf um das Werden des kleinen Volkes der Rätoromanen in den Alpen hatte schon der Humanist Simon Lemnius besungen; doch mehr noch weckten Not à Porta, Ulrich Campell, Fortunat von

Juvalta von Zuoz und Jachen Antoni Vulpius von Fetan die Liebe zur Historie und zur Heimat. So erwachten im 16. und 17. Jahrhundert unter der Führung des Engadins die bündnerischen Romanen. Es war ganz selbstverständlich, daß sie von den nördlichen Nachbaren in St. Gallen, Zürich und Basel, wo sie großenteils ihre Bildung holten, auch Stoff und Anregung zum literarischen Leben erhielten. In ähnlicher Weise berührten sich vornehmlich die katholischen Romanen mit dem Süden, mit Mailand und Rom, ja selbst von Frankreich und den Niederlanden kamen Kulturwerte: allein das Völklein der Romanen besaß auch auf geistigem Gebiete eine Kraft und Beweglichkeit, die die Kulturstoffe und Gedanken nicht kaltblütig, unverändert aufnahm; vielmehr bekamen die fremden Anregungen, die fremden Kulturwerte, das besondere Gepräge der echten romanischen Seele; es entstand ein Kulturgut eigensten Denkens und eigenster Art.

Einen bedeutenden Einfluß auf diese ganze Entwicklung des Geisteslebens im Oberengadin hatte anfangs die Aristokratie, besonders die Salis gehabt; aber sehr bald machten sich neben dem aristokratischen Friedrich von Salis und dem nach seinem Herkommen adeligen Johann Travers und dem bürgerlichen Gian Bifrun immer mehr Männer aus den oberen Schichten des Bürgertums bemerkbar. Die Juvalta, Schucan, Jecklin, Wiezel in Zuoz, die Paulus (Pol, Polin) und die Jenatsch in Samedan nahmen an diesem humanistischen Kulturleben regen Anteil.

Die Jenatsch in Samedan waren durch Heirat mit den Familien Flugi in St. Moritz, mit den Salis-Samedan, Planta, Juvalta, Bifrun, Scandolera und Paulus (Polin) verwandt. Als in späteren Jahren einmal die Rangordnung der Sitzplätze in der Kirche St. Peter in Samedan umstritten wurde, wies man die ersten Sitzplätze den Salis, Scandolera und Planta, die dritten den Polin und die vierten den Bifrun und Jenatsch zu. So standen die Jenatsch dem Range nach zwischen den Reihen der vornehmen und der einfachern bürgerlichen Gesellschaft von Samedan, das damals an Wohlhabenheit und geistiger Regsamkeit mit Zuoz wetteiferte.

Im Jahre 1553, während Johann Travers, unterstützt von Philipp Galizius in Zuoz und Gian Bifrun an der Seite des Friedrich von Salis in Samedan die Reformation durchsetzte, erschienen in Basel sechs junge Männer aus Samedan und Zuoz, um an der Universität ihr Studium zu beginnen. Es waren darunter Andreas Jenatsch (er schrieb sich Genatsch), der Großvater Jörgs, der sich mit Alexander Saluz, dem Sohne des Philipp Galizius, dem theologischen Studium widmete. Nach zwei Jahren übernahm Andreas Jenatsch die Seelsorge in der Gemeinde Pontresina (1555), die kurz zuvor durch Peter Paul Vergerio evangelisch geworden war, und Alexander Saluz ging nach Thusis. Friedrich von Salis in Samedan rühmte in einem Briefe an Bullinger seinen Nachbar und Freund Andreas Genatius, den Pfarrer von Pontresina, den ersten Lehrer seines Sohnes Johann (Baptista), des späteren Vikars, als einen sehr unterrichteten Mann, und Andreas Jenatsch besuchte Heinrich Bullinger in Zürich im Herbst 1557 auf der Reise nach Basel. Zu den sechs Studenten aus Samedan und Zuoz gehörte auch Johannes Jenatsch, der im Jahre 1557 das Baccalaureatsexamen bestand und 1559 die Magisterwürde erwarb, dann anfangs in Zernez und Zuoz unterrichtete und später als Lehrer und Notar nach Samedan übersiedelte. Sein höherer Unterricht, der hier wie an andern Orten der allgemeinen Bildung und zugleich der Vorbereitung für das akademische Studium diente, genoß einen guten Ruf. Mancher Engadiner zog in diesen Zeiten von Samedan und von Zuoz mit seiner Vorbildung unmittelbar an die Universität Basel. Auch der spätere Kommissar Andreas Sprecher von Davos wurde Jenatschs Schüler und lernte bei ihm Latein und Romanisch. Die weiteren Studiengefährten des Andreas Jenatsch waren Johannes Paulus von Samedan, Michael und Johann Travers, der Sohn des Johannes Travers, den Campell «seiner Tugend wegen eine unvergängliche Zierde Rätiens» nennt. Zwei Jahre zuvor (1551) hatten Johannes Juvalta und Jakob Schucan von Zuoz, die später der Heimat dienten und durch «wissenschaftliche Bildung glänzten», in Basel ihr Studium begonnen, und noch ein Jahr früher (1550) hatte sich der in Bologna gekrönte Dichter Simon Lemnius in Basel immatrikulieren lassen. Ein Jahr später als Andreas Jenatsch und seine Studiengefährten, erschienen in Basel zwölf junge Bündner und begannen hier ihr Studium, darunter Johann Jakob Bifrun, der Sohn des Bibelübersetzers, ferner Johannes Saluz, der jüngere Sohn des Philipp Galizius und Johann Gantner, der spätere Pfarrer von Chur, mit Hartmann Planta, Heinrich und Johannes von Jochberg u. a. Basel war ganz besonders die Bildungsstätte der Samedaner und Zuozer geworden, die in auffallend großer Zahl die Universität besuchten. Von den 320 Bündnern und Veltlinern, die in den Jahren 1550 bis 1628 an der Universität Basel studierten, waren an die 140 Engadiner und aus ganz Bünden nach Familien: 17 Salis, 16 Planta, 12 Schucan, 6 Juvalta, 7 Jecklin, 5 Paulus, 5 Jenatsch, 4 Travers u. s. w. Die Veltliner widmeten sich in Basel oft der Jurisprudenz; von den Bündnern studierten um 75 Theologie, die übrigen wandten sich der Medizin, Jurisprudenz und Philologie zu, wobei das Griechische öfters ein Lieblingsstudium war. Die größte Zahl aller Studenten kehrte nach Vollendung des Studiums in die Heimat zurück, und Campell konnte um 1570 mit Recht sagen: «Ueberhaupt war Samedan reich an tüchtigen Männern, welche als Vorsteher ihres Gerichtes dem Lande bedeutende Dienste leisteten»; auch Zuoz hatte eine große Zahl von akademisch gebildeten Männern. Hier lebte neben den Juristen, Medizinern und Theologen z. B. ein guter Kenner der alten Sprachen, vor allem des Griechischen. Es war Johannes Gritti, der sich im Jahre 1597 in Basel immatrikulieren ließ, beim bekannten Stadtarzt und Lehrer des Griechischen, Professor Jakob Zwinger u. a. seine Studien machte und in der Heimat den Entschluß faßte, eine neue Bibelübersetzung auf Grund des griechischen Textes von Erasmus von Rotterdam zu schaffen. Im Jahre 1638 reiste er mit seinem Werk nach Basel zu seinen Gönnern Simon Grynäus dem Jüngern, von Brunn, Emanuel Stupanus aus Pontresina und Johann Caspar Bauhin. Professor Theodor Zwinger verhandelte mit dem Buchdrucker Decker, während Gritti schwer krank von seiner zweiten Baslerreise heimkehrte und starb, ehe sein Werk erscheinen konnte. Aber es gab in Zuoz einen weiteren Humanisten, der ebenfalls in Basel studiert hatte und in die Lücke trat; es war Johannes Polin Jecklin, der von den Basler Professoren unterstützt, das Werk Grittis vollendete. Weder die Bibel des Bifrun noch die des Gritti waren von Theologen geschaffen, sondern von den bedeutenden Humanisten, wie übrigens auch die Reformation im Oberengadin besonders ihr Werk war.

In diesem Kreis humanistischer Bildung war auch der Sohn des Andreas Jenatsch in Pontresina aufgewachsen. Israel Andreas Jenatsch, der Vater Jörgs. Im Jahre 1584, also 31 Jahre später als sein Vater, wanderte auch er nach Basel, um seine theologische Bildung zu erwerben. In seiner Gesellschaft befanden sich Rudolf von Juvalta, Georg Schucan von Zuoz, Rudolf von Salis-Samedan, Johannes Florin von Zernez und Ulrich Buol von Parpan, der im Jahre 1622 an der Spitze der Churwaldner und Parpaner oberhalb Chur im Kampfe gegen die Oesterreicher fiel. In Basel studierten damals auch Andreas Ruinelli, Augustin Travers, Johannes Paulus, Jakob Rampa und Luzius Papa von Samedan. Es war die Zeit, da Simon Sulzer, ein Haslitaler, als Antistes der Basler Kirche und Professor für Neues Testament wirkte, durch seine lutherisierende Richtung dogmatische Auseinandersetzungen hervorrief und den Anschluß Basels an die zweite helvetische Konfession (1566) verhinderte. Sein Gegner Joh. Jakob Grynäus, der 1575 als Professor für Altes Testament an die Hochschule gekommen war, trat gemeinsam mit Professor Amandus Polanus der Auffassung Sulzers entgegen. Wie weit aber diese dogmatischen Auseinandersetzungen Jenatsch und die Bündner beeinflußten, ist nicht leicht zu sagen. Am 4. Juni 1586 traten Israel Jenatsch und Luzius Papa gemeinsam mit Bartholomäus Anhorn vor die rätische Synode und leisteten den Eid auf die Glaubensartikel (2).

Der junge Israel Jenatsch hatte schon vor der Aufnahme in die Synode am 17. Januar 1586 die Kanzel von Silvaplana bestiegen. Das kleine Dorf mit dem Weiler Surley und dem Dorfe Champfèr hier an den Seen, mit dem Blick in die tiefgrünen Wälder und bis zu den Alpen von Surley und dem Margna hin, ließ sich mit dem Wohlstand und der Behaglichkeit von Samedan kaum vergleichen; doch es war eine aufstrebende Gemeinde mit wachsender Bevölkerungszahl (3). Hier vorbei ging ein reger Verkehr über den Julier und nach Chur und auch nach dem Unterengadin und Tirol. Die Männer des Dorfes waren oft zur Hälfte unter fremden Fahnen oder in andern Erwerbszweigen in Venedig tätig. Israel Jenatsch hatte als Pfarrer der drei kleinen Gemeinden ein reiches Arbeitsfeld; zudem amtete er als «kaiserlicher Notar», d. h. er schrieb die Verträge, Vereinbarungen und Beschlüsse von Privaten und der Gemeinden nieder. Das war eine Nebenbeschäftigung des Geistlichen, und Jenatsch war ein Mann von peinlicher Ordnung und Genauigkeit und führte eine gute Feder mit klaren und kräftigen Zügen, die dem Wesen des stattlichen Mannes entsprachen. Schon ein Jahr nach seinem Amtsantritt in Silvaplana übernahm er noch die Seelsorge in St. Moritz (4). Die Wahl erfolgte für zwei oder drei Jahre; der Jahresgehalt von 100 Gulden war für diese Zeiten keineswegs gering; davon kamen 46 Gulden aus dem Pachtzins des Sees (Fischerei) und das übrige aus Stiftungen von St. Martin und St. Jörg.

Von seinem Familienleben wissen wir wenig. Er war vermählt mit Ursina Balsamin; sie gebar ihm mehrere Kinder, die der Pfarrer Castelmur von Sils taufte und von denen eine Tochter Ursina und ein Sohn Israel früh starben. Von den überlebenden Kindern begegnen uns Jörg, Susanna, Katharina und Nuttin. Im Jahre 1596 war Israel ins Schamsertal gezogen; doch schon 1599 kehrte er nach Silvaplana zurück. Erst im August 1617 übernahm er dazu wieder die Pfarrei St. Moritz. Nun wirkte er hier bis zu seinem Tode (5). Der literarische Nachlaß dieses Mannes atmet einen strengen, ernsten Geist. Ins Gemeindebuch von St. Moritz schrieb er den Spruch: «Vive, ut vivas; viva chia tiu vijvaist» (6). Seinem Leben und Werk wollte er dauernden Wert verleihen, und so lebte er in rastloser Tätigkeit dahin. An der Seite des Amtsbruders Luzius Papa in Samedan und des Vikars Johann von Salis beobachtete er leidenschaftlich die politischen und religiösen Vorgänge der Zeit. Unter dem Spruch: «vive ut vivas», ist auf das Psalmlied Assaphs (Psalm 83) hingewiesen: «Gott, schweige doch nicht also, und sei doch nicht so still; Gott, halte doch nicht so inne!

Denn siehe, deine Feinde toben, und die dich hassen, richten den Kopf auf. Sie machen listige Anschläge wider dein Volk, und ratschlagen wider deine Verborgenen usw.» Er sah sein Volk in Gefahr.

Die feindliche Stellung Spaniens, der Bau der Feste Fuentes am Eingange des Veltlins, der auch in Stephan Gabriel ein Lied des Zornes geweckt hatte und der nachfolgende lange Hader mit Mailands Statthaltern hatte auch den Unmut des Israel Jenatsch entfacht; er erkannte, daß ein großer Kampf um geistige Güter im Anzuge war. Dann aber setzte er die Einleitung aus dem Psalm Davids (Psalm 27) hin: «Lux et securitas est Dominus Deus», gleichsam als ob ein Gefühl der Kraft und des Geborgenseins ihm wieder Ruhe gegeben hätte. Die politischen Fragen und Ereignisse wurden zum religiösen Problem und rissen den Vater Israel wie seine Amtsbrüder mit in die Bewegung. So geschah es auch im Jahre 1610, als Israel Jenatsch mit seinem Sohne Georg nach Zürich reiste; der Gachnangerhandel beschäftigte eben die Eidgenossen. In der reformierten Gemeinde Gachnang, in der Nachbarschaft des Zürchergebietes war bei einem Hochzeitsschmaus zwischen Knechten des katholischen Schloßherren (von Beroldingen) und den evangelischen Dorfbewohnern Streit entstanden; man läutete Sturm, und 800 Zürcher drangen in das Schloß. Die katholischen Orte leiteten eine Untersuchung und einen Prozeß ein; es drohte der Religionskrieg. Der Streit wurde aber beigelegt. Zugleich wurde in diesen Tagen in Bünden die Erneuerung des Bundes mit Venedig leidenschaftlich besprochen; sie beschäftigte nicht weniger die Zürcher, wie z. B. den Rektor Caspar Waser, als seine politischen Gesinnungsgenossen in Bünden, besonders Herkules von Salis in Grüsch, seinen Schwager, den Chronisten Johannes Guler in Chur und ferner den Vikar Johann von Salis-Samedan, den Vertrauensmann des Gesandten Padavino (1603) und leidenschaftlichen Führer der venezianischen Partei im Oberengadin. Wie sehr Israel Jenatsch sich mit den Tagesfragen beschäftigte, lesen wir aus seinem Briefe, den er nach der Heimkehr aus Zürich im August 1610 an Caspar Waser schrieb: «Sodann habe ich auch Deinen Brief, gerichtet an den Herrn Vikar von Salis gewissenhaft ihm übergeben und habe ihm auch den Streitfall eurer berühmten Stadt Zürich, den ihr damals mit den V Orten hattet, empfohlen, und ich habe nicht nur ihm diese Sache empfohlen, sondern auch allen Brüdern und Staatsmännern im Engadin, welche alle einmütig eurer berühmten Stadt alle ihre Hilfe und Beistand versprachen, und an jedem Tag, an dem sich irgend eine Gelegenheit geboten hätte, wären wir Engadiner bereit und entschlossen gewesen, euch beizustehen für alle Folgen. Wie es aber auch sei, so beglückwünschen wir Euch sehr, daß diese Eure Streitsache mit Euern Gegnern einen glücklichen Ausgang gefunden hat. Denn es ist uns berichtet worden, daß jener Zwist durch Schiedsrichter entschieden worden sei, so daß ihr jetzt guten Frieden genießt. Der allmächtige und allgütige Gott wolle Euch und uns alle lange in ihm erhalten!» (7).

Das Treiben des Sohnes Jörg und des Blasius Alexander in den Jahren 1618—1620 konnte Israel Jenatsch in der Versammlung der Geistlichen des Oberengadins aber nicht rechtfertigen, und doch entstand eine Verbitterung zwischen ihm und seinem Amtsbruder Luzius Papa. Dieser beklagte sich sogar, Israel Jenatsch habe sich geäußert, er wolle die Papa in Pontresina ausrotten. Jenatsch stellte dies in Abrede. Gleichzeitig mußte der strenggläubige Mann hören, daß er sich wiederholt gegen die Taufformen versündigt habe, und doch hatte er diese selbst in romanischer Sprache aufgezeichnet. Es waren Auswirkungen recht menschlicher Gegensätze. Die Kampfnatur des Sohnes Jörg läßt sich aber im Vater doch leicht erkennen.

Das Treiben des Sohnes und seiner Freunde führte zum offenen Kampf und endlich zur Niederlage, und von Süden her rückte der Sieger ins Land und brachte die Missionare der Gegenreformation mit. So waren denn die letzten Jahre im Leben des Prädikanten Israel Jenatsch schwer getrübt; ihm drohte die Ausweisung, die Verbannung und der evangelischen Gemeinde der Untergang; doch als die Kapuziner in Israel den gefährlichen Gegner erkannten, ließen sie ihn gewähren (8). Im August 1622 taufte Israel Jenatsch zum letztenmal, am 19. Januar 1623 starb er und fand eine Ruhestätte in der Dorfkirche von St. Moritz. Ein halbes Jahr später verließ sein Schwiegersohn Johannes Jodocus seine Gemeinde Pontresina, und seine Frau Susanna geborne Jenatsch und trat zur katholischen Kirche über. Dem alten Kämpfer war eine Bitterkeit erspart geblieben. Beim Vater Israel hatte das religiöse Leben und Denken trotz aller Politik alle Wege bestimmt; beim Sohne Jörg überwucherten die politischen Gefühle und Interessen das religiöse Denken.

Ob Jörg (1596) im Oberengadin oder in Lohn (Schams) geboren wurde, wissen wir nicht; sicher ist es, daß er seine Kinderjahre im Pfarrhaus von Silvaplana verlebte. Der Vater bereitete den Sohn für den Besuch der Lateinschule vor, und im Sommer des Jahres 1610 wanderten Vater und Sohn, die Hünengestalt des Pfarrers von Silvaplana und das jugendliche Ebenbild, über die Berge und nach Zürich, wo der 14-jährige Jörg seine Studien beginnen sollte, um gemäß der Familientradition sich der Theologie zu widmen. Damals oder beim Eintritt ins Lektorium trug sich Jörg mit gewandten Zügen als Georgius Jenatius, Engadino-Rhetus ins Matrikelbuch ein. Die starke Hand des Vaters hatte ihm wohl eine strenge Zucht angedeihen lassen; doch Jörg entdeckte rasch, daß seine Vorbildung ihm selbst und seinem jugendlichen Ehrgeiz nicht genügte, und der heimgekehrte Vater wandte sich an Caspar Waser, den Rektor der Schule: «Mein Sohn hat mir in den allerletzten Tagen einen Brief

27

geschrieben, in dem er mich bittet, ich möchte ihm für einen Lehrer sorgen, der ihn einmal privatim unterrichten könnte, damit er größere Fortschritte in seinen Studien machen könne. Ich kann aber freilich kaum solche Ausgaben für den Sohn bestreiten, aber damit es nicht scheint, als ob ich es an der Beförderung seiner Studien fehlen lasse, will ich seinen Wunsch erfüllen. Daher, Herr Rektor, möchte ich Dich bitten, Du möchtest so freundlich sein und diese Last in meinem Namen auf Dich nehmen und ihm irgend einen Lehrer verschaffen, einen rechtschaffenen, frommen und beider Sprachen, des Lateinischen und Griechischen, kundigen Mann, und ihm ein billiges Salär verheißen, entsprechend meinen bescheidenen Verhältnissen, und zu gegebener Zeit werde ich willig die Mühe, die er mit dem Unterricht meines Sohnes auf sich nimmt, bezahlen. Ich möchte aber, daß mein Sohn von jenem Lehrer täglich eine Stunde unterrichtet wird, doch zu einer Stunde, da er schulfrei ist und zwar folgendermaßen: einen Tag soll er ihm die griechische Grammatik erklären, dann soll er auch griechische Themen ausarbeiten aus den griechischen Rednern, die ihm von seinem Lehrer vorgelegt werden. Am andern Tag aber soll er ihm die Aufgaben korrigieren, die ihm von seinem Lehrer in der Schule gestellt worden sind, und soll ihm die Fehler zeigen nach den Regeln der Etymologie (wohl Formenlehre) und Syntax. Er wird ihm auch die Rhetorik erklären können, die sie in der fünften Klasse auswendig lernen. Ich bitte Dich, mein Herr Rektor, es nicht übel zu nehmen, mir in diesem Punkt einen Gefallen zu tun, und verzeihe mir, daß ich es wage, Dich um so etwas zu bitten; Du wirst mich einmal nicht undankbar finden. Wenn Unsere Alpen entladen sein werden und wenn wir einen zuverlässigen Fuhrmann gefunden haben, so haben ich und der Vater des Jakob Favonius beschlossen, Dir und Herrn . . . . ner irgend ein Zeichen unserer Dankbarkeit zu schicken, damit ihr es als Zeichen unseres Dankes und unserer Liebe genießen möget (Butter oder Alpkäse?). Diesmal nicht mehr, außer daß ich Dir meinen Sohn und alle andern Bündner, die dort bei Euch leben, aufs beste empfehlen möchte.

Silvaplana, den 20. August 1610.

Dein Dir ergebener Israel Jenatsch
Diener am göttlichen Wort (9).

So war der Vater Jörgs mit peinlicher Sorgfalt bemüht, dem
Sohne die Wege zu ebnen; doch die Verbindung mit der Heimat und
mit dem Elternhaus war in jener Zeit sehr erschwert; Jörgs Charakter
drängte auch zum selbständigen Denken und Handeln, und so steuerte
der junge Mensch, wie viele seiner Berggenossen mehr und mehr allein
auf sein eigenes Empfinden, auf seine physischen und geistigen Kräfte
gestellt, durchs Leben und die Wege der Bildung. Dabei brachte ihn
ein jugendliches Selbstbewußtsein, das sich in ihm bisweilen zum
harten Trotze steigerte, wiederholt zum Straucheln. Aber aus der Heimat, die jedem der Ihren ein unverkennbares Zeichen in die Welt
mitgibt, hatte Jörg die mächtige und oft bittere Liebe mitgenommen,
die alle Bergmenschen an das Wesenhafte der engeren und kraftvollen
Heimat bindet.

Das Lektorium, das Jenatsch in Zürich besuchte, war die
höchste Lehranstalt des Ortes; die Kenntnis der Bibel, die Pflege der
humanistischen Studien bildeten das oberste Ziel, und dem Studium
der Bibel sollten die Kenntnisse der alten Sprachen, des Latein und
des Griechischen, und die elementaren Uebungen im Hebräischen
dienen. In Rede und Gegenrede übten sich die Schüler für den zukünftigen Beruf, und Jenatsch zeigte hierin schon jetzt eine große
Gewandtheit, die die Bewunderung der Mitschüler erweckte.

Jenatsch war zweifellos ein hochbegabter Student. Schon im
Jahre 1613 erlangte er eine Schulprämie aus der Clausen-Thormann-
schen Stiftung, wie sie damals an bedürftige, aber fleißige Schüler
und zukünftige Pfarrherren gegeben wurden. Im folgenden Jahre
(1614) besang Professor Irminger Jenatschs Befähigung anläßlich
einer Disputation:

> «... Ingenuo Logices studio, ingeniose Genati,
> Quod colis ingenium, perficis ingenium.»

Indem Du, genialer Jenatsch, durch das edle Studium der
Logik Dein Talent pflegst,
Vervollkommnest Du Dein Talent.

Und nach einer zweiten Disputation widmete Irminger seinem
Schüler nicht weniger schmeichelhafte Worte:

29

«... Gloria, Jenati, juvenum sophiaeque medulla
Volvis et evolvis sedulus ergo libros.
Quin etiam Nihilum nova per vestigia quaeris,
Pro Nihilo tandem certa brabeia feres.»

Jenatsch, Du Ruhmesstern der Jugend, Du Krone (Kern)
der Weisheit;
Darum wälzest und wälzest Du immer wieder eifrig Bücher.
Ja sogar Nichtiges suchst Du auf neuen Spuren
Und wirst endlich sogar für Nichtiges sichere Preise davontragen.

Irminger ging im Ausdruck des Lobes weiter:

«... Defendere promptum est
Jenatio Verum, quod summa cacumina rerum
Scandit...»

Leicht ist für Jenatsch die Wahrheit zu verteidigen,
Weil er zu den höchsten Höhen emporsteigt.

Auch sein Mitschüler, der spätere Landammann und Hauptmann Georg Wiezel von Zuoz, sang:

«... Ni fallor, patriae es futurus olim
Nostrae gloria lumen atque magnum.»

Wenn ich mich nicht täusche, so wirst Du einmal der Ruhm
Und das große Licht unseres Vaterlandes werden.

Es ist, als ob ein Nachruhm aus dieser Studienzeit noch in den
Briefen seiner späteren Amtsbrüder Gabriel und Vulpius (1635)
nachklinge. Diese Huldigungen mochten Jenatschs Selbstgefühl nur
steigern, und doch mußte er im äußeren Leben ein bescheidenes Dasein führen; nicht daß der Vater mittellos gewesen wäre; aber flüssi-
ges Geld war auf der Pfarre zu Silvaplana wohl wenig zur Verfügung.
So genoß Jörg in Zürich die Stiftung des «Mueßhafens». Die Klöster
des Mittelalters hatten den Aermeren und Bedürftigen die Suppe aus-
geteilt, und nach Einführung der Reformation wurden diese milden
Gaben weiterhin verabreicht. In der Zeit Jenatschs wurde im alten
Spital, der zum Großmünster gehörte, ein Kessel gekochten Haber-
mehls und Brot gespendet, und zu den Naturalgaben bekamen die
Studenten noch etwas Geld (10). Die Stiftung wurde in diesen Zei-

ten von verschiedenen Bündnern benutzt (11). Die Studenten aus Rätien waren auch immer zahlreicher. Anfangs hatte Jenatsch nur drei Landsleute angetroffen: Andreas Albertini von Zuoz, Andreas Gallunus und Christian Schorsch; später trafen fünf junge Salis (Dietegen, Albert, Baptista, Johannes und Andreas), die Söhne des reichen Ritters Baptista von Salis-Soglio ein, dann Jakob und Conradin Planta von Zuoz, Konrad Castelmur von Sils im Engadin, Johann Anton Buol, Wolfgang Juvalta, Franz Stampa, Samuel Andreoscha, Caspar Stupan, Vincenz Paravicini, Johannes Schanett, Nikolaus Papa u. a.; meistens Leute, deren Wege sich später mit denen Jenatschs kreuzten.

In Jenatsch machte sich das ungezügelte Wesen, dieser Auswuchs des Selbstgefühls, immer mehr geltend, und das Lob seiner Lehrer verwandelte sich in scharfen Tadel. Schon am 21. September 1613 hatte der Lehrerkonvent über das liederliche Wesen der Bündner Studenten geklagt und einen fleißigeren Besuch der Lektionen und ein besseres Betragen verlangt, und die Lehrer hatten verfügt: «so etliche under ihnen weren, die eitwäders zum studieren untugetlich oder nit gsinnet weren, sich zum kilchendienst brauchen zu lassen: Item die selbs desz vermügen, das sie ohn unserer Gnädigen Herren hilff sich möchten hinbringen, das dieselbigen nun fürhin sollten abgewisen werden». Der Sünder war Georg Jenatsch. Das Stipendium wurde ihm entzogen und dem würdigeren Urs Schanett von Zernez zugesprochen (12). Die Launen des stürmenden Jungen ließen vermuten, daß er für den Kirchendienst, für einen demütigen Wandel als «Diener am Wort Gottes», nicht berufen sei; seine Lehrer hatten ihn in dieser Hinsicht — nach den Erfahrungen der späteren Tage — wohl richtig beurteilt. Als ungefähr 20 Jahre später seine Gegner, namentlich die Prädikanten, alles Bösen gedachten, da hieß es: Jenatsch habe, «da er zu Zürich im Mueßhafen saß, mehr huren als schulbücher sein eigen genannt». Diese Anklagen entsprangen der Leidenschaft; das Mißverhältnis zu Schule und Lehrern ergab sich aus der ungezügelten Natur des hochbegabten Bergsohnes, dem die Zürcher Lehrer mit ihren begründeten «Kulturforderungen» gegenüber standen. Das bedeutete für Jenatsch keineswegs die Abkehr vom Geistesleben. Der Kommilitone Felix Wyß stellte nach einer Disputation (1614) Jenatsch und seinem Freunde Vollenweider ein besseres Zeugnis aus als die späteren Amtsbrüder in Bünden:

«... Hunc Venus et Veneris caeca cupido trahit:
Vos juvat Aonii conscendere culmina montis,
Corpore dum in laeto laeta juventa viget.»

Den reißt hin die Liebe und die Gier nach Liebe;
Aber *eure* Freude ist es, die Gipfel des Musenberges zu besteigen,
Solange im frischen Leibe frische Jugend lebt.

Der Verlust der Stipendien war ihm wohl ein harter Schlag; doch
das Schicksal brachte ihm Ersatz. Der Vater in Silvaplana hatte das
Geschehene erfahren, und er fand Hilfe beim venezianischen Parteiführer Ritter Baptista von Salis-Soglio. Mit diesem wurde vereinbart,
daß Jörg in Zürich drei Jahre die Söhne des Ritters Baptista unterrichten solle und zwar gegen eine jährliche Bezahlung von 50 Gulden. Nach einer halbjährigen Probezeit sollten sich beide Teile entscheiden, ob der Vertrag weiterdauern solle, und Jenatsch erklärte
sich bereit, weiter zu dienen, wenn ihm das Tischgeld «vollkommenlich
bezalet» werde; wo nicht, wolle er eine andere Stellung suchen. Er
wies dabei auf einen Unterengadiner hin, der zwei Böhmen für Tischgeld und 70 Kronen unterrichte. Ritter Baptista war mit dem Lehrer
Jenatsch zunächst zufrieden und hatte ihm «20 Gulden geliehen»
oder «allein nach seinem Wohlgefallen» zu den 50 Gulden gegeben,
obwohl Jenatsch ihm über seine Erziehungsmittel schrieb: «Wer seine
Schüler liebet, der brauch auch die ruten, wenn dazselbig die not er-
fordert» (13). Jenatsch leitete weiter die Studien der Salis und war
ihr Sittenwächter, und in dieser Vertrauensstellung lebte er mit seinen
Zöglingen bei Caspar Murer, dem Prediger am Großmünster, der zugleich auch Schulherr war. Drei Salis besuchten die Lateinschule.
Eines Tages gerieten Baptista und Johannes Salis, zwei der Schütz-
linge Jenatschs, mit dem Mitschüler Salomon Bühler in einen Streit;
es kam zur Rauferei. Jenatsch drohte, den Salomon Bühler dermaßen
zu behandeln, daß es ihn nicht mehr gelüste, seinen «discipulis» etwas
zu leide zu tun. Bühler bekam von seinem Lehrer Zeller einen Ver-
weis und eine Tracht Prügel; das versöhnte Jenatsch keineswegs.
Trotzdem Caspar Murer ihn vor Tätlichkeiten warnte, packte er eines
Tages den Salomon Bühler und prügelte ihn so, daß die Nachbarschaft den Bühler schreien hörte und die Beulen von der Mißhandlung zeugten. Murer brachte die Geschichte vor den Lehrerkonvent.

Jenatsch wurde vor die Schulherren berufen; er erschien nicht, und auch eine dritte und vierte Vorladung ließ er unbeachtet. Da entschieden die Schulherren, daß er wegen seines widerspenstigen und zuchtlosen Benehmens in den «nüwen thurn» gelegt werden solle. Der Bürgermeister Rahn, der die Verhaftung Jenatschs und die Ausführung des Beschlusses anordnen sollte, trug Rücksichten gegenüber dem Seckelmeister Escher, dem Vetter der Salis, und Rahn begnügte sich, den Sünder in Gegenwart Murers vor sich zu laden und ihn zu bewegen, auch vor die Schulherren zu gehen. Jenatsch erschien vor dem Bürgermeister und dann vor den Schulherren; allein diese mußten, ganz entrüstet, erleben, daß Jenatsch es nicht über sich brachte, seine Fehler anzuerkennen und zu bedauern; vielmehr beschönigte er seine Tat. Nun fiel der Entscheid: Von den Lehrern sollte niemand Jenatsch beherbergen; Murer sollte ihn sofort aus dem Hause weisen, und er sollte als «von der schuhl abgewisen» angesehen werden (14). Dem Ritter Baptista von Salis schrieb Jenatsch darüber nur die Bemerkung, ob er bei Murer bleibe, sei nicht entschieden (15). Die Salis drohten hierauf, Murer auch zu verlassen, und ihr Vetter Escher erwirkte durch Vermittlung des Antistes Breitinger, daß Jenatsch vorläufig im Hause Murers bleiben konnte; doch mußte er nun schließlich vor den Schulherren seinen Fehler anerkennen, und diese berichteten dem Ritter Baptista von Salis, was sie mit dem trotzigen Räter erlebt hatten.

Baptista von Salis erfuhr nun, daß Jenatsch auch seine Söhne «übel tractiere»; er hielt Jenatsch sein Selbstbewußtsein, seine Hoffahrt vor, erinnerte ihn an seine bescheidene Herkunft und drohte ihn zu entlassen, wenn er sich nicht bessere. Jenatsch bat Salis, die «schändlichen Müler, die ihn verschwetzt», zu nennen, «dieweil die Lüge so offenbar, daß er zu Gott rufe, er wolle sie rächen», dann rief er die Leute, «welche bei uns diesen Winter und Frühling gewohnet» als Zeugen an, wie er seine Zöglinge «tractiere». Er wies auch auf die Fortschritte seiner Schüler hin, die drei Jahre zuvor (Sommer 1613) kaum deklinieren konnten und nun «Argumenta sine errore componierten». Sein hoffärtiges Wesen, d. h. sein Selbstbewußtsein, verleugnet er dabei nicht; er weiß, daß er ein «schlechter Gsell gsin» und noch ist und will auch betrachten, wer er gewesen ist, nämlich ein «armer schueler mit wenig Geld, der er noch ist». (16).

Das waren Rede und Gegenrede zwischen dem hohen Aristokraten und dem trotzigen Bergsohn und werdenden Theologen. —

Jenatsch blieb nach diesen Erlebnissen nur noch kurze Zeit in Zürich. Diese Zwischenfälle bildeten indessen kaum die Veranlassung zu einer Uebersiedlung nach Basel; er hatte, wie so viel Bündner dieser Zeit, in Zürich seine Vorbildung genossen; aber es hatte wohl schon früher in der Absicht des Vaters gelegen, den Sohn zur Vollendung seiner theologischen Studien an die Universität Basel zu senden, wo er selbst und sein Vater Andreas Jenatsch studiert hatten. Zudem wünschte auch der Ritter Baptista von Salis, seine Söhne an der Universität weiter zu bilden. So verließ Jenatsch anfangs Juni 1616 mit seinen Zöglingen das Haus Murers und zog, begleitet von seinen Studienkameraden aus Zuoz, Giörin Wiezel und Ulrich Albertini, nach Basel. Am 6. Juni unterzogen sich alle fünf vor dem Dekan Samuel Coccius der «depositio rudimentorum», einem mittelalterlich-phantastischen Akt der Aufnahme an die Hochschule, wobei der junge Mann daran erinnert wurde, daß er nun ein ernstes, sittsames Leben zu beginnen habe. Dieser «Depositio» im Collegium Augustinianum sollte innert Monatsfrist die Immatrikulation folgen. Jenatsch ließ sich schon in den folgenden Tagen durch Rektor Peter Ryff immatrikulieren, und dann folgte die Eintragung in die Matrikel der theologischen Fakultät durch den Dekan Professor Sebastian Beck. Die Brüder Baptista und Johannes von Salis wurden mit Nikolaus Papa und Samuel Andreoscha von Samedan, die schon im April von Zürich hergereist waren, im August immatrikuliert. Aus Zürich folgten noch mehrere Mitschüler Jenatschs, so die drei Veltliner Johann à Bundi von Teglio, Vincentius Paravicini von Trahona und Nikolaus Paravicini aus Sondrio; im Februar 1617 kamen von Zürich auch Johann Anton Buol von Parpan und Florius Sprecher, der spätere Hauptmann aus dem Prätigau und der Engadiner Johannes Danz. Dazu studierten in Basel noch eine Anzahl Vertreter der älteren Semester wie Jakob Jecklin von Zuoz, Gaudenz Salvet von Zernez, Andreas Gujan aus dem Unterengadin, Balthasar Schalket von Bergün, Johannes Jodocus von Zernez, der spätere Schwager Jenatschs, Leo Leonis, der Mediziner aus dem Unterengadin, Bartholomäus Paravicini und Azzo Guicciardus aus dem Veltlin, Jakob von Albertini, Gallus und Johann Casimir von Salis, Heinrich Hartmannis von Parpan u. a. (17).

34

Die Vereinbarung mit dem Ritter Baptista von Salis war auf drei Jahre getroffen worden, und Jenatsch war also auch in Basel Präzeptor der beiden Söhne Salis. Diese hatten in Basel einen Vetter ihrer Mutter Barbara von Meiß, einen Herrn von Ulm, wahrscheinlich Hans von Ulm (1549—1618). Er hatte für sie und auch für Jenatsch Wohnung und Verpflegung bestellt; doch Jenatsch verließ mit den Salis bald den Gastgeber, «den Kapuziner» und seine schmutzige Wohnung und sorgte für eine bessere Unterkunft. Der Vetter von Ulm war darob verstimmt, machte Jenatsch Vorwürfe und beklagte sich auch beim Ritter Baptista über den Präzeptor; doch der junge Baptista schrieb seinem Vater nach Soglio: «Herr Vater, traue ihm (dem Vetter) gar nicht; denn er haßt unseren Präzeptor schlimmer als einen Hund und eine Schlange; denn er meint, dieser sei schuld an der Auswanderung, was eine stinkende Lüge ist. Das ist schon recht. Denn sie können ihm (Jenatsch) sicher nichts anders ersinnen oder erfinden, als daß er hochmütig sei, zwar deshalb, weil er nicht leicht nach fremden Ratschlägen lebt. Aber das macht nichts aus, was die Leute schwatzen. Wenn er uns nur gut unterrichtet und immer für uns Sorge hat, daß wir einen guten Gastgeber haben, was geht uns das andere an. Sicherlich, Herr Vater, hat der Präzeptor überlegen wollen, von uns weg zu gehen, sobald er Magister artium geworden sein wird, was sofort geschehen wird. Daher bitten wir, soviel wir können, daß Du ihm künftig etwas freundlichere Briefe schreibst; denn glaube mir, ich werde sofort meine Studien aufgeben, wenn er fortgegangen ist . . . .»

Jenatsch blieb an der Seite der beiden Salis und widmete sich daneben ernsthaft dem Studium. Schon Mitte des Jahres 1617 verließ er dann Basel, um in der Heimat zu wirken, und Johann Anton Buol von Parpan, Jenatschs Freund, übernahm die Stellung bei den Söhnen Salis (18).

II

Beziehungen der III Bünde in Hohenrätien zum Ausland;
innere Parteikämpfe von 1600 bis 1617

In den Tagen, da Jenatsch in den Dienst seiner Heimat trat, herrschte in Bünden eine starke politische Erregung. Diese hatte schon Jahrzehnte zuvor eingesetzt, und Frankreich und Venedig einerseits, der Kaiser und Spanien anderseits hatten die Kampfstimmung dauernd unterhalten und gesteigert. Alle vier Staaten hatten ihre große Aufmerksamkeit auf die Grafschaft Bormio, auf das Veltlin und die Grafschaft Cläven gerichtet, und jede dieser Mächte suchte sich durch dieses «festländische Gibraltar» (1), die Straßen für den Handelsverkehr oder im Kriege für die eigenen Truppen offen zu halten und sie dem Gegner zu sperren; die III Bünde aber wollten sich die Herrschaft über diese Gebiete und über die Wege selbst wahren. So entstand der lange Streit der Bündner mit den Mächten.

Frankreich hatte im Wettbewerb um das Erbe Karls des Kühnen von Burgund auf Artois und auf die Freigrafschaft Burgund verzichtet und im Jahre 1494 den Kampf um den Besitz Italiens (Mailand und Neapel) aufgenommen. Wollte es aber Italien erobern und es dann auch behaupten, so war die Freundschaft der Eidgenossen und besonders der Bündner und die Verfügung über die Alpenstraßen in Graubünden und im Veltlin eine Notwendigkeit. So schloß Frankreich mit Hinsicht auf seine italienische Politik die Bündnisse mit Rätien und erneuerte sie immer wieder, um die Aufsicht über die Alpenübergänge, vom Stilfserjoch bis zum Gotthard, ausüben zu können, die Wehrmacht der Bündner selbst für französische Dienste zu gebrauchen und durch sie die Tore Italiens im Osten zu hüten. Mehr und mehr wurde Bünden dadurch zu einer Interessensphäre Frankreichs.

In der Zeit des Kaisers Karl V. (1519—1556) und seines Sohnes Philipp II. von Spanien (1556—1598), während Frankreich und die habsburgische Monarchie schon den Kampf um die Machtentwicklung in Europa eingeleitet hatten, konnten sich die Bünde noch ihres Besitzes im Süden (Veltlin) erfreuen, ohne in einen schweren Streit verwickelt zu werden; allein der habsburgische Machttrieb weckte immer mehr das französische Nationalbewußtsein, und als Frankreich unter Heinrich IV. (1589—1610) erstarkte und dann unter Richelieu (1624—1642) zum Gegengewicht des habsburgischen Imperialismus wurde, strebte es wieder entschlossen darnach, über Bünden und über das Veltlin als «Schutzmacht» zu verfügen, um von hier aus in Italien einzudringen und Mailand, «das Herz Europas», das Bindeglied zwischen der österreichischen und der spanischen Machtstellung der Habsburger, zu nehmen. In den letzten Tagen Heinrichs IV. (1610) waren alle Vorbereitungen zum Angriff auf das spanische Mailand getroffen und die Bündner zum Aufmarsch im Dienste Frankreichs bereit. Als aber der König Heinrich IV. am 14. Mai 1610 ermordet wurde, leitete die Königin-Mutter, Marie von Medici, eine vorübergehende Aera der Verständigung mit Spanien ein. Dadurch wurde auch die Haltung zu den Bünden und zu Mailand beeinflußt.

Mailand und Neapel waren von Karl V. seinem Sohne Philipp II. von Spanien übergeben worden. Die spanischen Statthalter in Mailand waren bemüht, die politischen und wirtschaftlichen Verhältnisse mit Bünden in geordnete Bahnen zu leiten und in Bünden eine starke Partei zu gewinnen, um die Wege durchs Bergell und Engadin nach Tirol, über den Julier, Septimer und Splügen nach Chur und über das Stilserjoch nach Tirol im Frieden und im Kriege gesichert zu wissen, um die Verbindung mit Oesterreich, mit den Vettern auf dem deutschen Kaisertron, zu wahren. Es lag auch im Interesse der Bündner, gute Beziehungen zu Spanien-Mailand zu unterhalten; denn vom Verkehr und vom Export nach Mailand hing die Existenz vieler Bündner ab. Mit großem Eifer vertraten deshalb katholische und protestantische Gemeinden an den Verkehrswegen nach Mailand die Freundschaft mit Spanien; sie bildeten besonders an den Wegen durch den Gotteshausbund eine starke Mehrheit, und diese sah sich oft dem Zehngerichtenbund und der Mehrheit des Grauen Bundes gegenüber gestellt. Unter dem willenlosen Philipp III. (1598—1621) und seinem Minister Francesco Gomez de Sandoval, Herzog von Lerma, herrschte lange Zeit eine Mißwirtschaft in Spanien und eine friedliche Politik. Später unter Philipp IV. (1621—1665) nahm der mächtige Minister Herzog von Olivarez die Pläne der Großmachtpolitik Philipp II. wieder auf, der Einfluß Spaniens am Kaiserhof in Wien verstärkte sich, und damit mehrte sich auch die politische Tätigkeit Spaniens in Bünden. Schon 1617 hatte Spanien am Wiener Hof Ansprüche auf Elsaß und Tirol erworben, damit kamen die ernsteren Bestrebungen Spaniens zum Ausdruck, die Hände auf die Bündnerpässe zu legen, um von den Alpen her den Rhein hinab eine Anmarschstraße nach den Niederlanden anzulegen. Ein immer kräftiger werdender Zug zur Ausdehnung der Machtstellung in Europa ging durch die spanische Politik. Gelang dies, so war Frankreich nach dem Westen zurückgedrängt und von den Eidgenossen und von Venedig abgetrennt.

Für die Republik Venedig hatten die Alpenpässe nicht weniger Bedeutung als für Frankreich und für Spanien. Die Glanzzeit Venedigs war zwar vorbei; doch empfand die Mitwelt noch immer den Reiz dieser Märchenstadt, wo sich die Völker des Morgen- und des Abendlandes begegneten, die Reisenden aus allen europäischen Ländern herbeiströmten und Staat und Aristokraten für ihre Gäste die schönste Pracht entfalteten. Venedig war immer noch die größte Macht in Oberitalien. Waren auch die großen Besitzungen im Orient bis auf Kreta verloren, so blieben die Venezianer doch Herren des Festlandes, der Terra ferma und ihrer Reichtümer, und immer gelang es der reichen und glänzenden Stadt in Verträgen mit den Türken zahlreiche Faktoreien im Orient (so besonders Aleppo) für die Ausfuhr von Glas, Spitzen, Brokat, Werken der Schwertfegerkunst u. a. m. zu gewinnen und aus Indien, Persien und dem vorderen Orient Gewürze, Seide u. a. m. zu kaufen und nach Europa zu liefern. Die Staatsverwaltung Venedigs war eine wohldurchdachte Organisation; die Staatsmänner dachten mit peinlicher Gewissenhaftigkeit an das Wohlergehen des Volkes. Die Führung der Geschäfte hatte das Collegio, mit einem Ministerrat oder einer Regierung zu vergleichen. Das Collegio zerfiel in zwei Teile, die getrennt ihre Aufgaben erfüllten und dann gemeinschaftlich die Vorschläge beider Teile prüften, die an den Senat gingen. Der eine Teil des Collegio bestand aus dem Dogen, den 6 Räten oder consiglieri di Venezia und den drei Häuptern oder Capi der Quarantia criminale (inquisitori). Diese zehn Männer (auch consiglio dei dieci), oft auch nur der Doge und die sechs Räte, wurden als Serenissima Signoria betitelt. Sie nahmen die Bittschriften entgegen und leiteten sie nach Beratung mit den Savii an den Senat. Den andern Teil des Collegio bildeten die 16 Savii (Weisen), 6 Savii del consiglio, 5 Savii di Terra ferma und 5 Savii agli ordini. Sie arbeiteten wie die heutigen Departemente und unterbreiteten dem Senat ihre Vorschläge, nachdem das ganze Collegio sie geprüft hatte. Die auswärtigen Gesandten und politischen Agenten wurden vom ganzen Collegio im Audienzsaal (sala del collegio) empfangen. Ueber die Begrüßung, Reden und Gegenreden und über die Beschlüsse des Collegio wurde eingehend Protokoll geführt; es waren die Esposizioni degli ambasciatori dei Principi. Alle wichtigen Entscheide wurden so von diesem Collegio an den Senat oder consiglio de'Pregadi weiter geleitet. Die Führung der Senatssitzungen hatten die sechs Savii del Consiglio; sie unterbreiteten dem Senat somit auch die Berichte der venezianischen Gesandten im Ausland (Dispacci). Die Savii selbst hatten im Senat nur beratende Stimme. Ihre Berichte und Anträge (proposte), die heute noch neben den Dispacci als Hauptquelle der Geschichte dienen, waren im Stil und Ton einfacher, klarer Ueberlegung, von einer Gewandtheit und Schärfe des Ausdruckes, die heute dem Leser den ganzen Ernst der Gesinnung, der Wahrheitsliebe, der unbedingten Hingabe an Staat und Volk ausdrückt und in ihrem ernsten realistischen Denken die tiefe Einsicht des Venezianers in die europäischen Verhältnisse und in die Weltpolitik erkennen läßt.

Die Gefahr für den venezianischen Staat zu Beginn des 17. Jahrhunderts kam vor allem vom Aufstreben und dem Aufstieg der habsburgischen Monarchie in Spanien, Italien und Deutschland; aber auch von der unbesonnenen, aggressiven Politik der politischen Freunde, wie des Herzogs von Savoyen, der Bündner, einzelner Führer der «Union» in Deutschland u. s. w., die Venedig in den offenen Krieg zu ziehen drohten. Im Kampfe mit Ferdinand von Steiermark, dem späteren Kaiser Ferdinand II., hatte sich Venedig im Gradiscakrieg behauptet; doch immer mehr mußte die Republik erwarten, daß Spanien an die Seite des habsburgischen Kaiserhauses trete, denn der Statthalter Don Pedro di Toledo in Mailand, und ganz besonders Pietro Giron, Herzog von Ossuna, der Vicekönig von Neapel, legten dem Minister Philipps III. in Madrid, Herzog Lerma, mit unermüdlichem Eifer neue Pläne vor, um Venedig in den offenen Krieg zu treiben. Auch die Uskoken, gut bewaffnete slavische Kriegsgenossenschaften an der adriatischen Küste und an der Grenze von Friaul, wurden zu Ueberfällen auf venezianische Handelsschiffe und Reisende angetrieben. Der Herzog von Ossuna plante dann mit der spanisch-neapolitanischen Flotte in Fiume und Triest Landungen vorzunehmen, um dem Kaiser in seinem Kampfe gegen die Böhmen und Ungarn (Bethlen Gabor) zu helfen, ja selbst die Einfahrt in den Golf von Venedig, die die Venezianer für die fremden Kriegsschiffe abgesperrt hielten, sollte erzwungen werden. Der Herzog von Lerma in Madrid ging auf diese Pläne nicht ein, und Ferdinand von Steiermark in Oesterreich, der für den Kampf gegen Venedig gewonnen werden sollte, schob zunächst alles auf den Kaiser Matthias (1612—1619). Ein offener Kampf gegen Spanien wäre für Venedig ohne wesentliche Vorteile gewesen; die venezianischen Staatsmänner führten in Madrid und in Wien zwar eine klare, scharfe Sprache und unterhielten ihre Söldnerschären, doch nur um den Frieden zu wahren. Diesen Verhältnissen und diesen Zwecken dienten auch die Verbindungen mit den III Bünden in Rätien. Die Venezianer galten als ein sehr frommes, katholisches Volk, und doch wünschten sie offene Wege nach und durch Bünden zu den vier evangelischen Städten: Zürich, Bern, Basel, Schaffhausen und weiter zur «Union», dem Bunde der protestantischen Fürsten, die am 12. Mai 1608 im Ansbachischen ein Abkommen geschlossen hatten und dessen Seele Christian von Anhalt, der Vertreter der Kurpfalz, war. Venedigs Hoffnungen gingen auch auf die Republik der vereinigten Niederlande (Holland), auf England und auf Heinrich IV. in Frankreich, alle mehr oder weniger von der Großmacht Spanien bedroht.

Der Zustand der Gefahr bestimmte die venezianische Politik auf Jahre hinaus und beeinflußte die Haltung Venedigs zu Bünden in hohem Maße. Die Bündner, besonders die Engadiner, die das Gedeihen im Handel und Gewerbe der Republik Venedig verdankten, waren den Werbungen Venedigs zugänglich; ihre Sympathien gingen mehrheitlich nach der Adria, und Venedig bewies in seiner ganzen Politik ein starkes Interesse für die Wahrung der Freiheit der Bünde und für die Erhaltung ihres Besitzes, des Veltlins.

Diese Lage Bündens und diese Verhältnisse zu Frankreich, Spanien, Venedig und dem Kaiser waren so verwickelt, daß die III Bünde in beständiger Gefahr schwebten, in den allgemeinen Konflikt in Europa hineingezogen zu werden. Auch eine äußerst strenge neutrale Haltung gegenüber dem ganzen europäischen Krieg, der sich von 1618—1648 zwischen den Habsburgern und ihrem Anhang und ihren Gegnern entwickelte, hätte den Bündnern kaum erlaubt, dem Kampfe fernzubleiben. Denn die Mächte warben im Lande um die Gunst der Großen, der Einflußreichsten in Bünden, besonders der Aristokratie und ihrer Diener, und diese identifizierten leider das Interesse der fremden Macht mit dem der eigenen Heimat und begannen für das Ausland den inneren Kampf. Ein Mann, der die Bündner aus dieser Verwirrung gelöst und sie zur Selbstbesinnung, zur Wahrung der Freiheit und Unabhängigkeit gerufen hätte, war aus der Aristokratie nicht zu erwarten; er mußte aus dem Volke aufsteigen, und das ganze Volk gegen die fremde Bevormundung in den Kampf führen. Die Spannung in Bünden aber wuchs, je mehr Frankreich, Spanien, Venedig und der Kaiser ihre politische Stellung in Bünden zu verstärken suchten und sich mit Hilfe ihrer Parteigänger in die inneren und äußeren Angelegenheiten des Landes einmischten.

So spiegelten sich die Bestrebungen der Mächte im inneren Leben Bündens vor allem in den Parteikämpfen wieder.

Die drei Häupter, die Regierung des Landes und der Bundstag, die Volksvertretung in Bünden, waren aus einer evangelischen Mehrheit und einer katholischen Minderheit gebildet. Die Führung der evangelischen Mehrheit lag um 1600 vorwiegend in den Händen der Aristokratie (Salis, Planta u. a.). Daneben waren in diesen bewegten Zeiten immer wieder Männer aus einer oberen Schicht des Bürger- und Bauerntums im Aufstieg, die ihre Einsicht und Kraft in den Dienst des Volkes stellten und von diesem gehoben und getragen wurden, so ein Hartmann von Hartmannis, Meinrad Buol, Jenatsch u. a. War die Aristokratie vom Ausland oft in hohem Maße beeinflußt, so hielten diese Männer aus dem Volk ihre politischen Ziele im

Dienste der Mitbürger und des Landes im Auge. So war Hartmannis jahrelang bemüht, für den Zehngerichtenbund die Verbindung mit den Eidgenossen zu gewinnen, um die Sicherheit und politische Selbständigkeit des Bundes gegenüber Oesterreich zu erkämpfen. In der gleichen Richtung ging das Streben eines Meinrad Buol und des Johann Anton Buol. Die Aristokratie versuchte aber solche Emporkömmlinge niederzuhalten und vereitelte mitunter ihr Bemühen im Dienste der Heimat.

Die bündnerische Aristokratie war eine weitverbreitete, mächtige Sippe; sie hatte besonders im Oberengadin, aber auch an andern Orten die Einführung der Reformation gefördert; sie hatte die wirtschaftliche, geistige und kulturelle Führung; sie nutzte aber später diese Verdienste und ihre soziale Stellung zum persönlichen Vorteil und zu politischen Zwecken aus, und die Prädikanten und damit auch die evangelische Kirche in Bünden gerieten allmählich in eine gewisse Abhängigkeit von der Aristokratie. Der Aristokrat nahm sich z. B. oft des einfachen, begabten Bauernsohnes, des zukünftigen Theologen an, empfahl ihn den theologischen Lehrern in Zürich, Basel und Genf, vermittelte dem jungen Bündner die Unterstützung (Stipendien) dieser Städte, und dieser fühlte sich dann später dem Gönner gegenüber dankbar und verpflichtet. Bei seiner kargen Löhnung blieb er auch später vom Aristokraten abhängig. Und wenn der Aristokrat starb, blieb sein Name mitunter noch auf der französischen Pensionsliste stehen, und der Prädikant wurde für kurze Jahre der diskrete Nutznießer oder Erbe der Pension (2). Der Prädikant diente darum dem Aristokraten oft auch im politischen Leben; er ergriff selbst auf der Kanzel offen seine Partei und versuchte zwischen Aristokratie und Volk zu vermitteln, freilich nicht immer mit Erfolg; doch nicht selten sah man die Prädikanten an der Spitze der Männer, die mit dem Fähnlein durchs Land zum Strafgericht zogen, um im Dienste der Aristokratie den politischen Gegner zu vernichten.

Die politische Minderheit in Bünden stand weit weniger geschlossen da; die katholische Aristokratie (de Mont, Castelberg, einzelne Planta u. a.) verfügte nicht über die günstigen Erwerbsmöglichkeiten und somit auch nicht über den Reichtum wie die Salis, Guler, Sprecher und die evangelischen Planta; sie waren deshalb trotz der Unterstützung der katholischen Orte und trotz ihrer Neigung für Rom, Mailand und Innsbruck auf die französischen und venezianischen Offiziersstellen angewiesen. Der Bischof von Chur und der Abt von Disentis waren zudem durch ihre Pensionen an Frankreich gebunden. Das Volk in dieser Minderheit liebte den französischen Dienst und ließ sich daneben auch vielfach für Venedig anwerben, und doch baute Frankreich für seine Interessen auf die politische Mehrheit und begünstigte die führenden Männer dieser Partei. Den Männern der Minderheit fiel es aber mitunter recht schwer, Frankreich unbedingte Gefolgschaft zu leisten, besonders wenn dabei Spaniens Interessen verletzt wurden.

Um 1600 sammelte Frankreich die politische Mehrheit der Bündner und verstärkte die Stellung gegen Spanien-Mailand; der Streit um Jülich und Cleve stand in den ersten Phasen. Heinrichs IV. Ansehen wuchs; das Bündnis der III Bünde mit dem Wallis (1600), mit Bern (1602) und mit Frankreich (1602) diente den französischen Zielen. Da regte sich Spanien, und der Statthalter in Mailand begann lebhafter um die Gunst der Führer an den Paßstraßen und auch der Minderheit in Bünden zu werben; es waren damals Anton Sonvico in Rheinwald, Gallus de Mont im Lugnez, Sacco und Gaspar Molina im Misox und Calanca und andere als Führer tätig. Zu gleicher Zeit erschien der Kanonikus Giulio della Torre als spanischer Vertreter in Sitten, um das Wallis für Spanien zu bearbeiten; dann reiste er nach Chur, wirkte dort gegen das geplante Bündnis mit Venedig, und der Bergeller Wirt Johann Baptista Prevost, der Zambra genannt, rief die Bauern und Säumer aus dem Bergell und Oberengadin nach Chur zu einem Strafgericht gegen die französisch-venezianische Partei, die wie Zambra betonte, den Handel mit Mailand schädige und Säumer und Handwerker an der Straße brotlos mache. Trotzdem wurde wenige Monate später im Jahre 1603 unter Führung der Aristokratie, besonders des Herkules von Salis, des Johann von Salis-Samedan und des Johannes Guler in Davos ein Bündnis mit Venedig vereinbart. Eine Alpenstraße von Morbegno über den Markuspaß sollte die wirtschaftlichen und militärischen Verbindungen von Zürich und Bünden mit der Adria neu beleben und den Bündnern gleichsam die Verbindungen und den Handel mit Mailand ersetzen. Als Herkules von Salis, begleitet von Baptista von

Salis-Soglio, im Dogenpalast in Venedig zur Beschwörung des Bündnisses erschien, erklärte er: der Bund sei, ob den Gegnern lieb oder leid abgeschlossen, und er bekannte offen, daß er gegen den gemeinsamen Feind (Spanien) gerichtet sei. Herkules von Salis ging damit in eigenmächtiger Weise weit über seine Befugnisse hinaus und sprach als Führer seiner Partei; Bünden hatte für die alberne Prahlerei die schweren Folgen zu tragen. Denn der spanische Statthalter Fuentes in Mailand, der vergebens das Bündnis mit Venedig zu verhindern versucht hatte, baute die Feste am Eingang ins Veltlin, die seinen Namen trug, und im innern Bündens trieb er seine Anhänger in den Kampf gegen die venezianischen Parteigänger. Zudem sperrte er von Zeit zu Zeit Handel und Verkehr von und nach Mailand, um der politischen Mehrheit in Bünden zu beweisen, daß auch die freundlichen Beziehungen zu Spanien eine wirtschaftliche Notwendigkeit seien.

Im Jahre 1607 erhob sich das Volk, das an den Handelswegen nach Mailand wohnte und unter der Politik des Herkules von Salis und seines Kreises zu leiden hatte. Unter der Führung des Georg Beeli von Belfort, Landvogt auf Castels und des Hauptmanns Caspar Baselgia aus Savognin zogen die Männer der Paßgemeinden nach Chur zu einem Strafgericht gegen die venezianische Partei und ihre Führer, die sich nach dem Veltlin und nach Zürich zu ihren Freunden flüchteten. «Die Prahlhänse», sagt Fortunat Juvalta, «welche in ihrer albernen Frechheit früher in Venedig so drohende Worte gegen die Spanier ausgestoßen und sich gestellt, als vermöchten sie dieselben schon durch ihren Atem allein in die Flucht zu jagen, verstummten und zitterten nun». Doch Herkules von Salis suchte die Unterstützung des venezianischen Vertreters, der Prädikanten und Zürichs; mit ihrer Hilfe wurde der Sturm abgeschlagen und Beeli und Baselgia wurden hingerichtet. In Zernez im Engadin hatte Balthasar Toutsch, ein Prediger «di honoratissima qualità», wie Herkules von Salis rühmte, «in den Händeln seiner armen Heimat sich stark und treu seiner Berufung nach im politischen Leben bewährt und sich für die Rettung und Erhaltung der guten getreuen Mitbürger (Aristokraten) beim übelwollenden Pöbel eingesetzt». Toutsch wurde von intimen Freunden und Verwandten der Salis empfohlen, und Herkules gab dem Sohne Bonaventura (1608) ein Empfehlungsschreiben an die Gelehrten der Universität Basel mit, wo dieser die

Studien begann (3). Im Grauen Bund hatten Stephan Gabriel und Georg Cazin die Wendung zu Gunsten der Aristokratie herbeigeführt, und der französische Gesandte Paschal hatte die Bewegung mächtig gefördert.

Herkules von Salis war nun bemüht, seinen Einfluß auf die Stellung und Haltung Frankreichs in Bünden auszudehnen und schlug (1609) seinen Sohn Rudolf als Interpreten Frankreichs in Bünden vor; doch der französische Gesandte Paschal empfand persönlich einen tiefen Widerwillen gegen Herkules; er schrieb nach Paris: «C'est du tout un homme plein de Poison qui n'a jamais été des notres.» Umsonst kam Herkules mit dem Sohn und einem Gefolge nach Chur geritten, um die Wahl zum Interpreten zu erzwingen; einen Diener Venedigs wünschte Frankreich doch nicht als Vertreter in Bünden. In Paris wählte man auf Vorschlag Paschals Anton Molina aus Santa Maria in Calanca und Johannes Paulus (Pol) von Samedan als Interpreten (4). Wie Herkules war auch sein Mitgesandter nach Venedig, Ritter Baptista von Salis-Soglio, in Sondrio und Cläven reich begütert; er hatte nach den Angaben der Zeitgenossen ein jährliches Einkommen von 16 000 Gulden, also soviel als das Vermögen eines wohlhabenden Mannes betrug. Von Grüsch, das seit 1588 der Wohnsitz des Herkules von Salis war — er war mit Margareta Ott von Grüsch verheiratet — und von Soglio aus spannten sich die Fäden zu den Verwandten, dem Vikar Johann von Salis-Samedan, der zwar persönlich ein Gegner des Herkules war, zu den Planta und Travers in Zuoz, den Jecklin in Zuoz und im Domleschg, zu den Brüdern Hans, Gaudenz, Caspar und Jakob Schmid von Grüneck in Ilanz und besonders zum Schwager des Herkules, dem Ritter Johannes Guler in Davos und Chur und zu den Gugelberg in Maienfeld.

Die rege politische Tätigkeit der Aristokraten um 1607 bis 1609 stand in Zusammenhang mit der Entstehung der Union, den Plänen Heinrichs IV. und dem Kriege Venedigs mit dem Papst. Der Statthalter in Mailand war aber auf der Hut; er lud die Bündner ein, ein Bündnis mit Spanien einzugehen. Es gelang Spanien auch, die beiden Brüder Rudolf und Pompejus von Planta für Spanien zu gewinnen, und indem diese an die Spitze der Paßgemeinden traten und die Partei der Minderheit im Lande führten, wurde diese wesentlich gestärkt. Dieser Wandel bei den Planta war um so bedeu-

tungsvoller, als Marie von Medici, die Königin-Mutter in Frankreich
sich in dieser Zeit Spanien näherte und über die Vermählung des
jungen Königs Ludwig XIII. mit der ältesten Infantin von Spanien,
Donna Anna und der älteren Schwester des Königs, Elisabeth, mit
dem Prinzen Philipp von Spanien verhandelte. Damit hörte die Unterstützung der Union, der Protestanten in Deutschland und die
Freundschaft mit Venedig auf (5). Die Anhänger Venedigs beklagten diesen Wandel, doch trösteten sie sich in der Hoffnung, daß Venedig in Bünden einen starken Einfluß gewinnen werde; allein der
Gesandte Paschal begann die Stellung Venedigs in Bünden zu unter-
graben, und die Ratgeber der Königin in Paris Puysieux und Villeroi
unterstützten ihn; Herkules von Salis mahnte die Häupter, eine Gesandtschaft an Marie von Medici zu senden, Paschal riet davon ab (6).
Paschal trachtete auf diesem Wege die spanische und die französische Partei zu sammeln und zu einigen, um sie gegen Venedig zu
führen, und am 26. Februar 1612 lehnten die Bünde die Erneuerung
des Bundes mit Venedig ab. Paschal und Rudolf Planta beriefen
darauf am 10. Juni 1612 eine Versammlung nach Zuoz, die den
Beschluß faßte: jedes Bündnis mit Venedig soll auf 40 Jahre hinaus
verboten sein, und der Durchzug von Truppen nach Venedig allen
(auch den evangelischen Städten) verweigert werden. Venedig hatte
alle Verbindungen mit dem Norden verloren (7). Die Lage konnte
für Venedig die schlimmsten Folgen haben. Man begann an der
Adria einzusehen, daß man den prahlerischen Versprechungen des
Herkules von Salis zu viel Bedeutung zugemessen hatte. Dies war um
so schlimmer, weil Ferdinand von Steiermark, der Statthalter von
Mailand, und der Vicekönig von Neapel sich feindseliger benahmen
und die Uskoken kräftig unterstützten. Unverzüglich eilte der Gesandte Vincenti nach Chur; doch Paschal wirkte weiter gegen Venedig; er warnte den Bischof von Chur, Johann V. von Flugi und seine
Umgebung und sogar den Vorsitzenden der evangelischen Synode,
Georg Cazin in Tamins, vor den venezianischen Angeboten, dann
besuchte er im Juni die Synode in Schams, um den Prädikanten die
«mésalliance» der französischen Königin-Mutter und ihres Ministers
Concini mit den Gewalthabern in Madrid verständlich zu machen
und sie mit der neuen französischen Politik auszusöhnen; doch die
Prädikanten, in ihrer Mehrheit Engadiner, verleugneten ihre Vorliebe

46

für Venedig keineswegs und hielten der Serenissima die Treue. Im September 1613 kam aus Venedig der Gesandte Gregorio Barbarigo; er sollte trotz der Ablehnung von 1612 von den Bünden die Erneuerung des Bündnisses erwirken. Die Aussichten auf Erfolg waren jetzt so gering, daß selbst die Parteiführer Herkules von Salis und sein Schwager Johannes Guler u. a. ihm rieten, das Volk nicht weiter zu erregen (8), denn der Gotteshausbund mit den Gemeinden an den Straßen nach Mailand, das Unterengadin unter der Führung des Rudolf Planta, die katholischen Teile des Grauen Bundes mit Pompejus Planta und einzelne Gemeinden des Zehngerichtenbundes wie Maienfeld unter dem Einflusse von Molina lehnten die Verhandlungen ab. Selbst im Oberengadin wirkte der Interpret Po! durch seinen Bruder gegen Venedig. Zürich, Bern, Basel und Schaffhausen sollten auf den Durchmarsch ihrer Truppen verzichten. Entschlossen aber standen diesmal die Prädikanten an der Seite des Herkules von Salis und der Mehrheit des Zehngerichtenbundes und einiger Gemeinden des Grauen Bundes. Die Wendung schien sich vorzubereiten. In Paris mißbilligte man Paschals Treiben und beschloß, Venedig nicht mehr zu bekämpfen. Doch ehe noch Paschal seine Tätigkeit einstellen mußte, erschien, durch die Planta gerufen, in Chur eine Bauernschar und forderte die Abreise von Barbarigo. Auch der Bischof wirkte gegen Venedig, und der Nuntius wünschte, daß der Papst Frankreich und Oesterreich bitte, die Bündner von der Verbindung mit Venedig abzumahnen. Barbarigo harrte aus; seine Anhänger bestellten Albert von Salis, um mit den Gegnern zu verhandeln, vor allem mit Pompejus von Planta (9). Dieser war entschlossen, das Bündnis mit Venedig zu verunmöglichen. Er traf in der zweiten Hälfte des Monats Mai (1615) mit dem spanischen Gesandten Alfonso Casati und mit dem österreichischen Agenten Maximilian Mohr in Einsiedeln zusammen; dort wurde die Lage eingehend besprochen. Pompejus Planta riet, bei der Heftigkeit, mit der Barbarigo die venezianischen Interessen verfechte, den Durchzug der Zürcher und Berner nach Venedig und die Erneuerung des Bündnisses fordere, wolle man es unterlassen, ein Bündnis mit Spanien zu begehren und sich darauf beschränken, die Forderungen Barbarigos und seiner Freunde (Herkules von Salis u. a.) zu bekämpfen, um die Freunde Spaniens nicht in Gefahr zu bringen und um die hohen

Kosten der Propaganda zu ersparen. In diesem Sinne wurde Giulio della Torre unterrichtet. Maximilian Mohr empfahl dem Pompejus Planta, den Bruder Rudolf aus Paris heimzurufen, denn dieser galt als der bedeutendste Mann der Partei und von besonderem Ansehen. Ein Bote eilte nach Paris, um ihn heimzubeordern. Da kam im Sommer 1615 noch der Abbé Friedrich von Salis, der Konvertit und Sohn des Vikars Johann von Salis-Samedan, zu seinem Vater auf Besuch. Er schrieb eine Streitschrift gegen Venedig und gegen die Politik der Prädikanten. Als dann die Gemeinden den Entscheid fällten, wurde das Bündnis mit Venedig mit fünf Stimmen Mehrheit abgelehnt. Der Druck Paschals, die leidenschaftliche Politik des Pompejus Planta und vor allem des Rudolf Planta, Molinas und Pols hatten ihre Wirkung gehabt. Barbarigo verließ das Land «piangendo come una fanciulla», nachdem er 30 000 Zechini verbraucht hatte (10). Der Entscheid war von europäischer Bedeutung; er stützte die Weltmachtpolitik Spaniens und isolierte Venedig von seinen Verbündeten im Norden der Alpen.

Mitte November 1615 war der neue Vertreter Frankreichs, Gueffier, ins Land gekommen; er war ein gewandter politischer Intrigant; die Haltung zu Venedig änderte er nicht. Er bat, warnte, bestach, um die Wünsche Venedigs, der evangelischen Städte und der Bündner Prädikanten zu vereiteln. Venedig konnte jedoch nicht auf ein Bündnis verzichten, denn die Republik stand im Kriege gegen die Uskoken und gegen Ferdinand von Steiermark. Wie leicht konnte sich der Kampf auswachsen zu einer Entscheidung zwischen der habsburgischen Großmacht in Spanien und im Reich und der Republik Venedig und seinen Freunden nördlich der Alpen. Die Fortschritte, die die spanische Partei in Bünden gegen Venedig (1612) erzielt hatte, waren für Spanien, für seine Diener in Mailand und Neapel sehr ermutigend gewesen. Die Entscheidung, ob Bünden nun wieder das Bündnis mit Venedig erneuern wolle, war für Bünden selbst und für Mitteleuropa von der größten Wichtigkeit. Es ging um die Frage: wird Bünden die Machtentwicklung Spaniens in Europa, besonders in Mitteleuropa begünstigen und ihr Tür und Tor öffnen oder wird es für die Existenz von Venedig und seiner Freunde und Verbündeten in Mitteleuropa eintreten. Es gab nur ein Ja oder Nein; eine neutrale Stellung Bündens war nicht mehr möglich.

Spanien bot Ferdinand von Steiermark 8000 Mann Fußvolk und 1000 Pferde an, die im Kampfe gegen Venedig dienen sollten. Venedig war in Gefahr; deshalb wurde Ottavio Bon als außerordentlicher Gesandter nach Frankreich abgeordnet; er sollte in Paris die Gefahr darlegen, in der Mitteleuropa schwebte. Er nahm seinen Weg nach Deutschland zu den Fürsten der Union. Sie sollten den Kaiser davon abhalten, sich für Ferdinand von Steiermark einzusetzen und am Kriege gegen Venedig teilzunehmen, und wirklich bemühten sich Würtemberg, die Kurpfalz und Ansbach in diesem Sinne. Bald darauf (1616) reiste auch Vincenzo Gussoni zu den Fürsten der Union, um von ihnen Truppen zu erhalten. Ueber den Durchmarsch dieser Truppen und auch der Mannschaften aus den evangelischen Städten (Basel, Bern, Zürich und Schaffhausen) und über die Lieferung eigener Truppen sollten die Bündner entscheiden. Darum sandte Venedig im Februar 1616 den Giovanni Battista Padavino, einen ebenso gewandten, doch besonneneren Diplomaten als Gueffier es war, nach Bünden (11). Padavino erklärte den Bündnern in einem Schreiben vom 18. März 1616, von Erzherzog Ferdinand angetrieben, seien die Uskoken mit fliegenden Fahnen in Istrien eingezogen, das Land sei ausgeraubt worden, die Wohnstätten verbrannt, die Bevölkerung mißhandelt und teilweise getötet worden, ähnlich sei Monfalcone in Friaul behandelt worden. Venedig habe sich vergebens an den Kaiser gewandt und sei jetzt entschlossen sich zur Wehr zu setzen. Schon zwei Tage darauf warnte Gueffier in einem Schreiben die Bündner vor einer Verbindung mit Venedig, denn diese könnte leicht das Bündnis mit Frankreich schädigen. Einige Tage später forderte auch der Landvogt auf Castels im Auftrage des Erzherzogs Ferdinand die Abgeordneten aus den acht Gerichten auf, am Beitag das Begehren Padavinos abzuweisen und die bündnerischen Truppen, die sich schon auf dem Wege nach Venedig befänden, heimzurufen. Padavino und seine Freunde ließen es nicht an «Handsalben» und schönen Versprechen fehlen und wurden besonders von den Prädikanten begeistert unterstützt. Auf der Landsgemeinde zu Fürstenau erschienen fünf Prädikanten und beschworen das Volk, das Bündnis mit Venedig zu erneuern und Venedig im Kriege Hilfe zu leisten. Auch der Graf Francesco Brambati in Bergamo war im Veltlin für Venedig tätig. Bevor noch die bündnerischen Gerichtsgemeinden über die Frage entschieden hatten, waren Berner und Zürcher Soldaten in kleinen Gruppen, die Wege durch die Paßgemeinden möglichst meidend, über den Panixerpaß nach Ilanz und Vals und dann über den Splügen nach Morbegno und hinüber nach Bergamo gewandert, und bündnerische Offiziere wie die Casut in Ilanz, Carl à Marca in Misox, Ulysses von Salis, der Sohn des Herkules, Paul Buol in Davos und andere hatten in aller Stille in allen Landesteilen Leute angeworben und sie über die Berge nach Venedig gesandt. Parteileute wie die Schmid von Grüneck in Ilanz, Ammann Joh. Capol in Andeer, Jakob Ruinelli auf Baldenstein bei Sils, die Rosenroll in Thusis und Herkules von Salis, damals in Cläven, unterstützten die Soldaten auf dem Wege. Allein Gueffiers Warnungen, besonders in den Paßgemeinden, die Aussicht auf die versprochenen Pensionen, die Tätigkeit des Landvogtes Travers im Prätigau, Davos und Unterengadin führten zur Verwerfung des Bündnisses mit Venedig. Der Beitag sandte auf Begehren Ferdinands von Steiermark den Soldaten, die auf dem Wege waren, den Landesweibel nach und mahnte sie zur Rückkehr; ja die Paßgemeinden drohten sogar, den abziehenden Soldaten auch noch Weib und Kinder nachzujagen. Endlich im Oktober 1616 beschlossen die Bünde unter dem Druck Frankreichs und Oesterreichs, ein Strafgericht solle die venezianischen Parteileute zur Rechenschaft ziehen.

Vom 8. November 1616 bis zum 9. Mai 1617 tagte das Strafgericht in Chur; die Richter waren besonders Vertreter der Paßgemeinden und ihrer Interessen, Freunde Frankreichs und Spaniens, umgeben von 140 Gäumern, einer Sicherheitswache aus zuverlässigen Gemeinden. Bürgermeister Gregor Meyer von Chur führte den Vorsitz; unter den Richtern waren Caspar von Schauenstein von Cazis, der im Grauen Bund großes Ansehen genoß und der auf Begehren von Gueffier dem Padavino das Geschenk von 500 Gulden zurückgegeben hatte, und dann Pompejus Planta. Die Richter bezogen das reichliche Taggeld von 27 Batzen oder einer Krone. Die Urteile trafen den venezianischen Werber Martin Camenisch von Tamins, dann die beiden Söhne des Landrichters Casut, des Vertrauensmannes der Prädikanten, den Caspar Schmid von Grüneck, die Rosenroll, Carl und Johann Anton à Marca, Jakob Tognola im Misox u. a. Die Bußen stellten eine Vermögenskonfiskation dar, und man schrieb diese Härte besonders dem Pompejus von Planta und seinem Einfluß zu. Indessen hatten die Urteile wenig Bedeutung, denn die Bestraften wußten sich des Schutzes der starken venezianischen Parteifreunde im Grauen Bund und im Zehngerichtenbund sicher, und die Urteile konnten nicht vollzogen werden. In diesem Bewußtsein war auch Padavino in dieser Zeit eifrig um die Werbung tätig und wirkte daneben auch für die Erneuerung des Bündnisses.

Spanien sah die große Gefahr und trat dem Padavino entgegen; es bot ebenfalls den Abschluß eines Bundes an; es stellte 3000 Gulden für jeden Bund in Aussicht, dazu die Ausfuhrerlaubnis für Getreide aus der Lombardei, die Einfuhr von Zuchtvieh aus Bünden und, was alle Bündner erfreute: die Schleifung der Feste Fuentes am Eingang des Veltlins. Darauf bot jetzt auch Padavino im Namen Venedigs günstigere Bedingungen als im Jahre 1603: jeder Bund sollte 1800 Gulden Jahrespension, dazu 150 Musketen aus den Werkstätten von Brescia erhalten, und im Kriegsfall wollte Venedig 10 bis 12 Kompagnien Bündner Soldaten bezahlen. Padavino machte jetzt für die Tage der Entscheidung seinen ganzen Einfluß geltend (12). In der Abstimmung Ende Mai 1617 erhielt der Bündnisvorschlag von Venedig eine große Mehrheit.

Da eilte Maximilian Mohr, der Agent Oesterreichs, nach Zernez zu Rudolf von Planta, und dieser sandte 50 Mann in Waffen nach Chur, um Padavino mit Gewalt aus dem Lande zu treiben. Der venezianische Gesandte zog bei Fürstenau über die Brücke (Grenze des Grauen und Gotteshausbundes) und die Söldner Plantas aus dem Gotteshausbund wagten nicht, ihm über diese Grenze zu folgen. Rudolf Planta aber rief am 7. Juni seine Anhänger in Remüs, Zernez, Schuls und andern Orten zu den Waffen, und auf diese Kunde hin verließ Padavino den Grauen Bund und ging nach Morbegno in die Nähe des Parteiführers Herkules von Salis. Als bündnerischer Podestà oder Landvogt amtete aber dort der spanische Parteimann Giovanni Gioieri, und dieser wies ihn aus dem Lande.

Obgleich das Bündner Volk in seiner Mehrheit sich für das Bündnis mit Venedig entschieden hatte, wollten Planta und seine Anhänger an der Spitze der Paßgemeinden des Gotteshausbundes dem venezianischen Parteitreiben den Garaus machen. Planta eilte mit seinen bewaffneten Unterengadinern nach Chur, in das «spanische

Nest». Er setzte dort ein Strafgericht für den Gotteshausbund ein, und der Bürgermeister Luzi Beeli übernahm den Vorsitz. Das Gericht forderte 50 venezianische Parteimänner vor die Schranken und belegte einige Gerichtsgemeinden, die kurz zuvor für das Bündnis mit Venedig gestimmt hatten, mit hohen Bußen. So sollten Fürstenau 5000 Gulden, Bergün 6000, Bergell Unterporta (Salis-Soglio) 7000, Tiefenkastel 1700, die Führer der venezianischen Partei, wie Conradin von Planta in Zuoz, der im Münstertal, Oberengadin, Belfort, Avers, Bivio, Puschlav, Obervaz und Bergün für Venedig kräftig gearbeitet hatte und Wolfgang Juvalta von Zuoz je 5000 und Baptista von Salis-Soglio 500 Gulden bezahlen. Die Kosten des Gerichts beliefen sich auf 30 000 Gulden. Die bestraften Gemeinden, die die Opposition im Gotteshausbund bildeten, riefen die Hilfe des Grauen Bundes an, der «an Ansehen und Macht die andern überragte und man kann sagen auch Herr des Passes war». Gemeinschaftlich mit der Opposition des Zehngerichtenbundes sagte der Graue Bund den Gemeinden den Schutz zu und sandte zwei Abgeordnete an das Strafgericht nach Chur, die die Richter der Parteilichkeit und der Geldgier bezichtigten und ankündigten, daß der Graue Bund den Schutz der Verfolgten übernehmen werde. Jakob Ruinelli, der venezianische Dolmetsch, ritt dann ins Veltlin dem Padavino nach, um seine Hilfe zu begehren.

Es war die Kampfansage der Freunde Venedigs, des Herkules von Salis, Johannes Guler, Conradin von Planta in Zuoz und ihres Anhanges an Rudolf und Pompejus Planta, an die spanisch-französischen Richter und die Paßgemeinden. Obschon Venedig den Gradiscakrieg beendet und am 26. September 1617 den Frieden von Madrid unterzeichnet hatte, ging das Ringen Venedigs mit der Großmacht Spanien um die Alpenpässe und um die Stellung in Mitteleuropa weiter.

III

*Jenatschs Prädikantenzeit
und das Strafgericht in Thusis 1617 und 1618*

Der Kampf, den Rudolf Planta an der Spitze der Paßgemeinden des Gotteshausbundes eingeleitet hatte, spiegelte sich auch in
den Verhandlungen der evangelischen Synode vom 3. Juli 1617 in
Tamins wieder und wirkte sich aus in ihren Beschlüssen. Wenn dem
venezianischen Residenten zu glauben ist — und er war in diesen
Kreisen gut unterrichtet — so beschloß die Versammlung, den Geistlichen des Gotteshausbundes, die für die Annahme des venezianischen
Bündnisses gearbeitet hatten, für einige Zeit die Ausübung des Amtes
zu verbieten (1). Unter der evangelischen Geistlichkeit gab es kaum
einen, der mit Spanien sympathisierte; doch war mancher um die
wirtschaftliche Zukunft Bündens und um den inneren Frieden besorgt. Georg Saluz in Chur und Andreas Stupan in Ardez unterhielten zudem freundliche Beziehungen zu Rudolf Planta und schenkten auch den Begehren der Paßgemeinden, zu denen auch Chur
zählte, ihre Beachtung. Sie konnten daher die politische Propaganda
der jüngeren Generation für Venedig nicht billigen. Die Synode er-
achtete auch, daß weder das eine noch das andere Bündnis der evangelischen Kirche große Frucht bringen werde, sagt Anhorn. Die
Beschlüsse der Synode wurden wahrscheinlich so wenig ausgeführt als
die Urteile des Strafgerichtes in Chur (2).

Zu dieser Synode vom 3. Juli 1617 war auch Georg Jenatsch
erschienen; er bestand hier seine theologische Prüfung und legte den
Eid auf die Glaubensartikel ab, und dann zog er auf seine erste Pfarre
nach Scharans. Sein Vorgänger, Johann Peter Janett aus Bergün,

war von der Gemeinde nicht wieder gewählt worden, weil sein Lebenswandel Anstoß erregt hatte, und Jenatsch trat an seine Stelle (3). Nach den Angaben von Fortunat von Juvalta, der damals in der Gemeinde lebte, versuchte Janett den Jenatsch zu beeinflussen. Der Chronist zeichnet bei dieser Gelegenheit auch das Bild Jenatschs und seine Stellung zur Politik und zum Leben. Demnach scheint Jenatsch hier anfangs den Beschlüssen der Synode von Tamins nachgelebt zu haben; dennoch wird das Bild, das Juvalta später in seinem hohen Alter vom Scharanser Pfarrer entwirft, nicht schmeichelhaft; er sagt: «Dieser war nämlich anmaßend, verschwenderisch und mehr kriegerischen Sinnes zu nennen. Sein Amt begann ihm verächtlich zu werden, weil seine Einkünfte, wenn auch nicht gering, zu seinem Aufwand nicht reichten. Er pflegte früher gegen diejenigen Geistlichen, welche in die Politik sich einmischten und das venezianische Bündnis förderten, hart loszuziehen, wie er denn überhaupt eine rücksichtslose Sprache führte, hatte aber die Religion nur auf den Lippen» (4). Der Leser könnte aus diesen Worten glauben, Jenatsch habe sich anfangs von der Politik überhaupt ferngehalten. Das wäre ein Irrtum. Jenatsch schloß sich hier dem venezianischen Interpreten Jakob Ruinelli auf Baldenstein bei Sils an, dem die Mehrheit der Fürstenauer (Almens, Fürstenau, Pratval, Scharans, Sils) folgte, und mit Feuereifer bekämpfte er bald auf der Seite der widerspenstigen Gerichtsgemeinde die spanisch-französischen Führer wie Rudolf und Pompejus Planta. In dieser Haltung mochte er durch seine Umgebung noch bestärkt werden. In Thusis wirkte seit langen Jahren Conrad Jecklin, ein treuer Anhänger Venedigs, und am Heinzenberg, in Schams, in Ilanz und Tamins waren Pfarrer aus dem Engadin, eifrige Diener der Adriarepublik; das Strafgericht in Chur hatte nicht umsonst die Gerichtsgemeinden Fürstenau, Tiefenkastel, Bergün und Bergell-Unterporta mit so hohen Bußen belegt (5).

Unter dem Schutze des Grauen Bundes und des Zehngerichtenbundes und geführt von Jakob Ruinelli, Herkules von Salis, den Salis-Soglio, den Rosenroll, den Schmid von Grüneck und andern setzten die Gemeinden den Kampf fort, und mit Hülfe des venezianischen Vertreters Scaramelli, der von Piazza aus seine Leute beriet, bearbeiteten sie das Volk weiter für die Freundschaft mit Venedig. Scaramelli ließ im Engadin für 3400 Scudi Käse kaufen, und ein politischer Agent Venedigs ging mit Landrichter Joder Casut von Ilanz aus auf den Viehhandel in die Gemeinden, um den Viehexport nach Venedig zu demonstrieren. Als sich dann Ende August der Bundestag in Davos versammelte, fühlten sich die Führer der venezianischen Partei aus dem Gotteshausbund unter dem Schutz der andern zwei Bünde wieder stark und sicher und nahmen den Kampf gegen die Brüder von Planta und die Paßgemeinden auf. Sie brachten die antivenezianischen Artikel von Zuoz (1612) und die Haltung des am Bundestag anwesenden Rudolf Planta und das Strafgericht in Chur zur Sprache. Dann trat der Präsident Johann à Porta vor die Versammlung, klagte über die Verfolgungen, die die Prädikanten zu erdulden hätten und spielte auch auf Rudolf von Planta als den Urheber des Unfriedens an. Darauf brachten die venezianischen Führer die Frage der Schule von Sondrio vor; sie sollte neu erstehen. Es war vorwiegend eine konfessionelle Angelegenheit. —

Schon 1584 war von den Bünden eine Lateinschule errichtet worden; sie sollte aus Kirchengütern von St. Ursula und St. Margrethen in Teglio, aus Benefizien von Trahona, Tirano und Villa, also aus katholischen Kirchengütern der Veltliner, erhalten werden, der humanistischen Bildung und der evangelischen Propaganda dienen. Schon im folgenden Jahre hatte die Schule nach Chur verlegt werden müssen, weil der Statthalter von Mailand, Don Carlos von Aragon, sie als ein Propagandawerk der Reformation ansah (6). Der Gedanke, diese Schule im Veltlin doch zu verwirklichen, beschäftigte die Prädikanten auch fernerhin. Wiederholt äußerten sie den Gedanken, das Bistum aufzulösen und das Vermögen für die Schule in Chur oder in Sondrio zu verwenden. Auf dem genannten Bundestag in Davos (1617) wurde diese heikle Frage entschieden: die Lateinschule in Sondrio sollte wieder errichtet werden, und die Kosten hatten die bündnerischen Amtsleute im Veltlin zu tragen, d. h. indirekt die Untertanen, an denen sich die Amtsleute schadlos hielten. Die Schule sollte neben der Ausbreitung der Reformation (Calvinismus) auch der Sicherung der Salisschen Stellung dienen. Ulysses von Salis sagt darüber in seinen Memoiren: «Mein Vater (Herkules von Salis) war bei den Führern des Aufstandes (im Veltlin 1620) aus zwei Gründen verhaßt: erstens schrieben sie ihm zu, daß in Sondrio eine Schule errichtet wurde; in Wahrheit trug er dazu bei, so viel er konnte, weil er glaubte, dadurch unseren Glauben im Veltlin zu verbreiten.»

Die Leitung dieser Schule sollte einem fähigen und angesehenen Manne übertragen werden, und Herkules von Salis und Johann Peter Danz, der in Basel seine Studien gemacht hatte, die Magisterwürde erworben und nun von seiner Pfarre in Teglio aus die evangelische Kirche im Veltlin leitete, wandten sich frühzeitig, Jahre bevor die Bünde die Errichtung der Schule beschlossen hatten, an Professor Caspar Alexius in Genf, um ihn «des Rufes seiner Lehre halber» für die Leitung der neuen Anstalt und zugleich für die evangelische Propaganda im Veltlin zu gewinnen. Alexius war ein hervorragend begabter und hochgebildeter Philosoph und Theologe. Aus Campovast stammend, hatte er in den Jahren 1598/99 in Zürich seine Vorbildung abgeschlossen und war dann im September 1599 an die Universität Basel gezogen, wo damals Johannes Gritti von Zuoz, Hartmann Planta, Balthasar Claus und andere Bündner studierten und wo im Februar 1600 auch Fortunat von Sprecher eintraf. Im Jahre 1603 erwarb Alexius in Basel die Magisterwürde, und dann setzte er seine Studien in Paris fort (1605/06); hier begegnete er, wie er seinem Lehrer und Gönner Jakob Zwinger in Basel berichtete, auch dem Konvertiten Friedrich von Salis-Samedan. Am 18. November 1606 ließ er sich dann in Genf immatrikulieren; zwei Jahre später war er Pfarrer in Chêne bei Genf; im Jahre 1610 wurde er Professor der Theologie, und seit 1611 hielt er in Genf auch Vorlesungen über Philosophie. Von 1612 an wirkte er auch noch als Prediger an der italienischen Kirche Genfs. Die Wahl dieses vortrefflich gebildeten Theologen und Philosophen mußte den Bündnern nicht schwer fallen, und Caspar Alexius entschloß sich nach langen Bedenken, das Opfer zu bringen und dem Rufe seiner Heimat zu folgen. Für Bünden aber war dieser Entschluß von weittragender Bedeutung. Wohl hofften Herkules von Salis und sein Kreis, daß Alexius hauptsächlich ihren politischen Zielen dienen werde; doch Professor Alexius war mit ganzer Seele Calvinist und als solcher entschlossen, in der Heimat Glaubens- und Kirchenprobleme mit der unerschöpflichen, begeisternden und fordernden Kraft des Calvinismus zu lösen und in den III Bünden wie im Untertanenland an Stelle der paritätischen Verbände der Bünde und Gemeinden die Autorität

der calvinistischen Kirche zu setzen. Das lag nach dem frühen Stok-
ken der zwinglischen Bewegung im Sinne des expansiven Calvinismus. Sondrio sollte ein Mittelpunkt calvinistischer Propaganda werden. Der jüngeren Generation der Prädikanten in Bünden, wie Conrad Buol, Nikolaus Papa, Gaudenz Tack, Samuel Andreoscha, Peter
Zeuth, Johannes Betschla (Bezzola), Bonaventura Toutsch, Blasius
Alexander und Georg Jenatsch, die durch ihre theologische Schulung
in Basel unter Johann Jakob Grynäus, Hotomanus, Sebastian Beck
und andern Gelehrten die strenge calvinistische Strömung an der
Universität miterlebt hatten, ließ die neue Richtung nicht nur eine
innerlich-religiöse Erneuerung erhoffen, sondern eine kraftvolle politische Offensive, die dem Tatendrang der jüngeren Generation entsprach. Doch der Geist, der unter der Führung des Caspar Alexius
und seiner Freunde Blasius Alexander, Stephan Gabriel, Jenatsch
u. a. um sich griff, sollte Bünden in politischer Hinsicht zum Verderben werden.

Am 3. Juli 1617 war Professor Caspar Alexius auf Einladung
seiner Mitbrüder in Bünden gemeinsam mit Georg Jenatsch zur Synode in Tamins erschienen. Auch der Bundestag hatte sich auf Begehren der Prädikanten und unter Einfluß des Herkules von Salis
schon mit der Frage der Schule von Sondrio eingehend befaßt und
mit Genf über die Sendung von Professor Alexius verhandelt. Ehe
der endgültige Beschluß der Bünde gefaßt war, wurde nun in Tamins
die Frage der Organisation der Schule besprochen, und die jüngeren
Bündner Theologen, unterstützt von den Zürchern und Bernern, baten darauf die Behörden in Genf, Alexius für einige Zeit aus seinem
Amte in Genf zu entlassen, damit er als Pfarrer von Sondrio die neue
Schule daselbst übernehme und zugleich auch für die Ausbreitung des
evangelischen Glaubens in Italien wirken könne. So begann Alexius
seine Tätigkeit in Sondrio, und im März 1619 brachte er dann auch
seine Familie dorthin (7). Herkules von Salis hatte schon 1613
seinen Sohn Johann Jakob (†1615) zu Caspar Alexius zur Ausbildung
nach Genf geschickt und dann die Berufung des Alexius mit Eifer
betrieben; nun sandte er auch seinen Sohn Carl nach Sondrio in die
neue Lehranstalt; neben Carl von Salis besuchten noch wenige andere protestantische Adelige die Schule und wurden meistens bei
Alexius verpflegt. Die Untertanen, auf die man gerechnet hatte, er-

schienen nicht; die Prädikanten und Herkules von Salis sahen ihr Werk vereitelt und versuchten die Untertanen in die Schule zu zwingen, indem sie den Besuch auswärtiger Schulen und die Tätigkeit fremder Lehrer im Untertanenland durch die bündnerischen Räte zu verhindern suchten (8). Die gefährlichsten Widersacher der Schule waren der Kanzler des Veltlins, Dr. Anton Maria Paravicini, und der Erzpriester Nikolaus Rusca in Sondrio, und Johannes Gioieri, der damalige Podestà von Morbegno, unterstützte und beriet diese Opposition (9). Die Untertanen wandten sich an den Nuntius Sarego in Lugano, mit dem Gioieri befreundet war, und da die römische Kirche die Propaganda der Protestanten oder des Calvinismus im Veltlin als eine schwere Gefahr für die katholische Kirche in Italien ansah, so rief der Nuntius die Hilfe Frankreichs, Spaniens und Oesterreichs an. Der Bundestag in Davos hatte aber die Folgen, die aus dieser Angelegenheit für Bünden erwuchsen, kaum recht erwogen, und die spanische Partei hatte sich gegen die Beschlüsse von Davos nicht zu regen gewagt. Mehr und mehr traten neben den führenden Politikern der venezianischen Partei die jüngeren Prädikanten in den Vordergrund und lenkten das Interesse auf ihre konfessionellen Ziele; die venezianischen Vertreter, die diesen Wandel beobachteten, unterstützten auch diese Bestrebungen, um sich die Partei zu erhalten und sie gegen die Spanier zu führen. Angesichts dieser Lage erhob sich Rudolf von Planta eines Tages im Bundestag (Ende August 1617) und verließ mit seinen Anhängern die Versammlung. Es hieß, er habe eben zuvor einen Brief von Giulio della Torre, dem Vertrauensmann und Führer der Veltliner, erhalten, doch wußte man den Inhalt des Briefes nicht zu deuten. Planta sandte vier Boten in die Gemeinden des Gotteshausbundes und wollte das Strafgericht in Chur fortsetzen; allein die Gegner im Bundestag kamen ihm zuvor und wählten ein Revisionsgericht, das dann in Ilanz tagte und die Urteile des Strafgerichtes von Chur aufhob. Dennoch fühlte sich Rudolf von Planta im Gotteshausbund, vor allem in den Paßgemeinden, so sicher und mächtig, daß er auf der Ausführung der Urteile von Chur trotzig beharrte und die Hilfe Spaniens in Aussicht nahm. Es hieß, der spanische Statthalter sei auch bereit, ihm beizustehen. Die katholischen Führer in Bünden, wie der Abt von Castelberg, Luzi de Mont, Pompejus Planta, Johannes Gioieri u. a. nahmen auch Fühlung mit den Veltlinern und schlossen sich enger zusammen, um der Gefahr, die ihnen drohte, zu begegnen. Der Abt von Disentis wußte in diesen Tagen zu erzählen, daß spanische Truppen schon im Anzuge seien, 50 000 Scudi lägen schon im Lande bereit. Der Abt reiste Ende des Jahres 1617 selbst nach Luzern zum spanischen Gesandten Casati, um die Frage eines Bündnisses mit Spanien zu besprechen. Sodann verbot der Graue Bund den Durchmarsch von Soldaten nach Venedig, und endlich wurde am 5. Februar 1618 vom mailändischen Statthalter Don Pietro di Toledo gegen Bünden die Handelssperre verhängt (10). Rudolf Planta, Maximilian Mohr und die spanischen Führer in Bünden hofften, nun werde jede Paßgemeinde am Julier, Septimer und Splügen so schwer von der Not betroffen, daß alles sich gegen die Beschlüsse von Davos wenden und mit fliegenden Fahnen zur Vernichtung der venezianischen Parteigänger ausziehen werde. Es kam ganz anders.

Die venezianische Partei in Bünden entwickelte eine fieberhafte Tätigkeit. Die Häupter befahlen den Beamten im Untertanenland, den Verkehr mit Mailand ebenfalls zu sperren, und Herkules von Salis und seine Parteigenossen baten Venedig, nun ihre Sache zu unterstützen. Dann warnten die führenden Prädikanten auch im Auftrage Venedigs das Volk von der Kanzel aus vor der spanischen Gefahr, und die Führer der Gruob, Caspar Schmid von Grüneck, Joder Casut und andere drohten unter dem Einflusse von Stephan Gabriel schon in diesen Tagen (Februar 1618), mit fliegenden Fahnen gegen die spanischen Parteigänger zu ziehen (11). Um die Verhandlungen Casatis mit den Häuptern zu vereiteln, hatte Venedig den Landrichter gebeten, nicht zu den Sitzungen der Häupter zu gehen. Wohl erschien jetzt Gueffier, versammelte die drei Häupter und riet, beide Parteien sollten auf ihre Bündnisse verzichten und die alte Treue gegenüber Frankreich halten; er erhielt von den Häuptern die Antwort: «Wir wollen unsere volle Freiheit in unseren Entschlüssen wahren.» Wieder anerbot sich Gueffier, mit Mailand zu verhandeln und im Streite zu vermitteln, damit die Sperre aufgehoben werde; doch vorerst sollten alle Verhandlungen mit Venedig abgebrochen werden. Man hörte nicht auf seine schönen Worte. Ueberall in Bünden und in den eidgenössischen Orten erwartete man den offenen Krieg der Parteien. Die katholische Tagsatzung besprach schon am 23. und 24. Januar 1618 die Lage (12). Vor allem schenkten die katholischen Orte und Mächte der Schule von Sondrio ihre Beachtung; denn sie schien auch den Bestand des Bistums zu gefährden. Im April kamen Pompejus Planta und Luzi de Mont nach Luzern zu Casati, um die Lage zu besprechen, und auf den 15. Mai hatten die katholischen Orte eine neue Tagsatzung vorgesehen, damit das Bistum Chur vor der Auflösung gesichert und die Schule von Sondrio geschlossen werde.

All diesen Absichten kamen die Führer der Mehrheit, die venezianischen Parteigänger, zuvor. Sie leiteten eine ganz radikale Aktion ein, die nichts weniger als die Vernichtung der Führer der Minderheit, der spanischen Parteigänger und ihres wachsenden Einflusses, bezweckte. — Und nun trat auch der 22-jährige Prädikant Georg Jenatsch mehr und mehr in den Vordergrund des Kampfes und an die Seite der Aristokratie. Der venezianische Parteiführer, Herkules von Salis, berief ihn von Scharans nach Thusis, «wo er plötzlich zu Geld kam», weiß Juvalta glaubwürdig zu erzählen, und er stellt den Lebenslauf Jenatschs so dar, wie er ihm in jenen Jahren erschienen war; «aus einem Fußgänger ein Mann zu Pferd geworden, widmete er sich mit Leichtigkeit diesem Stande und folgte mit Verachtung der dortigen Pfründe dem Kriegsdienste, wobei er zu großen Reichtümern gelangte und endlich, aus Begier, noch höher zu steigen, von der reformierten zur katholischen Religion übertrat» (13). Juvalta sah mehr die äußeren Vorgänge bei seinem Gegner, und doch ist seine Charakteristik, wenn auch einseitig, nicht ganz unzutreffend. Ohne Zweifel hatten die Kämpfe im engeren Kreis an der Seite Ruinellis und der Aristokratie, die Ereignisse und die Berichte über die drohende Haltung von Rudolf Planta auch Jenatsch tief erregt und gereizt; er folgte den Schmeicheleien des Herkules von Salis und trat in den Dienst der Aristokratie und Venedigs, wo Ehre und Geld zu winken schienen und sein innerer leidenschaftlicher Drang nach Betätigung im Kampfe Befriedigung finden konnte.

Für Jenatsch begann damit ein bewegtes Leben. Die Wege, die Herkules von Salis ihm und den jungen Prädikanten wies, sollten zu seinen politischen, kirchlichen und persönlichen Zielen führen, d. h. zur Einigung mit Venedig, zur Kräftigung und Ausdehnung der Reformation im Veltlin und zur Vernichtung der Führer der Minderheit, des Pompejus und Rudolf von Planta. Es ist nicht zu zweifeln, in starkem Maße galten die Bestrebungen den persönlichen Interessen des Herkules von Salis und seines Kreises. Wie schon früher, verstand er auch jetzt, die stürmenden jungen Prädikanten wie Jenatsch und Blasius Alexander und ihren geistigen Führer Alexius in den Kampf zu senden, sich aber mit kluger Berechnung im Hintergrund zu halten.

Persönliche Beziehungen des jungen Prädikanten Jenatsch zu Pompejus von Planta lassen sich nicht nachweisen. Planta wohnte damals auf Schloß Paspels; er hatte die fürstbischöfliche Marschallwürde und besaß die Landvogtei Fürstenau (Almens, Fürstenau, Pratval, Sils und Scharans) als Lehen vom Bischof (14). Die Leidenschaft der jüngeren Engadiner Prädikanten richtete sich indessen mehr gegen Rudolf Planta-Zernez, der als der allmächtige Führer der Paßgemeinden im Gotteshausbund größeren Einfluß ausübte, durch sein herrisches Auftreten im Bundestag und in den Beitagen die Gegner reizte, und in politischer Hinsicht auch eifriger wirkte als Pompejus (15).

Der venezianische Vertreter Scaramelli lud die Parteiführer Christian von Sax, Hartmann von Planta von Chur und Hans Sprecher nach Trahona ein, um die politische Lage und den Kampf gegen Mailand zu bereden (16). Dann rief er die Prädikanten zum Kampf auf. Blasius Alexander war als Pfarrer in Trahona tätig. «Und nun», sagt Scaramelli, «eiferten die Prädikanten, die ich unter der Hand hatte unterrichten lassen, um was es gehe und die unter sich fest zusammenhielten, mit Ausnahme des Pfarrers von Chur (Saluz), in den Predigten derart, als ob das Benehmen Spaniens ungerecht, hinterlistig und gegen die Freiheit gerichtet sei, der Geist Venedigs dagegen gerecht, so daß dieser Dienst der Prädikanten wunderbar die Zuneigung des Volkes für die Serenissima gewann.» So unverhüllt spricht der Vertreter Venedigs von den Vorgängen, die zum Strafgericht von Thusis führen sollten (17). Die Hetze Scaramellis gegen Mailand zeigte ihre Auswirkungen, als sich im Frühjahr die Landsgemeinden versammelten.

Ueberall rangen spanische und venezianische Parteileute um die Ehren- und Amtsstellen, und da Venedig seine Leute bei den Wahlen reichlich mit Geld unterstützte, so siegten sie auch auf der Lands-

gemeinde. So wurde auch im Grauen Bunde der venezianisch ge-
sinnte Julius Maissen zum Landrichter erhoben, und endlich kam
noch von den Zürcher Pfarrern die Mahnung, Venedig Hilfe zu leisten. Scaramelli war mit dem Eifer der Prädikanten auch zufrieden;
er schrieb: «Von den protestantischen Pfarrern darf ich erleben, daß
sie überall mit Begeisterung dem Volke predigen und lebhafter als
je zu Gunsten der Serenissima lärmen» (18). Und Jenatsch war
mit ganzer Kraft und Leidenschaft dabei. Gewisse Seiten seines
Wesens, die schon der Student in Zürich und Basel als Erbe der Heimat gezeigt hatte, nahmen jetzt ausgeprägtere und auch bedenklichere
Formen an. Mit Alexius und Blasius Alexander teilte er den Haß
gegen Andersgläubige, gegen Katholiken und gegen andersdenkende
Protestanten; jeder, der sich nicht seiner Gesinnung, seinem Denken
unterordnete, war Gegenstand seines unbändigen Hasses. Eine andere Auffassung im Glauben, im Dogma, so unerheblich und kleinlich
das dem modernen Menschen erscheinen mag, ihm war es ungeheuer-
lich, ja der Widerstand das Wichtigste, was es in Bünden gab. Die
grausamsten Stellen des alten Testamentes rechtfertigten ihre
Härte in die Tat umzusetzen. Furchtbar hatte der Hexenwahn im
August bis Oktober 1615, nicht lange vor der Abreise des Caspar
Alexius, in Genf gewütet, und nicht weniger grausam sollte die «Finsternis der Unmenschlichkeit» sich nun in Bünden auswirken, als ob
Alexius in der Führung der jungen Prädikanten in Bünden das Beispiel des Calvinismus in Genf (1615) mit großem Eifer hätte för-
dern wollen. Jenatsch war also nicht nur das blinde Werkzeug der
Aristokratie in Grüsch, vielmehr schwebten ihm unter dem Eindruck
seiner Jugend und der Zeit auch die Ziele des Alexius und des Blasius
Alexander von einer einheitlichen calvinistischen Kirche und einem
bündnerischen Gottesstaate vor. «Die Entscheidung steht bevor, um
Christus und die Kirche, ums Vaterland geht es», rief er aus. Auf
dem Wege zu seinem Ziele ging, nach dem Stil der Zeit, Gewalt vor
Recht; rechthaberisch, aufbrausend, kurz angebunden, brutal nieder-
schlagend, erschien er in diesen Tagen als Revolutionär und als Fana-
tiker zugleich. Ende März, in den Tagen vor der stürmischen Landsgemeinde im Oberengadin traf er mit Blasius Alexander aus Trahona,
Bonaventura Toutsch aus Morbegno und Caspar Alexius aus Sondrio in Cläven bei Herkules von Salis zusammen. Hier wurde der

politische Feldzug besprochen und die spanischen Opfer ins Auge gefaßt, so Rusca, die beiden Planta, Zambra-Prevost, Luzi von Mont
und wohl selbst ein Georg Saluz in Chur (19).

Die Frage der Schule von Sondrio und die calvinistische Propaganda des Alexius und seiner Gefährten waren nicht die einzigen
Gründe für die große Erregung in Bünden; es gab neben diesen konfessionellen Zielen auch politische Ursachen der Bewegung, und diese
lagen in den Vorgängen in Venedig und im deutschen Reich. Obschon Venedig mit Ferdinand von Steiermark und damit auch mit
Spanien Frieden geschlossen hatte, schmiedeten der Statthalter in
Mailand und der Vicekönig von Neapel immer wieder neue Pläne
gegen Venedig und zwangen die Republik, ganz bedeutende Söld-
nerscharen zu halten und kriegsbereit zu bleiben. Bündner Offiziere
wie Ulysses von Salis, die Casut von Ilanz, Rosenroll, à Marca u. a.
standen mit ihren Kompagnien bereit, dem Uskoken Häuptling Ferletich an der Ostgrenze der Terra ferma (Udine, Palma etc.) entgegenzutreten. Ossuna und Pietro di Toledo behaupteten, Venedig
unterstütze die aufständischen Böhmen und die Union gegen die Habsburger, und Ossuna bot dem Kaiser Matthias Hilfe an; er plante in
diesem Zusammenhang in Triest zu landen, und Giacomo Pierre, ein
Abenteurer aus der Normandie, wollte im Dienste Spaniens die Stadt
Venedig überfallen (April 1618). Dazu kam das Verhältnis Venedigs zu Herzog Karl Emanuel von Savoyen (1580—1630). Dieser
abenteuerliche Politiker, Fürst und Kondottiere hatte schon die französische Königskrone erstrebt und verhandelte nun mit der Union
und mit Böhmen und wünschte für sich die Kaiserkrone und die Königskrone von Böhmen zugleich; die Union sollte dann Venedig auffordern, die Zeche zu bezahlen. Dieser seltsame Nachbar reizte auch
den Pietro di Toledo. Die Gerüchte, die aus dem Lager der Bündner
in Venedig und aus dem Norden von Zürich, von der Union und
Böhmen kamen, schufen nun auch in Bünden eine gespannte Atmosphäre. Es war genug, um den Haß des Pietro di Toledo und seiner
Parteigänger zu erklären, und die venezianischen Parteigänger als
Mehrheit in Bünden erwiderten mit ihren Taten und Urteilen auf die
spanische Leidenschaft.

Pietro di Toledo und seine Helfer, wie Kanonikus Giulio della
Torre, erkannten bald, daß die verfügte Handelssperre gegen Bün-

den sich nicht zum Vorteile Spaniens und der Paßgemeinden auswirkte. Sie waren darum bereit, sie aufzuheben, wollten aber das
Versprechen haben, daß Bünden allgemein den Durchzug venezianisscher Soldaten, auch für Zürich und Bern verbiete. Scaramelli verhinderte die Verhandlungen mit Ausreden; dazu flossen in den Kreisen der spanischen Parteileute im Grauen Bund reichliche Geldspenden aus Venedig, und sie schwächten die Widerstandskraft der ganzen spanischen Partei. Ueberdies hatte die Sperre den Widerwillen
der Säumer und der Bauern gegen Mailand nur gefördert, ohne daß
das Volk Venedig als den Sündenbock angesehen hätte. So hatten
die venezianischen Parteigänger und die Prädikanten im Frühjahr
1618 keinen allzu harten Widerstand und die spanischen Opfer wenig Schutz und Hilfe zu erwarten.

Im Anschluß an die Besprechungen mit Herkules von Salis in
Cläven hatten die führenden Geistlichen Stephan Gabriel, Blasius
Alexander und Caspar Alexius am 30. März die Zürcher und Berner
um Rat und Hilfe gebeten. Das Schreiben drückte die tiefe Erregung aus, die bei den jüngeren Vertretern der evangelischen Kirche
in Bünden herrschte. In ihrem Brief klagten sie über den spanischen
Druck, doch dann auch besonders über die Zwietracht, die bei der
bündnerischen Aristokratie, (Salis-Samedan gegen Salis-Grüsch,
Planta etc.), zwischen der Aristokratie und dem Volk (Planta-Zernez und Unterengadin) und dann unter der evangelischen Geistlichkeit selbst zu beobachten sei. Einer von ihnen (Pfarrer Georg Saluz
in Chur) sei z. B. Spanier, und der Magistrat habe es dahin gebracht,
daß er nicht zur Synode erscheinen und sich nicht ihren Verfügungen unterwerfen werde. Bern und Zürich möchten behilflich sein,
um diese Trennung zu beseitigen. Die Antwort der Zürcher vom 10.
April wies die Bündner hin auf die dogmatischen Kämpfe in der
Kirche der Niederlande und mahnte sie, nicht eine solche Gefahr
heraufzubeschwören: «Widerstehet den Anfängen; denn die innere
Zwietracht bringt die Freiheit und die Kirche zugleich in Gefahr.
Lasset eure Synode einig bleiben.» Doch die Gegensätze in Bünden,
besonders zwischen den jüngeren und den älteren Theologen waren
nicht leicht zu beseitigen. Sie wirkten sich in Bergün, in Thusis, auf
Rietberg und im Unterengadin aus.

Am 14. April 1618 versammelten sich die Prädikanten in Bergün zur außerordentlichen Synode. Die geistlichen Geschäfte spielten keine bedeutende Rolle; es galt vielmehr dem «Hispanismus», den Gegnern, zu Leibe zu rücken. An die Spitze der Versammlung wurde Caspar Alexius gestellt, und damit waren der Versammlung die konfessionellen und politischen Ziele gesteckt. Hatte die Synode von Tamins acht Monate früher verboten, für Venedig tätig zu sein, so hatte Spanien, wie die Prädikanten es jetzt darstellten — inzwischen das Land, die Bauern und Säumer in Not gebracht, die Schule von Sondrio bedroht, den Glauben gefährdet, und die spanischen Anhänger waren mitschuldig; Abwehr war Pflicht. Sie witterten in ihren eigenen Reihen «Spanier». Die Pfarrer des Oberengadins und besonders Saluz in Chur und seine Anhänger stellten vergebens eine spanische Gesinnung in Abrede; sie sollten mindestens «die Wölfe im Schafspelz» sein. Die jüngeren Prädikanten kannten auch die Reden und Berichte des Abtes von Disentis, der versucht hatte, ihren Vertrauensmann Joder Casut für Spanien zu gewinnen und von 50 000 Scudi erzählt hatte, die aus Spanien geliefert worden seien, und endlich waren die beiden Planta, «die Kronenfresser», die Urheber alles Bösen; vor allem sollten sie die Sperre veranlaßt haben. Rudolf von Planta sollte sogar gedroht haben, den Prädikanten das Maul zu stopfen, ihnen die Zunge auszuschneiden, sie aus dem Lande zu jagen oder gar zu verbrennen, «trotzdem selbst der Geißhirt Gewalt habe, im Lande zu reden». Das fremde Geld und der fremde Einfluß, die Soldknechte Spaniens seien das Unglück des Landes. Ueber die viel bedeutenderen Summen, die sie und ihre Parteiangehörigen aus Venedig und Frankreich angenommen hatten, schwiegen die Prädikanten. In einem «Sendschreiben» an die evangelischen Gemeinden vom 30. April 1618 wurde die «Not des Landes» in diesen Farben dargestellt. Von der Kanzel aus sollten die evangelischen Bündner über die Lage des Landes weiter aufgeklärt werden, doch sollte kein Prediger aufwiegeln und aufreizen; es war ein kleines Zugeständnis an die einsichtigen Männer.

Was in dem Sendschreiben nur angedeutet war, sprach sich im Lande herum, namentlich der Wunsch, das Bistum aufzulösen und die Widersacher der Schule von Sondrio zu vernichten. Die spanischen Führer erkannten die nahende Gefahr und die wachsende Macht der Gegenpartei (20). Gioieri, der noch als Podestà in Morbegno amtete, beriet an der Grenze mit Giulio della Torre die Lage, und der Bischof von Flugi, der sich nach Fürstenburg geflüchtet hatte, schilderte seine Not dem Nuntius; dieser bat den Papst um Schutz für den Bischof und für den Erzpriester Nikolaus Rusca in Sondrio (21). Der Nuntius Sarego meinte, daß nur eine militärische Bedrohung des Veltlins von Mailand aus die spanischen Freunde und den Bischof retten könnte. Auch Gueffier bekam von der Königin-Mutter Marie von Medici Befehl, alles zum Schutze des Bischofs vorzukehren; doch er glaubte nicht an eine unmittelbare Gefahr, trotzdem Gioieri und Rusca aus dem Veltlin meldeten, daß der Zorn der protestantischen Bündner nie größer gewesen sei (22). Der Nuntius erbat auch wiederholt den Schutz der katholischen Mächte für das Bistum, und er dachte daran, als Gegengewicht zur Schule von Sondrio eine katholische Lehranstalt zu eröffnen; allein er bemerkte die Schwäche seiner Anhänger und namentlich die Gleichgültigkeit der von Venedig bestochenen Katholiken in Bünden (freddi e debol soggetti); nur Pompejus Planta, der Abt von Castelberg und wenige andere bildeten eine Ausnahme (23). Die folgenden Ereignisse gaben ihm recht.

Die Prädikanten hatten nach der Synode von Bergün und dem Sendschreiben vom 30. April ihre politische Tätigkeit fortgesetzt. Dabei trat Jenatsch, «das gottlose Maul», mehr und mehr in den Vordergrund. Im Auftrage seiner Amtsbrüder diesseits der Berge, also namentlich der Pfarrer im Domleschg und Heinzenberg, erschien er am 27. Juni in Samedan vor den versammelten Pfarrern des Oberengadins und mahnte sie, behilflich zu sein, damit ein «neutrales» Strafgericht aller drei Bünde zustande komme und alle die bestraft würden, die sich besonders durch Beziehungen zum Ausland (Spanien) gegen die Bünde vergangen hätten. Er warb für das geplante Strafgericht. Auch Blasius Alexander war im Namen der Veltliner Prädikanten von Trahona hergekommen, wünschte ebenfalls ein Strafgericht und sprach von der Feindseligkeit der Veltliner Katholiken gegen die dortigen Protestanten. Beide dienten nun offen der venezianischen Propaganda eines Scaramelli und des Herkules von Salis. Die Prediger des Oberengadins waren dem neuen Geist und dem Treiben der Jungen gar nicht gewogen. Trotz der Zugehörigkeit zur venezianischen Partei war der Vikar Johann von Salis-Samedan immer ein persönlicher Gegner des Herkules geblieben; er erkannte den persönlichen Anteil des Grüschers an dem Unternehmen, und sein engster Mitarbeiter und Vertrauensmann, der Pfarrer von Samedan, Luzius Papa, dachte wohl nicht anders als er. Die Versammlung der Pfarrer des Oberengadins versprach, den Gemeinden die Beweise für die Angaben im Sendschreiben vom 30. April vorzulegen, aber ein parteiisches Strafgericht und Tumulte wollten sie nicht erleben und auch nicht billigen (24). Von dieser und von andern Reisen Jenatschs und seiner Freunde wußte der venezianische Resident selbst nach Venedig zu melden; er schrieb am 11. Juli: «Die Prädikanten gehen von Gemeinde zu Gemeinde und bearbeiten das Volk, alle Privatpensionen sollen verboten und die empfangenen dem Volke zurückerstattet werden, ein Strafgericht gegen die „Spanier" soll gebildet werden, und die vom Strafgericht in Chur betroffenen Anhänger Venedigs hoffen auf Befreiung von den Strafen oder auf deren Erleichterung» (25).

Wirksamer gestaltete sich die politische Propaganda im Unterengadin. Dorthin zog Jenatsch mit Bonaventura Toutsch, der eben Morbegno verlassen hatte, um in Sils i. D. zu amten; sie gingen zu Nikolaus Anton Vulpius, der damals als Pfarrer von Remüs wirkte (es war der Bruder des Jakob Anton Vulpius in Fetan). Die Remüser und die Schleinser waren unter seinem Einflusse die Hauptgegner des Rudolf Planta (26), und von hier ging nun die Aufstandsbewegung aus. Jenatsch, Toutsch und Vulpius an der Spitze, zogen die Männer von Remüs und Schleins durchs Unterengadin hinauf, immer neuen Zuzug gewinnend. Auch Baptista von Salis-Soglio war herbeigeeilt und feuerte die Scharen gegen die Planta an, und Herkules von Salis reiste wieder nach Grüsch, um dem Geschehen nahe zu sein (27). Die Unterengadiner erschienen in Zernez und in Zuoz; sie trugen eine gefälschte Liste der spanischen Vergabungen bei sich und wollten Rudolf von Planta ergreifen und ihn vor das Strafgericht führen. Allmählich kamen die Männer aus dem Münstertal, Puschlav, Oberengadin, Bergün und Fürstenau herbei; die Schar wuchs auf 1200 Mann an. Rudolf Planta auf Schloß Wildenberg hatte sich verschanzt und seine Freunde und Verwandten um sich, so Augustin Travers, Jakob Robustelli aus Grossotto im Veltlin, Landammann Pietro Leone von Schuls, Landammann Daniel Planta und

Vikar Rea à Porta von Schuls. Sie begleiteten Planta auf der Flucht über den Ofenpaß nach Mals (28). Die Scharen plünderten das Schloß und suchten nach dem Briefwechsel, der Planta belasten sollte.

Den Häuptern in Chur waren die Absichten und die Umtriebe der Prädikanten und der Salis-Grüsch und Soglio kein Geheimnis; denn Julius Maissen und Johann Sprecher waren selbst bei Scaramelli gewesen; allein sie befürchteten große Verwicklungen und den Bürgerkrieg und sandten schon Ende Juni zwei venezianische Parteimänner, Caspar Schmid von Grüneck und Stephan Gabriel aus dem Grauen Bund, dann Georg Saluz und Landvogt Scarpatetti ins Engadin, um die Scharen zur Ruhe zu mahnen; aber Jenatsch und die Führer antworteten hochtrabend: «Das Volk ist Herr des Landes!» Von Zernez waren die Scharen nach Zuoz gezogen; es war jetzt das Zentrum der venezianischen Partei im Oberengadin, und Conradin von Planta-Zuoz, der Studienfreund Jenatschs in Zürich, genoß an Stelle des alternden Johann von Salis-Samedan das Ansehen und das Vertrauen eines Hauptes der Venezianer im Ober- und Unterengadin und auch in Venedig.

War Rudolf Planta den Scharen entgangen, so sollten die übrigen Widersacher Venedigs überrascht werden. Eine Schar von 60 Männern eilte das Oberengadin hinauf und über den Murettopaß nach Sondrio. Hans Viktor von Travers erzählt später, Jenatsch habe die Führung gehabt; die Veltliner sagen, Blasius Alexander habe die Schar geführt. In der Nacht vom 25. Juli umstellten sie unter der Leitung von Baptista von Salis und Blasius Alexander, «armati all' improvisa», das Haus des Erzpriesters Nikolaus Rusca, nahmen ihn, seinen Bruder und den Diener gefangen und führten sie gebunden zum Palazzo des damaligen Landeshauptmannes Paul Buol. Das Volk sammelte sich und schrie nach Waffen. Johann Baptista Schenardi erschien mit der Hellebarde auf dem Platz und mahnte andere zum Widerstand. Nikolaus Carbonera sprach zur Menge im gleichen Sinne, und Nikolaus Merli eilte zur Kirche, um die Sturmglocken zu läuten; er wurde von den Bündnern ergriffen und die Menge zerstreut. Alle, die sich gegen die Bündnerschar geregt hatten, wurden später in Thusis bestraft (29). Den Bruder des Erzpriesters und den Diener entließen die Bündner; Rusca wurde abgeführt. Dr. Schenardi,

den die Schar suchte, war entflohen. Rusca war der geistige Führer
der Gegenreformation und des katholischen Volkes im Veltlin, ein
gottesfürchtiger Mann von untadeligem Lebenswandel. Er hatte sich
offen bemüht, die Ausbreitung der Reformation im Veltlin zu verhindern, und der Nuntius Giovanni della Torre und der Bischof
von Como, denen er in kirchlichen Dingen unterstand, hatten ihm
das höchste Vertrauen erwiesen. Die Schule von Sondrio hatte er
bekämpft, in Cajolo bei Sondrio die Einführung der Reformation
verhindert, und Alexius war neben Herkules von Salis, Blasius Alexander und Jenatsch sein leidenschaftlicher Gegner geworden (30).

In Zuoz, auf dem weiten Platz vor dem Gerichts- und dem
Plantahaus, traf auch eine zweite Schar ein, die in Vicosoprano den
alten Politiker Giovanni Battista Prevost, den Zambra, aufgegriffen
hatte, sogar bis Chiavenna marschiert war und dort nach Opfern
gesucht hatte. Mit den Gefangenen zogen die Scharen nun über den
Berg gegen Chur. In Lenz schlossen sich noch mehr Männer des
Gotteshausbundes und des Grauen Bundes an. Unterwegs stritt die
tobende Menge, ob man die Gefangenen gebunden daherführen
wolle. Mit Jenatsch, Vulpius und Blasius Alexander an der Spitze
langten die Scharen vor Chur an (31). Sie fanden die Tore verschlossen; denn Chur hatte sich zu den Paßgemeinden gehalten, und
zudem waren die Horden ja nichts als Revolutionäre. Diese drohten,
den Mühlbach abzuleiten und sich an Bürgermeister Andreas Jenny
zu rächen, weil er die Aufnahme in die Stadt widerriet. Die Fähnlein blieben trinkend und lärmend fünf Tage und Nächte vor dem
Tore im «Welschdörfli» und warteten auf den Anzug der Fähnlein
aus Davos und Prätigau; dann zogen sie nach Thusis in den Grauen
Bund, um dort das Strafgericht zu bilden. Thusis war ringsum von
Gemeinden umgeben, in denen die Gesinnungsgenossen der Prädikanten in starker Mehrheit herrschten; somit fühlte sich das Gericht
hier vor Ueberraschungen sicher.

Die Aufständischen luden alle Gemeinden ein, ihre Abgeordneten, begleitet von je 50 Gäumern, nach Thusis zu senden, und schon
nach wenigen Tagen standen 27 Fähnlein in Thusis. Die Katholiken
(Disentis, Lugnez, Misox) waren nur durch wenige Männer vertreten, die der venezianischen Partei angehörten und durch deren Hände
venezianische Gelder gegangen waren, wie Landrichter Sigisbert De-

rungs von Truns u. a. Das Gericht bildete sich aus je zwei Mann aus jeder Gerichtsgemeinde; große Gemeinden bekamen drei Vertreter. An der Spitze des Gerichtes standen Jakob Joder Casut, der Vertrauensmann der Prädikanten, und sein Gesinnungsgenosse Caspar Schmid von Grüneck. Jeder Richter hatte eine Anzahl Gäumer als Wache. Die große Schar von Richtern wählte zwei Ausschüsse oder Kommissionen, eine von Laien und eine von Geistlichen, um die Prozesse oder das Verfahren zu überwachen. In dieser Kommission der Geistlichen saßen neun Prädikanten: Stephan Gabriel, Johann à Porta, Caspar Alexius, Jakob Anton Vulpius, Conrad Buol (Davos), Blasius Alexander, Georg Jenatsch, Bonaventura Toutsch und I. P. Janett; es waren sieben Engadiner, ein Bergüner und ein Davoser. Der katholische Klerus war eingeladen worden, sich zu beteiligen, war aber ferngeblieben. Die neun Prädikanten, als «ufseher verordnet», führten die Untersuchungen, nahmen auch an den Gerichtsverhandlungen teil, ergriffen hier das Wort und beeinflußten die Richter schließlich mit Drohungen. Das ganze Anklagematerial war von ihnen zusammengetragen, oder es ging jeweilen durch ihre Hände. Auch die Zeugen mußten vor ihnen erscheinen; sie bildeten die Triebkraft, und die Angeklagten hatten hier in der Kommission der Prädikanten ihre gefährlichen Gegner, so Rusca in der Person Jenatschs und des Caspar Alexius, der nach dem Bericht des venezianischen Residenten Scaramelli der Hauptagitator war und auch von Juvalta in seinen Denkwürdigkeiten in ein bedenkliches Licht gestellt wird (32). Rudolf und Pompejus von Planta hatten in Jakob Anton Vulpius und Jenatsch ihre Gegner. Hans Viktor Travers hat in einem späteren Bericht Jenatsch beschuldigt, er sei der Haupturheber am Tode des Rusca und des Joh. Baptista Prevost gewesen.

Die Fähnlein suchten nun zunächst aller Führer unter den Gegnern habhaft zu werden und sandten kleinere Scharen nach St. Maria in Calanca, um den Podestà Joh. Anton Gioieri und den französischen Interpreten Anton Molina zu verhaften; eine andere Kolonne wollte Luzi de Mont, den Freund und Vertrauten des Pompejus von Planta herbeischaffen; doch er war wie die Planta außer Landes. Molina war nach Baden geritten, um dem Gesandten Gueffier über die Vorgänge zu erzählen.

Die Richter begannen ihre Tätigkeit. Mit Lüge und Verdrehung, durch Bedrohung und Bestechung der Zeugen wurde das Opfer, besonders von den Prädikanten umgarnt, dann mitunter der Folter preisgegeben. Johann Baptista Prevost, ein 74-jähriger Mann, wurde zum Tode verurteilt und hingerichtet. Obschon er Protestant war, hatte er als Führer der Paßgemeinden im Ober-Bergell den Haß der Salis-Soglio, der Salis-Grüsch und Venedigs auf sich gezogen. Er wurde beschuldigt, im Jahre 1603 den Statthalter Fuentes zum Bau der Feste am Ausgang des Veltlins veranlaßt zu haben, eine plumpe Unwahrheit. Zudem sollte er französische Pensionen bezogen haben und die Prädikanten bekrittelt und diesen gedroht haben, ihnen «das Maul zu stopfen». Seine Beziehungen zum Auslande, zu Mailand, dienten den Paßgemeinden und dem Frieden mit Spanien und nicht persönlichen Vorteilen. Die Forschung hat bisher ergeben, daß Prevost das Opfer des Terrors war.

In ähnlicher Weise wurden die Planta beschuldigt. Beide Brüder hatten durch ihre Stellung im Gotteshausbund und durch die Führung der Paßgemeinden sowie des Strafgerichtes in Chur den Haß der Salis-Grüsch und der Prädikanten auf sich geladen. Das Urteil lautete auf Verbannung, Zerstörung ihrer Schlösser und Beschlagnahme ihrer Güter, und sollten sie wiederkehren, so habe der Scharfrichter sie zu vierteilen (33). Anfang September begann der Prozeß gegen den Erzpriester Nikolaus Rusca aus Sondrio. Der Chronist Fortunat Sprecher von Bernegg, der zwei Jahre der Nachbar Ruscas gewesen war und mit ihm persönlich verkehrt hatte, schätzte ihn (34). Sein Kampf um die Erhaltung der katholischen Kirche im Veltlin war in den Augen der Parteirichter aber ein todeswürdiges Verbrechen. Dazu wurde er noch beschuldigt, die Veltliner im Jahre 1584 aufgereizt zu haben, den Prädikanten Scipio Calandrino an Mailand auszuliefern, ferner die Veltliner (1603) ermahnt zu haben, nicht gegen Fuentes zu kämpfen, wenn Bünden den Krieg erkläre u. a. m. Die Beweise fehlen. Die Prädikanten begleiteten Rusca zur Folter und überwachten die Arbeit des Henkers (35). Das Schicksal Prevosts und Ruscas hatte auch in ganz Bünden tiefe Teilnahme erweckt. Nach diesen Justizmorden bestrafte das Gericht nun auch die Veltliner, die sich Ruscas angenommen hatten, und verurteilte den Blasius Piatti von Teglio zum Tode, weil er die Katholiken von

Boalzo unterstützt hatte. Endlich sollte auch Georg Saluz für seine Gesinnung büßen; denn Kritik wollten die jungen Prädikanten nicht dulden (36). Das bekam auch Joseph Capol von Flims, ein spanisch gesinnter Protestant, der «Planta Knecht und diener» zu spüren. Er mußte namentlich wegen seiner Gesinnung vor Gericht erscheinen; daneben wurde auch seine Härte in der Verwaltung der Untertanenlande gerügt. Während des Verfahrens gegen Capol mischten sich die Fähnlein in die Verhandlungen, und unter Beschimpfungen wollte dieser Pöbel ihn verhaften. Da mißbilligte das Gericht die Haltung der Fähnlein; diese mußten sich fügen und erwählten den Hauptmann Anton Wieland (Violand) von Schuls zu ihrem Vertreter vor Gericht. Nach fünf Tagen legte er den Richtern die Begehren der Fähnlein vor; sie hießen: nach gefälltem Urteil darf keine Gnade gewährt werden, und alle Kosten sind von den Verurteilten zu tragen.

Die Urteile gegen Luzi de Mont, Gioieri u. a. entsprachen dem gleichen Zweck wie die gegen die Planta; der Gegner sollte vernichtet werden, um der venezianischen Partei alle Wege zu ihrer politischen und religiösen Herrschaft zu öffnen. Ein scheinbares Recht, eine Gesetzgebung sollte die Taten des Terrors stützen. Es entstanden Gesetze, die den Bedürfnissen und den Wünschen der Partei entsprachen, und am 22. November konnten die Richter feststellen, daß die Mehrheit der Gemeinden die nachfolgenden Bestimmungen gutgeheißen hatten: in den drei Bünden und in den Untertanenlanden dürfen beide Konfessionen ihren Glauben ausüben; die Schule von Sondrio wird bestätigt; der Verkehr mit den Vertretern des Auslandes ohne Wissen der Häuper und der Vertreter des Volkes ist untersagt; jedes Jahr versammelt sich ein Strafgericht, und schließlich sollen im Bundestag neben den Vertretern der Gemeinden auch die Geistlichen sitzen. Die zweite und die letzte Bestimmung verrieten ihre Herkunft (Venedig und Genf). Die Freiheit des Glaubens sollte dazu dienen, im Untertanenland für die evangelische Kirche gleiches Recht (also auch Kirchen und Kirchengüter) zu fordern. Den Verkehr mit dem Ausland pflegten aber Joder Casut, Herkules von Salis und Jenatsch eifrig weiter, ebenso nahmen sie Gelder an; das Gesetz galt nicht für die Terroristen selber, sondern war eine Waffe gegen die Widersacher. Gegen diese Artikel hatten das Lungnez und das Misox Einsprache erhoben; denn sie sahen die Gefahr, die in

ihnen enthalten war. Auch in Madrid, Rom und Innsbruck erkannten
die Regierungen, welche Ziele die Richter von Thusis mit diesen Artikeln verfolgten, und die Mächte wurden im Gedanken bestärkt, den
Bestrebungen der venezianischen Partei entgegenzutreten. So bereitete sich der Kampf vor.

Die Aristokraten und ihre Anhänger glaubten nun ihre Hauptgegner im Lande mit Hilfe der Prädikanten vernichtet zu haben und
fühlten sich gelegentlich in ihrer beherrschenden Stellung so wohl, daß
sie den Häupterkongreß der Bündner nicht anerkennen wollten; sie
behaupteten offen, im Besitze der Macht zu sein und der bündnerische Bundestag, die bündnerische Volksvertretung, könne sie in ihrer
Stellung nur schwächen. So äußerte sich auch Joder Casut, der Vorsitzende des Gerichtes von Thusis, in Chur vor den Häuptern und
Räten.

Die Fähnlein der Gerichtsgemeinden waren großenteils heim-
gezogen. Da stellten auch Georg Jenatsch, Blasius Alexander und
Bonaventura Toutsch das Begehren, das Gericht möge sie, die «als
ufseher verordnet gsyn», beurlauben, «alldiewyl die Kirchen im Veltlin mit Kilchen dienern nit wol versorget». Das Gericht verlangte
vorerst die Ablieferung aller Akten der Untersuchung; dann sollten
die drei Prädikanten «ein anzahl gelts bekommen, dz sy ir zerung
zahlen mögend». Jenatsch verließ zugleich auch endgültig die Pfarre
Scharans, um Mitte des Monats November (1618) ins Veltlin zu
ziehen und dort den politischen und religiösen Zielen der Partei weiter zu dienen. Das Geld Venedigs, die Nähe des venezianischen Vertreters, der Einfluß des Herkules von Salis mochten bei diesem Entschluß mitwirken.

Jenatsch übernahm die Pfarrei Berbenno, zwei Stunden von
Sondrio entfernt; drei Stunden talauswärts in Trahona und Caspano
amtete neben Mutio Paravicini Jenatschs Herzensfreund Blasius Alexander und in Mello Samuel Andreoscha von Samedan. Jenatsch
ersetzte den kranken Pfarrer Balthasar Clauchrist, der 1619 starb.
Berbenno hatte an die 80, höchstens aber 100 evangelische Einwohner; nur in Sondrio und in der Umgebung und dann in Cläven waren
die Evangelischen zahlreicher; aber die Gesamtzahl mochte 1000
kaum erreichen. Die Veltliner selber zählten nur 600 Protestanten
auf 80—90 000 Einwohner. Die Gleichstellung der Evangelischen

mit den Katholiken im Untertanenland ließ jedoch Jenatsch auf eine
erfolgreiche Tätigkeit hoffen. Die Geschichte weiß aber leider wenig
von seinem und seiner Freunde Wirken im Veltlin zu erzählen; die
Tage in Thusis waren für einen Dienst an der Kirchgemeinde eine
schlechte Vorbereitung gewesen, und der Ruf des evangelischen Predigers bei den katholischen Veltlinern konnte diese nicht verlocken,
seinen Worten zu folgen. Auch in Bünden gedachten die Gegner seiner und seiner Amtsbrüder in bösen Worten:

> «Der Prädikanten standt,
> ist jetz, pfuy dich der schandt,
> Nit zum Jesuïten orden:
> Henckers knecht seindt sie worden . . .
> O wehe der schandt und grossen sünd,
> Ir seindt der Venediger Jag(d)hünd . . .»

Ueber Jenatsch las man das Urteil der Gegner:

> «Genatzius dasz gottlosz maul
> Aerger dann ein fisch, der da faul,
> Kompt erst ietz ausz der haber pfann,
> Ist ein ehrlosz verlogener mann . . .» (37).

Die derbe Anklage war in dieser Verallgemeinerung ein Unrecht,
das der Leidenschaft der Gegner entsprang; in Bezug auf Jenatsch,
Blasius Alexander, Gabriel und einige andere enthielt sie ein wah-
res Wort; sie trugen die volle Verantwortung für das Strafgericht von
Thusis. Das maßlose Treiben der evangelischen Propaganda im Bunde
und im Solde von Venedig und im Dienste eines Kreises der Aristokratie rief den offenen Bürgerkrieg und den Kampf mit den Nachbaren herbei und stürzte Bünden in tiefes, ungeahntes Unglück.

IV

Widerstand der spanischen Partei und das Strafgericht von Chur
Die Gegenbewegung und das Strafgericht von Davos 1619
Das Bündnis mit Venedig

Während Jenatsch und seine Gefährten im Sommer 1618 mit ihren Scharen nach Chur und Thusis gezogen waren, hatten die spanischen Parteimänner Bünden verlassen müssen. In Luzern trafen sich die Brüder Planta, Gioieri und Luzi de Mont, um bei den katholischen Orten Schutz und Hilfe zu suchen; diese zeigten indessen wenig Eifer für die bündnerischen Geschäfte, denn sie kannten die Macht und Zähigkeit der venezianischen Partei. Anders dachte der Nuntius Sarego in Lugano; er wünschte, daß alles getan werde, um den Sturm von Norden aufzuhalten, und er hielt jetzt mehr als zuvor an den Forderungen der Gegenreformation fest. Als er dann — wohl durch seinen Freund Gioieri — das Schicksal des Nikolaus Rusca vernahm und weiter erfuhr, daß das Bistum immer noch gefährdet bleibe, bat er die katholischen Orte und die Nachbarmächte Bündens um Hilfe. Schon in diesen Tagen dachte Sarego wie die Spanier an den planmäßigen Angriff auf Bünden. Aus Tirol und von Mailand her sollten die drei Bünde überrascht und das Veltlin besetzt werden; damit sollte alle evangelische Propaganda im Veltlin und vor allem die Schule von Sondrio ein Ende haben. Die katholischen Orte konnten dabei neutral bleiben und dadurch den Aufmarsch der evangelischen Orte Bern und Zürich verhindern. Frankreich sah im Grunde ein Unternehmen dieser Art nur mit Widerwillen; denn wenn Spanien und Oesterreich einmal Bünden in Händen hatten und gar das Veltlin besetzt hielten, war das Interesse Frankreichs an den Paßstraßen und an Bünden selbst gering. Indessen glaubte auch Frankreich, daß dem tollen Treiben Jenatschs und seiner Partei im Dienste der Aristokratie und Venedigs Einhalt geboten werden müsse, und so ritt Mery de Vic zum spanischen Gesandten nach Altdorf und dann weiter zum Nuntius Sarego nach Lugano und zum spanischen Statthalter nach Mailand (1). Hier war auch Rudolf von Planta erschienen. Mery de Vic empfahl dem Statthalter in Mailand — es waren noch die Tage des Strafgerichtes in Thusis — den Bünden wenigstens mit den Waffen zu drohen und versprach seinerseits, die evangelischen Orte Zürich und Bern zur Neutralität oder zum Stillsitzen zu mahnen. Frankreich wollte also die Geschäfte im eigenen Sinne beeinflussen. Die Richter in Thusis erhielten Kunde von den Bemühungen des französischen Gesandten, und als der venezianische Vertreter Antonio Donato im Herbst 1618 in Thusis erschien, verhehlten die Führer, namentlich Caspar Schmid von Grüneck, ihre schweren Sorgen nicht. Venedig wurde nun zurückhaltender, und ein Bündnis, das die Thusner Machthaber anregten, wurde von Venedig zunächst abgelehnt. Die Republik betonte immer mehr den Wunsch, an der Neutralität festzuhalten, und obschon die Venezianer ihre Freude am Aufstand der Böhmen nicht verbargen und den Aufständischen den besten Fortgang ihrer Sache wünschten, dem Herzog von Savoyen immer wieder Geld lieferten, wollten sie der Allianz gegen die Weltmacht der Habsburger nicht beitreten. — Venedig war reich, es stand in der Blüte des Wohlstandes, machte Geschäfte mit Freund und Feind, und die Signoria erblickte mit Stolz ihre Größe in der ruhigen, selbstbewußten Ueberlegenheit, mit der sie auf die Händel der Nachbarn herabsah, die sich in ihrer Bettelhaftigkeit um die gefüllten venezianischen Kassen drängten. So hätte das Bündnis mit Rätien keinen Sinn gehabt. —

Schon aus den Urteilen gegen Rudolf Planta und I. B. Prevost hatte sich die Besorgnis der Bündner um ihre Lage geäußert. Die beiden waren beschuldigt worden, sie hätten das Veltlin den Spaniern und Gioieri besonders das Misox an die katholischen Orte Uri, Schwyz und Unterwalden, die Inhaber von Bellinzona, ausliefern wollen. Es hieß mit andern Worten, die Bestrebungen der Gegenreformation und die Interessen Spaniens gefördert zu haben.

Um die Mitte Oktober 1618 waren Pompejus und Rudolf Planta, Luzi de Mont, Jakob Robustelli, Azzo Besta und Antonio Paravicini, die Führer der Veltliner, in Mailand, um mit Giulio della Torre und dem Statthalter Don Gomez das Vorgehen gegen die Männer von Thusis zu beraten (2). Der Nuntius hoffte, daß sein Plan ausgeführt und Bünden von Ost und Süd angegriffen werde, besonders baute er auf den Eifer von Giulio della Torre, dem Prevosto della Scala. Ein entscheidendes Unternehmen bedurfte indessen der Zustimmung des Königs in Madrid und der katholischen Orte. Somit reisten Pompejus Planta, Gioieri und Luzi de Mont einstweilen wieder über den Gotthard zurück. Sie meinten, daß der Kampf um die Rückkehr und um den Frieden in der Heimat von ihnen mindestens selbst eingeleitet werden müßte, und in diesem Sinne sprach Pompejus am 5. November 1618 vor der Tagsatzung in Baden. Er wünschte die Unterstützung durch die eidgenössischen Orte, um sich in Bünden Recht zu verschaffen. Der Abgeordnete des Thusner Gerichtes, der zugegen war, widerlegte im Sinne seiner Partei die Anklagen und setzte seine Hoffnungen auf Bern und Zürich. Die katholischen Orte befürchteten, daß der Bürgerkrieg in Bünden von ihnen Opfer fordere; sie mahnten daher zur Revision der Thusner Urteile, und Bern und Zürich, die den Einmarsch der Spanier ins Veltlin voraussahen, rieten den Richtern in Thusis, den Emigranten ein unparteiisches Urteil zu gewähren; allein in Thusis verschloß man sich der besseren Einsicht und tröstete sich, der Angriff werde nicht so leicht erfolgen, und darin hatten die Richter recht; denn der Aufmarsch Spaniens verzögerte sich.

Auch der spanische Gesandte Alfonso Casati meinte noch im Dezember 1618, der König von Spanien werde sich wegen des Strafgerichtes von Thusis nicht in Bünden einmischen; denn dadurch gerate die «ganze Maschine» in Bewegung. Die Planta, Luzi de Mont und Gioieri kamen gegen Ende Dezember wieder nach Lugano zum Nuntius und beklagten sich unter Tränen, daß niemand ihnen beistehen wolle; sie baten den Nuntius, er möge den Papst ersuchen, durch seinen Einfluß bei den Mächten ihnen die Rückkehr in die Heimat zu ermöglichen. Dann gedachten sie bei dieser Unterredung auch des Schicksals der Untertanen, und sie sprachen den Gedanken aus, die Herrschaft im Untertanenland den katholischen Bündnern allein zu überlassen, die Prädikanten aus diesen Gebieten zu vertreiben und den evangelischen Gottesdienst zu verbieten. Der Nuntius billigte diese Gedanken und sprach das in seinem Bericht nach Rom klar aus (3).

Die Neugründung der Schule von Sondrio, die calvinistische Propaganda im Veltlin, die Synode von Bergün und endlich das Strafgericht von Thusis hatten zu einer schroffen Scheidung der Konfessionen geführt; die katholischen Landesteile traten jetzt immer entschiedener für Mailand-Spanien und für die Ziele der Gegenreformation ein. Die evangelischen Unterengadiner verließen mehrteils ihre Paßinteressen und ihren Führer Rudolf Planta in Zernez und folgten dem Rufe der Prädikanten. Mehr und mehr lag nun jeder Entscheidung der Konfessionalismus zu Grunde.

Die Emigranten bereiteten die Erhebung und die ihrer Anhänger in Bünden vor. Luzi de Mont und Gioieri riefen von Uri und von Bellinzona aus ihre Leute zu den Waffen, und Mailand lieferte das Geld (4). Am 26. April 1619 sammelte Balthasar de Mont, der Bruder des Luzius, im Lugnez die Männer des Tales; am 30. April vereinigten sich diese in Ilanz mit dem Fähnlein von Disentis unter Jakob Baliel und Landammann Sigisbert Derungs. Dann schlossen sich die Obersaxer und Laxer unter Johann Corai an. In Ilanz suchten die Scharen vergebens den Prädikanten Stephan Gabriel, er hatte das Land verlassen.

In Ems trafen die Misoxer unter Caspar Molina ein und die Bergeller unter Fabius Prevost, dem Sohne des in Thusis hingerichteten Zambra. Die Scharen verurteilten die Haltung des Gerichtes in Thusis; dann beschlossen sie, in Chur ein unparteiisches Gericht einzusetzen und die Schule von Sondrio aufzulösen; es waren die Forderungen Spaniens, des Nuntius und der katholischen Orte. In Chur waren inzwischen die Häupter und Räte versammelt, und vor ihnen standen am 4. Mai 1619 die Führer der Fähnlein und brachten die Begehren vor, nämlich die Wahl eines unparteiischen Gerichtes und die Auflösung der Schule von Sondrio, die den Kernpunkt des Streites bildete. Die Eidgenossen befürchteten das Schlimmste; darum eilte eine Abordnung von Zürich nach Chur und stellte die politische Gefahr für Bünden vor, denn in Zürich erwartete man jeden Tag den Angriff von Süden her. Im gleichen Sinne sprachen die Zürcher zu den Scharen in Ems; sie empfahlen den Bündnern warnend ein Bündnis mit Venedig.

Der Nuntius, der über die Vorgänge in Bünden durch den Abt von Disentis unterrichtet war, verlangte, daß auch eine Abordnung der katholischen Orte nach Chur gehe. Diese kam dort Ende Mai an und begehrte, daß der Bischof von Chur in seine alten Rechte eingesetzt und die Urteile von Thusis aufgehoben würden (5). Verstärkt durch neuen Zuzug aus dem Bergell und aus dem Oberhalbstein, zogen die Scharen von Ems nach Chur und nahmen den Vorsitzenden des Thusner Strafgerichtes Jakob Joder Casut, der als Mitglied des Beitages dort weilte, gefangen. Die spanischen Parteigänger glaubten jetzt auch die Gewalt in Händen zu haben, und das Gericht in Chur sollte die Gegner persönlich treffen; doch das politische Sturmwetter bekam neuen Auftrieb.

Wieder waren es Jörg Jenatsch und Blasius Alexander, die die neue Erhebung leiteten. Seit Ende November des Jahres 1618 waren die Freunde im Veltlin tätig gewesen, wie und wo, ist nicht immer zu sagen; es unterliegt aber keinem Zweifel, daß Jenatsch nicht in der Pfarrstube von Berbenno hinter der Bibel saß; vielmehr diente er der politischen und evangelischen Propaganda. In Gemeinschaft mit Blasius Alexander wollte er die Nachbarschaft von Sondrio und Teglio mit Gewalt für die evangelische Kirche gewinnen; denn hier zählten die Protestanten schon am meisten Anhänger. Das Volk leistete, gereizt durch die Vorgänge in Thusis, einen sehr zähen Widerstand, besonders äußerte sich dies im Weiler Boalzo.

Schon 1589/90 hatte die kleine evangelische Gemeinschaft in Boalzo — es waren nach katholischer Version zwei bis drei Familien und nach protestantischer 30 bis 40 Personen — den Mitbesitz der Kirche und des Kirchengutes daselbst beansprucht. In einem langen Streit um diese Sache hatten die katholischen Oberbündner vorgeschlagen, die katholische Gemeinde möge dem evangelischen Teil eine Abfindungssumme bezahlen und ihnen dazu die kleine Kirche St. Georg am Rande des Tobels überlassen. Im Jahre 1617 lebte der Streit wieder auf; denn die Schule von Sondrio weckte in den evangelischen Veltlinern neuen Mut, und am Strafgericht von Thusis klagte der evangelische Dr. Johann Anton de Federigo von Boalzo den katholischen Blasius Piatti vom benachbarten Teglio an, er habe zusammen mit andern Veltlinern die Evangelischen während des Gottesdienstes in der Hauptkirche überfallen und ermorden wollen (6). Piatti wurde in Thusis gefoltert und am 23. November dort enthauptet. Gestützt auf die Artikel von Thusis, die die beiden Bekenntnisse einander gleichstellten, verlangten die Evangelischen in Boalzo, daß ihnen das Recht, die katholische Kirche mitbenutzen zu dürfen, zuerkannt und daß ihnen aus den jährlichen Einnahmen der Kirchengüter 50 Gulden an den Unterhalt ihres Predigers bezahlt würden. Die Häupter und die Prädikanten unterstützten das Begehren (7). Jenatsch und Blasius Alexander, dessen Frau Magdalena Cattaneo aus Teglio war, befaßten sich eifrig mit dem Streit, und eines Tages im Frühjahr 1619 trafen sie den Siegrist von Boalzo auf dem Felde bei der Arbeit und verprügelten ihn (8).

Inzwischen hatten die Häupter dem Podestà Hans Capol in Tirano und dem Podestà Andreas Enderlin in Teglio befohlen, dahin zu wirken, daß die wenigen Protestanten in Boalzo die Hauptkirche mitbenutzen könnten. Am 28. Mai wollten die beiden Beamten den Befehl vollziehen und gingen mit dem Prädikanten Gaudenz Tack aus Brusio nach Boalzo. Hier hatten sich die katholischen Einwohner vor und in der Kirche versammelt, auch Glaubensgenossen aus Tirano waren herbeigeeilt. Die Kirche wurde geschlossen, die Menge nahm eine drohende Stellung ein, und Enderlin und Capol kehrten wieder um. Tack hatte die Leute Rebellen genannt und wurde deswegen auf der Rückreise nach Brusio mißhandelt. Die beiden Podestàs leiteten darauf gegen die Widerspenstigen ein Strafverfahren ein (9).

Jenatsch und Blasius Alexander hatten unterdessen das Veltlin verlassen, denn im Unterengadin waren die Freunde Venedigs und die Anhänger des Rudolf Planta wieder im heftigen Kampf, und dazu waren die Nachrichten vom Aufmarsch der Oberbündner eingetroffen. Im Wirtshaus in Poschiavo versammelten sich eine große Zahl der Männer des Ortes und Blasius Alexander verkündete, er werde mit Jenatsch zusammen im Unterengadin die spanischen Schelmen und Mörder zwingen, die Urteile von Thusis und das venezianische Bündnis zu achten. Ihr Hauptgegner war der Vikar Rhea a Porta in Schuls. Im Unterengadin sammelten die beiden Freunde ihre Anhänger und riefen ihre Gesinnungsgenossen in Davos, Prätigau, in Tamins, Trins und Flims, am Heinzenberg und im Domleschg zum Kampfe auf (10). Jenatsch schrieb am 16. Mai auch seinem Freunde Jakob Ruinelli auf Baldenstein bei Sils einen Brief, in dem die ganze Kampfstimmung zum Ausdruck kam; es hieß da:

«Sei gegrüßt, Du bis jetzt so großer Mann!

Um die Entscheidung geht es jetzt, in Gefahr steht die Kirche, in Gefahr das Vaterland, in Gefahr die Gutgesinnten. Und Du, Du hast ein Freundschaftsverhältnis mit dem Hauptmann Schauenstein angefangen, mit Molina ein solches geschlossen. Du denkst, daß sie bereits den Sieg für sich in der Hand haben; Du wirst schließlich mit ihnen zu Grunde gehen. Wer war es, der hundertmal für Dich die Stimme erhoben hat? Wer hat Deine Sache gefördert? Das war Molina (?). Das ist kein Glaube, keine Treue, der Bauch ist ihr Gott, das Essen ihre Religion. Wir stehen fest, wir sind entschlossen zu sterben: um Christus und die Kirche geht es, gemeinsam ist unsere Sache, wir werden einst dafür Rechenschaft ablegen müssen.»

Jörg Jenatsch und Blasius Alexander ritten nach dem Domleschg zu Ruinelli. Hier trafen sie auch Caspar Alexius, der am 19. März von Genf zurückgekehrt war und Jakob Anton Vulpius an. Nach wenigen Tagen folgten ihnen die Männer des Engadins dorthin nach, und zusammen mit den Fürstenauern unter Jakob Ruinelli und den Bergellern (Unterporta), die unter Baptista von Salis-Soglio und dem jungen Ulysses von Salis anrückten, gingen sie nach Tamins, um den Anmarsch der gleichgesinnten Fähnlein aus Ilanz, Flims und Trins zu erwarten. Hier am «Kirchenbühl» hielt Blasius Alexander eine flammende Kampfpredigt gegen die Churer und die dort tagenden «Spanier». Vom Prätigau und von Tamins näherten sich die Fähnlein einander und der Stadt Chur, um die Verbindung und das Einvernehmen aller venezianisch gesinnten Scharen herzustellen und gleichzeitig den spanischen Fähnlein in Chur zu begegnen. Mitte Juni (1619) standen Jörg Jenatsch und Blasius mit ihren Scharen wieder vor den Toren von Chur im «Welschdörfli», denn die Nachricht, daß Joder Casut in der Stadt gefangen sitze und mit einigen Prädikanten und einem Salis vor dem neuen Strafgericht der spanischen Partei erscheinen müsse, trieb zu raschem Handeln (11). Vor dem Obertor in Chur kam es am 17. Juni 1619 zu einem Kampf. Die Führer der spanischen Partei drangen mit ihren Männern zum Tore hinaus und jagten die Engadiner, die Mannschaften Jenatschs und des Blasius Alexander, bis gegen Ems. Dabei nahmen sie auch den Prädikanten Jakob Anton Vulpius und den Hauptmann der Unterengadiner Anton Wieland von Schuls mit 70 Mann gefangen und eroberten zwei Fahnen. Die Fürstenauer, Bergeller und Prätigauer

hatten sich nicht am Kampf beteiligt, sondern sammelten sich etwas
verstimmt am folgenden Tag mit den Flimsern und Ilanzern bei Ems.
Am selben Tage suchten die beiden Parteien nach einem Weg der
Aussöhnung, und sie vereinbarten: jede Konfession hat ihre religiöse
Freiheit, die Schule von Sondrio wird aufgelöst, und ein unparteiisches
Gericht wird den Emigranten Recht bieten (12). Dann sollten vom
Beitag die Führer Casut und Vulpius freigelassen werden. Nur An-
ton Wieland blieb noch in Haft; er war ein gefährlicher Haudegen.
Als dann aber der Prädikant Jakob Anton Vulpius abends mit seinem
Gesinnungsgenossen Landammann Johann Sprecher von Davos im
Wirtshaus «zum wilden Mann» saß, läuteten die spanisch-gesinnten
Misoxer in Chur die Sturmglocken, umstellten das Wirtshaus, und
Vulpius wurde wieder ins Gefängnis abgeführt. In diesen Tagen
wirkte nun das neue Strafgericht unter dem Vorsitz von Georg Gam-
ser in Chur. Da sich die Verhältnisse so zu Gunsten der spanischen
Partei gewendet hatten, erschienen aus der Schweiz die Emigranten,
an deren Spitze Rudolf Planta. In maßloser Leidenschaft wandte
er sich gegen die venezianischen Führer, gegen Alexius, Jenatsch,
Blasius Alexander, Jakob Anton Vulpius und ihre Anhänger, die
Männer von Untertasna, die unter der Führung von Blasius Alexander 1618 in Zernez sein Schloß Wildenberg geplündert hatten. Das Gericht begann den Prozeß gegen Blasius Alexander und Jörg Jenatsch.

Die beiden Prädikanten waren nach dem Kampf vor Chur vom
17. Juni verschwunden und tauchten kurz darauf in Samedan im Engadin auf. Selbstverständlich ließen die Pfarrer des Oberengadins
wieder ihre Abneigung gegen das Treiben der «Jungen» fühlen, aber
Blasius Alexander und Jenatsch sparten nicht mit Vorwürfen und Beschimpfungen, so daß Luzius Papa, der Pfarrer von Samedan, und
Anton Tschanett vor den oberengadinischen Kollegen bittere Klage
führten. Sie brachen jeden Verkehr mit Jenatsch und Blasius Alexander ab und leiteten ihre Klage vor die bündnerische Synode, die
14 Tage später, am 17. Juli, in Zuoz zusammentrat. In Anbetracht
des ganzen Benehmens, besonders auch der Haltung in Boalzo wurden
Jenatsch und Blasius Alexander für ein halbes Jahr in ihren geistlichen Funktionen eingestellt.

Unterdessen waren die beiden Freunde mit vier Begleitern, alle
mit Büchsen und Pistolen bewaffnet über den Berninapaß nach dem

Veltlin geritten. Pebia, der venezianische Zahlmeister, sorgte reichlich für Geld, besonders erhielten Jenatsch, Blasius Alexander und Alexius immer wieder Gaben von 100 bis 300 Gulden ausbezahlt, und im Wirtshaus floß der Wein auch für die Gesinnungsgenossen reichlich. Selbst den Rossen soll Braten und Wein geboten worden sein, sagten Zeugen vor Gericht aus (?), und wenn das «Fressen und Saufen» die Stimmung der Zechenden recht gesteigert hatte, warfen die beiden Prädikanten die vollen Gläser gegen die Wand und riefen: «San Marc paga tüt.» (Venedig bezahlt alles). Als die bewaffneten Freunde am 8. Juli vor Tirano erschienen, trafen sie bei der Sägerei einen Mann namens Bernardt. Sie bedrohten und beschimpften ihn, setzten ihm eine geladene Büchse mit aufgezogenem Hahnen auf die Brust. Da konnte er entfliehen. Jenatsch und sein Freund drangen in das Haus des Battista Bolotta, drohten auch diesem und sagten, in 14 Tagen werde es im Veltlin etwas Neues geben. Auf dem Wege talabwärts erschienen sie im Hause des Bernhard Lavizzari, beschimpften den Hausherrn und zogen drohend wieder ab; in der Herberge des Torelli, wo sie den Steffan Bianco antrafen, betitelten sie diesen als «becco fütü», als böse Schnauze oder bösen Schnabel. Als sie dann auf der Straße einen Knaben mit einem gefüllten Wassereimer und einem Holzkübel antrafen, gossen sie das Wasser aus und zerschlugen den Kübel am Kopfe des Knaben. Bei Bianzona sahen sie auf dem Felde zwei Mäher Johann Antonio und Pedro Rossa an der Arbeit; sie riefen ihnen zu, sie sollten ihre Hüte lüften und sie grüßen. Die beiden Mäher taten dies, doch die Prädikanten und ihre Begleiter stiegen von den Pferden, schlugen die beiden Arbeiter mit den Kolben der Büchsen und ließen sie im Blute liegen. Auch dem Piasin di Bonadei, der ebenfalls an der Feldarbeit war, erging es nicht anders. Wie allen ihren Opfern stellten sie auch ihm die Frage, ob er auch in Boalzo dabei gewesen sei, und ehe er antworten konnte, stießen sie ihn zu Boden, schlugen ihn, drohten ihn zu erschießen und ritten dann weiter. Als darauf der Pfarrer von Veru (Vivio?) des Weges kam, stiegen sie wieder von den Pferden, fragten auch ihn, ob er auch in Boalzo gewesen sei, bearbeiteten ihn mit dem Kolben der Gewehre, daß ihm ein Arm gebrochen wurde und zogen dann ihres Weges weiter. War es jugendlicher Mutwille der 23- oder 24-jährigen Männer, war es Leidenschaft, wilder Fanatismus, Rache für

Boalzo oder wirkte der Wein, den sie im Keller des Pfarrers Matosch in Poschiavo gefunden und unter sich geteilt hatten? Es waren keine schweren Missetaten, aber im Herzen der wehrlosen Untertanen sammelten sich Zorn, Haß und Verachtung. Die Zeugen, die schon am 28. Juli diese Vorgänge den Richtern in Chur erzählten, mochten dies und jenes noch mit den Augen ihrer Gesinnung gesehen haben; allein es gab auch andere Zeugen aus dem Unterengadin, die Jenatsch und besonders Blasius Alexander belasteten. Dieser sei meineidig geworden, sagten sie, und habe andere zu falschem Zeugnis und zu Meineid verleiten wollen, und der Pfarrer Steffan Manz in Haldenstein wiederholte, was er zuvor im Mai dem Blasius Alexander ins Gesicht gesagt hatte, nämlich er, Manz, sei nach Thusis vor das Gericht gerufen worden, um über seinen Amtsbruder Georg Saluz auszusagen. Blasius Alexander, der seine Aussagen niederschreiben sollte, habe sie gefälscht. Darauf hatten die beiden Freunde ihn auf der Brücke von Haldenstein ermorden wollen. Das Gericht in Chur erklärte Blasius Alexander für vogelfrei und setzte einen Preis auf seinen Kopf (13).

In Chur gingen die Verhandlungen weiter. Hauptmann Wieland wurde gefoltert, er sollte ebenfalls die Machenschaften der Unterengadiner und ihrer Führer Jenatsch und Blasius Alexander gestehen; aber er ertrug die Qualen und schwieg, und der Prozeß blieb anhängig. Die Richter forderten die Akten des Strafgerichtes von Thusis; sie waren und blieben verschwunden. Die Engadiner weigerten sich vor Gericht zu erscheinen, die Prätigauer und Davoser beriefen ihre Richter nach Hause, viele Gäumer gingen zur Ernte nach Hause, und das Gericht verlor bald an Ansehen und Bedeutung. Am Bundestag in Ilanz (August 1619) verlangten die Engadiner wieder die Freilassung von Vulpius und Wieland, und sie wurden von der Synode in ihrem Begehren bestärkt. Nun wollten die Richter in Chur unter Plantas Einfluß eine letzte Kraftprobe wagen und beschlossen, eine Exekutionstruppe von 60 Mann aus jeder Gerichtsgemeinde nach dem Unterengadin zu senden; Landrichter I. S. Florin, Landammann Stephan Muggli von Ems, Luzi Scarpatetti und Joh. Jenny von Chur sollten sie führen. Florin und Joh. à Marca gingen den Truppen voraus, um zunächst den Versuch zu machen, mit den Engadinern auf gütlichem Wege einig zu werden.

Die Mannschaften aus den venezianisch gesinnten Gemeinden des Prätigaus, Schanfiggs und Davos beteiligten sich nicht am Zuge.

Die beiden Boten Florin und à Marca begegneten schon in Zuoz den bewaffneten Scharen der Engadiner. Diese waren am 27. August, begleitet von Jenatsch und Blasius Alexander, nach Zuoz gekommen, um im Zentrum der venezianischen Partei mit Conradin und Constantin Planta, Johannes Travers, dem reichsten Engadiner, und Baptista von Salis-Soglio die Lage zu beraten. Pebia brachte neue Geldmittel und bezahlte auch an Jenatsch wieder 100 Gulden, an Blasius Alexander 100, an Caspar Alexius 200, an Bonaventura Toutsch 50, an I. P. Janett in Schams 200 Gulden (14). Um aber die Scharen zu erhalten, brauchte die Partei noch viel größere Summen. Die Führer baten Vico in Zürich um 18—20 000 Scudi, und da das Geld erst in Venedig bewilligt werden mußte, so richteten die Führer weitere Schreiben an Vico, und dabei beklagten sie sich, von Rudolf Planta so verfolgt zu sein, daß ihnen bald nur die Flucht aus dem Lande übrig bleibe. Schon nach Mitte September waren Jenatsch, Bonaventura Toutsch und Blasius Alexander in Zürich. Der Landvogt von Sargans, Jost Hemlin von Luzern, fragte nachträglich in Luzern an, wie er sich gegenüber den flüchtenden, durchziehenden Prädikanten verhalten solle. Ehe eine Antwort kam, waren die Emigranten wieder in die Heimat zurückgekehrt; denn die Dinge in Bünden hatten wieder eine andere Wendung genommen (15).

Als nämlich die Boten des Churer Gerichtes die Lage im Engadin erkannt hatten, waren sie zur Exekutionstruppe nach Bergün zurückgekehrt und mit ihr nach Chur marschiert. Die Engadiner waren ihnen nachgefolgt, begleitet von Münstertalern und Bergünern. Ueber Davos und durchs Prätigau waren sie nach Igis gekommen, und hier und in Malans lagerten auch die Parteifreunde aus dem Schanfigg, Rheinwald, Schams und Domleschg. Jenatsch und Blasius Alexander waren wieder aus Zürich zurück und standen an der Spitze ihrer Landsleute. Die Scharen beschlossen: alle Pensionen sind verboten; kein fremder Gesandte darf im Lande wohnen; alle zwei Jahre tagt ein Strafgericht, und unverzüglich wird ein solches in Davos zusammentreten.

Für Rudolf Planta waren die Tage des Triumphes wieder vorbei; er flüchtete sich mit den spanischen Parteigenossen aus dem

Lande; doch seine Anhänger im Lungnez, Obersaxen, Laax und Disentis bewaffneten sich, und die Misoxer zogen ihnen zu. Infolgedessen waren die protestantisch-venezianischen Gemeinden im Oberland wie Trins, Flims, Ilanz in großer Gefahr, und sie riefen die venezianischen Scharen in Igis zu Hilfe. Diese eilten an Chur vorbei nach Ems und wollten ins Oberland ziehen. Da beschlossen die spanisch gesinnten Gemeinden im Oberland, ihre Leute zu entwaffnen und die Igiser Beschlüsse anzunehmen; die kleine Schar der Gerichtsgäumer in Chur ging darauf unter Hohn und Spott der Engadiner nach Hause. Vulpius und Wieland waren aus der Haft entlassen worden. Ihre Partei triumphierte und tagte in Zizers unter dem Einflusse von Jenatsch und seiner Freunde weiter. Den ersten Beschlüssen gemäß wurde Gueffier aus dem Lande gewiesen und das neue Strafgericht in Davos bestätigt; dann gingen die Männer heim. Es war Ende Oktober 1619. Der Nuntius Sarego in Lugano seufzte, die Lage in Bünden überschauend: Wenn nur ein Fuentes oder ein Pietro di Toledo noch lebten! In einem Briefe vom 4. November 1619 hatte er noch geschrieben: «pare, che le cose li caminin ben per li Cattolici et se ci fosse aiuto esterno si faria, credesi un vespro Siciliano degli aversarii, contro quali quelli della Valtelina pigliarono le armi. Facci Dio la sua volontà» (16). Der Haß war aufs äußerste gestiegen, und so befaßten sich auch die Führer der Veltliner schon in diesen Tagen mit Gedanken an eine blutige Rache für alles, was in Boalzo und Thusis über sie ergangen war. Die Aeußerungen von Sarego und der Veltliner verrieten nur die Pläne, die Absichten, die man in Mailand im Kreise Ferias wälzte, um dem begonnenen Kampf der venezianischen Partei und der Einmischung Venedigs in Bünden ein Ende zu bereiten.

Zu Beginn des Monats November 1619 versammelte sich das Strafgericht in Davos. Als Richter amteten zum Teil die gleichen Männer wie in Thusis; auch Jenatsch hatte nach der Entlassung der Fähnlein den Weg nach Davos eingeschlagen, und hier trafen auch Blasius Alexander, Janett, à Porta, Conrad Buol und Stephan Gabriel u. a. ein. Sie verteidigten in deutscher und in romanischer Sprache das Verfahren in Thusis und die gefällten Urteile. Die neuen Richtersprüche waren wieder vornehmlich der Ausdruck des Willens und der Leidenschaft eines Jenatsch, Gabriel und der übrigen Diener Venedigs.

Auch die Gäumerscharen waren da, obschon die Richter in Davos nicht Gefahr liefen, von den Gegnern überfallen zu werden. Zeitweise sank dann die Zahl der Gäumer aus jedem Bund auf 200 Mann. Die venezianischen Freunde im Rat in Zürich lieferten das Brotgetreide für das hadernde Volk, und Vico, der Resident in Zürich, füllte seinen Werkzeugen wie Jenatsch, Blasius Alexander und ihren Gefährten wieder den Beutel. Die Verhandlungen leitete Joachim Meißer; die Gerichtsgemeinden Disentis, Lugnez, Misox sandten anfangs keine Richter; denn sie hatten nur dem Zwang gehorchend den Beschlüssen von Igis zugestimmt. Schon zu Beginn der Sitzungen hoben die Richter die Urteile von Chur auf, so auch das Urteil gegen Blasius Alexander u. a. Dann sollten die in Thusis Verurteilten erscheinen; sie hatten freies Geleite mit Ausnahme der Planta, des Luzi de Mont, Molina, Joh. Corai und Gioieri. Sie erhoben Einsprache gegen das Gericht von Davos und verlangten ein solches in Zizers. Die Nähe der spanisch gesinnten Stadt Chur und der Parteigenossen bot ihnen eine Sicherheit. Die Richter ließen sich aber nicht beirren und fuhren in ihrer Tätigkeit fort. Sie hatten gegen die spanischen Widersacher neues Material der Anklage gesammelt. So hatte Luzi de Mont am 29. November 1619 im Namen der Emigranten die katholische Tagsatzung in Gersau um Hilfe gebeten; das galt den Richtern in Davos als Landesverrat. Auch gegen Georg Saluz wurde eine neue Buße ausgesprochen. Er sollte gesagt haben: es werden etliche Prädikanten das Vaterland verraten. Saluz erwiderte: «Ich weiß keine Verräter; aber ich sorge, daß nicht einige Prädikanten, die außer ihren Stand schreiten, uns um unsere Freiheit bringen möchten.» Die Angeklagten sahen indessen das Gericht nicht mehr als gefährlich an; Gioieri z. B. blieb ruhig in Calanca bei seinen Leuten. Neben der richterlichen Tätigkeit befaßten sich die Männer in Davos auch mit der allgemeinen politischen Lage. Sie sandten die Prädikanten Caspar Bonorand von Lavin und Bonaventura Toutsch von Zernez nach Böhmen zum Winterkönig Friedrich von der Pfalz und ließen diesem zusichern, daß Bünden den spanischen Truppen aus Italien den Paß verweigern werde. Der König gab den beiden Prädikanten die Summe von 4000 Gulden, die als Reisegeld in ihren Taschen verschwanden (17). Nach Paris sollte Dietegen von Hartmannis reisen und den König über die Davoser Prozesse unterrichten, besser, als es

Gueffier getan. Allein Molina eilte ihm voraus an den Hof, und als Hartmannis in Frankreich erschien, wurde er aus dem Lande gewiesen.

Der Einfluß Jenatschs und des Blasius äußerte sich in der Frage der Kirche von Boalzo. Das Gericht sandte sechs Kommissare, begleitet von 30 Trabanten nach dem Veltlin; es waren Joachim von Montalta von Sagens, Nikolaus Schenni, Dr. Joh. Baptista von Salis, Jakob Ruinelli, Salomon Buol und Dietegen von Hartmannis. Montalta ließ den Kirchenvogt von Boalzo verhaften; dann wurde Claudio Gatti, der dem Podestà beim Versuch, den Prädikanten Tack in Boalzo einzuführen, am heftigsten widerstanden, verhaftet und gefoltert. Claudio Venosta wurde vom Krankenlager vor den Richter gebracht, und seine Söhne des Landes verwiesen (18). Dabei gestanden die Angeklagten unter den Qualen der Folter, es sei ihre Absicht gewesen, den Prediger Tack und die beiden Podestà zu töten, wenn die Kirche besetzt werde. Die sechs Kommissare verfügten darauf, die katholische Gemeinde Boalzo müsse den Protestanten daselbst eine Kirche bauen und jährlich 40 Gulden an die Kosten der evangelischen Gemeinde bezahlen. Ferner wurden die Kapuziner aus dem Lande gewiesen, um der Reformation die Wege zu ebnen und die Bestrebungen der Gegenreformation zu unterdrücken (19).

Ueber Weihnachten reisten die Richter von Davos heim, und dann setzten sie zu Beginn des Jahres 1620 das Werk fort. Die Gemeinden bestätigten im Januar 1620 mehrheitlich die Urteile des Davoser Strafgerichtes; dennoch mahnten die katholischen Orte die III Bünde von Neuem, den Emigranten das Recht zu gewähren. Es war umsonst; die Richter fühlten sich im Besitze der Macht, und um sich diese Stellung der Partei für die Zukunft zu wahren, wünschten sie wieder ein Bündnis mit Venedig. Dabei sollte die Republik tief in den Beutel greifen, um den Gesinnungsgenossen in Bünden das Gefühl des wirtschaftlichen Behagens zu geben. Alles sollte aufgeboten werden, um das Bündnis dem Volke mundgerecht zu machen, und es schienen sich keine besonderen Schwierigkeiten zu zeigen, da die spanischen Gegner in der Verbannung lebten. Pietro Vico, der venezianische Resident in Zürich, bekam jetzt den Auftrag, ein Bündnis mit den III Bünden anzustreben und zu diesem Zwecke an die Landsgemeinden zu reisen, um die Stimmen zu erhandeln. Er be-

zahlte z. B. im Lugnez zwei Zechinen für den Kopf oder Mann; das
waren 37½ Batzen oder 2½ Gulden. Zugleich sollten die bevorstehenden Neuwahlen des Landrichters, der Landammänner und Volksvertreter zum Beitag und Bundstag so geleitet werden, daß politische
Werkzeuge Venedigs ans Ruder kämen. In Begleitung seiner vertrauten Führer Herkules von Salis, der Schmid von Grüneck und
Joder Casut zog Pietro Vico von einer Landsgemeinde zur andern,
begrüßt von der Jungmannschaft in Waffen und von Böllerschüssen.
Es folgten große Gelage und Reden; dann bezahlte der Venezianer
das Stimmengeld, und unter Begleitung der Jungmannschaft ging es
weiter an die nächste Gemeinde. Auch Jenatsch und seine Freunde
entwickelten ihren Eifer für dieses Bündnis (20).

Die Lage in Venedig hatte sich scheinbar wenig verändert; dennoch dachten die Staatsmänner in Venedig sorgenvoll an die Sicherheit
der Republik. Sie waren Spanien gegenüber mißtrauisch und fanden
für nötig, daß Venedig nach weiteren Verbindungen suche. So ging
der Gesandte Cavazza nach Mantua, Parma, Modena, Urbino, um
diese Kleinstaaten für eine italienische Allianz zu gewinnen, die die
fremde Einmischung in Italien fernhalten sollte. Auch diese Staaten
trauten der spanischen Großmacht nicht und lehnten die Verbindung
ab, um niemand zu reizen oder zu verletzen. Auch Frankreich trug
Bedenken gegenüber einer näheren Verbindung, und so erwog Venedig die Frage eines Bundes mit Holland (Mitte 1619). Eine Partei im Senat in Venedig unter der Führung des Geschichtsschrei-
bers Nani bekämpfte diese Bündnispolitik und wollte von den alten
Neutralitätsbestrebungen nicht abweichen; aber Sebastian Venier
wies in langen Ausführungen die venezianischen Senatoren auf die
aggressive Politik Spaniens hin, auf Mailand und auf seinen Statthalter Feria sowie auf Neapel und seinen Vicekönig und auf die
Uskoken, und dann betonte er, Spanien bereite den Krieg vor und
sei unermüdlich tätig, die Bündner Venedig zu entfremden, um
Venedig an seinem empfindlichsten Punkt zu treffen. Das Bündnis Venedigs mit Savoyen, das Mailand so empfinde und mit den
evangelischen Städten der Schweiz sei zu wenig, um für die Sicherheit Venedigs zu bürgen. Venier brach den Widerstand gegen das
Bündnis mit Holland; es kam am 31. Dezember 1619 zu stande. Die
Männer des Gerichtes in Davos faßten Mut. Schon im Januar 1620

lud dann Frankreich die Republik Venedig ein, an der Intervention in Böhmen teilzunehmen, doch Venedig hatte schwere Bedenken, den Kaiser, den Nachbar und Leopold in Oesterreich zu verletzen, und der Plan einer allgemeinen europäischen Koalition gegen Spanien-Oesterreich scheiterte, um so mehr, als auch die Union der protestantischen Fürsten versagte. So fanden auch die Begehren des Winterkönigs in Venedig kein Gehör; die Staatsmänner an der Adria wiesen hin auf die Unruhe und auf die Gefahren, die ihnen drohten, insbesondere auf die III Bünde in Rätien, die die Republik nötigten, an die Verteidigung gegen Spanien zu denken. Dieser europäischen Lage war nun der Wunsch Venedigs nach einer Verbindung mit den Bündnern entsprungen (21).

Während der venezianische Resident im Juli 1620 noch auf der Reise durch Bünden war, bekam er die Nachricht, das Volk im Misox habe die Waffen ergriffen und marschiere unter Anton Molina und Gioieri gegen den Bernhardinpaß. Pietro Vico verließ deshalb am 19. Juli Thusis und eilte nach Zürich; es war der Vorabend des Veltlinermordes. Die Großmacht Spanien, Erzherzog Leopold von Oesterreich, seit dem November 1618 Statthalter in Tirol und den österreichischen Vorlanden und ihre Anhänger in Bünden hatten die Offensive ergriffen. Venedig war mit einem Schlage von seinen Bundesgenossen abgeschnitten und in Gefahr, umklammert zu werden. Für Europa war eine völlig neue Konstellation der Machtverhältnisse geschaffen.

V

Der Veltlinermord vom 20. Juli 1620
Spaniens politische Ziele in Bünden

Die bündnerischen Emigranten oder Bandierten kämpften noch um die Heimkehr; in Luzern bei den katholischen Eidgenossen, in Mailand und in Innsbruck suchten sie wieder Hilfe. Die Brüder Planta waren auf der Reise ins Elsaß zu Erzherzog Leopold von Oesterreich, in Konstanz, in Tirol, in Mailand und wieder in Altdorf beim Gesandten Casati; inzwischen versuchte Luzi de Mont in Luzern wieder die Hilfe der katholischen Orte, Spaniens und Frankreichs zu erlangen, und Fabius Prevost und Johannes Corai standen ihm zur Seite. Der spanische Gesandte Casati, beraten von Giulio della Torre, lieferte den Emigranten Geldmittel, die freilich im Verhältnis zu den Leistungen Venedigs an seine Partei in Bünden recht bescheiden waren. Wie die Richter in Davos, so schritten auch die Emigranten in blinder Leidenschaft einer schweren Gefahr für die Heimat entgegen. Denn in Madrid, wo der Herzog von Lerma seine Macht eingebüßt und der Statthalter Feria an Stelle des Pietro di Toledo einen starken Einfluß gewonnen hatte, wurde unterdessen im März 1620 geprüft, wie sich Spanien zu den letzten inneren Kämpfen in Bünden verhalten wolle, und der Beichtvater Philipps III. (1598—1621) stellte seinem Gebieter vor, was die Katholiken in Bünden gelitten, welche Gefahr die Schule von Sondrio für Italien und Spanien bedeute, und als letzte Nachricht aus Mailand erzählte er die Mißhandlungen der Bewohner von Boalzo. Auch ohne diese kleine Szene war Spanien entschlossen, gegenüber Venedig und den Bündnern eine andere Taktik zu befolgen als zur Zeit des Herzogs von Ossuna und des Pietro di Toledo. Feria, der wohl selbst der Urheber des Planes war, sollte in Oberitalien einen Handstreich gegen Venedig führen, zugleich auch dem Treiben der Gewalthaber in Bünden und im Veltlin ein Ende bereiten. Für Venedig sollte die Unterstützung der Union, der Böhmen gegen den Kaiser und Hollands gegen Spanien verunmöglicht werden; auch die Truppentransporte aus Deutschland, der Schweiz und Bünden sollten unterbunden werden. Da zu dieser Zeit der spanische Feldherr Ambrosius Spinola mit seiner Armee im Kampfe gegen Friedrich von der Pfalz, den König von Böhmen, stand und auch im Begriffe war, dessen Stammland, die Rheinpfalz, zu erobern, so brauchte Spanien offene Wege von Mailand durchs Veltlin oder durch Bünden ins Deutsche Reich. Doch ohne Zustimmung Ludwig XIII. und seiner Minister Sillery und Puysieux sollte nichts unternommen werden; auch in Paris herrschten noch Rücksichten für Spanien vor. Man hätte dort gerne den offenen Kampf vermieden; allein die Rechtssprüche von Thusis und Davos, die verächtliche Behandlung des Gesandten Gueffier und seines Interpreten Anton Molina durch die Bündner und die Schule von Sondrio ließen auch dem französischen Gesandten Mery de Vic in Solothurn den Kampf als unvermeidlich erscheinen, und dem Statthalter Feria mußte also in der Ausführung seiner Aufträge freie Hand gelassen werden. Gueffier, der bald mit guten Ratschlägen den Bündnern dienen wollte und dann wieder mit Hinterlist gegen sie wühlte, hörte sogar mit Freuden den Entschluß, nun der «canaille protestante» auf den Leib zu rükken, und Molina kam aus Paris mit dem Versprechen des Königs, den Emigranten (Planta u. a.) werde geholfen.

Die Richter in Davos hatten von der politischen Betätigung der Emigranten Kunde erhalten; allmählich überzeugten auch sie sich, daß in Mailand und in Madrid der Krieg vorbereitet werde; auch Pietro Vico in Zürich warnte und ermahnte sie, Vorbereitungen für den Krieg zu treffen, ja er trieb sie zum offenen Kampf an. Ende Juni 1620 wurde ein Brief aufgefangen, den Pompejus Planta, Joh. Leon und Fabius Prevost von Ragaz nach dem Misox und Tessin an Molina, Gioieri und G. Schorsch gerichtet hatten und der vom gemeinsamen Angriff sprach. Auch die Berichte der Beamten im Veltlin erregten Besorgnis, und die Gemeinden wurden aufgefordert, sich zum Aufbruch bereit zu halten.

In diesen gefahrvollen Tagen verließ Jenatsch Davos, um zu

seiner Gemeinde Berbenno zu eilen und auf dem Platze zu sein, wenn der Kampf beginnen sollte. Er hatte sich wohl in den Tagen, da das Gericht in Davos saß, mit Anna Buol, der Tochter des Bannerherren und Hauptmannes Paul Buol, vermählt. Sie stand im Alter von 21 Jahren, als sie mit Jenatsch nach Berbenno zog.

Die Führung des großen Unternehmens hatte der spanische Statthalter Feria ganz in der Hand; an seiner Seite verfolgte Giulio della Torre, der Prevosto della Scala, leidenschaftlich die Entwicklung der Dinge, während Gregor XV. in Rom mit Mißbehagen die weitere Verstärkung der spanischen Machtstellung in Oberitalien beobachtete und alle Zumutungen Spaniens zurückwies (1). Feria baute auch auf die Verbindung mit den katholischen Oberbündnern und Misoxern, die sich den Veltlinern gegenüber verpflichtet hatten, vom Misox und von Disentis aus durchs Rheintal gegen Chur zu marschieren und die protestantischen Gemeinden (wie Flims, Trins, Tamins etc.) am Abmarsch gegen die Veltliner zu verhindern. Der Abt von Castelberg und sein Bruder Landrichter Conradin von Castelberg und ihr Anhang waren zur Teilnahme am Kampfe bereit; nur die Mietlinge Venedigs im katholischen Oberland verzögerten noch den Auszug der Mannschaften.

Schon am 30. Juni 1620 waren Molina und Gioieri mit 800 Mann, die Spanien unterhielt, von Locarno und Bellinzona über Castione gegen Roveredo ins Misox marschiert. Die katholischen Orte Uri, Schwyz und Unterwalden hatten sie durch Bellinzona ziehen lassen. Die Bevölkerung von Calanca hatte sich erhoben und unterstützte Gioieri und Molina, und die venezianischen Anhänger im Tale wurden überwältigt. Dann setzten Gioieri und Molina den Vormarsch fort und wollten sich jenseits des Bernhardin am Hinterrhein mit den Truppen aus dem Lungnez und von Disentis verbinden. Der Marsch hatte sich aber verzögert, und dazu entschied die Landsgemeinde in Disentis erst am 12. Juli, mit 600 Musketieren den Misoxern zu Hilfe zu eilen und 600 weitere bereit zu stellen. Doch wurde der ganze Graue Bund eingeladen, am Aufstand gegen die venezianische Partei teilzunehmen. Es war in den Tagen, da Pietro Vico auf der Reise durch die Gemeinden war. Casati, der spanische Gesandte, war in Altdorf in großer Erwartung; er meinte, in wenigen Tagen würden alle Katholiken in Bünden unter den Waffen stehen, das gequälte Volk der Veltliner sich erheben, mailändische Truppen am Eingang des Veltlins erscheinen und österreichische Truppen ins Münstertal und ins Engadin einziehen, also die Pläne von 1618 ausgeführt werden (2). Allein der erste Angriff mißlang; die Truppen von Molina und Gioieri wurden am 14. Juli am Bernhardin von den venezianisch gesinnten Gemeinden Schams, Thusis, Flims, den IV Dörfern und Chur unter Führung des Johannes Guler zurückgeschlagen, und als sie weiter unten bei Soazza widerstehen wollten, kamen Bündnertruppen unter Ulysses von Salis aus dem Bergell über den Berg (Forcola) und zwangen sie zum Rückzug (3). Die Misoxer baten um Gnade, und 300 Mann hüteten das Tal vor dem Ueberfall von Süden her. Während die venezianischen Führer Guler, Salis, Jakob Ruinelli und Sprecher hier Rat hielten, kam aus Chiavenna ein Bote von Fortunat von Sprecher, dem Kommissar der Grafschaft, mit der schrecklichen Botschaft, das Volk im Veltlin habe sich unter Jakob Robustellis Führung erhoben, die evangelischen Einwohner ermordet und die Beamten aus dem Tale verjagt, und dieser Hiobsbotschaft folgte eine weitere, nämlich daß Rudolf Planta aus Südtirol ins Münstertal eingedrungen sei. Guler sandte die Hauptleute Ruinelli und Sprecher mit 400 Mann eilends nach Cläven, um die Wege aus dem Veltlin nach der Grafschaft zu hüten. Er selbst zog heim, um alle Bündner zum Kampf aufzubieten. Ulysses von Salis kehrte mit seinen Mannschaften ins Bergell zurück und schloß sich dort den Truppen des Obersts Baptista von Salis an, die den Marsch über den Murettopaß ins Malencotal antraten.

Unterdessen hatten die Veltliner Protestanten Tage des Schrekkens erlebt. Jakob Robustelli und seine Anhänger Marco Antonio und Francesco Venosta, Giovanni Abundio Torella und vor allem Carlo und Azzo Besta, dazu Giovanni Guicciardi, Prospero Quadrio, Lorenzo Paribelli mit zwei Söhnen und Giovanni Maria und Antonio Maria Paravicini hatten mit den Banditen Ferias die Evangelischen im Veltlin überfallen und an die 600 Personen ermordet. Von seiner Heimat Grossotto aus war Robustelli mit den angeworbenen Sbirren aus dem Bergamaskischen in Tirano eingedrungen und hatte die Evangelischen getötet, dann war er unter dem Geläute der Sturmglocken das Tal hinausgezogen gegen Sondrio. In Sondrio selbst und am Sonderserberg um das protestantische Kirchlein von Mosini (Sondrio-Monte), in Ronco und in Aschieri gab es eine größere Anzahl Protestanten, die in Caspar Alexius, in Johann Baptista à Mallerey aus Antwerpen und in Bartholomäus Marlianicus in Mosini ihre Führer hatten. Die Evangelischen hatten hier aus der Unruhe des Volkes, aus den Drohungen und Andeutungen das furchtbare Unheil kommen sehen. Caspar Alexius war von den Vorgängen in Tirano unterrichtet worden und hatte wohl auch Jenatsch und die andern Glaubensgenossen in Berbenno und in Trahona (Blasius Alexander) davon benachrichtigt. Die Evangelischen sammelten sich um Alexius und um andere Führer, bereit sich zu erwehren. Auch Jenatsch und sein junges Weib waren hier in Sondrio eingetroffen. Die Mörder drangen in Sondrio ein und begannen ihr Werk. Eine Schar unter Azzo Besta zog das Malencotal hinauf nach Chiesa und verrichtete die Blutarbeit an der kleinen Gemeinde und an ihrem Seelsorger Marc Anton Alba; dann bewachte sie oben das Tal gegen die vom Murettopaß anziehenden Bündner (Bergeller). Alexius, Blasius Alexander und Jenatsch erkannten, daß ihr Widerstand in Sondrio auf längere Zeit unmöglich sei, und sie zogen bewaffnet, etwa 60 Glaubensgenossen, durch die feindliche Bevölkerung von Sondrio und den Sonderserberg hinan, und dann gings, die Talsohle und den Weg meidend, durch Wälder und über Alpenweiden am Fuße des Monte della Disgrazia und des Pizzo Cassandra in der Richtung des Murettopasses weiter. Als sich einige Flüchtlinge der Talrinne des Malencobaches näherten, erkannten sie unten die Scharen des Azzo Besta. Inzwischen war Baptista von Salis mit den Bergellern über den Murettopaß im Anzuge und begegnete im obersten Teil des Tales seinen fliehenden Landsleuten. Carlo Salis, der Schüler des Alexius, traf hier seinen Bruder Ulysses, dessen Frau Violante von Salis (Tochter des Giovanni Baptista von Salis) in Sondrio geblieben war (4). Die Bergeller Truppen unter Baptista von Salis gaben bald ihre Stellungen auf, und einzeln flüchteten sie sich bei Nacht zurück in die Heimat. Schließlich mußten die Führer mit dem kleinen Rest von 100 Mann den Rückzug antreten. Jenatsch war mit den Flüchtlingen ins Engadin gezogen; am schrecklichen Geschehen trugen er und seine nächsten Freunde eine schwere Mitschuld. Sie hatten aber vorgezogen, ihre Gemeinde allein dem Schicksal zu überlassen und waren dem Verhängnis entronnen; die Unschuldigen waren den Mordwaffen erlegen. Jenatsch und seine Frau waren in Gesellschaft von Caspar Alexius u. a. zum Vater Israel Jenatsch nach Silvaplana geflüchtet. Hier wollten sie, wie Alexius am 25. Juli nach Genf meldete, abwarten, ob die Sammlung der Glaubensgenossen möglich sei (5). Jenatschs Prädikantenzeit war vorbei, seine Gemeinde war vernichtet; der Kampf hatte für Jenatsch und seine Mitkämpfer eine tragische Wendung genommen. Jenatsch legte den Kirchenrock ab und wurde Soldat.

Die Untertanen hatten unter der Führung Spaniens über die drei Bünde gesiegt und ein doppeltes Ziel erreicht: die Schule von Sondrio war vernichtet; die Pläne der Salis, der venezianischen Partei waren durchkreuzt und ihre politische Stellung tief erschüttert (6). Venedig hatte eine schwere politische Niederlage erlitten, war von Bünden, den evangelischen Eidgenossen und von der Verbindung mit der Union und mit den Niederlanden abgeschnitten und auf sich selber angewiesen.

Die katholischen Führer in Bünden hatten im entscheidenden Augenblick nicht den Mut gehabt, dem Volke die Ausführung des Planes zuzumuten und den Veltlinern zu Hilfe zu eilen; Giacomo Robustelli, Azzo Besta, Giovanni Guicciardi, Dr. Antonio Maria und Giovanni Paravicini, die befürchtet hatten, daß ihre Pläne bekannt werden könnten, waren allein zur Ausführung des Mordes geschritten (7). Gueffier, der schon früh von Paris aus vom Vorhaben Ferias Kenntnis gehabt hatte und im Auftrage des Königs zwischen den Richtern in Davos und den Gegnern zu vermitteln gesucht, hatte inzwischen erklärt, die venezianische Partei habe in Bünden die ganze Gewalt in Händen und trachte darnach, die katholische Kirche im Lande auszurotten und den Bund mit Venedig zu schließen; diesem Zustand werde ein Ende bereitet (8). Er hatte die Emigranten mit Geld unterstützt, und jetzt gelangten auch die Veltliner an Gueffier um Hilfe. Sie behaupteten, eine Verschwörung der Protestanten hätte am 15. August zum allgemeinen Mord der katholischen Veltliner führen sollen; darum seien sie zuvorgekommen und hätten Mailand um Hilfe gebeten (9).

Nach Vollendung des Mordes verfochten die Veltliner nicht mehr nur eine Abwehr der religiösen Propaganda, sondern sie strebten nach der politischen Befreiung von Bünden. An diese Gefahr hatten die

Emigranten schon im Jahre 1618 gedacht. Das katholische Volk in Bünden mußte somit auf die Pläne des Abtes von Disentis, des Luzius de Mont und der Planta verzichten; doch diese Führer hielten an der Verbindung mit Feria, Casati und Giulio della Torre fest.

Robustelli befürchtete aber seinerseits, daß sich die feindlichen Parteien in Bünden einigen könnten, um sich gegen die Veltliner zu wenden, und deshalb sandte er den Dr. Paribelli nach Uri und Luzern, um auf diesem Wege die katholischen Bündner vom Kampfe gegen die Untertanen abzumahnen. Paribelli zeigte dann in Altdorf und Luzern Briefe, nach denen die Rechte Bündens unangetastet bleiben sollten. Das war in den ersten Tagen des Monats August 1620. Doch die Anhänger Venedigs in Bünden waren bald entschlossen, ihre Untertanengebiete zurückzuerobern und die Verbindung mit Venedig wieder herzustellen. Schon am 29. Juli waren Bündnertruppen, namentlich Prätigauer und Davoser unter Oberst Baptista von Salis durchs Malencotal nach Sondrio gezogen und besetzten am 2. August das Städtchen, während zu gleicher Zeit Johann Peter Guler von Cläven aus nach Morbegno marschierte. Die katholischen Oberländer waren zum Zuzug gemahnt worden; doch sie saßen am 28. Juli erst noch in Truns zu Rate und sandten alsdann eine kleine Truppe unter dem Landammann Jakob Baliel von Disentis, dem sich auch Luzi de Mont mit den Lungnezern anschloß. Auf dem Wege kam ihnen in Vals Anton Molina entgegen und später auch Gioieri, und diese beschworen die Glaubensgenossen, nicht gegen die Veltliner zu ziehen. Die Mannschaften kehrten bis nach Ilanz zurück, dies um so mehr, als Gioieri zu berichten wußte, daß Gulers Truppe an der Brücke von Ganda bei Morbegno am 8. August eine Niederlage erlitten und sich nach Cläven geflüchtet habe. Neue Mahnungen der bündnerischen Truppenführer aus Cläven änderten an der Haltung der Oberländer Fähnlein und ihrer Führer nichts; der Abt von Disentis und Luzi de Mont verhandelten weiter mit Casati, Paribelli und den katholischen Orten, wie Salis und die Prädikanten mit Venedig, und die Katholiken ließen laut vernehmen, am Unglück im Veltlin trage die Gegenpartei durch ihre Propaganda die ganze Schuld. Die katholischen Mannschaften des Grauen Bundes, die in Ilanz lagerten, konnten leicht zum Angriff auf die protestantischen Gemeinden (Flims, Trins, Tamins) übergehen; darum ritten der Altlandammann

Adam Böhringer und Hans Heinrich Schwarz von Glarus über den
Berg, um zum Frieden zu mahnen; auch Walliser Boten kamen und
mußten erkennen «dass die Herren Pündtner einander nicht mit
freündsaugen» ansahen, und sie glaubten an «des schönen Lands
schmerzlich Verderben». Die Glarner kehrten heim und mahnten
Zürich, eine Tagsatzung einzuberufen, da alle Vorstellungen nichts
zu fruchten schienen. Zürich lehnte diesen Antrag ab (10). Als dann
die Berner- und Zürchertruppen am 19. August über Wald, Rüti,
durch das Toggenburg und Rheintal ziehend, sich der Bündnergrenze
näherten, um im Veltlin mitzukämpfen, begehrten die katholischen
Truppen in Ilanz, daß nur Gesandte ins Veltlin abgeordnet würden,
um mit den Untertanen zu verhandeln, und die katholischen Orte
Luzern, Uri, Schwyz und Unterwalden drohten und riefen Spanien,
Oesterreich und Lothringen um Hilfe an. Die Berner und Zürcher ließen sich jedoch nicht aufhalten. In Grüsch wurden sie von Herkules
von Salis und seinem Sohne Abundio begrüßt. Im März 1620 hatte
Herkules noch erklärt, er werde sich aus dem politischen Leben zurückziehen und die Aufgaben seinem Sohne Rudolf überlassen; jetzt trat
er doch an die Spitze der Truppen und geleitete sie über Davos ins
Oberengadin und dann über den Casannapaß nach Bormio. Von
dort aus eilte er mit Constantin von Planta-Zuoz zum Provveditore
Andrea Paruta nach Brescia, um Munition, Lebensmittel und womöglich auch noch Hilfsmannschaften zu erbitten, und dann reiste
er weiter nach Venedig. Dort starb er im September 1620 (11). Die
Zürcher und Berner waren auf ihrem ganzen Weg durch Bünden
bitter enttäuscht über die Aufnahme, die ihnen hier zu teil wurde.
Das Volk lehnte den Zug ins Veltlin ab und versagte die Mithilfe.
Die Zürcher und Berner möchten sich von denen helfen lassen, die
sie gerufen, sagte man ihnen im Prätigau und in Davos, und statt der
8000 Mann, wie vorausgesehen, stellten sich nur 800—1200 Bündner
für den Feldzug. Es zeigte sich, daß das Unternehmen der Aristokratie und der politischen Mehrheit mit großem Widerwillen verfolgt
wurde. Johannes Sprecher in Davos beschlagnahmte sogar die Vorräte der Zürchertruppen, doch mußte er mit den Davosern auf den
Kriegszug folgen (12). Die Truppen überschritten am 1. September
1620 den Casannapaß und besetzten Bormio. Johannes Guler drängte
darauf, rasch weiter zu ziehen, ehe Tirano befestigt werde. Doch die

spanischen Regimenter waren hier eingerückt und brachten den Bernern, Zürchern und Bündnern am 11. September 1620 eine Niederlage bei. Die Bündner und ihre Führer wie Johannes Guler enttäuschten auch hier die Zürcher und Berner, und der französische Gesandte Gueffier schloß aus dem Kriegsgeschrei, daß der Veltlinerwein bei ihnen das Unglück bewirkt habe. Talaufwärts sich wendend, ließen sie das ganze Veltlin im Stich, auch die Grafschaft Bormio, und am 15. September waren sie wieder im Engadin. Die Zürcher und Berner zogen nach Igis, Malans und Maienfeld und lagerten dort (13).

Pompejus Planta und seine Gesinnungsgenossen überschütteten jetzt die venezianische Partei, vor allem die Salis in Grüsch, Johannes Guler und die Prädikanten mit Vorwürfen. Jenatsch ließ nichts von sich hören; der geschlagene Mann saß zunächst still in Davos. Die Lage der Partei war bedenklich, um so mehr als der Zug ins Veltlin im Volke zum vornherein mit Mißtrauen und Bitterkeit verfolgt worden war und jetzt an eine Einigung aller Bündner in diesen Tagen der Not und Gefahr gar nicht zu denken war (14).

Die katholischen Orte sandten nun auch 1500 Mann unter Oberst Beroldingen durchs Bündner Oberland bis Reichenau und Ems, um die Katholiken des Oberlandes vor einem Rachezug der Gegenpartei zu schützen. So standen die Eidgenossen in zwei Lagern in Bünden, und der Mut der katholischen Oberländer wuchs; die Emigranten kehrten in die Heimat zurück, die Prädikanten dagegen und die aristokratischen Führer flohen über die Grenzen. Alexius meldete am 20. September von Zürich aus den Genfern die Niederlage von Tirano vom 11. September; dann ging er mit Johannes à Porta nach Aarau vor die evangelische Tagsatzung (22./23. September) und klagte über den «betrübten Zustand» der Heimat (15). Die beiden setzten darauf die Reise nach Basel fort und bestiegen hier das Schiff, um zur deutschen Union, nach den Niederlanden und auch nach England zu reisen und um Hilfe zu bitten. Als das Schiff von Basel her in Breisach ankam, hieß der österreichische Stadthauptmann die beiden Bündner Prädikanten aussteigen. Sie wurden anfangs «ihres tuns und lassens besprochen und examiniert», auch «bis aufs Hemd ausgezogen und examiniert», dann nahm man ihnen «alle bei sich gehabten Sachen, Briefe, Schriften samt Bargeld, anderthalb hundert Gulden» ab und führte sie gefangen aufs Schloß. Sechs Tage blieben sie in Breisach. Anfangs hatten sie wegen des bezahlten Schiffslohnes «etwas Vertröstung» empfangen; hernach wurden sie «mit draw Worten» abgewiesen und schließlich nach Innsbruck ins Gefängnis abgeführt (16). Hier teilte Blasius Alexander später ihr Schicksal. Für Alexius bezahlten die Genfer, wo seine Frau daheim war, ein Lösegeld. Er kehrte nach Genf zurück, wo er im Jahre 1626 starb. Für à Porta lieferte Johannes Guler das Lösegeld «se bene molti affermano con denari altrui» (17). Diesen Flüchtlingen waren andere schon nach Zürich vorausgewandert und lebten dort von der Mildtätigkeit der Glaubensgenossen. Paul Malacrida von Trahona war nach Basel geeilt, um auch von dort Hilfe zu erlangen. Auch Jörg Jenatsch, Blasius Alexander, Stephan Gabriel und sein Sohn Luzius gingen in die Verbannung. Sie nahmen den Weg über St. Gallen nach Zürich; denn auf dem Wege durch die March befürchteten sie, von den Schwyzern gefangen genommen zu werden. Einige dieser Leute waren von der Familie begleitet; Jenatsch hatte sein junges Weib in Davos im Hause der Schwiegereltern zurückgelassen, wo er seit der Flucht aus Berbenno und der Niederlage von Tirano gelebt hatte. Zürich half den bündnerischen Emigranten mildreich, und auch Basel, Bern und Schaffhausen trugen zum Unterhalt der «Vertriebenen» bei (18).

Als die ersten Wochen des Schmerzes über die traurigen Ereignisse im Veltlin vorbei waren, lebte in Jörg Jenatsch wieder der Trotz und der unbändige Zorn gegen alle Widersacher auf. Zunächst ereignete sich aber ein Zwischenfall, der wieder das Verhältnis Jenatschs zu seinen Engadinern, zu seiner engeren Heimat, beleuchtete. Die Pfarrer des Oberengadins Luzius Papa, Jodocus, Israel Jenatsch, Andreas Gallunus, Conrad Castelmur hatten die Taten Jenatschs und des Blasius Alexander so wenig gebilligt als Georg Saluz, Conrad Toutsch, Andreas Stupan in Ardez u.a. Als im Veltlin das Unglück über Bünden gekommen war, dachte man an die Ursachen und an die Sünder. Man beschuldigte Guler, der so eifrig zum Aufbruch gemahnt und getrieben hatte; dann dachte man an die Tätigkeit der jungen Prädikanten im Solde Venedigs und im Dienste der Aristokratie; Jenatsch und Blasius Alexander ihrerseits klagten «die friedhässigen Amtsbrüder» im Oberengadin der Schwäche und des Verrates an der evangelischen Sache an. Solche Aeußerungen hatten die beiden Gefährten in Zürich getan; das Colloquium des Oberengadins besprach die Meldungen aus Zürich und richtete an die Zürcher Prediger eine Beschwerde; es hieß darin, Jenatsch und Blasius Alexander, die «zwiträchtigen Brüder», sollten arge Schmähungen über die Oberengadiner Pfarrer getan haben und sie «Hispani, desertores causae Christi» genannt haben. Der Theologe R. Lavater war mit in den Streithandel hineingezogen worden. In einem Briefe an Luzius Papa fragte er, ob das Schreiben mit den Klagen über Jenatsch und Blasius Alexander wirklich vom Colloquium komme, und er fügte hinzu, die Engadiner hätten sich in dieser Sache doch zu leichtgläubig gezeigt. Papa gab zu, daß der Brief geschrieben worden sei, um die Gerüchte abzuklären, und er erwähnte, es werde erzählt, daß auch Lavater selbst sich über die Engadiner und ihre Haltung beschwert habe. Lavater gab keine Antwort. Zu Beginn des Jahres 1621 schrieben die Engadiner Pfarrer von Zuoz aus einen weiteren Brief, beteuerten, daß der angezweifelte Brief wirklich von ihrer Versammlung abgesandt worden sei und unterzeichneten sich alle: Jakob und Luzius Papa, Esaja Schucan, Zacharias Pallioppi, Anton Schanet, Conradin Castelmur, Andreas Gallunus, Johannes Jodocus, Andreas Albertini und Jörgs Vater Israel Jenatsch (19). Soweit war Jenatsch mit den Seinen zerfallen. Lavater suchte die Engadiner zu beruhigen, er habe die beiden so aufgenommen wie die Veltliner Flüchtlinge. Einmal habe er sie auch mit Stephan Gabriel und seinem Sohne Luzius zum Mahle geladen, das Gespräch absichtlich auf Bünden gelenkt und aus dem Munde der Gäste anerkennende und wohlwollende Worte über die Amtsbrüder in Bünden vernehmen können. Der Gegensatz zwischen den älteren Prädikanten des Oberengadins, die zum Teil der (lutherisierenden) Schule Sulzers in Basel entstammten und den der calvinistischen Richtung angehörenden Prädikanten hatte schon seit der Synode von Bergün in den Auseinandersetzungen der Prädikanten mitgewirkt.

Blasius Alexander und besonders Jenatsch ließen sich jetzt von den politischen Ereignissen leiten. Sie gaben ihre Hoffnungen auf Venedig und auf die Freunde in der Eidgenossenschaft und in Deutschland nicht auf. Mitte Dezember 1620 tauchten sie wieder im Unterengadin auf und suchten das Volk für ein neues Unternehmen zu bearbeiten. Es gab hier aber Freunde des Rudolf Planta in Zernez, die sich nach der Niederlage bei Tirano regten, und die Untertasner wandten sich an die Häupter und Räte und berichteten über das Treiben von Jenatsch und Blasius Alexander und verlangten Weisung, wie sie sich zu verhalten hätten. Kurz nachher, im Januar 1621, waren Jenatsch und sein Freund wieder in Zürich beim venezianischen Residenten. Dieser gab beiden je 50 Gulden, und sie begaben sich neuerdings ins Engadin. Beide Haudegen schienen den Veltlinermord als ein Ereignis von lokaler Bedeutung anzusehen und glaubten, die alten Verhältnisse rasch wieder herstellen zu können.

In Venedig war man über die Tragweite des Aufstandes im Veltlin sofort klar gewesen. Der Veltlinermord erschien — wie er es war — als ein spanisches Unternehmen von europäischer Bedeutung. Spanien hatte mit einem Handstreich Venedig von seinen Freunden im Norden getrennt und völlig isoliert; die rasche Beendigung der Kämpfe in Böhmen und in der Pfalz sollte damit erleichtert werden; denn für Venedig war es nun nicht mehr möglich, sich irgendwie im Norden der Alpen einzumischen. Als noch in den folgenden Tagen Gerüchte besagten, daß Kaiser Ferdinand II. auch Görz und Triest an Spanien abtreten wolle, erkannten die Staatsmänner in Venedig die schwere Gefahr der Umklammerung durch die Habsburger in Spanien und im Reich. Sebastian Venier hatte recht gehabt. Venedig rüstete jetzt zur Abwehr. Die befreundeten Mächte wurden von Venedig über die neue Lage aufgeklärt und der Ueberfall im Veltlin als Banditenstreich Spaniens hingestellt. Der Gesandte Venedigs bei den Generalstaaten sollte im Haag und auch den Fürsten der Union in Deutschland die Vorgänge im Veltlin erklären und zugleich beifügen, daß Venedig es nicht unterlassen werde, die Bündner und die evangelischen Eidgenossen mit Geld zu unterstützen, daß es aber erwarte, daß auch die deutschen Fürsten die «gemeine Freiheit der Bündner und Schweizer» nicht einschränken ließen. Die gleiche Erklärung wurde auch dem Winterkönig in Böhmen und seinem Schwiegervater, dem König von England unterbreitet. Als aber in den gleichen Tagen die Bündner auf dem Marsche nach Tirano um Pulver, Munition, Lebensmittel und Truppen baten, half Venedig nur ungenügend; venezianische Truppen traten den Bündnern nicht zur Seite, denn ein Angriff vom Venezianischen aus hätte den offenen Krieg mit Spanien und auch mit dem Kaiser herbeigeführt.

Zudem hätte Leopold von Oesterreich, der seine feindliche Gesinnung nicht verbarg, durch das Münstertal ins Veltlin, den Bündnern und Venezianern in den Rücken fallen können. Dafür aber versuchte Venedig in der folgenden Zeit die Türken gegen den Kaiser Ferdinand II. und gegen Spanien zu hetzen und ermunterte die Bündner Emigranten in Zürich und an andern Orten, auszuharren. Allein konnte Venedig nicht an der Seite der Bündner kämpfen; die Zeit sollte die Lage abklären.

Spanien hatte mit dem Veltlinermord sein Ziel erreicht; die Verbindung mit dem Kaiser, die Wege nach dem Norden, nach Mitteleuropa, standen den spanischen Armeen offen, und Spanien war entschlossen, diesen Erfolg im Kampfe um den Sieg der habsburgischen Weltmacht nicht wieder preiszugeben. In dieser Absicht leitete der Statthalter Feria von Mailand aus auch die Aktionen der Freunde Spaniens in Bünden, in den katholischen Orten, selbst in Oesterreich, und Spanien, auf dessen Kriegsmacht der Kaiser angewiesen war, ließ selbst am Hofe in Wien seine dominierende Stellung fühlen.

Die spanische Partei in Bünden hatte nicht die ganze Bedeutung des Geschehens im Veltlin ermessen; denn die Planta, de Mont, Gioieri und Molina erstrebten in Mailand die Rückgabe des Veltlins, den Frieden, die Sicherheit ihres Glaubens und das Ende der evangelischen Propaganda, ohne an die Abhängigkeit von Spanien zu glauben. Diese Wünsche deckten sich auch mit den Absichten Frankreichs, das gemäß seiner traditionellen Politik in Bünden, das Veltlin im Besitze der Bündner wissen wollte und die Benutzung der Alpenstraßen für sich beanspruchte (20). Gueffier hatte sich in seinem blinden Eifer für die Sache der katholischen Veltliner, über den Aufstand gefreut, die Bündner Katholiken vom Zug gegen die Veltliner abgemahnt und ihnen versprochen, das Untertanenland in zwei Monaten zurückzuerstatten, so erzählt Molina (21). Entweder fehlte Gueffier die politische Einsicht in die Lage in Europa, oder es war eine ganz unberechtigte Einbildung auf die politische Macht Frankreichs. Die Katholiken in Bünden hatten sich von ihm täuschen lassen; sie sandten jetzt Jakob Toscan, Gioieri und Luzi de Mont zu Gueffier und luden ihn ein, nach Bünden zu kommen. Nach der Niederlage der Gegenpartei bei Tirano, als die Emigranten (Planta u. a.) heimgekehrt waren, war dann auch Gueffier schon auf der

Reise nach Chur. Molina erschien ebenfalls, begleitet von Dienern und Sbirren, und die Truppen aus dem Misox unter Führung Molinas begrüßten feierlich Gueffier (22). Die Häupter und Räte Bündens in Chur besprachen die Notlage des Landes und lehnten in kluger Einsicht ein neues Kriegsunternehmen ab. Die spanischen Freunde im Rate wollten selbst die Truppen in Cläven nicht verstärken und ließen in ihrem kurzsichtigen Fanatismus schon drohend durchblikken, daß es auch nicht in ihrer Absicht liege, das Prätigau, Davos und Unterengadin (gegen Leopold) zu verteidigen; vielmehr führe die Loslösung dieser Gebiete von Bünden, ihr Uebergang an Oesterreich und die Einigung der übrigen Landesteile des Gotteshausbundes und des Grauen Bundes zur Bildung einer katholischen Mehrheit, damit zum Frieden mit Spanien und zur Rückgabe des Veltlins. Die von Spanien besoldeten Truppen Beroldingens aus den katholischen Orten lagerten unterdessen in Ems; die katholischen Oberländer ordneten die Evangelischen in Ilanz, Flims, Trins und Tamins zwangsweise in ihre Scharen ein und zogen nach Thusis, um die Wege nach Cläven zu überwachen und der Gegenpartei einen Handstreich gegen die Spanier zu verunmöglichen. Diese Scharen gaben ihre Wünsche in 16 Artikeln bekannt: Freiheit der beiden Bekenntnisse, das Recht für fremde Kleriker, im Lande (Veltlin) Schulen und Klöster zu gründen, das Verbot für den Klerus (Prädikanten), sich in die Politik einzumischen; die Bündnisse mit Frankreich sollten beibehalten werden und Verbindungen mit Venedig für alle Zeiten verboten sein, die Urteile von Thusis und Davos als nichtig erklärt, die von Chur bestätigt und Gueffier ins Land zurückgerufen werden. Diese Artikel waren von Gueffier selber, vom Nuntius und vom spanischen Gesandten Casati gewünscht worden. Gueffier war in Chur. Er hatte von Paris den Auftrag, die Trennung der acht Gerichte, des Unterengadins und Münstertales zu verhindern, eine starke Bindung an Mailand zu bekämpfen und ein Bündnis mit Frankreich zu erstreben. Als er am 10. November zum Beitag nach Ilanz kam, wollten die spanisch gesinnten Oberländer die Unterengadiner und Münstertaler als «oesterreichische Untertanen» nicht im Rate dulden, und Gueffier mußte erfahren, daß Gioieri auf dem Wege nach Mailand sei, um einen Waffenstillstand und die Rückgabe des Veltlins zu erwirken. Auf die Bedingungen dieses Abkommens konnte man gespannt sein. Auch Oberst Beroldingen und Joachim Büntiner erschienen, und auch sie sprachen für die Loslösung der acht Gerichte, des Unterengadins und Münstertals. Gueffier machte verzweifelte Versuche, eine innere Einigung der Bünde zu erzielen; gemeinsam sollte das Veltlin, wenn nötig mit den Waffen, wieder zurückerobert werden. Frankreich wünschte damit, die alte Stellung als Beherrscher der Pässe in Bünden wieder zu gewinnen (23).

Mittlerweile kam Gioieri aus Mailand zurück, und mit ihm trafen Pompejus Planta, Fabius Prevost und Johannes Leon in Ilanz ein. Der Herzog von Feria hatte wissen lassen, daß er die Veltliner nur um des Glaubens willen unterstützt habe, und wenn Bünden eine Amnestie gewähre, so werde es zu einem Frieden kommen. Er trachtete, eine neue Verbindung zwischen den Bündnern und Frankreich zu verhindern und die Vermittlung Gueffiers zum Scheitern zu bringen, um die Stellung Spaniens im Veltlin zu behaupten, und darin wurde er von Planta und von de Mont unterstützt (24). Luzi de Mont reiste Mitte Dezember 1620 nach Luzern, um die katholischen Orte von diesen Absichten zu unterrichten. Feria und Erzherzog Leopold von Oesterreich sollten sich einigen und einen Angriff auf das Unterengadin und die acht Gerichte vorbereiten, um diese Talschaften vom befürchteten Angriff gegen den Grauen Bund abzuhalten, und Beroldingen sollte mit seinen Truppen in Bünden bleiben. Mailand hatte diese Truppen bis dahin bezahlt und sollte auch weiterhin die Kosten tragen; Leopold wurde noch aufgefordert, die Prädikanten Alexius und à Porta, die in Innsbruck gefangen saßen, nicht freizugeben, sondern ihre Aussagen als Propagandamaterial an die spanische Partei nach Bünden zu liefern. Ueber die Ergebnisse des Vertrags, der mit Mailand abgeschlossen werden sollte, war man nicht im Zweifel.

Am 5. Januar 1621 ging eine Abordnung des Grauen Bundes nach Mailand. Dort traf Giulio della Torre ein; er kehrte aus dem Veltlin zurück, wo er die Verhältnisse neu geordnet hatte. Robustelli war Landeshauptmann, Azzo Besta Podestà geworden, und ein Rat von 18 Männern leitete die Geschäfte des Tales. Am 13. Januar kam auch Maximilian Mohr, der Vertrauensmann des Erzherzogs Leopold, in Mailand an und bat, ohne Oesterreich keinen Vertrag abzuschließen; denn Oesterreich wünschte sich die Pässe zu sichern.

Die Bündner versprachen darauf, eine Abordnung nach Innsbruck zu entsenden, um mit Leopold zu verhandeln. Am 6. Februar kam in Mailand ein Vertrag zustande, der den Absichten der Planta und de Mont und den Forderungen Spaniens und des Nuntius entsprach, nicht aber den Hoffnungen der Veltliner. Darin hieß es: das Veltlin und die Grafschaft Bormio kehren unter die Hoheit der Bünde zurück; doch bleiben die Festungen noch 5 bis 8 Jahre von Spanien besetzt, um den Vertrag zu sichern und den Grauen Bund in diesem Vertragsverhältnis zu schützen. Im Veltlin und Bormio wird nur die katholische Kirche geduldet; die Protestanten können ihre Güter verkaufen, sie dürfen nur zwei Monate im Jahre in diesen Gebieten wohnen. Ferner haben alle Dekrete des Konzils von Trient in Kraft zu treten. Der Graue Bund hat einen Monat Zeit, um den Vertrag anzunehmen oder zu verwerfen; der Gotteshausbund darf dem Abkommen ebenfalls beitreten. Vom Zehngerichtenbund war gar nicht die Rede (25).

Feria schloß mit dem Grauen Bund noch ein besonderes Abkommen; darin gewährte der Graue Bund den spanischen Truppen freien Durchzug und lieferte 24 Kompagnien zu je 200 Mann in spanische Dienste. Sollte der Graue Bund mit Krieg bedroht werden, so lieferte der spanische Statthalter in Mailand Truppen und Munition; überdies hatten Beroldingens Truppen in Bünden zu bleiben, und der Statthalter unterhielt im Kriegsfall 100 Mann aus jeder Gerichtsgemeinde mit 500 Dukaten und gab jedem Bund eine Jahrespension von 1500 Dukaten. Zudem durften 12 Studenten aus Bünden mit spanischen Stipendien in Mailand und Pavia studieren, und die Bündner im Mailändischen frei Handel treiben. Der Gesandte Scaramuzzia Visconti kam zur Förderung dieses Kapitulates nach Bünden und wurde in Ilanz begeistert begrüßt. Er reiste weiter nach Räzüns, um von hier aus auch den Gotteshausbund für die neuen Verträge zu gewinnen. Die katholischen Gemeinden nahmen inzwischen das Bündnis an, die evangelischen wie Flims, Trins und Tamins stimmten ab unter dem Druck der Waffen, mit denen die Soldaten Beroldingens sie umgaben, innerlich gekränkt, daß ihnen die Gleichberechtigung im Veltlin versagt bleiben sollte. So wurde durch den Vertrag alles im Grauen Bund an Spanien gebunden. Unter dem Einflusse Viscontis und des Pompejus Planta wurden auch die katholischen Gemeinden des Gotteshausbundes für den Vertrag gewonnen, und selbst Chur hätte gerne den Verträgen zugestimmt, wenn nicht das Zürcherregiment Steiner in der Nähe gewesen wäre (26). Spanien verfügte damit über die Pässe, über die bündnerische Wehrmacht und hatte Bünden scheinbar befriedigt; die Heeresstraßen nach Mitteleuropa waren den Spaniern offen und gesichert. Frankreichs Einfluß war lahmgelegt. Venedigs Stellung veränderte sich nicht.

VI

Die Ermordung des Pompejus von Planta und der Sieg der
venezianischen Partei im Innern der III Bünde 1621

Jenatsch und seine Freunde lebten im Exil; das Volk im Prätigau, Davos, Engadin und Münstertal hatte ihre Tätigkeit und besonders auch die der Grüscher Aristokratie nicht gebilligt. Dazu lagen
jetzt noch österreichische und spanische Truppen im Lande. In
Zürich vernahmen Jenatsch und seine Kampfgenossen, wie die Planta,
Gioieri und de Mont in Mailand verhandelten und hörten vom Vertrag mit Spanien (vom 6. Februar 1621). Sie kehrten in die Heimat zurück, um die Prätigauer, Engadiner und Münstertaler über
ihre Zukunft als Untertanen Oesterreichs zu unterrichten und zur
Abwehr zu mahnen. Dann erschien Jenatsch wieder beim venezianischen Residenten in Zürich und bat um Hilfe, Geld und Waffen, um
den inneren Kampf gegen den Grauen Bund und seine Führer und
gegen die österreichischen und spanischen Besatzungen zu führen. Er
sah Heimat und Glauben in Gefahr. In dieser Stimmung reisten
Jenatsch und Blasius Alexander wieder nach Grüsch, dem Mittelpunkt der venezianischen Partei, und hieher kamen auch Carl und
Nikolaus von Hohenbalken aus dem Münstertal, der Fähnrich Gallus
Rieder von Splügen, Johann Peter Guler, Dominicus Stupan, Jakob
Ruinelli u. a. Die Brüder von Hohenbalken, obschon katholisch,
waren als Gegner des Rudolf von Planta, als dieser aus Tirol ins
Münstertal eingefallen war, um Hab und Gut gebracht und ihr
Haus verbrannt worden (1). Das Volk von Grüsch und Umgebung
hatte dem Herkules von Salis teilweise Gefolgschaft geleistet, und
Caspar Bonorand, der Prädikant in Grüsch, vertrat mit großem Eifer
auch das Interesse der Söhne des Herkules, nämlich des Abundio,

Rudolf, Carl und Ulysses. Abundio trat in diesen Tagen wenig hervor. Rudolf hätte nach dem Wunsche des Vaters die politische Führung in Bünden übernehmen sollen; doch Ulysses, bei dem der Ehrgeiz sich besonders bemerkbar machte, entwickelte eine politische Geschäftigkeit, die der des Vaters wenig nachstand. Hier in diesem Kreis wurde nun der Mordplan gegen Pompejus von Planta geschmiedet. Ulysses versucht in seinen Memoiren in auffallender Art, unbeteiligt zu erscheinen und die Blutschuld auf die jungen Prädikanten Jenatsch, Blasius Alexander und auf ihre Helfer wie Gallus Rieder, Keßler, u. a. abzuwälzen. Das ist ein vergebliches Bemühen. Das große Interesse an der Beseitigung des Pompejus hatten die Salis. Sie sahen in Pompejus den gefährlichen, geistig überlegenen, politischen Rivalen, den Todfeind ihres Vaters und auch den ihrigen. Pompejus Planta hatte Kunde von der Gefahr, und eine Abteilung eidgenössischer Soldaten sollte Rodels besetzen und für Plantas Sicherheit wachen, so war geplant (2).

In einer Flugschrift «Blutige Sanftmut der Calvinischen Predikanten» vom 6. März 1621 wird behauptet, daß 50 Personen der «Morderischen Gesellschaft» beschlossen hätten, «alle Häupter der drey Bund, so es mit dem Vaterland gutherzig meinen, morderischer Weis zu tödten, als nemlich den Herren Pompejus à Planta, seinen Bruder Rudolph, den Herrn Johann à Planta, den Herrn Hauptmann des Ilanzer Fendlins, den Herrn Luci de Mont, den Herrn Landrichter Anonini (?), samt anderen fürnemmer Catholiken und Lutherischen Herren.» Diese Darstellung der Gegner Jenatschs entspricht den allgemeinen Zielen; Jenatsch und seine Gefährten wollten die Gegner einzeln vernichten, wie die Urteile von Thusis schon bezeugten. Die Abkommen des Grauen Bundes mit Mailand sollten aufgelöst und durch die Freundschaft mit Zürich und Venedig ersetzt werden. Jenatsch hatte in diesem Unternehmen eine führende Stellung. Auch in den Augen der Gegner galt er als der Führer in den venezianischen Aktionen; daher hatte der Landvogt Andreas Enderlin in Maienfeld, der spanisch gesinnt war, vom oberen Bund Befehl erhalten, «er solle die Herren Blech und Jörg Janatz fahen» (3), und eines Tages gerieten die beiden, auf dem Wege nach Maienfeld, bei Malans in seine Hände; durch Einsprache des Obersten Steiner wurden sie aber wieder freigelassen. Jenatsch war auch in Zürich beim Residenten und im Unterengadin die treibende Kraft. Seine Gewandtheit, seine Leidenschaft stellten ihn unwillkürlich in den Vordergrund, und neben ihm ritten sein Herzensbruder Blasius Alexander (Blech), dann der junge Joh. Peter Guler, Jakob Ruinelli von Baldenstein, Jakob Joder Casut, Gallus Rieder, Christoph Rosenroll von Thusis, Ludwig Keßler von Grüsch u. a.; 30 Mann zu Pferd übernachteten sie in einem Wirtshaus «am Vogelsang» bei Ems, wo sie «gefressen und gesoffen», und am folgenden Morgen früh (25. Februar 1621) lagen sie hinter dem Schloß Rietberg verborgen (4). Im Schlosse wohnte der heimgekehrte Pompejus mit seiner 18-jährigen Tochter Katharina und zwei Dienern und einer Magd. Zwei Knaben studierten damals in Konstanz. Tönz, der Knecht des Pompejus, wollte frühmorgens dem Herrn die Rosse satteln, um mit ihm nach Ilanz zu reiten; Pompejus fürchtete, in die Hände der Gegner zu fallen. Da drangen Jenatsch und seine Schar in den Hof, schlugen den Knecht zu Boden und drangen weiter in das Schloß. Pompejus hörte den Lärm und weckte die Tochter; die Mörder trafen ihn nur mit dem Hemd bekleidet und das Schwert in der Hand. Er wehrte sich aber nicht, sondern stellte verzweifelt die Frage: «Was hab' ich getan?» Die Mörder schlugen ihn nieder; sterbend betete er: «Jesus von Nazareth, sei mir gnädig, o Jesu, verlaß' mich nicht.» Die Axt fuhr ihm durch den Nacken bis zur Gurgel; dann rissen die rohen Mordgesellen dem Toten das Herz aus dem Leibe, und ein jeder mühte sich, seine Rache am toten Gegner zu kühlen. Die Tochter mußte, nach einzelnen Berichten, dem grauenhaften Schauspiel der Roheit zusehen. Plötzlich ertönten die Sturmglocken in den Nachbardörfern, und Jenatsch und seine Gesellen verließen fluchtartig Rietberg, ohne die Briefe und die hinterlassenen Schriften des Pompejus Planta, auf die sie es noch abgesehen hatten, um den Toten als Landesverräter brandmarken zu können, und ritten mit drei geraubten Pferden die rechte Seite des Hinterrheins talauswärts. Die «messischen puren», die sich sammelten, wurden mit Hohn und Drohungen zurückgewiesen, und die Soldaten Beroldingens, die den Mordgesellen nacheilten, erreichten sie nicht. Der Befehl zur Verfolgung war im Domleschg wohl zu spät gegeben worden, und die Truppen in Ems ließen die Befehle unbeachtet, weil sie den Zürchertruppen nicht zu nahe rücken wollten. So ritten Jenatsch und seine

Gefährten nach Chur und rühmten sich dort ihrer Freveltat; dann setzten sie ihren Weg fort und kamen «mit Gottes hilff» unverletzt in Grüsch an (5).

Die Kunde vom Mord erweckte bei der venezianischen Partei einige Befriedigung; denn ein Widersacher, der geistige Führer der spanischen Partei, war beseitigt. Die Prädikanten waren in der Beurteilung der Tat geteilter Auffassung, und ihre Stimmungen wechselten von der offenen Freude bis zur Verdammung der Mordtat. Sie hatten Pompejus gehaßt; aber daß zwei geistliche Amtsbrüder an der Spitze der Parteileute den Mord ausgeführt und dazu in so bestialischer Weise, das war doch eine starke Belastung des Gewissens und des Ansehens der evangelischen Prediger. Aber wie Parteien religiösen Ueberschwanges (Bogumilen, Taboriten, und die Independenten Englands) in ihren düsteren Lebensauffassungen ihre Triumphe feierten und die Welt verachtend, unbegrenzte Tatkraft entfalteten, sie zu unterwerfen und sich dabei auf das alte Testament beriefen, so rechtfertigte Jenatsch seine und seiner Mitmörder Tat mit den Zornesworten der Propheten des alten Bundes. Einen Richter gab es nicht, der die Tat gesühnt hätte. Die Häupter der III Bünde äußerten den Wunsch, Mittel und Wege zu ersinnen, um solche Gewalttaten zu verhindern. Weiter ging man nicht (6).

Die spanische Partei war anfangs tief erschüttert; doch dachte sie nicht daran, einen Gewaltstreich gegen die Mörder und gegen die Hintermänner oder Urheber des Mordes und gegen Oberst Steiner zu unternehmen, wie man in Grüsch vermutete. Der Nuntius wußte nur zu melden, Pompejus Planta habe die Engadiner für den Vertrag von Mailand gewinnen wollen, und eine Truppe der Gegner habe ihn getötet (7). Die Führer der spanischen Partei sandten den Ritter Gioieri nach Mailand um Hilfe, wie der Vertrag von Mailand versprach, der eben von den Gemeinden angenommen war und durch Gioieri nach Mailand gebracht wurde; denn im Grauen Bund erwartete man weitere Unternehmungen Jenatschs und seiner Partei (8). Der spanische Statthalter ließ 500 Mann Fußvolk und 200 Reiter seinen Anhängern in Bünden zu Hilfe eilen, und auch zum Schutze des Veltlins gingen neue Truppen ins Addatal ab. Zugleich trafen die spanischen Führer im Grauen Bund Maßnahmen, um einem Angriff der venezianischen Partei zu begegnen. Oberst Johann Simeon

Florin hütete mit seinem Fähnlein im Domleschg und Thusis die Wege von Chur und von Cläven her (9).

Jenatsch und seine Freunde, «die Gutherzigen», waren entschlossen, den Weg der Gewalt weiterzuschreiten; sie fühlten sich unter dem Schutze von Oberst Steiner sicher, und dieser borgte ihnen auf Rechnung der Stadt Zürich noch Geld für ihre weiteren Rachezüge; denn der Mord an Pompejus war nur der Auftakt zu andern Missetaten, und die moralische und finanzielle Unterstützung, die Zürich lieh, ermutigte Jenatsch und die Gefährten in ihrem Tun.

Am 5. März erschienen Jenatsch und seine Freunde mit 60 weiteren Kampfgenossen in Ardez, wo ihr Gegner, Pfarrer Andreas Stupan, wirkte; Blasius Alexander hatte ihn schon einmal überfallen und sein Haus durchsucht. Hier galt es die Gegner zu treffen, die Anhänger des Rudolf von Planta; sie sollten das Schicksal des Pompejus teilen. In der Kirche zu Ardez wurde der Leutnant Fortunat von Planta erschossen; dann fielen auch der Ammann Johann Bart und Bartholomäus Gulfin durch Jenatsch und seine Leute. In Lavin wurde Johann Adam und in Remüs Andreas Pult ermordet. In Lavin war ihnen Daniel Planta entkommen; Jenatsch und seine Gefährten sollen dafür seine Frau erschlagen haben. Welchen Anteil dabei die Gesinnungsgenossen im Unterengadin, der Hauptmann Wieland in Schuls und die beiden Pfarrherren Vulpius, gehabt haben, ist nicht zu sagen. Jedenfalls waren sie nicht müßig. Mit ihrer Hilfe sammelten Jenatsch und seine Gesellen die Männer des Unterengadins; ihnen schlossen sich die Münstertaler an, und die Scharen zogen wieder unter der Führung Jenatschs und seiner Freunde nach Zuoz und über den Albula nach Bergün und Obervaz. Dort wurde Kriegsrat gehalten und überlegt, wie man die Truppen des Joh. Simeon Florin im Domleschg angreifen wolle. Darauf zogen die 900 Engadiner und Münstertaler rechts der Albula über den alten Schynweg hinunter. Jenatsch und Hohenbalken drangen am frühen Morgen des 23. März mit ihrer Schar bei Sils über das Wasser und rückten von dieser Seite gegen Thusis vor; Blasius Alexander und Gallus Rieder näherten sich an der Spitze ihrer Leute der Zollbrücke in Fürstenau und lenkten mit großem Feldgeschrei die Aufmerksamkeit der Gegner auf sich. Zu gleicher Zeit marschierten auch die Schamser von Rongellen gegen Thusis. Die Oberländer unter Florin wurden so überrascht, die Wachen an der Fürstenauer Brücke mußten zurückweichen, und die Mannschaften begannen bald zu fliehen. Ihr Führer Florin warf sich ihnen entgegen, um sie zum Kampf zu stellen. Er kam aber selbst in Gefahr; denn Jenatsch hatte schon die Schußwaffe auf ihn angelegt; allein sie versagte. Oberst Beroldingen in Ems kam zu spät, um die Niederlage zu verhüten. Die Scharen der spanischen Partei wichen neben den katholischen Eidgenossen unter Beroldingen nach Bonaduz zurück und wandten sich von da nach Versam und Valendas; denn von Malans und Igis her waren die zürcherischen Truppen unter Steiner ebenfalls im Anmarsch, um die Truppe Florins und Beroldingens zu bedrohen und Jenatsch und die Engadiner zu ermutigen. Der fliehenden Truppe folgte auch der spanische Gesandte Scaramuzzia Visconti. Das Schloß Räzüns, das er kurz bewohnt hatte, wurde von den nachziehenden Engadinern geplündert. Diese wurden nun verstärkt, indem die venezianisch gesinnten Fähnlein des Grauen Bundes zu ihnen übergingen (Schans, Rheinwald, Heinzenberg, später Tamins, Trins und Flims). Ruinelli besetzte mit den Fürstenauern Rietberg und andere Schlösser, die Wege nach Chiavenna hütend.

Auch die Fähnlein des Zehngerichtenbundes und des übrigen Gotteshausbundes näherten sich von Chur her, und auf Anraten des Ulysses von Salis besetzten diese die Brücke von Reichenau. Hier wurde der weitere Waffengang beraten; demgemäß zogen dann die Prätigauer, Davoser und Schanfigger links des Rheines nach Flims und Laax, schlugen dort die sich sammelnden Bauern des Oberlandes und nächtigten in Sagens, und die Engadiner und Münstertaler unter Jenatsch u. a. jagten den Gegner nach einem Kampf bei Valendas vor sich her und brachten die Nacht in Kästris zu. Am frühen Morgen des folgenden Tages hatte Beroldingen den Rückzug gegen Disentis fortgesetzt, und die Engadiner, Prätigauer und Davoser folgten ihm. Zunächst erbeuteten sie in Ilanz die Habe des fliehenden Gesandten Visconti und erholten sich im Hause des Landrichters Caspar Schmid von Grüneck; dann schlossen sich die Männer aus dem Lungnez und der Gruob den Engadinern an, und gemeinsam gings gegen Disentis, den Truppen Beroldingens nach. Im Tavertschertal stellten sich diese noch einmal zur Wehr, um den Rückzug über den beschneiten Paß zu decken. Sie mußten nach einigem Widerstand die Waffen und das geraubte Vieh zurücklassen und abziehen.

Von Disentis aus hatten die Misoxer den Weg über den Lukmanier eingeschlagen, und ihnen waren der Abt Sebastian von Castelberg und einige katholische Geistliche des Oberlandes gefolgt, um nach Lugano und Mailand zu fliehen. In Lugano traf auch Beroldingen ein; er klagte dem Nuntius über die Haltung der Fähnlein des Grauen Bundes und über ihre Führer. Schon bei Thusis hatten zwei oder drei von ihnen, die sogar in Mailand an den Vertragsverhandlungen gezwungenermaßen mitgewirkt hatten, ihn verlassen, und allmählich war ein Fähnlein nach dem andern zum Gegner übergegangen, so daß der Nuntius von Verrat schrieb: «presentito questo rivolgimento per non dir tradimento» (10).

Beroldingen und der Abt von Castelberg waren ohne Zögern nach Mailand zum Herzog Feria gereist, um gemäß Vertrag (vom 6. Februar) neue Truppen zu begehren; Spanien sollte 3000 Eidgenossen bezahlen, die als Wache bei Bellinzona und an der Oberalp gedacht waren. Diesen Wunsch äußerte Beroldingen auch im Namen der katholischen Orte, obgleich diese sich von allen Streitigkeiten fern halten wollten. Feria erfüllte die Verpflichtungen des Vertrages und ließ neue Truppen nach Bellinzona marschieren. Gioieri hielt sie hier fest, um sie dann nach dem Misox zu leiten.

Mittlerweile hatten Jenatsch, Blasius Alexander, Wieland, Gallus Rieder, Ulysses von Salis u. a. das ganze Oberland von den Katholischen gesäubert. Die Sieger hatten nach dem letzten Gefecht in Sedrun genächtigt und waren am folgenden Tag nach Disentis zurückmarschiert. Hier hatten sie sich an den Speise- und Weinvorräten des Abtes erlabt und die Männer der Gerichtsgemeinde Disentis versammelt. Diese entsagten allen Verträgen mit Mailand und versprachen, die Bundesbriefe getreu zu beobachten; dazu sollten sie 3000 Gulden Kriegskosten erlegen (11). Im Auftrage der Sieger gingen Ulysses von Salis, Jakob Ruinelli und Joder Casut sodann ins Lungnez, ließen sich von der Landsgemeinde die gleichen Versprechen geben und verpflichteten sie zu 1000 Gulden Kriegsentschädigung. Die ganze Schuld der Besiegten war auf 15 000 Gulden berechnet; sie wurde nie bezahlt. Die Aufständischen mußten vielmehr Basel und Zürich um Geld bitten, um die Truppen zu bezahlen. Nach einer Konferenz der IV Städte in Baden, lieferte Basel 4000 Kronen, und auch Bern, Schaffhausen und Zürich leisteten ihren Beitrag (12).

Jenatsch trat nach wenigen Tagen von Disentis aus mit den triumphierenden Scharen der Engadiner u. a. den Rückzug nach Chur an; dorthin brachten die Sieger die erbeuteten Fahnen, und dann zogen die Engadiner wieder nach Hause. Im wilden Sturme hatten Jenatsch und seine Freunde die Gegner überrannt; allein der innere Friede war damit nicht geschaffen und das Veltlin bei dieser Lage der Dinge aussichtslos verloren. Zwar machten sich die Führer der Untertanen schwere Sorgen, daß der Kampf nun ihnen gelten werde. Robustelli schrieb am 9. April 1621 an den Papst und rechtfertigte sein Unternehmen, den Aufstand, mit der Seelennot des Volkes und Dr. Giovanni Francesco Schenardi und Giacomo Paribelli gingen nach Rom, um den Schutz des Papstes anzurufen (13). Spanien gab aber den Kampf nicht auf. Noch während Jenatsch auf dem Rückmarsch von Disentis nach Chur war, erschien ein mailändischer Agent Giulio Ciseri in Ilanz und begehrte mit Rudolf von Salis, dem Sohne des Herkules, zu verhandeln; zu gleicher Zeit waren aber auch neue Truppen unter Francesco Gambarella auf dem Wege nach Bellinzona und brachen schon am 11. April ins Misox ein. In den gleichen Tagen meldete auch der Erzherzog Leopold von Ruffach aus dem Landrichter des Grauen Bundes und den Räten, daß er den Truppen Befehl erteilt habe, gegen das Unterengadin und auch gegen die Steig zu ziehen, während Mailand im Veltlin und Puschlav kämpfen werde. Der Landrichter wurde aufgefordert, unverzüglich mit Baldiron und Reitnau in Verbindung zu treten. Wahrscheinlich kannte Leopold die mißliche Lage seiner Freunde in Bünden nicht, als er so zuversichtlich zum Kampfe mahnte; denn im Misox erschienen in diesen Tagen bündnerische Abgeordnete und forderten vom Volke den Eid auf die Bundesbriefe (14). Gioieri wollte zwar ihre Beglaubigungsschreiben zerreißen und drohte mit Rache. Allein die Häupter sandten drei Fähnlein nach Disentis, um den Paß zu bewachen, und andere Fähnlein gingen ins Misox, warfen nach kurzem Gefecht bei St. Jakob und Soazza die Truppen Gambarellas aus dem Tale und brachen den Widerstand. Der Waffengang war damit beendet.

Jörg Jenatsch, Blasius Alexander, Nikolaus Karl von Hohenbalken und Gallus Rieder kamen am 30. April zu Oberst Steiner und erzählten den Hergang des Feldzuges, den Steiner mit dem Einverständnis der Zürcher kräftig und erfolgreich gefördert hatte. Der venezianische Resident Lionello wußte zu melden: «forse ha havuto qualche intelligenza nella morte del Pianta», und Steiner erklärte unumwunden, daß die Gegner nur den verdienten Lohn erhalten hätten. Er empfahl die vier Haudegen seinen Vorgesetzten, und wenige Tage später, anfangs Mai, waren sie in Zürich. Lionello gab jedem von ihnen 50 Gulden, obschon er die Mordtaten keineswegs billigte. Jenatsch und seine Freunde reisten weiter nach Basel. Im Gasthaus zum «wilden Mann» schrieben sie sich ein:

> Omnia ab uno et nos ab illo
> Arte et Marte
> > Blasius Alexander Rhaetus.
> > Pro Christo et Patria adversus Belluam Romanam.
> > Georgius Jenaz.
> Ich befilchs Gott.
> > Nikolaus Kharli vonn Hohen Ballkhenn.
> Al unser thuon und lohn
> Ausz Gott in Gott muosz gon.
> > Gallus Ryeder (15).

Die vier Freunde waren von Zürich den Räten in Basel empfohlen worden; sie wollten die Geldmittel aufbringen, um die Kosten der letzten Kämpfe zu decken, und die vier evangelischen Städte borgten ihnen 22 900 Gulden; davon sollten 800 den «vier Wilhelm Tellen» für die Befreiung des Vaterlandes «us der Tyranney etlicher unthrüwen landskindern» gegeben werden. Der zürcherische Statthalter Brem, der mit Bürgermeister Leonhard Holzhalb zum politischen Freundeskreis des Herkules von Salis und seiner Söhne gehörte, brachte das Geld nach Chur; die Häupter wollten trotz ihrer venezianischen Gesinnung (I. P. Guler, Gregor Gugelberg, Sigisbert Derungs) nicht die Verantwortung übernehmen, den sogenannten «Tellen» eine solche Ehre anzutun; darum kam Jenatsch am 25. Juni selbst vor den Beitag, forderte das Geld und drohte schließlich «nach mittlen zu trachten», um zu ihrer «Recompensa» zu kommen. So erhielten die vier Männer dann das Geld; doch mußten sie sich verpflichten, die Summe selbst zurückzuerstatten (16).

Wie sehr der Erfolg des Feldzuges Jenatsch und seine Freunde innerlich befriedigte und erfreute, drückten sie in den Flugschriften aus. Dabei verfaßte Jenatsch als Schluß der Schrift: «Warhaffte Relation dessen, was in Gemeinen Dreyen Pündten, in alter hoher Retia gelegen, seid dem Mord im Veltlin zugetragen 1621», das nachfolgende Gedicht:

Flucht der Spanier, Jesuiter und Capuciner, auch der V Ortischen fendlin, ausz Gemeinen 3 Bündten, reimens weisz gestellt.

Beroldingen ist ehrenwärt,
Er stillt di kü und laszt die pferdt:
Doch häszlich es jhm ist miszlungen,
dann ihm hat man auch d'kü abtrungen.

Beroldingen der ehrenman
Im fliehen sein wolt z'vorderst dran:
Drumb er jm d'stiffel liesz auszziehen,
Damit er könte wacker fliehen.

Der ehren ist auch Fleckenstein,
Im fliehen nit wolt z'hinderst sein,
Sein dägen sol man billich loben:
Als sein Patron darvon gestoben,
Bleib er zu Ilantz an der wand,
Floch nit, wie Fleckenstein, mit schand.

Die Jesuiter, Capuciner
Darvon flohen wie Ziginer
Der Spannisch ritter Scaramutz
Den Bündnern gflohen ist zu trutz.
Gar keiner wolt dahinden bleiben,
Damit man jhn nit thet aufreiben.

Das kan ein hüpsch armada sein,
Von eitel hasen gspicket fein,
Auszreissend durch der Bündtner auwen:
Gantz zierlich war sie anzuoschauwen.

Von hundert mann fünff fendlin sind
Getriben worden wie die hind:
Durch thal, durch schnee, durchs alpgebirg:
Desz keiner wider kommen wird:
Ausz forcht, man solchen geschwinden hasen
Ein ring möcht legen an die nasen.»

Es schließt mit dem Motto:
«Wie man in den Wald rüfft: also schillet es wider herausz» (17).

Die Aktion der Aristokratie im Bunde und im Dienste Venedigs,
verbunden mit der jüngeren Generation der Prädikanten unter der
Führung von Alexius hatte einen scheinbaren Erfolg erzielt; doch
der Verlust des Veltlins war nicht nur für Bünden, sondern auch für
Venedig und seine Freunde eine Katastrophe. Für das Engadin
mußte aber ein wirtschaftlicher Zusammenbruch, ein Niedergang
von Wirtschaft und Kultur unmittelbar folgen. Diese Einsicht mußte
Jenatsch und seine Freunde zum äußersten Kampf um die Rettung
der engeren Heimat und ihrer Lebensbedingungen antreiben. Die
Leidenschaft äußerte sich in Spott und Hohn, in der verächtlichen
Behandlung des Gegners und mehrte den Gegensatz zu den katholischen Orten; diese wieder kargten nicht mit Vorwürfen an Zürich und an Oberst Steiner, und Zürich fühlte das Bedürfnis, die
Haltung Steiners in Luzern in ein anderes Licht zu stellen, und bedauerte den Mord an Pompejus von Planta und an seinen Gesinnungsgenossen im Engadin. In Wahrheit hatten die Zürcher Rats-
herren, zum Freundeskreis der Salis-Grüsch gehörend, die Missetaten der «vier Tellen» gebilligt; die Bündner dagegen schwiegen sich
in auffälliger Weise darüber aus; sie waren am wenigsten geneigt, die
Politik und die Taten der Grüscher Aristokratie und ihres Kreises zu
feiern. Jenatsch empfand selbst keine Belastung seines Gewissens;
vielleicht wurde er auch durch die Aufnahme in Zürich in seinem
Selbstbewußtsein und in seiner Selbstgerechtigkeit bestärkt, und er betonte für «Gott und Vaterland» gekämpft zu haben. Wir besitzen
aus dieser Zeit zu wenig Aeußerungen Jenatschs, um über sein Sinnen und Denken ein ganz klares Bild zu entwerfen; sein Brief an
Jakob Ruinelli vom 16. Mai 1619, in dem er ausruft: «Wir stehen

fest, wir sind entschlossen zu sterben, um Christus und um die Kirche geht es», kann den Gedanken nahebringen, daß Jenatsch unter dem Einfluß des Alexius im calvinistischen Sinne als «gewappneter Kämpfer seines Gottes», als Tatmensch gehandelt und dementsprechend sein forderndes Aufgebot an seinen Freund Ruinelli gerichtet habe und daß aus diesem Geiste die Taten geschehen und zu beurteilen seien; einen Anteil hatte diese Geistesmacht; doch wird der Historiker nicht vergessen können, daß das eigene Wesen Jenatschs, seine jugendliche Leidenschaft, an der Verantwortung mitzutragen hat, und daß die Gerechtigkeit ihm in diesen Tagen doch zu sehr die Funktion der Macht und Gewalt geworden war. Die Synode distanzierte sich von seinen Taten und schloß ihn aus der Gemeinschaft aus.

Der Vertrag von Madrid vom 25. April 1621
Der Wormserzug und seine Folgen
Jenatsch in Zürich und beim Grafen Ernst von Mansfeld 1622

Die Verträge von Mailand waren für die Veltliner und für Frankreich enttäuschend, für die Mehrheit in Bünden aber erschrekkend, und Feria hatte selbst das Gefühl, der Friede sei dadurch nicht geschaffen. Er unterhandelte deshalb mit Rudolf und Ulysses von Salis weiter über die Wege zum wirklichen Frieden (1). Dann sandte er den Giulio della Torre nach Bellinzona zu den spanischen Anhängern in Bünden, um ihre Gesinnung genauer zu erforschen, und della Torre mußte sagen, daß Mailand sich nicht zu viel auf die Parteifreunde in Bünden verlassen dürfe (2). Um so entschiedener forderten der Bischof von Chur und später auch sein Vertrauter, Pater Ignazius, die Hilfe Spaniens gegen die venezianische Partei im Lande, und Erzherzog Leopold mahnte die katholischen Orte, den Glaubensgenossen in Bünden alle Hilfe zu leihen; er stellte dabei in Aussicht, daß er selbst wieder gegen die Bünde ziehen werde. Die katholischen Orte aber dachten an die eigenen Interessen; sie befürchteten, daß der Frieden zwischen Mailand und Bünden den Splügenverkehr beleben werde und den Gotthard veröden lasse; zudem hatten sie die Niederlage von Beroldingen nicht verschmerzt und wollten dem Kampf in Bünden fern bleiben, ja sie drohten, die bündnerischen Emigranten aus dem Lande zu weisen (3). Der Vertrag von Mailand verletzte auch die Interessen Frankreichs. In Paris hatte man vorher entschlossen erklärt, daß man den Einfluß Venedigs in Bünden und im Veltlin nie mehr dulden werde; doch nun regelte der Vertrag von Mailand eine weittragende Angelegenheit in Europa, wie die Veltlinerfrage es war, nur nach den Interessen Spaniens. Darum ordnete der König Ludwig XIII. nach Bekanntwerden der Mailänder Verträge Bassompierre nach Spanien ab, damit er die Beschwerde Frankreichs vorbringe. Während der Verhandlungen starb Philipp III. am 31. März 1621, und Philipps IV. Minister, Herzog von Olivarez machte weitere Zugeständnisse und ermöglichte am 25. April 1621 den Abschluß des Madrider Vertrags. Bassompierre hatte entschieden die Rückgabe des Veltlins und Bormios an Bünden verlangt; der entstandene Vertrag besagte: das Veltlin und Bormio werden den Bündnern zurückgegeben, und in diesen Gebieten werden die Verhältnisse hergestellt, wie sie vor 1617 waren. Somit war das evangelische Bekenntnis dort geduldet; doch sollten die eidgenössischen Orte den Vertrag gewährleisten. Sowohl Feria als der spanische Gesandte Casati und der Erzherzog Leopold lehnten aber den Vertrag ab, namentlich weil der evangelische Glaube im Veltlin geduldet wurde, und sie befürchteten, daß die evangelische Propaganda wieder rücksichtslos einsetzen werde; darum bestimmten sie die katholischen Orte, die Garantie des Vertrages abzulehnen. Das geschah denn auch, und nun verhandelten Frankreich, Spanien und der Papst weiter über das Schicksal der ehemaligen Untertanen. Mitte Juni 1621 kamen Vertreter Frankreichs, Spaniens, Oesterreichs und des Papstes zur weiteren Behandlung dieser Frage in Luzern zusammen; die Anhänger Spaniens in Bünden sandten Johann Simeon Florin, Luzi de Mont, G. Schorsch, Gioieri und Joh. Corai, die Untertanen Dr. Paribelli und die venezianisch gesinnten Bündner Wolf Montalta, Christoph Lehner und Ulrich Buol nach Luzern. Die Freunde Venedigs, die Gesinnungsgenossen Jenatschs, wünschten die Annahme des Madrider Vertrages (4); die Gegner dagegen spannten ihre Forderungen sehr hoch: im Veltlin sollten keine Protestanten geduldet, dem Bischof von Chur die alten Feudalrechte in Bünden zuerkannt werden, und die katholische Kirche sollte in Bünden und im Untertanenland eine beherrschende Stellung erlangen (5). Die französischen Vertreter Montholon und Gueffier hatten ihre Zustimmung zum Vertrag von Madrid gegeben, und Frankreich vertröstete seine Anhänger in Bünden auf das Ende des Kampfes gegen die Hugenotten in Frankreich der dann Ludwig XIII. erlauben werde, den Bündnern weiter zu helfen.

Während dieser Zeit hatten die venezianischen Parteigänger für eine gewaltsame Lösung aller Fragen gearbeitet. Es mochte wahr sein, daß die «4 compagni» einen Ueberfall von Mailand her erwarteten, wie es Blasius Alexander schrieb (6). Es kam zudem die Kunde von einem Streifzug der spanischen Truppen gegen Chiavenna. Nun setzten besonders Johann Peter Guler und Hartmann Planta alles daran, um eine Entscheidung mit den Waffen herbeizuführen, und an ihrer Seite standen Georg Jenatsch, Blasius Alexander, Konrad Buol, der Prädikant in Davos, Wolfgang Vedrosius von Scanfs in Waltensburg, der früher in Grossotto gepredigt hatte u. a. Daneben fehlte es nicht an warnenden und abmahnenden Stimmen; so sprachen sich Rudolf von Salis und vor allem Fortunat Juvalta dagegen aus (7). Auch Venedig billigte das Unternehmen nicht, das so geringe Aussichten auf Erfolg hatte; denn es war klar, daß die Großmacht Spanien nicht gesonnen war, sich das Veltlin durch einen Gewaltstreich nehmen zu lassen. Die Frage des Veltlins war in Italien das Tagesgespräch der Politik und Diplomatie; selbst am türkischen Hofe wies der venezianische Vertreter Giustiniani den Großvesir Tschelebi Ali Pascha auf die großen Fortschritte hin, die Spanien seit der Besetzung des Veltlins in Deutschland gemacht habe, und der Gesandte Bethlen Gabors von Ungarn, Alessandro Lucio, hielt vor den Staatsmännern in Venedig eine große Rede über die Veltliner Affäre, in der er vom patriotischen Schmerz des Italieners über die Bedrohung Italiens durch Spanien sprach. Venedig lebte bei dieser Lage der Dinge unter einem beständigen Druck; es wollte aber keine leichtfertige Aktion, die ohne Aussicht auf guten Erfolg war. Es suchte vielmehr selbst den vorzeitigen Ausbruch des Kampfes zu vermeiden. In Bünden aber machte das leidenschaftliche Werben eines Jenatsch und Guler allen Widerstand verstummen. Umsonst mahnte Fortunat Juvalta, die Wege des Friedens zu gehen und erinnerte Hartmann Planta von Chur an die schweren Folgen, die eine Niederlage bringen müsse. Planta, Guler und Jenatsch machten geltend, es müsse nun etwas Entscheidendes geschehen. Unter dem Einfluß dieser unbesonnenen Draufgänger berief die Häupterregierung die Räte, und diese beschlossen, aus jedem Bunde 4000 Mann aufzubieten, und wenn Feria das Veltlin nicht räume, mit 12 000 Mann über die Berge zu ziehen und das Untertanenland mit Gewalt zu nehmen. Dann wandten sich die Häupter an die evangelischen Eidgenossen um Zuzug, und Guler, Jenatsch,

Blasius Alexander und sogar Rudolf von Salis, der mitmachen mußte, sandten den Hauptmann Fausch zu den evangelischen Städten. Statt der Hilfe kamen ernste Mahnungen, vom Kriege zu lassen. Aber es war alles umsonst; die Verblendeten beherrschten Bünden, bedrohten die Gegner des Unternehmens, «und unsinnig und jeglicher Vernunft bar rannten sie dahin, von wo sie nur ewige Schmach und dem Vaterland Verderben zurückbrachten», sagt Fortunat Juvalta (8).

Die Führung der Truppen war im Zehngerichtenbund dem jungen Guler, im Gotteshausbund dem Hartmann Planta in Chur und im Grauen Bund dem Landrichter Joder Casut anvertraut worden. Casut hatte «nie Pulver gerochen», so sagten die Gegner, und keiner von diesen Führern besaß genügende Erfahrungen. Das Vertrauen zu den Leitern des Unternehmens war deshalb im Volke gering, selbst im Prätigau. Die Männer des Grauen Bundes hatten Befehl erhalten, ins Engadin zu ziehen; aber die Mannschaften stellten sich nicht auf ihren Sammelplätzen, und Casut mag seine Not den Freunden in Davos geklagt haben. Auf den Wink dieser Führer und vor allem Jenatschs erhoben sich wieder die Münstertaler und Unterengadiner und zogen an die 150 Mann stark nach Davos, wo Jenatsch, Blasius Alexander, Nikolaus von Hohenbalken und Gallus Rieder weilten; verstärkt durch Davoser marschierten sie nach Thusis, und da die Oberländer Fähnlein noch nicht erschienen waren, eilten zwei Scharen unter Jenatsch und Blasius Alexander anfangs Oktober 1621 über Reichenau nach Flims, um die Gemeinden des Grauen Bundes zum Aufbruch zu zwingen (9). In Flims erfuhren Jenatsch und seine Gesinnungsgenossen, daß Joseph Capol das Unternehmen mißbilligt und bekämpft habe. Jenatsch und Hohenbalken drangen mit den Mannschaften in sein Haus, ermordeten ihn und überließen das Haus der Plünderung durch ihre Mannen. Dann setzten sie den Zug nach Ilanz fort, allen Gegnern drohend, und die Gemeinden ließen sich einschüchtern und versprachen, ihre Männer unverzüglich nach Thusis zu senden. Als die Fähnlein der III Bünde dann im Engadin besammelt waren, zählten die Führer aus ganz Bünden nur an die 6000 Mann statt 12 000. Unmut und Widerwille hatten sich im ganzen Volke Bündens ausgewirkt; trotzdem wurde der Marsch fortgesetzt, ohne Vorräte, ohne genügend Munition und vor allem ohne die Zusage der Hilfe Venedigs. Guler, Hartmann Planta, Jenatsch und ihre

Genossen bei diesem traurigen, unglücklichen Unternehmen verbreiteten dazu unwahre Berichte über die Verhältnisse, die man in Bormio und im Veltlin antreffen werde, z. B. hieß es, daß Bormio nicht befestigt sei, auch gar nicht verteidigt werde, daß dort nur ein unbedeutender Widerstand, doch große Vorräte zu treffen seien u. a. m. Auf solches Gerede, auf die eigene brutale Kraft und auf den Zufall vertrauend, stiegen die Scharen nach Livigno hinüber und hinunter gegen Bormio, ohne Begeisterung und ohne Mut. Umsonst hatten in letzter Stunde die eidgenössischen Orte und Frankreich nochmals vom Zuge abgemahnt und dabei zu bedenken gegeben, wie gefährlich es sei, das Land von allen Truppen zu entblößen, da der Gegner es bedrohe (10). Die Scharen zogen in Bormio ein und hätten gerne die Festung selbst erobert; es fehlte aber an Geschützen, Material, Leitern; «noch waren sie nicht drei Tage dort, als der Hunger einriß»; dazu kam die Nachricht, daß Feria mit Fußvolk und Reiterei durchs Veltlin heranziehe, und in der gleichen Zeit (14. Oktober 1621) traf ein Schreiben des Gesandten Montholon aus Solothurn ein, in dem dieser die Bündner dringend bat, vom Zuge abzustehen und wenn man schon aufgebrochen sei, doch umzukehren, denn der Vertrag von Madrid werde von Frankreich eingehalten.

Alle diese Umstände bestimmten die Mannschaften und auch die Führer zum Rückzug. Die Männer des Grauen Bundes, die in Cepina unterhalb Bormio lagen, wurden von der spanischen Reiterei angegriffen und wichen in Unordnung; ihnen folgten die übrigen Bündner, während der Kriegsrat noch in Bormio beisammen saß. Hartmann Planta verließ die Sitzung, um die Mannschaften zum Widerstand zu mahnen; er wurde im Gefecht von den aus der Festung vordringenden Feinden getötet (11). Die Gegner des Feldzuges erhoben jetzt ihr Haupt; die Führer waren niedergeschlagen.

Die Nachricht von diesem Geschehen traf eine bündnerische Abordnung, die mit Oesterreich verhandeln sollte, in Imbst. Im Mai (1621) schon hatten nämlich die Häupter und Räte Fortunat von Sprecher, Fortunat von Juvalta und Julius Maißen nach Innsbruck abgeordnet, um die Rückgabe des Münstertales zu erwirken. Die Abordnung mußte alle Vorwürfe über die Haltung der Bündner, besonders über die Ermordung des Pompejus Planta, und die Drohung hören, daß der Erzherzog Maßnahmen zum Schutze seiner Rechte ergreifen werde. Am 7. Juli waren die Männer wieder in Imbst. Hier hörten sie das ganze Sündenregister der Bündner und besonders auch die Klage über die Unterstützung Venedigs. Als sie am 5. Oktober die Besprechungen fortsetzten, kam die Nachricht vom Abmarsch der Bündner ins Veltlin. Die Abgeordneten mußten heimkehren; Mailand und Oesterreich begannen den Krieg (12).

Jenatsch war, aus Bormio zurückkehrend, nach Davos gegangen, und wahrscheinlich blieben auch Blasius Alexander, Gallus Rieder und Nikolaus von Hohenbalken in seiner Nähe; denn sie mußten jetzt das Schlimmste gewärtigen. Von Spanien-Mailand und von Oesterreich her setzte eine kräftige Offensive ein. Am 29. Oktober 1621, wenige Tage nach dem Rückzug der Bündner aus Bormio, griff Feria mit den Spaniern die Bündnertruppen in Cläven an, und Ulysses von Salis und der Bundesoberst Baptista von Salis, die nur über eine kleine Truppe von ungefähr 300 Mann verfügten, mußten nach kurzem Widerstand auch die Grafschaft Cläven preisgeben und sich ins Bergell zurückziehen. Damit war der letzte Teil des Untertanengebietes verloren. Feria sandte seine Truppen unter Graf Serbelloni den beiden fliehenden Salis und ihren Truppen nach, und das ganze Bergell wurde von den Spaniern besetzt (13). Oberst Baptista von Salis und seine Familie waren aus Soglio nach Avers geflüchtet; Ulysses von Salis war nach Chur geritten und berichtete dort den Häuptern das traurige Geschehen; zugleich erfuhr er, daß Oesterreich ebenfalls zum Angriff übergegangen war. Brion war schon am 27. Oktober über die Prätigäuer Pässe in Klosters erschienen; allein die anrückenden Prätigauer und Davoser hatten ihn bei Klosters blutig zurückgeschlagen; dabei hatten Jenatsch und Blasius Alexander mit dem Mute der Verzweiflung gekämpft. Ueber die Kampflinie ihrer Leute vorstoßend, waren sie in die Scharen der weichenden Feinde eingedrungen und hatten so gewütet, daß ihre Pferde vom Blute der Feinde troffen. Als dann aber kurz nach diesem Erfolg bei Klosters die Nachricht eintraf, daß Serbelloni durchs Bergell im Anmarsch und Baldiron am 26. Oktober ins Unterengadin eingezogen sei, sahen Jenatsch und seine Kampfgenossen keine Rettung mehr; sie flüchteten (am 1. November) aus Davos nach dem Bündner Oberland; denn Oberst Steiner hatte von Zürich den Befehl erhalten, Bünden mit den Zürcher Truppen zu verlassen, und in der Herrschaft (Maienfeld) befürchteten Jenatsch und seine Freunde in die Hände Brions zu fallen. Darum wählten sie den Weg ins Oberland. Von Ruis wollten die Flüchtlinge trotz Regen und Schnee über den Panixerpaß nach Elm, Glarus und Zürich gelangen. Jenatsch, Jakob Anton Vulpius, Joder Casut und sein Sohn erreichten das Ziel; aber die Bauern von Ruis und Panix waren ihnen gefolgt, hatten Bonaventura Toutsch eingeholt und erschlagen, und Blasius Alexander, der sich bemüht hatte, sein erbeutetes österreichisches Pferd mitzuziehen, wurde von den Bauern erst auf Glarner Boden eingeholt, als Gefangener nach Disentis gebracht und dann nach Maienfeld an Baldiron ausgeliefert. Er wurde namentlich wegen seiner Beteiligung an der Ermordung des Pompejus Planta in Innsbruck hingerichtet (Dezember 1622).

In den ersten Tagen des Monats November hatten schon an die 1500 Bündner ihre Heimat verlassen, um in Zürich und anderwärts ein Asyl zu suchen. Die Zürcher empfingen die Flüchtlinge keineswegs mit gleichen Gefühlen wie früher; ihre Mahnungen waren in den Wind geschlagen worden; Hartmann Planta, Guler u. a. hatten freventlich mit dem Schicksal ihres Volkes gespielt. Für Zürich drohte dazu noch der Konflikt mit Oesterreich. Baldiron begehrte die Auslieferung von 53 der «Rädelsführer und Anstifter alles Uebels», darunter Rudolf von Salis und seinen Bruder Ulysses, Conrad Buol, Hauptmann Florin Buol aus dem Schanfigg, Hans Fausch, Jakob Joder Casut und dessen Sohn Peter, Gallus Rieder, Johann Peter Janett, Prädikant in Zillis, Jakob Ruinelli u. a. (14). Der Rat von Zürich beriet sich darüber mit Bern und brachte das Auslieferungsbegehren Ende November 1621 vor die Tagsatzung in Baden; zugleich wurde aber auch die Bitte der Bündner um Asyl im Schweizerlande vorgelegt; dann ordneten die Eidgenossen eine Gesandtschaft an Erzherzog Leopold ab; sie sollte zunächst verhandeln und Zeit gewinnen.

Die Bündner sahen sich in ihren Hoffnungen schwer enttäuscht; denn auch der venezianische Resident Scaramelli mußte sich damit begnügen, ihnen milde Gaben zu spenden (15). Jenatsch und seine Gefährten aber planten wieder mit 4—500 Mann einen Einfall in Bünden und wünschten zu diesem Zwecke die Summe von 1000 Dukaten, dazu Pulver und Musketen; aber Venedig kannte die verwegenen Gesellen und erklärte, daß ohne die Hilfe von Frankreich und der evangelischen Eidgenossen nichts unternommen werde. An der Adria herrschte strenge Besonnenheit. Als Venedig namentlich aus den Berichten seines Gesandten erkannt hatte, daß der Vertrag von Madrid vom 25. April 1621 nur dazu gedient hatte, Frankreich für die Besetzung des Veltlins eine Satisfaktion zu geben und vorübergehend zu beruhigen, daß aber die Lage in Europa und besonders in Bünden und im Veltlin durch die Kampflust Leopolds und Ferias sich nur verschlimmerte, da dachte die Republik entschlossen an die eigenen Interessen und selbst an die Abwehr. Das Bündnis mit Savoyen und mit den Generalstaaten genügte aber nicht für den Krieg mit Spanien; Frankreich mußte gewonnen werden. Giovanni Pesaro, der venezianische Gesandte in Paris, tat das Menschenmögliche, um der französischen Regierung die Gefahr darzustellen, die sich aus der Besetzung des Veltlins und der Knechtung Bündens, den Erfolgen Spaniens in Böhmen und in der Pfalz ergaben. In den Augen Pesaros und der Venezianer lief auch Frankreich Gefahr, von Mitteleuropa aus zurückgedrängt und isoliert zu werden und das Schicksal Venedigs zu erleben. Auch den einflußreichsten Persönlichkeiten am Hofe wurde das eindringlich dargestellt, und gleichzeitig erklärte der Resident Lionello in Zürich wieder Jenatsch, Salis und den Freunden in der Eidgenossenschaft gegenüber, daß die Wiederherstellung der alten Verhältnisse vor 1617 nur mit Hilfe Frankreichs möglich sei. Dabei unterließ er nicht, die Bündner an die eigene Schuld zu erinnern. Im Laufe des Sommers, als sich die Lage in Bünden verschlimmerte, wurden die Beziehungen zwischen Frankreich und Venedig freundlicher; auch der französische Gesandte in Wien näherte sich dem venezianischen Gesandten Pietro Gritti und erzählte ihm gelegentlich vertraulich, was er über die Absichten Leopolds und Ferias erfahren hatte.

Der Wormserfeldzug, die Niederlage und der Einmarsch Leopolds und Ferias in Bünden (Ende Oktober 1621) zwangen aber Venedig zu einem raschen Entschluß — zur Verbindung mit Ernst von Mansfeld.

Ernst von Mansfeld, der nicht legitimierte Sohn des Grafen Peter Ernst von Mansfeld, hatte im Dienste Friedrichs von der Pfalz in Böhmen gekämpft. Nach der Niederlage Friedrichs und der Auflösung der Union (21. April 1621) hatte er sich nach der Pfalz zurückgezogen. Im November 1621 schlug er sein Lager in Deidesheim auf, und als der spanische Führer Cordova ihn bedrohte, verlegte er sein

Quartier nach Germersheim (Pfalz). Von dort aus gewann er über Straßburg die Verbindung mit dem venezianischen Vertreter in Zürich, mit dem er durch seinen Kapitän Bernardino Rota verhandelte. Schon im Dezember 1621 — nach dem Einmarsch der Oesterreicher und Spanier in Bünden — sandte der Resident Lionello in Zürich einen Vertrag Mansfelds mit der Republik an die Regierung nach Venedig; am 28. Dezember ging der vom Senat genehmigte Vertrag nach Zürich und Germersheim zurück. Venedig lieferte an Mansfeld jährlich 12 000 Dukaten; dafür hatte dieser, wenn die Republik es verlangte, auf Kosten der Republik 20 000 Mann Fußvolk und 4000 Reiter zu werben und zu befehligen, wo und gegen wen die Republik es forderte. Dadurch unterstützte Venedig zunächst den Pfalzgrafen Friedrich, und es hatte für sich, und im Notfalle auch für die Verbündeten (auch für Bünden) und für den Kampf mit Spanien den berühmtesten und gefürchtetsten Feldherrn zur Verfügung. Als Mansfeld sich zu Beginn des Jahres 1622 Basel näherte, war der Vertrag zwischen ihm und Venedig abgeschlossen (1. Februar 1622). Bald darauf verließ Pietro Gritti Wien und ging an den Hof Maximilians von Bayern, des Führers der katholischen Liga; er erstrebte dort eine Annäherung zwischen Venedig und dem bedeutendsten Mann an der Seite des Kaisers. Diese diplomatische Tätigkeit Venedigs und besonders der Vertrag mit Mansfeld blieben in Paris nicht unbeachtet. Auch das unermüdliche Wirken Pesaros hatte seine Wirkung; zudem verletzte die Art und Weise, wie der Kaiser den Sieg über den Pfälzer ausnutzte, Philipp IV. im Veltlin und Leopold im Prätigau sich festsetzten, die Gefühle Frankreichs. Nun erklärten die Minister Ludwigs XIII. dem Papst, daß Frankreich unter Umständen bereit sei, den Madrider Vertrag mit Gewalt durchzuführen; der französische Resident in Wien sprach zu Gritti im gleichen Sinne und fügte bei, daß der Vertrag von Mailand mit den Oberbündnern Spanien die völlige Herrschaft im Veltlin und in Bünden verschaffe. Auch der französische Gesandte in Venedig gab eine ähnliche Erklärung ab, und der Senat erwiderte, er werde stets auf der Seite derer sein, die für die Rückgabe des Veltlins an Bünden einstünden. Pesaro bat Frankreich in diesem Sinne in Madrid zu wirken. Noch immer aber wich der Minister Puysieux einer klaren Entscheidung aus; er wollte keinen Bruch mit Spanien.

Jenatsch verfolgte in Zürich beim Residenten Lionello und bei dessen Nachfolger Scaramelli leidenschaftlich den Gang der politischen Verhandlungen Venedigs. Er hoffte mit ganzer Seele auf die Befreiung der Heimat, schmiedete neue Pläne für einen Aufstand in Bünden und bat immer wieder um die Hilfe Venedigs. Conradin Planta und Vikar Schöni gingen in dieser Absicht anfangs Januar 1622 auch nach Solothurn zum französischen Gesandten, doch ohne Erfolg. Aus diesen Gründen zögerte Jenatsch noch, Zürich zu verlassen. Seine Gefährten Ulysses von Salis, Gallus Rieder und viele andere waren auf Anraten Venedigs schon Ende des Jahres 1621 und im Januar 1622 nach der Pfalz gereist. Jenatsch nahm erst im Februar 1622 den Weg dorthin. Mit 30 Gulden, die der venezianische Resident ihm für die Reise gegeben hatte, trat Jenatsch den Weg an. Mansfelds Armee war stark. Christian von Braunschweig, Administrator von Halberstadt, hatte seinen Einzug in Paderborn gehalten und sich dann im März entschlossen, die Vereinigung mit Ernst von Mansfeld zu suchen. Im Lager traf Jenatsch Ulysses von Salis, Gallus Rieder und andere Bündner. Jenatsch trat in das Kavallerieregiment des Grafen von Ortenburg ein, in dem auch Gallus Rieder und andere Emigranten aus Bünden dienten. Welchen militärischen Rang er da anfangs einnahm, läßt sich nicht sagen. Bald nach Jenatschs Ankunft führten Mansfeld und Georg Friedrich von Baden ihre Truppen (27. April) bei Wiesloch in den Kampf gegen Tilly. Einige Bündner im Kavallerieregiment, darunter Gallus Rieder und Jenatsch, ritten in ihrer Kampflust durchs Dorf, den Feind anzugreifen; sie stießen auf eine Uebermacht und Gallus Rieder und zwei Prätigauer fielen, Jenatsch wurde das Pferd unter dem Leibe totgeschossen; ein Pistolenschuß traf ihn ins Gesicht und riß ihm ein Stück der Nase weg. Auf dem Rückzug wäre er beinahe von den eigenen Kampfgenossen erschossen worden; ein Franzose, im gleichen Regiment dienend, legte auf ihn an, weil er Jenatsch nach seinem Kleide für einen Ligisten hielt. Noch rechtzeitig rief Dolf Davatz aus dem Prätigau dem Franzosen zu, es sei ja ein Kamerad, und rettete so Jenatsch das Leben (16).

Jenatsch war jedenfalls nicht schwer verwundet, denn nur wenige Tage später politisierte er im Kreise der übrigen Bündner und des Kapitäns Rota in hellem Eifer über die Zukunft der Heimat. Der

Sieg unter Manfeld mochte die Bündner angeregt und sie auch in ihrer sonderbaren politischen Gesinnung bestärkt haben. Jenatsch, Ulysses von Salis und viele ihrer Gefährten erklärten, Bünden werde nie zur Ruhe kommen, solange das Volk in den öffentlichen Fragen mitspreche; dem Bündner Volk müsse daher das Mitspracherecht genommen werden und ein protestantischer Fürst mit einem Magistrat an der Seite oder mit einer Militärmacht müsse die Geschicke des Landes leiten. So könne man Gehorsam erzwingen. Dachten sie an Ernst von Mansfeld, auf den Jenatsch auch seine Hoffnungen für die Befreiung der Heimat setzte?

Jenatsch stand damals noch an der Seite der bündnerischen Aristokratie, die mit Hilfe der jüngeren Prädikanten unter Führung des Caspar Alexius weitgehende Pläne geschmiedet hatte; das Volk Bündens hatte nach dem Empfinden des Aristokraten Ulysses von Salis und Jenatschs versagt; in Wahrheit aber waren die Vertreter der Aristokratie im Volke verhaßt, wie Ulysses von Salis selbst bezeugt. Salis und Jenatsch wollten trotz der Mißerfolge zum Ziele gelangen. Mochten sie nun in der Hoffnung auf Venedig eine Entwicklung wie in Deutschland ins Auge fassen, wo die geistigen Führer der Reformation im Laufe der Zeit zurückgetreten waren, dem Landesfürsten die religiöse und politische Macht überlassen und dieser dann der Parität im Lande ein Ende bereitet hatte, oder wünschten sie im Sinne des Alexius im calvinistischen Geiste eine Landeskirche mit einer mächtig gehobenen Autorität zu sehen? Das Vertrauen in eine Volkskirche schien geschwunden zu sein. Die Erfahrungen mit dem Volk ließen schließlich selbst die theokratische Diktatur herbeiwünschen (17). Hierbei handelte es sich bei Jenatsch und bei Salis weniger um die religiöse Frage oder um die religiöse Erneuerung, als um die politische Stellung von Kirche und Staat. Die Schweizer im Lager wiesen Jenatsch, Salis und die Freunde dieser Gedanken hin auf die Folgen eines solchen Strebens. Sie warfen die Frage auf: Ja welcher Fürst? und dann erklärten sie, daß weder Frankreich noch Oesterreich, noch die Eidgenossen eine solche politische Form dulden könnten, und sie schlossen nach schweren Vorwürfen gegen die Führer und das Volk in Bünden mit dem Gedanken der Umgestaltung Bündens in einen eidgenössischen Ort nach dem Muster der aristokratischen Städte: «il meglio sarebbe d'incorporare le tre leghe nelli can-

toni Svizzeri, crear un Magistrato e levar l'autorità alle plebe...»
(18).

Jenatsch war in der kurzen Zeit Hauptmann im Kavallerieregiment geworden. Der Chronist Sprecher weiß zu erzählen, Jenatsch habe in dieser Zeit acht Mordtaten begangen; seine Gewährsleute mögen Kampfgefährten Jenatschs gewesen sein. Nähere Angaben fehlen; es mochten, wie Haffter vermutet, Duelle sein, aus denen Jenatsch als Sieger hervorging (19).

VIII

Die Verträge von Mailand vom 25. Januar 1622
Der Aufstand im Prätigau vom 23./24. April 1622
Sieg und Niederlage / Die Gegenreformation

Während Jenatsch in Zürich und in Germersheim gespannt die Bemühungen Venedigs verfolgte, unterhielt er seine Verbindungen mit der Heimat und erfuhr mit großer Erregung, was das Volk im Prätigau und Engadin zu leiden hatte. Feria und Leopold hatten die Vertreter des Grauen Bundes und des Gotteshausbundes gezwungen, am 25. Januar in Mailand Verträge zu unterzeichnen, die besonders die spanische Macht in Bünden sichern sollten: die acht Gerichte (Prätigau) Unterengadin und Münstertal wurden Untertanen Oesterreichs; Leopold besetzte Chur und Maienfeld auf die Dauer von 12 Jahren; Spanien verlangte das Recht, jederzeit mit Truppen durch das Land zu ziehen; Cläven sollte den II Bünden zurückgegeben werden, die evangelische Kirche dort verboten sein. Das Veltlin und Bormio mußten die Bünde gegen eine Entschädigung von 25 000 Gulden an Spanien abtreten. In allen Teilen Bündens und in Cläven sollte die katholische Kirche ihre volle Freiheit haben. Die Gegenreformation setzte ein und strebte nach ihren Zielen. Der Boden Bündens war aber für die neue Denkart nicht vorbereitet; das Volk leistete Widerstand.

Der Kapuzinerorden hatte schon im Frühjahr 1621 die Aufgabe übernommen, die Gegenreformation in Bünden durchzuführen. — Es war nach Mitte April 1621, als der Kapuzinerpater Ignazius, der Guardian von Edolo, auf Befehl seines Oberen auf Schloß Fürstenburg in Tirol beim Bischof Johann von Flugi weilte und die Zukunft des Bistums Chur besprach. Die Lage war äußerst mißlich; denn kurz zuvor (21. Februar) war der Führer der Katholiken, Pompejus von

Planta, auf Rietberg ermordet worden, Jenatsch, Blasius Alexander und ihre Freunde hatten die Unterengadiner in Ardez gesammelt, die Oberländer bei Thusis geschlagen und waren bis an die Oberalp gezogen. Doch P. Ignazius schmiedete entschlossen seine Pläne weiter. Er wanderte gegen Ende April (1621) nach Lugano zum Nuntius Sarego und erbat sich den Auftrag nach Rom zu reisen, um dort seine Vorschläge unterbreiten zu dürfen. Nach seinen Beratungen mit Johann von Flugi sollte der Papst dem Oberhaupt des Ordens befehlen, wenigstens sechs Kapuziner, zwei deutsche aus der helvetischen, zwei Italiener aus der mailändischen und zwei sprachbegabte aus der Provinz Brescia ins Prätigau, nach dem Bergell, ins Engadin und Münstertal zu senden. Die Brescianer sollten rasch das Romanische erlernen, um predigen und Beichte hören zu können. Ignazius wies dabei hin auf den Erfolg im Veltlin, wo 600 Personen bekehrt und im Münstertal, wo 300 gewonnen worden seien. Dann sollte P. Ignazius in Rom die Nachfolge des alternden Bischofs Johann Flugi besprechen. Obschon in Madrid eben ein Friedensvertrag unterzeichnet wurde und die Verhandlungen darauf im Juni in Luzern weiter gingen, ließ P. Ignazius den Mut nicht sinken. Er traf in Lugano Flüchtlinge aus Bünden, die auch schon neue Truppen warben, er verkehrte mit Giulio della Torre, dem ersten Vertrauensmann Ferias. Auch Gueffier traf ein. Es herrschte mehr und mehr Kampfesstimmung. Nur Venedig, das in Rom bei Gregor XV. durch Rainer Zen und Piero Contarini vertreten war, beteiligte sich nicht an den Gesprächen über die Kirche in Chur. Die Kongregation der Glaubenspropadanda in Rom übertrug dann die neue Aufgabe den Kapuzinern von Brescia und Mailand. P. Ignazius übernahm die Leitung. Nach der Niederlage der Bündner und dem Einmarsch der Spanier und Oesterreicher (Herbst 1621) begannen die Ordensbrüder bald ihre Tätigkeit. In den acht Gerichten leitete P. Fidelis von Sigmaringen, der Vorsteher des Klosters in Feldkirch, die Mission. Die Prädikanten mußten das Land verlassen, und die Kapuziner übernahmen die Kirchen und die Pfarrhäuser. Baldiron übte mit seinen Besatzungstruppen harten Zwang aus. Gegen diese politische und religiöse Vergewaltigung erhob sich aber das Volk im Prätigau in der Nacht vom 23. auf den 24. April 1622 und jagte die österreichische Besatzung aus dem Tale.

Nun kehrten die bündnerischen Emigranten wieder heim. Rudolf von Salis traf schon am 30. April in der Heimat ein und wurde zum Oberanführer der Aufständischen gewählt; Johann Peter Guler leitete die Davoser und Johannes Ardüser, sonst als Festungsbauer in Zürich tätig, entwarf die Pläne für die Befestigungen auf der Luziensteig und an der Molinära bei Trimmis. Am 4. Mai siegten Guler und Thüring Enderlin über Reitnau, der von Feldkirch gegen Maienfeld gezogen kam, und als Baldiron von Chur zum Entsatz Maienfelds anrücken wollte, wurde er an den Schanzen der Molinära aufgehalten. Die Oesterreicher in Maienfeld mußten sich ergeben und abziehen, und am 16. Juni mußte Baldiron kapitulieren und mit seiner Truppe Chur verlassen; ein Teil zog nach Cläven, und etwa 450 Salzburger nahmen den Weg nach Feldkirch (1).

Die Aufständischen hatten sich schon frühzeitig an Venedig gewandt, und an der Adria, wo die Mailänder Verträge schwere Besorgnis erregt hatten, war man jetzt entschlossen, die Bündner mit ganzer Kraft zu unterstützen. Selbst in den Krieg einzugreifen, erlaubte die Lage Venedigs nicht; doch der Resident in Zürich erklärte seinen Anhängern in der Eidgenossenschaft, die Freiheit Bündens müsse wieder hergestellt werden. Die Republik ließ dann den Bündnern, besonders Rudolf von Salis sagen, er möge sich an Mansfeld wenden und von ihm 2000 Mann verlangen. Scaramelli, der Resident, sollte für die mansfeldischen Truppen den Bündnern 15 000 Dukaten liefern, und für die bündnerischen Mannschaften bezahlte er 4000 Dukaten. Dazu stellte der Senat eine Summe von 100 000 Dukaten ins Budget der Republik, die als Hilfsgelder für Bünden bereit stehen sollten. Das war eine gewaltige Leistung und zugleich ein Maßstab für die Bedeutung, die man in Venedig der Befreiung Bündens und des Veltlins zuschrieb, besonders wenn man bedenkt, daß Venedig gleichzeitig seit 1. Oktober 1621 monatlich 50 000 Gulden an die Generalstaaten für den Kampf gegen Spanien lieferte. So hoffte Venedig, daß sich der Vertrag mit Ernst von Mansfeld nun auswirke. Die Bündner sandten den Pfarrer Johann Peter Janett von Zillis eilig ins Lager Mansfelds. Dieser war bereit, den Bündnern im Kampf gegen Spanien beizustehen, und er befahl den Bündner Emigranten, unverzüglich den Freiheitskämpfern in Bünden zu Hilfe zu eilen. Zu den ersten, die das Lager verließen und der Heimat zustrebten, zählte der Hauptmann Jörg Jenatsch (2). Anfangs Mai, während Rudolf von Salis und Guler mit den Davosern und Prätigauern vor Maienfeld und an der Molinära kämpften, waren Jenatsch und Janett auf dem Wege nach Zürich. Jenatsch hatte während des kurzen Aufenthaltes im Lager das Vertrauen Ernsts von Mansfeld in hohem Maße gewonnen und mit diesem die Lage der Heimat und seine Befreiungspläne eingehend besprochen. Mansfeld baute auf seine politische und militärische Einsicht. In einem Briefe, den er Jenatsch an den Residenten Scaramelli mitgab, empfahl er diesem, die Lage und den Kampf in Bünden mit Jenatsch zu beraten. Jenatsch hielt es aber nicht lange in Zürich; denn die Nachrichten aus der Heimat klangen nicht immer verheißungsvoll, und zudem überholten die Ereignisse in Bünden alle Beratungen und Pläne. So eilte Jenatsch der Heimat zu und war um die Mitte Juni in Bünden (3). Es waren die Tage, in denen Baldirons Abzug sich vorbereitete oder vollzog. Kurz darauf, im Monat Juli 1622, stand Jenatsch als Hauptmann an der Spitze eines Fähnleins der Aufständischen.

Der Sieg war errungen; doch der Graue Bund und Teile des Gotteshausbundes waren nicht gesonnen, sich mit den Siegern zu vereinigen, sondern hielten an den Verträgen mit Mailand fest. Besonders das Lungnez und Disentis hatten die Erfahrungen von 1618 und 1620 vor Augen und lehnten nun jede Verbindung mit dem Prätigau und Unterengadin ab. Deshalb zog Rudolf von Salis am 20. Juni 1622 mit seinen Truppen nach Ilanz und mahnte alle Gemeinden, auf die Verbindung mit Mailand-Spanien zu verzichten. Etwa 500 Mann spanisch-mailändischer Truppen unter Crivelli, bei denen Corai und Cabalzar ihren Diensteifer entwickelten, mußten fluchtartig aus dem Oberland abziehen (4). Die Gerichtsgemeinden Lungnez und Disentis wurden zur Leistung einer Summe von 9000 Gulden als Entschädigung an die Kriegskosten aufgefordert. Daneben brandschatzten die Offiziere (Glarner) auch eigenmächtig die Bewohner, und Jenatsch, der mit seinem Fähnlein dabei war und wohl seiner Flucht und Verfolgung durch die Ruiser und Panixer Bauern gedenken mochte, zwang in Ruis den Bruder des Landrichters Florin, einen Schuldschein von 9000 Gulden zu unterzeichnen. Am 7. August erschienen die flüchtigen Gegner Florin, Corai und Cabalzar vor der Tagsatzung in Baden und klagten, die Geistlichen des Oberlandes seien mißhandelt und die Kirchen geplündert worden, und der Feldzug ins Oberland habe nur das Volk zum Abfall vom Glauben zwingen wollen (5).

Mittlerweile versammelten sich in Chur der Beitag und die Kriegsräte (17./27. Juni), erneuerten das alte Bundesverhältnis, bestätigten Rudolf von Salis als Oberanführer aller III Bünde und ordneten die Einberufung von 1200 Mann aus jedem Bund an. Dann gingen die Operationen im Felde weiter. Rudolf von Salis mußte auf den Wunsch einzelner Mitglieder des Kriegsrates ins Montafun einfallen; er sollte damit die Oesterreicher einschüchtern, und eine Abteilung von 600 Prätigauern, Davosern, Glarnern und Soldtruppen stieg von Davos über den Flüela. Bei dieser Schar stand Jörg Jenatsch unter Führung des Hauptmanns Heer von Glarus. In Süs stieß die Schar auf vier österreichische Kompagnien, die nach einem heftigen «Scharmutz» abzogen. Auch Baldiron, der, mit 2000 Mann von Cläven herkommend, in Zernez lagerte, wich nach einigem Widerstand über den Ofenpaß ins Münstertal, und schon am 10. Juli meldete Jenatsch an Joh. Guler in Zürich, daß «mit sonderbarer gnad und beystandt des gnädigen allmächtigen Gottes und Vatters» das Engadin von den Feinden gesäubert sei, daß man aber mit Sehnsucht die Ankunft der Fähnlein unter Rudolf von Salis aus dem Montafun erwarte; denn einem Gewaltangriff Oesterreichs fühlte sich die kleine Schar nicht gewachsen. Salis war indessen über das Schlappinerjoch am 12. Juli in Davos angekommen und war auf dem Marsche nach dem Engadin. Jenatsch und die Kampfgenossen im Engadin hatten davon keine Kunde, und in der Ungeduld zogen die Leute ohne genügende Umsicht das Engadin hinunter gegen Martinsbruck und wurden am 14. Juli beim Weiler Chiaflur überraschend angegriffen und geschlagen. Die Hauptleute Heer und Jenatsch sprengten im letzten Augenblick mit 50 Mann zu Hilfe; sie konnten die Niederlage nicht verhindern, und das untere Inntal mußte den Feinden preisgegeben werden. Als Salis ankam, mußte er sich in der Defensive halten; seine Truppen wurden einquartiert und litten unter der Untätigkeit und der mehr und mehr sich lockernden Zucht.

Leopold aber bereitete trotz der Friedensliebe seiner Tiroler und Montafuner eine kräftige neue Offensive vor. Er zog seine Truppen aus dem Elsaß, wo sie bisher dem pfälzisch-mansfeldischen Heere gegenüber gestanden, nach dem Vorarlberg. Um aber die Bündner in Sorglosigkeit zu wiegen, zeigte er sich bereit, über den Frieden zu verhandeln. Die Bündnergemeinden glaubten daran und verweigerten das Aufgebot neuer Kräfte. Rudolf von Salis erkannte die gefährliche Lage und sandte seinen Bruder Ulysses und dann Jörg Jenatsch in die Eidgenossenschaft, um mit venezianischem Geld Truppen anzuwerben. Dann rief er die Hilfe Mansfelds an; dieser entließ Oberst Georg Johann Peblitz, damit er mit neugeworbenen Truppen den Bündnern zu Hilfe eile. Daneben unterhandelte Rudolf von Salis durch den Abt von Disentis immer noch mit Mailand; der Abt meldete, daß Feria den Vertrag von Madrid anerkennen wolle, und Gueffier ließ durch den Abt raten, die Bündner sollten die Waffen niederlegen, den Veltlinern Amnestie gewähren und die Sicherheit des katholischen Glaubens im Veltlin gewährleisten. Rudolf von Salis antwortete ausweichend, er müsse den Entscheid den Häuptern überlassen und sah sich für den Kampf vor (6).

Das Kriegsvolk aus dem Elsaß, das Leopold herbeordert hatte, war unterdessen im Montafun angelangt und unternahm Streifzüge gegen das Prätigau; darum mußte Rudolf von Salis seine Kerntruppe, die Prätigauer, zur Verteidigung des eigenen Tales entlassen; ferner sandte er ihnen die Kompagnie Jeuch und Heer zu Hilfe, und Jenatsch zog mit seinem Fähnlein von Süs nach Davos.

Ganz unerwartet eröffnete der neue österreichische Oberanführer Graf von Sulz den Angriff. Er kam vom Montafun über Zeinesjoch und den Zeblaspaß am 29. August nach Samnaun und vereinigte sich mit einer Truppe aus Tirol her, so daß er über 8000 Mann verfügte, denen Salis nur 2000 Mann gegenüberzustellen hatte. Dazu fehlten bei den Truppen tüchtige und kampflustige Offiziere wie Jenatsch und Ulysses von Salis, die auf Werbung waren. Salis wich mit seiner Truppe bis Chanova am Eingang der Val Tasna und nach kurzem Widerstand bis Süs. Hier löste sich die bündnerische Armee auf, und der Hauptteil zog mit Rudolf von Salis nach Davos und dem Prätigau, wo die wenigen Truppen des Obersten Georg Johann Peblitz eintrafen. Nach österreichischen Berichten führte Jenatsch als Reiterhauptmann eine der acht Kompagnien in den Kampf. Noch einmal versuchten die Bündner bei Raschnals (Saas) am 5. September ihr Glück. Sie wurden geschlagen, und die Führer flüchteten sich wieder ins Exil (7). Jenatsch war wenige Tage später wieder in Züricht (8). Die acht Gerichte, das Unterengadin und Münstertal mußten sich dem Sieger unterwerfen, und im Lindauer Vertrag (30. September 1622) wurden diese Gebiete von den Bünden losgetrennt und Oesterreich zugesprochen. Weder Frankreich noch die Eidgenossen konnten mit ihrer Einsprache und Vermittlung an der Härte des Vertrages etwas ändern. Oesterreich verfuhr nun aber vorsichtiger; es suchte die Führer für sich zu gewinnen und anerbot dem Rudolf von Salis die Erlaubnis zur Rückkehr in die Heimat, den Genuß seiner Güter, Gewissensfreiheit, ein kaiserliches Regiment und eine Pension, und der Graf von Sulz wollte auch Ulysses von Salis, Jörg Jenatsch, Ruinelli, Fausch, u. a. in seine Dienste nehmen; sie lehnten das Anerbieten ab und dachten weiter an die Befreiung der Heimat (9).

In Wallenstadt berieten die bündnerischen Flüchtlinge, was geschehen solle, und sie beschlossen, sich wieder an Venedig und an Frankreich zu wenden (10). Denn Ernst von Mansfeld war inzwischen (13. Juli 1622) von Friedrich von der Pfalz entlassen worden. König Jakob von England, der Schwiegervater des Pfälzers, hatte auf einem Kongreß in Brüssel mit den Gegnern verhandelt, dann dem Schwiegersohn geraten, den Streit um die Pfalz durch eine friedliche Beilegung zu beendigen und die Truppen zu entlassen. Mansfeld aber bot in einem Briefe an Tilly, dem Führer der katholischen Liga, zunächst dem Kaiser seine Dienste an, vielleicht um seine Trennung vom Pfälzer anzukündigen (11). Der Krieg war diesem großen Feldherrn wie später seinem großen Schüler Wallenstein, ein von politischer Meinung unabhängiger Beruf; seine Werbekraft war sein Kredit; neben den Interessen der Parteien und großen Politiker stand der militärische Unternehmer, der Condottiere, und griff in die Entwicklung der Ereignisse ein. Eine politische Ueberzeugung oder eine Bindung an das Denken und an die Ziele der Dynastie oder des Staates gab es nicht. So suchte auch der Herzog von Bouillon Mansfeld für die Hugenotten zu gewinnen; er sollte an der Seite Rohans gegen den König Ludwig XIII. kämpfen, und der Herzog von Nevers bot Mansfeld an, 8000 Mann in den Sold des Königs zu nehmen. Im Dienste des französischen Königs hätte er diesem ermöglicht, den Bündnern zu helfen; das wäre Venedig, das Mansfeld immer genau bezahlte, angenehm gewesen. Doch Christian von Braunschweig, der an der Seite Mansfelds stand, lehnte den Solddienst beim König von Frankreich entschieden ab (12). Darum brachen die beiden Feldherren nach Holland auf, besiegten bei Fleurus (28. August 1622) den spanischen Feldherrn Cordova und zwangen am 20. Oktober Spinola, die Belagerung von Bergen op Zoom aufzugeben. Als die Kampagne in Holland beendet war, wünschte Mansfeld von Venedig den Unterhalt seiner Armee (zu den 12 000 Dukaten, die Venedig ihm persönlich lieferte). Dies lehnte der Senat ab; denn so lange diese Truppe in Ostfriesland stand und das Verhältnis zu Frankreich nicht geregelt war, kam sie für das Veltlin und Bünden nicht in Frage. Damit waren auch die Beziehungen Jenatschs zu Mansfeld einstweilen unterbrochen (13).

Jenatsch lebte wie die große Zahl der Flüchtlinge wieder in Zürich; es war im Spätsommer und Herbst 1622. Es galt hier, für die vielen Schicksalsgenossen aus Bünden Unterkunft und Unterhalt zu gewinnen, und Jenatsch scheute sich nicht, für seine Landsleute und Gesinnungsgenossen zu bitten und zu betteln und die Mildtätigkeit Zürichs anzurufen. Er selbst trat mit seiner Schar, die gegen die Oesterreicher gekämpft hatte, für kurze Zeit als Wache in den Dienst des venezianischen Residenten Scaramelli, und dieser bekam aus Venedig die Anweisung, die Pensionen zu erhöhen und Unterstützungen auszuteilen (14). Jenatsch lauschte auch jeder politischen Nachricht aus Venedig mit größter Spannung; mit den Salis, Ruinelli, Guler u. a. schmiedete er neue Pläne zur Befreiung Bündens, und Zürich und Bern unterstützten sie. Auch Schaffhausen wurde im November (1622) gemahnt, 400 Mann für Bünden bereit zu stellen. Die Regierung Leopolds erfuhr vom Treiben der Bündner und warnte Zürich davor, die «Konspirationen» gegen Oesterreich und die Werbungen in der Grafschaft Sargans zu unterstützen. Auch von Venedig her wurde Jenatsch und seinen Gefährten geraten, sich vorsichtig zu benehmen; denn man hielt an der Adria die Zeit für eine neue Aktion noch nicht für gekommen; das Schicksal Bündens sollte zunächst zwischen Frankreich, Savoyen und Venedig besprochen und geregelt werden. Unterdessen aber suchte Venedig auch weiterhin ein gutes Verhältnis zum Kaiser zu wahren und jede Verstimmung zu verhüten. Doch hatte das Verhältnis Venedigs zu Mansfeld, der sich als «General der Republik» unterzeichnet hatte und auch als Oberbefehlshaber in Venedig in Frage gekommen war, am Kaiserhofe Bedenken erweckt. Noch mehr Mißtrauen erwachte dann in Wien über das Verhältnis der Republik zu Frankreich (15).

Die Nachrichten aus Bünden aber klangen in diesen Tagen recht trüb, beinahe hoffnungslos. Spanien und Oesterreich dehnten dort ihren politischen Einfluß aus, und ehemalige venezianische Freunde wie Hauptmann à Marca unterwarfen sich, selbst Baptista von Salis ging zu Casati, wurde aufs freundlichste empfangen und durfte die schönsten Versprechungen hören. Daneben trachtete Oesterreich Jenatsch nach dem Leben; denn er war einer der gefährlichsten Rebellen. Schon war sein Herzensfreund Blasius Alexander unter dem Schwerte gefallen. Später im September 1623 erfuhr man in Innsbruck, Jenatsch sei in Davos; von Chur eilte eine kleine österreichische Truppe von 40 Mann nach Davos ins Haus des Schwiegervaters Paul Buol und wollte Jenatsch gefangen nehmen (16). Das Haus wurde geplündert, und Paul Buol wandte sich an den dortigen Kapuziner Michael, damit dieser für ihn einstehe und er nicht für diesen «gottlosen Menschen» entgelten müsse und als Geisel fortgeführt werde. Ob Paul Buol identisch ist mit dem Fiscal Buol, dem Konvertiten, ist nicht klar. Wenn nun Jenatsch auch persönlich allen Gefahren entging, so beschäftigten ihn doch die Vorgänge in Bünden nicht weniger; namentlich hörte er mit Ingrimm von den religiösen Bewegungen, von der Wirkung der Gegenreformation, die sich auch in seiner Familie äußerte.

Die Grundlagen zum Vorgehen waren im Lindauer Frieden vom 30. September 1622 festgelegt. Jenatsch war darin mit andern Rebellen von der Gnade des Erzherzogs Leopold ausgeschlossen; das Volk aber hatte huldigen müssen, und die politische und die religiöse Frage waren grundsätzlich erledigt, wobei der Erzherzog nun nach der ersten bösen Erfahrung keinen Glaubenszwang üben wollte. Der Gegenreformation aber war für ihre Bestrebungen und für ihre Ziele freie Bahn geschaffen. Auch für die übrigen II Bünde und für die Herrschaft Maienfeld enthielt der fünfte Artikel des Vertrages von Lindau bestimmte Ziele: die Religionsübung in den II Bünden und in der Herrschaft Maienfeld ist frei; demnach kann auch dort die katholische Mission unbehindert wirken (17). Alles, was bisher zum Nachteil des apostolischen Stuhles, der katholischen Kirche, beschlossen worden ist, soll null und nichtig sein, und der Kirche sollen alle alten Rechte wieder eingeräumt werden. Das bedeutete die Vernichtung der Ilanzer Artikel, die Herstellung der Feudalrechte des Bischofs und der Klöster und Kirchen. Dazu kam die Bestimmung: Geistliche aller Orden dürfen in Bünden wohnen und Klöster stiften. Diese Richtlinien mochten im allgemeinen genügen, um die Gegenreformation äußerlich zu verwirklichen; doch da die geistigen Grundlagen im Volke fehlten, brachte die Auseinandersetzung zwischen Reformation und Gegenreformation schwere innere Kämpfe. Die völlige Vernichtung auch der ökonomischen Rechte, die die ganze Reformbewegung gegenüber den Feudalrechten der Kirche erworben hatte, kam selbst den Katholiken arg vor, und auch in Disentis, im Lungnez und Misox gab es für die Abgeordneten, die von Lindau kamen, bittere Vorwürfe; allein die österreichische Besatzung saß im Lande, und die Gemeinden mußten unter dem Zwange der Waffen den Vertrag genehmigen (18).

Die kirchliche Umgestaltung Bündens im Sinne des Lindauer Vertrages hatte begonnen. P. Ignazius, der Präfekt der rätischen Mission, hatte in Lindau eifrig mitgewirkt, um die Bestimmungen des Vertrages so zu gestalten, daß die Gegenreformation ohne große Hindernisse durchgeführt werden könne. Auf der Rückreise hatte er in Feldkirch mit dem Nuntius das Vorgehen in den ennetbirgischen Tälern, vor allem im Puschlav, besprochen. Dorthin hatten sich im Juli 1620 viele Protestanten aus dem Veltlin gerettet. Der neue Landeshauptmann im Veltlin, Jakob Robustelli, verlangte zu Ende des Jahres 1622 vom Magistrat von Puschlav ihre Ausweisung, und die katholischen Puschlaver geboten ihnen abzuziehen (19). P. Ignazius reiste nach Mailand zum Statthalter Feria, der zugleich von der Propaganda in Rom gebeten wurde, die Mission in ihrer Tätigkeit zu unterstützen. Feria forderte vom Magistrat von Puschlav, dem P. Ignazius zu helfen und wies den Maltheserritter Joh. Bapt. Pecchio in Tirano an, sich mit dem Podestà von Poschiavo zu verständigen und diesem nötigenfalls Soldaten zu senden. Dann erschien Ignazius anfangs März 1623 in Puschlav, versammelte die Katholiken in der Kirche, und diese sandten dann eine Abordnung an die versammelten Protestanten mit dem Begehren, den Prediger Jakob Rampa zu entlassen; dieser verließ mit Frau und Kindern das Tal und ließ sich in Pontresina nieder (20). Im Namen Ferias verlangte P. Ignazius sodann, daß die Protestanten jede Religionsübung unterlassen sollten. Ihre Vertreter Pietro Ferrari und Andrea Paravicini traten dieser Forderung entgegen, aber Giov. Giacomo Lossio und die Katholiken unterstützten P. Ignazius (21). Da drangen am 2. April 1623 von Tirano her Truppen ins Tal — vermutlich vom Podestà von Poschiavo gerufen — plünderten die Häuser der evangelischen Bewohner und töteten ihrer 23; ein Teil der Protestanten flüchtete sich; die übrigen, an die 7—800 Personen, erklärten sich bereit, katholisch zu werden. Mit den Truppen oder wenige Tage zuvor erschien in Poschiavo auch der ehemalige Prädikant des Ortes, Paganino Gaudenzio, der im Jahre 1616 konvertiert und in Italien weiter studiert hatte. Er bestieg nun täglich die Kanzel, von der aus er früher als evangelischer Prediger gewirkt hatte. Die ehemaligen Zuhörer kamen teilweise und wünschten Belehrung; andere verwünschten den «Abtrünnigen» und bedrohten ihn. Er behauptete, er habe die Soldaten vom Plündern und Morden abgehalten; doch erwähnte er auch die Drohungen der Engadiner. Die katholischen Puschlaver befürchteten nämlich den Einfall der Bünde und riefen deshalb Rom und besonders Feria um Schutz an. Nur langsam legte sich die furchtbare Leidenschaft; doch äußerlich war die Reformation hier erlegen (22).

Die gegenreformatorische Mission sollte auch im Bergell, sowie im Ober- und im Unterengadin weitergeführt werden. Paganino Gaudenzio gab im Oktober 1623 gemeinsam mit dem Herzog von Fiano, dem Führer der päpstlichen Truppen im Veltlin, und mit Giov. Giacomo Lanfranco der Kongregation für die Ausbreitung des Glaubens in Rom den Rat, der Papst möge an die Engadiner ein Schreiben richten und sie darin auffordern, zum Wohl des Friedens sich dem katholischen Glauben zuzuwenden (23). Aus dem Unterengadin, das nun unter österreichischer Verwaltung stand, waren die Prädikanten geflüchtet. Die Propaganda in Rom hatte schon am 12. November 1622 beschlossen, dem P. Ignazius für die Gemeinden des Unterengadins sechs Priester (Kapuziner) zu stellen, und bereits zu Beginn des Jahres 1623 erhielt die Mission hier eine kräftige Förderung, da Rudolf von Planta in Zernez und seine Gemahlin Margareta von Planta-Travers zur katholischen Kirche übertraten. Unter dem

Drucke Plantas und teils freiwillig folgten 300 Personen dem Beispiel. Planta ließ eine Kirche herrichten, und zu Neujahr 1623 wurde in Zernez der erste feierliche katholische Gottesdienst gehalten (24).

Im Münstertal war nur noch ein Protestant, in Schuls und an andern Orten wetteiferten die Einwohner im Bau der Altäre, und 400 Personen erklärten den Kapuzinern ihren Uebertritt. Diese scheinbaren Erfolge ermutigten Ignazius, seine Tätigkeit im Oberengadin zu entfalten (25). Die Möglichkeit, hier den katholischen Kultus einzuführen, hatte der Lindauer Vertrag ja geschaffen. Ingnazius wollte anfangs darüber hinausgehen und wünschte auch hier die Prädikanten zu entfernen; davor wurde er aber von Rom aus gewarnt (26). Hier wirkte, wie erzählt, Israel Jenatsch, der gefährliche Gegner der Mission. Aber ehe noch die Kapuziner in sein Schicksal eingriffen, starb er im Januar 1623; doch sein Schwiegersohn Jodocus (Joutsch) trat zur katholischen Kirche über (27). Jodocus war Zernezer, hatte 1614 in Basel seine Studien begonnen und war 1618 in die Synode aufgenommen worden. Er hatte als Pfarrer und Notar in Pontresina gewirkt. Die Bewohner bekamen dort bald seinen religiösen oder seinen Amtseifer zu fühlen. Er verbot ihnen, während der Predigt vor der Kirchentüre zu stehen oder vor dem Abendmahl aus der Kirche wegzugehen (28). Im Juni 1623 verließ er die Gemeinde und seine Frau Susanna, geborne Jenatsch, und ging nach Zernez zu P. Ignazius. Hier verkündete und begründete er von der Kanzel aus seinen Uebertritt zur katholischen Kirche. Bis zu Ende des Jahres 1623 diente er als Lehrer an der Seite des Ignazius; aber dieser befürchtete, Jodocus könnte durch Drohungen oder durch die Anhänglichkeit und Treue der Frau Susanna wankend werden und geleitete ihn nach Mailand, wo er bei den Jesuiten geschult wurde. Nachdem er noch kurze Zeit als Privatlehrer im Hause des Marchese di Bagno gedient hatte, vertrat er in Rom die Geschäfte des Bischofs von Chur. Er erreichte ein ansehnliches Alter (29).

Jenatsch hatte die Vorgänge in der Heimat mit tiefer Entrüstung vernommen. Er schrieb dem Schwager Jodocus, er mahnte ihn, zu seinem alten Glauben zurückzukehren und drohte schließlich, ihn zu töten. Es war umsonst; Jodocus diente mit großer Hingabe der Gegenreformation. Seine Bibliothek war in den Händen des P. Ignazius geblieben; dieser konnte sich nun über den Bestand der

religiösen Literatur der Romanen unterrichten. In jedem Engadiner-
haus hatte er das Neue Testament des Bifrun gefunden. Er wollte
das Buch dem Volke lassen, solange nicht eine andere Ausgabe geboten werden konnte (30). In Rom dachte man daran, den Romanen als Ersatz eine deutsche Ausgabe der Hl. Schrift zu geben (31).
Ignazius füllte im Eifer um seine Sache sein Haus mit den romanischen Liederbüchern und der religiösen Literatur der Romanen, um
sie dann dem Feuer zu übergeben.

Die Konversion des Jodocus fand im Oberengadin wenig Nachahmung. In Zuoz lebten Fortunat von Planta und seine Familie
schon seit Jahren im katholischen Glauben; doch neuen Zuwachs
gewann die katholische Kirche hier im Oberengadin wenig. Ignazius
schrieb dies den Prädikanten zu, die ihren Einfluß von Zuoz aus bis
Remüs geltend machten, so dem Jan Clo von Süs (32). Doch Ignazius selbst kam zeitweise vom Gedanken ab, die Prädikanten aus
dem Oberengadin vertreiben zu wollen. Er befürchtete einen Aufstand des Volkes; aber Rudolf Planta, der die Dinge im Oberengadin
mit Feuereifer verfolgte, ermutigte ihn und meinte, man habe gar
nichts zu befürchten; denn es gebe viele Oberengadiner, die froh wären, die Prädikanten zu entlassen, weil durch sie das Verhältnis zum
Auslande gestört und die Einnahmequellen des Landes geschwächt
worden seien (33).

In ähnlicher Weise trotzten auch die Bergeller dem Geiste der
Gegenreformation. Nach dem Einzug der Truppen des Serbelloni
(1621) hatten sich die Prädikanten geflüchtet; der Prediger von
Vicosoprano, Plinius Paravicini, war als Gefangener nach Mailand
gebracht worden. Der Kapuziner Constantin von Cremona bemühte
sich dann mit wenig Erfolg um die Bergeller; er konnte anfangs des
Jahres 1624 nur 40 Konvertiten zählen. Besonders leidenschaftlich
trat der Podestà Gubert von Salis gegen die Mission auf; ihm folgte
beinahe die ganze Bevölkerung von Soglio wie die Zernezer dem Rudolf Planta. P. Constantin drohte, man wolle «auf italienischem
Boden keine Heretiker» dulden; es war umsonst, der Pater mußte mit
seinem Begleiter allein in der Kirche von Soglio Gottesdienst halten.
Aus dem Bergell gingen um diese Zeit jährlich etwa 300 Männer
nach Venedig als Handwerker, Kaufleute u. s. w.; diese kehrten im
Sommer immer heim, ohne dabei die Kirche zu besuchen. Die Pro-

paganda machte den Versuch, die Behörden von Venedig gegen diese Bündner zu beeinflussen; auch dies blieb erfolglos. Erst als zu Anfang des Jahres ein neuer Prediger aus Mailand nach Soglio kam, erlebte dieser weniger Widerstand (34). Auch die Bünde mußten zu den Vorgängen Stellung nehmen. Sie erhoben Einsprache gegen die Haltung der Kapuziner, konnten aber ihren Forderungen keine Nachachtung verschaffen. So war um 1624 das Ziel der Gegenreformation äußerlich durch Druck und Gewalt in einem gewissen Umfang erreicht. Die Alpenlinie, die man sich in Mailand und Rom zum Ziele gesetzt hatte, war jetzt mit Ausnahme des Oberengadins im allgemeinen die Scheidegrenze der Konfessionen.

Im katholischen Teil des Grauen Bundes wurden die Anforderungen der Gegenreformation ebenfalls mit gemischten Gefühlen aufgenommen, namentlich als es sich um die Wiederherstellung des Klosters Cazis handelte. Die Inhaber des aufgeteilten Vermögens im Oberland weigerten sich, das Gut herauszugeben, das die Reformation ihnen in die Tasche gespielt hatte, und ähnlich verhielt es sich mit der Reform des Klosters Disentis. So harrten die meisten Fragen der Gegenreformation im Innern Bündens, namentlich im Zehngerichtenbund, noch der Lösung; auf kirchlichem Gebiete waren die Ziele, die sich Leopold, Feria und ihre Berater gesteckt hatten, nicht so leicht zu erreichen. Ebenso wenig waren die politischen Absichten auf die Dauer zu verwirklichen. Der Grundsatz der Gewalt, der den Lindauer Vertrag beherrschte, hatte in ganz Bünden Widerwillen oder gar Entrüstung geweckt.

Die Liga von Lyon vom 7. Februar 1623
Gregor XV. und Urban VIII. und die Veltlinerfrage
Oberst Obentraut und Georg Jenatsch in Venedig
Frankreich besetzt das Veltlin und Cläven 1624

Es war im Herbst des Jahres 1622. Der König Ludwig XIII. kämpfte noch gegen die Hugenotten und stand im Lager von Montpellier. Der Prinz von Condé und seine Umgebung wünschten den Krieg mit den Hugenotten so gründlich zu führen, daß diese Frage für Frankreich endgültig erledigt sei. Condé erstrebte damit die Stärkung des Königtums und für sich selbst einen dauernden Einfluß an der Seite des Monarchen. An der Spitze einer andern Partei stand François de Bassompierre, der seit dem Tode Luynes die Gunst des Königs besaß und in Venedig und bei den Eidgenossen mehr und mehr Ansehen gewann, neben ihm auch der Connétable Herzog von Lesdiguières, Marschall von Frankreich. Diese Männer wünschten den Ausgleich mit den Hugenotten, damit das Königtum nicht übermächtig werde, Frankreich auch seine Kraft wahre und in den europäischen Geschäften mitreden könne. Diese Partei wurde von der Königin-Mutter Marie von Medici besonders begünstigt; sie hoffte unter anderm, auf diesem Wege ihren Schützling, Armand-Jean du Plessis, Kardinal von Richelieu zu Ehren und Aemtern zu bringen. Der venezianische Gesandte Giovanni Pesaro in Paris setzte seine und Venedigs Hoffnungen auf diese Partei. Der Herzog von Lesdiguières gewann dann Rohan, den Führer der Hugenotten, für einen Frieden, und am 20. Oktober 1622 zog Ludwig XIII. in Montpellier ein. Der Prinz von Condé pilgerte darauf nach Loretto und genoß in Italien das Leben in schrankenloser Ungebundenheit (1). Der Kanzler Brulart de Sillery und sein Sohn Puysieux konnten die zähen Bemühungen Venedigs für die Bildung einer antispanischen Liga in Europa immer noch verzögern, doch nicht mehr verhindern. Am 7. Februar 1623 wurde der Vertrag zwischen Frankreich, Savoyen und Venedig in Paris unterzeichnet; die ersten Verhandlungen hatten in Lyon stattgefunden, daher der Name Liga von Lyon. Der Vertrag wollte dem Vordringen der spanischen Macht in Süd- und Mitteleuropa Einhalt gebieten, die Rückgabe des Veltlins und der besetzten Täler an die III Bünde erzwingen, den Vertrag von Lindau außer Kraft setzen und die alten Machtverhältnisse in Europa wieder herstellen. Venedig, Frankreich und Savoyen stellten zusammen eine Armee von 40— 45 000 Mann Fußvolk und Reiterei auf, jedes auf eigene Kosten. Dazu sollte der Graf Ernst von Mansfeld eine «Diversion» gegen Leopold von Oesterreich und Spanien unternehmen. Zu diesem Zwecke wollte Frankreich 450 000 Livres, Venedig 300 000 und Savoyen 150 000 bezahlen. Die Generalstaaten, die Eidgenossen, der König von England, die Fürsten von Deutschland und Italien sollten eingeladen werden, der Liga von Lyon beizutreten. Der Senat von Venedig nahm den Vertrag mit 145 gegen 19 Stimmen an; er befreite Venedig von der schweren Sorge, allein einen Krieg gegen Spanien, Oesterreich und den Kaiser führen zu müssen und ließ hoffen, daß in Europa wieder die Machtverhältnisse wie vor dem Veltlinermord hergestellt würden. Diese neuen großen Aufgaben entsprachen nicht dem politischen Streben der Brularts in Paris und eröffneten Richelieu die Bahn.

Wie Giovanni Pesaro in Paris hatten die Gesandten Venedigs bei Papst Gregor XV. (1621—1623), Rainer Zen und Piero Contarini, eingehend die Verhältnisse im Veltlin und in Bünden besprochen und dabei gehofft, der Papst werde Spanien zur Rückgabe der Gebiete bewegen. Der Papst klagte, daß er von den spanischen Ministern und vom Statthalter in Mailand immer wieder leere Versprechungen erhalte. Er teilte mit den Venezianern die Ueberzeugung, daß Spanien die Tore Italiens dauernd zu hüten begehre, und mit den Gesandten Venedigs bedauerte auch Gregor XV., daß die Bündner durch ihre Behandlung der Veltliner den Spaniern eine solche beherrschende Stellung in Italien geschaffen hätten. Der venezianische Vertreter am päpstlichen Hof aber betonte, die Zukunft des Veltlins sei nicht eine religiöse Angelegenheit, sondern eine äußerst wichtige politische Frage Europas, und die Gebiete an der Adda müßten den Bündnern zurückgegeben werden. Schon im Dezember 1622 erklärte dann Gregor XV., die Schlüssel Italiens gehörten in seine Hand, er müsse das Veltlin für sich beanspruchen. In diesem Zusammenhang trat bei Kardinal Ludovisi, dem Neffen des Papstes, der Gedanke auf, aus dem Veltlin, Cläven und Bormio ein selbständiges Fürstentum zu bilden. Als dann die Liga von Lyon geschlossen war, sagte der Kardinal Ludovisi: «Wir wissen von der Liga; wir haben keine Freude an Bündnissen, wir wünschen Frieden; denn der Krieg ist für niemand gut» (2).

Spanien hatte, vorsichtig in der Politik die gewundenen Wege wandelnd, das Ergebnis der Verhandlungen in Lyon nicht abgewartet, sondern sich anerboten, das Veltlin in die Hände einer dritten Macht zu geben. Der Papst möge das Land verwalten, bis eine Entscheidung über die Gebiete gefällt sei. Dabei behielt sich Spanien das Durchzugsrecht für seine Truppen vor, um den Kampf in den Niederlanden und in Deutschland an der Seite des Kaisers fortzuführen. Einen Krieg in Italien wollte es dagegen vermeiden, weil der Kampf in den Niederlanden im Gange war und die Liga von Lyon in Madrid gefährlich erschien. Durch die Uebergabe des Veltlins an den Papst wurde aber die Lage Venedigs keineswegs gebessert, die Wege durchs Veltlin und Bünden blieben für die Republik gesperrt, und Bünden blieb unter dem Druck von Spanien und Oesterreich. Zudem sollten Leopold und der Kaiser Ferdinand II. Venedig durch eine wohlwollende Haltung von einer Aktion im Bunde mit Frankreich abhalten. Der Minister Brulart de Sillery ging auf den Vorschlag Spaniens ein, und der Gesandte beim Papst gab in Rom die Zustimmung zur Besetzung des Veltlins durch den Papst bekannt. Schon am 17. Februar 1623, zehn Tage nach dem Abschluß der Liga von Lyon, befahl Philipp IV. dem Statthalter Feria, die befestigten Plätze im Veltlin dem päpstlichen Befehlshaber zu übergeben, und nach Mitte März 1623 zogen die ersten päpstlichen Truppen ins Veltlin. Mitte Mai übergab Feria dem Herzog von Fiano das Land, und dieser ernannte den Nicolò Guidi, Graf von Montebello und Marchese di Bagno zum Oberbefehlshaber im Veltlin (3). Chiavenna hatten die Spanier anfangs noch für sich behalten.

Jenatsch hatte in Zürich im Hause des venezianischen Residenten Scaramelli von den internationalen Verhandlungen über die Zukunft der Heimat und des Veltlins vernommen und die Entwicklung der politischen Fragen mit großer Spannung verfolgt. Venedig hatte unterdessen die Bündner, besonders die Emigranten, immer wieder auf die Zukunft vertröstet und auch sonst nicht an Ermutigung und an Unterstützung der politischen Flüchtlinge fehlen lassen. Am 5. November 1622 und am 11. Januar 1623 war der Resident in Zürich z. B. aufgefordert worden, die Männer zu nennen, die sich in den vergangenen Kämpfen durch Treue und Hingabe an Venedig verdient gemacht hätten; denn der Senat wünsche diesen zusammen 3000 Dukaten zukommen zu lassen. Rudolf und Ulysses von Salis und ihre Brüder erhielten zusammen 1000 Dukaten, nämlich Rudolf 500, Ulysses 200 (e col trattenimento anco in oltre delli duecenti ducati gia destinati a tutta la loro fratenza, che sono in tutto ducati mille moneta di Zecca (4). Auch Jenatsch war im Bericht des Residenten als einer der ersten Bündner genannt worden.

Im Februar 1623, bald nach dem Abschluß der Liga von Lyon, erschien Oberst Hans Michel Elias von Obentraut, der «deutsche Michel» genannt, in Zürich. Er war Jenatschs ehemaliger Oberbefehlshaber in der Pfalz gewesen und nunmehr von Graf Ernst von Mansfeld nach Venedig abgeordnet. Jenatsch begleitete ihn nach Turin zu Herzog Karl Emanuel von Savoyen, und von dort ritten sie weiter nach Venedig. Obentraut wollte in Turin und in Venedig über die Aufgabe, die die Liga von Lyon dem Grafen von Mansfeld zugedacht hatte, aufgeklärt werden. Die Liga hatte, besonders von Venedig beeinflußt, seine Teilnahme am Kampfe vorausgesetzt; wie aber die genannte «Diversion» Mansfelds unternommen werden sollte, war nicht gesagt. Zudem war Ernst von Mansfeld in Ostfriesland immer in Geldnot. Das Collegio in Venedig, dem Obentraut im Namen Mansfelds seinen Auftrag erklärte, versprach ihm die kräftige Unterstützung seines Herrn; es sprach auch sein Wohlgefallen über den guten Willen Mansfelds und die Achtung, die die Signoria für diese hervorragende Persönlichkeit empfinde, aus (5). Das Collegio ließ dann die ganze Antwort in die Wohnung Obentrauts bringen und ihm vorlesen; denn er war inzwischen erkrankt. Darin erklärte die Regierung Venedigs: «Der Vertrag von Lyon ist unterzeichnet; wir haben uns verpflichtet, gemeinsam zu handeln und haben unseren Gesandten Giovanni Pesaro in Paris und Suriano im Haag in diesem

Sinne Befehle erteilt; wir haben auch das feste Vertrauen in Graf Ernst von Mansfeld.» Die Erklärung enthielt auch die schmerzliche Mitteilung, daß die Besetzung des Veltlins durch den Papst erfolgen werde (6).

Jenatsch kannte somit genau die Folgen, die sich daraus für Bünden ergaben: das Prätigau und Unterengadin blieben besetzt und in der Hand Oesterreichs. Er war vor seiner Reise nach Venedig dem Collegio empfohlen worden. Lionello und Scaramelli hatten wiederholt über seine Verdienste gesprochen, und Scaramelli hatte ihn zu den ersten und einflußreichsten Männern Bündens gezählt; er war die Seele der Befreiungspartei. Er wußte auch, welche Opfer Venedig für die Freiheitskämpfe der Prätigauer und Engadiner gebracht hatte. Indessen waren Besprechungen von Fremden mit einzelnen Mitgliedern des Collegiums oder des Senates nach venezianischem Gesetz unzulässig. Darum erschien Jenatsch in bündnerischer Sache vor dem Collegio, stellte in gewandter Rede die gemeinsamen Interessen Venedigs und Bündens an der Befreiung Bündens und des Veltlins von Spanien und auch von der päpstlichen Besetzung dar und anerbot der Republik im gemeinsamen Streben mit den andern Flüchtlingen seine Dienste «con modesta e humanissima maniera»; er erweckte bei den Staatsmännern Venedigs einen vortrefflichen Eindruck. Auf Antrag des Collegiums beschloß der Senat dann am 10. Juni 1623 mit 133 gegen 2 Stimmen bei 8 Enthaltungen: es sollen von den 3000 Dukaten, die für die Freunde in Bünden bestimmt sind, jedes Jahr 120 Dukaten an Jenatsch ausbezahlt werden, auf daß Jenatsch seine «devotione et affetto» für die Republik bewahre (7).

In den gleichen Tagen, da Oberst Obentraut und Jenatsch in Venedig mit dem Collegio verhandelten, erhielt Giovanni Pesaro in Paris den Auftrag, bei der französischen Regierung gegen die Besetzung des Veltlins durch den Papst zu wirken; denn es handle sich dabei nur um ein politisches Manöver Spaniens gegen Venedig. Dagegen sollte Pesaro den Vorschlag des Herzogs von Lesdiguières unterstützen, nämlich Mansfeld mit seiner Armee nach Burgund zu berufen und ihm die nötigen Gelder zu liefern; denn wenn Mansfeld in der Nähe sei, so werde er leichter zum offenen Kampf für Bünden und das Veltlin schreiten und damit Frankreich an seine Seite zwingen. Zu gleicher Zeit machte der venezianische Gesandte Morosini in Turin dem Herzog Karl Emanuel Vorwürfe, daß er in Rom der Besetzung des Veltlins durch den Papst zugestimmt habe. Der Zug Mansfelds aus Ostfriesland nach Burgund sollte möglichst beschleunigt werden, und Venedig versprach sich davon eine starke Auswirkung. Aus den Reden Jenatschs hatten die Venezianer den Eindruck gewonnen, daß auch die Bündner voll Zuversicht seien und in der Hoffnung auf die Auswirkung der Liga von Lyon, die ihnen auch Gueffier im Mai im Wortlaut mitteilte, sich von Spanien und Oesterreich nicht einschüchtern ließen. Feria hatte, um die Wirkung der Liga von Lyon abzuschwächen, die Bündner zu neuen Verhandlungen nach Mailand geladen, und im Einverständnis mit Leopold sollten auch die Besatzungen abgezogen werden (z. B. von Chur und Maienfeld). Leopold erzählte in der gleichen Absicht (im Herbst 1623) dem venezianischen Gesandten Antonio Padavino, er habe sich nur gegen die «Canaglia» in Bünden gewehrt, die ihm zu schaden versucht habe; es sei ihm mehr um die Brücke bei Ragaz als um die Luziensteig zu tun. In Venedig war man über die Bemühungen Spaniens und Oesterreichs und über die Besprechungen in Mailand genau unterrichtet und mahnte Obentraut und Jenatsch, unverzüglich nach Zürich zu reisen und von dort aus zu Mansfeld, um die Wünsche Venedigs zu überbringen (8). Am 23. März 1623 verließ Obentraut Zürich in Begleitung Jenatschs. Wieder kam der Resident Cavazza in seinem Brief an das Collegio auf Jenatsch zu reden und sagte: «Der Bündner Jenatsch, der seinen Beruf als Prädikant aufgegeben hat, hat in den Kämpfen der letzten Jahre heldenhaft mit dem Schwerte gedient, um die Heimat zu befreien; man darf von seiner Haltung gute Folgen erwarten.» — Jenatsch ritt aber nicht nach Ostfriesland; denn im Lager Mansfelds war für das Schicksal der Heimat entschieden weniger zu suchen als in Zürich. Mansfeld wollte, ehe er sich zum Abmarsch aus Ostfriesland entschloß, Geld haben; die Republik Venedig war bereit, ihm in Basel eine Anzahlung zu leisten, doch Frankreich und Savoyen zögerten, ihre Vertragsverpflichtungen zu erfüllen. Die Hoffnung Venedigs, Mansfeld werde mit seiner Armee Bünden zur Seite stehen, schwand aber immer mehr. Mansfeld wiederholte die Gesuche um Geld; Venedig gab nicht nach, und so blieb er im Norden. —

An Stelle des offenen Kampfes, um das Veltlin zurückzugewinnen, hatten zunächst wieder die diplomatischen Verhandlungen begonnen.

Der neugewählte Papst Maffeo Barberini, Urban VIII., dessen Wahl von Frankreich lebhaft begrüßt, von Spanien mit einigem Mißbehagen aufgenommen wurde, war auch in Venedig sehr gerne als Pontifex maximus gesehen. Der venezianische Gesandte in Rom rühmte ihn als jung, kühn, von großer Güte, uneigennützig, ein Freund Italiens, und Frankreich gegenüber sehr wohlwollend. Urban VIII. (21. August 1623—1644) war ein guter Kenner der bündnerischen Verhältnisse und der Veltlinerverhandlungen und war entschlossen, die Veltlinerfrage zu lösen, doch ohne Schaden der katholischen Kirche. Venedig wünschte vom Papst die volle, unbedingte Rückgabe des Veltlins; doch wurde der Gedanke geprüft, das Veltlin, Bormio und Cläven als vierten Bund unter dem Schutze Frankreichs und des Papstes zu organisieren. Urbans VIII. Wunsch ging vor allem dahin, die Veltliner in ihrem Glauben zu schützen und Italien vor einer zu starken Machtstellung Spaniens in Oberitalien zu bewahren. Das veranlaßte den Papst zu handeln. Schon im November 1623 ging er an die Lösung der Veltlinerfrage. Er legte Frankreich und Spanien einen Vertrag vor, der Spanien die Pässe in Bünden und im Veltlin verschloß; in Madrid wurde dieser Entwurf abgelehnt. Ein zweiter Vorschlag vom Februar 1624 (Vertrag von Rom), mißfiel in Paris, weil er die Pässe nicht Frankreich allein, sondern auch Spanien zuerkannte. Zudem ließ sich aus diesem Entwurf erkennen, wie in Rom der Anspruch Bündens auf bedingungslose Rückgabe seiner Gebiete betrachtet wurde; denn nach diesem Vorschlag sollte im Veltlin, Bormio und Cläven nur die katholische Kirche bestehen; Frankreich und Spanien sollten über die Durchführung des Vertrages wachen und wenn dies unterbleibe, so habe der Papst in allen Streitfragen die endgültige Entscheidung. Wenn aber Bünden den Vertrag verletzen sollte, so verliere es die Souveränitätsrechte über das Untertanengebiet. Der französische Gesandte in Rom billigte zur Freude Spaniens und des Papstes den Vorschlag; doch der Minister la Vieuville in Paris beeilte sich, die Zusage wieder abzuschwächen, indem er erklärte, Spanien werde die Pässe benützen dürfen, wenn es Frankreich darum frage (9). Die

Gegner der Regierung in Frankreich machten jetzt dieser den Vorwurf, sie habe das alleinige Recht Frankreichs auf die Pässe, das sie durch die alten Verträge mit Bünden erworben habe, und damit auch den Zugang zu Mailand und Italien geopfert. Um der Opposition zu begegnen, verhandelte die Regierung mit Savoyen und Venedig. Der Gesandte Myron in Solothurn trat mit den eidgenössischen Orten und mit den bündnerischen Emigranten in Zürich in Verbindung und erklärte am 28. März 1624, er sei beauftragt, gemeinsam mit seinem Schwiegersohn Mesnil die Bündner- und die Veltlinerfrage zu erledigen, und der venezianische Resident ging nach Solothurn und beauftragte dann am 4. April 1624 die Emigranten aus Bünden, in einer Schrift die Zustände in Bünden unter der österreichischen Herrschaft darzustellen. Inzwischen besuchte Mesnil die Konferenz der katholischen Orte in Zug, um ihre Gesinnung in dieser Frage zu erkunden, und in Zürich angekommen (18. April), erklärte er dem Rat, der König sei entschlossen, Bünden vom Lindauer Vertrag zu befreien und das Veltlin den Bünden zurückzugeben. In Zürich beriet sich Mesnil auch mit Ulysses von Salis, Johann Peter Guler und Jörg Jenatsch über das Vorgehen. Dabei legte Jenatsch in einer langen lateinischen Ansprache die Verhältnisse Bündens dar und bat um die Hilfe des Königs. Schon acht Tage früher hatten einige Emigranten ein von Jörg Jenatsch verfaßtes Schreiben an den König gerichtet und um seine Intervention gebeten (10). Jenatsch entwickelte wieder einen fieberhaften Eifer. Der Einfall zur Befreiung Bündens im Bunde und mit Hilfe Frankreichs, das dabei seinen Frontalangriff durch Bünden nach dem Comersee unternehmen sollte, und Venedig und Savoyen, die rechts und links mit der Umklammerung Mailands drohen würden, schien jetzt Jenatsch der denkbar sicherste Weg zum Erfolg, um Bünden wieder die Freiheit und seinen alten Besitz zu geben. Die innere politische Gestaltung Bündens dachte er sich nun etwas anders als in Wiesloch im Lager Mansfelds. Dort hatte er noch an den calvinistischen Gottesstaat oder an eine evangelische Diktatur gedacht. Jetzt war es ihm klar, daß Frankreich und Venedig in Bünden und im Veltlin nicht gegen die katholische Kirche kämpfen konnten. Auch die Stellung, die die Gegenreformation sich in Bünden erkämpft hatte, hieß die alten Terrorpläne begraben; die Reise nach Venedig (1623) hatte ihm eine politische Klärung gegeben. Der Realpolitiker Jenatsch rechnete mit den bestehenden Verhältnissen, und der religiöse Dualismus war in Bünden eine Tatsache, die die Grundlage des Friedens zeichnete. Möglicherweise war Jenatsch als geistig beweglicher und hochbegabter Mensch auch von den Strömungen der Zeit berührt worden, vom Geiste eines Jean Bodin («de la République» 1577), der den Gedanken des Föderalismus der Staaten vertrat, als Grundlage dieses Zusammenlebens die religiöse Toleranz forderte und auf den Glaubensfrieden den allgemeinen Frieden bauen wollte oder von Emmeric Crucé («le Nouveau Pynée» 1623), der den Vorschlag zu einem Völkerbund mit dem Sitz in Venedig brachte. Für Jenatsch ergab sich eine neue Einstellung zu den Fragen der Heimat, sowohl in politischer wie in konfessioneller Hinsicht. Darum versprachen Jenatsch, Salis und Guler nun ausdrücklich, die Gewissensfreiheit in Bünden zu achten, das hieß, der Kampf der Konfessionen sollte beendigt sein.

Die Eingaben der Bündner an die französische Regierung hatten der Regierung Vieuville gedient, um ihre Entscheidungen zu treffen. Doch die Opposition war in Paris schon so erstarkt, daß Vieuville zu spät kam. Brulart de Sillery, sein Vorgänger, war gestürzt worden, weil er Verhandlungen mit Spanien über die gemeinsame Niederwerfung der Hugenotten gepflegt hatte und bereit schien, die Holländer den Spaniern preiszugeben; der Nachfolger la Vieuville hatte in der Veltlinerfrage versagt; er mußte (August 1624) der Opposition weichen. Richelieu, der am 26. April in den Rat des Königs getreten war, übernahm nun die Regierung. Seine Stellung gegenüber den «bons catholiques» oder «espagnoles» war nicht leicht.

Unterdessen hatte Mesnil die evangelischen Städte besucht und war dann nach Paris geeilt, und Jenatsch, Salis und Guler schrieben am 21. Mai 1624 voll Freude einen vertraulichen Brief an die Regierung nach Paris: «Wir danken Gott, daß er beschlossen hat, unser Leid zu ändern»; dann versprachen sie hoch und heilig, treu für des Königs Ruhm und Ehre zu kämpfen. Der Nuntius Scappi hatte die Erregung in den Kreisen der Emigranten wahrgenommen und war mißtrauisch geworden; er ließ Myron beobachten und meldete nach Rom, Myron sei in Zürich mit den Interpreten des Königs in Bünden zusammengekommen «et il Guler, il Predicante Janaccio, rebelli

del Serenissimo Leopoldo furono con lui, la natura cup(p)a di Myron non mi lascia sperare di penetrare il segreto» (11).

Jenatsch begann schon Musketen zu kaufen. Anfangs Juni
1624 reiste er dann mit Girolamo Cavazza nach Basel, um mit den
französischen Vertretern das Vorgehen zu beraten. Ende Juni kam
Hannibal d'Estrée, marquis de Cœuvres, als außerordentlicher Gesandter nach der Schweiz, um die neue Erhebung der Bündner vorzubereiten; denn Frankreich wollte keinen Bruch mit Spanien, sondern der Feldzug sollte als Volkserhebung, als Freiheitskampf der
Bündner erscheinen. Cœuvres suchte, wie früher Venedig, die Verbindung mit der bündnerischen Aristokratie, die in der Zukunft Frankreichs Politik in Bünden stützen sollte. Vor der Tagsatzung in Baden erklärte Cœuvres, sein König wolle die Veltlinerfrage im Sinne
des Madrider Vertrages lösen und wünsche die Ansicht der XIII Orte
zu hören. Inzwischen lud er durch Vermittlung Cavazzas Jenatsch
und Ulysses von Salis nach Aarau und Solothurn zu einer Beratung
ein, und im Hause Myrons in Solothurn wurde der Plan des Aufstandes besprochen; es mochte um die Mitte Juli 1624 sein. Cœuvres
versprach vorläufig das Geld für den Ankauf von Waffen nach
Zürich zu senden; dann gab er Jenatsch und Salis je 40 Dublonen für
ihre Bedürfnisse; doch über den endgültigen Entschluß Frankreichs
schwieg er sich noch aus, bis er eine Antwort von Bern und Zürich
erhalten habe. Jenatsch und Salis drängten zum raschen Entschluß;
Cœuvres antwortete, man habe sich vier Jahre geduldet und könne
noch acht Tage warten (12). Salis und Jenatsch waren von dieser
Antwort wenig erbaut, besonders aber bedrückte sie der Gedanke, daß
Venedig sich noch nicht für die Mithilfe verpflichtet hatte, und sie
suchten von Cavazza eine klare Antwort zu erhalten. Dieser wich aus,
und Salis und namentlich Jenatsch zeigten ihren ganzen Unmut und
behaupteten, diese Stellung Venedigs werde die evangelischen Städte
veranlassen, neutral zu bleiben. Wenn Frankreich dann allein marschiere, werde es die Pässe für sich und die eigenen Interessen erobern, und Jenatsch drohte trotzig, er werde sich nicht mehr um die
Sache bekümmern. Venedig war Frankreich gegenüber jetzt mißtrauisch geworden. Es hätte nämlich vorgezogen, das Unternehmen
unter dem Namen der Liga von Lyon zu wagen; es befürchtete
nicht ohne Grund, daß Frankreich bei entstehenden Schwierigkei-

ten oder aus Rücksicht gegenüber dem Papst oder selbst gegenüber Spanien, sich aus dem Kampfe zurückziehen werde. Die Venezianer erklärten deshalb, nur wenn Frankreich und Savoyen die Bündnispflichten erfüllten, so werde die Republik an die Veltlinergrenze rücken. Darüber waren Jenatsch und seine Freunde beglückt (13).

Die Verhandlungen mit Frankreich gingen weiter. Anfangs August 1624 erschien Mesmin, der Sekretär Cœuvres, bei Salis und Jenatsch in Zürich und besprach neuerdings den Kriegsplan; man erwog die Stärke der Korps, den Weg, die Kosten, das Vorgehen in Bünden selbst; Jenatsch und Salis wünschten, daß ein französischer Offizier die ersten Stoßtruppen begleite, ein Ingenieur für die verfallenen Festungen der Luziensteig mitgenommen werde, und daß Cœuvres für die Uebernahme des Oberkommandos bereit stehe. Jenatsch und Salis gaben dann Cœuvres eine zusammenfassende Darstellung des ganzen Unternehmens und empfingen 100 Pistolen für den weiteren Ankauf von Waffen. Mesmin kehrte vollauf befriedigt nach Solothurn zurück. Um Mitte August berief Cœuvres die beiden Führer nach Balsthal; denn in Solothurn war eben eine Tagsatzung versammelt. Nachträglich wurden Jenatsch und Salis dann doch dorthin geleitet und berieten mit Cœuvres das weitere Vorgehen. Diesmal nahmen Myron, Mesmin und Mesnil an den Beratungen teil. Auf den Vorschlag von Salis und Jenatsch wurde die Werbung von drei Regimentern beschlossen, und Cœuvres bestimmte Rudolf von Salis, Andreas Brügger und Rudolf von Schauenstein als Führer. Es war selbstverständlich, daß dem Führer der Freiheitskämpfe, Rudolf von Salis, die Ehre zuteil wurde; Brügger und Schauenstein waren schon in französischem Dienst. Cœuvres wollte zudem alle Parteien und das Bündner Volk hinter sich haben; das entsprach zwar nicht den Gedanken Jenatschs, und Schauenstein wollte auch bei der Bestellung der subalternen Offiziere Jenatsch fernhalten, denn es gab in Bünden viele Leute, die seinen Namen bei einem Unternehmen des ganzen Volkes nicht genannt haben wollten. Doch Jenatsch besaß die Zuneigung und das Vertrauen Cœuvres und Venedigs in hohem Maße, und er wurde mit Guler, Ruinelli und Nikolaus von Hohenbalken zum Hauptmann im Regiment Salis ernannt (14). Jenatsch seinerseits bemühte sich in Solothurn, die spanisch gesinnten Gegner in der Heimat von den Offiziersstellen ganz auszuschließen. Als aber Salis und Jenatsch nach Zürich abgereist waren, setzte es Anton Molina durch, daß auch die «verhaßtesten Spanier» wie Florin, Rudolf Travers u. a. als Offiziere berufen wurden, um die Bündner für den Kampf zu einigen (15). In diesem Sinne wünschten Brügger und Schauenstein auch, daß der Feldzug nicht den Charakter der Volkserhebung habe, sondern im Einverständnis mit den Häuptern und den bündnerischen Gemeinden und den Eidgenossen geführt werde; dazu sollte die Truppe den Paß durch die Eidgenossenschaft verlangen; es sollte für Munition, Vorräte und Waffen gründlich gesorgt und alles vorbereitet werden, was zu einem Gelingen denkbar war. Im Grunde hielten sie das ganze Unternehmen, besonders wenn es als Volkserhebung geführt werde, für ein sehr großes Wagnis, denn sie waren überzeugt, daß Leopold und Feria zum Kampfe bereit seien. Sie warnten deshalb Cœuvres vor den Ratschlägen Jenatschs, der von allen Verhandlungen mit den Häuptern abgeraten hatte und dem Krieg den Charakter eines Handstreiches geben wollte. Den Begehren Brüggers, Schauensteins u. a. nachgebend, hatte Frankreich in Bünden alle Wege beschritten, um den Erfolg zu sichern. Mit Schauenstein und Brügger war auch Joh. von Mont von Paris heimgereist, um das Volk im Oberland für den Feldzug zu überreden und die Werbung der Regimenter zu unterstützen. Mesnil und Mesmin kamen nach Chur und bearbeiteten die Häupter und Räte, den König von Frankreich um Hilfe anzugehen, und der Dolmetsch Benoît Bernard verlangte die Erlaubnis, 2000 Mann in Bünden anwerben zu dürfen, «um dem bedrohten Basel zu Hilfe zu eilen» (16). Aber mancher Bündner stand den Franzosen mißtrauisch gegenüber, und dazu gab es Gründe genug, denn Frankreich beabsichtigte nichts anderes, als rasch in den Besitz der zwei wichtigsten militärischen Stützpunkte, der Luziensteig und der Festung Cläven zu gelangen, um die Straßen von Nord nach Süd zu überwachen — also eine getarnte Besetzung Bündens zu vollziehen — dann das Addatal fest in seine Hände zu bekommen, um die Verhandlungen, die in Rom mit Madrid und Paris im Gange waren und über die Paßfrage und den Glauben im Veltlin entscheiden sollten, zu beeinflussen. Eine unbedingte Rückgabe des Veltlins an Bünden, wie Venedig forderte, kam für Frankreich nicht in Betracht. Frankreich dachte an seine Interessen, an seine Politik in Italien und am päpstlichen Hof.

Jenatsch drängte zum raschen Handeln; die bündnerischen Hauptleute warben in aller Stille die Leute für ihre Kompagnien. Zürich riet behutsam vorzugehen; es hinderte aber in keiner Weise die Werbung, ja es gab sogar 300 Piken aus dem eigenen Zeughaus. Für das Regiment Salis wurden viele Männer aus dem Gebiete Zürichs geworben, und Jenatsch hatte in Glarus und durch Christian Gansner von Maienfeld in der Herrschaft und im Werdenbergischen noch ungefähr 50 Mann gesammelt, dadurch aber die Aufmerksamkeit des Erzherzogs Leopold geweckt (17).

Am 15. September sollte der Marsch nach Bünden angetreten werden; es fehlten indessen noch immer die Befehle des Königs und die Zustimmung der Bündner Gemeinden. Unterdessen verhandelte Cœuvres mit den Eidgenossen; die katholischen Eidgenossen erwarteten, daß Rom und Madrid dem Unternehmen nicht stillschweigend zusehen werden, und Cœuvres erlangte von ihnen nur eine Erklärung zu Gunsten des Vertrages von Madrid vom Jahre 1621 (18). Am 2. und 3. Oktober sollte nach dem Befehl Mesmins alles zum Angriff bereit stehen; aber immer noch warteten Brügger und Schauenstein auf den Bescheid der bündnerischen Gemeinden. Cœuvres hatte noch eine Besprechung mit Salis, Jenatsch und Jakob Ruinelli und erklärte, der Marschbefehl des Königs stehe noch aus (18). In den folgenden Tagen aber kam die Tagsatzung in Baden zusammen (13./ 23. Oktober), und der Vertreter Leopolds, Dr. Locher, erhob seine Stimme gegen alle Werbungen und gegen die Unterstützung der Bündner durch die Eidgenossen. Dann traf ein Brief der II Bünde und der Herrschaft Maienfeld ein, und darin beklagten sich auch diese, daß Jenatsch durch seine Leute, namentlich durch Gansner von Maienfeld, in der Herrschaft Werdenberg, an der Grenze Oesterreichs werbe; dadurch könne Oesterreich leicht zu einem Einfall in Bünden bestimmt werden (19). Durch alle diese Beschwerden sah Jenatsch das Unternehmen gefährdet, und er drängte mehr als je auf eine schnelle Entscheidung. Cœuvres sammelte in Baden die bündnerischen Offiziere; in einer letzten Besprechung setzte er den Einmarsch in Bünden auf den 26. Oktober fest und versprach, mit der Hauptmacht in 8—10 Tagen zu folgen. So verließen Jenatsch und seine Gefährten am 26. Oktober die Stadt Zürich und gingen zu ihren geworbenen Leuten, die an den Ufern des Zürichsees lagen. Der Rat von Zürich ließ sie gewähren, doch sollten keine Musterungen stattfinden, keine Fahnen fliegen und keine Trommeln gerührt werden. In aller Ruhe kamen die Mannschaften über den See, und am 27. Oktober stand das Regiment Salis in Niederurnen vor dem Führer Rudolf von Salis. Hier wurden Waffen und Munition verteilt, und dann führte Salis die zehn Kompagnien (1500 Mann) über den Walensee nach Wallenstadt; unter Sturmgeläute durchzogen die Truppen die Grafschaft Sargans und drangen in der Morgenfrühe des 28. Oktobers über die Tardisbrücke in die Herrschaft Maienfeld ein. Acht Kompagnien besetzten sodann die Luziensteig und zwei zogen in die Klus, wo J. P. Guler die Führung übernahm. An der Steig leitete der französische Architekt la Borde und später Jean Favre den Ausbau der Festungswerke, und der französische General Du Landé stand als Berater und Leiter an der Seite des Rudolf von Salis. Cœuvres erschien schon anfangs November in Maienfeld und Jenins bei Vespasian von Salis, und ihm folgte die Hauptmacht, die Regimenter Brügger und Schauenstein, dann ein Regiment Walliser, Berner und Zürcher und französische Truppen. Es galt, zunächst die Grenze gegen Oesterreich zu sichern; dann setzte Cœuvres den Marsch fort und traf am 9. November in Chur ein (20). Nach dem Bericht Cœuvres traf er die Bündner in guter Stimmung an; die Prätigauer, Davoser, Schanfigger und Churwaldner leisteten mit «allegresse et Joye incomparable» den Eid auf die alten Bundesbriefe, auf die Verbindung mit den zwei andern Bünden und auf das Bündnis mit Frankreich, «dem Frieden von Lindau und andern schädlichen Verbindungen entsagend». Schon bei der Kunde vom Einmarsch des Regimentes Salis hatten die Davoser die Kapuziner verjagt und den Konvertiten Martin Camenisch, einen eifrigen ehemaligen «Venezianer», erschlagen. Doch unter dem Schutze Frankreichs wurde der Kultus der katholischen Kirche für frei erklärt und die katholische Geistlichkeit unter den besonderen Schutz des Königs von Frankreich genommen. Der Kampf der Kirchen sollte beendet sein und ganz Bünden einig an der Seite Frankreichs in den Kampf ziehen, um die Pässe und das Untertanenland zu erobern. Um die Freunde Spaniens zu gewinnen, versprach Cœuvres im Grauen Bund Militärstellen in Frankreich; trotzdem verhandelten die Führer dieser Partei in aller Stille in Urseren noch mit dem mailändischen Marchese d'Ogliano; sie wollten wissen, ob Spanien bereit sei, mit den Waffen zu helfen, wenn Cœuvres sie mit Gewalt zum Anschluß zwingen sollte; allein solche Absichten hatte Cœuvres nicht, und zudem liebäugelte der politisch einflußreiche Abt von Castelberg in Disentis mit den Franzosen und setzte seine Hoffnungen auf die Invasion und auf seinen Verwandten Rudolf von Salis, um im persönlichen Interesse die Klosterreform zu hintertreiben (21). So unterstützten private und konfessionelle Absichten Cœuvres und des Königs Pläne. Jenatsch und Salis, die — wie gemeldet — feierlich die Anerkennung der Gewissensfreiheit als Grundlage für den inneren Frieden verkündet hatten, vergaßen bisweilen ihre schönen Schlagworte. In der Gesellschaft Jenatschs erschienen Joh. à Porta, Manz, der ehemalige Prediger in Malans und Haldenstein, und der Prediger Johannes Fenniz (?). Die Kapuziner waren aus den Zehngerichten und andern Gemeinden geflüchtet; Jenatsch übergab Pfarre und Kirchengüter in Zizers seinem Freunde à Porta (22). Nach Chur kam Georg Saluz wieder und predigte in St. Martin und St. Regula; er erbat sich von Cœuvres auch die Erlaubnis, wieder in Felsberg zu amten, wo P. Alexis katholischen Gottesdienst gehalten hatte, und Saluz gab der Gemeinde neuen Mut, indem er erklärte: wenn ihr wissen wollt, welchem Glauben Cœuvres huldigt, so seht seine Hauptleute an; die meisten sind evangelisch. Im Schanfigg sammelte Manz die vielen Konvertiten wieder zum evangelischen Gottesdienst, und die Erfolge der Mission waren hier vernichtet. So schien der Einzug der Franzosen zur Niederlage der Gegenreformation geworden zu sein (23).

Am 25. November 1624 versammelte Cœuvres die Abgeordneten aus allen drei Bünden, um die Einigung zu vollziehen, die Amnestie für alle Untertanen zu erlangen und das Bündnis mit Frankreich unter Vorbehalt der Erbeinigung mit Oesterreich zu erneuern. Den persönlichen Verkehr mit den Abgeordneten überließ er, den Schein des Aufstandes wahrend, dem Interpreten Anton Molina. Der venezianische Vertreter Valaresso wollte ihn unterstützen; aber Cœuvres lehnte das ab, denn Frankreich wollte allein die Leitung haben.

Cœuvres selbst zog am 26. November 1624 in Begleitung des Markgrafen von Baden und Valaressos ins Engadin. Am 28. Novem-

ber lagen die Truppen noch in Samedan. Jenatsch stand nach langer
Irrfahrt als Hauptmann an der Spitze seiner Kompagnie in der Heimat, voll Vertrauen, nun die Wendung im Schicksal seines Landes
zu erleben. Er traf hier wohl die verlassene Schwester Susanna, den
Bruder Nuttin, den Vetter Johannes und die übrigen Verwandten
von Samedan. Seine Tätigkeit für die Emigranten in Zürich, seine
persönliche Tapferkeit, ja, sein Heldenmut und seine fanatische
Kampfstimmung ließen ihn eben jetzt in diesen Tagen in den Augen
seines Volkes in einem besseren Lichte erscheinen als 1618 und 1620,
denn die Gegenreformation hatte mächtig ins Schicksal der Engadiner eingegriffen. Das Volk wußte auch, daß Cœuvres Jenatsch
schätzte und begünstigte und ihn trotz der Einsprache Schauensteins
zum Hauptmann ernannt hatte, und die Engadiner knüpften an
diesen Mann ihre Hoffnungen für ihren Kampf gegen die Kapuziner,
denn an einen konfessionellen Frieden dachten sie noch nicht.

Vorläufig hatte Jenatsch an der Seite Cœuvres andere Aufgaben
zu erfüllen. Schon am 29. November wanderte die Truppe bei an-
haltend schöner Spätherbststimmung über den Bernina ins Puschlav;
die Soldaten vergaßen bei der wunderbaren Klarheit der Berge und
der Natur beinahe den Krieg (24). Es galt aber auf dem kürzesten
Wege möglichst rasch die Verbindung mit den Venezianern zu erlangen, wie Cœuvres in Samedan mit Valaresso vereinbart hatte. Die
kleine Festung Piattamala am Ausgang des Puschlavertales flößte
Cœuvres Besorgnisse ein; er dachte sogar an den Rückzug und machte
Salis Vorwürfe, daß er ihm diese Gefahr nicht dargestellt habe; doch
die Stroßtruppen von Salis, zu denen auch Jenatschs Kompagnie gehörte, nahmen die Burg im ersten Ansturm; Jenatschs bekannter
Wachtmeister Christian Gansner übernahm die Hut der Bergfeste,
und ihm wurde zu seiner «Ergötzlichkeit auch der Zoll eingehändigt»
(25). Eine Brücke oberhalb Tirano stellte die Verbindung mit den
Venezianern her, und somit bekam de Cœuvres Kanonen, Munition
und Lebensmittel, denn die Armee litt Mangel, da die nötigen Geld-
sendungen aus Paris ausblieben und in Bünden alles sehr teuer bezahlt
worden war. 200 französische Soldaten zogen anfangs Dezember
barfuß in Tirano ein. Die päpstlichen Soldaten unter dem Marchese
di Bagno leisteten nur in den festen Plätzen einigen Widerstand. Auf
Grund der Liga von Lyon fragte Cœuvres nun Valaresso, ob Venedig

jetzt am Kampfe selber teilnehmen werde. Valaresso antwortete: bevor alle Verbündeten (also auch Savoyen) ihre Versprechungen erfüllt hätten, sei Venedig nicht verpflichtet zu helfen; wenn aber Frankreich gute Quartiere bereit stelle und die venezianischen Truppen bezahle, so wolle Venedig eingreifen, doch mit dem Vorbehalt, daß es seine Mannschaften sofort abziehen dürfe, wenn es selbst angegriffen werde. Ende Januar 1625 anerbot Venedig sodann, wenn Cœuvres zum Abmarsch nach Bünden gezwungen werden sollte, so wolle die Republik das Veltlin besetzen. Im Februar rückten venezianische Truppen an die Front. Venedig war aber wohl von den Verhandlungen in Rom und Paris unterrichtet und zeigte immer weniger Interesse für das ganze Kriegsunternehmen. Cœuvres war auch bemüht, die Veltliner und Bündner auszusöhnen und auch hier zum Vorteil Frankreichs den inneren Frieden zu fördern; er mußte jedoch eingestehen, daß die Abneigung gegen Bünden im Veltlin kaum größer gedacht werden könnte. Später erklärte er dann, daß den Veltlinern überhaupt nur mit Gewalt beizukommen sei (26). In einer Vereinbarung nahm Cœuvres sie dennoch in den Schutz des Königs von Frankreich; gemäß den Befehlen aus Paris sicherte er ihnen zu, keine Feste in die Hände der Bündner zu geben, noch bündnerische Besatzungen ins obere Terzier zu legen; dagegen sollten die Veltliner die Waffen niederlegen. So durften die Bündner Truppen zu ihrem Leidwesen nicht in Tirano oder Sondrio einziehen. Der Marchese di Bagno übergab das Kastell den Franzosen und zog in Begleitung von Robustelli und andern Führern von 1620 talauswärts. Als die Truppen vor dem Kastell von Sondrio erschienen, war die Besatzung bald bereit zu kapitulieren. Die Verhandlungen wurden angeknüpft; allein Jenatsch und Ruinelli beobachteten währenddessen eine unbewachte Stelle des Walles und erstürmten mit ihren Soldaten die Festung (27). Die Begünstigung der Veltliner mochte den Bündnern unerträglich sein. Da bald darauf auch Bormio sich ergab und der Marchese di Bagno mit den päpstlichen Truppen das Land verließ, war das ganze Tal in den Händen Cœuvres.

Inzwischen verstärkten die Spanier ihre Truppen, die unter Serbelloni in Chiavenna und am Lago di Mezzola standen; Cœuvres plante nun, von der unteren Adda nordwärts dem See entlang nach Cläven vorzustoßen. Zugleich sollte Cläven vom Bergell her angegriffen werden; darum bekamen vier Kompagnien des Regiments Salis, zu denen auch Jenatschs Truppe gehörte, den Befehl, über den Bernina und Maloja nach Castasegna zu ziehen, und mit ihnen sollten das Regiment Brügger, die Berner und zwei französische Reiterschwadronen von der Steig und Rudolf von Schauenstein aus dem Unterengadin vor Cläven erscheinen. Es war anfangs Februar 1625. Die heranziehenden Truppen nahmen nach hartnäckigem Kampf das Städtchen Cläven. Das Kastell mußte noch einen Monat lang belagert werden, und zu diesem Zwecke wurden aus dem Veltlin über den Bernina und Maloja mit unsäglicher Mühe zwei schwere Geschütze herbeigeschleppt. Jenatsch in seiner trotzenden Kraft und Leidenschaft erlebte diese Vorgänge als Führer seiner Kompagnie (28). Als das Kastell fiel, galt es nach dem Süden zu die Spanier Serbellonis und seines Nachfolgers, des später zur Berühmtheit gelangten Grafen Gottfried Pappenheim, zu verdrängen und dem See entlang womöglich eine Verbindung mit Cœuvres zu gewinnen. Dabei unternahmen Jenatsch und Ruinelli auf Befehl des französischen Feldmarschalls von Longueval, Herrn von Haraucourt, am 2. April 1625 einen verwegenen Zug bis auf die Alp Pesche, um das spanische Lager unten bei Archetto am See zu umgehen und zu überfallen. Auf der Höhe von Pesche stieß er auf einen starken spanischen Posten, den er mit seinen Leuten überwand. Er mußte aber umkehren, denn seine Soldaten scheuten bei sehr schlechter Witterung die Felsenwege und die Schneemassen (29). Die Stimmung der Truppen verschlimmerte sich überhaupt ganz allgemein, da die Bezahlung des Soldes ausblieb, und Schauenstein, Brügger und Salis verlangten sogar ihre Entlassung. Auch Venedig war über die Haltung Richelieus gegenüber den Truppen enttäuscht (30).

Kurz nach dem erzählten Abenteuer bekamen das Regiment Schauenstein und die vier Kompagnien Salis, bei denen Jenatsch diente, den Befehl, nach dem Coderatal hinauf zu steigen. Sie zogen durch das Lobbiatal über die steilen Felsenpfade gegen Motta ins Coderatal, um dort die Verbindung mit Cœuvres zu gewinnen. Dieser Versuch mißlang jedoch und ebenso ein Vorstoß aus dem Coderatal gegen Riva. Ulysses von Salis aber stellte dem Hauptmann Jenatsch das Zeugnis aus, der unerschrockene Mann habe seine Pflicht so gut erfüllt, daß es dem Feinde nie gelungen sei, ihm Boden abzugewinnen (31). Am 22. Mai 1625 marschierten Jenatsch, Ruinelli und Hauptmann Heer von Glarus mit ihren Mannschaften wieder auf den Berg ob Riva in den Kampf, und die Gefechte dauerten auch in den Sommermonaten des Jahres 1625 in unverminderter Heftigkeit an. Durch das herrschende Fieber nahmen aber die Mannschaften beiderseits an Zahl rasch ab. Dazu kam die Geldnot Frankreichs. Die Führer und die Truppen verlangten drohend den Sold; teilweise weigerten sie sich, auf Wache auszuziehen. Da Uri in diesen Tagen Truppen anbot, so empfahl Cœuvres dem König, in den katholischen Orten werben zu lassen und entließ einen Teil der Bündner (32).

Ende September 1625 unternahm Jenatsch mit Ruinelli noch einmal einen Zug nach den Höhen von Pesche, auch diesmal ohne Erfolg; doch als dann im Januar 1626 Pappenheim Cläven überfallen wollte, schlug ihn Salis mit Hilfe der Hauptleute Jenatsch, Ruinelli, Thomasin und Vögeli zurück (33). Jenatschs Haltung in diesen Kämpfen gegen Pappenheim hatte die besondere Achtung und Bewunderung des venezianischen Vertreters Alvise Valaresso geweckt; dieser schrieb nach Venedig, er könne es nicht unterlassen zu bemerken, daß Jenatsch der öffentlichen Anerkennung, die Venedig ihm schon lange versprochen habe, würdig sei, und Ende Februar 1626 erinnerte er den Senat von neuem daran, daß der Hauptmann Jenatsch mit «bescheidener Ungeduld» die Anerkennung erwarte, die Venedig ihm versprochen habe, nämlich die Verdopplung seiner Pension von 120 Dukaten (34). Venedig gab aber der Mahnung vorläufig kein Gehör.

Unterdessen hatten die III Bünde von Cœuvres verlangt, daß er ihnen das Untertanenland übergebe. Cœuvres war über die Absichten Frankreichs gut unterrichtet. Schon im September 1624, als er in Solothurn und in Zürich mit den Vorbereitungen zum Marsch nach Bünden beschäftigt war, hatte ihn der französische Gesandte, der Marquis de Bethune, von Rom aus unterrichtet, was er in Bünden und im Veltlin erstreben müsse, denn die Verhandlungen zwischen Paris und Rom über die Zukunft des Veltlins waren damals im Gange. Bethune sagte: jede Rache der Bündner an den Veltlinern muß unterlassen werden; die Festungen sollen erhalten bleiben und im Namen des Königs von vertrauneswürdigen Schweizern besetzt werden, um die katholische Religion im Lande wieder herzustellen, wie mit dem Papst vereinbart worden ist. Cœuvres soll sich weiter bemühen, alles für den Dienst des Königs zu tun und wenn möglich die Bündner dahin zu bringen, sich für alle Zukunft mit einer jährlichen Entschädigung für ihre Rechte und Einkünfte im Veltlin zufrieden zu geben und das Veltlin, Bormio und Cläven dem König von Frankreich abzutreten. Er fügte hinzu, wollte man jetzt das Gebiet den Bündnern zurückgeben, so würde man sie dadurch veranlassen, im Einverständnis mit Spanien zu leben. — Die Straßen durch Bünden und die beiden wichtigsten Stützpunkte, die Luziensteig und Cläven waren fest in französischer Hand; über das Recht auf die Straße durchs Veltlin verhandelte Urban VIII. in Rom eben (Sommer 1625) mit dem Kapuzinerpater Père Joseph, dem Berater Richelieus. Der Widerstand der Untertanen mochte durch die spärlichen Nachrichten über diese Verhandlungen genährt werden. Der Marquis de Cœuvres aber befaßte sich jetzt schon, ehe die Wege von Cläven nach dem Süden offen waren, mit dem Gedanken eines Angriffes auf Mailand. Es war klar, Graubünden und das Veltlin sollten dauernd den Machtinteressen Frankreichs dienen, die Wege nach Italien öffnen und sichern. Dadurch sollte auch die Stellung der Eidgenossen entschieden sein (35).

Rudolf von Salis, der Führer des Regimentes, war nach längerer Krankheit am 29. Oktober 1625 gestorben, und Cœuvres hatte das Regiment dem Bruder Ulysses von Salis gegeben. Joh. Peter Guler hatte um das Regiment gebeten, und als er darauf verzichten mußte, grollte er und zog sich von dem bevorzugten Vetter Ulysses zurück. Ruinelli lehnte die Stelle als Oberstleutnant des Regimentes ab und verlangte ein eigenes Regiment. Die Wege des Aufstieges waren durch die Salis für andere gesperrt, und Ruinelli, eine unbeherrschte Natur wie Jenatsch, fügte sich nicht. Er nahm seine Kompagnie aus dem Regiment Salis mit und bewirkte, daß auch Jenatsch und Rosenroll mit ihren Kompagnien zu ihm übertraten; die alten intimen Beziehungen zum Haudegen Ruinelli mochten Jenatsch locken. Jenatsch hatte im Regiment Ruinelli nun zwei Kompagnien wie Ruinelli selbst und war dem Range nach Major. Bei der Entlassung am 1. März 1627 nennt Salis ihn «Luogotenente Colonello Gianaz» (36). Er hatte also die Stelle eines Adjutanten oder Vertreters des Regimentsinhabers. Jenatsch reiste nun nach Schaffhausen, Basel, St. Gallen, um für seine Kompagnien Truppen zu werben, und am 26. April war er wieder in Cläven. Als in diesen Tagen Pappenheim wieder von Süden her angriff, war Jenatsch einer der ersten, der die Pappenheimer zurückschlug; doch wieder fehlte es an Geld für die Truppen, und am 16. Mai richteten die Regimentsinhaber Ulysses von Salis und Jakob Ruinelli samt ihren Offizieren ein Schreiben an Cœuvres, in dem sie erklärten: «Wir sind entschlossen, uns fernerhin nicht mehr so behandeln zu lassen» (37). Die Mißstimung war so groß, daß Jenatsch, Ruinelli und andere Venedig ihre Dienste anboten und dies um so mehr, als Gerüchte über einen Friedensschluß kamen. Cœuvres ließ die meuternden Colonells von Cläven nach Sondrio kommen und behandelte sie ohne Härte. Er trennte sie unter dem Vorwand, sie nun anderwärts verwenden zu müssen, dann nahm er je 300 Mann von jedem Regiment «pour nous decharger d'autant», und zugleich wurde Brügger angewiesen, sein ganzes Regiment zu entlassen (38). Das Regiment Salis kam ins Oberhalbstein; Ruinelli wurde nach Puschlav geschickt und später ins Veltlin berufen, und Jenatsch bekam in Morbegno Quartier.

X

*Jenatsch im Streite der Konfessionen im Unterengadin
Der Vertrag von Monsonio 1626 / Die Entlassung der Truppen
Ruinellis Tod 1627*

Der Abschluß der Kämpfe im Veltlin und die Gerüchte über
den Inhalt des Friedensvertrages waren für alle Teilnehmer, vor
allem für Jenatsch eine bittere Enttäuschung. Jenatsch wahrte sich
dennoch das Zutrauen Cœuvres. Zu Beginn des Sommers 1626, als
das Regiment Ruinelli im Veltlin lagerte und Jenatsch in Morbegno
war, erhielt er den Auftrag, ins Unterengadin zu gehen und die Wo-
gen des religiösen Kampfes zu glätten. Der Gedanke der Gewissensfreiheit hatte im Unterengadin und an andern Orten die böse Verwirrung nicht gelöst. Die Kanzelredner der beiden Bekenntnisse nahmen das Wort als unbedingte Freiheit für ihre Stellung und ihr Wirken. Im häßlichen Kampf dachten sie kaum an die Grundlagen und
Voraussetzungen zur Verwirklichung der neuen Idee, an die Anerkennung und das Vertrauen in die christliche Gesinnung des Mit-
menschen; vielmehr blieb man beim leidenschaftlichen Eifer; man
haßte und verachtete den Andersgläubigen und war sich bewußt, im
Besitze der unbedingten Wahrheit zu sein. In der Seele des einzelnen
Menschen entstand ein Mißverhältnis zum Andersgläubigen, ein
dauernder Unfriede, und das ganze Zusammenleben der Gemeinden
war ein trauriges Bild der Friedlosigkeit. Auch das politische Leben
wurde von dieser Disharmonie der Seelen sehr stark beeinflußt. Es
fehlte das gegenseitige Vertrauen, und der politische Demagoge, der
so gerne die Gesinnung des Andersdenkenden verdächtigt und als der
alleinige und unbedingte Volksbeglücker erscheinen möchte, fand für
seine Zwecke reichlich gute Grundlagen. Jenatsch durchschaute
dieses innere und äußere Leben und nannte den Zustand ein Chaos.

Wohl wurden die Kapuziner von Rom aus wiederholt vor Drohung mit der Macht und Gewalt Frankreichs und Oesterreichs gewarnt und zur «amorevolezza» und zur «piacevolezza» ermahnt; politische Beziehungen zu einem Nachbarstaat wie Oesterreich wurden untersagt, und auch einzelne Prädikanten erinnerten an die Erziehung als Grundlage eines christlichen Lebens in der Gemeinschaft; doch solche vereinzelte Stimmen verhallten. Die Zustände waren menschlich und auch aus der Zeit verständlich. Die Engadiner kämpften um ihren «Seelenschatz», ihr Geistesleben, ihre autonome Kultur, die, von den Kapuzinern geringschätzig behandelt, in einem größeren Kulturkreis aufgehen sollte. Noch standen die beiden Kampfparteien, die Geistesrichtung der Reformation und der Gegenreformation, in voller Leidenschaft einander gegenüber, und Kampf und Haß waren diesen Menschen Sinn und Zweck des Lebens, der Friede Feigheit und Verrat.

Jenatsch wurde nun in dieses Chaos gesandt, um Licht und Schatten zu scheiden; er hatte mit Guler und Salis so laut die Gewissensfreiheit zugesichert; nun sollte er beweisen, worin sie bestand und ob sie den so nötigen inneren Frieden zu bringen vermöge, dessen Frankreich nach außen so sehr bedurfte.

Im Unterengadin hatte Rudolf von Planta den Druck zu Gunsten der Mission seit 1622 weiter ausgeübt, und das Volk war schließlich bis zu Beginn des Jahres 1624 äußerlich vielfach zur katholischen Kirche übergetreten. P. Ignazius konnte im April 1624 berichten, in Remüs seien 30 Personen eben in die Heimat zurückgekehrt, sonst seien dort alle zur Beichte gegangen, in Sent hätten alle gebeichtet und nur wenige nicht kommuniziert, in Fetan, wo P. Ignazius soviel für die Bekehrung dieser «eigensinnigen Menschen» gewirkt, seien noch zwei Männer und 30 Frauen nicht gewonnen, in Ardez alle Männer, die Frauen nur teilweise, in Guarda alle Einwohner. Diese scheinbaren Erfolge ermutigten die Missionare dermaßen, daß sie dem Nuntius den Vorschlag machten, in Zürich den katholischen Gottesdienst einzuführen, und der Nuntius reiste dorthin zum venezianischen Residenten und wollte diesen bewegen, in seinem Hause Gottesdienst abzuhalten; er hatte aber keinen Erfolg und schrieb das dem Einfluß des Prädikanten Jenatsch zu «quel pessimo Predicante Jenazo», der seit vielen Monaten als Sekretär im Hause des venezianischen Residenten in Zürich lebe und dazu noch «tanto caro al Marchese di Coùvres» sei (1).

Anfangs Juni 1624 hatten die Prädikanten in Zuoz, die dort als Flüchtlinge aus dem Unterengadin bei Conradin von Planta eine Zuflucht gefunden hatten und mit Jenatsch und den Emigranten in Zürich in Verbindung standen, erfahren, daß die Stunde der Befreiung und der Zurückerstattung des Veltlins bald kommen werde; die Gemeinde Süs, die den Kapuzinern den Uebertritt zur katholischen Kirche in Aussicht gestellt hatte, lehnte jetzt die Mission ab und erwartete das Kommen der Dinge. Und als P. Ignazius in diesen Tagen auf dem Wege nach Chur und Luzern auf dem Albula zwei Emigranten aus dem Puschlav antraf, riefen diese ihm fröhlich zu: «Padre, presto, presto si mutterà il tempo e le carte, ed extrahendo la spada, disse uno; questa si adoper(er) à per voi altri Capucini» (2). Trotzdem machte sich Ignazius kurz darnach auf den Weg zum Marchese di Bagno, damit dieser ihm behilflich sei, die Prädikanten auch aus dem Oberengadin zu entfernen, wie es Rudolf Planta wünschte. Die Kongregation in Rom war aber zurückhaltender und warnte P. Ignazius wieder; besonders, sagte sie, möge er es unterlassen zu erklären, daß das Engadin zu Italien gehöre und die Hilfe Leopolds für die Vertreibung der Prädikanten zu begehren (3). Der Einmarsch der Franzosen im November 1624 änderte dann die Verhältnisse des Unterengadins. Wohl rückte das Regiment Schauenstein Ende November von Samedan ins untere Inntal, um die bestehenden Zustände zu wahren und zugleich die Ostgrenze Bündens zu hüten; doch bei den Unterengadinern loderte der verhaltene Zorn auf, und sie vergalten ihre Leiden mit Härte und Rohheit an den Konvertiten und an den Kapuzinern. Rudolf Planta flüchtete sich nach Meran auf sein Schloß Ramez. Die Konvertiten wagten sich kaum mehr zur Kirche. Cœuvres drang zwar darauf, daß in den religiösen Verhältnissen nichts geändert werde, weil sonst Richelieu durch seine Gegner in Frankreich politische Unannehmlichkeiten erwachsen könnten. Doch einzelne Prädikanten des Unterengadins kehrten heim. So erschien Conrad Toutsch in Zernez, predigte in der Kirche, nahm die Einkünfte der Kirchgemeinde an sich, und als der Kapuziner zur Kirche gehen wollte, um Messe zu lesen, wurde er von den Protestanten aufgehalten; sie verlangten, daß er auch das Pfarrhaus räume (4). Da auch das Brot vom Marchese di Bagno an die Kapuziner und der von den Veltlinern geschenkte Wein und die Geldspenden Leopolds ausblieben, waren die Mönche in Not. P. Ignazius eilte der Armee Cœuvres nach, um den Schutz des Generals anzurufen, und dieser versprach ihm beizustehen (5). Noch am gleichen Tage schrieb Cœuvres an die Landammänner, Räte und Bewohner der Gemeinden des Ober- und Unterengadins und mahnte sie, von allem Parteihader abzulassen und die Gewissensfreiheit zu achten. Er betonte, daß in kirchlicher Hinsicht vorläufig alles verbleiben müsse, wie es vor sechs Monaten, also unter Oesterreich gewesen sei (6). Vor allem wollte er dem Erzherzog keinen Vorwand geben, wieder in die bündnerischen Täler einzumarschieren. Auch von Rom aus, wo man den Vertrag von Lindau nicht rühmen oder verteidigen wollte, wurde der französische General gemahnt, die neuen kirchlichen Zustände zu stützen (7). Immerhin erlaubte Cœuvres den Unterengadinern, die Landammänner und Richter, die nach der Niederlage von 1622 in der Person Plantas und seiner Anhänger vertreten waren, neu zu bestellen; dagegen sollten sie die Kapuziner dulden und schützen (8). Im Engadin gingen indessen Gerüchte, Cœuvres möchte gerne den Engadinern helfen oder alles gewähren, nur dürfe er das nicht. Die Prädikanten kümmerten sich wenig um die Verbote; sie kehrten heim, tauften, predigten, bestatteten die Toten, die bis dahin auf freiem Felde begraben worden waren, wieder auf dem Friedhof und beriefen sich auf die Gewissensfreiheit. Namentlich der Prädikant Jan Clo (Nikolaus) in Süs erschien den Kapuzinern als großer Widersacher (9). So lebte das Volk im Hader. Doch seit dem Einzuge Cœuvres regten sich die Führer der Engadiner mehr und mehr, namentlich Dominik Gulfin von Ardez, der 1621 an der Seite von Jenatsch die Engadiner nach Thusis gegen Landrichter Florin und Beroldingen geführt hatte, und Jakob Bella von Zernez; sie pflegten die Beziehungen zu Jenatsch weiter; er blieb ihr Berater. Darum ist es begreiflich, daß sie dem General Cœuvres nach und nach Vertrauen entgegenbrachten und ihm keine Schwierigkeiten bereiten wollten; ja sie waren sogar bereit, den Kapuzinern die Kultusfreiheit zu lassen und wagten es nicht einmal, für sich und für die Prädikanten das gleiche Zugeständnis zu fordern (10). Die Reibungen in den Gemeinden konnten sie dennoch nicht verhindern, und Gulfin war zu Hause auch nicht so zahm wie im Verkehr mit Cœuvres. Er hatte selbst die Prädikanten ermuntert, heimzukehren, so den Jan Clo in Süs und Clavuot von Schuls in Zernez. Zu Hause erwachte dann die Leidenschaft; sie erbrachen mit ihren Anhängern die Kirchentüren, um zu predigen, und in Zernez sollte Clavuot seine Zuhörer an das Beispiel der Veltliner (1620) erinnert haben (11).

Auch nach außen wirkten diese inneren Streitigkeiten. Im März 1625 eilte P. Giacinto als Vertreter des P. Ignazius, der bei Père Joseph in Paris Schutz und Hilfe suchte, mit diesen neuen Klagen auch zu Cœuvres, und dieser berief die Prädikanten und Gulfin und Bella mit P. Giacinto vor sich. Die Prädikanten erschienen nicht, und Cœuvres gab dem Gulfin einen Brief an die Gemeinden und an die Prädikanten mit, den Gulfin aber nicht aushändigte. Cœuvres hatte Gulfin noch zum Verwalter der Kircheneinkommen im Unterengadin gemacht, und als solcher sollte er die Einkünfte (Getreide) den Kapuzinern abliefern; dazu, so weiß P. Giacinto zu erzählen, sei Gulfin zum Hauptmann der Unterengadiner ernannt worden. Gulfin kam höchst befriedigt nach Hause, und Jan Clo und Clavuot hielten Gottesdienst auf freiem Platz und mitunter in der Kirche. Wieder eilte der Pater zu Cœuvres und verlangte die Bestrafung der beiden Prediger. Dieses Ansinnen lehnte Cœuvres ab (12). Er sandte im Mai 1625 Anton Molina und Rudolf von Schauenstein ins Unterengadin; hier wies das Volk die Vorwürfe der Mönche mit Entrüstung zurück und erinnerte an die eigene Entsagung und an die erduldeten Leiden. Vor allem verlangten die Führer des Volkes nun ganz entschieden die Gewissensfreiheit oder die Freiheit des Kultus auch für sich, und dieses Begehren fand Cœuvres gerecht (13). Ob Jenatsch auch hier bei Cœuvres seinen Einfluß geltend machte, ist nicht zu erweisen, doch kaum zu bestreiten.

Nun kehrten im Juli 1625 die Prädikanten von Ardez, Lavin, Guarda, Sent und Schleins nach Hause zurück und nahmen an einzelnen Orten die Kirche, das Pfarrhaus und auch die Einkünfte für sich in Besitz. Die Engadiner waren nun so zuversichtlich, daß sie das Gerücht verbreiteten, Cœuvres habe Jenatsch zum Hauptmann des bischöflichen Schlosses Remüs ernannt, und Jenatsch werde die katholische Religion ausrotten und die Katholiken töten (14).

Die Meldungen spiegeln die leidenschaftlichen Stimmungen im Unter-engadin, den Ausdruck der von den fremden Mönchen gequälten See-len; sie zeigen auch, wie sich die Engadiner Jenatschs Verhältnis zur Heimat und zu seinem Volke dachten. — In Rom erwog die Kongre-gation, ob sie die Kapuziner aus dem Engadin zurückziehen wolle, und mahnte die Mönche wieder zu «mansuetudine e piacevolezza» (15).

Mittlerweile kam P. Ignazius im Spätherbst von seinen Reisen zurück. Auf Anraten Roms war er über Innsbruck nach Paris ge-reist und hatte dort dem Kardinal Richelieu und dem König die Lage der Mission im Engadin dargelegt und über zwei Monate auf die Rückkehr des Père Joseph aus Rom gewartet. Als dieser von seinen Verhandlungen mit Urban VIII. heimkehrte und in aller Ausführlichkeit die Schilderungen über die Verhältnisse in Bünden angehört hatte, riet er dem P. Ignazius, alles dem Papste zu berich-ten. So erschien P. Ignazius bald darauf bei Urban VIII. in Rom.

Der Nuntius hatte unterdessen noch eine überragende Persön-lichkeit in den Dienst der Mission gestellt, nämlich den P. Rudolf, der im Jura und in Allschwil große Erfolge gehabt hatte und später auch für das Schicksal Jenatschs von Bedeutung war (16). Cœuvres aber hatte auf die Mahnungen von Paris und von Rom hin im No-vember 1625 den Hauptmann Rudolf Travers mit 200 Mann ins Unterengadin gesandt. Travers forderte die Gemeinden auf, ihre Zusagen vom Februar gegenüber der Mission einzuhalten und die Kapuziner — auch nach der Rückkehr der Prädikanten — zu dul-den und zu schützen. Die Zernezer sagten das zu, dann ging Travers von Gemeinde zu Gemeinde; inzwischen aber lebte die Truppe zu Lasten der Unterengadiner, und der Haß gegen die Urheber dieser Maßnahme, gegen die Kapuziner, wuchs. Als z. B. am Sonntag der P. Donato in Schuls den Gottesdienst begonnen hatte, schrie die Menge zur Kirche hinein und zwang den Pater, den Gottesdienst ab-zubrechen. Gulfin und Dr. Leone waren indessen sofort nach dem Einmarsch der Truppen ins Veltlin gegangen, um im Namen der Unterengadiner mit allem Nachdruck die Freiheit des Kultus zu ver-langen. Auf ihrem Weg waren sie mit der Abordnung zusammen-getroffen, die zu Cœuvres ging, damit er gemäß dem Madrider Ver-trag die Untertanengebiete den Bünden zurückerstatte. Gulfin und Leone erhielten von Cœuvres den Bescheid, die Prädikanten dürften außerhalb der Kirche predigen, aber die Kapuziner sahen voraus, daß die Prädikanten eines Tages auch die Kirche besetzen würden (17).

Das Regiment Schauenstein, zu dem die 200 Mann gehörten, wurde am 1. Januar 1626 aufgelöst, und die Kompagnie Travers wurde dem Regiment Salis zugeteilt (18). Wann sie das Engadin verließ, ist nicht genau zu sagen. Doch nun kam das böse Nachspiel: wer sollte die Kosten bezahlen? Die Häupter und Räte sandten im Einvernehmen mit Cœuvres im Juni 1626 drei Männer ins Unterengadin, um auch diese Streitfrage zu lösen; es waren Anton Travers von Zuoz, Jodocus Raschér und Johann Albertini, alles Oberengadiner, dazu kam nun auf den Wunsch von Cœuvres auch Jörg Jenatsch. Die Verhandlungen wurden in Zuoz geführt, dem Zentrum der venezianischen Partei. Es kam zu keinem Einvernehmen; denn beide Parteien hielten starr an den eigenen Beschwerden und Forderungen fest und wiesen die Schuld am Streite jeweilen der Gegenpartei zu. — Das gute Recht der Unterengadiner auf die Freiheit ihres Glaubens tastete Jenatsch nicht an, aber er wünschte, an die Lage Bündens denkend, den Frieden und bemerkte dazu, der Streit hätte schon längst gelöst sein können, wenn es nicht an den beiden Teilen gefehlt hätte, d. h. wenn jeder Teil wirklich dem Grundsatz der Gewissensfreiheit nachgelebt hätte (19). Er war nur in den Augen seines Volkes noch der alte Kämpfer der Terrorzeit geblieben; im Grunde sprach der Realpolitiker aus ihm, der den Zustand der Heimat tief bedauerte, denn er erkannte, wie wenig die Idee der Freiheit des Gewissens sich hier verwirklichen ließ und wie sehr dieser konfessionelle Hader die politische Befreiung der Heimat und die Rückgabe des Veltlins gefährdete. Die Klagen des P. Ignazius bei Richelieu und bei Père Joseph im Frühjahr und im Sommer 1625 und die direkten Schritte des P. Ingnazius bei Urban VIII. mußten die Aussichten der Bündner auf das Veltlin ungünstig beeinflussen. Ja, das traurige Geplänkel von Reformation und Gegenreformation im Engadin drohte die Hoffnungen auf Frieden und Freiheit und auf den Besitz der Wirtschaftsgebiete im Süden zu begraben. Die Hauptursache der Fortdauer dieses Elends war die trügerische Politik Frankreichs. Es hatte die Auflösung des Vertrages von Lindau (1622) versprochen, doch Richelieu und Père Joseph hielten in religiösen

Fragen an den Bedingungen von Lindau fest, weil die eigenen Interessen dies forderten. —

In diesen Tagen, am 12. Juli 1626 meldete der König Ludwig XIII. den Häuptern die Ergebnisse seiner Verhandlungen mit Spanien, den Abschluß des Friedensvertrages von Monsonio (20). Schon im November 1625 hatte Cœuvres die Abgeordneten der III Bünde in Sondrio empfangen und ihnen die Hauptbedingungen für die Rückgabe der Untertanengebiete eröffnet; «er nahm», wie Fortunat von Juvalta erzählt, «ein kleines Papier in die Hand und las einige darauf bezügliche und, wie er sagte, von andern gemachte Vorschläge vor. Ihr Inhalt ging dahin: die Untertanen sollten die freie Wahl ihrer Obrigkeit haben und, ungehindert durch die Bündner, sowohl die Civil- als Criminalgerichtsbarkeit ausüben dürfen; das Uebrige, die Oberherrlichkeit Beschlagende, bleibe den Bündnern überlassen; jedoch dürften sie nicht bewaffnet in das Tal kommen. Unter dem Namen eines Tributs hätten ihnen überdies die Untertanen jährlich 25 000 Kronen zu bezahlen». Juvalta und die andern Abgeordneten drückten ihre Empörung über die Artikel aus und «bemerkten, wie fast die nämlichen Bedingungen von den Spaniern, ihren Feinden, gestellt worden seien»; da sahen sich die drei Franzosen (Cœuvres, Mesmin und Peter Malo) an und lachten. «Vielleicht lachten sie über unsere Träume und eiteln Hoffnungen», erzählt Juvalta, und er fährt fort: «War dies die gegebene Zusage? Würden die Franzosen wohl so gehandelt haben, wenn sie die Bündner nicht als Sklaven betrachtet hätten?» Es waren Ergebnisse aus den Besprechungen zwischen Paris, Rom und Madrid.

Schon lange zuvor hatten die bündnerischen Offiziere mit großem Mißtrauen die Haltung des Marquis de Cœuvres gegenüber den päpstlichen Truppen im Veltlin beobachtet. Gefangene päpstliche Soldaten hatte er freigegeben und zu ihrer Truppe zurückgesandt, die erbeuteten Fahnen zurückgegeben, den Bündnern die Besetzung der festen Plätze versagt, den Kampf mehr und mehr nur in der Defensive geführt, im Engadin einen Druck auf die Protestanten ausgeübt, und P. Ignazius war ermutigt aus Paris heimgekehrt. Der Vertrag oder die vorgelesenen Bedingungen zeigten, wie Frankreich sich über die Begehren und Interessen der Bündner hinwegsetzte und sich auch nicht um die Forderungen Venedigs kümmerte.

Durch den Vertrag von Monsonio war eine äußerst schwerwiegende Entscheidung gefällt. Spanien, Frankreich und der Papst setzten sich darin über die Souveränitätsrechte des rätischen Freistaates hinweg. Frankreich berief sich darauf, ein Verbündeter des Freistaates zu sein und kraft der alten Verträge allein das Verfügungsrecht über die Alpenpässe in Bünden und im Veltlin zu besitzen; es betrachtete die III Bünde und das Veltlin auf Grund der alten Verträge als seine Interessensphäre, als Protektorat, das sich in militärischer und politischer Hinsicht dem allerchristlichsten König zu fügen habe. Da Spanien auch nach dem Besitz der Pässe strebte, um sich die Verbindung mit Oesterreich und mit dem Kaiser zu erhalten, so befürchtete Frankreich, daß direkte Verhandlungen zwischen Bünden und Madrid seinen Anspruch auf die Pässe gefährden könnten, und Richelieu war entschlossen, selbst einzugreifen und einen Entscheid herbeizuführen, der Frankreichs Machtinteressen und Stellung zu Bünden wahren sollte. Die Verhandlungen zwischen den Mächten betrafen also vor allem die Paßfrage; in der religiösen Frage, der Bekämpfung der evangelischen Propaganda im Veltlin und Erhaltung des Katholizismus als einziges Bekenntnis waren der Papst, Spanien und Frankreich durchaus einig. Wenn Frankreich bisweilen in der Behandlung der evangelischen Bündner Mäßigung begehrte, so täuschte dies die Bündner über die wahre Haltung Frankreichs hinweg. Père Joseph, Richelieus rechte Hand, dem die Wiederherstellung der katholischen Kirche in der ganzen Welt als ideale Lebensaufgabe vorschwebte, war über die Verhältnisse in Oberitalien aus eigener Erfahrung ausgezeichnet unterrichtet, und er bemühte sich bis zu seinem Tode, die Veltliner von Bünden zu befreien und sie bei ihrem Glauben zu erhalten. So griff die religiöse Frage in die politischen Entscheidungen und in die Hoheitsrechte Bündens ein. Die Vorschläge des Papstes vom Februar 1624 (Vertrag von Rom) gingen schon ganz in dieser Richtung; nur die Paßfrage hatte Richelieu veranlaßt, den Vorschlag abzulehnen (21). Während Cœuvres mit Hilfe der Bündner das Veltlin erobert hatte, waren die Besprechungen über das Untertanenland der Bündner in Rom und in Paris weiter gegangen. Ende 1624 hatte Urban VIII. den Gardehauptmann Bernardino Nari nach Paris gesandt, auf daß er gemeinsam mit dem Nuntius Spada die Verhandlungen mit Richelieu und Père Joseph zu einem guten Ende führe. Nari und Spada hatten in Paris die Gedanken und Absichten Roms vorgebracht, so z. B. sollte diesen Vorschlägen gemäß das Veltlin ein vierter selbständiger Bund oder Ort der Eidgenossenschaft werden oder als Staat dem Papst überlassen werden; dabei sollte die Benutzung der Pässe Frankreich zustehen; der Papst sollte sie den Spaniern öffnen, wenn es sich um einen Zug Spaniens gegen die Ungläubigen oder Türken handelte. Richelieu hatte diese Pläne abgelehnt, denn sie hätten die Machtstellung Frankreichs in Bünden geschwächt; ein katholischer Ort oder Bund hätte sich Spanien zugewandt. Richelieu hatte trotzdem weiter verhandelt, und als Père Joseph im Frühjahr 1625 zum Generalkapitel seines Ordens nach Rom gereist war, hatte er persönlich mit dem Papst Urban die Möglichkeiten eines Vertrages erwogen, und zugleich hatte Cœuvres im Veltlin den Befehl erhalten, die Eroberung von Riva nicht weiter zu erzwingen. Den Begehren des Papstes war Richelieu entgegengekommen, und an dem Wunsch nach weitgehender Selbständigkeit der Veltliner und am Verbot des evangelischen Kultus hatte Richelieu nicht gerüttelt; doch die Paßfrage wollte der Kardinal im Sinne Frankreichs gelöst haben; der Papst sollte nach seinem Vorschlage Spanien die Benutzung der Pässe erlauben, doch jedesmal nur mit Zustimmung Frankreichs. Spanien sollte auch in Zukunft das Recht haben, die Untertanen der Bündner in ihrem Glauben zu beschützen, wenn Frankreich es nicht selber tue. Richelieu war sogar einverstanden, im Vertrag eine Bestimmung zuzulassen, wonach den III Bünden der Abschluß von Verträgen mit dem Ausland verboten sein sollte. So war Richelieu bereit, selbst die Interessen Venedigs zu opfern. Die Besprechungen in Rom hatten wieder den Gegensatz der Interessen in der Paßfrage gezeigt. Richelieu hatte seine und Frankreichs Machtstellung in Bünden betont. Rom war besorgt gewesen, die Veltliner von ihren protestantischen Gebietern zu befreien und Spanien in Oberitalien nicht zu mächtig werden zu lassen; aber der Papst mußte die Mitwirkung Spaniens als Gegengewicht zu Frankreich in Oberitalien wünschen (22). Noch ehe Père Joseph Paris wieder erreicht hatte, war dort ein Legat des Papstes eingetroffen. In diesen Verhandlungen war Richelieu wieder bereit gewesen, die Bündner und Venezianer zu opfern. Der Legat hatte aber die völlige Loslösung des Veltlins von Bünden gefordert und dazu Zugeständnisse Frankreichs in der Paßfrage. So waren auch in Paris die langen Verhandlungen gescheitert. Nun hatte sich Richelieu entschlossen, direkt mit Spanien zu verhandeln.

Der französische Gesandte in Madrid, Charles d'Angennes, Seigneur de Fargis und der spanische Minister de Guzmann, Graf Olivarez, waren am 5. März 1626 in (Monzon) Monsonio bei Barcelona, auf dem Privatsitz des Grafen Olivarez zu einer Uebereinkunft gekommen, die nach weiteren Verhandlungen mit Paris am 10. Mai 1626 in Barcelona ihre endgültige Fassung erhielt. Der Historiker Leopold Ranke war überzeugt, daß der Vertrag von Monsonio von der Königin-Mutter, Marie von Medici und dem Père Bérulle, der spanischen Partei am Hofe, hinter dem Rücken Richelieus erzwungen worden sei, um den Frieden mit den Hugenotten, mit dem Richelieu dem päpstlichen Legaten drohte, und den Krieg mit Spanien zu verhindern. Richelieu gibt das in seinen Memoiren zu. Er wünschte den Frieden, und der Gedanke des Père Joseph, eine Einigung der katholischen Mächte unter der Führung Frankreichs zu erstreben, mochte den Kardinal in seinem Verhältnis zu Spanien beschäftigen. Frankreich war zudem im Innern noch durch den Krieg gegen die Hugenotten gebunden, und die Macht Spaniens in Europa noch gebietend, denn von Madrid aus wurde die Stellung in Oberitalien, im Veltlin, wo der Papst die Festungen im Dienste Spaniens hütete und am Rhein bis Holland hinunter beherrscht. Zudem war das Werk von Monzon (Monsonio) in seinen religiösen Forderungen von Père Bérulle und Père Joseph mit Wissen und Willen Richelieus vorbereitet worden. — So war es durchaus nicht verwunderlich, wenn der Nuntius in Wien den Vertrag als ein Werk des Papstes ansah. Tatsächlich waren in Monsonio die Bestimmungen des Vertrags von Rom (1624) weitgehend anerkannt worden. Im Grunde änderte Richelieu somit wenig am Charakter und Inhalt des Vertrages. Wohl forderte Richelieu nachträglich einen ersten Artikel, der für Bünden und das Veltlin die Verhältnisse vor 1617 zusicherte. Er sprach darin den Bündnern auch die Hoheitsrechte im Untertanenland zu und annullierte alle Verträge seit 1617 (Madrid, Mailand und Lindau); allein der genannte Artikel stand in vollem Widerspruch zu den nachfolgenden Bestimmungen des Vertrags. In den späteren Erklärungen zu diesem ersten Artikel machte Richelieu noch geltend, gemäß den Verträgen vor 1617 zwischen Bünden und Frankreich besitze der französische König allein das Recht auf die Pässe in Bünden und im Veltlin. Die Anerkennung der Souveränität der Bünde und das Recht auf die Pässe genügten dem Kardinal in politischer Hinsicht. Er glaubte, mit diesem ersten Artikel die Bündner über die Schwere der nachfolgenden Bestimmungen hinwegtäuschen zu können. Schon der zweite Artikel gestattete im Untertanenland nur den katholischen Kultus, der dritte überließ den Untertanen die Wahl der Richter und Beamten, also die richterliche und die administrative Gewalt. Dem Papst wurde das Recht zugesprochen, die Verletzungen des Vertrages in Glaubensfragen festzustellen und die Intervention Spaniens und Frankreichs zu verlangen. Ueber andere Streitfälle zwischen den Bündnern und den Veltlinern, sowie über die Auslegung des Vertrages sollten ebenfalls Spanien und Frankreich entscheiden; ihnen stand es sogar zu, den Bündnern die Herrschaftsrechte im Veltlin abzusprechen, besonders wenn diese von den Waffen Gebrauch machen sollten, um ihre Rechte zu behaupten. Als Entschädigung für den Verlust der Aemter und Einkünfte stellte der Vertrag den Bündnern eine jährliche Abgabe der Veltliner in Aussicht. Die Bündner sollten zusammen mit Vertretern der Veltliner die Summe einsammeln (diese wurde auf 25 000 fl. angesetzt). Doch war auch in dieser Sache jeder Druck untersagt und mit der Intervention der Mächte bedroht.

Der Vertrag war das Ergebnis der langjährigen Verhandlungen zwischen Frankreich, Spanien und dem Papst. Das Ziel des Père Joseph war erreicht: die Veltliner waren im Besitz der Autonomie, die Reformation war im Veltlin unterdrückt. Der Papst, Spanien und Frankreich hatten in der Glaubensfrage ihre Forderungen durchgesetzt. — Die Bündner dagegen waren das Opfer ihrer unbesonnenen Haltung gegenüber den Untertanen und der schmählichen Politik Frankreichs geworden. Der Vertrag sollte die Bündner in die Abhängigkeit der Garanten bringen; sie sollten für alle Zeiten den Entscheidungen in Paris, Rom und Madrid ausgeliefert sein, und Frankreich und Spanien konnten mehr als je den inneren Parteikampf schüren. Frankreich vor allem hoffte, durch den Vertrag die Bündner enger an sich gefesselt und von seiner Gunst abhängig gemacht zu haben, besonders wenn sich im Laufe der Zeit Streitfragen mit den Veltlinern, mit dem Papst oder mit Spanien ergeben sollten. Die Bündner erkannten die schweren Gefahren, die sich ihnen für die Zukunft stellten. Die Anerkennung und Durchführung des Vertrages hätte die politische Unabhängigkeit nicht nur gefährdet, sondern geraubt. Auch ihre wirtschaftlichen Aussichten waren sehr zweifelhaft. Sie verloren nicht nur das Einkommen aus den Aemtern, sondern sahen auch — was für sie das Gefährlichere war — einer wirtschaftlichen Absperrung im Süden entgegen. Nahezu 200 Jahre hatten sie um offene Wege, um Einfuhr und Ausfuhr im Süden gekämpft. Jetzt drohten ihnen Handelssperre, Belastungen der Einfuhr und der Ausfuhr durch Zölle und Verbote, wirtschaftliche Schwierigkeiten aller Art, und dabei blieben sie unter der Aufsicht der Mächte. — Die Empörung des Bündner Volkes über den Vertrag von Monsonio war voll und ganz begründet. Aehnlich war auch die Stimmung in Venedig. Die Republik hatte in der Veltlinerangelegenheit schwere Opfer gebracht und große Gefahren auf sich genommen. Noch im Januar und Februar 1626, als man in Wien glaubte, Cœuvres werde von Cläven aus noch den Angriff auf spanisches Gebiet, also gegen Mailand unternehmen, meinte der Kaiser, eine Diversion von Friaul aus gegen Venedig wagen zu müssen, und Wallenstein schmiedete in Wien schon die Pläne dazu. Venedig mußte alles zum Kriege vorbereiten. Als die Republik aber Cœuvres zum Angriff auf Mailand aufforderte, lehnte Richelieu den offenen Krieg ab. Er unterhandelte im Geheimen in Rom weiter über die Regelung der Veltlinerfrage und wollte nicht eine Erweiterung des Kampfes im Süden. Venedig aber beharrte bei jeder Gelegenheit auf seiner Forderung und schrieb noch am 5. Februar 1626 an den Residenten in Zürich, der Hauptpunkt bleibe immer die Wiedergewinnung des Veltlins für die III Bünde; dafür habe man alle Opfer gebracht, und daran werde man festhalten. Der Senat ließ auch Richelieu durch den venezianischen Gesandten Contarini in Paris mitteilen, was er von Jenatsch und andern Bündnern über die Stimmung in den III Bünden vernommen hatte, und der Gesandte betonte nochmals das Begehren auf Rückgabe des Veltlins an die Bündner. Er wies auch darauf hin, es sei leicht möglich, daß die Bünde nun mit Spanien direkt verhandelten. — Die Truppen Venedigs waren im Einvernehmen mit Cœuvres aus dem Veltlin abgezogen. Frankreich hatte Bünden und Venedig in den Kampf geführt und dann sie und ihre Interessen verraten. Umsonst reiste der französische Sondergesandte Châteauneuf nach Turin, Venedig und Bünden und beteuerte, der Vertrag von Monsonio entspreche der Lage, denn die Unterwerfung des Veltlins unter Bünden wäre von Spanien und dem Papst niemals anerkannt worden. Als Châteauneuf in Venedig im Collegio erschien, um den Abschluß des Vertrages von Monsonio zu melden und seine Erklärung beizufügen, konnte der Doge seine Entrüstung nicht verbergen, und der Gesandte verließ bestürzt den Saal, um Richelieu die Empörung der Venezianer über das Werk von Monsonio zu melden. Eine Aenderung des Verhältnisses zwischen Venedig und Frankreich war aber angesichts der europäischen Lage nicht möglich. Allmählich beruhigte sich die Signoria, ohne die Haltung Richelieus zu vergessen; Venedig erhielt zudem den Paß durch Bünden auf zehn Jahre. Die Bündner aber nahmen den Kampf gegen den Vertrag von Monsonio auf, und besonders für Jenatsch blieb die Vernichtung des Vertrages das politische Ziel seines Lebens. Es war zugleich der Kampf um die Befreiung vom äusseren Druck, für innere und äußere Selbständigkeit, für freie wirtschaftliche Beziehungen, für die Freiheit Bündens. Erst der Aufstand und die Vertreibung der Franzosen im März 1637 war für Jenatsch und die Bündner der große Erfolg gegen Monsonio.

Jenatsch wandte sich noch von Zuoz aus am 25. Juli an den venezianischen Residenten Cavazza und bat um die Vermittlung Venedigs, damit der Vertrag geändert und Bündens Rechte im Veltlin voll und ganz gewahrt blieben. Er sah aber voraus, daß vielen Bündnern nichts anderes möglich erscheine, als ein Friede mit Spanien-Mailand, denn die trügerischen Hoffnungen auf Frankreich waren vorläufig dahin. Es entsprach durchaus dem Denken vieler Bündner, wenn Jenatsch behauptete, daß die Bündner es vorzögen, selber mit Spanien zu reden, anstatt sich von Frankreich hinterrücks an Spanien verkaufen zu lassen (23).

Im Veltlin war der Kampf infolge des Vertrages von Monsonio zum Stillstand gekommen, und Jenatschs Truppe lagerte in Morbegno tatenlos. Jenatsch bekam dann im Herbst 1626 von den Häuptern den Auftrag, wieder nach Zuoz zu gehen und sich mit dem Streit der Unterengadiner zu befassen. Im Innern Bündens, besonders im Engadin, hatte die Nachricht vom Frieden von Monsonio den Kampf der Konfessionen wieder verschärft. Die Prädikanten waren aus dem Exil zurückgekehrt, die Kapuziner aus dem Zehngerichtenbund abgezogen, und Rudolf von Planta, der auf kurze Zeit wieder in Zernez war und mit den Kapuzinern an Monsonio die Hoffnung knüpfte, das ganze Engadin werde katholisch, mußte wieder nach Meran flüchten (24). Erzherzog Leopold, der durch den Vertrag von Wien-Neustadt vom 18. April 1626 die fürstliche Gewalt in den vorderösterreichischen Landen übernommen, sich mit Claudia von Medici vermählt hatte, hielt sich jetzt vom Streite in Bünden möglichst fern und trachtete, die Grundlagen zu einem Frieden zu finden; den Vertrag von Monsonio wollten Erzherzog Leopold und auch sein Bruder, der Kaiser Ferdinand II., nicht unterstützen, denn er ging ja auch gegen die Habsburger im Osten (25). Ferdinand II. wollte die italienischen Geschäfte nicht von den deutschen getrennt entscheiden lassen, denn er befürchtete mit Recht, daß Richelieu, sobald er mit Spanien im Frieden lebe, sich sofort gegen das Reich wenden werde. Spanien erklärte dem Kaiser, daß die Ausdehnung des Friedens auf Deutschland unmöglich gewesen sei; der Kaiser aber erneuerte bald darauf den Allianzvertrag mit Venedig.

Diese allgemeine Stimmung, die der Vertrag von Monsonio hervorgerufen hatte, benutzte Spanien und warb wieder um die Gunst und einen dauernden Frieden mit den Bündnern. Es wünschte dabei offene Pässe und Sicherheit für die katholische Kirche im Veltlin. Es war deshalb nicht verwunderlich, wenn auch der Gesandte Châteauneuf im November 1626 nach Paris meldete, die Bündner seien im Begriff mit Spanien und mit Oesterreich zu verhandeln. Die Häupter erklärten ihm: «Wir sehen unsere Rebellen begünstigt, erhoben und belohnt und uns bedrückt, geschwächt und niedergeschlagen; wir sehen unter dem Schutz des Königs und seiner siegreichen Waffen unsere durch lange Zeiten rechtmäßig besessene Herrschaft verloren und unsere Rebellen unter dem Schutze Spaniens sie gewinnend» (26). So dachte auch das Volk in Bünden.

In dieser politischen Verstimmung reiste also Jenatsch im Einverständnis mit seinen Vorgesetzten Ruinelli und General Cœuvres anfangs Oktober 1626 wieder nach Zuoz, um mit Travers, Raschér und Albertini zusammen eine Einigung unter den Parteien des Unterengadins zu suchen. Die Verhandlungen zogen sich in die Länge; Jenatsch und seine Mitarbeiter gingen auch nach Zernez, hörten dort die Vertreter der Gemeinden an, namentlich um zu entscheiden, welche Gemeinden den Hauptanteil an den Besatzungskosten verursacht hätten und diese somit auch tragen sollten. Allein sie erkannten die Not der geplagten und vom Kriege heimgesuchten Einwohner, und «mitlydig bewegt» baten sie die Häupter und Räte, sich mit dem dritten Teil der Kosten «zu contentiren» und mit den Gemeinden ein «grösseres Mitleiden» zu haben, da sie doch kaum mehr das tägliche Brot hätten (27). Jenatsch nahm offen Stellung für die verelendeten Landsleute. An einen Frieden auf konfessionellem Boden glaubte er bei den bestehenden Verhältnissen kaum mehr. Er gab darum seinen Glaubensgenossen des Unterengadins den Rat, sich mit ihren Forderungen der Kultusfreiheit unmittelbar an den französischen Gesandten Châteauneuf zu wenden, der von Venedig her nach Chur unterwegs war, um die Bündner für den Vertrag von Monsonio zu gewinnen. Die Unterengadiner schrieben ihm auch schon am 5. November von Süs aus; der Verfasser des Briefes war vermutlich Jan Clo. Es hieß darin: «Sobald uns durch Gottes Gnade und durch die französische Armee vor zwei Jahren die Freiheit hergestellt war, da schien es dem General de Cœuvres klug, wenn im ganzen Unterengadin die Kirchen und Einkünfte den Geistlichen der römischen Religion vorläufig zufielen, den Geistlichen, die uns die österreichisch-spanische Waffengewalt als eine bis dahin unerhörte Sache auferlegt hatten. Inzwischen sollte der Kultus der Evangelischen nur in Privathäusern gehalten werden, bis anders entschieden werde. Wir haben bis dahin gehorcht, obschon im ganzen Unterengadin, das aus zehn ansehnlichen Gemeinden besteht, sehr wenig Katholiken sind, kaum zehn an Zahl und diese nur in gewissen Gemeinden. Wir wissen von diesen nicht, was sie im feindlichen Waffengetümmel dazu gebracht hat, von der ererbten reformierten Religion abzufallen und in ihrem Abfall zu beharren. Wir wissen die Namen von Vielen, die im ersten Lärm der österreichischen Waffen und unter dem Schrecken der drohenden Verfolger ihr Gewissen verwundeten — die aber, als die Freiheit hergestellt war, wieder zu ihrem reformierten Glauben zurückgekehrt sind. Diesen wenigen sind wir gewichen. So kam es, daß bei uns alle Kirchen leer stehen und mit Unrat überzogen, den Wert verlieren, während unser Volk schmerzlich außerhalb seiner Kirchen seufzt. Jetzt aber, da die Zeit, die wir abwarten sollen, abgelaufen ist, hatten wir beschlossen, wegen dieser Sache den Marquis de Cœuvres zu fragen; aber nachdem wir die Ankunft Eurer Excellenz erfahren haben und auch wegen dieser Sache vom ehrenfesten Hauptmann Georg Jenatsch gemahnt worden sind, wollen wir unser ganzes Begehren der Person Eurer Excellenz zuwenden, indem wir bitten und beschwören, sie möchte die Sache mit der Kraft der Autorität zustande bringen, damit wir die Freiheit der Tempel wie andere politische Freiheit genießen, und der Gebrauch der Tempel und Güter hergestellt werde. Das wird uns an Frankreich binden. Wir fordern nichts Neues, nur Ererbtes, das uns von einem rohen Feinde entrissen worden ist. Wir schließen andere nicht aus. Wir fordern nur einen gemeinsamen Gebrauch mit den wenigen andern. Ueberall ist der alte Zustand hergestellt worden, nur bei uns nicht, und das sollte uns nicht bewegen?

Die Gemeinden des ganzen Unterengadins, gegeben zu Süs (Susae) am 5. November 1626» (28).

Einen Monat später wandten sich der Landammann und die zehn Gemeinden des Unterengadins an die evangelischen Städte und erklärten: «Bei seinem Einzuge wünschte Cœuvres, daß wir eine Zeit lang unsere Kirchen und „Intraden" den Kapuzinern lassen sollten, damit er nicht beim Nuntius oder gar in Rom verklagt werde, da nun über den Frieden verhandelt wird, so möchten wir die Kapuziner vertreiben und die Prädikanten „inpflanzen", ohne „für solche halsstarrige Lüth geachtet" zu werden. In der Bedrängnis bitten und flehen wir um Hilfe» (29).

Auch Cœuvres hatte zu gleicher Zeit den Kapuzinern mitgeteilt, es sei an der Zeit, die Stellung der Mission in Rätien zu ordnen, und P. Ignazius eilte nach dem Veltlin, stellte dem Gesandten Châteauneuf und Cœuvres die Verhältnisse im Engadin dar und sprach die Begehren der Mission aus (30), während der Nuntius und die Mission Kommissare forderten, um die Zustände im Engadin zu überprüfen (31). Jenatsch ließ die Interessen seiner Engadiner nicht aus dem Auge. Er hatte sich nach den Verhandlungen in Zuoz nach Davos begeben und war dann wieder zu seiner Truppe nach Mor-

begno zurückgekehrt, denn die Untertanenlande sollten bis zur endgültigen Regelung wieder von päpstlichen Truppen besetzt werden.
Am 4. Februar 1627 zogen diese wieder ins Land; die Festungen
sollten zerstört werden. Ruinelli und Jenatsch erlebten hier an der
Seite von Cœuvres diese Vorgänge. Dabei kamen sie auch mit dem
Grafen Luigi Trotti, dem Vertreter Spaniens, in Verkehr und sprachen mit ihm über die Frage eines Friedens und Freundschaftsbun-
des der Bünde mit Spanien (32). Der Gedanke, sich mit Spanien
und Oesterreich auszusöhnen, gewann immer mehr Boden.

Jenatsch selbst war in seinem Denken reifer und ruhiger geworden; er hatte auch das Vertrauen der Häupter gewonnen. Der
innere Friede erschien ihm jetzt als eine Vorbedingung für die Stellung der Bünde nach Außen. Gegenüber Spanien und Oesterreich
empfand er aber trotz der Gespräche und trotz aller Not der Zeit
noch ein starkes Mißtrauen; er glaubte vor allem nicht, daß ein Friede
mit diesen Mächten den Unterengadinern und dem Zehngerichtenbund die politische und die religiöse Freiheit bringen werde. Vielmehr hoffte er noch immer, daß Frankreich und Venedig einmal
aus eigenem Interesse zu einer besseren Einsicht kommen und den
Bünden helfen müßten, und wie die Venezianer, deren politisches
Denken er sich oft zu eigen machte, sagte er sich, schlußend-
lich kann nur Frankreich mit seinem genialen Staatsmann Europa
vom habsburgischen Druck befreien und den Frieden bringen, und
wie die Venezianer setzte auch er sich nach und nach über die Gefahren dieser französischen Machtentwicklung wieder hinweg.

Am 1. März 1627 wurde auch das Regiment Ruinelli, zu dem Jenatsch mit seinen zwei Kompagnien gehörte, entlassen. Die Offiziere
ritten nach Chur, und beim Eintritt in die Stadt verletzte der Basler
Hauptmann Zeggin mit seinem Pferd ein Kind auf der Straße. Podestà Ulrich Buol wurde zu den Offizieren ins Wirtshaus zum «wilden Mann» gesandt, um von Zeggin Schadenersatz zu begehren.
Ruinelli und Zeggin wiesen Buol mit derben Worten ab. Da sprach
Jenatsch zur Güte und zum Frieden. Darob erboste sich Oberst Ruinelli; etwas angetrunken, und in seinem Jähzorn forderte er Jenatsch
nach kurzem Wortwechsel zum Zweikampf heraus. Jenatsch sagte,
es zieme sich nicht, daß er gegen den eigenen vorgesetzten Feld-
obersten kämpfe, sondern nur gegen den Feind. Ruinelli gab nicht

nach, und so schritten die beiden zum Untertor hinaus, begleitet von den übrigen Offizieren und von vielen Zuschauern. Ehe der regelrechte Zweikampf beginnen konnte, stürzten sich Zeggin und Ruinelli mit dem gezückten Degen auf Jenatsch. Die übrigen Offiziere suchten einen Ueberfall abzuwehren; Jenatsch hatte indessen rasch zur Waffe gegriffen, trat Ruinelli entgegen, und nach kurzem Waffengang fuhr sein Degen dem Ruinelli in die Brust. Dieser sank zusammen und starb kurz darauf. Jenatsch hatte seinen Freund und intimen Parteigenossen getötet, bei dem er so oft in den Sturmtagen der Jahre 1618 und 1620 auf Baldenstein zu Gaste gewesen war. Er verließ unverzüglich Chur und ging nach Grüsch zu Ulysses von Salis, dem er sein Leid klagte; dann reiste er am folgenden Tage nach Davos zu seiner Frau. Die Hauptleute Rosenroll und Jecklin, die Schwäger Ruinellis, führten vor dem Churer Gerichte Klage gegen Jenatsch. Sie beschuldigten Jenatsch besonders, daß er bei dem trunkenen Zustand Ruinellis den Kampf angenommen habe. Es ergab sich aber, daß Jenatsch gegen Ruinelli in Notwehr gehandelt hatte, und er wurde nur wegen Störung des Stadtfriedens zu einer Buße von 300 Kronen und zu 100 Kronen Prozeßkosten verurteilt. Zudem sollte er auf die Dauer eines Jahres den Erben des Jakob Ruinelli aus dem Wege gehen, wenn er sich innert dieser Zeit nicht mit ihnen aussöhnen könne (33).

Als Jenatsch im Sommer 1627 in Fideris im Bade weilte, kamen auch Christoph Rosenroll und dessen Gemahlin, die Schwester Ruinellis, dorthin. Diese Schwester Ruinellis traf Jenatsch im «nacht belz» in der Küche des Gasthauses, «kert und wend ihn», zog den Dolch, um ihn zu erstechen. Es gelang Jenatsch zu entkommen, und da auch der «Pistoll» des bestellten «Bravo» versagte, eilte Jenatsch heil in sein Zimmer, um seine geladene Büchse zu holen. Die herbeigeeilten Leute trennten die beiden Gegner, und Jenatsch «bindt auff und zeucht nach Davos» (34). — Jenatsch, der bis zum Jahre 1627 mit seiner Frau im Hause des Schwiegervaters Paul Buol gelebt, hatte wohl nach der Entlassung des Regimentes Ruinelli und nach seiner Heimkehr das Haus des Seckelmeisters Konrad Margadant in Davos-Dorf erworben und sich ein eigens Heim geschaffen, die heutige «Villa vecchia». Seine Frau gebar ihm im Juli 1627 ein Mädchen, das den Namen Ursina bekam. Jenatschs Einkommen war in diesen Tagen bedeutend. Er bezog die venezianische Pension, die allein ein mittleres Auskommen bot, dazu hatte er das Einkommen aus beiden Kompagnien gehabt. So hatte er sein Haus gleich zu mehr als zur Hälfte bezahlt und stattete es aus. Der Wunsch nach eigener Häuslichkeit, nach einem Heim, war in ihm lebendig geworden, obschon er als Berufsoffizier oder als Condottiere nicht daran denken konnte, selbst dauernd in Davos zu wohnen (35).

XI

Friedensverhandlungen mit Oesterreich und mit Spanien,
neues Kriegselend
Jenatsch reist nach Paris und tritt dann in venezianische Dienste 1628
Der Krieg um Mantua
Jenatschs Gefangenschaft 1629 bis 1630

Als im Februar 1627 die Franzosen das bündnerische Untertanenland den päpstlichen Truppen übergaben und Marschall Cœuvres das Land verließ, zeigten sich rasch die Folgen der Haltung
Frankreichs. Die Unterengadiner hatten nun nicht mehr an Rücksichten gegen Frankreich zu denken; sie erhoben sich, besetzten ihre Kirchen und Pfarrhäuser, und die Katholiken flüchteten sich in die
Häuser der Kapuziner; die Niedergelassenen und Fremden mußten
zum Teil das Tal verlassen. Mesmin, der Vertreter Frankreichs in
Bünden, mahnte die Gemeinden, die Ruhe zu bewahren und die
Mission zu schonen. Auch Rudolf Planta eilte aus Meran herbei,
um seinen Schützlingen beizustehen; er rief die Hilfe der Propaganda in Rom und Leopolds an und erntete in Rom Lob und
Dank (1). Die Gemeinden wurden Ende April vor den Beitag
der III Bünde berufen, um sich zu verantworten. Auch P. Ignazius erschien, begleitet vom Bischof, dem Dekan des Kapitels
und dem bischöflichen Hofmeister, und legte in einer Eingabe den
Volksvertretern seine Klagen vor. Im Namen der Gemeinden trat
dann Pfarrer Nikolaus Anton Vulpius auf, begleitet von den Vertretern der Gemeinden, und drei Stunden dauerte der dramatische
Kampf vor den Landesvätern. Diese faßten dann den Beschluß:
Kirchen, gebaut von den Katholiken im Unterengadin und im Münstertal, sind diesen zurückzuerstatten (2). P. Ignazius sah darin einen
Erfolg und tröstete sich damit, daß der Protestantismus im Veltlin,
Bergell, Puschlav ausgerottet sei; nur Chiavenna drohe ein zweites
Genf zu werden. Die Gemeinden des Unterengadins aber wollten
dem Beschluß des Beitages trotzen, und die Häupter sandten Jo-

hannes Travers von Zuoz als Kommissar zu ihnen. Auch der Gesandte Mesmin wollte den Unterengadinern 3—4 Kirchen für die Kapuziner nehmen und alle andern den Evangelischen zurückgeben (3).

Zu gleicher Zeit gedachten auch die Protestanten aus dem Puschlav und Bergell, soweit sie früher geflüchtet waren, wieder heimzukehren. Im Grauen Bund und in den andern Teilen des Gotteshausbundes, also diesseits der Berge, hatte der Abzug Cœuvres nicht solche Folgen. Die Mission begann im Oberhalbstein, in Ems und im Oberland eine starke Tätigkeit zu entfalten und wirkte in Disentis gegen den abgesetzten Abt von Castelberg und seinen Helfer Mesmin und für eine gründliche Reform des Benediktinerstiftes; doch die politischen Führer kümmerten sich weniger um diese Vorgänge. Sie wollten nach Abzug der Franzosen den Frieden und eine feste Verbindung mit Spanien und Oesterreich sichern. Während Jenatsch im Spätherbst und bis in den Winter 1627/28 hinein in Davos in der Stille lebte, wurden von den Häuptern und dem Staatsrat — es war eine neue, auf das Drängen Frankreichs eingesetzte Exekutive — und besonders von den Führern des Grauen Bundes die neuen Wege des Friedens erwogen. Die eifrigsten Förderer dieses Geschäftes waren Luzi de Mont, die Schmid von Grüneck in Ilanz, Landrichter Sigisbert Derungs u. a.; Mesmin, der Vertreter Frankreichs, behauptete, Johannes Guler sei der Haupturheber der Verhandlungen in Mailand und in Oesterreich (4). Tatsächlich neigten Männer beider Konfessionen und aus allen Landesteilen dem Einvernehmen mit Spanien-Oesterreich zu.

Auch die acht Männer des Staatsrates, die gemeinsam mit den Häuptern die Geschäfte des Landes führen sollten, lösten sich mehr und mehr von Frankreich. Anfangs hatte der Staatsrat noch Molina und Oberst Joh. Guler nach Venedig gesandt, um den Beistand der Republik gegen den Vertrag von Monsonio zu erbitten; doch das geschah ohne den mindesten Erfolg. Nun wuchs auch beim gemeinen Mann in Bünden das Mißtrauen und die Abneigung gegen Frankreich, und Mesmin, der mit 100 000 Livres die Bündner für den Vertrag hatte günstig stimmen wollen, mußte sich überzeugen, daß er sich in der Beurteilung dieses Volkes gründlich geirrt hatte (5).

Zunächst wandten sich die Führer des Grauen Bundes gegen den Staatsrat, der das Werk Frankreichs war; sie blieben den Versammlungen dieser Behörde fern. Dann verhandelten sie mit Spanien und Oesterreich (6). Dr. Jakob Schmid von Grüneck hatte in Genua seinen Freund Joh. Maria Verteman von Plurs besucht. Dieser stand in freundschaftlichen Beziehungen zum spanischen Gesandten, dem Marchese de Castaneto. In diesem Kreise suchte Schmid, dessen «legerté et volubilité» des Geistes Mesmin rühmte, die bündnerischen Interessen, namentlich die Rückgabe des Veltlins, zu besprechen. Nach seiner Rückkehr berichtete er den Häuptern das Ergebnis dieser Gespräche, und diese beauftragten ihn, nach Genua zurückzukehren und dort die Besprechungen weiterzuführen, besonders aber zu prüfen, ob Bünden auf erfolgreiche Unterhandlungen mit Spanien rechnen könne. Auf dem Rückwege aus Genua begegnete Schmid in Pavia dem Statthalter von Mailand, Gonsales de Cordova, den er früher im Namen der Bünde als neuen Statthalter begrüßt hatte. Schmid besprach mit Gonsales die bündnerischen Geschäfte und konnte feststellen, daß auch dieser eine Annäherung der beiden Staaten erstrebte. Doch Spanien war als Großmacht noch nicht bereit, soweit entgegen zu kommen als Schmid und seine Gesinnungsgenossen erwartet hatten; die Vertreter Spaniens erklärten wieder, man müsse auf Monsonio beharren.

Als die Veltliner von den Verhandlungen erfuhren, suchten sie diese zu durchkreuzen und sandten zu diesem Zwecke den Dr. Paribelli nach Mailand (7). In Bünden aber hätte man die Einleitung von Verhandlungen im allgemeinen gerne gesehen; die Verständigung mit den Nachbaren, mit Oesterreich und mit Spanien, schien nunmehr der einzige Weg zum Frieden zu sein, und Oberst Johannes Guler unterstützte jetzt eifrig Schmid in seinen Bemühungen (8). Mesmin aber bekämpfte die Wege und die Tätigkeit von Schmid, während man sich in Venedig im Senat sagte, alle diese Verhandlungen seien nur dazu da, um auf Venedig und Frankreich einen starken Druck auszuüben.

In diesen Tagen, anfangs August 1628, kehrte Anton Molina aus Paris zurück. Er war über die Behandlung am Hofe tief erbittert. Er war im Auftrage der Bünde schon nahezu ein Jahr in Paris gewesen und hatte sich vergebens bemüht, Richelieu zur Abänderung des Vertrags von Monsonio zu bewegen. Man hielt ihn mit guten Worten hin und entschuldigte sich am Hofe das einemal mit der

Abreise des Königs, dann mit der Abwesenheit des Marschalls d'Estrée (Cœuvres) und versuchte auch, Molina selbst zu befriedigen und ihn mit Empfehlungen Cœuvres in französische Dienste zu ziehen; schließlich mußte er sich aber mit einer goldenen Kette begnügen. Er hatte in Paris dem kaiserlichen Residenten Matthias Vertemann erklärt, die III Bünde wünschten die Erbeinigung zu erneuern. Vertemann war zum Kaiser nach Prag gereist, und die Bünde erfuhren dann, daß man auch in Innsbruck und in Wien zu Verhandlungen geneigt sei. Darauf reiste Fortunat von Juvalta im Auftrage der Häupter nach Innsbruck. So bahnten sich Mitte Sommer 1628 Verhandlungen der Bünde mit Spanien und mit Oesterreich an (9). Auch die europäischen Verhältnisse sprachen zu Gunsten einer Verständigung mit Spanien und mit dem Kaiser, denn die Armeen des Kaisers zogen unter Tilly und Wallenstein siegreich durch Sachsen, Schlesien und Braunschweig, und der Dänenkönig wich, geschlagen, in sein Land zurück. Kaiser und Gegenreformation auf ihrem Siegeszug mußten Bünden in Gefahr bringen, wenn nicht Verhandlungen eine friedliche Basis für die Verhältnisse schaffen konnten. Doch der Ausgleich zwischen Bünden und Spanien-Oesterreich mußte auf große Schwierigkeiten stoßen, wie man schon erwartet hatte. In Mailand kam Schmid nicht zum Ziele. In Innsbruck waren die Verhältnisse noch beinahe schwieriger; die Wiederaufrichtung des Zehngerichtenbundes, die Kultusfreiheit für das Prätigau, Schanfigg und Unterengadin, die Stellung der Kapuzinermission, diese Fragen waren nicht leicht zu lösen. Doch die Bündner wie Erzherzog Leopold wünschten sehnlichst den Frieden. Luzi de Mont und seine Freunde waren sogar bereit, die Mission zu opfern, wenn es nötig schien (10). Fortunat Juvalta, Andreas Sprecher und de Mont ritten am 28. Dezember 1628 nach Innsbruck, und die Vertreter Leopolds, unter ihnen Maximilian Mohr, waren bereit, den Bünden die Gebiete des Prätigaus und Unterengadins wieder angliedern zu lassen; doch die Mission der Kapuziner sowie die Rechte und Ansprüche des Bistums Chur verteidigten sie, und P. Ignazius, der aus dem Unterengadin herbeigeeilt war, bestärkte sie in ihren Forderungen. So kam die Abordnung am 22. Januar 1629 in Chur an, ohne die Gewissensfreiheit oder Kultusfreiheit für die Prätigauer und Unterengadiner erlangt zu haben, und die Bündner sandten darauf am 14. März 1629 den gewandtesten Unterhändler zu Leopold, den Caspar Schmid von Grüneck, dem P. Ignazius wieder auf den Fuß folgte (11). Diesmal machte Leopold zur Enttäuschung des P. Ignazius Zugeständnisse an die Bündner, denn Venedig traf Kriegsvorbereitungen, um Mantua zu verteidigen. Ludwig XIII. war am 7. März an der Spitze seiner Truppen in Susa eingezogen, Wallenstein hatte Befehl erhalten, den Frieden mit Dänemark zu fördern, Graf Rambald Collalto bereitete in Wien den Zug nach Italien vor, und Leopold selbst hatte seine Truppen vom Elsaß an die bündnerische Grenze herbefohlen. — Die Verhandlungen verloren indessen bald jede Bedeutung, denn am 29. Mai 1629 marschierte der kaiserliche Feldherr Graf de Merode mit 12 000 Mann über die Luziensteig in die Bünde, um in Italien die Eroberung von Mantua vorzubereiten. Die Truppen blieben teilweise im Lande und brachten bald Pest und Hungersnot, und statt dem Frieden entgegenzugehen, gerieten die Bünde in das schwerste Elend.

Jenatsch und seine Freunde Conradin und Constantin von Planta, Joh. von Travers, Paul Buol, Baptista von Salis und die Prädikanten des Unterengadins hatten diese Entwicklung, namentlich die Annäherung an Mailand und Oesterreich, mit großem Mißtrauen, ja mit Widerwillen beobachtet. Sie dachten auch jetzt noch, daß der Weg der Freiheit nur über Venedig und vielleicht über Frankreich führen müsse.

Jenatsch hatte sich zu Anfang des Jahres 1628, als die Bündner die Verhandlungen mit Spanien-Mailand eben anknüpften, auf den Weg nach Paris gemacht. Cœuvres, der Marschall d'Estrée und Charles de l'Aubespine-Châteauneuf hatten zu Ende des Jahres 1626 im Auftrage des Königs von Frankreich in Aussicht gestellt, einzelnen Bündnern eine Kompagnie in Frankreich zu geben, um sie für den Vertrag von Monsonio zu gewinnen. Ulysses von Salis und Jakob Ruinelli hatten sich, davon unterrichtet, um je eine Kompagnie in der Garde beworben (12). Ruinelli war tot, und nun dachte Jenatsch unter diesen Umständen an die Möglichkeit, auch eine Kompagnie in der Garde zu erhalten, um so mehr als Châteauneuf ihm bestimmte Hoffnungen gemacht hatte und er bei Cœuvres das größte Vertrauen genoß (13). Seine militärischen Fähigkeiten, sein Wagemut, seine Kühnheit standen außer Zweifel; allein der Marschall

François de Bassompierre, der Generaloberst der Schweizer und Bündner, der weltberühmte Paladin Heinrichs IV. und ritterliche Vertreter des französischen Hochadels, kannte das Vorleben Jenatschs wohl besser als Châteauneuf und legte einen strengeren Maßstab an als dieser. Er forderte von einem Manne, dem er die Sicherheit und das Leben des Königs anvertrauen sollte, eine einwandfreie Vergangenheit, unbedingte Selbstverleugnung und treueste Hingabe an die Pflicht, überhaupt Charaktereigenschaften, die weder Ruinelli, noch Molina besessen, die vor allem aber auch Jenatsch nicht besaß. Dieser war zu leicht bereit, im Stile seiner Gewaltnatur das Gebot der Notwendigkeit über Menschen- und Christenpflicht zu setzen. Der war es dem französischen Hofe besonders daran gelegen, vor allem die bündnerische Aristokratie an sich zu fesseln; sie bedeutete auch Richelieu mehr als der Mann aus dem Volke. Jenatsch mochte auch selbst bisweilen denken, daß er als ehemaliger Prädikant nicht zum Gardehauptmann erwählt werde, daß er im französischen Dienste nie seinen Ehrgeiz befriedigen könne und nie sein Ziel erreichen werde. Er fühlte sich — nach Salis — zurückgesetzt und war vorübergehend enttäuscht oder gar verbittert (14). Nach seiner Rückkehr in die Heimat regten sich die Prädikanten in Zuoz und im Unterengadin und besetzten die Kirchen. Man hat Jenatsch verdächtigt, er habe in dieser Sache aus dem Hintergrund mitgewirkt; es liegen dafür aber nicht die geringsten Beweise vor.

In Paris hatte Jenatsch am 19./29. April 1628 dem Pankraz Caprez ins Stammbuch das Motto eingetragen: «Vitae suae dominus est, quisquis suam contemnit» (15). Seltsam war auch ein Erlebnis in der Gesellschaft. Molina, der — wie erzählt — als Gesandter der Bünde dort über den Vertrag von Monsonio verhandeln sollte, war erbittert, daß er mit leeren Versprechungen hingehalten wurde. Er gab ein Gastmahl und lud Ulysses von Salis und Jenatsch ein. Dabei begegnete Jenatsch dem Astrologen Dr. Cecilio Frey, Lektor an einem Collège der Sorbonne. Jenatsch scherzte und spottete über den Gelehrten; dieser empfand die geringschätzige Behandlung, beobachtete scharf die Züge Jenatschs und sagte mit vernehmlicher Stimme: «Iste homo morietur morte violenta». Jenatsch nannte ihn einen Narren, der nicht wisse, was er rede (16). Die Worte aber gingen später in Erfüllung.

Schon in Paris war Jenatsch mit dem venezianischen Gesandten Giorgio Zorzi in Beziehung getreten, um Venedig seine Dienste anzubieten, denn er hatte sich nun einmal dem Soldatengewerbe gewidmet, und es blieb ihm nur die Wahl zwischen den Mächten. Er reiste dann auch nach Zürich zu Girolamo Cavazza, von dem er zu Gaste geladen wurde. Hier anerbot er sich, für Venedig 5 bis 600 Mann zu stellen, und zwar wünschte er, die Werbung sofort beginnen zu können, um den politischen Gegnern in Bünden entgegenzutreten, wie er sagte. Er meinte, indem er den Leuten im Lande neue Verdienstmöglichkeiten biete, gewinne er ihre Neigung für die Republik und verhindere die Verhandlungen mit Oesterreich und Spanien. In diesem Sinne empfahl Cavazza den Plan in Venedig und wies wieder auf die Fähigkeiten und auf die Verdienste Jenatschs um Venedig hin. Jenatsch kehrte nach Davos zurück, und von hier aus verhandelte er in dieser Angelegenheit weiter mit dem Residenten. Anfangs August kam dann aus Venedig der Auftrag, Jenatsch möge 200 «Oltramontani», d. h. Schweizer und Deutsche anwerben (17). Der Erfolg einer Werbung hing wesentlich von dem militärischen Ruf des Führers und von den Verdienstmöglichkeiten ab; Jenatsch hatte bei seinen Soldaten offenbar einen guten Namen, und seine Hauptleute — es waren Fähnrich Margadant von Davos, Wachtmeister Christian Gansner von Maienfeld und Fähnrich Dietrich Jecklin von Fanas — hatten in kurzer Zeit 800 Mann angeworben; die Zahl wuchs später auf 1200 Mann. Jenatsch leitete das Geschäft mit größtem Eifer. Er führte den Titel eines «Capitano»; die Würde eines Regimentsobersten hatte er anfangs abgelehnt. In Venedig nannte man ihn den colonello (18).

Die Häupter und der Staatsrat in Bünden wollten die Verhandlungen, die mit Oesterreich und Spanien im Gange waren, fördern und waren deshalb in diesen Tagen in der Mehrheit Gegner einer Werbung für Venedig, mindestens äußerlich. Sie bereiteten daher dem großen Unternehmen Jenatschs Schwierigkeiten. Schon im Juni 1628 hatte Cavazza um die Erlaubnis des Durchzugs für das Regiment des Zürchers Escher nachgesucht. Dazu warben auch schon andere Bündner Truppen an, z. B. Conradin Planta in Zuoz, Jakob Wiezel, Joh. Hößli, Joh. Peter Sacco, Joh. Batt. Danz und Raphael Sacco (19). Auch Spanien wollte die Veltliner bestimmen, diesen

Offizieren und Soldaten die Pässe zu sperren und Venedig die Kriegsvorbereitungen zu erschweren, und die Führer der spanischen Partei,
wie de Mont und die Schmid von Grüneck in Ilanz, wirkten auch
in diesem Sinne. Die Gemeinden sollten entscheiden; diese sehnten
sich nach Frieden und verboten den Paß für Escher und die bündnerischen Werbungen für Venedig (20). Somit bekämpften die
Häupter pflichtgemäß auch das Unternehmen Jenatschs, obschon der
Gesandte Mesmin in Chur für den venezianischen Dienst eintrat und
Frankreich sogar mit dem Entzug der Pensionen drohte (21). Jenatsch wurde von den Häuptern aufgefordert, von den Werbungen
abzustehen; sonst werde er an «leib, leben, ehr und gutt geahndet».
Er setzte seine Werbungen dennoch fort und wurde von seinem
Schwiegervater, Landammann Paul Buol in Davos und von seinen
Parteifreunden im Engadin, namentlich in Zuoz, kräftig unterstützt.
Auch Salomon Buol in Davos sammelte Leute für Venedig. Als Jenatsch im Herbst zur Verantwortung vor die Häupter geladen wurde,
erschien er nicht, und Oberst Guler konnte melden, daß der Trans-
port von Truppen ununterbrochen weitergehe. Jenatsch und Paul
Buol wollten sich nicht um die «spanischen Räte» bekümmern und
drohten sogar, die Widersacher zu vertreiben oder, wenn es nötig
werde, die Gewaltmittel der früheren Jahre anzuwenden. Am 16. Oktober 1628 hatte Jenatsch inzwischen einen Brief an die Häupter und
an den Staatsrat gerichtet, um seine Haltung zu verteidigen. Er
schrieb unter anderm: «Als ich vergangenen Winter in Paris weilte,
sagte mir der vortreffliche Gesandte Zorzi, nach meiner Rückkehr in
die Heimat werde ich mich sicherlich in den Kämpfen in Italien
betätigen können. Heimgekehrt fand ich die Pässe geschlossen, soweit ich erkennen konnte, ohne die Gemeinden zu begrüßen. Ich
entschloß mich also, ruhig zu leben und zuzuwarten, bis Frankreich
auf Grund der Bündnisse die Oeffnung begehre. Während ich an die
Zustände der Heimat dachte, wurde ich davon benachrichtigt und
überzeugt, daß frischweg verhandelt werde, um unser Land mit dem
König von Spanien zu verbinden, daß zu diesem Zwecke mit seiner
Excellenz Don Gonsales de Cordova verhandelt worden sei und ferner, daß der Gesandte Mesmin die Gemeinden um den Paß für seine
und unsere venezianischen Freunde ersuchen werde. Ich denke nicht
daran, mich mit Landesfragen zu befassen, noch weniger gegen Ver-

träge zu reden; doch sage ich wohl, daß diese Atmosphäre mir nicht zugesagt hat. Ich ehre und achte den allmächtigen König von Spanien; aber um deutlich zu sprechen: wenn unsere Bünde für gut finden, sich mit diesem König zu verbinden, so ziehe ich mich im Frieden zurück und gehe in den Dienst jener Fürsten, denen ich mich als Glied unseres Vaterlandes, auf Grund der alten Bündnisse und eines Stromes von Gold, das sie für unsere Freiheit gespendet haben, verpflichtet fühle. Als Mesmin den Paß wünschte, hielt ich es für unmöglich, daß Bünden ihn versage, da die Waffen des Königs die Festungen zerstört, die drei Bünde wieder vereinigt, das Unterengadin von der Untertanenschaft befreit und vielleicht das Messer abgewehrt haben, das uns allen an die Gurgel gesetzt war; angesichts dieser Gründe glaubte ich meine Herren und Oberen in keiner Weise zu beleidigen, wenn ich schon in meinen Privatgeschäften nach Venedig ging. Wohl wurde ich während meines Aufenthaltes daselbst von Verschiedenen gebeten, sie dem durchlauchtigsten Fürsten zu empfehlen, und ich, der ich mich glücklich fühle, meinen Freunden zu dienen, ich tat es gern; doch sage ich, meine Herren, daß diese Verhandlungen eines privaten Hauptmannes nicht zum Nachteile meines Vaterlandes waren, vielmehr wo sich Gelegenheit bot, habe ich Ihre Ehre, meine Herren, verteidigt, das sage ich in Wahrheit, und verschiedene werden es mir bezeugen. Und wenn ich mich auch für den Dienst verpflichtete, so tat ich es mit solchen Vorbehalten, daß weder der Landesherr von Oesterreich noch andere sich beklagen können...»

Diese kecke Mischung von Wahrheit und rhetorischer Beschönigung hinderte die Häupter nicht, Jenatsch und seine Helfer von neuem vor sich zu laden; allein Jenatsch baute auf den Schutz Mesmins und Venedigs, und im Staatsrat saßen seine guten Freunde wie Paul Buol, Baptista von Salis u. a., und so mußte er keine großen Besorgnisse hegen (22). Zudem anerbot Oberst Johannes Guler, der auch Mitglied des Staatsrates war und dort mit Entrüstung von der Haltung Jenatschs berichtet hatte, insgeheim dem Collegio in Venedig, die Werbungen Jenatschs zu unterstützen, und die Staatsmänner in Venedig nahmen mit Vergnügen von dieser Gesinnung Kenntnis (23). Jenatsch dachte freilich an die Ereignisse von 1617 und an einen möglichen Aufstand der Gegenpartei, an die Launen des Volkes, an ein Strafgericht und an die damit verbundene Vermögenskonfiskation. Anton Molina, der bündnerische Korrespondent des venezianischen Residenten in Zürich, schrieb ihm auch etwas später am 25. Februar 1629, es werde ein Strafgericht geben, und er werde die Strafrichter gegen die spanisch-österreichischen Führer bearbeiten. Jenatsch suchte deshalb seine Gegner zu entwaffnen, indem er sagte, er kenne keine Gegner im Rate und in der obersten Landesbehörde; dazu riet er den Landesvätern zu Milde und Strenge zugleich (piacevolezza e rigore).

Inzwischen gingen Jenatsch und seine Gehilfen unentwegt dem Werbegeschäft nach. Anfangs Dezember 1628 schon war der größte Teil der Truppe Jenatschs in Brescia, und der Senat in Venedig hoffte, daß der Rest in kurzer Zeit beisammen sein werde. Jenatsch hatte die Hilfe von Dr. Imeldi in Bormio gewonnen; dann bat er Venedig, den Gaviapaß nach Ponte Legno in Valle Camonica im Winter offen zu halten, und er versprach den Weg über den Casannapaß nach Livigno zu unterhalten; zudem erbat er von seinen Freunden in Chiavenna die Unterstützung seiner wandernden Soldaten (24). Das war um so nötiger, weil Venedig angesichts der immer gespannteren politischen Verhältnisse die rasche Entsendung der Truppen nach ihren Standorten begehrte. Die Truppe Jenatschs hatte aber auch auf dem Weg nach dem Süden zu leiden. Das Verbot der Häupter wirkte sich aus. Im Engadin wurden 80 Männer abgefangen und über die Berge zurückgesandt. Trotzdem war Jenatsch, der die Werbungen und Transporte von Davos aus leitete, unermüdlich tätig, um die eingegangenen Verpflichtungen zu erfüllen (colla buona o colla male ove bisogna). Auch im Veltlin gab es noch Leute genug, die im Dienste Spaniens den Durchmarsch zu erschweren suchten. Dann setzte früher als sonst der Winter ein. Schon vor Mitte Dezember wurde eine Abteilung der wandernden Männer auf dem Wege von Bormio nach Ponte Legno in Valle Camonica von einem gewaltigen Schneesturm überrascht, eine Lawine deckte einige Männer zu, andere hatten die Glieder erfroren, und in Brescia machten die Behörden Schwierigkeiten, die geworbenen Männer einzureihen. Trotz allem ließ Jenatsch den Mut nicht sinken, und auf erneute Mahnungen Venedigs, die Truppen möglichst bald vollzählig zu stellen, antwortete er im Januar und Februar 1629 recht zuversichtlich. Venedig aber warnte ihn vor dem politischen Geschehen in Europa und mahnte zur Eile, denn schon im Januar 1629 bereitete der Graf von Ems in Maienfeld Quartiere für den geplanten Einmarsch der Kaiserlichen unter Graf Joh. von Merode vor. Noch im Februar 1629 gelang es Jenatsch, eine Schar Männer über die Berge zu bringen. Der venezianische Resident Scaramelli in Zürich war voll Zuversicht und meinte, Jenatsch sei selbst mit den Gefahren der Berge vertraut, er werde von allen Seiten Leute senden und man möge ihm ruhig die Sorgen für das Unternehmen überlassen. — Im Frühjahr 1629 verließ Jenatsch Davos und ging zu seiner Truppe, die in Brescia eingereiht und ausgestattet worden war, um von dort aus dann den Weg nach der Festung Palma (bei Udine) in Friaul anzutreten (25).

Im Osten von Udine und Palma verlief die Grenze des Kaiserreiches nach dem Süden ans adriatische Meer und weiter der Küste entlang über Triest, Fiume und Zengg. Im Dienste des Kaisers Ferdinand II. hüteten hier die Uskoken, eine slavische Kriegsgenossenschaft, die Grenze gegen die Terra ferma Venedigs und das Meer und bildeten zum Teil die Besatzung der festen Plätze (Görz, Gradisca, Triest, Fiume, Zengg u. s. w.). Die Behörden in Wien hatten diese Banditen und ihren Häuptling Ferletich (seine Frau Clissanin) nicht in der Hand, und die Venezianer klagten beständig über die Piratenstreiche und Ueberfälle aller Art zu Wasser und zu Lande, so auch über den Hauptmann Baron Paradeiser in Zengg. Mitunter geschahen diese Streiche auch im Dienste des spanischen Vizekönigs in Neapel oder des Statthalters in Mailand. Zu diesen bösen Nachbarn kam noch die Gefahr eines Ueberfalles durch Leopold von Oesterreich. Im Winter und Frühjahr, da Jenatsch mit seinen Truppen hier Quartier bezog, war an der Ostgrenze und in ganz Oberitalien alles in Bewegung; die unmittelbare Ursache war die Entscheidung über das Herzogtum Mantua.

Der Herzog Vincenz II. von Mantua aus dem Hause der Gonzaga war am 25. Dezember 1627 gestorben und hatte keine direkten Erben hinterlassen; er hatte Karl von Nevers aus dem Hause der Gonzaga zum Nachfolger bestimmt. Dieser Karl von Nevers eilte als «Graf von Arco» aus Charleville in Frankreich durch die Schweiz, Bünden und das Veltlin nach Mantua und heiratete in Eile Maria

Gonzaga, die Nichte des sterbenden Herzogs Vincenz II. (eine Tochter seines Bruders Franz IV. († 1612) und Enkelin des Herzogs Karl Emanuel von Savoyen, denn die Mutter der Braut, Maria Gonzagna, war Margareta von Savoyen, Tochter des Karl Emanuel). Karl von Nevers war der Liebling des Königs Ludwig XIII., und ein vortreffliches Werkzeug Richelieus, der seine Stellung in Oberitalien auszubauen wünschte. — Spanien befürchtete, Richelieu habe es bei dieser Gelegenheit auf den Besitz von Montferrat abgesehen, das zu Mantua gehörte, er wolle damit im oberen Pogebiet eine starke Stellung gegen Mailand ausbauen; darum stellte Spanien den Herzog von Guastalla als Gegenkandidaten für das Herzogtum Mantua auf. Karl Emanuel von Savoyen erhob ebenfalls Anspruch auf Montferrat und wurde somit in die Arme Spaniens getrieben. Der Kaiser Ferdinand II. wünschte keinen Krieg; er war anfangs bereit, den Nevers anzuerkennen, und vor allem die Kaiserin Eleonore, eine Gonzaga, wünschte ihre Heimat ungeteilt zu sehen und erblickte in Karl von Nevers den rechtmäßigen Erben. Venedig aber sah durch den spanischen Kandidaten, den Herzog von Guastalla, die Grenze Spaniens näher rücken und befürchtete, der wachsende politische Einfluß Spaniens könnte der Republik zum Verderben werden. Spanien war aber ebenso entschlossen, die französische Macht in Italien nicht größer werden zu lassen — und zwang den Kaiser schließlich zum Krieg gegen Karl von Nevers. Venedig war in einer schlimmen Lage; die Armee war klein, die Eingeborenen und die geworbenen Albanesen unzuverlässig. Durch Bünden waren Truppen von jenseits der Alpen (Oltramontani) infolge des Monsonio Vertrages nur schwer erhältlich. Dennoch tat der Senat alles, um Mantua vor den Spaniern und dem Kaiser zu retten. Dazu kam noch, daß Leopold von Oesterreich Venedig über Friaul her angreifen sollte, daß der Kriegsrat Maradas in Wien für dieses Projekt schwärmte, je mehr Wallenstein davon abriet. Die Stellung der «Oltramontani» in Palma hatte deshalb ihre große Bedeutung. Im Westen Oberitaliens wollte Venedig auf den Anmarsch der französischen Armee durch Savoyen warten. Nachdem der Hugenottenkrieg mit dem Fall von La Rochelle (30. Oktober 1628) zu einem Abschluß gekommen war, bereitete Frankreich den Kampf in Italien vor. Der Marschall Charles de Créqui, Herzog von Lesdiguières, Statthalter der Dauphiné, führte die Franzosen gegen Savoyen und zog am 7. März 1629 unter den Augen Ludwigs XIII. in Susa ein; Karl Emanuel mußte sich Frankreich fügen. Doch die Franzosen waren noch mit den Hugenotten in Languedoc beschäftigt und führten den Kampf in Italien nicht rasch weiter; darum bestürmte Venedig während des Sommers 1629 Richelieu, den Kampf gegen Mailand weiterzuführen. Denn inzwischen waren die kaiserlichen Armeen unter der Führung von Rambold Graf von Collalto und seinen Unterführern Graf von Merode, Gallas und Aldringen am 29. Mai in Bünden eingedrungen und hatten die Straße von der Luziensteig bis Cläven fest in Händen. Gegen diese Besetzung Bündens ließ Frankreich in Wien Einsprache erheben. Als aber Richelieu die Unterstützung der Eidgenossen suchte, wiesen die katholischen Orte das Begehren zurück. Auch ein Vorschlag Venedigs, der französische Gesandte Charles de Brulart, Sieur de Léon, möge von der Schweiz aus einen Flankenangriff auf die kaiserlichen Truppen in Bünden veranlassen, kam zunächst in Betracht. Venedig sandte seine Truppen an die Grenze von Mailand und verständigte sich mit Mantua über die Abwehr der kaiserlichen Angriffe. Karl Emanuel von Savoyen befestigte die Grenzen gegen Frankreich. — Der Sommer 1629 verging so mit Vorbereitungen zum Kampf; nur Wallenstein, der den Ausbruch des Krieges in Italien als «des Teufels letztes Sforzo» bezeichnete, um «die Ausrottung der Ketzerei in Italien» zu verhindern, und der persönlich an der Spitze seiner Truppen in Italien erwartet wurde, erschien nicht auf dem Kampfplatz (26). Am 18. Oktober griff Collalto Mantua an, während der neue Statthalter von Mailand, der Feldherr Ambrosius Spinola und Karl Emanuel von Savoyen Montferrat besetzen sollten. Collalto fand vor Mantua heftigen Widerstand und gab im Dezember 1629 die Belagerung auf, um seine Truppen in die Winterquartiere zu führen. Hunger und Krankheit schwächten die Armee, und auch in Bünden nahm die Zahl der kaiserlichen Truppen ab. In Venedig ging sogar das Gerücht, die Bündner seien bereit, wenn man ihnen das Geld liefere und die Eidgenossen die Steig besetzten, die Truppen Merodes im Lande zu überfallen und zu vernichten (27).

Venedig hatte — immer im Zweifel über Richelieus Absichten — die Verhandlungen mit England, Holland und ganz besonders mit dem Schwedenkönig Gustav Adolf gepflegt; eine Verbindung mit diesen Staaten sollte ermöglichen, dem Kaiser und Spanien entgegenzutreten. Es kam aber noch nicht zum Bündnis. Inzwischen hatte Richelieu, früher als er gehofft, den Kampf mit den Hugenotten beendet (29. Juni 1629) und den Frieden von Alais geschlossen. Er bereitete nun auf politischem Boden den kommenden Kampf um die Machtstellung Frankreichs in Italien und in den Alpen vor. Anläßlich eines Empfanges bei Marschall Bassompierre kam Richelieu mit Herkules Girard, Baron von Charnacé, zusammen und entwickelte seinen Gedanken, den König Gustav Adolf von Schweden mit Polen zu versöhnen und ihn dann an der Stelle des besiegten Dänenkönigs auf den deutschen Kriegsschauplatz gegen den Kaiser Ferdinand II. zu locken. Am 21. November 1629 traf Charnacé bei Gustav Adolf ein, und am 24. Dezember erhielt er die Instruktion Ludwigs XIII.; darnach bot der französische König dem Schwedenkönig 600 000 Livres an; Gustav Adolf sollte den deutschen Städten und Fürsten die Freiheit zusichern, den König von Spanien zum Rückzug seiner Truppen aus Deutschland, die Kaiserlichen zum Abmarsch aus Bünden zwingen und die Festungen an der Rheingrenze und in Graubünden schleifen. Die katholische Liga sollte er nicht beunruhigen und die katholische Religion dulden. Gustav Adolf soll über diesen Vorschlag laut aufgelacht haben. Die Aufmerksamkeit, die man im Lager Gustav Adolfs den III Bünden und ihrer politischen Lage schenkte, war wohl begründet. Auch für Richelieu, der eben den Krieg in Italien vorbereitete, blieb Graubünden aus strategischen und politischen Gründen von größter Wichtigkeit; er mußte darnach trachten, die Wege durch Bünden nach Italien dem Kaiser und seinen Armeen zu sperren. Schon am 8. November 1629 wurde Charles de Brulart, Sieur de Léon, in Solothurn beauftragt, sich 6000 Schweizer mit guten Offizieren zu sichern und in Bünden die Mission der Kapuziner und den Grauen Bund, also die Gegner Frankreichs zu umwerben und zu gewinnen. Zu Beginn des Jahres 1630 kam dann Bassompierre selbst nach der Schweiz, um den Einmarsch der Franzosen und die Vertreibung der Kaiserlichen aus Bünden zu beraten. In einem Schreiben an die Eidgenossen drückte der König Ludwig XIII. sein Mißfallen über die Anwesenheit der kaiserlichen Truppen in Bünden aus, und Anton Molina, der französische Interpret in Bünden, mahnte seine Landsleute Boten zu wählen, um sie zu Bassompierre zu senden, denn es handle sich darum, das Veltlin zurückzugewinnen. Der kaiserliche Oberbefehlshaber in Bünden, Graf Johann de Merode, suchte diese französischen Bemühungen zu hintertreiben. Die Bündner sollten nicht in Solothurn, sondern in Mailand mit dem Statthalter Marchese Ambrosius Spinola verhandeln. Bei dessen Amtsantratt hatten Joh. Simeon Florin, der Bürgermeister Gregorius Meyer und Joh. Sprecher ihn begrüßt, und nun veranlaßte de Merode die Häupter, eine bündnerische Gesandtschaft nach Mailand zu senden, um mit Spinola über die Rückgabe des Veltlins, auch über die Räumung Bündens zu verhandeln. Merode wollte Zeit gewinnen, darum wurden die Gesandten (Joh. Simeon Florin, Rudolf von Marmels, Peter Schalkett, Gregorius Meyer, Fortunat Juvalta, Joh. Travers, Meinrad Buol, Joh. Sprecher, Paul Waltier) an der mailändischen Grenze aufgehalten, mußten eine Quarantäne — es war Pestzeit — durchmachen und gelangten erst am 4. März nach Mailand. Hier trafen sie mit Abgeordneten aus dem Veltlin zusammen, die auf Anerkennung des Vertrages von Monsonio pochten, und die Bündner kehrten anfangs Juni 1630 erfolglos heim. De Merode hatte sein Ziel erreicht. In Italien hatte sich vorübergehend die Kriegslage zu Gunsten des Kaisers (Collalto) gewendet, und die Gemeinden in Bünden lehnten unter dem Druck der kaiserlichen Besatzung die Sendung von Abgeordneten an Bassompierre ab.

Unterdessen hatte Richelieu auch den Marquis de Cœuvres, Marschall d'Estrée, nach Venedig (23. und 24. Februar 1630) und Mantua gesandt, um dort anzukündigen, daß eine französische Armee im Frühjahr (1630) in Italien erscheinen werde, um Karl Emanuel von Savoyen von den Spaniern zu trennen und die mantuanische Festung Casale in Montferrat, die von kaiserlichen und spanischen Truppen belagert war, zu entsetzen. D'Estrée besprach mit dem Collegio in Venedig die Kriegslage und forderte Venedig auf, gegen Mailand zu ziehen (28). In einem Gespräch mit Angelo Contarini ließ er auch durchblicken, daß Richelieu vielleicht durch Bünden ins Mailändische einbrechen werde. — Schon Mitte März 1630 zog Richelieu, wie d'Estrée verheißen hatte, als Kardinal-Generalissimus in glänzender Rüstung mit seiner Armee von Lyon aus nach Italien. Karl Emanuel wurde zum Rückzug nach Turin ge-

zwungen und hoffte auf die Hilfe von Spinola und Collalto; Richelieu besetzte am 23. März 1630 die Festung Pignerol, das Eingangstor nach der Poebene, Casale aber konnte er nicht nehmen.
Unterdessen kam es vor Mantua zu kleinen Gefechten, Kriegsgesin-
del plünderte die Terra ferma, und die Pest breitete sich aus. Am
30. April war d'Estrée wieder in Venedig und mahnte die Senatoren zum energischen Kampf. Doch in Valeggio erlitten die Venezianer am 29. Mai 1630 eine entscheidende Niederlage. In der Nacht
vom 17./18. Juli fiel auch Mantua durch Verrat. In Venedig selbst
wütete die Pest; Handel und Wandel lagen darnieder, und alles rief
nach einem Frieden, der sich mit der Ehre der Serenissima vertrage.
Richelieu, dessen Pläne nun gescheitert waren, sah sich im Innern
Frankreichs von der Partei der Königin-Mutter und des Adels angegriffen, denn auch sie wünschten den Frieden. So verhandelte der
Kardinal mit Mazzarini, dem Vertreter Urbans VIII., über die Regelung der Verhältnisse in Oberitalien und sandte Léon de Brulart
und Père Joseph nach Regensburg zum deutschen Fürstentag. Am
29. Juli traf Père Joseph in Regensburg ein; schon am 26. Juni war
Gustav Adolf auf Usedom gelandet.

Richelieu hatte die Verhandlungen mit Gustav Adolf nach kurzer Unterbrechung (März/April) wieder weitergeführt, und je
schwieriger sich die Dinge in Italien gestalteten, um so energischer
drängte er die Venezianer, sich mit den Schweden zu verbinden, um
die Kaiserlichen und die Spanier zum Abzug aus Italien nach dem
Norden zwingen zu können. Am 11. Juli 1630 unterzeichnete dann
Alvise Contarini im französischen Lager von St. Jean de Maurienne
den Vertrag, demgemäß die Republik Venedig auf die Dauer von
sechs Jahren 40 000 und Frankreich 80 000 Livres an die Kriegskosten des Schwedenkönigs zu bezahlen versprachen. Mit jedem Erfolg der Schweden in Deutschland stieg die Hoffnung der Venezianer, die spanische Macht in Italien und an den Alpen doch einmal zu
brechen und für Venedig die Verbindung und die Beziehungen zu Mitteleuropa wieder zu gewinnen. Auch Bünden als Besetzungsland des
Kaisers verfolgte jetzt nicht weniger gespannt die Entwicklung in Italien und Deutschland, und die französischen Agenten ließen glauben,
auch für Bünden nahe die Stunde der Befreiung und Befriedung.

Von diesen stürmischen Ereignissen war Jenatsch in Venedig

in seltsamer Weise berührt worden. Seine Gegner benützten später auch diese Gelegenheit, um ihn des Verrates gegenüber der Republik zu beschuldigen. Die Prüfung der Akten ergab folgendes:

Während der Kriegsvorbereitungen in Venedig im Frühjahr und Sommer 1629 hatten die Savii des Collegio durch die Provveditoren des Festlandes Jenatsch und andere Truppenführer unermüdlich gemahnt, ihre Kompagnien zu ergänzen, bis sie vollzählig seien, und Jenatsch hatte in seinem Eifer nichts versäumt, um seinen Pflichten und den Befehlen der venezianischen Behörden nachzukommen. Im Collegio und im Senat anerkannte man Jenatschs Fähigkeiten, seinen Diensteifer und seine besondere Bereitwilligkeit zu jeder Dienstleistung für die Republik. Allein mit dem Einmarsch der Kaiserlichen in Bünden (29. Mai 1629) war jede Werbung und jede Ergänzung der Truppe unmöglich geworden. Der Senat in Venedig befaßte sich nun eingehend mit den «Oltramontani», besonders auch mit den Bündner Truppen, und wünschte, je zwei Kompagnien, die zusammen nur 200 Mann zählten (statt 400), zu einer Kompagnie zusammenzuziehen (29). Vom militärischen Gesichtspunkt mochte diese Maßnahme durchaus gerechtfertigt sein; doch dabei wurden die Interessen der Regiments- und Kompagnieinhaber in schwerster Art verletzt und die Kapitulation mißachtet. Der Oberbefehlshaber der Oltramontani, Oberst Peter Melander oder Mylander hatte eine schwere Aufgabe zu lösen. Leider war er nicht der geeignete Mensch, um mit Waffenkameraden zu verhandeln. Peter Melander, Graf von Holzappel, war in Nieder-Hadamar in Hessen 1585 geboren und hatte seit 1615 in Venedig gedient. Im Jahre 1622 wurde er von Moritz von Oranien der Stadt Basel als Kommandant empfohlen; er verließ schon 1623 die Stadt. 1625 nahm er als Führer der venezianischen Infanterie am Veltlinerkrieg teil. Dann führte er die Oltramontani, Schweizer und Deutsche. Nach den Urteilen der Venezianer war er weder ein allzu eifriger Offizier noch ein verträglicher und versöhnlicher Charakter; das darf man aus seinem Benehmen als Kommandant von Basel und aus seinen Auseinandersetzungen mit den Obersten Escher, Oxer und Durante schließen, denn besonders Durante war ein außerordentlich beliebter und fähiger Truppenführer und genoß in Venedig das höchste Vertrauen. Auch Jenatsch, der im persönlichen Verkehr mit seinen Waffenkameraden liebenswürdig und versöhnlich sein konnte und als ausgezeichneter Gesellschafter galt, in grundsätzlichen Fragen des Rechtes, der Gerechtigkeit und Wahrheit dagegen unnachgiebig und hart werden konnte, zerfiel bald mit dem anmaßenden und selbstbewußten Grafen von Holzappel und das so gründlich, daß er schon Ende September 1629 dem Residenten Scaramelli nach Zürich schrieb, er beabsichtige mit all' seinen Hauptleuten den venezianischen Dienst zu verlassen, um dem Oberst Melander nicht mehr gehorchen zu müssen. Jenatsch war nicht der Charakter, um seine Gefühle und Gedanken zu verbergen. Er übte deshalb auch offen Kritik an den Festungswerken und Einrichtungen der Verteidigung und scheint mit seinem Temperament seinen Vorgesetzten Holzappel gereizt und mitunter selbst vor höheren Persönlichkeiten Venedigs nicht Halt gemacht zu haben. Das war dem um seine Autorität besorgten Oberst Melander ein Fall von Insubordination. Auch einzelne Venezianer scheinen durch die Berichte aus Palma von der Offenheit Jenatschs betroffen gewesen zu sein. Daß er z. B. über die Verhältnisse der Festung Palma wohlmeinend und aus Pflichtbewußtsein Kritik geübt hatte, ließ sich nicht leugnen, denn die Venezianer gingen dort an die Arbeit, um die Mängel zu beheben. Die gegenseitige persönliche Abneigung war schließlich unerträglich und scheint Jenatsch verbittert zu haben. Die Männer des Collegios in Venedig hatten aus den Berichten Scaramellis und dann aus den Meldungen des Provveditoren von den Mißverhältnissen in Palma erfahren und waren geteilter Ansicht. Sicher waren innere Schwierigkeiten und Zerwürfnisse, während die Kämpfe gegen Spanien, Savoyen und den Kaiser vor Mantua und Casale sich abspielten, recht peinlich. Das Collegio suchte Abhilfe und beauftragte am 3. November 1629 den Provveditor in Palma, persönlich mit Jenatsch zu verhandeln. Seine zwei Kompagnien von je 200 Mann waren durch Krankheit und Tod innert kurzer Zeit, die eine auf 70 und die andere auf 50 Mann, zusammengeschmolzen. Der Provveditore sollte Jenatsch in kluger, verständiger Rücksprache überzeugen und veranlassen, angesichts der Kriegslage und eingedenk seiner Zusicherungen in so kurzer Frist als möglich die Kompagnien vollzählig herzustellen, da er der Zusammenlegung nicht zustimme. Jenatsch hatte nachträglich seinen Bruder Nuttin zum Hauptmann und zu seinem

Adjutanten gemacht, und dadurch schien ihm die Zusammenlegung der Kompagnien noch weniger möglich; doch davon und auch über das persönliche Verhältnis zu Oberst Melander war jetzt nicht mehr die Rede, um so mehr als Melander als Oberbefehlshaber bei der Armee im Felde war. Der Provveditore hatte in dieser Hinsicht keinen Auftrag (30). Jenatsch aber sah vorläufig keine Möglichkeit, seine Mannschaften zu ersetzen, noch wollte er der Zusammenziehung der Kompagnien beipflichten. Er rechtfertigte seine Haltung und tat das auch in einer schriftlichen Einlage an den Provveditoren oder an den Podestà und Capitano di Treviso. Dann faßte er den Entschluß, selbst nach Venedig zu gehen und dort seine Sache zu vertreten (31). Jenatsch ritt am 19. oder 20. November (1629), begleitet von seinem Diener Cirilo von Palma nach Venedig und stieg in der «Osteria della Rosa» ab, um zu übernachten. Er hatte die Festung Palma wohl nicht ohne die Erlaubnis des Provveditoren verlassen; aber in Venedig bildete seine Ankunft doch eine Ueberraschung. Die Behörden wachten mit peinlicher Sorgfalt über die Sicherheit der Stadt und über jeden Fremden, denn der Krieg war im Gange und die Versuche der Feinde, die Lagunenstadt zu überrumpeln (wie im April 1618), hatten die Venezianer äußerst mißtrauisch gemacht. Wie sollte man nun Jenatschs Erscheinen deuten? War nicht der Provveditor die zuständige Amtsstelle für den Oberst der Oltramontani in Palma? Oder was führte der Oberst im Schilde? Der Mann mußte in diesen gefährlichen Tagen scharf überwacht werden; das konnte nur durch seine Gefangennahme geschehen. In aller Stille wurde Jenatsch verhaftet und ins Gefängnis abgeführt, die zwei Pferde und seine Habseligkeiten wurden beschlagnahmt. So lautete der Befehl der Inquisitoren. Irrtümlicherweise wurde auch der Diener Cirilo ins Gefängnis gebracht. Dann erging auch ein Haftbefehl gegen Jenatschs Verwandten, Anton Jenatsch, der in der Piscina San Giulian (heute noch ein Plätzchen in Venedig, nahe der Merceria, genannt Piscina San Zulian) bei den Albertini arbeitete, die dort ein Branntweingeschäft hatten. Noch am gleichen Tage wurde der Podestà und Capitano di Treviso aufgefordert, die Eingabe Jenatschs einzusenden. Dann erging der Befehl, den Wirt und die deutschen Gäste, mit denen Jenatsch im Gasthaus gesprochen haben sollte, genau auszuforschen, ob Jenatsch irgendwelche Auf-

träge erteilt habe. Zudem wurde der Provveditore in Palma angewiesen, die Offiziere und Soldaten Jenatschs, besonders Jenatschs
Bruder genau zu beobachten, und der General in Palma wurde von
der Verhaftung benachrichtigt und beauftragt, auch den Truppen
und Offizieren davon Mitteilung zu machen (32). Der Rat der
X (consiglio di X), versammelte sich am 28. November, hörte die
Inquisitoren an und billigte ihr Vorgehen. Zwei Tage später befahlen die Männer des Rates der X dem Provveditor in Palma, die
Truppen Jenatschs unter seinen Befehl zu nehmen, die beiden Kompagnien zu einer zu vereinigen, sie auszubezahlen und sie aus ihrem
äußerst wichtigen (importantissimo) Standquartier zu entfernen
(33). Dieses ganze peinliche Verfahren entsprach dem venezianischen Brauch und Gesetz und der Kriegszeit. Collaltos Armee war
eben vor Mantua gezogen. Die Inquisitoren Piero Foscarini, Antonio
da Canal und Benetto Bondunier hatten die Aufgabe, die Klagen
gegen Jenatsch und seine Verteidigungsschrift zu prüfen und ihn
anzuhören. Aus einem Briefe der Inquisitoren an den Provveditoren
generale di Terra ferma ist zu erkennen, daß die Untersuchung kein
eigentliches Verschulden Jenatschs ergab, daß er das Opfer seines
Temperamentes und der Intrigen geworden war. Seine Haltung gegen Melander, seine Kritik und vor allem die Unmöglichkeit, seine
Kompagnien zu erhalten, brachten ihm den Vorwurf: si è scoperto
haver l'animo molto lentato ed alievo dalla devotione della republica
— auch die Wahl seines Bruders zum Hauptmann und Luogotenente
Jenatschs wurde vermerkt und die geringe Achtung vor den Repre-
sentanten der Serenissima Republica, und schließlich fiel die Bemerkung, daß eine solche Haltung in den schweren Tagen, die Venedig
erlebe, dem Staate nicht dienen könne. Infolge des Krieges verzögerte sich weiter die Untersuchung gegen Jenatsch.

Die Behandlung in der Gefangenschaft scheint rücksichtsvoll
gewesen zu sein; Jenatsch schrieb an seine Offiziere und Soldaten,
die in einer Eingabe seine Freilassung begehrt hatten; er mahnte sie
zur Treue und gewissenhafter Pflichterfüllung gegenüber der Republik; er schrieb an seinen Bruder Nuttin, um ihm Anweisungen
zu geben und seine Geschäfte zu ordnen, und die Inquisitoren ver-
mittelten seine Korrespondenz. Dann vertiefte er sich in die Lektüre der Bibel, namentlich des alten Testaments (34).

Die Nachricht von der Verhaftung Jenatschs war recht bald in die Heimat gelangt, und seine Freunde und Gesinnungsgenossen waren entschlossen, ihm Hilfe zu bringen. Conradin Planta, der bei den Savii, im «Rate der Zehn» und im Senat von Venedig das größte Vertrauen besaß (35) und seine Freunde sandten den Bruder Conradins, Constantin Planta von Zuoz, nach Venedig. Er trug einen Brief Conradins (vom 24. Januar 1630) an den «Rat der Zehn» bei sich; darin begehrte dieser dringend die sofortige Entlassung Jenatschs aus der Gefangenschaft. Er ging in seinem Schreiben so weit, zu erklären, daß er jede Gunst, die man Jenatsch erweise, als ihm selbst erwiesen betrachten werde. Er wandte sich auch an die adeligen Venezianer Hieronimus Cornaro und an Alvise Valaresso, der Jenatschs Heldenmut im Veltlin bewundert und gerühmt hatte, und bat sie, für Jenatsch einzustehen. In Venedig aber war es gefährlich gegen Recht und Gesetz die Gunst auszuspielen; Jenatsch mußte dem Gang der Dinge den Lauf lassen. Mitte Februar verlangte er dann nochmals verhört zu werden; er übergab den Inquisitoren eine neue Verteidigungsschrift. Doch der Podestà von Verona und der Provveditor in Campo in Treviso (podestà e capitano in Treviso), die für die Untersuchung in Palma zuständig waren, gaben ungeachtet aller Mahnungen keine Antwort und sandten keinen Bericht über ihre Untersuchung ein. Die Kriegsbanden durchzogen die Terra ferma, und bald herrschte die Pest im ganzen Festland. Am 26. Februar 1630 erging der Befehl, wenn der Podestà und Capitano in Treviso nicht lebe oder nicht anwesend sei, so solle der Kanzler oder Schreiber sofort den Bericht einsenden. Die Eile war jetzt begründet (36).

Am 22. Februar 1630 war — wie oben erzählt — der Marquis de Cœuvres, Marschall d'Estrée in Venedig erschienen, hatte am 23. und 24. Febr. vor dem Collegio Richelieus Kriegsplan gegen Savoyen und Mailand angekündigt und Venedig zum Angriff auf Mailand zu bewegen versucht. Am 3. März wurde auf Grund der Anklagen und der Verteidigungsschriften Jenatsch abgeurteilt. Fünf von den Richtern wollten ihn schuldig erklären, neun stimmten für den Freispruch und zwei enthielten sich der Stimmabgabe. Der Diener Cirilo wurde mit allen 16 Stimmen freigesprochen; er war schon früher entlassen worden. Als der Marschall d'Estrée am 10. März wieder im Collegio vor der Signoria sprach, war Jenatsch noch nicht auf freiem Fuß. D'Estrée empfahl am Schlusse seiner Rede Jenatsch als eine bekannte Persönlichkeit, die ehemals Frankreich gedient habe. Darauf wurde ihm vom Vorsitzenden geantwortet: diese Angelegenheit sei vor dem «Rate der Zehn»; dort werde die Eccellenza Serenissima, der Doge, dafür besorgt sein, daß die Entscheidung nach Recht und Gesetz, nach Inhalt und Bedeutung des Prozesses möglichst rasch falle. Fünf Tage später erschien der Marschall wieder im Saal des Collegio; nachdem er über die Erfolge Richelieus gegen Karl Emanuel von Savoyen (Pignerol) berichtet hatte und sich bereit machte, den Saal zu verlassen, erinnerte er die versammelte Signoria an seine Empfehlung für Jenatsch und sagte, er habe in Jenatsch die hohe Gesinnung in der Sache und im Dienste des Staates kennen gelernt; aber, fügte er leichthin hinzu, die Schweizer trinken zu viel und dann reden sie «fuor di proposito». Diese Worte der Entschuldigung entsprachen nicht ganz dem Wesen und Leben Jenatschs; er genoß den Wein; er war trinkfest und konnte in Gesellschaft trinken, doch war er kein Säufer. Am 18. März 1630, als d'Estrée wieder vor der Signoria stand, dankte er dem Rate für die Befreiung des Obersten Jenatsch, und der Serenissime Principe, der Doge, antwortete als Vorsitzender: «si è dichiarito la sua innocenza et godemo anco gl'interesse di V.S. di haverlo potuto liberare». Darauf nahm der Marschall Abschied und verließ den Saal. Das Collegio aber beantragte beim Senat, Jenatschs Pension für sieben Jahre von 120 auf 300 Dukaten zu erhöhen. Es war eine Genugtuung für die erlittene Gefangenschaft und ein Ersatz für den entstandenen Schaden bei der Truppe. Einige Tage später ritt Jenatsch der Heimat zu (37).

Eine Geldforderung band ihn noch geschäftlich an die Republik. Er hatte schon im Jahre 1629 dem Bankier Daniel Nis in Venedig den Betrag von 2411 Reichstalern anvertraut, und da der Bankier zahlungsunfähig wurde, mußte Jenatsch dafür eine Liegenschaft im «Canalin» annehmen. Nach zwei Jahren wurde ihm dieses Gut entzogen, und Jenatsch mußte seine Ansprüche wieder geltend machen. Er wandte sich an bekannte Adelige in Venedig, um sein Eigentum zu verteidigen, und er hatte dabei Erfolg, denn nach seinem Tode wird das Haus wieder als Besitz Jenatschs erwähnt (38).

XII

Jenatsch in der Heimat 1630; er siedelt nach Katzensteig
bei Bischofszell über / Père Joseph in Regensburg 1630
Der Friede von Chierasco 1631 und die Pläne Frankreichs
in Italien und Bünden
Jenatsch in Paris 1631 / Die Besetzung Bündens 1631
Rohan und Jenatsch
Siegeszug der Schweden, Hoffnungen der Bündner
Mißstimmung gegen Frankreich
Abberufung Rohans 1633 und dessen Rückkehr 1634

Als Jenatsch nach Mitte März 1630 Venedig verließ und der
Heimat zuritt, war die Offensive Frankreichs gegen Savoyen und
Mailand im Gange. Richelieu hatte mit seiner Armee wenige Tage
zuvor Grenoble verlassen und Susa (9. März 1630) erreicht, den Herzog Karl Emanuel gegen Turin abgedrängt und stand vor Pignerol
(29. März 1630). Gleichzeitig hatte Venedig auf das Drängen Cœuvres den Kampf eröffnet und Candalle und Melander erlitten die
Niederlage von Valeggio (29. Mai). Die Werbungen und Vorbereitungen des Gesandten Charles de Brulart und Bassompierres in der
Schweiz, um die Kaiserlichen in Bünden anzugreifen, kamen nicht
zur Auswirkung, als die entscheidenden Erfolge in Italien ausblieben (1).

Jenatsch besuchte in Samedan seine Geschwister und die Verwandten, darunter den Anton Jenatsch, der bei der Verhaftung Jenatschs in Venedig in die Heimat geflüchtet war. Jenatsch riet ihm,
sich den Behörden in Venedig zu stellen, damit jeglicher Verdacht
gegen ihn schwinde und so ihm Genugtuung zuteil werde.

Das Volk im Unterengadin hatte sich aufgelehnt, nicht am wenigsten gegen die Gewaltherrschaft des Rudolf von Planta-Zernez.
Leopold beorderte dann zwei Kommissare nach Nauders, Dr. Matthias Burglehner und Anselm von Fels, die die Ruhe wieder herstellen sollten. Als den eigentlichen schuldigen Urheber der Mißver-
hältnisse im Unterengadin bezeichneten auch die Kommissare den
Ritter Rudolf von Planta. Er habe nach der völligen Herrschaft

oder nach dem Besitz des Unterengadins getrachtet und sei (1623) vom Erzherzog abgewiesen worden; er habe aber durch wohlbekannte «media» sein Vermögen auf etliche hunderttausend Gulden gebracht, dabei jedoch große Feindschaften im Tale gestiftet und heftige Parteigegensätze und Leidenschaften zwischen seinen Anhängern und seinen Gegnern hervorgerufen. Die Masse des Volkes haßte ihn, er bezeichnete die Gegner als Rebellen. Planta ließ zwei angesehene Führer, Peter Leon und Jakob Bella von Zernez gefangen setzen und wollte sie nach Innsbruck abführen lassen. Das Volk erhob sich, belagerte das Schloß Plantas in Zernez, und 35 Mann gingen nach Davos, wie Planta sagt, «zu dem heimgekehrten Erzmörder Gianatsch, welcher der größte Schelm ist gewest», um Rat und Hilfe zu suchen. Planta meinte, Jenatsch zettle gegen Zernez etwas an. Zweifellos stand dieser auf der Seite seiner gefangenen Freunde und des Volkes, doch eine offene Beteiligung am Kampfe unterließ er. Planta, der selbst in Innsbruck nicht allzuviel Vertrauen besaß, brachte es dennoch dahin, daß Erzherzog Leopold vom Grafen Johann de Merode in Chur die Verhaftung Jenatschs begehrte. Doch Jenatsch hatte die gefährliche Lage in Bünden durchschaut und den Entschluß gefaßt, das Land zu verlassen. Anfangs Juli (1630) erschien er in Chur und erbat sich dort auf dem kaiserlichen Kommando einen Paß nach St. Gallen. Dieser wurde ihm ausgestellt, da der Haftbefehl erst Ende Juli eintraf und Jenatsch im freundlichen Gespräch die kaiserlichen Offiziere glauben ließ, daß er dem kaiserlichen Dienst nicht abgeneigt wäre. Er siedelte mit seiner Frau und den drei Kindern Ursina, Katharina und dem Stammhalter Paul nach Bischofszell über. Hier hatte er in diesen Tagen das Schlößchen Katzensteig gekauft. Scaramelli, der venezianische Resident in Zürich, schrieb am 9. August nach Venedig, Jenatsch habe sich «casa et alcuni pocchi terreni nel paese di San Gallo» gekauft, und im Februar 1631 fügte er hinzu, Jenatsch habe sich «in un luoco da lui comprato presso San Gallo» zurückgezogen. Jenatsch schrieb schon am 14. Juli von seinem neuen Wohnsitz aus an die Inquisitoren nach Venedig, um ihnen seinen Verwandten Anton Jenatsch zu empfehlen und bemerkte dabei, er sei in der Eidgenossenschaft «wo ich die Hände freier habe». Er war den Kaiserlichen entkommen, und zudem hatte Katzensteig für ihn, für den politischen Flüchtling und besonders für den Condottiere vielleicht einen besonderen Reiz. Ein Teil des Gutes lag auf dem Boden des Abtes von St. Gallen, und hart am Schloß vorbei ging die Grenze zwischen der freien Stadt Bischofszell und dem Untertanenland der Eidgenossen (Thurgau). Die Zugehörigkeit von Katzensteig war umstritten. Dieser Umstand konnte für Jenatschs Truppenwerbungen in Süddeutschland und in St. Gallen in der Zukunft von Wert sein. Er hatte das Gebiet wohl schon auf den Werbereisen der Jahre 1625 bis 1629 kennen gelernt, und vermutlich hatte er auch die Bekanntschaft des französischen Hauptmanns Bartholomäus Zollikofer gemacht, dessen Familie das Schloß Altenklingen besaß, und dadurch die Verhältnisse in Bischofszell und auf Katzensteig kennen gelernt. Jenatsch bezeichnet seinen Aufenthaltsort als «Gebiet von St. Gallen». Hier in Bischofszell lebte seit einigen Jahren auch Georg Buol, ein Verwandter der Frau Jenatschs. Die Großväter (Paul und Abraham) waren Brüder gewesen. Paul, der Großvater Georgs, war in Chur Seckelmeister und Präfektrichter gewesen und sein Sohn Peter wohnte um 1560 in St. Gallen. Peters Sohn Georg heiratete dann Marie Salome Briedler von Bischofszell und betrieb dort Landwirtschaft. Er wurde auch Amtmann des Stiftes St. Pelagien — dieser Familienzweig war katholisch. Jenatsch mochte schon auf seinen Werbereisen den Verkehr mit diesen Verwandten gepflegt und jetzt für seine Frau und Kinder einen Anschluß begrüßt haben.

Auf Katzensteig verbrachte Jenatsch mit seiner Familie den Sommer, Herbst und Winter des Jahres 1630/31. Wohl war er in St. Gallen beim Wirt und den Gästen im «Hecht» eine bekannte Erscheinung, denn hier und in Zürich beim venezianischen Residenten Scaramelli erhielt er die neuesten «Avisen» über die Ereignisse in Nord und Süd und schmiedete dann seine Pläne für die Zukunft. Am stärksten beschäftigte ihn das Schicksal der Heimat, die ihm verschlossen blieb, so lange die kaiserliche Besatzung im Lande herrschte. Die Ereignisse seit seiner Abreise aus Bünden ließen ihn aber das Beste hoffen (2).

Denn schon in den Tagen, da Jenatsch Bünden verließ, verbreitete sich die Nachricht, daß Gustav Adolf in Norddeutschland gelandet sei, und schon am 9. Juli war der Père Joseph in Solothurn eingetroffen. Hier hatte er erfahren, daß die Eidgenossen schwer besorgt seien, der Kaiser werde nach den Ergebnissen in Italien die inneren Orte und den Gotthard besetzen, um Frankreich die Wege nach Italien zu sperren. Am 23. bis 25. Juli weilte Père Joseph dann im Lager Wallensteins, der ihm allmählich ganz aufgeschlossen seine Zukunftspläne, seine Machtgedanken entwickelte und auch Père Josephs Gedanken über die Weltmission, die religiöse Einigung der Christenheit anhörte. Am. 29. Juli traf dann die Graue Eminenz, begleitet vom Gesandten bei den Eidgenossen, Charles de Brulart, und dem unzertrennlichen Reisegefährten und Ordensbruder P. Ange de Mortagne, in Regensburg ein (3). Der Kurfürstentag war auf den 3. Juli einberufen worden; er tagte noch immer und besprach die Vorschläge des Kaisers: Was soll mit dem geächteten Kurfürsten Friedrich von der Pfalz geschehen? Wie will man den Holländern begegnen, die ihn immer noch unterstützen? Wie will man dem Schwedenkönig entgegentreten, wenn er sich in die Geschäfte des Reiches einmischen sollte? Wie will man dem König von Frankreich begegnen, der sich unbefugter Weise in Italien eingemischt hat und endlich, wie will man das Kriegswesen ordnen? — Im Kampfe gegen die Schweden wollten sich die Fürsten des Reiches hinter den Kaiser stellen; aber daneben begehrten sie eine Einigung mit Frankreich. Um die Macht der Kurfürsten zu behaupten, forderten sie zudem die Entlassung Wallensteins. — Père Joseph blieb anfangs der stille Beobachter, dann aber ging er an seine Aufgabe. Seine Gegner hatten ihn bei der Ankunft als einen Feind Gottes und als Geisel der Welt bezeichnet; Spottgedichte über ihn und über Richelieu waren in Zürich und Venedig verbreitet (4). Er sollte in Regensburg alle Fürsten, besonders Maximilian von Bayern, gegen den Kaiser führen und die Entlassung Wallensteins betreiben, um so den Kaiser im Reich zu isolieren und zu schwächen (5). Aber den Vertretern des Kaisers erklärte er, für Frankreich sei nur die Frage Italiens von Bedeutung, damit meinte er auch die Entscheidung über das Veltlin und Graubünden als Zugang zu Italien. Im Einvernehmen mit Richelieu war Père Joseph bereit, dem Kaiser das besetzte Bünden, Mantua und Casale bis zur Durchführung des geplanten Vertrags von Regensburg zu überlassen; der Kaiser, von den Fürsten zur Einigung mit Frankreich aufgefordert, war geneigt, den französischen Kandidaten Karl von Nevers als Herzog von Mantua anzuerkennen. In der Konferenz vom 12. September 1630 kamen dann die Kernpunkte zur Sprache, die die Ziele des Père Joseph erkennen ließen. Er suchte eine Verbindung Frankreichs, der Schweiz, Graubündens und Venedigs, eine Frontlinie, die Mailand von Osten her eingekreist hätte. Eine Wache von 300 Mann am Gotthard sollte den Ueberfall von Mailand her verhindern.

In dieser Frontlinie gab es eine Lücke, die in Paris Aerger und Sorgen bereitete; es war Bünden und vor allem das Veltlin, zwei Gebiete, die nicht leicht in die Planung des Père Joseph einzuordnen waren, denn die Bündner versagten immer noch hartnäckig die Anerkennung des Vertrages von Monsonio. In der genannten Konferenz vom 12. September 1630 forderte nun Père Joseph, daß auch Venedig in den Vertrag von Regensburg eingeschlossen werde und daß der Vertrag von Monsonio in das neue Abkommen eingefügt und anerkannt werde (6). Frankreich und Spanien waren nach dem Wortlaut von Monsonio die Garanten des Vertrags; nun sollte auch der Kaiser das Abkommen anerkennen, um die Bündner zur Annahme des Vertrages zu zwingen, und, was das Schlimmste war, Bünden sollte in seinem Verhältnis zu den Untertanen damit unter die Kontrolle der drei Großmächte, also Frankreichs, Spaniens und des Kaisers gestellt werden. Dadurch wäre der Einfluß Frankreichs in Bünden für alle Zeiten gesichert gewesen. Spaniens Stellung im Veltlin hätte an Bedeutung eingebüßt. Um den Preis dieser Einordnung in die französische Frontlinie sollte Bünden den Frieden erhalten. Spanien erkannte die Gefahr und wirkte in Regensburg gegen die Pläne des Père Joseph. Auch der Kaiser lehnte diese Zumutung ab und sagte, er müsse Bünden, Mantua und Casale besetzt halten und als letzter das Land verlassen; wenn er Bünden aufgäbe, so könnten seine Truppen nicht aus Italien zurückkehren, ohne von den Bündnern überfallen zu werden. Weiter könne er dem spanischen König wohl empfehlen, den Vertrag von Monsonio anzuerkennen; doch den Einschluß dieses Vertrages in den neuen Vertrag von Regensburg müsse er ablehnen. Vom Vertrag von Monsonio wünsche er nichts mehr zu hören (7). In diesem Sinne wurde der Vertrag von Regensburg am 13. Oktober 1630 unterzeichnet. Er enthielt das Versprechen des Kaisers, Bünden später zu räumen und die Festungen zu schleifen. Père Joseph tröstete sich, wenn die Verbindung Frankreichs, der Schweiz, Bündens und Venedigs einmal zustande komme, so werde die Anerkennung des Vertrages von Monsonio auf diesem Wege durchgesetzt. Die venezianischen Gesandten in Regensburg, Vico und später Venier, waren von Père Joseph wenig beraten worden, vielmehr erklärte die Graue Eminenz, Venedig werde sich den Wünschen Frankreichs fügen. Daher verlangte Alvise Contarini, der venezianische Gesandte in Paris, von Richelieu mit Entschiedenheit, daß in Regensburg die Räumung Bündens innert bestimmter Frist festgelegt werde, und am 19. November überreichte Contarini dem Kardinal eine zweite Denkschrift, worin er betonte, wie sehr Venedig darauf beharren müsse, daß Bünden geräumt und den Bündnern wieder die Freiheit gegeben werde, denn Venedig fühle sich an der Nordgrenze bedroht. —

Der Wunsch Richelieus und seiner Grauen Eminenz, in Regensburg den Vertrag von Monsonio durchzusetzen, hatte sich nicht erfüllt; doch während Père Joseph hier mit dem Kaiser verhandelte, verfolgte er mit äußerster Spannung die Vorgänge im Norden, die Besprechungen zwischen Charnacé und Gustav Adolf, dessen Erscheinen in Norddeutschland er als eine nützliche Ablenkung, als ein grausames, aber nötiges Mittel betrachtete, um zum Ziele zu gelangen. Er schrieb an Richelieu: «Man muß sich solcher Sachen bedienen wie der Gifte, das wenige dient als Gegengift, zu viel tötet» (8). Die Erfolge Gustav Adolfs in Pommern und in der Neumark bis Ende 1630 führten zwischen Frankreich und Schweden am 23. Januar 1631 zum Vertrag von Bärwalde, zum Schutze der gemeinsamen Freunde, behufs Zerstörung der Festungen an den Meeresküsten und in Graubünden. Mit diesen Zielen trat Gustav Adolf seinen Siegeszug durch Deutschland an.

Angesichts dieser Gefahr sah sich der Kaiser Ferdinand II. gezwungen, in Italien Frieden zu schließen (6. April und 19. Juni 1631). Ehe der Staatssekretär Abel Servien von Paris nach Chierasco zu den Verhandlungen abreiste, die er an der Seite des Marschalls de Toiras führen sollte, forderte der wachsame venezianische Gesandte Alvise Contarini in Paris in einer Denkschrift mit Nachdruck für Graubünden die Freiheit. Bei den Verhandlungen in Chierasco ließen Richelieu und Père Joseph nur die Räumung Bündens begehren, denn sie wollten damit den französischen Armeen den Weg durch Bünden nach Italien öffnen; dazu forderten Toiras und Servien wieder, daß der Kaiser den Vertrag von Monsonio anerkenne, um den französischen Einfluß in Bünden und im Veltlin zu wahren. Der Friede von Chierasco brachte dann Frankreich in seinen Bestrebungen einen vollen Erfolg. In einem Geheimvertrag vom 31. März hatte Savoyen auf Anraten des Papstes die Festung Pignerol an Frankreich abgetreten. Mantua verblieb dem Nevers, Bünden sollte bis zum 10. September 1631 geräumt werden. Die Machtstellung Spaniens in Italien war geschwächt. Pignerol mit den angrenzenden Tälern sollte zum französischen Bollwerk und westlichen Eingangstor nach Italien gestaltet werden. Bünden und das Veltlin sollten das zweite, das Osttor, nach Italien bilden. Im Vertrag war darüber und über die Zukunft Bündens und auch des Veltlins nichts gesagt und nichts entschieden. Die Erfolge Gustav Adolfs hatten Ferdinand II. gezwungen, seine Stellung in Italien und in Bünden preiszugeben.

Schon Ende Januar 1631, ehe Servien zu den Verhandlungen nach Chierasco reiste, hatte er auch an den Gesandten Mesmin nach Solothurn geschrieben, er möge ihm alle Berichte der letzten Jahre über das Veltlin senden, dazu den Lindauer Vertrag, den Vertragsentwurf von Innsbruck (1629), die Erbeinigung und besonders den Vertrag von Monsonio, der die Absichten des Königs in Bünden erklären werde, und von Chierasco aus schrieben de Toiras und Servien den III Bünden, bald werde in Bünden die Freiheit hergestellt und der Vertrag von Monsonio ausgeführt sein, und der Interpret Molina mahnte die Häupter, einen Abgeordneten nach Chierasco zu senden. Bald darauf erschien Johann von Tscharner in Chierasco und forderte die Freiheit Bündens, die Zerstörung der Festungen und die unbedingte Rückgabe des Veltlins, Bormios und Clävens (9). Toiras und Servien antworteten ausweichend, die Vertreter des Kaisers und Spaniens hätten die Anerkennung des Vertrages von Monsonio abgelehnt, versicherten indessen, daß Frankreich Bündens Interessen wahren wolle. Als dann am 17. Juni der Vertrag zu Ende beraten war, meldeten de Toiras und Servien den III Bünden: «Wir haben die Befreiung Bündens verlangt, und die Pässe und Festungen werden in Eure Hand übergeben.» Bünden sollte Vertreter nach Chierasco senden, um die Ausführung der Vertragsbestimmungen, d. h. die Räumung Bündens zu besprechen. Hauptmann Stuppa reiste von Chierasco durch Bünden, um den Häuptern zu betonen, was Frankreich getan habe, und dann ging er weiter zu dem in Zürich angekommenen Du Landé, um diesen über die Maßnahmen zu unterrichten, die dazu dienen sollten, Bünden an der Nord- und Ostgrenze zu überwachen, d. h. den Einmarsch der Franzosen und die Besetzung des Landes durch Frankreich vorzubereiten, denn das war die wahre Absicht Richelieus und die Aufgabe de Toiras, um auch in Italien ans Ziel zu gelangen.

Im Juli 1631 kam dann Saint Force von Chierasco her; er forderte die Häupter auf, sofort nach Vollendung des Abmarsches der Kaiserlichen in Chierasco und in Mantua vom Vollzug der Friedensbestimmung Kenntnis zu geben, und darauf besprach er weiter mit Du Landé die Maßnahmen, die Bünden empfohlen werden sollten, nämlich das Aufgebot von Truppen, Wahl eines französischen Generals u. a. m. Dazu war in Paris auf Anraten von Abel Servien Rohan zum Oberbefehlshaber vorgesehen und dieser von Stuppa schon anfangs 1631 aufgefordert worden, Venedig, wo er seit der Niederlage der Hugenotten diente, zu verlassen und nach Bünden zu gehen, um sich dort zur Verfügung zu stellen und die Befehle von de Toiras und Servien abzuwarten.

Wie die militärische und politische Stellung in Bünden endgültig gesichert werden sollte, war am Hofe in Paris im Sommer 1631 noch nicht völlig abgeklärt; wenigstens äußerte sich Richelieu dem venezianischen Gesandten Alvise Contarini gegenüber, Venedig habe das große Interesse, die Wege durch Bünden nach Italien offen zu halten, es möge somit auch die Aufgabe übernehmen, das Tor im Osten zu bewachen (10). Doch Venedig war durch die Niederlage von Valeggio und durch die Pest geschwächt; es wollte sich nicht neuen Gefahren aussetzen und vor allem sich nicht weiter in den Dienst des französischen Imperialismus begeben, als für die eigenen Interessen nötig schien. So wies es ausweichend hin auf die Stärke der spanischen Truppen in Mailand, durch die Venedig gezwungen sei, im Süden wachsam zu bleiben (11). Auch Père Josephs Gedanke, durch ein Bündnis zwischen Frankreich, den Eidgenossen und Bünden die III Bünde vor einem neuen Ueberfall der kaiserlichen Truppen zu sichern, fand in Venedig keinen Anklang. Je mehr sich aber Venedig von Frankreich und von den Entscheidungen über die Zu-

kunft Bündens und des Veltlins zurückzog, um so mehr waren die
III Bünde den Machtforderungen Frankreichs ausgeliefert.

Von Katzensteig aus hatte Jenatsch diese militärischen und politischen Vorgänge in Europa mit äußerster Aufmerksamkeit verfolgt.
Im Februar 1631 ritt er nach Zürich zu Scaramelli, um sich über die
Lage der Dinge zu erkundigen. Die III Bünde hatten eine Eingabe
an Richelieu gerichtet, um erneut die rasche Räumung Bündens und
die Rückgabe des Veltlins zu erwirken. Jenatsch setzte die Reise nach
Solothurn fort; Scaramelli meinte, er gehe auf die Suche nach dem
Glück. Er hoffte wirklich auch mit seinem Waffenglück der Heimat
zu dienen. Zunächst wollte er in Solothurn vom französischen Gesandten Näheres über die Verhandlungen der Mächte (Chierasco)
erfahren. Dann reiste er weiter. In Paris vernahm er, noch ehe der
Vertrag von Chierasco unterzeichnet war, daß Bünden bis zum 10.
September von den Kaiserlichen geräumt werden müsse; die immer
scharf betonte Forderung Venedigs sollte also erfüllt werden. Jenatsch
erfuhr nun, daß Richelieu Graubünden nach dem Abzug der Kaiserlichen militärisch besetzen werde, daß die Pässe bewacht werden
sollten, um die Rückkehr der Kaiserlichen für immer zu verhindern.
Die Sicherung der Ostgrenze war auch eine Vorbedingung für den
Weitermarsch der Franzosen nach Mailand. Daß Richelieu noch
keinen Krieg mit Spanien wünschte, blieb unausgesprochen. Der
Staatssekretär Bouthillier bestätigte Jenatsch, was Mesmin schon gesagt hatte, daß Richelieu einen Vertreter nach Bünden senden werde
und daß auch Jenatschs Dienste in Bünden erwünscht seien. In Moret (bei Fontainebleau) besuchte Jenatsch den venezianischen Gesandten Contarini, dem die Pläne Richelieus ebenso viel Gedanken
machten wie Jenatsch. Auf dem Rückweg wurden Jenatsch in Dijon
von den Zahlstellen des Königs seine alten Guthaben ausbezahlt (8.
April), dann eilte er Katzensteig zu. Im Mai 1631 war er wieder in
Zürich und berichtete den Behörden über seine Reise und auch, daß
ein Vertreter Frankreichs nach der Eidgenossenschaft und nach Bünden kommen werde. Es war der erwähnte Joab-Gilbert Du Landé de
Siqueville, der wie Jenatsch unter Cœuvres gedient hatte und nun
gemäß dem Abkommen in Chierasco zwischen General Gallas und
Toiras die Räumung Bündens durch die Kaiserlichen überwachen
sollte. Du Landé kam als «gentilhomme», da die Ernennung eines

Gesandten nach Bünden Richelieu verfrüht erschien. Mit Du Landé, auf den Jenatsch große Hoffnungen setzte, und mit seinen Freunden wollte Jenatsch in Bünden Vorbereitungen treffen, um die Heimat aus dem Ruin erstehen zu lassen, so hatte er von Dijon aus dem Gesandten Contarini geschrieben (12). Am 17. Mai erschien Du Landé vor der Tagsatzung in Baden; dann reiste er nach Wallenstadt und später nach Chur, um den Abzug der Kaiserlichen zu überwachen und vor allem mit Hilfe von Jenatsch, Andreas Brügger, Anton Molina u. a. das Volk und die Häupter in Bünden für die Absichten Frankreichs zu gewinnen, drei Regimenter aufzustellen und die Pässe und die militärischen Stützpunkte zu besetzen (Luziensteig und Cläven). Andreas Brügger kaufte im Auftrage Du Landés unter der Hand von den kaiserlichen Offizieren Kriegsmaterial, dann erwarb er Gebäude, Wiesen und Wald auf der Luziensteig und stellte dort eine Wache von 100 Mann auf, zu denen später auch französische Mannschaften kamen. Erzherzog Leopold war von diesen Maßnahmen betroffen und beunruhigt; der Statthalter Feria erkannte die Gefahr für das Veltlin, und Anselm von Fels, der österreichische Kommissar in Nauders, sandte seine Amtsleute Heinrich Carl und Dr. Leo de Leon an die Gemeinden des Unterengadins, auf daß niemand die Vorschläge Du Landés annehme. Am 20. September versammelte sich der Beitag der III Bünde in Ems, denn in Chur herrschte noch die Pest. Hier erschien auch der Befehlshaber der Feste Fuentes, Pietro de Carate Olasso im Auftrage von Feria und erhob Einsprache gegen die Waffenerhebung der Bündner; doch Du Landé hatte die führenden Männer schon so sehr in der Gewalt, daß sie die Werbung der Regimenter erlaubten, obschon die Gemeinden, vor allem im Zehngerichtenbund, ihre Zustimmung versagten. Die Franzosen bauten besonders auf die Niederlage, die die Kaiserlichen unter Tilly am 17. September bei Breitenfeld erfahren hatten; sie sprachen von einer Vernichtung des Kaisers durch die Schweden und von einem baldigen Frieden. So schüchterten sie die Freunde des Kaisers in Bünden ein. Die Werbung wurde begonnen (13).

Jenatsch hatte diese Zeit von Ende Juli 1631 an wahrscheinlich an der Seite Du Landés zugebracht und an den Vorbereitungen für den Einmarsch der Franzosen gearbeitet. So wurde er, während der Beitag in Ems beisammen war, zusammen mit Ingenieur Beau nach

Cläven und Riva beordert, um die Festungsanlagen zu besichtigen, die der Graf Joh. de Merode auf Veranlassung Ferias nicht zerstört hatte. Von hier reiste Jenatsch abermals nach Frankreich, ohne daß der Zweck der Reise ersichtlich wäre; am 29. November 1631 war er wieder in Bünden und trat als Oberstleutnant eines Regimentes an die Seite von Oberst Andreas Brügger. Du Landé schätzte seine Dienste hoch und sprach in seinen Berichten nach Paris vom Werte dieses Mannes für den französischen Dienst; doch das Regiment des Zehngerichtenbundes, das ihm nach seinen Fähigkeiten und seiner Tatkraft gehört hätte, konnte er nicht erhalten, da Brügger älter und von «besserer Herkunft» und auch als Parteimann Frankreichs geschätzt war. Trotzdem unterhielten Brügger und Jenatsch gute Beziehungen. Ende November waren die drei Regimenter, die Toiras und Servien für die Verteidigung Bündens gewünscht hatten, gebildet. Der Statthalter Feria, der mißtrauisch die Entwicklung in Bünden verfolgte, versuchte umsonst mit den III Bünden zu verhandeln; seine Anträge wurden abgelehnt. Die französischen Agenten hatten angesichts der Lage in Europa die Bündner wieder für Frankreich gewonnen.

Am 4. Dezember 1631 kam der Herzog Heinrich von Rohan nach Chur, wie Marschall Toiras ihm durch Stuppa befohlen hatte. In Maienfeld traf Rohan Du Landé, und die beiden vereinbarten, der Interpret Anton Molina solle den Häuptern und Räten, die nach der Anweisung Toiras einen französischen Führer für Bünden gewünscht hatten, den Herzog Rohan als General vorschlagen. Häupter und Räte vollzogen somit die Wahl; in ihrem Dekret wurde Rohan beauftragt, alle nötigen Befehle, die nicht nur für die Erhaltung der Pässe und der Freiheit, sondern auch für die Wiedergewinnung des Veltlins wünschbar seien, zu geben. Nun galt es für Toiras, Servien und Du Landé die Stellung Rohans in Bünden zu stärken; die französischen Soldaten, die Rohan in Venedig geführt hatte, sollten irgendwo an der Grenze des Veltlins entlassen werden, damit sie auf der Reise durch Bünden von Jenatsch und Du Landé angeworben werden könnten. Auch Truppen aus Frankreich sollten dann allmählich herbeigezogen werden, um durch sie in den Besitz der Festungswerke und der Verbindungswege von Nord nach Süd zu gelangen. Schon im November 1631, vor der Ankunft Rohans, hatte

Du Landé den Ausbau der Luziensteig, dann vor allem der Rheinschanze und der Festungswerke in Cläven und in Riva di Mezzola
geplant, damit Bünden fest in der Hand Frankreichs sei; doch die
Bündner wurden mißtrauischer und lehnten schon in einer Volks-
abstimmung vom 12. November und 12. Dezember den Festungsbau
ab. Du Landé setzte sich aber über den Willen der Gemeinden
hinweg; er ließ die Rheinschanze, die die Kaiserlichen ausgebaut
hatten, niederreißen und begann mit dem Bau von erweiterten, großen Anlagen; er kaufte unter jedem Vorwand den Bauern das Land
ab und bezahlte die Arbeiter am Festungsbau mit barem Geld, ließ
sie billig verpflegen und beteuerte den murrenden Bauern, es handle
sich nur darum, die Kaiserlichen für immer vom Lande fern zu halten; das alles tue der König von Frankreich aus Gutherzigkeit. Bald
waren die Häupter und Räte so unter dem Druck der Franzosen,
daß nichts ohne ihren Willen geschah. Die Sendung Rohans war eine
kluge Berechnung Richelieus und seiner Diener, um zunächst ein
gewisses Vertrauen bei den Bündnern zu gewinnen und das französische Joch erträglich erscheinen zu lassen (14).

Rohan war ein echter Vertreter des französischen Hochadels; in
heroischer Bereitschaft hatte er seine Glaubensgenossen, die französischen Hugenotten, in den Unabhängigkeitskampf gegen das natio-
nalistische Bestreben des Königtums geführt, um den hugenottischen
Staat im Staate zu erhalten, freilich nicht ohne spanische Gelder
anzunehmen. Oft hatte er selbst im Verein mit seinem Bruder Sou-
bise den Kampf angefacht; allein er war mit seinen 400 000 Hugenotten dem absolutistischen Königtum, der Bewegung der Gegenreformation und noch mehr der inneren Zerissenheit und dem politischen Individualismus seiner eigenen Glaubensgenossen erlegen. Er
hatte Treue gehalten, auch als viele zu weichen begannen oder ab-
fielen. Als la Rochelle (1628) belagert wurde, da kämpfte er in den
Cevennen und im Languedoc, und als die hugenottische Festung fiel,
fanden er und seine Gattin Margareta Rosny, die Tochter Sullys
beim König Gnade. Ludwig XIII. machte den Vicomte Henry von
Rohan zum Herzog, zum Pair des Königreiches und zum General-
obersten der Schweizer. Das Selbstgefühl des Edelmannes war befriedigt, dem Ehrgeiz waren neue Wege offen; doch sie mußten den
Herzog in innere und äußere Gefahren bringen. Den Bündnern er-

schien der ruhmbedeckte, vom Schicksal schwer geprüfte Feldherr in seinen gemessenen Gebärden, in seiner edlen Verhaltenheit als die verkörperte Würde, als ein Bürge des reinsten und ehrlichsten Wohlwollens, und in vielen Bündnern regte sich zunächst ein tiefes Vertrauen zu ihm. Aber Rohan kannte seine Aufgabe; er wußte, daß er nicht den Wünschen der Bündner, sondern dem Willen Richelieus zu genügen hatte, und Rohan versicherte dem Kardinal: «Je fais une profession particulière d'estre votre serviteur envers tous et contre tous» (15).

Die Maßnahmen Frankreichs in Bünden trugen den Geist des Kampfes gegen den Kaiser Ferdinand II., gegen seinen Bruder Erzherzog Leopold von Oesterreich und gegen den spanischen König Philipp IV., wenn auch der offene Krieg, besonders gegen Spanien noch vermieden werden sollte, solange die Entwicklung des Kampfes in Deutschland nicht abgeklärt war. Denn während die Franzosen 1631 die Besetzung Bündens durchführten, war Gustav Adolf von Norden her tief in Deutschland eingedrungen. Im Vertrage von Bärwalde vom Januar 1631 hatten die Vertreter Richelieus und des schwedischen Königs die Ziele des Krieges in Deutschland endgültig festgelegt. Gustav Adolf sollte zum Schutze der gemeinschaftlichen Freunde, zur Sicherung der Ostsee, für die Freiheit des Handels, für die Restitution der unterdrückten und bedrängten Stände in Deutschland eintreten. Auch die Begehren Richelieus sollten dabei durch Gustav Adolf erfüllt werden: der König sollte nämlich die katholische Religion in den eroberten Orten unangefochten lassen und mit Bayern und der katholischen Liga Freundschaft halten, wenn diese das Gleiche täten. Da das Bündnis besonders gegen den Kaiser gerichtet war, wünschte Père Joseph, daß Gustav Adolf von Sachsen aus durch Schlesien nach Böhmen ins Herz Deutschlands ziehe.

Gustav Adolf war wie Richelieu und Père Joseph Vertreter einer religiös lebhaft interessierten Zeit; bei ihm wie bei seinen großen Zeitgenossen herrschte jedoch eine merkwürdige Verquickung von politischer Berechnung und religiöser Empfindung. Diesem Wesen entsprachen seine Ziele, die Herrschaft über das Baltische Meer und den Schutz des Protestantismus zu sichern. Beide waren vom Kaiser durch Wallensteins Sieg über den Dänenkönig, durch die

Unterstützung der Polen gegen Schweden und durch das Restitutionsedikt bedroht. So waren Gustav Adolfs Begehren erstens eine Satisfaktion, die er in Land und Leuten in Pommern und den mecklenburgischen Häfen suchte und zweitens eine Assekuration, die im Bündnis der protestantischen Deutschen mit Schweden bestehen sollte. Er selbst wollte als Schutzherr der Evangelischen, eines evangelischen Korpus in Deutschland, anerkannt sein. Auf politischem Gebiete mußte die Erfüllung dieser Ziele für Deutschland ein nationales Unglück bedeuten.

Gustav Adolf stand im März 1631 in Hinterpommern, am 12. April vor Frankfurt a/O., am 20. Mai fiel Magdeburg durch den kaiserlichen Feldherrn Tilly, und am 17. September schlug Gustav Adolf Tilly in der entscheidenden Schlacht von Breitenfeld. In Prag und in Wien erfaßte der Schrecken über die kommenden Dinge die Menge, und Ferdinand II. mußte von Neuem die Berufung Wallensteins anordnen. Gustav Adolf marschierte über Erfurt an den Main und zog im Dezember 1631 in Mainz ein.

Die Berichte vom siegreichen Vordringen Gustav Adolfs hatten bei der protestantischen Bevölkerung in Bünden immer wieder große Begeisterung ausgelöst und den Franzosen die Besetzung Bündens bedeutend erleichtert. Der Prädikant Jesaja Schucan in Ponte, der im Dezember 1631 (vielleicht um Johannes an die Universität zu begleiten, vielleicht aus politischem Interesse) nach Basel gereist war, hatte dort den Gesandten der Niederlande Brederode und den schwedischen Legaten bei den eidgenössischen Orten in Baden, Christoph Ludwig Rasché, gesprochen, der am 9. Dezember 1631 vor der Tagsatzung in Baden ein Bündnis zwischen den Eidgenossen und Schweden beantragt hatte. Beide hatten dem Engadiner Prädikanten Grüße an den Herzog Rohan aufgetragen. «Als ich dies in Chur ausrichtete, fand ich vor seinen (Rohans) Augen solche Gnade, daß ich es niemals vergessen werde», erzählte Schucan später. Er hatte in Basel die Nachrichten vom Einzug Gustav Adolfs in das «goldene Mainz» erlebt.

Auch Jenatsch hatte anfangs Dezember Bünden verlassen und war nach Katzensteig geritten. Vor allem galt es, nach langer Abwesenheit wieder zur Familie zurückzukehren, und dann hatte er noch ein Geschäft zu erledigen. Ueber die Wasserrechte des Hofes

Katzensteig herrschte schon seit dem Bau des Schlößchens (1585) Unklarheit. Das Wasser kam von einer Quelle auf dem benachbarten Hofe Klockershausen, einem Erblehen des Bischofs von Konstanz. Jenatsch, der in wirtschaftlichen und rechtlichen Fragen Klarheit haben wollte, ging nach Meersburg und schloß dort am 14. Dezember 1631 mit dem Bischof ein Abkommen, in dem er für den Hof Katzensteig das unbedingte Recht auf den Zufluß der Quelle über den Hof Hapkhran erhielt, sich verpflichtete, das nötige Wasser auch weiterhin an den Hof Klockershausen abzugeben und jährlich zu Martini fünf Schillinge Pfennige gangbarer Währung bezahlte.

Zu Beginn des Jahres 1632 erlebte Jenatsch auf Katzensteig noch ein frohes Ereignis. Frau Anna Jenatsch-Buol schenkte einem Töchterchen das Leben; dieses wurde am 20. Januar 1632 in der evangelischen Kirche in Bischofszell getauft und erhielt den Namen Dorothea. Jörg Rietmann und Salome Guldinastin waren Taufzeugen.

Gewiß hatte Jenatsch in dieser Zeit auch die politischen Ereignisse mit großer Aufmerksamkeit verfolgt. Die Frage, wohin sich Gustav Adolf von Mainz aus wenden werde, wenn der Frühling ins Land ziehe, beherrschte in der Schweiz alle Gemüter. Der schwedische Legat Rasché hatte mit seinem Bündnisantrag an der Tagsatzung keinen Erfolg gehabt, doch erschien er am 22. Dezember in Liestal und reiste weiter nach Schaffhausen, und in Zürich war man für die Sache Gustav Adolfs begeistert. Auch Herzog Rohan nahm die Verbindung mit den Schweden auf und war von der Hoffnung beseelt, daß sich Gustav Adolf bald von Mainz nach dem Osten gegen Leopold von Oesterreich wenden werde. Er zweifelte nicht daran, daß der Schwedenkönig Oesterreich besetzen und dann nach dem Süden, nach dem Veltlin und Italien ziehen werde. — Mochten nun diese Aussichten Jenatsch in politischer Hinsicht auch mit neuen Hoffnungen erfüllen, so war dem treubesorgten Familienvater der Gedanke an die Zukunft der Angehörigen, die er allein in Bischofszell zurücklassen mußte, nicht leicht. Als dann die Schweden im Juni 1632 in Memmingen einzogen, um ihren Weg an den Bodensee und durch die Ostschweiz nach Bünden und dem Süden zu verfolgen, scheint Jenatsch seine Frau und die Kinder nach Bünden in seine Nähe gebracht zu haben. Oberst Brügger soll ihm sein Haus in Chur überlassen haben. Tatsächlich war Jenatsch in der Weihnachtszeit 1632 in Chur. Im Jahre 1633 war die Familie wieder in Davos in der heutigen «Villa vecchia». Katzensteig blieb noch im Besitze Jenatschs.

Der Blick auf die äußeren Vorgänge, die innere Not, Hoffnungen und Enttäuschungen weckten im Bündner Volk die wechselvollsten Stimmungen und hielten es während des ganzen Jahres 1632 in beständiger Spannung.

Zu Beginn des Jahres traf der Hausgeistliche des Herzogs Rohan in Chur ein. Rohan hatte die Genfer gebeten, ihm einen calvinistischen Geistlichen zu senden, bis ein Hugenotte aus Frankreich eintreffen werde, und Genf hatte den Pfarrer und Professor Theodor Tronchin gesandt, der zusammen mit Caspar Alexis († 1626) an der Universität gewirkt hatte und durch diesen, durch seine bündnerischen Studenten und durch seine Beziehungen zu Bünden über die politischen und kirchlichen Verhältnisse daselbst gut unterrichtet war. Tronchin sollte auch in Fragen der evangelischen Kirche in Bünden Rohan als Berater zur Seite stehen und die Streitigkeiten im Engadin im Sinne Rohans und Richelieus beeinflussen. Im Einvernehmen mit der Synode gab Tronchin dem Jesaja Schucan den Rat, er möge von Ponte nach Puschlav übersiedeln, «um die kleine zersplitterte Herde Christi hier einige Zeit zu weiden». Schucans Brief vom 24. Februar 1632 zeigte aber, wie sehr er und die Prädikanten sich in ihren Hoffnungen auf Rohan und Tronchin täuschen sollten. Er schrieb in seinem überschwenglichen Latein an Tronchin: «Aber weil du zu uns geeilt bist, um bei dem durchlauchtigsten Fürsten Rohan die Stelle eines Boten Christi einzunehmen und unseren Kirchen, die durch die lange Tyrannei des Antichrists schmählich zerstört waren, wieder zum alten, Christi würdigen Glanz zu verhelfen, so bitte ich Gott von innerstem Herzen, daß der Erfolg deinen frommen und heilbringenden Bemühungen entsprechen möge ... Es war uns hochwillkommen zu erfahren, daß der König der Könige dem Allerchristlichsten König neulich eingegeben hat, zum Schutz unserer Gegend die Hilfe des erlauchten Herzogs Rohan zu gebrauchen; daraus leuchtet auch für die Schäflein hier nicht geringe Hoffnung, es werde ihm die Möglichkeit erwachsen, wieder aufzuatmen, besonders da du durch göttliche Gnade ihm zur Seite gegeben bist, von dem, wie aus der reinsten

Wohnung des Gottes Geistes, nur heilsame Ratschläge hervorkommen können.» Etwas weniger enthusiastisch sprach bald darauf Gaudenz Tack (sprich Tatg), der Prädikant von Bevers, vom französischen König und von seinem Diener Rohan. Tack hatte von Rohan Weisung erhalten, die Unterengadiner für ein friedliches Zusammenleben der Konfessionen, für die Duldung der Kapuziner zu beeinflussen. Die Kirchen und Einkünfte aus den Gütern sollten den Kapuzinern überlassen bleiben und die Prädikanten vorläufig nicht in die Gemeinden des Unterengadins zurückkehren. Auf Befehl von Richelieu und Père Joseph hatten Du Landé und Rohan die Häupter und Räte für diese Forderung bearbeitet, und diese hatten mit Widerstreben ihre Zustimmung gegeben. So schrieb Tack dann am 20. März 1632 an Tronchin: «Meine Aufträge, von unserem Fürsten (Rohan) empfangen, habe ich mit allem Eifer unverzüglich zu erfüllen versucht, aber mit schwachem Erfolg, wider alle meine Erwartungen, in denen ich mich ganz getäuscht sah. Aber wenn ich eingehender die Gründe und Ueberlegungen prüfe und erwäge, auf Grund deren die Bewohner des Unterengadins, unsere Glaubensgenossen, die Bekenner und Anhänger, sich weigern zu gehorchen, bleibe ich ganz bestürzt, da sie der Stützen nicht entbehren. Ich sehe den glühenden Eifer, mit dem sie für Gottes Ehre brennen; ich sehe ihren heißen und fast unstillbaren Hunger und Durst nach Gottes Wort. Ich erwäge ihre klägliche Lage; ich weiß nicht, mit welchen Tränen, mit welchem Weinen sie beklagt werden muß; sie sind von mannigfaltigen, schweren Leiden umgeben. Auf der andern Seite plagen und quälen sie die furchtbaren Drohungen des Hauses Oesterreich, die es täglich ausstößt, sie zu unterdrücken, als Drittes kommt das noch Schlimmere und Bittere, nämlich der Abfall der Bundesgenossen. Allerdings schätzen sie das Ansehen und den unerschütterlichen, festen, ja heiligen Willen unseres gnädigen Fürsten Rohan und wünschten, daß er bleiben möge, aber dabei erinnern sie sich, wie oft sie getäuscht und betrogen worden sind, und so schließen sie aus dem Vergangenen auf die Gegenwart und begnügen sich damit, mit festem Sinn die Gewissensfreiheit zu verteidigen und zu behaupten, indem sie abweisen und als verdächtig ansehen, alles, was die menschlichen Geister ausdenken und verkünden, als etwas Ungeheuerliches und daher verderblich Ausgehendes. Es steht bei ihnen fest und ausgemacht, daß sie lieber unter Preisgabe aller ihrer jetzigen Lebensgüter flüchtig und in der Verbannung leben wollen als von ihrem so frommen und heiligen Vorsatz auch nur einen Schritt zurückzuweichen. Du, erlauchter Herr, urteile daher nach deiner Klugheit und Frömmigkeit, was zu tun ist, und wenn mit unserem weisen Fürsten (Rohan) gemeinsam beraten wird, so überlegt so, daß ihr auf das gemeinsame Wohl und auf ihre, der Unterengadiner Erhaltung und Rettung Bedacht nehmet und daß so das wahre Wesen christlicher Liebe und Frömmigkeit hervorragt.» — Mit diesen Worten wiesen die Unterengadiner das Ansinnen Rohans zurück. Sie sehnten sich nach Frieden und erwarteten die Ausweisung der Kapuziner, die Rückgabe der evangelischen Kirchen und der dazu gehörenden Güter und Einkommen. In diesem Sinne richteten dann die Führer der Unterengadiner, Nikolaus Anton Vulpius von Fetan und Johann Pitschen von Saluz am 30. April 1632 eine Bittschrift an Tronchin; darin baten sie ihn, er möge den Herzog Rohan dahin bewegen, daß er die Sache der Unterengadiner dem Gesandten des Schwedenkönigs unterbreite, und wenn Gustav Adolf — er stand mit seinen Truppen in Augsburg — mit Erzherzog Leopold in Verhandlungen eintreten sollte, so möge er auch die Interessen der Unterengadiner vertreten und die völlige Befreiung dieses Tales von Oesterreich erwirken. Die Fortschritte des Schwedenkönigs in Schwaben und Bayern ermutigten dann die Unterengadiner dermaßen, daß sie mit der Vertreibung der Kapuziner drohten. Die Synode von Filisur unterstützte sie und forderte in ihrem Namen von den Häuptern und Räten für die vertriebenen Pfarrer die Erlaubnis zur Heimkehr. Die katholischen Abgeordneten der III Bünde, die sich nicht in den Dienst der Kapuziner stellen wollten, übten in der ganzen Kapuzinerfrage einige Zurückhaltung, denn es handle sich seit 1624 um eine französische Aktion mit Hilfe venezianischer Mönche (Brescia), und der Bundstag beschloß, den Unterengadinern die Gewissensfreiheit zuzusichern; doch über die Rückgabe der Kirchen und Pfarrhäuser wagte er unter dem Drucke Rohans und seiner Gebieter in Paris nicht zu entscheiden. Du Landé meldete die Beschlüsse der Synode und des Bundstages nach Paris; darauf wurden Rohan und Du Landé angewiesen, für den Fortbestand der Kapuziner Mission im Engadin einzustehen. Infolgedessen bat Rohan die Prädikanten persönlich, alle nötigen Opfer zu bringen, um den inneren Frieden herzustellen und dadurch dem König im innern Frankreichs und in Rom Schwierigkeiten zu ersparen. Doch die Unterengadiner wollten sich nicht fügen. Da sandte Rohan (im August 1632) seinen Berater Professor Theodor Tronchin ins Engadin; er sollte die Unterengadiner zur Ruhe bringen, sie überzeugen, daß die Mission der Kapuziner unter den gegebenen politischen Umständen geduldet werden müsse. So vertrat in dieser seltsamen Lage der Professor der calvinistischen Hochschule die Interessen der Mission und der katholischen Kirche, meldete der Kapuzinerpater Ireneo nach seiner Begegnung mit Tronchin in Zernez nach Rom. Gaudenz Tack, der inzwischen mit seiner Familie von Bevers nach Chur übergesiedelt war, um als Lehrer an der eben (1632) reorganisierten Lateinschule (scola latina, todesca, grisonica, sagt der Bischof) zu wirken, zeichnete später in seinem Briefe vom 14. Oktober 1632 an Tronchin, der wieder nach Genf zurückgekehrt war, die Lage und die Stimmung in Bünden: «Was für eine bittere harte Wandlung der französischen Politik uns betroffen hat, dafür appeliere ich an dich als gerechten Richter. Unter so vielen Gesandten, die Frankreich geschickt hatte, hat Bünden niemals einen größeren gesehen als diesen Herzog von Rohan, der bereits unseren inneren Kämpfen ein Ende gesetzt hatte kraft seiner Geschicklichkeit, so daß er gerade die Schwierigsten, die einst das Verderben unserer Republik waren, auf seine Seite gebracht hat. Die unbillige plötzliche Veränderung hat die Feinde einer friedlichen Ruhe so erfreut, daß wir sie mit vollen Backen lachen sehen müssen; wie schwer dies dagegen für die Frommen ist, kann ich kaum mit Worten richtig ausdrücken. Viele nichtswürdige Menschen sind überzeugt, daß sie uns mit Drohungen und Schreckmitteln bekämpfen können; doch mögen sie sich gegen uns verschwören: mit Hilfe des gnädigen Gottes verachten wir sie alle. Ach was für ein klägliches Ende unseres großen Fürsten (Rohan), er, von vielen geehrt und geachtet (deren Namen ich gerne schweigend übergehe) zum Schein, wird jetzt gering geachtet und mit rohen Worten verflucht, seinen Verdiensten wird jetzt kein anderer Dank abgestattet als Unbill...» So war die Stimmung. Die Kapuziner waren siegesbewußt, die Unterengadiner von Bitterkeit erfüllt. Das Ansehen Rohans begann zu schwinden; nur die Einsichtigen wahrten das Vertrauen in seine Gesinnung. Gaudenz Tack dankte Tronchin auch im Namen seiner Freunde für die weisen Ratschläge im Dienste Rohans und Johann von Tscharner, dessen Sohn in Genf im Hause Tronchins seine Weiterbildung genoß, Fortunat Sprecher, Georg Saluz u. a. brachten Rohan Verständnis entgegen (16).

Die Bitten, die Vorstellungen Tronchins und die Truppen, mit denen Du Landé den Unterengadinern drohte, hatten schließlich ihre Wirkung. Am 17. November 1632 vereinbarten Landammann Caspar Saluz in Fetan, Conradin Planta und Johann Planta, daß die Einkünfte der Pfarreien zwischen den Prädikanten und Kapuzinern zu teilen seien, z. B. gab Fetan den Kapuzinern 5 Gulden, Schuls das Pfarrhaus und die Hälfte der Einkünfte von 39 Gulden, Sent das halbe Einkommen von 40 Gulden, Remüs die Kirche und das halbe Einkommen. Die Einkünfte waren je zur Hälfte in Roggen zu 27 Batzen und in Gerste zu 22½ Batzen (che sia bellissima roba) zu entrichten. Am 19. November wurden in diesem Sinne in Zernez auch die Verhältnisse von Obtasna geregelt (17).

Der dauernde Druck, den Frankreich in dieser Glaubensfrage ausübte, entsprang dem religiösen Denken Richelieus und des Père Joseph, aber auch den Rücksichten gegenüber dem Papst, der Propaganda und den inneren Gegnern Frankreichs. Sie hatten den Hugenotten Rohan mit einer Aufgabe betraut, die seinem Wesen und Denken widersprechen mußte, beim Bündner Volk heftigen Widerspruch auslöste und das Verhältnis Rohans zu den Bündnern trübte.

Noch schwieriger gestaltete sich für Rohan die Lösung der politischen Aufgabe. Richelieu und Père Joseph hatten die Besetzung Bündens vollzogen, um die drei Bünde und das Veltlin als Durchgangsländer für den Krieg in Italien und als bleibende Interessensphäre Frankreichs im Kampfe um die Machtstellung in Europa zu wahren; bündnerische Ansprüche und Interessen fielen für die Machthaber Frankreichs kaum in Betracht. Die Haltung Richelieus in der religiösen Frage war auch in seiner politischen Einstellung zu Bünden maßgebend. Deshalb weckte der Siegeszug Gustav Adolfs in Bünden auch die Hoffnung auf Herstellung der politischen Freiheit in den Bünden und auf den Besitz der Untertanengebiete. Darum lauschten die Bündner so gespannt auf jede Nachricht aus dem schwedischen Lager, denn die erwähnte Allianz von Bärwalde (Januar 1631) zwischen Richelieu und Gustav Adolf war auch geschlossen worden «behufs Zerstörung der Festungen an den Meeresküsten und in Graubünden, damit alles in den Stand vor dem deutschen Kriege (1618) versetzt werde». Dazu gehörte die Unabhängigkeit der Bünde und die Rückgabe des Veltlins (18). Je erfolgreicher aber der Schwedenkönig war, um so mehr steigerten sich die Bedenken Richelieus. Zunächst forderten der Kardinal und sein Mitarbeiter Père Joseph auf Grund des Bärwalder Vertrages von Gustav Adolf die Anerkennung der Neutralität der katholischen Liga; dann dachten sie besorgt an ihren Anteil an der Kriegsbeute an den Ufern des Rheins. Im Rate des Königs Ludwig XIII. wurde deshalb am 6. Januar 1632 die zukünftige Politik Frankreichs gegenüber Schweden und dem Reich besprochen. Einzelne Räte empfahlen Richelieu, das Elsaß zu besetzen und in Süddeutschland einzudringen; andere dachten bescheidener und wollten nur Straßburg und Kehl nehmen. Père Joseph aber warnte vor dem offenen Krieg mit dem Kaiser und mit Spanien und riet zur allmählichen Durchdringung der linksrheinischen Gebiete. Richelieu schloß sich nach reiflicher Ueberlegung diesem Vorschlag an. Diese Bestrebungen für die Liga und die Sorge um die Kriegsbeute bestimmten auch die Haltung Frankreichs in Bünden und in Oberitalien, denn hier erschien eine Entscheidung weniger dringlich, vielmehr wünschte Richelieu in diesem Augenblick der größten Spannung den Krieg mit Spanien zu vermeiden. Zudem sollte die Entscheidung über Bünden, die Alpenpässe und Oberitalien trotz Bärwalde ohne die Schweden und ohne eine andere Einmischung vollzogen werden. Als Richelieu in diesen Tagen den Père Joseph fragte, ob man sich die Schweden nach dem Veltlin und Italien wünschen solle, meinte die Graue Eminenz: «Wir bringen damit das Veltlin in die Hand eines Feindes (der Schweden), ohne die Ansprüche des andern (Spaniens) zu erledigen.» Richelieu war entschlossen, Gustav Adolf vom Zuge nach Bünden und Italien fernzuhalten, denn Bünden sollte Frankreichs Domäne bleiben (19).

Rohan hatte unterdessen den Bündnern Hoffnungen gemacht, er werde den Marsch ins Veltlin bald antreten, und in Paris empfahl er dringend, den Feldzug nach dem Veltlin im Bunde oder mit Hilfe der Schweden zu unternehmen, denn noch war seine Truppe zu schwach für den Kampf. Richelieu wich aber einer Entscheidung in dieser Frage zunächst aus; vor allem war das Mißtrauen gegenüber den Schweden entscheidend. Dabei wurde der Kardinal auch vom Nuntius Bichi in Paris beeinflußt; dieser rief Richelieus Unterstützung an, damit der Einmarsch Gustav Adolfs nach Italien und die Gefährdung des Papsttums vermieden werde. So wurde (später im Mai 1632) auch der Vorschlag des Schwedenkönigs selber, mit Truppen durch Bünden nach Italien zu ziehen, von Richelieu abgewiesen. Rohan aber bekam zunächst den Befehl, seine Truppen zu verstärken und die Befestigungen auszubauen. Doch trotz der äußerst bedachten Politik Richelieus ließ sich Rohan von seiner Begeisterung für den Schwedenkönig beeinflussen und unterhielt mit diesem einen regen Verkehr; es scheint, Rohan habe dem Schwedenkönig auch die Pläne für einen gemeinsamen Feldzug nach dem Süden mitgeteilt. Am 27. April schrieb der Herzog an seinen Freund (Zorzi?) in Verona, es solle nicht an ihm liegen, wenn der schwedische König nicht die Straße nach Graubünden freifege; er lasse es an keiner Aufmunterung fehlen und werde keine Mühe ersparen, um die Geschäfte, die zwischen ihnen im Gange seien, zu einem raschen Erfolg zu führen (20). Da kamen von Richelieu ausführliche Anweisungen, die Rohan zwangen, sein Verhältnis zu Gustav Adolf mit größerer Bedachtsamkeit zu prüfen. Der Herzog sollte alles tun, um die Schweden von Graubünden und von den Alpenpässen fernzuhalten; das Veltlin sollte vom Kampfe unberührt bleiben und der Vertrag von Monsonio genau beachtet werden. Sollte aber Spanien Riva am Comersee besetzen, so möge Rohan in Bormio einziehen, um die Schweden von einem Einmarsch (durch Tirol?) abzuhalten. Richelieu fügte hinzu, auch Spanien habe weit mehr Interesse, die Schweden von Italien fernzuhalten als selbst Truppen an den Kaiser zu senden, denn der Einzug der Schweden würde Italien den Ruin bringen. Schließlich dachte man in Paris an einen Ausweg, um Gustav Adolf nicht zu verletzen. Rohan sollte auf eine Verbindung mit der ganzen schwedischen Armee verzichten, doch eine Hilfstruppe von 3—4000 Mann wünschen, denn diese allein könnte nicht an die Besetzung des Veltlins denken (21).

So selbstverständlich diese Haltung für Frankreich war, erzürnte sie die Bündner doch in hohem Grade; Häupter und Bundstag drückten in ihren Schreiben an den König in Paris aus, wie sehr das Bündner Volk enttäuscht sei, daß das Veltlin nicht unter die Hoheit Bündens geführt werde (22). Rohan selbst gab den Gedanken an die Eroberung des Veltlins gemeinsam mit den Schweden nicht auf und pflegte die Beziehungen zu Gustav Adolf weiter, je mehr die Erfolge des Schwedenkönigs die Ausführung der Pläne zu begünstigen schienen. Auch Gustav Adolf hielt eifrig die Verbindung mit Rohan aufrecht, nicht daß er zunächst einen Kriegszug gegen Mailand geplant hätte, doch ihm war besonders daran gelegen, zunächst die Truppentransporte Spaniens von Mailand durchs Veltlin nach Tirol zu unterbinden, um die kaiserlichen Armeen im Felde vernichten zu können; dann erst sollten die Operationen nach dem Süden einsetzen. Als Rohan im Mai 1632 nach Baden an die Tagsatzung ritt, um dort vorerst die Streitigkeiten, die zwischen Bern und Solothurn (Kluserhandel) entstanden waren, beizulegen, erschien dort Oberst Johann Ludwig von Erlach aus dem schwedischen Lager in München und überbrachte ihm einen Brief des Königs Gustav Adolf vom 23. Mai 1632, in dem dieser für die guten Ratschläge Rohans dankte und nochmals die Notwendigkeit betonte, den Spaniern die Pässe von Mailand nach dem Reiche zu verschließen. Der König erklärte sich bereit, Hilfe zu senden oder selbst mit Truppen nach Graubünden zu ziehen. Kurz darauf kam ein weiteres Schreiben, worin Gustav Adolf sagte, er hoffe, Rohan werde «von seinen Pässen aus den großen Plan der Befreiung der Unterdrückten vom Joche der Tyrannen bei jeder Gelegenheit und jedem Bedürfnis unterstützen». Deshalb wolle er sich ihm in Bälde nähern oder ihm auserlesene Truppen senden (23). Gustav Adolf hatte 100 Regimenter Infanterie und 40 Kavallerie und rechnete damit, daß Deutschland auf die Länge nicht im Stande sei, diese Truppen zu ernähren; auch diesen Grund hatte der Schwedenkönig für seinen Marsch nach dem Süden. Von diesen Plänen erzählte von Erlach auch dem venezianischen Residenten in Zürich, und die Gerüchte vom kommenden Alpenkrieg drangen bis an den Innsbrucker Hof. Als Rohan von Baden nach Chur zurückkam, traf dort ein Bote des Erzherzogs Leopold ein, der zu wissen wünschte, ob Gustav Adolf wirklich durch Bünden ziehen wolle, denn in Innsbruck betrachtete man ein solches Vorgehen als eine Verletzung der Erbeinigung. Rohan, der in Baden offen die Vorschläge des Schwedenkönigs gebilligt hatte, beruhigte den Boten des

Erzherzogs, indem er ausweichend erklärte, daß an die Ausführung solcher Pläne nicht zu denken sei und zudem sei er selbst in der Lage, Angriffe auf Bünden abzuweisen (24).

Schon war Gustav Adolf anfangs Juni (1632) in Memmingen eingezogen und gedachte an den Bodensee weiter zu ziehen, um seine Annäherung und Verbindung mit Rohan zu vollziehen, da kam die Nachricht, daß Wallenstein in Böhmen die sächsischen Armeen bedränge, und Gustav Adolf mußte diesen zu Hilfe eilen. Er hinterließ aber in Schwaben 12 000 Mann unter dem Befehl des Herzogs Bernhard von Weimar und ebenso viele Mann in Bayern unter Banèr. Diese Truppen sollten die Verbindung mit Rohan suchen und durch Tirol und durch Bünden offene Wege nach dem Süden erkämpfen; doch Bernhard von Weimar wurde bald gezwungen, dem König Gustav Adolf nach Nürnberg zu folgen, wo der Schwedenkönig Wallenstein gegenüber stand. Es war Gustav Adolf nicht gelungen, Wallenstein vor seiner Vereinigung mit dem Herzog Maximilian von Bayern zu erreichen und zu schlagen, und dadurch wurde die Ausführung der Pläne an den Alpenpässen und im Veltlin vereitelt. Rohan und Gustav Adolf hielten trotzdem ihre Verbindung weiter aufrecht (25).

Die Gerüchte über die Pläne Gustav Adolfs, ins Veltlin zu ziehen, hatten auch besonders die Bewohner von Bormio beunruhigt. Sie suchten deshalb eine Annäherung an Bünden und die Verbindung mit Rohan, um unter dem Schutze Frankreichs den Einmarsch der Spanier von Mailand durchs Veltlin zu verhindern. Dr. Imeldi und Joachim Alberti erschienen aus diesem Grunde im Juli 1632 in Chur. Da sie aber wieder den Vertrag von Monsonio als Grundlage einer Vereinbarung forderten, blieb ihre Mission erfolglos (26).

Schon die Nachricht, daß Gustav Adolf sich nach der Verbindung Wallensteins mit Herzog Maximilian von Bayern nach Nürnberg zurückgezogen habe — anfangs Juli 1632 — hatte die Bündner beunruhigt. Nochmals hatten sie mit dem Hinweis auf die in Schwaben und Bayern verbliebenen Schweden den französischen König aufgefordert, gemeinsam mit den Bündnern den Feldzug nach dem Süden anzutreten. Die Lage schien noch immer günstig, denn wenn sich die Schweden je nach der Lage ihres Königs auch nicht am Kriegszug beteiligen konnten, so bildeten sie doch eine starke Rückendeckung. Richelieu wartete zu. Als dann Gustav Adolf im September von Nürnberg nach dem Süden zog, um den Kampf gegen Oesterreich zu führen, schlug Rohan abermals vor, den Marsch nach dem Süden antreten zu dürfen. Noch anfangs Oktober 1632 eilten die Boten Rohans nach Paris, um die Erlaubnis zum Abmarsch zu erhalten (27), denn Rohan glaubte an den Sieg Gustav Adolfs. Er mahnte die Bündner, den Mut zu bewahren, das Geschehen in Europa habe den Marsch ins Veltlin nur verzögert; er schrieb dem König: «Die Schweden sind in der Nähe, Leopold ist gestorben, Feria (Mailand) ist in schweren Sorgen, denn die Soldaten in Italien haben sich zum Teil erhoben. Marschall Toiras kann mit unseren Truppen von Montferrat gegen Mailand vorrücken, die Schweden werden von Norden her Tirol bedrohen und uns den Rücken decken, Venedig kann Hilfe bringen, und alle Pläne können gelingen. Der Winter ist für den Feldzug günstig, denn die Gewässer sind klein. Der Vertrag von Monsonio wird von den Veltlinern alle Tage verletzt, und ich werde den Einmarsch ins Veltlin mit einer Erklärung begründen, so daß niemand widersprechen kann. Die Eroberung des Veltlins aber wird das Ansehen des Königs mehren, denn sie öffnet ihm einen neuen Weg nach Italien, unterbricht zugleich die Wege der Spanier nach Deutschland und macht so alle Verbündeten (auch die Bündner) vom König abhängig» (28). So günstig standen aber die Dinge bei den Schweden nicht mehr. Rohan reiste an die Tagsatzung und sandte im Einvernehmen mit den Tagsatzungsherren seinen Boten Du Puy ins Lager Gustav Adolfs, um von diesem die Anerkennung der Neutralität der Eidgenossen zu erlangen, denn die Mißstimmung zwischen den katholischen und evangelischen Orten sollte gemildert werden. Rohan hoffte zudem, daß Du Puy von Gustav Adolf näheren Aufschluß über seine Pläne gegen Oesterreich erhalte; er erwartete nämlich, daß der Schwedenkönig mit starken Kräften am Bodensee erscheine und von dort nach Tirol eindringe (29). Doch statt der Siegesmeldungen kam die Nachricht, Wallenstein habe das Lager von Nürnberg ebenfalls verlassen und marschiere nach Sachsen. Gustav Adolf, der am 5. Oktober wieder die Donau überschritten, am 10. Oktober nochmals Rain besetzt hatte, hielt seine Truppen jetzt einige Tage an, dann folgte er am 18. Oktober dem Gegner nach Sachsen. Damit änderte sich die Lage für Bünden. —

Bei seiner Rückkehr nach Chur fand Rohan Häupter und Räte in übler Stimmung. Zu allem wirkten in Paris noch seine Gegner und beschuldigten ihn, er habe mit Gustav Adolf verhandelt, ohne von Paris so weitgehende Vollmachten gehabt zu haben, er habe die Reformation in Bünden begünstigt, einen protestantischen Landrichter (Ambrosius von Planta) bestellt, mit den evangelischen Eidgenossen geheim verhandelt, den Schweden den Weg über den Splügen gegen Rom und gegen den Papst öffnen wollen. Diese Anschuldigungen gingen von Cœuvres, Bullion, Du Landé u. a. aus. Vor allem aber hatte des Hayes, der vom Herzog von Orléans abgefallen und zum Tode verurteilt worden war, vor seiner Hinrichtung von den Beziehungen Rohans zu den Schweden erzählt. Demnach war das Mißtrauen am Hofe begründet.

Am 31. Oktober erging der Befehl an Rohan, einen Teil der Truppen zu entlassen, denn es fehlte auch an Geld. Rohan hatte die Truppen nur für die Monate Januar und Februar 1632 bezahlt; 30 000 Livres befriedigten die Bündner nur für März und April; die Truppen Du Landés mußten sich mit dem Solde für zwei Monate begnügen. In einem Brief an Rohan erklärte der König: «Die Lage Frankreichs erlaubt nicht, an den Marsch ins Veltlin zu denken; ich hielt es für geraten, ihn bis zum Frühjahr zu verschieben. Ich habe die Truppen bis auf eine Besatzung der Rheinfeste und der Luziensteig entlassen. Indessen soll das die Bündner nicht entmutigen, denn um so mehr bleiben Mittel übrig für das Hauptunternehmen; zudem vermindert sich der Argwohn Spaniens im Süden, und es ist später leichter einen Erfolg zu erringen.» Rohan erhielt den Befehl, nach Beendigung der Geschäfte nach Venedig zu reisen; eine Pension von 6000 Talern war ihm zugesagt worden. Der Aufenthalt in der Lagunenstadt sollte nur solange dauern, bis der König an eine Aufgabe außerhalb Frankreichs denken könne.

Zu allen Sorgen kam jetzt noch eine weitere Hiobsbotschaft. Gustav Adolf war am 16. November bei Lützen gefallen. Rohan schrieb an Tronchin: «Pour nouvelles nous n'en avons que trop, par la mort du Roy de Suede que nous tenons pour assuré au plus haut point de sa gloire. Et après avoir comme atterré tous ses Ennemis en une grande Bataille, ce qui m'afflige merveilleusement. Il n'y a remede il faut se conformer a la volonté de Dieu et s'assurer en sa providence qui ne tairra de parachever l'œuvre commencer par ce grand Roy.»

Bis in den Spätherbst hinein hatte Rohan versucht, die Aufgabe zu lösen, die ihm in Bünden gestellt war, dabei hatte er mit vielen Bündnern die Lage Frankreichs verkannt, denn dort und im Kaiserreich war man schon kriegsmüde. Père Joseph erforschte darum auch die Möglichkeit eines allgemeinen Friedens und unterhielt sich darüber mit dem spanischen Gesandten Olivarez. Die Bündner, deren Begehren nicht erfüllt waren, machten Richelieu für ihre Lage verantwortlich und waren über Frankreich und seine Politik erbittert. Der venezianische Resident Scaramelli in Zürich vermutete mit gutem Grund, nun werde in Bünden mit Oesterreich und mit Spanien verhandelt (30).

Diese Stimmung wirkte auch auf die Truppen in Bünden. Die Bündner Soldaten verließen vielfach willkürlich ihre Truppenteile und gingen nach Hause; auch französische Soldaten desertierten. Rohan ließ einige Deserteure erschießen, um dadurch auch die Bündner einzuschüchtern; doch schon in diesen Tagen befürchtete er mit gutem Grund einen allgemeinen Aufstand des Bündner Volkes gegen die Franzosen. Er versammelte die Häupter und Obersten, um die Einquartierung der zurückbleibenden Truppen zu besprechen; zudem sollten die Bündner die Deserteure verfolgen und verhindern das Land zu verlassen. Rohan bot für jeden eingelieferten Flüchtling einen Taler; aber die Bündner verhalfen den Franzosen dennoch zur Flucht und wünschten offen alle Franzosen aus dem Lande (31).

In aller Stille wurde in Bünden der Gedanke erörtert, sich wieder mit Spanien und Oesterreich zu verständigen, und Johann Viktor Travers, der österreichische Landvogt auf Castels im Prätigau, meldete als Vertrauensmann anderer Bündner nach Innsbruck, wenn Oesterreich die Freiheit des Glaubens im Unterengadin und im Prätigau zusichere und der König von Spanien zu einem ehrlichen Vertrag bereit sei, so wolle man die Franzosen aus dem Lande jagen (32). So dachten Leute aus allen Kreisen und Gegenden Bündens, und doch beschlossen die Häupter und Räte, drei Abgeordnete an den König von Frankreich zu senden, ihm die Lage in Bünden zu erklären und ihn zu bitten, er möge die Entlassung der Truppen und die Abberufung Rohans widerrufen und den Befehl erteilen, ins Veltlin zu ziehen. Dr. Jakob Schmid von Grüneck in Ilanz, Lorenz Tschudi und Hauptmann Stuppa reisten am 27. November 1632 nach Paris. Sie wurden dort von Père Joseph und Richelieu und später auch vom König empfangen. Richelieu und seine Graue Eminenz kamen bald auf den Vertrag von Monsonio zu sprechen; sie verteidigten dieses Abkommen und zeigten sich nicht geneigt, eine Aenderung des Vertrages zuzulassen; die drei Bündner aber fanden das Benehmen des Père Joseph hart und verächtlich. Auch der König wollte die an Rohan ergangenen Befehle nicht ändern. Am 14. Februar 1633 verabschiedeten sich die Bündner. Obgleich Père Joseph vernehmen ließ, das Veltlin werde früher besetzt als man in Bünden glaube, so hatten die Bündner doch das Gefühl, nichts erreicht zu haben, sondern als Untertanen Frankreichs behandelt worden zu sein. Zu Hause durften sie das nicht offen eingestehen, vielmehr rühmten sie den Empfang und den guten Willen des Königs und seiner Ratgeber, denn die Häupter und Räte standen unter dem Druck Du Landés, der von ihnen verlangte, daß ihm über alle Verhandlungen im Bundstag berichtet werde (33). Unterdessen hatte Rohan nochmals an den Staatssekretär Bouthillier geschrieben: «Ist es möglich, daß man in Paris die Natur des Volksaufstandes in der Schweiz und den Charakter der Bündner vergessen hat? Sie sind mißtrauisch und verzweifelt, die Pläne für das Veltlin im Augenblick aufgegeben zu sehen, da die Ausführung am leichtesten gewesen wäre. Bedenkt man nicht, daß wir in ihrer Gewalt und nicht sie in unserer sind? Ich gestehe, daß ich mich nie in so peinlicher Lage befunden habe, denn wir haben es mit einem Volke zu tun, das immer Oesterreich fürchtet und im Stande ist, sich von neuem Oesterreich in die Arme zu werfen, wie es bereit war, sich in die des Königs zu werfen.» Dem König schrieben Rohan und Du Landé am gleichen Tage: «Truppen unter Montecuculi stoßen von Lindau gegen die Luziensteig vor; wir werden kämpfen, wenn es nötig wird. Hätten wir den Bau eines Forts beendet, so könnten wir uns allein und ohne Hilfe der Bündner wehren, so müssen wir sie haben, obwohl sie uns so feindlich sind, wie die, die uns angreifen» (34). So war es auch.

Der Widerwille gegen Frankreich war allgemein, und zu den Unzufriedenen gehörte auch Jenatsch. Er hatte Du Landé und Rohan anfangs (1631) mit Feuereifer gedient; schon früh hatte er aber die Wege und Ziele Rohans erkannt und den Widerspruch zwischen dem äußeren Gebaren des Edelmannes und seinen politischen Aufgaben durchschaut. Aber immer wieder bemühte er sich (wie 1624), die Zweifel an den guten Willen Richelieus und des Königs zu überwinden und an die gemeinsamen Interessen Frankreichs und Bündens zu glauben. Die Befreiung Bündens und die Erwerbung des Veltlins sollten möglich sein; Frankreich, so dachte Jenatsch, sollte als alter Verbündeter den Bündnern zur Seite stehen, mit ihnen zusammen das Veltlin erobern, es bedingungslos zurückgeben und im Vertrauen auf die Zuverlässigkeit der Bündner seine Ziele in Italien weiter verfolgen. Doch der Vertrag von Monsonio erschien Jenatsch wie allen Bündnern dazu angetan, das Verhältnis des Vertrauens zu zerstören. Ueber die innere Frage, den Streit im Unterengadin, dachte Jenatsch wohl anders als viele Bündner; er mißbilligte, ja verurteilte jetzt den religiösen Druck gegen Andersgläubige, wie Richelieu und Père Joseph ihn ausübten, denn er war nicht mehr der Vertreter des engen Dogmenglaubens; er sagte sich aber, Richelieu werde sich nicht der Gefahr aussetzen wollen, von Rom und von seinen Gegnern in Frankreich wegen dieser kirchenpolitischen Angelegenheit Vorwürfe zu erhalten. Jenatsch war überzeugt, daß auch diese Streitigkeiten von Richelieu und den Bündnern gemeinsam geregelt werden könnten.

Rohan seinerseits erkannte Jenatschs Einsicht, seine Gesinnung und seinen Eifer im Dienste des Königs; er schenkte ihm deshalb zunächst sein volles Vertrauen und empfahl ihn dem König; doch eine Freundschaft zwischen Rohan und Jenatsch bestand keineswegs. Jenatsch war in seinem Wesen ein völlig anderer als Rohan. Er war der derbe Sohn der Berge, dem die Härten der Natur und des Lebens ein bedachtsames, etwas mißtrauisches, ja bisweilen verschlagenes Wesen gegeben hatten, und der den Kampf des Lebens mit stiller, nie versagender Zähigkeit führte. Jenatsch vertrat in Offizierskreisen wie im Leben den einfachen Bürger, und die Vertreter der Aristokratie wie Salis, Guler, Schauenstein u. a. erwarteten, daß seine Ansprüche begrenzt seien; er sollte seiner Bourgeoisnatur bewußt bleiben. Doch der Pfarrerssohn mit seiner überragenden Intelligenz, seinem Temperament und seiner Kraft war ein unermüdlicher Stre-

ber, und nicht zum wenigsten strebte er aus seinem engen bürgerlichen Dasein hinaus nach Ehre, Anerkennung seiner Persönlichkeit
und seiner Befähigung, auch seiner Sitte; freilich zum «honnête
homme» des 17. Jahrhunderts fehlten ihm doch die feineren menschlichen Empfindungen, ein gewisser Adel der Seele. So begann er das
glänzende Aeußere in Kleidung, Häuslichkeit und Lebensweise zu
zeigen, um als durchgebildeter Mensch und Offizier dazustehen; aber
von Zeit zu Zeit brach das verwegene Wesen der Jugend, die Urkraft
des Bergmenschen, wieder durch. Innerlich blieb er der rastlos su-
chende, unruhvolle, kämpfende Mensch mit dem starken Geltungs-
bedürfnis, mit dem Wunsch nach äußeren Ehren und nach Durch-
setzung seiner politischen Gedankenwelt. In diesem ganzen Sein bildete er den krassen Gegensatz zu Rohans scheinbar harmonischem
Wesen. Als Rohan Jenatsch schon nach drei Monaten durch Denis
Bouthillier de Foulletourte dem König empfahl, erhielt er die Antwort, wenn dieser auch in Zukunft fortfahre, treu zu dienen, so
werde der König seine Leistungen anerkennen und ihn belohnen. Als
aber Jenatsch die Härte gegen seine Landsleute im Engadin erlebte,
die Enttäuschungen der Bündner während des Jahres 1632, wuchs
auch in ihm der Widerwille. Von den Befehlen des Königs, die Truppen zu entlassen, wurde er nicht betroffen. Seine Freikompagnie stand
in der Herrschaft; Rohan ließ sie weiter bestehen und leistete Jenatsch auch eine Zahlung von 600 Livres. Allein Jenatsch hatte von
den Gesandten nach Paris erfahren, wie Richelieu und Père Joseph
über Bünden zu verfügen trachteten, um ihre Pläne zur Ausführung
zu bringen. Er war in seinen Hoffnungen wieder enttäuscht; er sah,
wie die Heimat nur den Zielen und Zwecken Frankreichs dienen
mußte und eben in Gefahr war, neuerdings von kaiserlichen und
spanischen Truppen besetzt zu werden. So schrieb er am 28. Dezember (1632) an Scaramelli und schilderte die Stimmung des einfachen Mannes in Bünden: «Hier spricht man in allen Gemeinden
vom Verhältnis der Bünde zu den Franzosen und zwar mit dem
größten Mißtrauen. Ich gestehe offen, das sind nicht meine Gedanken. Nach Ansicht der Bündner ist Gueffier Schuld am Verlust
des Veltlins, der Gesandte Montholon hat leere Versprechen gegeben, Cœuvres das Geld (für seinen Feldzug) nutzlos ausgegeben, der
Vertrag von Monsonio erscheint als eine schmähliche Vereinbarung,

kurz, die Franzosen haben gehandelt, als ob sie es mit Waldeseln zu tun hätten, die Gutes und Schlechtes nicht unterscheiden können. Auch vom jetzigen Unternehmen erwartet man wenig Erfolg. So geht die Rede bei Groß und Klein, und dringt sie zu den Ohren der Herren Franzosen, spotten sie darüber und sagen: «wir wissen wohl, wessen dieser Pöbel fähig ist»; doch die Franzosen können nicht verstehen, daß diesem Volke nichts fehlt als Führer. Diesen Vorwürfen können die Franzosen abhelfen. Sie sollen erstens erklären, ob sie unsere und ihre Interessen verbinden wollen, und wenn sie im Lande Festungen bauen, diese mit Bündnern besetzen, um alle Eifersucht zu vermeiden. Dazu haben sich die Herren Minister noch nie verstehen wollen. Ferner müssen die Franzosen ihr Benehmen gegenüber den Bündnern ändern und sie als Verbündete behandeln. Soviel sage ich zum Wohl des Vaterlandes und im Dienste der allerchristlichsten Majestät, als deren getreuesten Diener ich mich bis zum letzten Atemzug bekenne» (35). Scaramelli soll erfahren, wie das Bündner Volk über die nichtswürdige Behandlung durch die Franzosen denkt; er wird es nach Venedig oder an die Franzosen weiter berichten. Selbsthilfe täte Not, der Widerstand wäre die richtige Antwort; doch leider fehlen dem Bündner Volke die Führer. Es tönt wie eine versteckte Drohung an Frankreich.

Rohan hatte die Befehle des Königs ausgeführt; die Reiterei unter dem Marquis Saint André de Montbrun war nach Schwaben zum Banér'schen Korps geschickt, die 1000 Mann an der Rheinschanze und Luziensteig vereinigt worden. Vor seiner Abreise aus Bünden bat Rohan den König noch einmal, die Truppen zu bezahlen; seit acht Monaten seien sie teilweise ohne Geld und ihre Guthaben auf 750 000 Livres angewachsen. Er klagte selbst, daß das Geld, das den Bäckern für geliefertes Brot gehöre, in den Truhen des Königs liege. Er mußte Schulden machen und Jenatsch, Brügger und Ulysses von Salis waren ihm behilflich, um der Not zu steuern (36). Die bündnerischen Hauptleute berieten schon in diesen Tagen, ob es nicht ratsam wäre, Rohan als Garanten für die Schulden des Königs zurückzubehalten; schließlich verzichteten sie aber darauf; Salis und Jenatsch mögen zu diesem Entschluß beigetragen haben. In Paris, wo Bullion, der Superintendant der Finanzen, ein Todfeind Rohans war, meinte man aber die führenden Bündner «bei der Gurgel zu haben» und ihnen durch die finanzielle Abhängigkeit der Offiziere den Weg zu einer andern Macht abgeschnitten zu haben (37).

Der Mangel an zielbewußter, entschlossener Führung kam im Beitag vom 18. Januar 1633 zum Ausdruck. Einzelne Abgeordnete wollten den Papst um seine Vermittlung zwischen Bünden und Spanien bitten; der Gedanke fand wenig Anklang. Andere wiesen hin auf die gegen die Bündnergrenze anrückende kaiserliche Armee unter dem Grafen Joh. von Aldringen und behaupteten, es sei unmöglich, dem Kaiser ohne Hilfe Frankreichs zu widerstehen; deshalb müsse Bünden mit dem Kaiser und mit Oesterreich einen Frieden schließen. Die Mehrheit der Volksvertreter war aber anderer Ansicht. Eine Einigung mit Oesterreich und dem Kaiser ohne Preisgabe des Unterengadins und des Prätigaus schien ihnen kaum denkbar; diese Zugeständnisse wollten sie jedoch nie machen, und so schlugen sie wieder ein Bündnis mit Venedig vor und forderten den Residenten in Zürich auf, mit einem Bündnisantrag an die Gemeinden zu gelangen (38). Zu diesem Gedanken bekannte sich auch Jenatsch, denn ihm stand neben der Veltlinerfrage vor allem das Schicksal der acht Gerichte und des Unterengadins vor Augen.

Inzwischen hatte Margareta Bethune, die Herzogin von Rohan, den Weg zu Richelieu gefunden und ihm im Namen ihres Gemahls die Vorgänge in den III Bünden dargelegt, vor allem auch die Gefahren geschildert, die den Meldungen und Gerüchten gemäß durch die kaiserlichen Truppen vom Bodensee und von Tirol her und durch die Spanier bei Como drohten. Am 11. Januar war Rohan aus Bünden nach Venedig gereist, und am 14. Februar war er wieder im Puschlav, auf der Rückreise begriffen. Von Chur aus schrieb er an Tronchin nach Genf: «Ich bin wieder in Bünden, doch weiß ich ebenso wenig, warum ich nach Italien gegangen, als warum ich zurückgekommen bin.» Richelieu war von Servien in Turin aufgefordert worden, Rohan unverzüglich zurückzurufen, und der Kardinal hatte der Herzogin von Rohan erklärt, der Herzog sei in Bünden jetzt unentbehrlich, denn in Paris befürchtete man auch einen Ueberfall auf Bünden. Die Lage und Stimmung in Bünden gab Gaudenz Tack in Chur in einem Briefe an Tronchin wieder: «In deinem Brief beklagst du unsere Schicksale, die nie genug zu beklagen und zu be-

weinen sind, unter die unser Nacken gebeugt wird; du beweintest
und beklagst zusammen mit uns den Abzug und die Abwesenheit
des verehrten Fürsten (Rohan) und zwar mit der besonderen Liebes-
bezeugung, mit der du uns Unwürdige liebst. Ach erlauchter Herr,
freue dich jetzt von neuem mit uns und erstaune darüber, daß er uns
von neuem geschenkt worden ist. Er ist uns wieder geschenkt worden am 15. Februar nach der früheren Berechnung; indem er sich
stellt, gibt er uns völlig Garantie für den bereiten Willen des Königs,
uns zu helfen, so daß er den fast entsunkenen Mut wieder aufgerichtet hat, so daß wir alle uns zu neuer Freude aufgeschwungen
haben. Wenn wir nur verständen, unsere Gemütsbewegungen zu
mäßigen, damit wir nicht über das Maß hinaus im Glück übermütig
wären und im Unglück allzu sehr den Mut sinken lassen! Die gegen-
wärtige Lage, der Hochmut der Kaiserlichen und ihre furchtbaren
Unternehmungen machen uns Angst. Wir werden täglich gewarnt,
es würden Pläne unserer Feinde zum Untergang und zur Vernichtung unserer Republik entworfen und seien schon entworfen, und
wir werden gezwungen es zu glauben, damit wir nicht im Zweifel
seien; denn sie sind vorgerückt und rücken täglich vor gegen unser
Land. Wir inzwischen warten untätig (eigentlich gähnend) auf die
französische Hilfe, die französischen Truppen, während die Unsrigen
untätig und schlaff sind. Gewiß, gewiß, unser Verderben naht, es
eilt herbei wie ein rascher Wanderer. Unsere Besatzungen sind so
geschwächt und verringert, daß sie kaum die Zahl von 500 erreichen,
die Wache halten, und der Feind hat diese kleine Zahl sehr wohl
erkannt und vorzüglich ausgekundschaftet. Dazu kommt noch die
bittere Trennung, Zwiespältigkeit und Gegensätzlichkeit der Interessen und Gesinnung, die uns ein gewaltiges Unglück verheißen. Wer
wird uns aus den furchtbaren und grausamen Händen unserer Gegner entreißen? Wer wird die uns zugefügte Unbill und Gewalt rächen?
Vielleicht der französische König, durch dessen leere Versprechungen wir schon lange betrogen, gelockt werden, da er weit von jenen
Dingen entfernt ist und die Last nicht spürt, von der wir bedrückt,
ja unterdrückt werden. Wir Geistliche fürchten eine freiwillige und
allgemeine Unterwerfung unter das eiserne spanische Joch. So viel
wir können, stärken wir den Mut der Gutgesinnten, aber auch sie
schwanken und sind bestürzt. Aber wohin lasse ich mich fortreißen?

16   241

Es ist ja nicht der Weg jenes Gegners, und es handelt sich nicht um einen Spaziergänger, der seinen Gang vorbereiten kann; auf Gott, den Leiter des Kampfes, halten wir unser Auge fest gerichtet, und so wird nichts so schwierig, so mühsam, so gefährlich sein, das wir nicht mit Gleichmut und Tapferkeit ertragen, ungebrochen und unbeweglich in allem Wandel der Dinge, in allen Wechselfällen des Glückes, dessen Schwanken wir täglich erfahren. Als Beispiel diene uns die Lage unseres Herrn Herzogs, der durch die mannigfaltigen Wirbel und Wellen des rauhen Meeres hin- und hergetrieben wird, gewiß nicht von sich aus (?). Was für Anstrengungen hat er, ich bitte dich, auf seinem schwierigen Marsch (Reise?) durchgemacht, was für unsagbare Ausgaben hat er, ich bitte dich, gehabt? Kaum hat er selbst noch ein Fell auf dem Leib. Dazu kommen neue Bekümmernisse, neue Kämpfe, mit denen er seelisch zu schaffen hat. Das Schwerste ist das Unglück des Herrn von S. And. (Marquis St. Andrée de Montbrun, Führer der Reiterei nach Schwaben) in das er geraten ist, das das Herz aller Gutgesinnten zerrissen und zerfleischt hat. Den Schmerz des frommen Fürsten erhöht noch der lange Verzug der bündnerischen Gesandten (Dr. Jakob Schmid von Grüneck war noch in Paris) in Frankreich wie der seiner Agenten (Du Puy), so daß er nichts Ruhmeswertes ausführen kann, das zum Vorteil der Unsrigen und der Gutgesinnten gereicht. Ach ganz verändert ist die Lage seines Hofes gegenüber jener (Lage)! alle scheinen wie leblos, was schädlich wenn auch noch so lieb war, wird jetzt fahren gelassen; kein Spiel, kein Scherz, kein Lachen wird gehört, der Mangel an Geld unterdrückt zuweilen ruchlose Leidenschaften. Bis jetzt hat er aus Frankreich keine sichere Kunde, wie seine Angelegenheiten stehen; aber ich will lieber, daß du von andern als von mir über unsere düstere, unglückliche und unsichere Lage Kunde bekommst.» So dachte Tack über die Lage Bündens und des Herzogs Rohan, den der Prädikant in diesen Tagen noch seinen Fürsten nennt.

Die Bündner meinten, Rohan werde jetzt die Vorbereitungen zum Marsch ins Veltlin treffen; aber am 17. März verließ er wieder das Land, um in Zürich Aufenthalt zu nehmen, und Du Landé behielt die Stelle eines Oberbefehlshabers noch bei. Von Zürich aus verhandelte Rohan mit den Eidgenossen über die Hilfe, die Bünden bei einem allfälligen Ueberfall durch Kaiserliche oder durch Spanier erwartete; gleichzeitig bot er den evangelischen Orten seine Dienste als Führer einer Truppe an. Zürich und Bern waren über dieses Angebot erfreut, und Bern beantragte eine Beratung auf den 21. März 1633. Rohan begab sich unterdessen nach Baden zu einer Badekur und erwartete dort die Herzogin (39).

In dieser Zeit war Du Landé mit den Bündnern so wenig zufrieden als sie mit ihm und mit Frankreich; die Häupter forderten Du Landé sogar auf, alle Festungsbauten einzustellen, und dieser schrieb an den Staatssekretär Bouthillier einen verzweifelten Brief über seine Sorgen, seine Geldnot und den Widerstand der Bündner (40).

Während dieser Zeit hatten sich die Schweden unter dem Kanzler Axel Oxenstierna und die deutschen Reichsstände unter dem Einfluß des französischen Gesandten Feuquières verständigt. Die ganze Rheinlinie war zu Beginn des Jahres 1633 in den Händen der Schweden, Franzosen und Holländer. Die oberrheinischen Gebiete waren bis Hagenau, Philippsburg und Breisach von den Schweden erobert worden. In der Pfalz hatte der Pfalzgraf Christian von Birkenfeld Heidelberg genommen und den Herzog von Lothringen, der zum Kaiser hielt, geschlagen. Herzog Bernhard von Weimar und Feldmarschall Horn rückten durch Bayern vor und bedrohten die Alpenpässe und damit die Verbindung des Kaisers mit Italien und mit den Niederlanden. In dieser Lage verhandelte Wallenstein mit den Schweden in Schlesien. Diese Vorgänge im Reich zwangen Frankreich, auch fernerhin auf einen Konflikt mit Spanien zu verzichten. Aber der König Philipp IV. gab seinem Statthalter Feria in Mailand den Auftrag, im Elsaß eine Armee aufzustellen und unabhängig von Wallenstein in Süddeutschland zu kämpfen. Feria sammelte inzwischen eine Truppe in Mailand. Frankreich wurde nun zu Gegenmaßnahmen gezwungen, um wenn möglich den Marsch der Soldaten Ferias durch das Veltlin und Tirol zu verhindern. Rohan und Du Landé berieten, was geschehen sollte; allein der Durchmarsch kleiner Abteilungen durch das Veltlin und über das Stilfserjoch hatte schon begonnen. Rohan suchte auf Befehl Richelieus trotzdem um die Hilfe der Eidgenossen nach und bat auch um die Erlaubnis, mit neuen Truppen aus Frankreich durch die Eidgenossenschaft nach Bünden ziehen zu dürfen (41).

In Italien sammelte Frankreich ebenfalls eine Armee, um von Süden her den Truppen Ferias in den Rücken zu fallen, falls diese durch Bünden ziehen sollten, denn in Paris schien ein Angriff Ferias auf Bünden durchaus möglich; Rohan wurde somit zum Generalleutnant ernannt und erhielt den Befehl, den französischen Truppen, die aus Frankreich durch die Schweiz zogen, zu folgen, in Bünden wieder den Oberbefehl zu übernehmen und die Pässe zu verteidigen. Richelieu und Bouthillier schrieben ihm schmeichelhafte Briefe; er aber meinte: «In Paris kann man sehr gut befehlen, doch weiß ich nicht, wie ich mit der kleinen Truppe die Befehle ausführen soll.» Die Tagsatzung erlaubte den Durchzug der französischen Truppen und war bereit, bei einem Angriff auf Bünden zu Hilfe zu eilen. Dann schrieb sie auch dem Rheingrafen Otto, er möge die vier Waldstätte am Rhein schonen und die Linie Basel bis Schaffhausen nicht stören. Rohan reiste selbst nach Säckingen zum Rheingrafen und bat ihn, im Notfall von Säckingen gegen den Bodensee vorzustoßen, um die Unternehmungen in Bünden zu unterstützen. Der Rheingraf befürchtete aber einen Ausfall der Kaiserlichen aus der Festung Breisach und mußte den Wunsch Rohans ablehnen, doch stellte er eine kleine Truppe (4—500 Reiter) in Aussicht, wenn er die Zustimmung Oxenstiernas erlange; sobald aber Breisach genommen sei, könne er mit 4000 Mann Fußvolk und 2000 Reitern zur Verfügung stehen. Vor seiner Abreise nach Chur schrieb Rohan dann noch an Oxenstierna und erneuerte sein Hilfsgesuch um eine Truppe unter einer tüchtigen Führung. Von Paris war aber die Weisung gekommen, die Schweden nur bis Lindau oder Feldkirch kommen zu lassen (42). Die ganze Haltung Frankreichs war eben ein trügerisches Spiel mit dem Bündner Volk und seinen Interessen. Das bewiesen Richelieu und Père Joseph in diesen Tagen durch ihre Verhandlungen über den Frieden.

In Paris war in dieser Zeit der neue spanische Gesandte Don Cristoval Beneventes Benavides eingetroffen, auf den Père Joseph und die Franzosen große Hoffnungen für ein gutes Einvernehmen mit Spanien setzten. Am 16. Mai 1633, während Du Landé in Bünden alles Gute hoffen ließ und Rohan in Baden und Zürich verhandelte, hatte Père Joseph mit Don Christoval Beneventes Benavides und mit dem Nuntius Bichi im Park von Fontainebleau eine Unter-

redung über den zukünftigen Frieden in Europa — die Verhandlungen Wallensteins mit Sesym Raschin und General-Major Bubna
in Prag und in Schlesien und des böhmischen Emigranten Kinsky
mit dem französischen Gesandten Feuquières waren im Gange und
mochten Père Joseph lebhaft beschäftigen — in diesem Gespräch im
Park von Fontainebleau betonte Père Joseph nun die Ansprüche
Frankreichs in Europa und forderte als erstes die Ausführung des
Vertrages von Monsonio, dann den Besitz von Pignerol und der Bis-
tümer Metz, Toul und Verdun; die übrigen Pläne in Europa, die
weitgehende Annexionspolitik, kleidete er in den schönen Ausdruck
von «deutscher Libertät» und einem «von Habsburg unabhängigen
Europa». In den folgenden Besprechungen (1633) mit den Diplomaten war Père Joseph sogar bereit, die französischen Truppen aus
Bünden zurückzuziehen, wenn der Vertrag von Monsonio von allen
Mächten anerkannt werde. So sollte Bünden mit einem Schlage als
eine französische Domäne auf Grund eines europäischen Friedens-
diktates in die französische Einflußzone eingegliedert werden. Die
Gedanken an eine solche politische Entwicklung machten einsichtigen Bündnern schwere Sorgen. Dr. Jakob Schmid von Grüneck hatte
in Paris die Pläne Richelieus und seiner Grauen Eminenz durchschaut und auch Jenatsch über die drohende Gefahr für Bünden aufgeklärt. Schmid wie Jenatsch wurden von Du Landé des «Hispanismus» beschuldigt und von den Spionen der französischen Besetzungsmacht überwacht. Jenatsch hatte anfangs des Jahres 1633 seine
Truppe in Maienfeld, später in Haldenstein und in Chur, und hier
verkehrte er bei seinem Verwandten, dem Domdekan Johannes von
Flugi aus St. Moritz, der französischer Pensionär war. Hier in diesem
Kreise waren auch Dr. Imeldi und Alberti aus Bormio erschienen, um
die Aussöhnung zwischen den Bündnern und den Untertanen zu
prüfen.

Am 30. Juli 1633 verließ nun Rohan Zürich und wurde in Chur
freundlich begrüßt, denn Du Landé war durch seine Haltung nicht
beliebt. Er hatte auf Befehl des Père Joseph im Unterengadin die
Mission gegen die Prädikanten und gegen die Gemeinden geschützt
und jede Kritik an Frankreichs Politik als «Hispanismus», als Einflüsterung Spaniens, bezeichnet. Die Vertreter des Volkes waren besonders am Beitag vom 17. bis 21. Juli mit Vorwürfen gegen Frank-

reich aufgetreten, und Du Landé hatte versucht sie mit leeren Versprechungen hinzuhalten. Ein Bote der Häupter und Räte war auch nach Süddeutschland ins Lager des Feldmarschalls Horn geritten und hatte sich dort über die Absichten Frankreichs und der Schweden unterrichten lassen, denn in Bünden wünschte man ein Zusammenwirken der beiden Mächte zur Wiedereroberung des Untertanenlandes. Horn hatte aber durchblicken lassen, wenn die Schweden allein ihren Vormarsch über die Alpen fortsetzen sollten, so könnten Frankreichs Interessen und auch die verschiedener Staaten in Italien für Richelieu unangenehm betroffen werden. So war die Lage Bündens beim Einmarsch Rohans in Chur verwirrt, ja verzweifelt. Dazu erschien der Herzog Rohan mit viel Fahnen, aber mit wenig Kriegsvolk; er führte nur etwa 1000 Mann heran, obschon in der Rheinschanze nur 450 Mann dienten, Feria seinen Marsch aus Mailand nach dem Tirol angetreten hatte und am 20. August in Bormio war (43). So fragten sich die Häupter, was das wohl bedeute. Dr. Jakob Schmid wurde zu Rohan gesandt und befragte ihn über seine neue Aufgabe; Rohan sprach nur von den Schwierigkeiten, die er dem Durchmarsch der spanischen Armee im Süden bereiten wolle und nicht von der Rückgabe des Veltlins. Da ließ Dr. Jakob Schmid den Herzog unverhüllt hören, wie das Volk über die Haltung Frankreichs denke; dann schrieb er unverzüglich nach Paris an den venezianischen Gesandten Soranzo, mit dem er während seines Aufenthaltes in der französischen Hauptstadt über die Haltung Richelieus in der Veltlinerfrage eingehende Rücksprache gepflogen hatte und schloß den Brief: «Zur Stunde, sage ich Eurer Excellenz bestimmt, daß dieses Geschäft dem Abgrund zusteuert, denn wir sind entschlossen ein für allemal, uns nicht mehr von den Franzosen an der Nase herumführen zu lassen.» Jenatsch, der über die Haltung Richelieus ebenfalls empört war, knüpfte im Einverständnis mit andern Führern seine neuen Beziehungen zum Generalprovveditor Alvise Zorzi und zum Grafen Brambati in Bergamo an. Durch sie wollte er den Weg zu den Staatsmännern in Venedig finden (44).

XIII

Der Anmarsch Ferias, Bünden in Gefahr; Abzug der Schweden,
wachsende Mißstimmung in Bünden; Jenatsch in Venedig 1633
Druck des Père Joseph auf die Protestanten im Unterengadin
und Jenatschs Mission 1634

Schon im April 1633, als aus Italien gemeldet wurde, daß Feria
seine Armee sammle, erhielt Du Landé von Paris aus den Befehl,
wenn Feria Bünden oder die französische Armee daselbst bedrohe,
so solle er im Notfalle unverzüglich die Führer der schwedischen
Truppen in Deutschland oder den Herzog von Würtemberg, wer
immer am nächsten sei, anrufen, damit sich die Truppen dieser Verbündeten mit den Franzosen und mit den Bündnern vereinigen könnten, um die Pässe zu sperren, denn die Schweden und die deutschen
Fürsten hätten das gleiche Interesse wie Frankreich, die Spanier aus
Bünden fernzuhalten; zugleich sollten auch die Eidgenossen um ihre
Hilfe angerufen werden (1). Als dann die Armee Ferias im August
den Marsch durchs Veltlin angetreten hatte und Bünden im Süden
und im Osten von den Spaniern eingekreist schien, war die Erregung in Bünden groß; die Häupter und Räte beauftragten den inzwischen zurückgekehrten Rohan, für die Freiheit Bündens zu wachen und Ferias Weg auch weiter im Auge zu behalten. Der Herzog Rohan hatte im August von den Regimentern Salis und Brügger die vier Kompagnien Stephan Thys, Tognola, Paul Buol und
Johann Peter Enderlin und Jenatsch mit seiner Freikompagnie nach
Davos und die beiden Kompagnien Schmid und Rosenroll des Regiments Schauenstein nach Schams gesandt, um sie der Grenze näher
zu haben. Du Landé war mit seinen Truppen nach Campovast ins
Oberengadin marschiert. Das Gesuch Rohans an Oxenstierna, Hilfe
zu senden, war vom französischen Gesandten Feuquières kräftig
unterstützt worden, und Oxenstierna hatte Feldmarschall Gustav

Horn nach dem Süden gesandt. Zürich hatte ihm den Weg über Stein a. Rhein geöffnet, und Horn war vor Konstanz erschienen, hatte die Stadt belagert und zu erstürmen versucht (September 1633). Alles sollte dazu dienen, Feria den Vormarsch zu verhindern (2).

Das Erscheinen der Schweden auf Schweizerboden und die Gedanken Joh. Jakob Breitingers, die Berichtigung der Kappelerniederlage zu vollziehen, erregten die katholischen Orte. Ein Brief Rohans an seinen Vertreter an der Tagsatzung, der in ihre Hände gefallen war, mehrte den bösen Verdacht, und sie führten Klage beim König in Paris. Darauf ritt Rohan selbst ins Lager Horns und in das seines Verwandten, des Herzogs von Birkenfeld und bat sie im Namen des Königs, den Schweizerboden zu verlassen. Darum rückte Horn am 2. Oktober 1633, mit Herzog Bernhard von Weimar vereinigt, nach Norden, Feria entgegen, der durch Tirol über Füssen vorrückend, sich mit General Aldringen vereinigt hatte und nach dem Oberrhein bei Breisach strebte. Feldmarschall Horn unterließ es nicht, Frankreich bittere Vorwürfe zu machen, daß es die Wege im Süden (durchs Veltlin) nicht rechtzeitig gesperrt und so die mißliche Lage geschaffen habe. Rohan hatte die Eidgenossen nach Frauenfeld geladen, um ihnen die ganze Sachlage zu erklären und unter ihnen den Frieden herzustellen (3).

Als Rohan nach Chur zurückkehrte, war inzwischen von Paris die Weisung eingetroffen, den Marsch ins Veltlin wieder zu verschieben; denn — so hieß es — ohne die Beteiligung der Eidgenossen und Venedigs könne Frankreich das Unternehmen nicht wagen. Rohan möge indessen mit den Eidgenossen verhandeln, und der Gesandte de la Tuillerie in Venedig erhalte Auftrag, Venedigs Teilnahme an der Besetzung des Veltlins zu erwirken (4). In Wahrheit wünschte Frankreich angesichts der inneren Lage und der Verhältnisse in Deutschland den Zusammenstoß mit Spanien und den Krieg in Italien noch zu vermeiden.

Spanien, das in diesen Tagen die eifrigsten Anstrengungen machte, eine große antifranzösische Liga zu gründen, dann auf der ganzen Linie, von den Niederlanden wie vom Elsaß her, zu einem Angriff auf Frankreich vorzugehen, den Wallenstein von Osten her noch verstärken sollte, nützte das Mißtrauen gegen Frankreich in

Bünden aus, und seine Agenten machten den Bündnern die Hoffnung auf eine sozusagen bedingungslose Rückgabe aller Gebiete. Rohan behauptete dem venezianischen Residenten Rosso gegenüber, daß Jenatsch einer der Führer in diesen politischen Besprechungen sei. Rohan wollte aber mit Umsicht handeln und nicht den Zorn Jenatschs wecken; er ließ ihn auf Schritt und Tritt beobachten und hatte selbst ein scharfes Auge auf ihn gerichtet, um nötigenfalls ein Unternehmen gegen die Franzosen zu verhindern. Im gleichen Verdacht standen auch die Schmid von Grüneck u. a. Daß diese Männer einen Weg aus der mißlichen Lage suchten, in die Frankreich Bünden geführt hatte, wurde in den folgenden Tagen klar (5).

Ehe man sich mit Spanien in nähere Verhandlungen einließ, wollten Jenatsch, die Schmid u. a. Führer noch genauer über die Haltung von Venedig aufgeklärt sein. Soranzo mochte in Paris in seinem Verkehr mit Dr. Jakob Schmid von Grüneck diesen Gedanken nahegelegt haben. Mitte Oktober 1633, wenige Tage nachdem Rohan aus dem Lager Horns und von den Verhandlungen mit den Eidgenossen in Frauenfeld nach Chur zurückgekehrt war, reiste Jenatsch nach Venedig. Alle Möglichkeiten, die Bünde wieder zum Frieden zu führen, sollten geprüft werden. Es gab in den III Bünden noch Männer, die an die Selbsthilfe, an einen Zug wie 1621 nach Worms zu denken wagten, und Jenatsch stand diesen Gedanken nicht fern. Zusammen mit Schmid, mit den Häuptern Castelberg, Finer und Guler sollte die ganze Einstellung Venedigs zur Veltlinerfrage abgeklärt werden; vor allem wollte man wissen, ob die Adriarepublik bereit sei, einen Feldzug der Bündner allein oder auch mit Frankreich zu unterstützen. Daneben hatte Jenatsch auch noch Privatgeschäfte zu erledigen; denn der venezianische Sekretär schrieb: «Der Hauptmann Georg Jenatsch, der hier war, um die verbleibenden Guthaben seiner Pension zu empfangen, hat von uns jede Gunst der Behandlung genossen, wie er bei seiner Rückkehr zum Provveditor des Festlandes gerühmt, der mit Graubünden zusammenwirkt.» Jenatsch hatte nicht nur seine Geschäfte besorgt, sondern der Heimat den gleichen Dienst geleistet wie die Schmid in Genua und in Mailand. War auch seine Tätigkeit ergebnislos geblieben, kehrte er dennoch höchst befriedigt heim; er hatte Ehrungen genossen und aus den Redensarten der Venezianer zu verstehen geglaubt, daß Venedig die Bündner nur unterstützen werde, wenn Frankreich zur Eroberung des Veltlins ausziehe. Daß es sich um ein Einvernehmen zwischen Jenatsch, den Schmid und auch Ulysses von Salis handelte, ergibt sich auch aus der Bemerkung des venezianischen Residenten Rosso vom 5. November 1633; denn er ist erfreut, daß die Salis, Schmid und Jenatsch über seine Dienste so beglückt sind (6).

Der französische Gesandte de la Tuillerie hatte sich unterdessen im Auftrage Richelieus bemüht, Venedig für die Teilnahme an einem Zug ins Veltlin zu gewinnen, und Rohan hatte seinen Sekretär Prioleau nach der Adria gesandt, um die Republik zu einem Entschluß zu bewegen; aber der Rat in Venedig, in dem damals der Gesandte Soranzo in Paris einen starken Anhang hatte, erklärte, die ungünstige Lage der Schweden in Deutschland, die Belagerung von Konstanz durch Horn, die Hilfe Ferias und Aldringens für Breisach, die Verhandlungen in Schlesien (Wallenstein) und endlich die Ungewißheit, ob und wann Frankreich seine Pläne ausführen werde, veranlaßten Venedig auf die Teilnahme am Kampfe zu verzichten. Venedig war überzeugt, daß Frankreich nur dann ins Veltlin ziehen werde, wenn damit der italienische Feldzug und die Eroberung von Mailand eingeleitet werden könne (7). Rohan verkannte die politische Gesinnung der Venezianer wie die militärische Lage der Schweden; er glaubte, wenn Frankreich den Zug ins Veltlin antrete, werde Venedig folgen; doch die Republik war entschlossen, ihre eigenen Interessen zu wahren und sich nicht zur dienenden Magd der Weltherrschaftspläne Richelieus zu erniedrigen (8), und der gelehrige Schüler der venezianischen Politik, Jenatsch, machte sich seine Gedanken über die zukünftigen Wege Bündens. Wenn die Venezianer Jenatsch nicht abwiesen wie den französischen Gesandten, ja in schönen Redensarten die Bündner noch hoffen ließen, daß Venedig ihnen helfen werde, so war das ein begrenztes Unternehmen, mit den weitgehenden Plänen Frankreichs in Italien nicht zu vergleichen.

Als Jenatsch heimkehrte, trat in Chur der Beitag zusammen, um über die Winterquartiere für die französischen Truppen zu beschließen. Die Soldaten waren arm, mittellos, schlecht gekleidet und genährt und den Gemeinden eine schwere Last; die Truppen selbst litten unter dem Unwillen des Volkes, und von der Kanzel, auf der Landsgemeinde und in der Gemeindeversammlung schürten die Gegner Frankreichs den Haß gegen die französischen Soldaten. Die Gemeinden Disentis, Lungnez, Obersaxen und Laax hatten so die Aufnahme der Truppen verweigert, die Sturmglocken geläutet und waren mit fliegenden Fahnen aufmarschiert, um den Einzug der Truppen zu verhindern. Uri wurde um Zuzug gebeten. Am Beitag vom 15. November gelang es dann Rohan, die Gemeinden zu beruhigen, und die Truppen wurden aufgenommen. Dabei hatte der eben eingetroffene Generalkommissar Henri Bullion, ein Bruder des Superintendanten in Paris, seine Dienste geleistet und Rohan über sein Wesen getäuscht (9). Die politische Lage in Bünden war trotz allem sehr gespannt; die Volksvertreter — auch aus dem Prätigau und Davos — sprachen im Bundstag offen aus, daß Bünden nun mit Spanien und Oesterreich verhandeln müsse; Schmid, Jenatsch, Meinrad Buol und Schorsch von Splügen, der in Privatgeschäften nach Gravedona ging und dort auch politische Unterredungen hatte, waren überzeugt, daß von Frankreich wenig für Bünden zu erwarten sei; der Gotteshausbund, die alten Paßgemeinden, waren in der Mehrheit für Verhandlungen mit Mailand; Johannes Guler, der wieder seine alte Anhänglichkeit an Frankreich betonte, war ohne Einfluß in seinem Bunde; Ulysses von Salis genoß nach dem Zeugnis des Residenten Rosso kein Ansehen oder Vertrauen im Lande, und schließlich erklärten alle Bündner, die Rückkehr des Veltlins sei die erste Voraussetzung für freundliche Beziehungen zu Frankreich. Rohan bat den Père Joseph, in dieser Sache rasch zu handeln und ihn ins Veltlin ziehen zu lassen, wo nicht, sei Bünden für Frankreich verloren. Wenige Tage später erklärte Rohan in einem Briefe an den König: «Bünden droht uns verloren zu gehen, und damit ist uns der Weg nach Italien für immer gesperrt; es gilt jetzt Bünden zu befriedigen oder es zu verlassen» (10). Aus Paris sandte man Geld an Bullion, um führende Männer zu bestechen; am Entschluß Richelieus, den Krieg in Italien noch zu vermeiden, war nichts zu ändern. Rohan ließ mit allen Kräften die Rheinfeste weiter ausbauen, zeitweise waren 1000 Mann dabei beschäftigt; er besetzte die Feste mit französischen Truppen, die unter Baron Henri de Lecques standen, um bei einem allfälligen Aufmarsch der Bündner eine sichere Stellung zu haben. Die Bündner erhoben Einsprache gegen eine französische Besatzung; sie hatten seit 1631 immer wieder gefordert, daß alle Festungen in den Händen der Bündner bleiben müßten. Du Landé wollte ihren Wunsch erfüllen, aber Rohan lehnte ihn entschieden ab (11). Die Bündner Truppen lagerten unterhalb Chur, drei Kompagnien des Ulysses von Salis in Schiers, Seewis und Untervaz, das Regiment Brügger auf der Steig, in Maienfeld, Jenins und Malans. Jenatsch war im Dezember 1633 mit seiner Freikompagnie von 140 Mann in der Nähe Churs einquartiert, während Stuppa mit 120 Mann in Fläsch untergebracht war (12). Die gesamte Truppe unter Rohan zählte im Dezember 1633 2010 Bündner und 1527 Franzosen, somit 3537 Mann.

Wieder hatten die innere und die äußere Lage Frankreichs die Erfüllung der Wünsche der Bündner unmöglich gemacht. Die Königin-Mutter und der Herzog von Orléans, der Bruder des Königs, waren erbitterte Gegner Richelieus und seiner Politik geblieben. Die wachsende Macht der Schweden in Deutschland zwang dazu den Kardinal selbst zu dauernden Kriegsvorbereitungen, und anderseits mußte ein Sieg der Spanier und des Kaisers verhindert werden. Diesen Zielen, weder die Schweden noch den Kaiser zur Uebermacht gelangen zu lassen, hatten während des Jahres 1633 die Verhandlungen mit Wallenstein gedient. Der Gesandte Feuquières war am 19. Mai 1633 mit Graf Kinzky, dem Agenten Wallensteins, zusammen gekommen; er ließ im Auftrage Richelieus und des Père Joseph, der seine Beziehungen zu Wallenstein seit Memmingen (1630) nie ganz abgebrochen hatte, diesem die Unterstützung Frankreichs bei einem allfälligen Bruch mit dem Kaiser und bei der Erwerbung der böhmischen Krone, dazu weitgehende finanzielle und militärische Hilfe anbieten, und unter anderm stellte Feuquières (Juli/August 1633), bei einem plötzlichen Angriff Wallensteins gegen den Kaiser in Wien, auch eine Diversion der Truppen in Bünden zu Gunsten Wallensteins in Aussicht (13). Auf französischer Seite erwachte dann aber das Mißtrauen gegenüber Wallenstein, denn dieser selbst war im Grunde nicht gewillt, neben den Schweden noch eine neue Macht (Frankreich) in den deutschen Krieg verwickelt zu sehen. Trotzdem setzte Feuquières im Auftrage Richelieus die Verhandlungen fort, einerseits um den Kaiser zu schwächen und anderseits, um einen allgemeinen Frieden zu erreichen. Der Tod Wallensteins (25. Februar 1634) war für Richelieu und Père Joseph eine bittere Enttäuschung, denn dadurch wurde die Stellung des Kaisers gestärkt. In den darauffolgenden Bemühungen um den Frieden sollte auch über das Veltlin und Pignerol entschieden werden (14). Allein die Verhältnisse führten Frankreich dem Kriege rasch näher. Auf der Versammlung des Heilbronner Konventes in Frankfurt waren die Agenten Richelieus tätig, um Philippsburg für Frankreich zu erwerben und die deutschen Fürsten doch für die Fortsetzung des Krieges an der Seite der Schweden zu überreden. Im gleichen Sinne wurden auch die Generalstaaten von einem Vertrag mit Spanien abgehalten und in einem Abkommen vom April 1634 ihnen eine jährliche Zahlung von einer Million Livres zugesagt. Richelieu war jetzt tätig, um den Krieg mit ganzer Macht fortsetzen zu können und seine Ernte am Rhein einzuheimsen. Schweden wurde indessen immer mehr in die Arme Frankreichs getrieben, so daß Oxenstierna im August 1634 Feuquières gegenüber sich anerbot, alle Gebiete bis an die Elbe zu räumen und hauptsächlich in Pommern und Preußen zu kämpfen; nur die Subsidien in der Höhe einer Million sollte Frankreich weiter bezahlen. Richelieu erkannte jetzt mehr und mehr die Notwendigkeit, selbst mit den französischen Armeen an die Seite der Verbündeten zu treten. Mit der niederländischen Republik zusammen sollten Spanien die belgischen Provinzen entrissen und im Bunde mit Mantua, Savoyen und Venedig Mailand erobert werden. Der Beginn des italienischen Krieges mußte aber auch die Lösung der Veltlinerfrage bringen (15).

Richelieu und Père Joseph trafen in der Schweiz ihre Vorbereitungen. Die Stimmung zwischen den beiden Konfessionen war nicht erfreulich; die V Orte machten Zürich immer wieder für das Erscheinen der Schweden auf Schweizerboden verantwortlich. Doch Du Landé suchte die V Orte zu versöhnen; er meinte, mit Geld und mit einer Wache von 200 Mann im Süden des Gotthards werde die Bedrohung von Mailand her beseitigt, und Oberst Zumbrunn in Uri, der den Interessen Frankreichs diente, wurde zu einem Besuche in Paris veranlaßt (16). Im gleichen Sinne wie Du Landé sollte auch Michel Vialard, der französische Gesandte bei den Eidgenossen, wirken. Er erklärte, daß Richelieu nun die Frage des Veltlins prüfen und entscheiden werde; doch auch seine Tätigkeit konnte nicht verhindern, daß die katholischen Orte das Bündnis mit Spanien erneuerten. Darauf erhielt Rohan vom König den Befehl (vom 26. April 1634) nach Paris zu kommen, um alle Vorbereitungen für den Krieg zu besprechen und auch über die Zukunft des Veltlins zu beraten. Um die Bündner zu beruhigen, sollte er sein Gefolge in Chur zurücklassen. Auf der Reise erkrankte Rohan und mußte sich längere Zeit in Neuenburg aufhalten; das gab Anlaß zu allerlei Gerüchten, wie Rohan sei abberufen, weil er sich zu weit mit Schweden und Venedig eingelassen habe, und Toiras in Turin werde sein Nachfolger; doch Rohan wurde gegen Mitte Juni in Paris sehr gut aufgenommen. Die Besprechungen mit Richelieu und Père Joseph wurden noch verschoben; Rohan machte inzwischen seine Kriegspläne und wartete zu (17).

Unterdessen hatte der Generalkommissar Bullion in Chur die Führung der Geschäfte an sich gerissen. Das Mißtrauen, das schon Rohan gegenüber den Bündnern hegte, steigerte sich bei ihm, und in Verbindung mit Du Landé überwachte er alle Vorgänge in Chur und im Rheintal. Du Landé führte an Stelle von Rohan den Oberbefehl über die Truppen; er sorgte dafür, daß die Rheinschanze mit Anspannung aller Kräfte weitergebaut und die Truppen in Bereitschaft gehalten wurden, wie es Rohan vor der Abreise angeordnet hatte. Da berief Bullion auf den 1. Juli alle Truppen nach Ems zu einer Truppenschau. Du Landé war über diese Anmaßung beleidigt, und die Bündner Offiziere erklärten, sie seien den Befehlen Bullions nicht unterstellt und weigerten sich mit ihren Truppen zu erscheinen. Darauf erklärte Bullion, daß jeder Offizier nur seinen schriftlichen Befehlen zu gehorchen habe. Die Häupter besuchten Bullion, um zu vermitteln. Dieser aber beschimpfte sie, kehrte ihnen den Rücken und sagte, er habe genügend Macht, um ihnen den Kopf vor die Füße zu legen. Die Häupter gingen tief empört zu Du Landé und erklärten, auf eine solche Art und Weise seien sie noch nie behandelt worden, sie seien entschlossen, über das Benehmen Bullions den Gemeinden zu berichten. Als Du Landé Bullion auf die Folgen dieser Beleidigungen aufmerksam machte, beschuldigte dieser die Hauptleute und Obersten, sie kümmerten sich nicht um die Kapitulation, er werde sie einsperren lassen und nehme keine

Bemerkungen an, sondern tue, was ihm gefalle. Der König werde übrigens seine Truppen aus Bünden wegnehmen, wie er (Bullion) ihm geraten habe. Dabei gab es überhaupt keine Kapitulation zwischen Bünden und Frankreich, sondern nur das Dekret über die Wahl des französischen Befehlshabers (Rohan) in Bünden (1631) (18).

Diese Zwischenfälle mit Bullion mehrten den Unwillen der Bündner, und um so mehr freuten sie sich über das Interesse, das Oxenstierna für ihre Lage zeigte. Das Gesuch Rohans an Oxenstierna hatte dieser wohlwollend aufgenommen und sich bereit erklärt, gegen die spanischen Vorbereitungen oder gegen einen allfälligen Angriff von Mailand her zu Hilfe zu eilen. Oxenstierna sandte seinen Agenten Straßberger nach Chur, wo dieser mit Fortunat Sprecher verhandelte und sich über die rätselhafte Haltung Frankreichs gegenüber Bünden und auch gegenüber Schweden beklagte. Da man immer die Rückkehr Rohans erwartete, konnten die Verhandlungen indessen nicht zum Abschluß geführt werden. Oxenstierna hatte aber schon am 8. Juni 1634 während der Verhandlungen in Frankfurt dem Gesandten Feuquières die Zusage gemacht, daß er mit seinen Truppen im Veltlin helfen werde. Als in der folgenden Zeit der spanische Kardinal-Infant und Erzbischof von Toledo die Bildung seiner Armee in Mailand beendet hatte und sich zum Marsch durchs Veltlin nach Tirol bereit machte, erschien Straßberger wieder in Bünden und blieb in St. Moritz als Badegast, um von dort aus die Bewegungen der spanischen Truppen zu beobachten (Juli 1634) (19). Die Armee des Kardinal-Infanten marschierte ungehindert durchs Veltlin nach Tirol. Feldmarschall Horn und Herzog Bernhard von Weimar vereinigten sich bei Regensburg und rückten gegen Nördlingen den vereinigten kaiserlichen und spanischen Armeen entgegen. Dort wurden sie am 6. September 1634 geschlagen. Die Schweden mußten Oberdeutschland räumen und verloren ihre deutschen Verbündeten. Frankreich war jetzt gezwungen am Krieg teilzunehmen. Schon der Einmarsch des Kardinal-Infanten nach Tirol hatte die Lage in Bünden verändert, und Rohan, der seit dem Monat Juni in Paris war, erläuterte in einer Denkschrift an den König seine Ansichten über den Krieg im Veltlin und in Oberitalien. Darin wünschte er, daß der Plan des Feldzuges nach Italien streng geheim gehalten werde. Da die spanische Armee aus Italien abgezogen sei, müsse der richtige Zeitpunkt für den Beginn des Kampfes im Süden ruhig abgewartet werden, doch dürften Venedig wie die Eidgenossen darüber nichts vernehmen, sonst werde Spanien alles erfahren. Auch der Kampf des Kardinal-Infanten in Deutschland müsse noch abgewartet werden. Inzwischen solle Bullion Geld erhalten (100 000 Taler) und damit die Rheinschanze für den Winter einrichten, auch die Truppen bis auf 7000 Mann Fußvolk und 500 Pferde ergänzen; zudem solle er noch 3000 Bündner anwerben. Die Kriegserklärung an Spanien war noch nicht erfolgt; deshalb sollte der Feldzug zunächst unter dem Namen der Bündner beginnen. Sobald die Truppe im Veltlin sei, möge Bünden die Hilfe der Eidgenossen, Frankreichs und Venedigs begehren (20).

Diese Spannungen, die während des Sommers (1634) in Paris und in den Kriegsgebieten herrschten, berührten die Truppen in Bünden sehr wenig. Das Regiment Du Landés war mit Rücksicht auf die Vorbereitungen in Mailand im Juli in neue Quartiere ins Oberengadin und Unterengadin geführt worden. Der Landrichter Caspar Schmid von Grüneck und Georg Jenatsch hatten die Soldaten dorthin begleitet. Die Abteilungen im Unterengadin sollten auch zum Schutze der kirchlichen Ordnung auf Grund der abgeschlossenen Verträge dienen (21). Ein anderer Teil der Truppen war ins Domleschg, Schams und Oberhalbstein geführt worden (22). Der Beitag der Bünde wollte auf Begehren Frankreichs die Verträge über die kirchlichen Verhältnisse im Unterengadin durchführen und bedrohte die Gemeinden mit Bußen bis 150 Scudi. Johann Anton Travers von Zuoz und Bernhard Masella sollten mit Molina, dem Beauftragten Rohans und Du Landés, die Ausführung der Verträge überwachen (23). Die Unterengadiner aber wollten von allen Kommissionen nichts mehr wissen, nicht nur, daß sie die Kosten kaum tragen konnten, sondern sie kamen nie zum Ziele und zu ihrem Recht.

Am 9. Juni 1633 waren alle Prädikanten in ihre Gemeinden zurückgekehrt, hatten Kirchen und Pfarrhäuser besetzt, und verschiedene Konvertiten kehrten wieder zur evangelischen Kirche zurück (24). Rohan und Du Landé sahen sich aber gezwungen, an den Verträgen festzuhalten, denn Père Joseph betonte in seinen Briefen an Rohan, er möge nicht an seinen Glauben als Hugenotte denken, sondern die Interessen der Kapuziner und der katholischen Kirche im Unterengadin wahren. «Ich kann Sie versichern», schrieb Père Joseph, «daß einer der stärksten Beweise des Pflichtbewußtseins, die der König von Ihnen in Ihrer Stellung empfangen kann, die Erhaltung der katholischen Kirche im Unterengadin ist; das entspricht seiner Frömmigkeit und Ihrer Klugheit aus Gründen, die ich Ihnen dargelegt habe. Wachen Sie, daß die Kapuziner leben können. Nach meiner Ansicht müssen Sie jemand an Ort und Stelle senden, um die Begehren durchzusetzen». Rohan antwortete: «Ich danke für das Vertrauen, ich werde nicht auf halbem Wege stehen bleiben» (25). Den Prädikanten des Unterengadins fiel es schwer, an dieses neue Verhältnis zu Frankreich zu glauben; hatten sie doch mit der Aristokratie und in ihrem Dienste immer auf den Schutz Frankreichs und Venedigs bauen dürfen. Beim Volk des Unterengadins bekamen die extremen Elemente die Führung. Am 22. Juni 1633 wurde in der Kirche von Schuls der Altar niedergerissen, die Türe des Pfarrhauses gesprengt und nachdem man die Kapuziner verjagt hatte, trat Nikolaus Anton Vulpius seine Pfarrei an. Dompropst Flugi klagte unverzüglich bei Du Landé, und zwei Kapuziner gingen nach Paris und riefen den Schutz des Père Joseph an (26). Die Engadiner aber achteten wenig auf die Mahnungen und Drohungen von Du Landé und sagten mit Recht: «Wir sind nicht Untertanen, sondern Verbündete des Königs von Frankreich.» In einem Schreiben der Gemeinden Schuls, Süs, Fetan, Remüs und Schleins an die III Bünde vom 4. September 1633 behaupteten die Unterengadiner, von den Kapuzinern immer als österreichische Untertanen behandelt zu werden, und alle Kriegsnot sei ihnen zu verdanken; die Gründe dafür werde der Ueberbringer des Briefes, Otto Rober, den Häuptern mündlich eröffnen (27). Auch die späteren Bemühungen, Schleins zum Verzicht auf die Kirche und Remüs zum Verzicht auf das Pfarrhaus zu bewegen, waren vergeblich. Die Remüser sollten bis 1. Juni 1634 ein anderes Haus mieten und das Pfarrhaus den Kapuzinern geben (28). Anfangs Dezember 1633 entschieden die Kommissare Johann Anton Travers, Johann Simeon Florin und Antonio Masella mit Molina auf Grund der Verträge vom 17. und 19. November 1632: In Zernez behalten die Kapuziner die alte Kirche, die auf Kosten Frankreichs erneuert worden ist; in Fetan halten beide Bekenntnisse Gottesdienst in der gleichen Kirche; Altar und Kruzifix gehören den Kapuzinern, der evangelische Sigrist läutet auch den Katholiken; das Gut der Kapuziner ist überall zurückzuerstatten; das Getreide wird zu Weihnachten von einem Beauftragten der Kapuziner eingesammelt; ein Katholik und ein Protestant prüfen, ob das Getreide den Anforderungen des Vertrages entspricht. Beide Parteien versprechen Frieden in Wort und Tat. Zum Aerger Du Landés waren jetzt die Kapuziner nicht zufrieden. In Schleins durften sie nach den Protestanten den Gottesdienst halten. Der protestantische Gottesdienst dauerte aber so lange, daß die Kapuziner nicht Messe lesen konnten. In Remüs blieb das Pfarrhaus dem neuen Prädikanten Johann Gottfried Bischof. Von Rom aus wurde Flugi beauftragt, bei Du Landé dahin zu wirken, daß Kirche und Pfarrhaus überall den Kapuzinern überlassen würden (29). Ein Schreiben, das Du Landé in diesem Sinne an Nikolaus Anton Vulpius richtete, damit er es der Gemeinde zustelle, wurde von Vulpius nicht weiter geleitet (30). P. Ireneo eilte zu Rohan, Bullion, Du Landé und zum Dompropst Flugi, und Rohan sagte seine Hilfe zu, «wenn es auch gegen seinen Glauben gehe» (31). Alle Mahnungen und Drohungen fruchteten nichts; da schlug der Dompropst Johannes von Flugi vor, Jörg Jenatsch als Kommissar zu seinen Landsleuten zu senden. Jenatsch sollte in den ersten Tagen des Monats Juli 1634 nach dem Einzug der Truppen die Streitigkeiten schlichten. Als er im Jahre 1630 aus Venedig heimgekehrt war, hatte er seine Engadiner getröstet, Frankreich werde sie in ihrem Glauben schützen. Nun waren die Franzosen erschienen, übten Zwang und Gewalt und nahmen Eigentum und Recht der Gemeinden; auch Jenatsch mußte der Macht weichen und versuchte die Engadiner mit ihrem Schicksal zu versöhnen und Rohan zu befriedigen. Seine Tätigkeit schilderte Jenatsch in einem Briefe vom 6. Juli 1634 aus Davos an Dompropst Flugi. Er entledigte sich seiner Mission, indem er betonte, daß er den Wunsch und Willen des Königs von Frankreich erfüllen müsse. Da nun in Obtasna, wo die französischen Truppen lagen, kein Widerstand zu beobachten war, eilte Jenatsch nach Schuls zu Vulpius (32). Er hatte mit seinen Anhängern die Kirche besetzt, doch den Kapuzinern das Pfarrhaus noch lassen müssen und wohnte im Hause des Clà Pult. Vulpius war die Seele des Widerstandes im Unterengadin; er war aber auch der Freund und Kampfgenosse Jenatschs aus den

stürmischen Tagen von 1618—20. Jenatsch versammelte nun die
Führer der Gemeinde und erklärte ihnen, der Schutz und die Hilfe
Frankreichs seien angesichts der drohenden Stellung Oesterreichs un-
erläßlich; allein der französische König müsse und wolle die Kapuziner halten und schützen, und es nütze wenig, wenn man die katholischen Pächter und Arbeitsleute, die Niedergelassenen, aus dem Tale
verdränge. Die Vertreibung der Kapuziner aber bringe die Ungnade
des Königs und mache das Unterengadin zur Beute der Feinde (Oesterreichs). Das mochte Jenatschs Ueberzeugung sein; es war aber
auch seine Art zu reden. Er stellte seine Leute nicht vor die Wahl,
sondern zeigte ihnen die Notwendigkeit. Die Schulser, die wie alle
Unterengadiner auf das Wohlwollen Frankreichs etwas hielten und
an die Kriegslage von 1622 dachten, lenkten ein; selbst Vulpius war
bereit, den Kapuzinern die Einkünfte der Pfarrei zu belassen und
von milden Gaben zu leben. Jenatsch sah am folgenden Morgen,
wie schöner Roggen und Gerste, die Einnahmen der Kirchgemeinde,
den Kapuzinern ausgemessen wurden. Doch Jenatsch traute der
Friedensstimmung und dem traulichen Abschied vom streitbaren
Freunde Vulpius nicht und meinte im Briefe an Dompropst Flugi, es
wäre besser, wenn Vulpius diesseits der Berge versorgt wäre. Von
Schuls eilte Jenatsch seinen Weg über Sent und Schleins nach Remüs weiter. In Sent hätte er gerne die Kirche den Kapuzinern gegeben; doch trotz der 50 Katholiken, die da lebten, wollten die Senter und ihr Prediger Johann Salomon Blech, aus dem Geschlechte
des Blasius Alexander, nicht auf ihre Kirche verzichten und den Kapuzinern auch nicht den Vorrang in der Benutzung der Kirche lassen,
obwohl die Häupter angeordnet hatten, daß dies bis zum 1. Juni
1634 geschehen sein müsse (33). Jenatsch kam in Sent nicht zum
Ziele und riet, die verfallende Kirche S. Peter in ein katholisches
Gotteshaus umzugestalten. Nach Schleins war die Kunde von Jenatschs Forderungen vorausgegangen, und die Frauen empfingen ihn
hier in drohender Haltung; sie wollten ihn steinigen. Jenatsch wahrte
der Gefahr gegenüber seine selbstbewußte, unerschrockene Haltung
und erklärte, er werde kein Wort verhandeln, ehe sich die Frauen
zurückgezogen hätten. Dann errang er auch hier Zugeständnisse.
Die Kapuziner durften am Sonntag in der Hauptkirche zuerst den
Gottesdienst abhalten, und der Sigrist mußte hier wie in Sent den

katholischen Einwohnern beim Kirchgang, bei Begräbnissen usw. die Glocken läuten. Jenatsch war stolz auf das Ergebnis seiner Verhandlungen mit den hartnäckigen Schleinsern und hoffte, daß die Kirche einmal ganz in den Besitz der Kapuziner übergeben werde. Die Remüser bereiteten ihm wieder schweren Widerstand; er berichtete, er habe Blut geschwitzt, um das Pfarrhaus von Remüs den Kapuzinern zu verschaffen (trotzdem es in Remüs nur einen katholischen Mann gab) (34). Selbst die Sakristei, die als Archiv diente, wurde den Kapuzinern geöffnet; die Hoffnung auf Frankreichs Schutz vor Oesterreichs Gewalt führte auch hier zum Erfolg Jenatschs. Dem P. Donato in Remüs traute Jenatsch mit Grund Beziehungen zu Oesterreich zu, und er wollte ihn durch P. Hyazinth ersetzt haben, der auch beim Volke beliebter sei (35). Jenatsch war vom ganzen Erfolg seiner Sendung erbaut und befriedigt und wollte auch Ehre ernten. Schon P. Donato hatte ihm in Remüs versprochen, dem Nuntius nach Luzern zu berichten, wie sehr er der katholischen Mission gedient habe. Nun bat Jenatsch seinen Verwandten, Dompropst Flugi, bei Du Landé, Bullion und auch beim Nuntius über seine Tätigkeit im Unterengadin zu berichten und das Ergebnis seiner Sendung zu melden. Wirklich zollten ihm die Kapuziner, der Nuntius in Luzern und die Propaganda in Rom dankbar volle Anerkennung. Der P. Ireneo war glücklich, daß Jenatsch den Unterengadinern erklärt hatte, der König von Frankreich werde niemals auf die Kapuziner verzichten, selbst wenn kein katholischer Mann in der Gemeinde lebe, und er meldete nach Rom, Jenatsch habe die Engadiner aus den Wirren zu Ruhe und Frieden geführt (36). Von Rom aus wurde der Bischof von Como angewiesen, für die guten Dienste Jenatschs im Engadin zu danken, namentlich für die angeführte Erklärung, daß der König von Frankreich sie beschützen werde, und in diesem Sinne schrieb die Propaganda auch an Johannes von Flugi (37). Bei Jenatsch, dem Ehre und Anerkennung etwas bedeuteten, mußten diese Huldigungen eine tiefe Befriedigung auslösen. Er bemühte sich denn auch weiter, den Frieden zu stiften und Rohan und Du Landé zu dienen. Namentlich war er auf Begehren Du Landés tätig, um die Senter zur Nachgiebigkeit zu bringen. Er bat sie wieder, dem König von Frankreich zu liebe, «der der große Fürst ist, der er ist und von Euch diese Gunst erwartet», den Kapuzinern in der Benutzung der Kirche den Vortritt zu lassen. Die Senter ließen ihn ohne Antwort, und wieder mahnte Du Landé Jenatsch, das Geschäft zu erledigen. Dieser erinnerte die Senter an den Vertrag von Innsbruck (von 1629), der ihnen «Hände und Füße gebunden», von dem der König von Frankreich sie befreit habe, und endlich meinte er, mit der Zukunft drohend, die Senter würden einmal Gott danken, wenn sie den Gottesdienst noch nach den Katholiken abhalten dürften. Dann riet er ihnen als guter Freund, sich in diese Lage frei und gutwillig zu fügen, um sich später nicht dem Zwange beugen zu müssen. Tröstend und begütigend fügte er hinzu: «Wenn aber in Zukunft die Gewissensfreiheit verletzt werden sollte, dann verspreche ich, zu euch zu stehen und kein Unrecht zu dulden, und ich vermag noch etwas; der Herzog von Rohan hat mir aus Frankreich geschrieben, um mir die Sache anzuempfehlen, und ihr wißt, daß er euch wohlgesinnt ist.» Zum Schlusse lud Jenatsch die Senter ein, zwei Männer mit der Antwort und Entschließung auf den 9. August nach Fetan zu senden und bat, der Prädikant Johann Salomon Blech möge ebenfalls in Fetan erscheinen. Bei dieser Zusammenkunft in Fetan kam es zwar zu keiner befriedigenden Vereinbarung (38). Die Häupter und Ratsgesandten der III Bünde hatten jedoch unterdessen im Sinne der Gewissensfreiheit weittragende Beschlüsse gefaßt, die namentlich die Verhältnisse des Engadins grundsätzlich regeln sollten. Darin hieß es: Alle Beschlüsse zum Schutze der freien Religionsübung, die «langsam aufgerichtet» worden sind, werden bestätigt und keiner darf weder mit Worten noch Werken den andern molestieren oder an der freien Ausübung des Glaubens hindern. Gemeinden mit mehr als einem Bekenntnis sollen «ohne Beschwerde» den Gottesdienst ausüben, taufen, Ehen einsegnen lassen. Es darf bei hoher Strafe keiner verstorbenen Person der Friedhof verweigert werden. Die Feiertage sind frei und bilden keinen Zwang für Andersgläubige, und so steht auch die Wahl des Kalenders frei. Die Friedensstörer werden des Landes verwiesen. Die Bekenner beider Religionen stehen einander bei «wie die Altvordern und schirmen und schützen einander, wie wir mit Eiden verbunden sind». Gemischte Ehen sollen wegen des Glaubens nicht getrennt werden (39). Jenatsch mochte an diese Beschlüsse denken, als er den Brief an die Senter schrieb; er entsprach seinem Denken, sein Handeln aber stand unter dem Drucke des Père Joseph.

Ehe Jenatsch die Verhandlungen im Unterengadin abschließen konnte, war er mit einer neuen politischen Aufgabe betraut worden; es galt die schon im Herbst 1633 mit Venedig angeknüpften Verhandlungen weiter zu führen. Der Druck, den Du Landé und Rohan auf die Unterengadiner ausübten und das Benehmen des Generalkommissars Bullion hatten das Verhältnis der Bündner zu den Franzosen dauernd getrübt; dazu kam, daß Rohan vor seiner Abreise nach Paris die Vorbereitungen zum Abmarsch ins Veltlin getroffen, den Bündnern Hoffnungen gemacht hatte, die Truppen nun in die Quartiere gezogen waren und Rohan von Paris aus nichts über die Pläne Frankreichs hören ließ. Die Häupter und Räte bezweifelten, daß Rohan sie je in der Erwerbung des Veltlins unterstützen, und daß Frankreich je ins Veltlin ziehen werde. Sie waren in ihrem Mißtrauen vom schwedischen Agenten Straßberger noch bestärkt. Es nützte wenig, daß Du Landé und Bullion immer wieder beteuerten, Venedig habe die Hilfe versagt und damit den Zug ins Veltlin unmöglich gemacht (40). Die Bündner versuchten nun wieder die Lage abzuklären. In unverbindlicher Weise wurden die Besprechungen mit spanisch-mailändischen Agenten fortgesetzt, besonders geschah das durch Dr. Jakob und Landrichter Caspar Schmid von Grüneck von Ilanz, die Führer der Protestanten im Grauen Bund, die nicht im entferntesten dem «Hispanismus» ergeben waren, wie Fortunat Sprecher und Ulysses von Salis glauben lassen möchten. Eine leicht begreifliche Abneigung und Mißtrauen führten die Schmid und Jenatsch zum Entschluß, sich nochmals mit Venedig in Verbindung zu setzen. Venedig sollte auf Richelieu einwirken, damit er den Zug ins Veltlin unternehme. Es sollte sich auch abklären, ob und wie die Republik mitzuhelfen beabsichtige, wenn Frankreich dem Unternehmen fernbleiben und die Bündner allein den Kampf aufnehmen müßten. Dieser Gedanke der Selbsthilfe war wieder lebendig geworden; die führenden Männer waren bereit, große Opfer auf sich zu nehmen, um der Heimat zu dienen. Der reiche Johannes Guler und sein Sohn Johann Peter anerboten sich, 1000 Mann einen Monat lang im Felde zu erhalten, Jenatsch verpflichtete sich für 200 Mann, andere für 100 und für 50. Endlich ließ Straßberger, der Agent Schwedens, der noch in St. Moritz war, hoffen, daß Oxenstierna genügend schwedische Reiterei an die Seite der Bündner stellen werde. Natürlich sollten auch die Gemeinden ihre Kontingente liefern, und somit schien eine schlagfertige kleine Armee zu entstehen (41). Die Bündner wollten aber die Fehler des Feldzuges von 1621, die Unbesonnenheiten, vermeiden. Es wurde darum noch ein anderer Weg zum Ziele erwogen, nämlich direkte Verhandlungen mit den Bewohnern von Bormio, Veltlin und Cläven, wenn man sich auf diesem Wege auch nicht große Erfolge versprach. Diese Besprechungen zwischen Bündnern und Untertanen waren, seit der Vertrag von Monsonio unüberbrückbare Gegensätze hervorgerufen hatte, immer wieder angeregt worden. Bald hatte Spanien, bald Frankreich versucht, den Vertrag von Monsonio zu interpretieren und ihn den Bündnern mundgerecht zu machen, dann hatte der Kaiser de Merode (1630) den gleichen Weg empfohlen; doch die Untertanen wollten am Wortlaut des Vertrages und die Bündner an ihrer Herrschlust festhalten. Als die Vertreter der Untertanen, Dr. Baldassare Zuccola von Bormio, Azzo Besta und Dr. Paribelli im April 1630 mit den Bündnern in Mailand zusammen gekommen waren, hatten die Veltliner vorerst die bedingungslose Anerkennung des Vertrages gefordert; dann hatten sie über die Durchführung des Abkommens reden wollen (42). Als dann in Chierasco der Friede verhandelt worden war und Du Landé nach Bünden reiste, besagte seine Instruktion vom 18. April 1631, für den Frieden Italiens sei Bünden von außerordentlicher Wichtigkeit, und die Aussöhnung zwischen Bünden und den Untertanen müsse mit aller Kraft gefördert werden, selbstverständlich unter Beachtung der französischen Interessen, d. h. auf der Grundlage des Vertrages von Monsonio. Wohl hatten sich die Häupter in Chierasco durch Tscharner auch auf den Vertrag von Monsonio berufen, doch besonders auf die Einleitung des Vertrages, die die Herstellung der Verhältnisse von 1617 und die Souveränitätsrechte der Bündner betonte. Unter Hinweis auf diesen Artikel verlangten sie die Berufung an den Souverän und das Recht der Judikatur für sich; die Wahl des Magistrates wollten sie den Untertanen lassen. Ebenso fruchtlos blieben die wiederholten Besprechungen mit Alberti und Imeldi in Chur (43). Jetzt aber waren die spanischen Heere durchs Land gezogen, das Volk war wehrlos geblieben und hatte schwer gelitten. Die Veltliner sagten sich, der Friede könnte sie leicht als Beute unter die Herrschaft

263

Spaniens führen, und das wollten sie auch nicht erleben. Nun wollten die Bündner nochmals prüfen, ob eine Einigung möglich sei. Venedig sollte ratend und vermittelnd beistehen. Diese Pläne und Gedanken beschäftigten die Häupter und ihre Vertrauensmänner, vor allem Landrichter Caspar Schmid von Grüneck, Meinrad Buol und Jenatsch, und dieser wandte sich im Mai oder Juni 1634 an den Provveditore generale des Festlandes, Giorgio Zorzi, um mit ihm Rat zu pflegen. Dann beauftragten die Häupter und Räte den Landrichter Caspar Schmid von Grüneck, dem Oberst Jenatsch ein Beglaubigungsschreiben für die Verhandlungen mit Giorgio Zorzi auszustellen; dieser sollte Jenatsch weiter dem Collegio in Venedig empfehlen (44).

XIV

Jenatsch verhandelt mit den Untertanen
Die Schlacht von Nördlingen am 6. September 1634 und ihre Folgen
Verhandlungen mit Mailand
Die Konversion Jenatschs 1635

Jenatsch reiste nach Fetan, wo er am 9. August (1634) nochmals mit den Unterengadinern verhandeln wollte. Dann erschien er in
Gesellschaft von R. von Schauenstein, Andreas Brügger und Ulysses
von Salis in Bormio, wie diese sagten, um zu baden. Sie kamen mit
dem Gedanken an Krieg und Frieden zugleich. Es ist unzweifelhaft,
daß diese Offiziere im Einverständnis mit den Häuptern einerseits
den Kriegsplan der Bünde gegen die Veltliner überlegten und über-
prüften, anderseits wenn möglich eine friedliche Lösung mit
ihnen suchten (1). Dem Podestà Alberti in Bormio sagten sie
angesichts der Stimmung der Veltliner, Bünden sei zu einer friedlichen Vereinbarung mit den Veltlinern bereit. Alberti, der die Absichten der Offiziere durchschaute, erklärte: «Für uns gibt es nur
einen Vertrag von Monsonio» (2). Hier im Bade von Bormio traf
nun auch Graf Francesco Brambati von Bergamo ein, um eine Badekur zu unternehmen; besonders wollte er aber die Bewohner von
Bormio, Veltlin und Cläven mit den Bündnern einigen und dann
beide Teile durch ein Bündnis mit Venedig noch enger verbinden,
denn er wußte, wie sehr es den Veltlinern daran gelegen war, sich
Venedig zu nähern. Brambati unterhandelte hier mit Jakob Robustelli, dem Führer im Veltlinermord, und mit Joh. Anton Paravicini,
dem Podestà von Morbegno, und die Veltliner ließen erkennen, daß
eine Sicherung des Friedens ihnen als sehr wünschenswert erschiene.
Sehr schwer war aber eine Aussöhnung der Veltliner und Bündner.
Wie man vorausgesehen hatte, gingen die Pläne und Begehren weit
auseinander; das mußte auch Brambati erkennen. Die Bündner

hofften, daß das Land unter die bündnerische Botmäßigkeit zurückkehren werde; die Veltliner dagegen pochten wieder auf den Vertrag von Monsonio und wünschten auch, aus dem bündnerischen Untertanenland einen Ort (Cantone libero) zu gestalten und sich mit den V katholischen Orten der Eidgenossenschaft zu verbinden, ein Plan, der in Rom schon zehn Jahre früher besprochen worden war. Man erkannte rasch, daß auch Spanien diese Wünsche billige; doch Frankreich mußte wieder die katholischen Orte als Einflußsphäre Spaniens betrachten und wollte das Veltlin, Bormio und Cläven nicht in dieser Verbindung sehen (3). Brambati gab seine Bemühungen um die Einigung trotzdem nicht auf, und auch die Häupter in den III Bünden, namentlich Landrichter Caspar Schmid, wollten die Möglichkeiten eines Friedens wohl ergründen. Sie hatten in aller Eile und geheim einen Beitag nach Chur berufen und besprachen die Angelegenheit; sie hofften, auf diesem Wege die Franzosen entbehren und aus dem Lande treiben zu können. Eines der Häupter — es war wohl Schmid von Grüneck — wurde ins Veltlin gesandt, um zusammen mit Jenatsch in Sondrio unter der Führung von Brambati mit Robustelli und Paravicini weiter zu verhandeln (4). Unter dem starken Einfluß Brambatis scheinen sich die Parteien einander etwas genähert zu haben. Ueber den Inhalt der Verhandlungen weiß aber der Erzpriester Paravicini, der Berichterstatter des Nuntius und Bruder des Podestà, nichts genaueres zu melden. Ein gewisser Erfolg stand in Aussicht, denn die Versammelten sandten Jenatsch und Azzo Besta nach Bergamo zu Zorzi, und von dort aus sollten sie nach Venedig reisen (5). In Bergamo wurden die Grundlagen eines Abkommens mit Zorzi beraten. Jenatsch war jetzt unnachgiebiger, denn er hoffte auf den Sieg der Schweden über den Kaiser in Deutschland, somit wollte er den Untertanen zwar die Gerichtsbarkeit überlassen und die Zusicherung geben, daß in den Untertanenlanden nur die katholische Kirche geduldet werde, doch die Verwaltung des Landes sollte nach wie vor den Bündnern verbleiben. Azzo Besta erkannte, wie weit die Veltliner von ihren Zielen entfernt waren, und Zorzi wahrte allmählich große Zurückhaltung (6). Jenatsch und Azzo Besta reisten weiter nach Venedig; allein hier zeigten die Staatsmänner keine Lust, eine Verbindung mit den Veltlinern und mit den Bündnern einzugehen und damit den Anfang einer italienischen Liga zu machen. Die beiden Vertreter wurden damit vertröstet, daß in Bälde eine Neuordnung der Verträge zu erwarten sei (7). Am 19. August — die Verhandlungen in Sondrio und in Bergamo hatten ungefähr eine Woche gedauert — berichtete Scaramelli, der Sekretär des Senates in Venedig, nach Zürich an den Residenten Rosso, Jenatsch habe in Bergamo mit Beglaubigungsschreiben der III Bünde seine Vorschläge unterbreitet; der Senat sehe sich jedoch zu nichts mehr als zu einer einfachen Antwort veranlaßt, die den Provveditore generale in Bergamo zu nichts verpflichte (8). Azzo Besta und die führenden Veltliner schienen sich vor allem für den Plan der Bildung eines katholischen Kantons zu begeistern, um sich so von Frankreich und von Spanien zugleich lösen zu können. Jenatsch ließ sich nicht entmutigen; er hatte von den Häuptern wohl auch Auftrag, mit aller Kraft eine Lösung zu suchen. Er ritt gegen Ende August mit Azzo Besta nach Mailand. Dort wurden sie von dem Vizestatthalter Lelio Brancatio empfangen und besprachen mit ihm und mit dem spanischen Generalzahlmeister Antonio de Porres wieder das zukünftige Verhältnis der Veltliner zu den Bündnern. Auch die Veltliner wünschten immer noch zu einem Abschluß zu kommen. Als die Besprechungen in den ersten Septembertagen zu Ende gingen und Jenatsch nach Graubünden ritt, war man dort auf seinen Bericht äußerst gespannt. Es war nicht zu einer völligen Einigung gekommen, aber die Ergebnisse ließen doch auf eine befriedigende Lösung hoffen, denn als die Bündner später am 29. Juli 1636 in Tschagguns mit Wilhelm Bienner über einen Vertrag mit Oesterreich und Mailand sprachen, wünschten sie, daß man in der Frage des Untertanenlandes bei dem bleibe, was man Ende August und anfangs September 1634 in Mailand vereinbart hatte.

Die Häupter hatten inzwischen die Mobilmachung der Bündner erwogen und auch schon den schwedischen Agenten Straßberger im Bad St. Moritz angefragt, ob Bünden auf die Hilfe der schwedischen Kavallerie rechnen dürfe. Straßberger erklärte jetzt ausweichend, Schweden stehe eben vor schweren Kämpfen und brauche in der nächsten Zeit alle seine Kräfte (9).

Bündner und Veltliner waren auseinander gegangen in der Absicht, sich nach der Weinlese wieder zu finden und weiter zu verhandeln; doch wenige Tage später, am 6. September 1634, fiel bei Nördlingen die schwere Entscheidung. Die Kaiserlichen hatten den Sieg nicht zum wenigsten den Truppen zu verdanken, die der Kardinal-Infant und Erzbischof von Toledo im Juli über Sondrio und Bormio nach Tirol geführt hatte, und mit denen er am 3. September zum kaiserlichen Heere gestoßen war. Die Wirkungen dieser Niederlage machten sich über ganz Europa bemerkbar. Die Schweden räumten Süddeutschland, die Verhandlungen, die Kurfürst Johann Georg von Sachsen zuerst mit Wallenstein und dann mit dem Kaiser geführt hatte, wurden beschleunigt und führten zum Frieden von Prag vom 30. Mai 1635. Der Kaiser zog — auf die Gedanken Wallensteins zurückgreifend — die evangelischen Fürsten auf seine Seite, um eine große Reichsarmee unter kaiserlichem Befehl gegen die Schweden zu sammeln. Der Religionskrieg wurde zu einem Kampf um die Macht in Europa. Rohan schrieb aus Paris an Tronchin am 25. September 1634: «Man hat hier großes Mißfallen über die Niederlage der Schweden, und man ist entschlossen, sie kräftig zu unterstützen», und bald darauf, am 10. November meldete er: «Ich verreise morgen nach Lothringen, wo der König mir eine Armee geben wird; ich hoffe, diese werde der guten Sache nicht unnützlich sein; eine sonderbare Sache, daß die Pest dieser Schlacht von Nördlingen eine Partei so sehr bestürzt hat, die vorher so mächtig dastand» (10). Durch den Abfall der deutschen Bundesgenossen war Schweden militärisch isoliert, Frankreich sein einziger Rückhalt geworden; Richelieu durfte seinen Verbündeten nicht opfern, wenn er die Stellung am linken Rheinufer, in Bünden und die Wege nach Italien halten wollte; der Kampf mit der habsburgischen Macht mußte aufgenommen werden. Die langen Verhandlungen zwischen Frankreich und Schweden und den verbliebenen Heilbronner Verbündeten führten zu einem Vertrag über die gemeinsame Kriegführung. Unter dem Einflusse von Frankreich bekam der Herzog Bernhard von Weimar den Oberbefehl über die Bundestruppen. Frankreich stellte vier Armeen auf: die eine unter Chatillon und de Brèze sollte in den Niederlanden, eine zweite unter dem Marschall Charles de Créqui in Italien, die dritte unter Rohan in Graubünden an den Pässen und die vierte unter La Force in Lothringen gemeinsam mit Bernhard von Weimar gegen den Rhein vordringen. Richelieu erklärte nun Spanien den Krieg. Durch die Teilnahme Frankreichs schien im Krieg Europas das Gleichgewicht wieder hergestellt zu sein.

Die Niederlage von Nördlingen war auch in Bünden mit Bestürzung aufgenommen worden. Die Pläne, die man geschmiedet hatte, um mit Hilfe von Venedig und Schweden um den alten Besitz zu kämpfen, mußten begraben werden. Die Veltliner aber jubelten, und als sie erfuhren, daß die Bündner Kriegspläne gegen sie entworfen hatten, wandten sie sich an den Statthalter von Mailand, daß er sie beschütze. Oesterreich schlug im Verkehr mit Bünden einen selbstbewußten, drohenden Ton an: in Konstanz erschienen kaiserliche und in Como spanische Truppen. Die Bündner wurden nun nicht zur Offensive, sondern zur Defensive aufgeboten; die Gemeinden wurden aufgefordert, ihre Männer mit Waffen und Munition zu versehen. Rohan hatte beim Eintreffen der Nachrichten aus Nördlingen den Eidgenossen versichert, er werde alles tun, um ihnen zu dienen, und Staatssekretär Bouthillier ließ in Bünden die Pensionen und den Sold bezahlen und mahnte zur Geduld. Gerüchte besagten, Rohan werde auf Martini in Bünden sein, neue Regimenter mitbringen und selbst mit Venedig über die Mitwirkung verhandeln. Aber in Bünden herrschte Verwirrung. Die spanischen Agenten nutzten die Lage aus, und im Volke und in den Räten kam der Gedanke, die Franzosen aus dem Lande zu weisen, immer offener zum Ausdruck. Trotzdem kam im Beitag unter dem Druck Du Landés und Bullions noch einmal eine Mehrheit zustande für ein Gesuch an den König, den Zug ins Veltlin ohne Zögern zu unternehmen (11).

Jenatsch war aus Venedig und Mailand in Bünden eingetroffen, als sich hier eben die Nachrichten von der Niederlage von Nördlingen verbreiteten. Er zeigte sich wie im Jahre zuvor äußerlich vom Erfolg seiner Mission befriedigt und lobte das Wohlwollen Venedigs gegen Bünden. Du Landé und Bullion beruhigten sich, indem sie meinten, Jenatsch sei wohl nicht die angesehene Persönlichkeit gewesen, um in Venedig eine Sache von Bedeutung zu vertreten. In Freundeskreisen erzählte Jenatsch, in Venedig wisse man recht wohl, daß Frankreich die Verschiebung des Veltlinerzuges der Adriarepublik zur Last lege; in Wahrheit trage Frankreich die Verantwortung für die entstandene Lage. Durch die Niederlage von Nördlingen waren aber die Verhältnisse so gründlich verändert, daß die Ergebnisse der Verhandlungen dahinfielen. Weniger als je wollte sich Venedig in den Krieg hineinziehen lassen. Diese Lage mochte Jenatsch veranlassen, nicht vor den Räten und Häuptern zu erscheinen, um über die Besprechungen von Venedig und Mailand zu berichten (12).

Kaum war Jenatsch in Chur angelangt, so begehrte Du Landé, Jenatsch möge wieder die Streitigkeiten im Unterengadin zu regeln versuchen. Auch hier klang die Stimmung von Nördlingen durch; die Kapuziner wurden anspruchsvoller und verlangten in Schleins die Kirche für sich allein; das wollte Jenatsch nun nicht zugestehen. In Sent und Ardez erlebte er neuen heftigen Widerstand, und er wandte sich darauf von Davos aus an den Domprost Flugi, damit dieser von Du Landé die Ermächtigung erhalte, die Truppen im Engadin gegen die widerspenstigen Senter und Ardezer zu führen, um ihren Trotz zu brechen. So kam es am 10. Oktober 1634 in Fetan zu einer Erklärung, worin die Senter durch ihren Prädikanten Jan Salomon Blech und Clagagutt Bazell ihre Kirchen und Einkünfte den Kapuzinern abtreten mußten. Der Vertrag diente dem Père Joseph, aber nicht dem Frieden. Die Unterengadiner hielten sich an solche Verträge, solange sie unter dem Drucke Frankreichs waren. Der Mißerfolg der Schweden und des Bernhard von Weimar und die wachsende Mißstimmung gegen die Franzosen veranlaßte sie, schon im November 1634 den Abzug der französischen Truppen aus ihren Gebieten zu verlangen (13).

Diese politische Erregung diente den Absichten Spaniens. Kardinal Albornoz und sein Vicestatthalter Lelio Brancatio stellten wieder eine gütliche Vereinbarung über das Veltlin, Bormio und Cläven in Aussicht und traten in Unterhandlungen mit ihren Freunden und Vertrauensmännern in Bünden (14). Platone, der Sekretär des Statthalters Albornoz, stand im Verkehr mit dem neugewählten Abt Augustin Stöcklin in Disentis und mit Paul de Mont im Lungnez, und der Postmeister Adriano Furrer von Altdorf in Bellinzona besorgte den Verkehr mit dem Landammann Taddeo Bonalini, mit Lazaro Toscano im Misox und mit Freunden im übrigen Bünden. Der Abt Stöcklin vermittelte den Verkehr Mailands mit Jenatsch und seinem Kreise (15). Das Ziel dieser Verhandlungen war der Abschluß eines Bündnisses mit Spanien und die Zurückgewinnung der Untertanenlande. In Mailand wollte man keine Zeit verlieren; man dachte sogar daran, die Bündnerpässe rasch mit Gewalt zu besetzen (16). Du Landé war über diese Vorgänge unterrichtet; er vernahm auch, wie im Misox und im Oberland für den Frieden mit Spanien geworben wurde und forderte die Häupter auf, den politischen Umtrieben ein Ende zu setzen. Die Häupter beschlossen darauf, «es solle der Landrichter Caspar Schmid geheim, fleißig Nachforschung halten und welche Person sich damit verabgangen, damit selbige vorgenommen werde» (17). Schmid war selbst einer der Führer in diesem Geschäfte. Als dann anfangs Dezember 1634 die Häupter und Räte in Chur versammelt waren, wurden die Beziehungen zu Spanien und Oesterreich das Gespräch der Männer, und die Nachrichten, daß Rohan wiederkehren werde, besagten nicht allzuviel. Kein Wunder, daß in Paris schon das Gerücht ging, die Franzosen seien aus Bünden vertrieben worden (18). Die Häupter waren indessen auch in aller Stille tätig, um die Bündner zum Ziele zu führen. Schon am 11. Dezember 1634 konnte der Nuntius nach Rom berichten, daß die Verhandlungen der Bündner (Meinrad Buol und Hans von Travers) mit Oesterreich und mit Spanien in vollem Gange seien, Jenatsch führe das Geschäft. Der Nuntius erhielt seine Berichte teilweise von Johannes von Flugi, und dieser stand im vertraulichen Verkehr mit Jenatsch. Die Häupter und Jenatsch waren bereit, den Spaniern und Oesterreichern die Pässe zu öffnen; dazu wollte Oesterreich drei feste Plätze in Bünden, darunter auch die Luziensteig, besetzen. Dieses Begehren erschien den Bündnern bedenklich. Oesterreich sollte ferner auf eigene Rechnung drei Bündner Regimenter (später war von vieren die Rede) unterhalten, um die Pässe zu verteidigen, und Mailand-Spanien sollte ein Bündnerregiment in Sold nehmen, allgemeine Pensionen an die Gemeinden und private Pensionen an die Führer bezahlen. Zudem sollten zwölf Jünglinge aus dem Grauen Bund im Collegium Helveticum in Mailand studieren können. Auch mit den Untertanen sollte ein Abkommen geschlossen werden. Dieses bot die größten Schwierigkeiten, denn die Veltliner hielten mehr als je fest am Vertrag von Monsonio oder an der Bildung eines eidgenössischen Ortes und wollten die Bündner mit der jährlichen Summe von 25 000 Scudi abfinden; dazu kamen Ansprüche des Bischofs auf die Untertanenlande (19). Jenatsch und die Häupter bemühten sich, die Verwaltung der Untertanengebiete für die Bündner zu erhalten; es kam jedoch zu keiner Einigung. Nach Abschluß der vorgesehenen Verträge sollten die Bündner den Franzosen an der Splügenstraße und im Engadin in den Rücken fallen und sie gegen Mailand in die Hände der Spanier drängen. In der Versammlung der Häupter und Räte fiel der mildere Antrag, die Franzosen zu entlassen (20).

Diese Vereinbarungen bedurften noch der Zustimmung des spanischen Königs. Jenatsch und Casati, der spanische Gesandte, der die Verhandlungen mit Jenatsch führte, sandten in Eile — es hieß Rohan sei im Anzuge — einen Vertrauensmann zu Robustelli und Azzo Besta ins Veltlin, damit er (bei Besta) die Antwort abhole, denn Azzo Besta vermittelte den Verkehr mit Mailand. Es war kein glänzendes Ergebnis; nur der Gedanke an den Frieden und die Erinnerung an die bösen Tage der vergangenen Jahre konnten zur Annahme eines solchen Abkommens bewegen. Die militärischen Erfolge Rohans und die bedrohliche Lage für Oesterreich und Spanien haben später die Bedingungen für die Bündner wesentlich verbessert.

In Chur harrten die Häupter der Dinge, die da kommen sollten. Es war Weihnachten 1634; die französischen Festungsbauten waren eingestellt, und die Bündner hofften, die Festungen selbst besetzen zu können. Jenatsch war indessen bemüht, die eingeschlagenen Wege zu verfolgen und mit Spanien zum Abschluß zu kommen; er war überzeugt, in wenigen Tagen sei das Geschäft erledigt. Casati tat in der Sache nicht weniger; er lockte Jenatsch und seine Vertrauensleute von einem Orte zum andern, um die Ausführung der Pläne zu bereden und dann vor einem Beitag in Chur die Genehmigung zu erwirken. Nach Weihnachten, in den letzten Tagen des Jahres 1634, gab Casati vor, er wolle nach Einsiedeln pilgern. Er hatte mit den Bündnern noch eine Zusammenkunft verabredet, um die Ausführung der Vereinbarungen zu besprechen. Auch schwyzerische Abgeordnete erschienen, denn Schwyz sollte den Franzosen und den evangelischen Eidgenossen die Wege durch die March an den Wallensee sperren und zugleich mit Glarus, Uri, Tirol, Mailand und den Veltlinern die Kornsperre über Bünden verhängen, um die Franzosen in Bünden auszuhungern, während das Volk sie zu gleicher Zeit überfallen sollte. Vier Regimenter des Kaisers sollten zudem die Luziensteig besetzen und den Bündnern im Notfall beistestehen. Unter den Begleitern Jenatschs in Einsiedeln war auch I. P. Guler. Casati und Jenatsch hatten ihm ihre Absichten erklärt. Er war indessen nicht so leicht entschlossen, die Franzosen preiszugeben und erklärte, ohne das Ziel zu erreichen, nämlich das Veltlin, Bormio und Cläven wirklich zu besitzen, gebe es keinen Vertrag. Auch der Nuntius war überzeugt, daß alles an diesem Punkte scheitern könne (21).

Noch fehlte die Entscheidung der Untertanen. Robustelli und Azzo Besta berieten die Frage mit verschiedenen Führern im Veltlin, so mit dem Podestà von Tirano und mit dem Kanzler des Veltlins, und wurden immer zurückhaltender und mißtrauischer, denn bündnerische Boten waren geheim nach Mailand hin- und zurückgeeilt, und die Veltliner behaupteten, die Folgen eines neuen Abkommens ließen sich schwer ermessen. Endlich erklärten sie: «Wir halten am Vertrag von Monsonio fest.» In der Mißstimmung, die sich nun entwickelte, drohten sie, alle Verhandlungen dem Herzog Rohan zu eröffnen, und Jenatsch mußte sich bemühen, ihnen darzulegen, daß der ganze Plan nicht gegen den Vertrag von Monsonio gehe. Trotz der Haltung Robustellis wollten Casati, Jenatsch und ihre Mitarbeiter nicht auf die Pläne des Friedens verzichten (22). Im Augenblick, da Frankreich seine neuen Armeen aussandte, war ein Abkommen mit den Bündnern für Spanien von größter Wichtigkeit. Der Nuntius in Luzern vermutete sogar, schließlich besetze Mailand plötzlich eines Tages die Pässe, denn Rohan könnte unverhofft mit seiner Armee aus dem Elsaß anrücken (23). So führte Jenatsch «im Besitze des französischen Vertrauens die spanischen Geschäfte», schrieb der Nuntius Scotti nach Rom (24).

Unterdessen hatte der König Ludwig XIII. am 15. Januar 1635 in Saint-Germain-en-Laye die neue Ernennung Rohans und die Vollmacht als Oberbefehlshaber in Bünden ausgestellt und den Herzog beauftragt, den Zug ins Veltlin zu unternehmen (25). Du Landé berichtete am 23. Januar 1635, er habe den Verhandlungen der Bündner mit Casati ein Ende gesetzt; dieser habe immer erklärt, das Veltlin bekämen die Bündner nur aus der Hand Spaniens (26).

Mitten aus diesem politischen Leben und Treiben heraus war Jenatsch — möglicherweise von Einsiedeln aus — in den ersten Tagen des Jahres 1635 im Kloster Rapperswil erschienen, um zur katholischen Kirche überzutreten. Diesem Entschlusse lag eine längere Entwicklung seines inneren und äußeren Lebens zu Grunde. Ueber Jenatschs Religiösität urteilt zunächst Fortunat von Juvalta; er saß als reifer Mann in der Kirche von Scharans zu Füßen des jungen Jenatsch, der hier in seiner kraftstrotzenden Gestalt mit «miraculöser eloquenz» von der Kanzel aus manchen Zuhörer fesseln mochte. Juvalta, der wahrhaft fromme Mann, der weiseste Bündner seiner Zeit, empfand den Gegensatz zwischen Wort und Leben oder Taten des jungen Prädikanten, und nachdem noch seine Empfindung im Strafgericht von Thusis eine reiche Bestätigung erfahren hatte, schrieb er in seinen alten Tagen über Johann Peter Janett und Georg Jenatsch: «Sie waren nur dem Namen nach und nicht dem Geiste nach evangelische Geistliche», und von Jenatsch: «Er führte die Religion nur auf den Lippen». Mag nun darin noch etwas von der Bitterkeit nach der bösen Erfahrung Juvaltas mit den Prädikanten am Strafgericht von Thusis nachklingen; aber es liegt in diesem Ausspruch doch ein Stück Wahrheit. Jenatsch eiferte damals im evangelischen Glauben mit seinem ganzen Temperament; er berief sich auf das Bibelwort; er kämpfte mit dem Schwert in der Hand für seine Ueberzeugung. Die Lehrmeinung, das Dogma, beherrschte damals noch seinen Geist, um der Lehrmeinung willen stritt er mit seinen Amtsbrüdern, disputierte er später mit den Kapuzinern — er war ein Meister in der Disputation. Auch aus seinen Briefen an Ruinelli, an Gabriel und Vulpius, an den Nuntius und an Kardinal Barberini spricht das Interesse für die Lehre, für das Dogma. Das war aber nicht nur Jenatschs Denken; der Kampf um die verschiedenen Glaubensauffassungen erfüllte damals die Menschen mit diesen Gedanken; er sprach auch aus der Literatur; es war der Geist der Zeit. Er überwucherte vielfach ein tieferes religiöses Empfinden, eine lebendige Unmittelbarkeit des Glaubens. —

Aus diesem Sinnen und aus seinem temperamentvollen Wesen entsprang der erste Konflikt Jenatschs mit seinen Amtsbrüdern und und mit der Synode (27). Er rief die Unterengadiner zu den Waffen (1618); er verlangte auch von der Synode den offenen Kampf gegen die Andersgläubigen, und da seine Amtsbrüder ihn zurückwiesen, ihn für seine Haltung zur Verantwortung vorluden und auch später seine Taten mißbilligten, lehnte er sich auf. Der Graben zwischen ihm und Blasius Alexander einerseits und den Amtsbrüdern, vor allem den Oberengadinern anderseits, vertiefte sich in den folgenden Jahren und blieb nicht ohne Nachwirkung. Jenatsch legte den Kirchenrock ab und wurde Militär (1620). Seine äußere Bindung mit der evangelischen Kirche wurde gelockert, innerlich war er wohl noch der eifrige Anhänger seines Glaubens, so sprachen die Unterengadiner von ihm. Im Jahre 1626, bei der Beurteilung der konfessionellen Streitigkeiten im Unterengadin, gab er beiden Parteien die Schuld. Als er 1628 mit dem Pfäfferser Mönch und Geschichtsschreiber Augustin Stöcklin über das Thusner Strafgericht und das Schicksal Ruscas sprach, scheint er sich so ausgedrückt zu haben, daß Stöcklin die Ueberzeugung gewann, Jenatsch werde eines Tages zur katholischen Kirche übertreten (28). In der Haft in Venedig las er wohl die Bibel, aber die Taten und Aeußerungen nach seiner Heimkehr lassen keinen Schluß zu. Immerhin muß betont werden, daß er am 20. Januar 1632 seine Tochter Dorothea in Bischofszell noch protestantisch taufen ließ. In einem gewissen Widerspruch dazu erzählt dann Jenatsch selbst, er habe sich seit 1631 eingehend mit den Kirchenvätern befaßt. In dieser Zeit begannen auch seine näheren Beziehungen zu Johannes von Flugi, mit dem er verwandt war. Dieser bemühte sich eifrig, Jenatsch für die katholische Kirche zu gewinnen. Diesen Verkehr auf dem bischöflichen Hof wurde Rohan inne; er beauftragte einen Vertrauensmann, der Berichterstatter des venezianischen Residenten Rosso war (Fortunat von Sprecher?), diesem über die Haltung der Bündner und besonders Jenatschs zu melden. Andrea Rosso, der in Pfäffers «nell' horido die questa spelunca» badete, erfuhr sodann, Rohan habe etwelche Beziehungen (intelligenze) von Bündnern (Schmid, de Mont, Castelberg u. a.) mit Mailand aufgedeckt, und Jenatsch sei in diesem Geschäft einer der Führer; es scheine, daß er katholisch geworden sei oder werden wolle, und man glaube, er habe Geld erhalten. So deuteten Rohan und wohl auch Sprecher ohne genaue Kenntnis der Tatsachen den Verkehr Jenatschs mit Flugi und auch selbst die politischen Gespräche mit den Schmid von Grüneck und ihrem protestantischen Kreis (1633). Sprecher hat später über die Konversion geschrieben: «Im Jahre 1635 bekannte sich Jenatsch öffentlich zur römisch-katholischen Kirche, stand in hohen Ehren bei den französischen Agenten (Du Landé) und anfangs heimlich, später aber öffentlich, nicht weniger bei den Spaniern und Oesterreichern. Er war schnell entschlossen, erfinderischen Geistes und stand in kühner Ausführung keinem nach» (29). Ueber die Gründe der Konversion äußern sich weder Sprecher noch Ulysses von Salis. Ernst Haffter hat besonders auf seine Beschäftigung mit den Kirchenvätern Augustinus und Cyrillus von Alexandrien hingewiesen; Jenatschs großes Interesse für religiöse Fragen ist unbestritten und zeitgemäß. Besonders der Kirchenvater Augustinus scheint ihn sehr beschäftigt zu haben. Jenatsch, der in diesen Jahren im politischen Leben gerne die Autorität im Staate als eine Notwendigkeit und Voraussetzung für den inneren Frieden betonte, fand in Augustinus unter anderm auch die entschiedene Forderung von der Autorität der Kirche, und in diesem Sinne erwähnt er z. B. im Briefe an Gabriel und Vulpius den Kampf des Augustinus mit den Donatisten. Bei den Kapuzinern im Engadin fand er die Kontroversen des Robert Bellarmin und ließ sich mit ihnen in Disputationen ein (30). Der Nuntius erfuhr durch Flugi von seinen Absichten, katholisch zu werden; er suchte Gelegenheit, Jenatsch zu sprechen; er schrieb ihm und sandte ihm den P. Rudolf von Mömpelgard. Auch mit diesem «disputierte und konversierte» Jenatsch, «wo und wie die Gelegenheit sich trug», und P. Rudolf gewann auf Jenatsch einen starken Einfluß. Dieser soll sich von seinen Belehrungen überwunden erklärt haben. So kam er nach langem Besinnen nach Rapperswil; der Nuntius schrieb darüber am 30. Januar 1635 an Kardinal Barberini: «Es waren nahezu zwei Jahre verflossen, daß Oberst Jenatsch, einer der bedeutendsten protestantischen Bündner aus dem Gotteshausbund, daran dachte, in den Schoß der hl. Kirche zurückzukehren; mehrmals in Wort und Schrift von mir dazu ermuntert, verschob er immer wieder unter gewissen Vorwänden die Ausführung, obwohl er mir gewisse Hoffnungen machte. Jüngst sandte ich ihm, im Wunsche ihn doch zu gewinnen und ihm einige Zweifel zu nehmen, den Kapuziner P. Rudolf aus der helvetischen Provinz, von dem er sich überwunden erklärte; vor wenigen Tagen hat er mit außerordentlichen Zeichen von wahrer Buße in Rapperswil vor dem genannten Pater und andern Geistlichen feierlich abgeschworen. Diese Konversion melde ich Ihrer Eminenz und der hl.

Kongregation als bedeutungsvoll und eigenartig; der Mann, der Oberst ist, wird, wie es wirklich zutrifft, als sehr gelehrt beurteilt. Er war ehemals der tüchtigste Prädikant in Rätien und den benachbarten Provinzen, so eifrig in der Erhaltung und Förderung der Reformation, daß er der Urheber am Tode des Erzpriesters von Sondrio wurde ... Von seinem Beispiel und Glauben lassen sich bedeutende Folgen erwarten; er versichert mit starkem Geist und Kraft, den katholischen Glauben von nun an so sehr zu fördern, wie er ihn ehemals unterdrückt und mit Füßen getreten habe...» (31). Auch Dompropst Flugi behauptete, es sei sein Verdienst, Jenatsch für die römische Kirche gewonnen zu haben, und es ist kein Zweifel, daß er ihn stark umwarb. Auch Flugi rühmte seine hohe Begabung und Gelehrsamkeit — «sua rara e profundissima dottrina». Jenatsch selbst äußerte sich in einem Briefe an Kardinal Barberini zu Handen der Propaganda über seine Konversion: «Ihre Durchlaucht Herr Nuntius aus diesen unseren Provinzen übermittelte mir vor drei Monaten das gnädige Schreiben Ihrer Eminenz vom 10. März, und es gereicht mir in Wahrheit zum größten Trost, indem ich daraus verstehe: wenn ich in diesen Gegenden auch verschiedene Verleumdungen ertragen muß, weil ich mich entschlossen habe, als Katholik zu leben, so sehe ich mich indessen gestützt von mächtigem Arm, es ist der Seiner Heiligkeit, und folglich von der hl. Kongregation, der ich ganz vertraue und die ich jederzeit in jedem Notfall anrufen darf. Ich habe diesen Entschluß gefaßt, mich dem Schoße der hl. Kirche anzuvertrauen, nicht schon bewegt von menschlicher Ueberredung, noch weniger gelockt von der undenkbaren Hoffnung auf Genuß des zeitlichen Lebens, vielmehr getrieben von der alleinigen und einzigen Eingebung des Geistes Gottes, der sich mir aus der Lektüre der hl. Väter der Urkirche offenbarte, denen ich vier Jahre lang ununterbrochen mit Eifer und mit Andacht gelauscht; obwohl ich in dieser Zeit die Waffen im Dienst verschiedener Fürsten trug, versäumte ich deswegen nicht, die Gelegenheiten zu suchen, um zu erforschen, welches der Geist dieser hl. Märtyrer und Bekenner in Bezug auf die modernen Streitfragen über den Glauben gewesen sein möchte, und ich habe schließlich erkannt, daß ich die Welt meiden und Jesu Christi folgen muß. Und ich danke Gott, nicht nur daß er mich so großer Gnade würdig gemacht, sondern auch, daß er mich nachträglich mit solchem Rüstzeug ausgestattet hat, daß ich mich sehr gerne bereit finde, jedem Rechenschaft zu geben, der den Grund so großen Wechsels kennen möchte. Ich glaube, daß die Väter der Mission in diesen Tälern schon die Früchte meiner Konversion genossen haben, und ich werde immer mit Kraft wirken, was ich im Dienste des katholischen Glaubens kann, mich zu allen Zeiten Ihrer Eminenz Gnade und besonderen Schutz versichernd. Ich verbeuge mich mit Verehrung vor Ihrer Eminenz» (32).

Johannes von Flugi, der Nuntius und die Propaganda knüpften an die Konversion große Hoffnungen, und sie erweckte, als sie später bekannt wurde, großes Aufsehen. Auch Jenatsch erwartete bedeutende Nachwirkungen; sie bestanden aber nicht in Konversionen, in der Nachahmung des Beispiels, sondern im Bemühen um die friedliche Entwicklung der politischen und konfessionellen Verhältnisse Bündens. Jenatsch war im Laufe der Jahre menschlich reifer und besonnener geworden; wenn seine neuen Glaubensgenossen in ihm den alten Kämpfer sahen, so irrten sie sich. Leben und Erfahrung waren nicht spurlos an ihm vorbeigegangen; er war nicht mehr gewillt, sich in den Dienst der konfessionellen Leidenschaften zu stellen, und wenn die Frage des Glaubens auftauchte, so wurde er zum Vermittler und Versöhner (33). Jenatschs Gegner vermuteten, daß beim Glaubenswechsel politische Gründe bestimmend gewesen seien; so sagt auch Juvalta, «und endlich sei Jenatsch aus Begier noch höher zu steigen von der reformierten zur katholischen Religion übergetreten». Jenatsch selbst beteuert wiederholt, daß sich sein religiöser Wandel im Laufe der Jahre (1630—1635) vollzogen habe, und daß er aus Ueberzeugung übergetreten sei. Neben den Darstellungen des venezianischen Residenten Rosso, Rohans und Sprechers erklärt auch der Prädikant und Chronist Bartholomäus Anhorn in Uebereinstimmung mit den Aussagen Jenatschs: «Und als er (Jenatsch) widerum in die Pünt kommen (1630), hatt er nach und nach die wahr Evangelisch religion uffgeben, verschworen und sich offentlich zum Papsttum gekert»... Anhorn bestätigt somit, daß dem Uebertritt eine längere Entwicklung zu Grunde liege. Die Gegner Jenatschs aber wiesen auf den Gegensatz zwischen Glauben und Taten hin und behaupteten, Jenatsch sei nicht aus Ueberzeugung, sondern mit Rücksicht auf die Verhandlungen mit Spanien und Oesterreich, also aus politischen Gründen katholisch geworden. — Zunächst ist beim Urteil über Jenatschs Taten zu bedenken, daß er ein Mensch und ein Bündner seiner Zeit war, daß auch die Bündner Aristokraten wie Ulysses von Salis und seine Brüder, ihr Vetter Joh. Peter Guler, ein Rudolf (de Pompejus) Planta mit seinem Vetter Prevost (Zambra) oder die Verwandten des Planta, Besta und Robustelli und selbst ein Stephan Gabriel und die in Thusis mitwirkenden Prädikanten (1618) bei aller dogmatischen Glaubensstrenge und zeitgemäßer Frömmigkeit in schwerer Schuld erscheinen und auch nur als Vertreter ihrer Zeit zu verstehen sind. — Daß besonders die Politik Jenatsch zum Glaubenswechsel veranlaßt habe, ist historisch nicht zu begründen; die Behauptung steht auch in Widerspruch zu den tatsächlichen Verhältnissen. Jenatsch war damals vor allem Militär; daneben hatten die drei Bünde und Frankreich ihn mit Missionen im Unterengadin, im Veltlin, Venedig und Mailand beauftragt. Das war geschehen, weil er sich durch seine Gewandtheit und durch seine Sachkenntnis dafür eignete. Im übrigen waren protestantische Bündner wie Fortunat von Juvalta, Caspar Schmid von Grüneck, Meinrad Buol u. a. in Innsbruck, in Venedig und Mailand ebenso hoch geschätzt und wohl empfangen wie ein Katholik, und die politischen und diplomatischen Erfolge hingen wahrlich nicht von der Konfession des Beauftragten ab. Für Jenatsch kamen übrigens nur solche Einzelmissionen in Betracht; an eine politische Laufbahn in Bünden konnte er damals nicht denken, denn in Davos, das das Haupt des Zehngerichtenbundes stellte, waren Männer wie Meinrad Buol, die Guler, Sprecher u. a. immer bereit, die Aemter zu übernehmen. Jenatsch hat denn auch nie ein politisches Amt bekleidet. Außerdem dachte Jenatsch 1631 und in den folgenden Jahren trotz aller Enttäuschungen mit Frankreich und trotz aller Drohungen im Ernste noch nicht daran, daß mit Spanien und Oesterreich je eine Verständigung möglich sei — vielleicht brachte die Unterredung mit Lelio Brancatio im Herbst 1634 eine Wendung, doch sicher wissen wir das nicht. — Vorher haßte er Oesterreich und Spanien; aber die Notwendigkeit zu verhandeln sah er nach und nach ein. Zudem hatte nicht Jenatsch die Verhandlungen mit Oesterreich eingeleitet, sondern politische Führer aus dem Prätigau und von Davos; er blieb auch bald nach der Konversion von den politischen Besprechungen mit Oesterreich, die im Auftrage der Häupter geführt wurden, fern, da Rohan im Anzuge war und seine militärischen Aufgaben ihn riefen. Erst im November 1636 wurde er dann vom Bundstag nach Innsbruck abgeordnet. — Der Gedanke, sich von Frankreich trennen zu müssen, blieb ihm im Grunde schmerzlich. Seine Mitwirkung bei den Verhandlungen mit Spanien blieb innerhalb offizieller Schranken; persönliche Beziehungen zu spanischen Machthabern lassen sich trotz aller Nachforschungen nicht nachweisen. — Ein spanisches Adelsdiplom hat er nie gewünscht und auch nicht erhalten. Wir hören auch aus seinen Aeusserungen gegenüber den Sentern im Jahre 1634, als sein Entschluß der Konversion feststand, daß er in diesen Tagen an die Macht, ja an die Unbesiegbarkeit Frankreichs geglaubt und mitunter noch auf die Erfüllung der Wünsche Bündens durch Richelieu gehofft hat. Zudem wohnte der Gesandte Du Landé, der ganz die Kreatur des Père Joseph war, und dem Jenatsch im Auftrage Rohans und der Häupter im Unterengadin diente, zu dieser Zeit (1633 und 1634) oft im Hause Jenatschs in Davos. Von Du Landé und seinen Helfern erhoffte Père Joseph auch die Konversion von Rohan. Doch daß der französische Einfluß (Du Landé) sich bei Jenatsch in diesen Tagen geltend gemacht habe, sagen die Gegner nicht, mit Ausnahme einer erwähnten Andeutung Sprechers. — Wie ist aber schließlich das Urteil Juvaltas über die Konversion zu erklären? Er hatte in alten Tagen noch die Eindrücke vom Prediger von Scharans, vom Berater des Thusner Gerichtes, vom hemmungslosen Militär und Politiker späterer Tage vor Augen und schrieb den Glaubenswechsel dem Ehrgeiz des Mannes zu. Das Urteil auf Grund vorwiegend äußerer Beobachtungen ist nicht immer zuverlässig. Es fällt aber auch dem Historiker schwer, alle inneren und äußeren Vorgänge und Einflüsse zu ermessen, die Jenatschs Wege bestimmten. Doch erscheint der Glaubenswechsel hier als eine persönliche Angelegenheit, die für seine politische und militärische Tätigkeit keine Folgen hatte und darum auch an historischer Bedeutung verliert. Es steht wohl außer Zweifel, daß Jenatschs politische Ziele mit oder ohne Konversion die gleichen blieben, nämlich die Befreiung und Befriedung der Heimat, namentlich des Prätigaus und Unterengadins und die Rückgewinnung des Veltlins als Wirtschaftsgebiet im Süden.

Der Historiker kann, die Eindrücke aus der Forschung über die Konversion zusammenfassend, sagen: Jenatsch war wohl nicht vom Saulus zum Paulus geworden, wie die Grabinschrift lautet, aber er hatte auch nicht eine Fratze gegen eine Fratze getauscht, wie der Dichter C. F. Meyer ihn sagen läßt; es war ein menschlicher Sinneswandel, gefördert durch Charakter und Schicksal, durch den Geist und die Verhältnisse der Zeit, durch die nähere Umgebung und durch sein eigenes religiöses Denken. Diese Gründe dürften im allgemeinen auch bei den Prädikanten seiner Zeit, wie Paganino Gaudenzio in Puschlav, Jodocus, dem Schwager Jenatschs in Zernez, Andreas Gallunus in Madulein und Simon Planta in Zernez den Wandel vom Protestantismus zum Katholizismus erklären. Konversionen dieser Art waren übrigens in einer Zeit wie das 17. Jahrhundert, da das Dogma das religiöse Sinnen beherrschte, bei beiden Konfessionen, bei Klerikern und Laien, nicht selten. Sie waren vornehmlich das Ergebnis der verstandesmäßigen Ueberlegung, des leidenschaftlichen Geisteskampfes der Zeit und weniger der Ausdruck eines unabhängigen, seelischen Bedürfnisses. Dennoch soll das für die Geschichte nicht heißen, daß Jenatsch und diesen Menschen dabei die Ueberzeugung fehlte. Jenatsch war auch in seinem religiösen Leben und Wandel ein Mensch seiner Zeit.

Für Jenatsch, der sich von seinen Amtsbrüdern mehr und mehr losgelöst hatte, doch das Vertrauen der Häupter und Räte genoß, dann seit 1636 im Vordergrund des politischen Geschehens stand, war dieser Schritt naturgemäß nicht ohne schlimme Folgen. Die Gegner, die ihn vorher teilweise bewundert und gepriesen hatten, versuchten nicht, ihn menschlich zu verstehen, sondern ergingen sich in Schmähungen, Verdächtigungen und Verfolgungen, und die Anerkennung politischer und militärischer Verdienste um Heimat und Volk blieb ihm versagt (34). Die Konversion überschattete sein Leben und sein Wirken.

Jenatsch ging zunächst nach Davos zu seiner Familie. Er war, soweit wir es erkennen können, ein treubesorgter, guter Familienvater, und die Konversion hat das Familienleben nicht getrübt. Frau und Kinder blieben bei ihrem Glauben, und Jenatsch gab sich keine Mühe, sie zu beeinflussen; vielmehr wurden das Töchterchen Anna, das in diesen Tagen (1635) geboren wurde und wohl auch Georg, der 1637 zur Welt kam, in der evangelischen Kirche in Davos getauft. Natürlich mußte Jenatsch bedenken, wie sehr die katholische Kirche auf den Anschluß der ganzen Familie hielt, doch scheint die Achtung und Liebe für seine Frau Anna und für ihre Erziehung und Gesinnung entscheidend geblieben zu sein. Erst als der älteste Sohn Paul in den Unterricht geschickt wurde, kam er zu den Kapuzinern. Frau Anna scheint mit Anmut und Würde ihre Stellung als Mutter und Gattin gewahrt zu haben, und der Friede in der Familie blieb erhalten. In Davos blieb die Konversion noch ein Geheimnis (35). Auch als Jenatsch nach Igis und Haldenstein zu seiner Truppe zog, blieb sein Uebertritt noch unbekannt. Hier gab es nun Arbeit. Es galt Quartiere zu wechseln. Du Landé hatte Ende des Jahres 1634 in Haldenstein für einen Truppenteil wieder Unterkunft verlangt. Otto von Schauenstein, der Inhaber der Freiherrschaft, erklärte, er sei als Freiherr der Herrschaft Haldenstein reichsunmittelbar und Frankreich gegenüber zu nichts verpflichtet. Doch Ulysses von Salis und allem nach auch Jenatsch wiesen auf das Schirmrecht der Bünde hin und forderten Quartier. Schauenstein ließ die Brücke über den Rhein abbrechen, doch Du Landé gab darauf Salis den Befehl, Schloß und Dorf Haldenstein mit drei Kompagnien anzugreifen und zu besetzen, und anstatt der 40 Mann sollte nun die ganze Freikompagnie Jenatschs mit 150 Mann dorthin ins Quartier ziehen. Indessen wurde nur Quartier und Holz verlangt (36). Gegen Ende Februar wurden die Truppen von Haldenstein weggenommen, um den Baron zu beruhigen (37). Der Haß gegen Jenatsch lebte aber in der Bevölkerung von Haldenstein und vor allem im Freiherren fort und wurde Jenatsch zum Verhängnis. Aus den gleichen Tagen weiß der venezianische Resident Rosso in Zürich zu berichten, Rohan habe verboten, venezianische Söldner auf dem Wege abzufangen, und doch betreibe Jenatsch mit Hilfe seines Bruders Nuttin dieses Geschäft, und er beklagte sich darüber auch bei Rohan (38).

Auch die Verhandlungen mit Spanien und Oesterreich gingen weiter, und Hans Viktor Travers hoffte immer noch, daß ein Vertrag zustande komme, denn Spanien wollte rasch in den Besitz der Pässe gelangen. Um den Verhandlungen Nachdruck zu verschaffen, begannen Schwyz und Glarus schon die Kornsperre zu verhängen, und als Du Landé und gezwungenermaßen auch die Häupter sich darüber beschwerten, redeten sich die zwei Orte aus, es gehe so viel Getreide nach Bünden, daß bei ihnen eine Teuerung zu entstehen drohe. In Feldkirch standen auch schon Truppen bereit, um die Pässe zu besetzen, und zwischen Guler und Jenatsch kam es zu einer Verständigung wegen der Verhandlungen mit Spanien (39).

Rohan hatte inzwischen im Elsaß gekämpft, hatte Belfort belagert, war dem Herzog von Lothringen gefolgt und hatte ihn bei Breisach über den Rhein gedrängt. Bullion ließ in dieser Zeit wieder an der Rheinschanze weiterbauen, führte in Eile große Mengen Munition, Lebensmittel und 200 Betten dort hinein und ließ auch die Steig stärker besetzen. Der Beitag, der sich im Februar 1635 versammeln sollte, war nicht vollzählig erschienen, weil die Schneemassen die Wege sperrten; doch der Unwille gegen Frankreich wurde bemerkbar, und scharf betonten viele Ratsmitglieder den Willen zum Frieden mit den Nachbaren. Erst als Rohan ins Veltlin zog, schlug die Stimmung um; doch die Verhandlungen mit Spanien und mit Oesterreich wurden nicht mehr völlig abgebrochen; vielmehr galt es, jede militärische und politische Lage zu erspähen, um der Heimat einen erträglichen Frieden zu geben (40).

XV

Jenatsch mit Rohan auf dem Feldzug ins Veltlin
Auswirkungen seiner Konversion 1635

Frankreich hatte ein Abkommen mit Oxenstierna und mit verschiedenen Fürsten geschlossen und Vereinbarungen mit den Generalstaaten, mit Savoyen, Mantua und Parma getroffen. Nun sollte Rohan den Feldzug ins Veltlin unternehmen, den Spaniern die Wege aus Italien ins Deutsche Reich sperren und den Angriff auf Mailand vorbereiten, um dann gemeinsam mit Marschall de Créqui, der von Westen durch die Poebene heranrücken sollte, in Mailand einzuziehen. Du Landé versammelte am 25. März 1635 die Bündner Regimenter, die im Prätigau, in der Herrschaft und den IV Dörfern lagerten, bei Igis und die französischen Truppen bei Reichenau. Er ließ von jedem bündnerischen Regiment zwei Kompagnien zur Bewachung der Luziensteig zurück; dann führte er die Truppen über den Splügen nach Chiavenna und Riva (1). Jenatsch mit seiner Freikompagnie und Oberst Andreas Brügger mit vier Kompagnien seines Regimentes marschierten nach Zernez und von hier aus durch das Spöltal nach Livigno (2). Am vierten Tag, am 29. März, zogen sie in Bormio ein. Sie sollten den Einmarsch kaiserlicher Truppen abwehren. Die überraschte Bevölkerung von Bormio nahm sie ohne Widerstand auf, und die Gemeinden unterhalb Bormio anerboten sich, die Pferde und das Gepäck, die nicht durch den hohen Schnee gebracht worden waren, von Tirano her durchziehen zu lassen. Pulver und Blei fand sich in Bormio aus dem Jahre 1627. Brügger und Jenatsch befestigten mit ihren Soldaten die Zugänge (Fraele, Scala, Scaletta) nach Bormio.

Dieser Aufmarsch der Bündner und Franzosen nach Süden und nach Osten veranlaßte die Erzherzogin Claudia den Jakob Kurtz zu den Häuptern nach Chur zu senden und nach dem Grund dieser Waffenerhebung zu fragen; er erhielt zur Antwort, Frankreich wolle den III Bünden für die Wiedereroberung des Veltlins seine Hilfe leihen, doch seien die Bündner entschlossen, die Erbeinigung mit Oesterreich zu beobachten. Am 12. April, als Kurtz auf der Heimreise war, zog Herzog Rohan an der Spitze von sieben Regimentern Fußvolk in Bünden ein; er besuchte die Steig, verstärkte dort und in der Rheinschanze die Besatzungen und setzte den Marsch nach Chur fort. Trotz der Mißstimmung gegen Frankreich wurde er vom Volke begrüßt. Eine Abordnung der Häupter und Räte stattete ihm einen Besuch ab und unternahm «einen heftigen Ansturm», um in den freien Besitz des Veltlins, Bormios und Clävens gesetzt zu werden. Rohan erklärte, er habe nur den Befehl, das Veltlin zu nehmen und zu befestigen; er fügte aber hinzu, daß er auch den Befehl habe, im Untertanenland nur die katholische Kirche zu dulden. Diese Antwort enttäuschte die Bündner sehr und verursachte in der Stadt am Abend «etwas brummlen»; das wurde dem Herzog zugetragen. Am andern Tage lud er die Abordnung wieder zu sich; auch Bullion war von der Rheinschanze hergeritten, und Rohan erklärte nun, es sei wohl wahr, was er am Abend gesagt habe, doch sei er erstaunt, daß man an des Königs Gutherzigkeit zweifle; man möge doch dem König schreiben und den Wunsch des Bündner Volkes darlegen, und er wolle es auch tun; man werde eine günstige Antwort erhalten. Einzelne der bündnerischen Abordnung glaubten den schönen Reden des Herzogs; die Mehrheit dagegen schenkte seinen Worten kein Vertrauen und wartete sorgenvoll auf die Antwort des Königs. Das Begehren der Abgeordneten, die Rheinfeste mit Bündnern besetzen zu dürfen, lehnte Rohan wieder entschieden ab. Dagegen sollten die Bündner, da sie doch das Veltlin für sich begehrten, auch ihren Teil an der Eroberung leisten und unverzüglich 1500 Mann stellen, davon 1000 Mann zur Verstärkung der Besatzung auf der Luziensteig. Auch Anton Molina, der französische Dolmetsch, erschien darauf vor dem Beitag mit der gleichen Erklärung, wie Rohan sie den Abgeordneten gegeben hatte. Häupter, Räte und Volk ließen sich aber vom Herzog nicht über die Absichten Richelieus hinwegtäuschen und bezweifelten, daß das Veltlin ihnen je zurückgegeben werde (3). Prioleau war unterdessen nach Venedig gereist, um die venezianischen Staatsmänner über die Absichten Richelieus zu unterrichten und die Teilnahme Venedigs am Feldzuge zu erwirken; er wurde aber an der Adria äußerst kühl (con grandissima fredezza) empfangen. Als er nach Chur kam und auf die Fragen wegen der Rückerstattung des Veltlins keine bestimmte Antwort wußte, wurden die Bündner im Verdacht bestärkt, Frankreich habe die Absicht, sich in den Besitz des Veltlins zu setzen, wie es mit Pignerol geschehen sei, denn für Frankreich sei der Zug ins Veltlin nur eine Vorbereitung für die Eroberung Mailands. Das Addatal werde Frankreich für die Sicherung Mailands und Oberitaliens behalten und beherrschen wollen. Die Bündner aber waren fest entschlossen, sich diesen Absichten zu widersetzen, und Venedig sollte ihre Begehren um sofortige Rückgabe des Veltlins in Paris kräftig unterstützen (4).

Inzwischen kamen aus Frankreich immer neue Truppen, Waffen, Munition und Vorräte für die Armee Rohans an; dazu erbat Rohan bald darauf den Paß für ein Basler und ein Zürcher Regiment (letzteres unter Escher), die in venezianische Dienste zogen. Am 21. April führte der Herzog seine Truppen weiter nach Riva di Mezzola. Dieser Aufmarsch starker Truppen Frankreichs und Bündens veranlaßte den Kaiser und die Erzherzogin Claudia zu militärischen Maßnahmen. General Gallas befahl am 20. Mai einer Armee von 10 000 Mann den Marsch gegen St. Maria (im bündnerischen Münstertal). Um die Bevölkerung von Tirol nicht zu sehr zu ängstigen, wurden zunächst nur 2000 Mann gegen das Münstertal und Unterengadin geführt. Auch Hans Viktor Travers riet, durch militärischen Druck auf Rohan und Bünden einzuwirken. Zudem sollte von Innsbruck aus die Mißstimmung und das verschärfte Mißtrauen der Bündner gegen Rohan und Richelieu ausgenutzt werden, so lange alle in Bünden guter «intentiones» gegen Oesterreich waren und die Verhandlungen über die Vertreibung der Franzosen weitergeführt und zum Abschluß gebracht werden. Die Besprechungen zwischen Oesterreich und Mailand einerseits und Bünden anderseits waren, wie erzählt, auch zu Beginn des Jahres 1635 weitergeführt worden. Hans Viktor Travers war im Februar 1635 von der Erzherzogin Claudia nach Bozen berufen worden, um über die Absichten und die Stimmung in Bünden Auskunft zu geben. Dann hatten der spanische Gesandte Carlo Casati in Luzern, Erzherzogin Claudia und die Häupter auf den 4. Juni eine Zusammenkunft ihrer Vertreter in Feldkirch vereinbart, um die Ergebnisse der Besprechungen in einem Vertrag festzulegen. Die Unterredung mit Rohan, die Auskünfte Prioleaus, das Schweigen Richelieus hatten die Bündner im Gedanken bestärkt, mit Frankreich zu brechen und die französische Armee aus Bünden zu vertreiben. Die Vermittlung dieses Verkehrs und der Verhandlungen mit Innsbruck lag jetzt in der Hand von Hans Viktor Travers; neben ihm aber standen die Häupter und Räte, so besonders Meinrad Buol, Johann Anton Buol, Fortunat Juvalta und anfangs des Jahres 1635 auch noch Jenatsch. Er hatte die Verhandlungen mit Innsbruck und mit Mailand im Einvernehmen mit den Häuptern geführt, war selbst zu diesem Zwecke nach Mailand geritten, und nun begehrten die österreichischen Vertreter, namentlich Carl Colonna, ihn zu sehen und mit ihm zu verhandeln; doch er war in Bormio und dann im Engadin bei der Truppe und konnte «ohne suspekt» nicht erscheinen, so sehr auch Travers das bedauerte, denn «so viel ich weiß, ist er gar gutherzig in den Sachen und lodt sich redlich bruhen» (5). Am 4. Juni erschienen Hofkanzler Lindner und Jakob Hannibal von Hohenems als Vertreter der Erherzogin Claudia, Antonio de Porres, der Schatzmeister des Statthalters Leganez in Mailand und Hauptmann Joh. Schorsch von Splügen als Vertreter der Bünde zu den Vorbesprechungen in Feldkirch; hier traf auch Hans Viktor Travers mit dem österreichischen Kanzler Wilhelm Bienner zusammen, und am 16. Juni erschien hier auch Andreas Biäsch à Porta von Schiers. Kanzler Bienner wollte nach Chur reiten, um dort mit den Häuptern und Räten zu reden. Als ihm aber Saint-Simon, der Befehlshaber der Rheinschanze, den Paß verweigerte, kamen Landrichter von Marmels, Stadtschreiber Joh. von Tscharner und Johann Anton Buol nach Balzers, um zu verhandeln. Doch alle diese Besprechungen führten zu keinem Ergebnis, denn die Bündner standen unter dem Druck von Rohan und seiner Truppe, die die Festungen und die Pässe in der Hand hatten und Behörden, Volk und Bündner Truppen im besetzten Land scharf überwachten. Rohan erfuhr bald, daß verhandelt werde. Zudem wurde ihm von den Maienfeldern (Anhänger von Salis und Brügger) ein Brief abgeliefert, den Johann Schorsch an Porres geschrieben hatte. Rohan forderte von Schorsch Rechenschaft. Nun legte sich auch Jenatsch ins Mittel; ihm war es daran gelegen, sein Ansehen und das Recht der Häupter zu wahren und den Gang der Verhandlungen nicht stören zu lassen; er beschwichtigte deshalb Rohan mit der gleichen Kunst der Ueberredung, wie dieser sie gegenüber den Bündnern gebrauchte, und die Häupter gaben dem Volke bekannt, daß Schorsch in ihrem Auftrage gehandelt habe, um sich über die Truppenbewegungen an der Ostgrenze zu erkundigen (6). Als dann der Herzog später im Kampfe gegen die Kaiserlichen Erfolge erzielte, wagten die Bündner nicht, ihre Pläne auszuführen und mit Frankreich zu brechen; doch die Besprechungen mit Oesterreich und Mailand gingen unter der Hand weiter.

Unterdessen waren die Bündner Truppen unter Rohan an der Süd- und an der Ostgrenze bemüht, gute Wache zu halten, denn sie befürchteten, daß die kaiserliche Armee auch das Engadin besetzen wolle, um den Franzosen und den Bündnern in den Rücken zu fallen oder sie im Rücken zu bedrohen. Jenatsch und Hauptmann Jeuch vom Regiment Brügger bekamen somit den Befehl, von Bormio ins Engadin zu kommen, und sie trafen dort schon am 12. Mai ein. Rudolf Planta in Zernez wurde von seinen Anhängern benachrichtigt, daß Jenatsch mit seiner Truppe erscheinen werde, und daß er «sich auf Leib und Leben wolle acht haben». Planta flüchtete sich auf das Schloß Tarasp. Jenatsch und Jeuch nahmen Quartier in Süs. Als dann ein französischer Hauptmann und der Ingenieur Pierre Borel de la Roque-Servière erschienen, durchsuchten sie auf Befehl Rohans das Planta-Schloß in Zernez und nahmen die vorhandenen Waffen und die Munition weg. Rudolf Planta aber ordnete in Tarasp die Verteidigung der österreichischen Feste an und berichtete nach Innsbruck eingehend über die Vorkehrungen Jenatschs im Unterengadin. Dieser versammelte am 14. Mai das Gericht von Obtasna und erklärte im Auftrage Rohans, daß man sofort mit dem Festungsbau beginnen werde; die Gemeinden hätten das Material, wie Holz, Steine, Kalk usw. zu liefern. Schon am folgenden Tag erschien er in Begleitung von Rudolf von Planta-Steinsberg in Schuls und gab auch dort die gleichen Anweisungen;

dann setzte er die Reise gegen Martinsbruck fort und ordnete dort zwischen Salaplauna und Remüs die Anlage einer Verteidigungsstelle an. Oberhalb Süs erstand ein Bollwerk, ein zweites oberhalb Valtasna bewachte Georg Wiezel mit 200 Oberengadinern. Bei Valtasna arbeiteten Frauen und Männer Tag und Nacht. Doch zwischen Jenatsch und den Gemeinden zeigte sich eine tiefe Verstimmung. Während Fetan und Schuls die Notwendigkeit der Verteidigungsmaßnahmen einsahen, bereiteten Süs, Schleins und Remüs Jenatsch Schwierigkeiten. Alle Tage kamen sie ins Lager und schraken nicht vor Beschimpfungen zurück. Die Häupter hatten Mitte Mai Jenatsch gemahnt, fleißig die Schanzen zu bauen und das Volk des Engadins bei gutem Mute zu erhalten, denn die Verstimmung zwischen Jenatsch und den Unterengadinern war den Häuptern bekannt. Jenatsch beklagte sich über die Haltung des Volkes in Schleins, Süs und Remüs und erbat sich Mannschaften und Munition, denn die 2000 Mann kaiserlicher Vortruppen waren gegen die Grenze im Anzuge. Die Häupter sagten ihm Hilfe zu und befahlen, die Gemeinden durch die daselbst liegende «militia» zum Gehorsam zu zwingen. Jenatsch gab Befehl, die Martinsbrücke abzubrechen; doch die Männer von Sent, Schleins und Remüs weigerten sich zu gehorchen. Um sie zu erweichen, gab er ihnen Geld, doch umsonst. Vermutlich sahen sich die Leute im unteren Teil des Tales zu wenig beschützt; doch Jenatsch erklärte, er habe keine militärischen Gründe, um die vorteilhafteren Stellungen von Süs und Tasna zu verlassen, und er klagte, die Bewohner dieser Gemeinden gäben wenig Beweise von Treue und Tapferkeit und seien «gente di poco». Die Gemeinden suchten sich selbst zu helfen und sandten Jodocus Rascher, Hartmann Flach und den ehemaligen Kastellan und Landammann von Remüs, Jakob von Zun, einen Konvertiten, der in Innsbruck Vertrauen besaß, und einen Kapuziner nach Nauders zum Kommissar Anselm von Fels und dem Obersten Fuchs. Dort beklagten sich diese Männer, daß kaiserliche Soldaten auf Engadiner Gebiet geplündert hätten und erinnerten die Oesterreicher daran, daß Jakob Kurtz wenige Wochen zuvor im Namen der Erzherzogin die Beachtung der «Erbeinigung» zugesagt habe. Von Fels und Fuchs erklärten, der Einzug der Franzosen, einer fremden Armee, sei eine Verletzung der «Erbeinigung». Als dann am 29. Mai die Nachricht kam, daß kaiserliche Truppen in der Nähe seien, ließ Jenatsch nun doch die Martinsbrücke abbrechen; dabei kam es zu einem kleinen Gefechte. Kurz darauf, am 31. Mai erschien Rohan von Bormio her, traf im Engadin seine militärischen Anordnungen und kehrte über Bormio nach Morbegno zurück. In den folgenden Tagen gingen die Kapuziner mit Landammann Heinrich Carl von Schuls (ebenfalls ein Konvertit) abermals nach Nauders, um Wein und Lebensmittel abzuholen, die die Erzherzogin den Missionaren geschenkt hatte, und sie sprachen beim Truppenführer Max Martin von der Golz vor. Jenatsch zeigte sich über diese Besuche im feindlichen Lager wenig erbaut, und er hatte dazu alle Gründe (7).

Rohan trachtete indessen mit allen Mitteln den Widerstand der Bündner gegen Frankreich zu überwinden; er war enttäuscht, daß die Häupter nach den Erklärungen Molinas vor dem Beitag keinen Boten an den König abgesandt hatten, und daß sie auch die Eidgenossen im Falle der Not nicht anrufen wollten. Doch die Häupter verhandelten noch mit Oesterreich und mit Mailand. Nun hielt Rohan in Morbegno Kriegsrat und forderte die Häupter auf, noch drei Regimenter Truppen zu stellen und die bestehenden Regimenter von sechs auf acht Kompagnien zu ergänzen. Zwar kam aus Paris die Mahnung zu sparen; Bouthillier erinnerte Rohan daran, daß er selbst dem König und Richelieu erklärt habe, 2500 Mann genügten, um das Veltlin zu hüten. Damals, als Rohan den Truppenbedarf so berechnet hatte, wollte Frankreich den Krieg mit dem Kaiser vermeiden. Nun waren starke kaiserliche Truppen an der Grenze; sie bildeten eine schwere Gefahr für die Fortsetzung des Feldzuges im Veltlin und besonders für den Vormarsch nach Italien. Die Bildung der drei Regimenter sollte aber besonders die bündnerischen Führer und das Volk an Frankreich binden. Du Landé verlangte deshalb im Kriegsrat, daß die neuen Regimenter von Johann Peter Guler, Joh. Simeon Florin und Georg Jenatsch geführt werden sollten, denn er wollte diese Männer von Verhandlungen mit Oesterreich und Spanien abhalten. Die neuen Regimenter sollten acht Kompagnien erhalten und ganz Bünden somit sechs Regimenter mit 48 Kompagnien im Feld haben. Dadurch wollten die Franzosen ganz Bünden an sich fesseln, «vermeinende, so viel obersti und houptlüt ouch befehlshaber sollent das andere Volk an sich ziehen». Zudem betonte Rohan, der König werde auch noch Eidgenossen anwerben lassen. Travers anerkannte den Erfolg dieses Vorgehens; «die Franzosen haben in aller Furia noch drei Obersten erwählt, als den Landrichter Florin, den Jenatsch und den jungen Guler, an denen ich nit zwiflen, dass sie von ihrer guten intention abfallend, denn ich noch selbst mit den zwei (Florin und Guler) hab geredt gestern zu Chur, der Jenatsch ist im Engadin, zwiflen ab ihm eben so wenig als von den andern beiden». Travers meinte, wenn auch die Besprechungen in Feldkirch ergebnislos verlaufen seien, so könne man bei der Sammlung der neuen Regimenter in Davos und in Ems doch über die zukünftige Haltung gegenüber Frankreich reden (8).

Jenatsch ernannte Johann von Tscharner zu seinem Oberstleutnant und bildete mit ihm, mit Caspar Frisch als Major und den Hauptleuten Johann Saluz, Rudolf von Planta-Steinsberg, Balthasar von Planta-Süs, Daniel Cavalier, Jakob Perini, Ulrich von Albertini, Peter Albert und Wolfgang Wiezel das Regiment im Oberengadin. Den Beratungen mit Oesterreich blieb er jetzt allem nach fern, um so mehr als Rohan ihm einen Brief des Staatssekretärs Bouthillier zeigte, worin dieser mitteilte, daß der König Spanien den Krieg erklärt habe (9).

Als die Kaiserlichen dann in Bormio einbrachen, mußte sich Brügger mit seinen Truppen aus Bormio gegen Tirano zurückziehen. Die Truppen Fernamonts folgten ihm aber nicht, sondern zogen gegen Livigno und bedrohten von dort aus das Engadin. Hier entstand deshalb eine große Erregung; der Kriegsrat in Samedan (Joh. Gaudenz Schmid von Grüneck, Conradin von Castelberg, Conradin Planta und Fortunat Juvalta) mahnte die Häupter um Hilfe. Rohan kam mit seiner Truppe über Cläven (23. Juni) nach Zuoz, verband sich mit den neugebildeten Regimentern und hielt Rat, auf welchen Wegen man den Feinden in Livigno entgegenziehen wolle. Jenatsch schlug vor, über Champ sec dem Spöltal entlang gegen Livigno zu marschieren. Montauzier wollte durch Val Casanna vorrücken, und diesen Vorschlag nahm Rohan an. Die Truppen drangen am 25. Juni ins Livignotal ein und schlugen die Kaiserlichen. Jenatsch und seine Truppe gehörten zur Nachhut. Nach dem Sieg zog Rohan hinunter nach Puschlav und gegen Tirano, um den Anmarsch der Kaiserlichen durch das Addatal zu verhindern; bei Mazzo wurden die Truppen Fernamonts am 3. Juli geschlagen und bis

Sondalo verfolgt. Fernamont zog sich dann bis Glurns zurück und hinterließ in Bormio eine Besatzung. Um die Kaiserlichen aus dem Gebiete von Bormio und aus dem Münstertal zu vertreiben, bekamen die Bündner (auch Jenatsch) den Befehl, nach Schuls und durchs Scarltal nach Cierfs zu marschieren; die anrückenden Eidgenossen sollten über Zernez und den Ofenpaß nach Cierfs vordringen, und Rohan wollte über Bormio herziehen. Am 19. Juli trafen die Bündner und Eidgenossen in Cierfs ein. Die Kaiserlichen wichen aus dem Tal, und am 21. kam Rohan von Bormio her, um am 23. wieder nach Tirano zurückzugehen. Jenatsch zog sich wie die übrigen Bündner und Du Landé mit seinem Regiment über den Ofenpaß ins Unterengadin zurück.

Dem Zuge ins Münstertal waren für die Truppen ruhigere Tage gefolgt; doch für Jenatsch kamen jetzt Aufregungen anderer Art. Sein Glaubenswechsel wurde im Sommer (Juli 1635) bekannt. Der allmählichen Loslösung von der Aristokratie war die Trennung von der Kirche gefolgt; der Gegensatz zwischen Jenatsch und diesen beiden Mächten vertiefte sich rasch und wirkte sich aus. Die Ardezer, Senter und Remüser, die 1634 und 1635 seinen oder Frankreichs Wünschen widerstanden hatten, triumphierten; die Fetaner, die — wie sie sagten — unter Drohungen den Altar und Schmuck der Kirche wieder hergestellt hatten, waren entrüstet und berichteten ihren Mitbürgern, den Prädikanten Stephan Gabriel in Ilanz und Joh. Jakob Vulpius in Thusis, was geschehen war. Der Berichterstatter war ohne Zweifel Nikolaus Anton Vulpius, der Pfarrer von Schuls und Fetan (10). Dann schrieben die Fetaner wenige Tage später einen geharnischten Brief an die Häupter; darin stellten sie die Haltung von Du Landé und Jenatsch in der Kirchenfrage dar und erklärten: «Wir haben im Abkommen von Fetan (1634) freiwillig Zugeständnisse gemacht, doch auf unbestimmte Zeit, und nun bedeutet man uns, sie sollten auf ewige Zeiten gehalten werden, und Oberst Jenatsch hat der einen und andern Gemeinde Neuerungen zugemutet, in die wir nicht einwilligen wollen, noch mögen; im Gegenteil, wir sind entschlossen, die Kapuziner mit aller Bescheidenheit abzuschaffen, und daran werden Häupter und Räte uns hoffentlich nicht hindern» (11). Die erregte Stimmung mochte nicht nur der Nachricht von Jenatschs Haltung und Konversion entstammen. Die Gerüchte über Absichten des Andreas Gallunus und zweier anderer Prädikanten (die P. Ireneo nicht mit Namen nennt) zur katholischen Kirche überzutreten, mochten dem Verfasser des Briefes den Ton angegeben haben (12). Sein Bruder in Thusis und Gabriel in Ilanz waren von den Nachrichten aus der Engadiner Heimat tief betroffen. Sie schrieben am 29. Juli 1635 von Chur aus einen Brief an Jenatsch, der dem Stile nach von Vulpius verfaßt sein mochte und die Erregung der beiden Freunde widerspiegelte. Sie erinnerten Jenatsch an ihre Jugendzeit, drückten ihr Erstaunen, ihre Empörung über seinen Glaubenswechsel aus, warfen ihm seine Haltung gegenüber dem Engadiner Volk, seinen Glauben an die katholische Lehre vor und wiesen drohend hin auf seine Feinde. Dann versicherten sie ihn wieder ihrer christlichen Liebe und aufrichtiger Anhänglichkeit und baten ihn, an Blasius Alexander und sein Schicksal zu denken und zu seinem alten Glauben zurückzukehren (13).

Der Brief der beiden ehemaligen Freunde bereitete Jenatsch einerseits eine gewisse Genugtuung, denn er blickte auf eine Zeit zurück, in der er von seinen Freunden und Amtsbrüdern hochgeschätzt worden war. Anderseits brachte der Brief auch schwere Sorgen, denn die Freunde ließen ihn verstehen, daß er nicht nur katholisch, sondern auch ein «Spanier» geworden sei. Das war ein Irrtum. Wenn er an seine ganze politische Betätigung im Dienste der Häupter und des Landes dachte, so durfte er mit gutem Gewissen sagen, daß er für Spanien nie Sympathie empfunden hatte; aber der Schein sprach gegen ihn, und wenn Rohan seine ganze Tätigkeit im Dienste der Häupter, seine Verhandlungen mit Oesterreich und Mailand und dazu seinen Glaubenswechsel inne wurde, so mußte ein falsches Bild von seiner Gesinnung entstehen. Dann waren für ihn Demütigungen nicht ausgeschlossen. Es war nun nicht Jenatschs Art, klein beizugeben; hier wollte er vorbauen, abwehren; er war auch im Felde ein ausgezeichneter, klugberechnender Schanzenbauer. Er schrieb schon am 1. August an den Nuntius nach Luzern und legte seinem Schreiben den Brief an Kardinal Barberini bei, der dann die Brücke nach Paris weiter bauen sollte. Er entschuldigte sich beim Nuntius, daß er drei Monate lang vom Waffenhandwerk so in Anspruch genommen worden sei, daß er keine Zeit gefunden habe, um für das Schreiben zu danken, und nun da er aufatmen könne, danke er demütig für soviel Gunst, mit der er überhäuft werde und bitte, ihm die gütige, väterliche Zuneigung zu bewahren; dann fährt er fort: «Ich wünschte, daß Ihre Excellenz dem Herrn Kardinal nahelegen möchte, in welcher Art es Ihnen angebracht erscheint, daß es mir zu nicht kleiner Freude gereichen würde, wenn von Seiten Seiner Heiligkeit oder von der Hl. Kongregation meine Interessen dem Herrn Kardinal Richelieu oder dem Pater Joseph in Frankreich empfohlen würden; diese Gunst wäre mir sehr angenehm, weil mir täglich unsägliche Drohungen von verschiedenen meiner Landsleute zu Ohren kommen, weil ich katholisch geworden bin, wenn ich schon nicht einen andern Lohn von Menschen dieser Erde erwartete; immer schaden die Geschosse, die man voraussieht, weniger. Unsere Truppen ruhen zur Zeit zum Teil im Veltlin, zum Teil im Engadin, und wir befleißigen uns, gut zu befestigen, auf daß, wenn jemand uns wieder belästigen sollte, wir immer wieder mit der alten Tapferkeit und Mut begegnen können.» In einer Nachschrift fährt er fort: «Die calvinistischen Prädikanten belasten mich mit Verleumdungen, ich sei spanisch geworden und Rebell im Lande, weil ich katholisch geworden bin; sie verbieten ihren Leuten, mit mir irgendwelche Beziehungen zu unterhalten; schließlich sind sie entschlossen, mich zu verderben, wenn sie's können; aber ich, der ich alles vorausgesehen, kümmere mich wenig darum; es genügt mir, daß der Herr Herzog von Rohan mich liebt und meinen Dienst, den ich dem allerchristlichsten König und meinem Vaterlande leiste, zu schätzen weiß, und wirklich, der Herr Herzog tut zur Befriedigung der Patres Kapuziner alles, was er menschlicherweise tun kann; ich sage es Ihrer Excellenz in Wahrheit und bitte daran zu denken» (14).

Der Nuntius leitete den Brief nach Rom weiter und schrieb dazu: «Ich empfehle der Propaganda warm die Interessen des Herrn Oberst Jenatsch, der, nachdem er sich offen als Katholik bekannt, von seinen Landsleuten viel Verfolgungen zu erleiden hat, wie Sie aus dem beiliegenden Brief ersehen; sie nennen ihn Spanier und Verräter des Vaterlandes; es sind Vorwände, um ihn zu unterdrücken und zu verderben; aber er bleibt standhaft und kümmert sich nicht darum; er lebt ganz offen in Worten und Taten seinem Glauben nach und bringt gelegentlich seine Feinde in Verwirrung. Ich bitte den ehrwürdigen Herrn Kardinal Antonio (Barberini) gemäß dem Gesuche

Jenatschs demütig, ihn in Frankreich kräftig unterstützen zu wollen» (15). Die Propaganda beschloß am 24. September, dem Nuntius in Paris zu schreiben, ihm die Verfolgung zu berichten, «ohne zu erklären, daß man ihn als Oesterreicher und Spanier bezeichne, um ihn bei den Franzosen zu verleumden». Erst am 29. November ging der Brief an den Nuntius nach Paris ab; er besagte einfach: «Der Herr Oberst Jenatsch, ein Bündner, ein Mann von seltenen Eigenschaften, sowohl in der Wissenschaft als im Kriegshandwerk, der von den Häretikern mit Verleumdungen verfolgt wird, weil er katholisch geworden ist, wird wohl leicht Ihres Schutzes beim Kardinal Richelieu und bei Père Joseph bedürfen; darum empfehle ich ihn im Namen der Hl. Kongregation besonders, indem ich dem einen wie dem andern versichere, daß alles, was auch von ihm gesagt werden sollte, um ihn bei dieser Krone in Ungnade zu bringen, reine Verleumdung der Häretiker ist, die seine Konversion schlecht empfunden haben» (16). Im Dezember wollte der Nuntius in Luzern wissen, ob von Paris eine Antwort eingetroffen sei; es war wohl Jenatschs Wunsch, über den Erfolg seines Schrittes Näheres zu hören. Es war in Luzern noch nichts zu vernehmen (17).

Den Brief von Gabriel und Vulpius hatte Jenatsch wohl in Livigno erhalten, denn in diesen Tagen, anfangs August, waren die Regimenter Jenatsch und Guler dort und hüteten die Pässe von Osten her. Da aber die Versorgung der Truppen mit Lebensmitteln schwierig war, so wünschten die Häupter von Rohan, er möge diese Truppen anderwärts einquartieren. Jenatsch hatte jedoch seine Briefe an den Nuntius und an Kardinal Barberini von Chur aus datiert; es ist also wahrscheinlich, daß er in diesen Tagen selbst in Chur bei den Häuptern vorgesprochen hat, obgleich in Chur damals die Pest herrschte und auch der Bischof daran starb (18). Die Antwort an Gabriel und Vulpius verfaßte Jenatsch erst am 14. August in Zernez. Darin verteidigte er die katholische Kirche, ihre Lehre, das Papsttum; er berief sich auf die Kirchenväter, besonders Augustinus. Dann wies er hin auf das, was er für das Engadin getan habe. In Ton und Ausdruck war er mäßig, beinahe freundlich; nur die Unterengadiner traf er mit seinem Zorn, mit den Freunden wollte er nicht brechen; sie sollten ihn verstehen und ihm vertrauen. — Beide Briefe sind vom Geist und Empfinden der Zeit bedingt; die drei ehemaligen Freunde ergehen sich darin zwar nicht in den langweiligen, lebensfremden Spitzfindigkeiten der Zeit, aber der Kampf um die Lehre im Stile des 17. Jahrhunderts beherrscht die Gedanken (19).

Die Ereignisse und Sorgen der folgenden Tage führten Jenatsch und seine ehemaligen Freunde vorübergehend über den entstandenen Graben hinweg. Rohan war (am 23. Juli) aus dem Münstertal nach Tirano zurückgekehrt. Er war über den Feldzug befriedigt, obschon er von schweren Sorgen beladen war. Von Santa Maria im Münstertal aus war noch eine Denkschrift an Richelieu abgegangen; darin klagte Rohan über die Verhandlungen der Bündner mit Oesterreich, um das Veltlin zu erlangen; besonders vom Prätigau aus (von Hans Viktor Travers auf Castels) werde dieser Verkehr unterhalten. Rohan erhielt durch seine Vertrauensmänner oder Spione Kunde von allem, was sich im Lande und mit dem Auslande abspielte.

Rohan berief den Dolmetscher Anton Molina, den Schwager Schorschs, und Saint-Simon, den Befehlshaber der Rheinfeste, nach Tirano, um zu beraten, wie man die Verhandlungen mit Oesterreich unterbinden könne; dann gab er ihnen ein Schreiben an die Häupter mit, worin diese eingeladen wurden, den Eidgenossen die Gefahr, die von Oesterreich drohe, zu melden und um Aufsehen zu bitten; ferner solle eine Deputation nach Venedig reisen und ebenfalls um Hilfe bitten und dafür den Venezianern ein Fort im Veltlin anbieten; eine weitere Abordnung solle mit den Veltlinern vor dem König in Paris das Recht Bündens verfechten, und endlich möge eine letzte Deputation zur Erzherzogin Claudia nach Innsbruck reisen und gegen die Bedrohung von Osten her auf Grund der Erbeinigung Einsprache erheben. Es war ein unehrliches Spiel, das Rohan mit den Bündnern trieb, um sie hinzuhalten; er selbst wußte genau, daß die Pläne und die Lage Frankreichs die Rückgabe des Veltlins nicht gestatteten, schrieb er doch: «Je commence a destromper les communes grisonnes, j'employe les langues de nos ministres (Prädikanten) envers les Protestants et quelque peu d'argent vers eux qui ne se guerrissent que par ce metal» (20). Der Bundstag in Davos lehnte es ab, nach Venedig oder nach Paris Boten zu senden. Hingegen wurde Johann von Tscharner beauftragt, zur Erzherzogin Claudia zu reisen, um auf Grund der Erbeinigung gegen die Bedrohung im Osten Einsprache zu erheben. Jenatsch erhielt den Befehl, sich vom Engadin aus mit Fernamont zu verständigen und um freies Geleite für Tscharner zu bitten (21).

Rohan hatte auch gewünscht, daß der Bundstag Abgeordnete nach Samedan sende, um mit ihm die Lage zu besprechen. Nur mit Widerwillen erschienen die Häupter und Landrichter Caspar Schmid, Johann Anton Travers und Joh. Guler in Samedan. In den Beratungen betonte Rohan die Gefahr, die seiner Armee und den Bündnern von Osten her drohe und sandte die Regimenter von Brügger und Johann Peter Guler ins Prätigau. Die Abgeordneten, die aus den Reden Rohans den Vorwurf wegen Verhandlungen mit Oesterreich hörten, forderten als erste Bedingung für ein gutes Einvernehmen die Rückgabe des Veltlins. Rohan, der offenbar keinen andern Ausweg sah, versprach, dafür zu sorgen, daß die Untertanengebiete bis Ende des Jahres durch den König an die Bünde zurückgegeben werden (22).

In welcher Form das geschehen sollte, sagte er nicht. Er kannte Frankreichs Pläne und Ziele und glaubte wohl selber nicht an die Ausführung seines Versprechens. Denn er hatte in diesen Tagen den Befehl erhalten, sich mit dem Gesandten Pomponne de Bellièvre in Mantua und mit Marschall Charles de Blanchefort de Créqui, Kommandant der französischen Armee in Oberitalien, in Verbindung zu setzen, um den italienischen Feldzug vorzubereiten. Im Jahre 1632 schon hatte er bei der Nachricht vom Siegeszug Gustav Adolfs geschrieben: «Ich möchte nicht nach Deutschland, um den Sieg mit diesem glücklichen Eroberer zu teilen, aber das Herzogtum Mailand nehmen und in Italien siegreich vorrücken «et par ce moyen se rendre considerable dans toute la Chretienté que nous servions de contre poids a quelque puissance qui soie ou puisse être». Nun schien der Weg zum Ruhm offen zu stehen; doch Fernamont war von Osten her bemüht, Rohan im Veltlin festzuhalten, damit er nichts gegen Italien unternehmen könne. Dieser aber hoffte, der Winter werde ihn von der Gefahr im Osten befreien. Auch an Tronchin schrieb Rohan: «Die Kaiserlichen lassen mich in Ruhe; es ist keine Gefahr, daß sie ins Veltlin ziehen werden» (23).

Rohan hatte sich aber gründlich verrechnet. Es kamen schöne Herbsttage, die Berge blieben schneefrei. Am 22. Oktober, drei Tage nachdem Rohan an Tronchin geschrieben hatte, zog Fernamont aus dem Münstertal nach Val Fraele, wo Bündner und Franzosen wachten; am Alpisellapaß wurde ein Wachtposten Jenatschs überfallen und 13 Mann getötet, die andern verjagt (24). Am folgenden Tag kehrten Anton Saluz und der Gemsjäger Georget von Zuoz an den Kampfort zurück und trieben die Feinde in die Flucht. Rohan rückte über Bormio nach Norden ins Val Pettini vor und griff am Ausgang des Tales bei San Giacomo di Fraele die Kaiserlichen an. Jenatsch kam gleichzeitig über den Alpisellapaß herein, fiel den Kaiserlichen in die Flanke und trieb sie durchs Tal hinaus in die Flucht. Dabei schlugen die Engadiner die Feinde erbarmungslos tot. Wäre nun Du Landé, der von Zernez durch Val Gallo kam und den Ausgang dieses Tales und Val Mora besetzen sollte, rechtzeitig erschienen, so hätte er die Kaiserlichen aufhalten und vernichten können. Das Volk im Engadin wußte vom schlechten Verhältnis Du Landés zu Rohan zu erzählen und schrieb Du Landé die böse Absicht zu. Um so mehr anerkannte Rohan die guten Dienste und die heldenhaften Leistungen Jenatschs an diesem 31. Oktober 1635. In einem Schreiben aus Bormio an die Häupter rühmte Rohan die Tapferkeit des Obersten Jenatsch und seiner Hauptleute und Soldaten und pries zugleich die Haltung aller Bündner im Kampf. In Paris aber verlangte Rohan die Abberufung von Du Landé (25).

Rohan wandte sich dann gegen Serbelloni, der im Einverständnis mit Fernamont ins Veltlin eingerückt war und schlug ihn am 10. November bei Morbegno. Nachdem nun Kaiserliche und Spanier verjagt waren, konnte Rohan einen Teil der Truppen nach dem Norden Bündens verschieben, und Jenatsch ging mit seinem Regiment nach Tiefenkastel, Lenz und Obervaz. Hier in der Nähe, in Brienz, wirkte P. Ireneo, dem Jenatsch den Brief übergab, den Gabriel und Vulpius ihm geschrieben hatten. Jenatsch sollte in dieser Stellung sowohl nach der Steig hin wie nach Cläven zur Hilfe bereit sein (26). Rohan durfte nun an seine Kriegsfahrt nach Italien denken. Beim ersten starken Schneefall in den Bergen wollte er gegen Lecco marschieren; der Marschall de Créqui sollte über Novara an den Tessin und gegen Como vordringen, um sich mit Rohan zu vereinigen. Gemeinsam wollten sie dann Mailand nehmen und über Lodi und Cremona die Verbindung mit den Herzögen von Mantua und Parma suchen (27). Luzançon kam als Vertreter de Créquis nach Tirano, um die ganze Lage im Veltlin und in Graubünden und auch die Gefahr von Osten her zu überprüfen; dann reiste er weiter nach Mantua und Venedig, um alles für den Feldzug vorzubereiten. In Paris hatten Richelieu und Père Joseph die Pläne gebilligt; doch wurde Rohan angewiesen, im Veltlin gute Wache zurückzulassen, denn er wisse nur zu gut, wie weit man den Fremden, sowohl den Bündnern als den Eidgenossen vertrauen dürfe, um nicht einen so wichtigen Besitz wie das Veltlin ganz in ihren Händen zu lassen. Der Verlust des Veltlins bedeute für Frankreich den Ruin aller Unternehmungen in Italien. «Je vous exhorte donc d'y bien pourvoir et m'en repose sur votre prevoyance» (28).

Die Ereignisse in Italien und die neuen Aufgaben in Bünden zwangen jedoch Rohan und de Créqui die Ausführung der Pläne zu verschieben. Der Marschall de Créqui hatte am 28. Oktober 1635 die Belagerung von Valenza aufgeben und sich nach Montferrat zurückziehen müssen und hatte damit dem spanischen Führer Serbelloni den Angriff von Mailand aus aufs Veltlin ermöglicht. Nach dem Sieg über Serbelloni erhielt Rohan den Befehl, sich im Veltlin und in Bünden durch Festungswerke in seinen Stellungen zu sichern. Dann sollte er die Wahl des neuen Bischofs von Chur überwachen und die Kandidatur des Johann von Flugi kräftig unterstützen. Die wichtigste Aufgabe war durch den Vorschlag des Kaisers entstanden, das Veltlin, Bormio und Cläven durch die katholischen Orte verwalten zu lassen, bis der allgemeine Friede eine Entscheidung bringen werde. Dadurch war wieder der Wunsch der Veltliner, ein katholischer Ort zu werden, der Verwirklichung nahe gebracht; doch die Bündner lehnten am 16. November im Beitag von Ilanz den Vorschlag ab; sie hielten an ihrem Begehren fest, die Gebiete selbst zu übernehmen. Das Jahr rückte seinem Ende zu, Rohan sollte sein Versprechen halten und die Rückgabe des Veltlins vollziehen; er entschuldigte sich zunächst, daß die Antwort von Paris durch die Abberufung Du Landés verzögert worden sei, der neue Gesandte, Lasnier, der Mitte November eingetroffen war, werde darüber Bericht erstatten. Die Bündner aber sahen den Festungsbau fortschreiten, die Truppen im Veltlin sich einrichten, hörten von den Plänen des Zugs nach Italien und sagten sich: «Wir sind in einem zweiten Pignerol, das die Franzosen nicht mehr freiwillig verlassen werden» (29).

XVI

Der Vertrag von Cläven Januar 1636
dessen Annahme in Thusis am 11. April 1636
Der innere Widerstand gegen den Vertrag / Gaudenz Tack
Prioleau bei Richelieu und Père Joseph, Aenderung des Vertrages
Warnungen Rohans, sein Zug nach dem Süden
Verhandlungen der Bündner mit Oesterreich und Mailand
in Feldkirch und Tschagguns 29. Juli 1636
Gesandtschaft nach Innsbruck im November 1636

Die Forderung der Bündner auf Rückgabe der Grafschaften
Bormio, Cläven und des Veltlins bereitete in Paris schwere Sorgen,
denn nach der Räumung Bündens und des Veltlins versprach der
Feldzug nach Italien wenig Erfolg, um so mehr als die Bündner allein
den Kaiser im Osten nicht aufhalten konnten. Dem ganzen französischen Unternehmen in Bünden und in Oberitalien drohte ein
unrühmliches Ende. Versagte aber Frankreich die Rückgabe des
Veltlins, so war der Abfall von Frankreich sicher, und das östliche
Tor nach Italien war für Frankreich verschlossen. Es hieß also Mittel und Wege suchen, um sowohl die III Bünde als das Veltlin fest
in der Hand Frankreichs zu behalten. Dazu war nach Richelieus
Ermessen der Vertrag von Monsonio besonders geeignet; er ließ den
Bündnern den Schein der Souveränität im Veltlin, die eigentliche
Hoheit, das Recht der Aufsicht und Einmischung aber den Fran-
zosen und Spaniern, und er befriedigte in religiöser Hinsicht den
Papst und beseitigte dessen Widerstand in Italien.

Demgemäß wurde Rohan beauftragt, den Bündnern die Justiz
im Veltlin zu übergeben, wenn dies keine Schwierigkeiten bereite;
doch sollten nur katholische Richter gewählt werden. Dieser Gedanke konnte weder die Veltliner noch die Bündner befriedigen und
war auch nicht durchführbar (1). Als dann Prioleau, der Sekretär
Rohans, anfangs Dezember (1635) vom König empfangen wurde,
entschied dieser: «Die Bündner mögen nach den Artikeln von Monsonio den Veltlinern die Wahl der Beamten und der Richter überlassen und ihnen zusichern, daß nur der katholische Kultus im Lande

geduldet werde; die Veltliner dagegen sollen die Oberhoheit der Bündner anerkennen» (2). Der König rief dann den Kronrat zusammen, um die Grundlagen für die Verhandlungen mit den Veltlinern und den Bündnern festzulegen. Demgemäß erhielt Rohan den Auftrag, sich an den Vertrag von Monsonio zu halten und den ersten Artikel dieses Vertrages über die Souveränität der Bündner unverändert zu übernehmen; den Protestanten sollte im schlimmsten Falle ein Aufenthalt von zwei Monaten zur Erntezeit im Veltlin zugesprochen werden; doch sollten alle Protestanten darnach trachten, ihre Güter zu verkaufen. Die Wahl der Richter und der Verwaltung müsse ausschließlich den Untertanen überlassen werden; das Amt der Provveditoren solle nicht eingeführt oder dann nur von Katholiken bekleidet werden (3).

Rohan leitete unverzüglich die Verhandlungen ein; schon Ende Dezember 1635 besprach er die schwierige Angelegenheit mit dem Talkanzler Nikolaus Paravicini. Dieser setzte sich mit den Führern und auch mit weiteren Kreisen der Untertanen ins Einvernehmen; der spanische Statthalter in Mailand, Guzman, Marchese de Leganez, beriet sie, und ihre Begehren stützten sich durchaus auf den Vertrag von Monsonio. Prioleau unterrichtete die Untertanen von den Absichten Frankreichs; er lebte damit den Weisungen des Père Joseph und Richelieus nach und vertrat bei Rohan mit Nachdruck die Interessen der Veltliner.

Schon am 4. Januar 1636 erschienen die Vertreter der Bünde in Cläven; es waren der Landrichter Joh. Simeon Florin mit Rudolf von Marmels und Joh. Schorsch, der Bundespräsident Gregor Meyer mit Fortunat Juvalta und Joh. Paul Beeli, der Bundslandammann Meinrad Buol mit Joh. Guler und Joh. Anton Buol. Diese Männer hatten die Politik der Häupter seit Jahren unterstützt, den Frieden und den ruhigen Genuß des alten Besitzes erstrebt. Der bedeutendste Vertreter war Fortunat von Juvalta. Er verteidigte als aufrichtiger Patriot entschieden die Interessen des Bündner Volkes. Seine schlichte Erzählung vom Hergang bei den Verhandlungen entspricht den Tatsachen (4). Rohan legte gemäß den Befehlen von Paris einen Vertragsentwurf vor, der aus seinen Besprechungen mit den Veltlinern und den Beratungen mit Ulysses von Salis entstanden war. Die Veltliner waren nicht erschienen, sondern hatten Rohan mit der

Vertretung ihrer Sache beauftragt. Die Bündner führten nach dem Bericht von Rohan einen zähen Kampf um die Glaubensfreiheit und die Verwaltung des Veltlins durch Bünden, die Johann von Tscharner schon in Chierasco (1631) gefordert hatte. Rohan suchte eine Einigung der Bündner und Untertanen im Sinne und Geiste Richelieus und des Père Joseph, aber auch des Papstes und des Kaisers herbeizuführen und wollte endlich damit für seine Armee den Weg nach Italien sichern, denn er beschäftigte sich eifrig mit den Vorbereitungen zum Vormarsch gegen Mailand. Père Joseph, dem die Frage des Glaubens so wichtig war, erinnerte Rohan von Paris aus von neuem an die Bedeutung des Vertrages und baute, wie er sagte, auf die Klugheit, Besonnenheit und das Glück Rohans. Auch der König wünschte nachträglich, es möchte im Vertrag der Zusammenhang mit dem Abkommen von Monsonio besonders klar ausgesprochen werden, damit der Kaiser beim allgemeinen Frieden auch seine Zustimmung gebe (5).

Der König hatte Rohan 3—4000 Taler angeboten, um die einflußreichsten Männer zu gewinnen. In seiner schwierigen Lage stützte sich Rohan auf Ulysses von Salis, der sich als der zuverlässigste Diener Frankreichs erwiesen hatte, dem er (1635) deshalb auch das Kommando über Cläven, die Schlüsselfestung für die Pässe Bündens von Süden her, anvertraut hatte. Salis, sein Oberstwachtmeister Stephan Thys von Untervaz und sein Hauptmann Peter Rosenroll von Thusis (ces trois personnes nous étant très utiles pour notre negotiation) waren Rohans Helfer und Berater. Salis sollte eine Geldsumme, Stephan Thys und Rosenroll Adelsbriefe erhalten. Nach dem Vorschlag Rohans sollte die Familie Salis für die schweren Einbußen im Veltlin mit Geld entschädigt werden (6). Von den andern Protestanten war nicht die Rede. Der Vertrag von Cläven besagte: In Bormio, Veltlin und Cläven wird nur die katholische Kirche geduldet; Anhänger des evangelischen Glaubens können nur zwei Monate im Jahre im Untertanenland leben. Die Verwaltung und die Gerichtsbarkeit werden von den Untertanen ausgeübt, doch werden die Richter von den Provveditoren, den Beamten Bündens, ernannt. Die III Bünde erhalten die Hoheitsrechte und eine jährliche Abfindung von 25 000 Gulden, in Kriegszeiten nur 15 000 Gulden.

Die Abgeordneten erklärten Rohan, Spanien, Oesterreich und

der Kaiser würden diese Artikel nie anerkennen, und Bünden komme somit nie zum ersehnten Frieden. Rohan aber versicherte, der König werde auf einem vorgesehenen Friedenskongreß selber mit dem Kaiser, mit Oesterreich und Spanien über diese Fragen verhandeln. Juvalta sagt: «Vorschläge dieser Art hatten wir früher schon oft verworfen; nun wir aber einsahen, daß Rohan durchaus an seine Aufträge gebunden, die Spanier und Oesterreicher unsere erklärten Feinde und wir der Hoffnung auf französische Hilfe gänzlich beraubt waren, nirgends weiter die Aussicht kräftigen, menschlichen Beistandes vorhanden, überdies aber die Freiheit unseres Vaterlandes, die uns am meisten am Herzen, vorzüglich in Gefahr schwebe — so nahmen wir, von so vielen Schwierigkeiten bedrängt, die von Rohan vorgeschlagenen Bedingungen unter Vorbehalt der Ratifikation durch die Gemeinden an» (7). Die Abgeordneten hatten von Rohan kleinere Zugeständnisse erlangt, so das Amt der Provveditoren, von dem Richelieu gesagt hatte, es diene nur dazu, dem Veltlin die Freiheit zu rauben und sei durch die Entschädigung von 25 000 Gulden reichlich bezahlt. Rohan beteuerte, er sei bei den Verhandlungen auf fast unüberwindliche Hindernisse gestoßen, dennoch sei es ihm gelungen, Untertanen und Bündner zu einigen. Nach dem Abschluß des Vertrages erklärte er, er könne diesen dem König erst vorlegen, wenn er von den Gemeinden genehmigt sei; daher wurde der Beitag einberufen. Von den Gemeinden war die Zustimmung nicht leicht zu erhalten. Rohan rief jetzt auch Jenatsch zu sich, eröffnete ihm die Absichten des Königs und beauftragte ihn, vor den Häuptern und dem Volke für die Annahme des Vertrages zu arbeiten. Jenatsch dachte über diese Lösung der Veltlinerfrage ähnlich wie Juvalta. Er wußte wie Schmid und andere, was hinter den Kulissen von Père Joseph und Richelieu mit Rom und Madrid vereinbart worden war; er war überzeugt, daß weder Frankreich noch Spanien eine bessere Lösung annehmen würden, und zudem baute er in seiner optimistischen Art auf eine nachträgliche weitherzige Auslegung dieser Bestimmungen über den Glauben im Sinne der Duldung. Außerdem maß er den Zugeständnissen, besonders den Hoheitsrechten, die die Verfügung über die Straßen Bünden ließen, etwas mehr Bedeutung zu als Juvalta. Der Vertrag aber erschien ihm wie Juvalta und andern Bündnern als ein Weg zu einem teuer erkauften

Frieden. Sprecher behauptet, Jenatsch u. a. hätten die Annahme des Vertrages gefördert, um den Herzog von Rohan und die Franzosen den Prädikanten verhaßt zu machen und dadurch den Vertrag mit Spanien zu fördern. Das sind unzutreffende Vermutungen, wie sie sich in den Briefen von Tack wiederholen; sie widersprechen der Haltung Jenatschs und Juvaltas. Selbstverständlich war es allen Beteiligten klar, daß die Prädikanten den Artikeln nicht kampflos zustimmen konnten. Der neue Gesandte Lasnier empfahl am Beitag in Ilanz ihre Annahme. Als sie aber den Gemeinden vorgelegt wurden, erwachte der Widerstand. Man sagte im Volke: Es ist das Werk von drei Abtrünnigen: Rohan, Prioleau und Jenatsch; darum ist die Gewissensfreiheit im Veltlin preisgegeben. Auch das war Gerede; es war das Diktat Richelieus und des Père Joseph. Von den evangelischen Kanzeln begann ein heftiger Kampf gegen die Artikel von Cläven (8). 16 Gemeinden lehnten den Vertrag ab. 40 Gemeinden verlangten eine Aenderung des Vertrages, um beide Konfessionen im Veltlin zu schützen, und andere forderten die bedingungslose Rückgabe ihres Gebietes. Zugleich riefen Vertreter der evangelischen Untertanen wie Bartholomäus Malacrida den Schutz der evangelischen Städte an (9).

Im März wurden Georg Jenatsch, Joh. Schorsch und Joh. von Tscharner zu Rohan ins Veltlin gesandt; sie sollten im Auftrage des Beitages vor allem die Gleichstellung der Konfessionen im Veltlin verlangen. Die Katholiken in Bünden unterstützten dieses Begehren. Rohan glaubte vielleicht mit Grund, daß Spanien diese Haltung der katholischen Gemeinden wünsche, damit Frankreich die politischen Geschäfte in Bünden nicht ordnen könne und somit daran verhindert werde, in Italien mit voller Kraft zu kämpfen (10). Denn die Spanier setzten voraus, daß Rohan die Forderung auf Gleichstellung der Konfessionen abweisen müsse. Jenatsch und Schorsch sollen — wie Rosso erzählt — schon bei diesem Anlaß erklärt haben, in diesem Falle möge es Rohan nicht übel nehmen, wenn ihm nicht geholfen werde und wenn man mit Oesterreich zum Ziele zu kommen suche (11). Es war eine aufrichtige Warnung. Trotz allem trat aber Jenatsch in den folgenden Tagen für die Annahme des Vertrages ein. Er reiste mit Prioleau in die Gemeinden, um das Volk für die Annahme der Artikel zu bewegen; dabei wurde französisches Geld ver-

teilt und das Mehren unter französischen Druck gesetzt, wie es kurz
zuvor bei der Wahl des Bischofs geschehen war. In den evangelischen Gemeinden wirkte Joh. Peter Guler im gleichen Sinn, und
Rohan sandte auch seinen Sekretär de la Baume (ehemaliger Oberst)
in alle evangelischen Gemeinden, um für die Annahme der Artikel
zu wirken. Er selbst ließ vernehmen, man möge sich die Mühe ersparen, weiter zum König zu reisen, um eine Aenderung der Artikel
zu erreichen; dagegen stellte er in Aussicht, jeden Anspruch des Bischofs auf das Veltlin abzuweisen und versprach, daß der König alle
Schwierigkeiten mit Oesterreich und Spanien selber ordnen werde.
Am 11. April kam dann der Beitag in Thusis zusammen und prüfte
die Mehren über die Artikel von Cläven. Jenatsch und Prioleau
waren auch hier tätig, und durch eine ausgeklügelte Vereinigung der
einzelnen Stimmen erreichten sie die erwünschte Mehrheit. Doch die
Versammlung der Volksvertreter in Thusis faßte ausdrücklich den
Beschluß, daß der Vertrag ohne jede Aenderung von Frankreich angenommen und vollzogen werden müsse. Prioleau eilte mit dem Vertrag nach Paris, und Lasnier und Rohan baten Richelieu dringend,
ihn unverzüglich zu genehmigen. Das unerwartete Ergebnis von
Thusis weckte die Leidenschaften der Gegner; die Prädikanten hatten Rohan in einem Briefe ermahnt, sein Gewissen nicht mit einem
Unrecht gegenüber seinen Glaubensgenossen zu belasten. Mit ihnen
traten jetzt auch die Brüder Schmid von Grüneck in Ilanz für die
Glaubensfreiheit im Veltlin ein und wurden mehr als je zu führenden Gegnern Frankreichs (12). Sie behaupteten offen, selbst Spanien wäre in dieser Frage weiter entgegengekommen. Die Prädikanten hatten in Rohan anfangs ihren Glaubensgenossen erblickt und
in ihm den Helfer gesehen; er hatte sie getröstet, ihre Klagen jedoch
zurückgewiesen. Mehr und mehr wuchs nun die Mißstimmung auch
gegen ihn. Gaudenz Tack, einer der geistigen Führer der Prädikanten,
schildert in einem Briefe an Tronchin vom 17. Mai 1636 die Stimmung in seinem Kreise: «Die Franzosen haben uns, wie wir als
sicher erfahren, mit Hilfe und Unterwürfigkeit von vielen unserer
Gottlosen, einen neuen einzig ungerechten Vertrag mit den Veltlinern vorgeschlagen, dem wir Protestanten uns mit all unserer Kraft
widersetzt haben, um zu verhindern, daß er angenommen werde; indessen war die französische Propaganda so tätig und wirksam, daß

er entweder durch die Macht des Geldes oder durch die Dummheit oder Schlauheit oder Furcht angenommen wurde, zu unserem Unheil und Verderben und zur Vernichtung aller Pläne Frankreichs in unserem Lande. Der einzigartige Vertrag hat 12 Artikel. Sie erlauben mir, diese Ihnen bekannt zu geben. Durch sie wird die Regierung, die Verwaltung und Justiz ausschließlich in die Hand der Veltliner gegeben, endlich auch die reformierte Religion völlig ausgeschlossen, so daß wir von Frankreich und all seinen Ministern betrogen und verraten sind. Der König hat seit sehr langer Zeit sich in nichtigen Versprechen und Hoffnungen gefallen; heute zwingt er uns, diese ungerechte Sache, gegen unser Gewissen und gegen seine hundertmal wiederholten Versprechen (der Rückgabe) anzunehmen. Aber halten wir diesen Vertrag, so werden wir ihn beschwören müssen, und wenn er genehmigt werden sollte, wird er die Ursache unseres und der Franzosen Verderben. Wie zu unserem elenden Geschick, haben wir viele Freunde Spaniens im Lande; sie sind eifrig, hastig und unternehmend, daß sie keine Zeit verloren haben, um in den III Bünden die Annahme des genannten Vertrages zu erwirken. Sie wußten wohl, daß sie durch die Annahme dieser Artikel ihr Ziel erreichten, einen besseren Vertrag mit Spanien abschließen zu können, den sie schon lange Zeit gewünscht haben. Denn die katholischen Gemeinden der III Bünde sind immer franzosenfeindlich und gute Spanier gewesen, die Protestanten dagegen Frankreich günstig gesinnt, so daß es durch sie alles erwirken konnte. Nun da es unsere Zustimmung zu einer solchen Ungerechtigkeit und Einzigartigkeit erzwingt, hat es alle abgestoßen; das ist die Erfüllung der Sehnsucht unserer bösen Vaterlandsfreunde. Jetzt, kaum daß Herr Prioleau nach Frankreich abgereist ist, um den schlimmen Vertrag dem König vorzulegen, siehe, da rührt sich der Teufel; es wird eine äußerst kühne, teuflische, spanische Praktik begonnen. Im Grauen Bund, wo die Spanier ihren Grund und ihre Stütze haben, erscheint ein gewisser Herr Hieronimus Curti, Generalsindaco des Comersees, mit ganzer Vollmacht des Statthalters von Mailand, spendet reichlich Geld. Die spanisch Gesinnten und schwierigsten Patrioten lachen heimlich; dieses spanische Bündnis wird mit allen Mitteln, Künsten, Betrug und Worten, die zu überzeugen geeignet sind, gefördert; sie versprechen alle Reiche und Reichtümer der Erde, alle Gunst der

Welt soll auf sie niederregnen; wir werden die Spanier verehren. Die Praktik ist berechnend klug; auf diese Art verderben sie die Menschen innerlich durch Geld, von Außen werden sie bald unsere Grenzen angreifen; dann werden sie (die Bündner) geneigt sein, keinen Widerstand zu leisten und unverzüglich mit dem Feinde verhandeln, denn alle sagen: da Frankreich gar nicht Wort hält, ist es besser, daß wir uns mit den benachbarten Fürsten einigen, die uns jede annehmbare Bedingung versprechen. Ach Gott, in welchen tiefsten Abgrund von Elend und Bedürfnis haben uns die Franzosen und der König und alle mit einem solchen Betrug gestürzt. Auch der Herr Herzog (Rohan) hat bei den protestantischen Gemeinden (ha reso il suo fiato abominevole) seinen abscheulichen Einfluß geltend gemacht; er hat nicht nur alle Artikel zur Annahme empfohlen, sondern auch de La Baume in alle evangelischen Gemeinden geschickt, damit sie diesen Vertrag annehmen sollten. Jetzt beginnt er die Augen zu öffnen. Er ist von unserer Synode mit der ganzen Kraft, die uns möglich war, über die Unmöglichkeit, die sich aus diesem Vertrag ergibt, unterrichtet worden; er fängt an zu zittern und den Irrtum zu erkennen, aber ich glaube, es ist zu spät. Er hat alle erzürnt, auch die vier Städte (Zürich, Bern, Basel, Schaffhausen), die den Bünden und dem Herrn Herzog geschrieben, daß dieser Vertrag auch zu ihrem Nachteil gereiche. Nun beginnt der gute Herr Herzog die Briefe laufen zu lassen; nachdem er die Vorschläge vernommen hat, die die Spanier den Bündnern machen, hat er unverzüglich Isaac (de Saint-Simon), der nun zurück ist, abgesandt und der, wie ich glaube, nächstens zu diesem Zwecke an den Hof gehen wird.

Alle Mittel zeigen sich besonders wirksam für die Förderung der Vorteile Spaniens und zum Verderben Frankreichs, und uns bleibt noch das unwürdige Leben und die große Grausamkeit, die die Franzosen in unserem Land ausüben, so daß das Volk ihnen abgeneigt ist. Den ganzen Winter hindurch, wenn unsere Landsleute Wein aus dem Veltlin beziehen wollten, waren sie gezwungen, den Franzosen zwei oder drei Viertel Silberkronen per Saum zu bezahlen; die mit Wein beladenen Pferde wurden oft von den Franzosen den armen Landleuten genommen. Im Veltlin sind die Rebellen von den Franzosen mehr geliebt und bevorzugt als die Bündner, die Erfüllung der Versprechen auf Rückgabe der Untertanengebiete und die Bezahlung der Soldaten bleiben aus. Die Solothurner sind unzufrieden abgezogen, die Berner sind sehr erzürnt mit ihren Regimentern abgereist, die Züricher sind im Begriffe zu gehen. Alle unsere Offiziere, die dem König dienen, haben sich fest und unwiderruflich verpflichtet, in drei Wochen den Dienst zu verlassen und andern Fürsten zu dienen, die bezahlen, und in dieser Absicht versammeln sie sich diese Woche, und es soll dabei gesorgt werden, daß niemand mehr Frankreich diene, und wenn sie wirklich den Dienst verlassen, soll niemand mehr einen Auftrag von Frankreich annehmen, einzig weil sie nicht bezahlt werden. Alle diese Vorfälle lassen das spanische Bündnis zu unserem Verderben reifen. Wir Pfarrer können nicht mehr; wir unterlassen nicht zu ermahnen, zu überzeugen, aber ich glaube vergebens; ich habe den Pfarrern der vier Städte geschrieben, sie um Hilfe und Rat gebeten, wie wir uns in diesem so schweren und schwerwiegenden Geschäft halten sollen, und ich bitte auch Sie um ihren guten Rat. Es tut uns zum Sterben weh, daß der gute Herr Herzog unseren guten Rat so wenig geschätzt hat. Wir wollten diesem Unheil zuvorkommen, wenn es möglich gewesen wäre. Wenn wir heute (was Gott verhüten wolle) vom Feinde angegriffen wären, würde sich kein (Bündner) bewegen; das ist die Lage, in der sich die Franzosen befinden und wir mit ihnen, wenn Gott in seiner Allmacht nicht die Pläne unserer Landsleute bricht. Sie (die Franzosen) waren von uns laut gerufen, und wenn die Spanier sich unserer Pässe bemächtigen, wird Frankreich sehen, was es verloren hat. Sed serò saepe sapiunt Phryges» (13). Das Bild, das der Prädikant Gaudenz Tack entwirft, enthält allerhand Uebertreibungen und subjektive Urteile über die Lage in Bünden, doch spiegelt es die Stimmung im Lande und zeigt die Vorgänge in protestantischer Beleuchtung. Der Vertrag von Cläven, den Rohan nun dem Bündner Volk aufzudrängen trachtete, hatte im ganzen Volke eine bittere Enttäuschung und eine große Erregung gebracht. Rohan hatte zwar in seinem aristokratischen Wesen nie ein näheres Verhältnis zum Bündner Volk gesucht; trotzdem hatten die Prädikanten ihn mit Rücksicht auf seinen hugenottischen Glauben und als Anerkennung seiner persönlichen Haltung in devoter Art ihren «Fürsten» und den «guten Herzog» genannt. Der Vertrag von Cläven aber trübte die Beziehungen Rohans zu den Bündnern gründlich, das Vertrauen zu Frankreich und zu Rohan schwand; in allen Kreisen des Volkes war man überzeugt, daß Frankreich nie wieder bereit sein werde, die Untertanenlande bedingungslos an Bünden zurückzugeben. So war es denn eine selbstverständliche Pflicht der Häupter, über das Staatsschifflein zu wachen und wenn möglich die Rettungsanker auszuwerfen.

Schon am 8. April — drei Tage vor der Annahme des Vertrags von Cläven in Thusis (11. April) — saßen Hans Viktor Travers, der Landvogt auf Castels, und Ulrich von Ramschwag wieder in Feldkirch zusammen; Travers ließ vernehmen, wie sehr die Bündner der Franzosen überdrüssig seien, und die beiden einigten sich, die Beratungen über ein Traktat zwischen Bünden und Oesterreich, wie man sie im Jahre 1634 und 35 gepflegt hatte, wieder aufzunehmen. Die Besprechungen hierüber waren seit einiger Zeit wieder im Gange, das war in den Klagen Tacks angedeutet. Mit Spanien sollten die Verhandlungen gesondert geführt werden. Ramschwag berichtete über diese neue Begegnung nach Innsbruck, und von dort erfuhr auch der Kaiser die Gedanken des Hans Viktor Travers und der Häupter in Chur. Das freundnachbarliche Verhältnis, das gemäß dem Vertrag mit Kaiser Maximilian im Jahre 1518 in der Erbeinigung niedergelegt worden war, sollte wieder in Kraft treten, die Religionsfreiheit der Prätigauer und Unterengadiner, ja selbst der Rückkauf der Feudalrechte Oesterreichs, den Travers im Jahre 1634 angeregt hatte, sollten zur Sprache kommen und als Gegenleistung der Bündner die Lösung des Verhältnisses zu Frankreich und die Vertreibung der Franzosen vollzogen werden. Die Erfüllung dieser ersten Bedingung Oesterreichs sollte für Bünden den Weg zum Frieden und ruhigen Besitz des Veltlins bedeuten und für Oesterreich und den Kaiser und besonders auch für Mailand die Sicherheit vor dem Angriff durch Frankreich. Bald darauf waren die Verhandlungen zwischen den Häuptern und Innsbruck und auch mit Mailand im Gange. Die Besprechungen mit Spanien-Mailand leiteten die Brüder Schmid von Grüneck, die Führer der Protestanten im Grauen Bund. Der beredte Landrichter Caspar Schmid von Grüneck (1580—1659) hatte im Jahre 1629 in Innsbruck um die Glaubensfreiheit der Prätigauer gerungen; sein Bruder Dr. Jakob Schmid (1579—1644) hatte in Genua und in Mailand die Möglichkeiten der Verhandlungen mit Spanien geprüft und 1633 in Paris mit dem König, mit Richelieu und Père Joseph verhandelt und war mit dem schlechtesten Eindruck von Paris heimgekehrt. Hans Gaudenz Schmid von Grüneck (1575—1660), der älteste der Brüder, war wieder Kandidat für die Landrichterwahl (1637). Es waren würdige, besonnene Männer, die an der Seite der Häupter in einer äußerst schweren Lage des Landes mit Oesterreich und mit Spanien verhandelten. Jenatsch hatte wohl Kenntnis von den neuen Verhandlungen; er hatte Ende 1634 anfangs 1635 im gleichen Sinne an der Seite der Häupter gedient. Seit er aber mit Rohan den Feldzug nach dem Veltlin angetreten, dann die Führung eines Bündner Regimentes übernommen hatte, war er den politischen Geschäften fern geblieben und hatte getreu an der Seite Rohans gekämpft. Er beobachtete aber scharf die weitere Entwicklung der Dinge, vor allem die Haltung und die Entschlüsse in Paris.

Neben den Schmid in Ilanz war auch der Prädikant und Dekan des Grauen Bundes, Stephan Gabriel, ein scharfer Gegner des Vertrages von Cläven und Frankreichs geworden. Mit gleichem Eifer wirkten die Misoxer Brocco, Landammann Tadeo Bonalini und sein Sohn Martin und Lazaro Toscano für den Frieden mit Spanien. In den Besprechungen mit Girolamo Corte von Gravedona, dem Agenten Mailands, ließ dieser hoffen, daß Spanien das Veltlin bedingungslos an die Bündner zurückgeben werde (14).

Während es im Lande so gährte, hatte Rohan dem Befehle Richelieus gemäß mit aller Kraft an den Vorbereitungen zu einem Angriff auf Mailand gearbeitet. Er hatte in Verbindung mit dem Herzog von Savoyen und dem Marschall de Créqui die Pläne entworfen; am 29. Mai 1636 zog er dann an der Feste Fuentes vorbei und erschien vor Lecco, von wo aus er den offenen Weg nach Venedig und auch nach Mailand vor sich hatte; doch es fehlten ihm die Kanonen, um die Feste zu nehmen, und nach acht Tagen war er, nachdem er die Wege bis Lecco gesichert hatte, wieder in Trahona zurück. Den Wunsch des Herzogs von Savoyen, das Misox mit 2000 Mann und 200 Reitern zu besetzen, hatte er nicht erfüllen können; allein Rohan war entschlossen, nach wenigen Tagen wieder den Marsch nach dem Süden anzutreten.

Inzwischen waren die sechs Wochen, die Frist innert der der Vertrag von Cläven von Frankreich zu genehmigen war, ergebnislos abgelaufen und auch die Führer der Bündner Regimenter ohne Bezahlung geblieben. Die Soldaten erhielten ihren Sold; doch die Inhaber der Regimenter und Kompagnien mußten das Geld bei Bankgeschäften in Chur und in Zürich borgen und gerieten immer mehr in Verlegenheit. So entschlossen sich die Obersten und Hauptleute nach langer Beratung und nicht ohne Wissen der Häupter, das Dienstverhältnis zu Frankreich zu lösen und verpflichteten sich gegenseitig, gemeinsam zu handeln. Ohne Bezahlung der Truppen sollte auch der Vertrag von Cläven hinfällig sein. Rohan hatte immer wieder in Paris um Geld gebeten, denn die Schulden Frankreichs an die Offiziere waren auf die Summe von 800 000 Livres gestiegen. Jenatsch, der somit auch die Auflösung seines Regimentes erwartete, ließ anfangs Juni (1636) durch seinen Adjutanten Johannes von Tscharner Venedig seine Dienste anbieten; er erklärte sich bereit, mit 2000 Mann für einige Jahre in den Dienst der Republik zu treten. Auch Molina machte Venedig ein gleiches Angebot. Venedig antwortete, wenn es der Truppen bedürfe, so werde es Jenatschs Angebot annehmen.

Noch schlimmer war die Lage der französischen Truppen; sie waren den Winter hindurch ohne Sold und beinahe ohne Brot gewesen; am 11./12. Juni erhoben sich 800 Mann des Regimentes la Frezelière in Trahona; es fehlte den Soldaten alles: Geld, Brot und Kleider; ihre Offiziere selbst waren zu Bettlern geworden. Die Soldaten planten Lasnier zu töten (15). Rohan war in einer peinlichen Lage; er hatte nur Worte, um zu begütigen. Zu allem kam die Nachricht, daß der kaiserliche General Gallas mit starken Truppen gegen den Bodensee im Anmarsch sei. Die Häupter riefen die Eidgenossen als Verbündete um «getröstlichen Beistand in aller Not» an; es war in Wirklichkeit leicht zu erkennen, daß diese Truppenbewegungen als Manöver dienen sollten, um Rohan am Abmarsch nach dem Süden zu verhindern, denn Gallas hätte durch seine Aktion gegen Bünden das Elsaß und die Freigrafschaft Burgund dem Herzog Bernhard von Weimar überlassen müssen. Doch er erreichte seinen Zweck; Rohan mußte den neuen Auszug gegen Lecco und Mailand verschieben.

Die Häupter und Räte hatten unter der Führung von Hans Viktor Travers die Besprechungen mit Oesterreich fortgesetzt und auch eine Abordnung an Erzherzogin Claudia gesandt, um die Vorschläge zu hören; dann war der Bundstag nach Mitte Juni in Davos versammelt worden, um die Verhandlungen mit Oesterreich zu besprechen. Hier erfuhren die bündnerischen Abgeordneten unter anderm auch von Paris her, daß man sich dort über die Bündner nur lustig mache. Sie hatten auch ihre Kundschafter wie Rohan und Lasnier. Das Betrübliche war aber, daß Bündner im Dienste der Besetzungsmacht so eifrig ihre eigenen Landsleute in ihrem Tun beobachteten, um die Führer der fremden Macht zu unterrichten, wie es Ulysses von Salis tat. Die Besprechungen mit Oesterreich waren Rohan somit genau bekannt; er war empört, daß die Häupter und Räte sich erlaubt hatten, ohne seine Erlaubnis mit Oesterreich in Unterhandlungen einzutreten und nannte ihr Benehmen ein Attentat gegen den König von Frankreich. Lasnier ging nach Davos zum Bundstag, um die Abgeordneten umzustimmen; er fand jedoch keine Beachtung; die Bündner beschlossen mit Oesterreich weiter zu verhandeln, denn von Paris war noch immer keine Antwort auf den Vertrag von Cläven eingetroffen, und Rohan schrieb dorthin, er erwarte mit Ungeduld Prioleau mit der Antwort über den Vertrag, «car sans cela nos desseins s'en yront en fumée» (16).

Endlich Ende Juni kam Prioleau aus Paris zurück und brachte den Vertrag von Cläven. Briefe des Königs, Richelieus, des Père Joseph und Chavignys (Sohn des Claude Bouthillier) hatten schon vorher dem Herzog Rohan berichtet, daß der Vertrag abgeändert worden sei; Rohan sollte nun alles daran setzen, um die Bündner, die «unbotmäßigen Untertanen» des Königs von Frankreich, zur Annahme des Vertrages zu bewegen. Der König versicherte in einem Briefe an Rohan, er habe Befehl erteilt, die Offiziere zu befriedigen und sofort 20 000 Taler zu senden. Für Ulysses von Salis und zwei andere, die nicht genannt sind (wohl Stephan Thys und Peter Rosenroll) brachte Prioleau goldene Ketten. Prioleau hatte in Paris auch die Haltung Jenatschs gelobt und seine Verdienste für die Annahme des Vertrages von Cläven gerühmt. Der König und Richelieu waren deshalb entschlossen, Jenatsch an Frankreich zu fesseln. Sein im Jahre 1635 neugebildetes Regiment sollte erhalten bleiben, während die zwei andern neuen Regimenter von Florin und Guler aufgelöst werden sollten: «desirant favorablement traitter le Sr. de

Genas Colonel Grison en consideration de l'affection qu'il temoigne en toutes occasions pour mon service. Je vous faits cette lettre pour vous dire que mon intention est que vous conserviés son regiment sur pied et le fassiez subsister ainsy que les autres de la même nation qui seront maintenus (die drei Regimenter von 1631), et la presente n'estant pour autre suject ...» Auch der venezianische Resident Rosso teilte diese Auffassung über die politische und militärische Haltung Jenatschs Rohan und Frankreich gegenüber. Die Entscheidung über den Vertrag von Cläven und damit auch über die Regimenter war aber für Jenatsch und für seine Waffenkameraden weittragend (17).

Allmählich erfuhren die Häupter und Führer im Bündner Volk, wie der Vertrag von Cläven in Paris aufgenommen worden war, wenn auch die Einzelheiten von Prioleau und Rohan noch als Geheimnis gewahrt wurden. Prioleau war nach Mitte April in Paris eingetroffen und hatte den Vertrag übergeben; Richelieu und besonders Père Joseph prüften das Werk Rohans. Père Joseph war über den zweiten Artikel entrüstet, der den Protestanten einen Aufenthalt von zwei Monaten im Jahr im Veltlin gestattete und zudem auch besonders über das Amt der Provveditoren, die die Rechte der Bündner bei den Richterwahlen vertreten sollten. Er lehnte bald den ganzen Vertrag ab und wollte ihn durch einen völlig neuen ersetzt haben, den man beim allgemeinen Frieden — auf den man damals hoffte — dem Kaiser zur Annahme vorlegen wollte. Der neue Vertrag aber sollte die Gedanken des Père Joseph vertreten, die Veltliner weitgehend selbständig machen und die protestantische Kirche im Veltlin ausschließen. Prioleau wollte Père Joseph beruhigen; dieser antwortete: «Es ist mein letztes Wort; Sie können abreisen und Rohan die Antwort bringen.» Prioleau wünschte Richelieu zu sprechen; Père Joseph sagte: «Das ist überflüssig.» Prioleau ging dennoch zu Richelieu, um sich zu verabschieden. Richelieu war besonnener und ruhiger und sagte: «In Wahrheit, wir müssen in diesen Dingen dem Papst genügen; aber das ist kein Grund «pour jeter le manche après la cognée.» Er ließ sich von Prioleau nochmals den Vertrag vorlesen und besprach ihn sodann mit Père Joseph. Artikel 2, 4 und 6 des Vertrages wurden geändert. Der neue Artikel zwei erlaubte nur katholischen Gottesdienst und sprach nicht mehr vom Aufenthalt der Protestanten; Artikel vier auferlegte den Untertanen die jährliche

Abgabe von 25 000 Gulden an die III Bünde, und dazu kam für die Bezahlung der öffentlichen Schuld ein einmaliger Betrag von 80 000 Gulden. Artikel sechs beschränkte die Anwesenheit der Provveditoren im Untertanenland auf zwei Monate. Zudem sollte Rohan bewirken, daß nur Katholiken für dieses Amt gewählt würden (18). Ganz überflüssig erschien es den beiden großen Diplomaten, die Frage zu prüfen, was das Volk in Bünden zu diesen Abänderungen des Vertrages sagen werde. Richelieu gab Prioleau den Befehl an Rohan mit, den Vormarsch nach Italien wieder anzutreten, so wenig Bedeutung maßen er und Père Joseph den Entscheidungen der Bündner selbst bei. Rohan war bereit, dem Befehl sofort zu gehorchen, obschon die Stimmung in Bünden sich mit jedem Tag verschlimmerte.

Rohan entschloß sich aber wieder, nur gegen Lecco zu ziehen, wo sich der Herzog von Savoyen mit ihm vereinigen sollte, denn er wagte nicht, die Bündner und die Veltliner aus den Augen zu lassen. Der Marsch an den Tessin, meinte Rohan, könnte leichter den Verlust Bündens und des Veltlins bedeuten als die Eroberung von Mailand. Der Herzog von Savoyen war schon am Tessin erschienen; doch Rohan mußte trotz seines guten Willens und seiner persönlichen Bereitschaft in einem Briefe an Richelieu gestehen: «Meine Soldaten sterben vor Hunger, die Kranken können sich nicht erholen, und viele desertieren, um nicht im Elend zu sterben; bald bin ich ohne Armee und diesem Volke (der Bündner) ausgeliefert» (19). Der Herzog von Savoyen mußte über den Tessin zurückgehen; der Erfolg des Feldzuges blieb wieder aus, und Rohans Träume aus dem Jahre 1632 waren verflogen. Auch Père Joseph hatte begeistert die Besetzung des Veltlins und den Marsch nach Mailand gefordert (20) und mußte nun seine Irrtümer erkennen. Seine intransigente Haltung gegenüber den Protestanten in Bünden hatte ganz wesentlich zum Scheitern des so bedeutungsvollen Unternehmens in Italien beigetragen. Sie mochte seiner religiösen Einstellung, den imperialistischen Wünschen und der Hoffnung auf den Kardinalshut entsprechen. Aber in Paris suchte man nach einem Sündenbock und fand ihn in der Person des Kriegsministers Abel Servien; er wurde beschuldigt, den Unterhalt der Armee und Rohans versäumt zu haben; er hatte einst Rohan als Führer vorgeschlagen und fiel jetzt, von

allen, selbst von Rohan, verlassen, den Hofintrigen zum Opfer
(21). In Wirklichkeit besaß Frankreich in diesen Tagen nicht die
Mittel und Wege, um seine Armee in Bünden zu versorgen und zu
bezahlen, denn das Jahr 1636 hatte Frankreich schwere Prüfungen gebracht. Während in Deutschland die Spanier und die Kaiserlichen zusammen die Schweden bekämpften, war der Kardinal-Infant Fernando aus den Niederlanden in die Picardie vorgedrungen,
die Scharen Piccolominis und des kaiserlichen Generals Johann von
Werth hatten Frankreich zwischen Somme und Oise durchstreift
und Paris bedroht. Erst als der Herzog Bernhard von Weimar, der
seit dem 27. Oktober 1635 Frankreich diente, und der Kardinal de
la Valette im Elsaß und Lothringen Erfolge erzielten und den kaiserlichen General Gallas zum Rückzug zwangen (November 1636),
konnte Frankreich aufatmen. Die Kasse des Königs war aber im
Kampfe um Frankreich in Savoyen, in Burgund, in den Niederlanden, in Bünden und durch die Hilfe an Schweden erschöpft. Kein
Wunder, daß Richelieu den Herzog Rohan bitten mußte, der Lage
Frankreichs zu gedenken und die Entscheidungen in Bünden hinauszuschieben (22). Da inzwischen auch die Schweden bei Wittstock
(4. Oktober 1636) die Niederlage von Nördlingen rächten und das
Schicksal der Franzosen und Schweden sich also zum Besseren wandte,
wollte nun Richelieu auch den Verhältnissen in Bünden seine Aufmerksamkeit schenken; aber die Bündner hatten unterdessen ihre
Entschlüsse weitgehend gefaßt, es war für Frankreich zu spät.

Die Aenderungen, die Père Joseph und Richelieu am Vertrag
von Cläven vorgenommen hatten, machten Rohan schwere Sorgen;
er wagte es nicht, sie offen den Bündnern mitzuteilen; er befürchtete den Abbruch der Beziehungen Bündens zu Frankreich. Rohan
wollte die Abgeordneten, die in Cläven gewesen waren, wieder dort
empfangen und ihnen alles mündlich darlegen. Die Bündner lehnten
das ab; sie forderten eine klare, schriftliche Antwort (23). Wieder
zögerte Rohan, und der Minister Chavigny riet ihm, die Verhandlungen hinauszuziehen, denn man rechne mit einem allgemeinen
Frieden, der Kaiser und Spanien hätten Köln als Verhandlungsort
vorgeschlagen, und Frankreich werde zustimmen. Dort könnten dann
die Bündner und die Veltliner die Bestätigung ihres Vertrages erwarten. Jakob Molina, der im Auftrage der Offiziere in diesen Tagen in

Paris erschien, um die Bezahlung der Regimenter zu fordern, wurde freundlicher empfangen als andere Bündner zuvor, und der König versprach das Begehren zu befriedigen (24). Dazu war ein neues Mißgeschick gekommen. Rohan war schwer erkrankt, und die Verhandlungen kamen erst nach seiner Genesung (gegen Mitte September) wieder in Gang. Lasnier war von Rohan schon im Juni nach Chur gesandt worden; er überwachte den Verkehr der Bündner mit Oesterreich und Spanien, und als er hörte, daß einzelne Gemeinden spanisches Geld erhalten hätten, drohte er mit Feuer und Schwert, wenn in Bünden etwas zum Schaden des Königs von Frankreich unternommen werde (25). Die Besprechungen mit Oesterreich wurden aber durch sein Benehmen nur gefördert. Die Häupter nahmen sich jetzt auch der Sache der Offiziere an, die entschlossen waren, den Dienst zu verlassen; sie beriefen Jenatsch, Florin und Brügger auf den 27. September nach Chur. Rohan hatte auch gewünscht mit ihnen zu sprechen; darum gingen sie zunächst nach Cläven und Sondrio, erhielten dort 100 000 Livres (nach andern nur 30 000 Livres) statt der von Molina in Paris begehrten 120 000, dann traten sie am 24. September in Silvaplana zusammen und gaben sich das Versprechen, am 1. Oktober alle Posten zu verlassen und nach Chur zu marschieren (26). Jenatsch unterrichtete Rohan von diesen Entschlüssen. Sein Regiment stand seit dem 1. Mai 1636 wieder im Unterengadin; die Drohungen, die von Unterengadinern gegen ihn ausgestoßen worden waren, hatte er unbeachtet gelassen (27). Rohan hoffte, die Offiziere doch noch zu beruhigen; aber am 1. Oktober 1636 führten Jenatsch und seine Kameraden die Truppen nach dem Domleschg, denn nach der Vereinbarung in Silvaplana sammelten sich alle Regimenter zunächst bei Belfort (Guler in Schams und im Domleschg), und sie besetzten sodann die Brücke von Reichenau und die Stadt Chur. Ihre Haltung begründeten Jenatsch und die andern Offiziere auch mit den Drohungen, die Lasnier gegen sie und gegen das Bündner Volk ausgestoßen hatte. Andreas Rosso meldete nach Venedig, Lasnier habe sogar die getreuesten Anhänger Frankreichs erschreckt (28). Jenatsch bat Rohan dringend, nach Chur zu kommen und selbst alles zu regeln. Auch Lasnier wünschte seine Anwesenheit in Chur, und Rohan hatte selbst die Absicht geäußert, nach Chur zu reisen, um mit den Offizieren zu reden und mit den Häuptern über den Vertrag von Cläven weiter zu sprechen; zudem wollte er Luft ändern und in Chur mit der Herzogin zusammentreffen (29). Lasnier schrieb: «Je ne doute point que par son autorité il ne calme tout cet orage.» Am 11. Oktober war Rohan in Chur; er traf am Tore der Stadt zwei Kompagnien des Regiments Jenatsch und erkundigte sich bei Jenatsch, warum diese Truppe dastehe. Dieser wiederholte, die Drohungen Lasniers hätten die Offiziere gezwungen, für die eigene Sicherheit zu wachen. Dem war auch so. Jenatsch riet dann dem Herzog, den Wunsch der Häupter zu erfüllen und die Artikel von Cläven, so wie sie von Paris zurückgekommen waren, dem Beitag, der sich am 16. Oktober versammeln sollte, vorzulegen. Rohan war auch in dieser Absicht nach Chur gereist. Er mußte nach der Sitzung des Beitages eingestehen: «Offiziere und Häupter halten zusammen und verlangen entschieden Bezahlung und das Veltlin», und in einem Briefe an Père Joseph sagte er: «Nach so viel Opfern ist das Land für uns verloren» (30).

Rohan beurteilte die Lage in Bünden durchaus zutreffend. Die ganze politische Haltung Richelieus und seiner Werkzeuge in Paris und in Bünden hatte dem Volk in den III Bünden die Ueberzeugung geweckt, daß nur geordnete Beziehungen zu den Nachbaren Oesterreich und Spanien-Mailand Frieden und Wohlergehen bringen könnten. So war es natürlich, daß die Bündner — so weit sie nicht im Solde Frankreichs lebten — sich mit diesen Gedanken befaßten. Die protestantischen Bündner hatten dabei ihre konfessionellen Gefühle zu überwinden; trotzdem waren sie die ersten, die die Verhandlungen mit Oesterreich und dann auch mit Mailand anregten, herbeiführten und unentwegt für ihren Gedanken eintraten. Geographische, politische und religiöse Gründe führten sie zu ihren Entschlüssen.

Schon am 17. September 1632, kurz nach dem Tode des Herzogs Leopold in Innsbruck, war ein Mann aus dem Zehngerichtenbund, «eine person so etwas weiß und kann», zum Landvogt Travers auf Castels gekommen und hatte erklärt, «er und viele andere, die er mit vollem Namen nennen wolle», seien überzeugt, daß Bünden von den Franzosen betrogen werde, ganz besonders geschehe dies durch den Bau der Festungen am Rhein und auf der Steig; sicher werde Frankreich diese Werke und die Pässe mit Franzosen besetzen und hüten und dabei sagen, es könne nichts in die Hände der

Bündner geben, denn diese seien selber zu schwach, um die Stellungen zu halten. Das müsse jeder Bündner wohl bedenken, und das bereite schwere Sorgen. Gegen Oesterreich habe das Volk in den acht Gerichten nur in einer Hinsicht schweres Mißtrauen: es befürchte, daß der evangelische Glaube zunächst im Unterengadin, dann aber auch im Prätigau, Davos und Schanfigg ausgerottet werde». Wenn Travers das Volk der acht Gerichte «vertrösten könne», daß es vom Hause Oesterreich volle Freiheit des Glaubens zugesichert erhalte, daß man das Volk der acht Gerichte wolle halten, wie es vordem gehalten worden, vom Erzherzog Ferdinand (1521—1564) und vom Erzherzog Maximilian II. (1564—1595) und daß man ihnen zusichere, zu einem ehrlichen Traktat zu kommen, so «wollen sie die lüt syn und die Franzosen aus dem Land thriben und alle so sich iren wolltent an nemen». In Innsbruck, im Prätigau und Davos war der Gedanke, sich zu verständigen seither nicht mehr zur Ruhe gekommen. Der Mann, der diese Gedanken besonders vertrat und für die Heimat den Frieden und die Glaubensfreiheit erhoffte, war Meinrad Buol. Er wurde in seinen Bestrebungen unterstützt vom Hauptmann und Landschreiber Leonhard Wildiner und andern angesehenen Männern in Davos und im Prätigau (31).

Im Jahre 1632 hatte die Erzherzogin Claudia unter der Vormundschaft des Kaisers mit Hinsicht auf die Kriegslage darauf verzichtet, die Besprechungen anzubahnen, doch immer wieder kamen in den folgenden Jahren Anregungen zu Verhandlungen zwischen Oesterreich und dem Zehngerichtenbund. Die starke Besetzung und die Erfolge Rohans im Veltlin (1635) verzögerten die begonnenen Besprechungen. Der Vertrag von Cläven (1636) und dessen Behandlung in Paris förderten wieder die Verhandlungen in Feldkirch und in Balzers. Zwar versagten die Franzosen dem Abgeordneten der Erzherzogin Claudia den Paß von Vaduz nach Chur (2. Juni 1636), doch die Bündner: Rudolf von Marmels, Johann von Tscharner, Joh. Anton Buol von Parpan und Leonhard Wildiner, Landschreiber von Davos, traten in Balzers mit dem österreichischen Kanzler Wilhelm Bienner zusammen, um die Grundlagen einer Einigung auf der Basis der Erbeinigung von 1518 zu finden. Die alte Erbeinigung regelte den Handel und Verkehr ohne Erhöhung der Zölle, und beide Teile gelobten sich gute Nachbarschaft. Sie sollten vor allem nicht dulden, daß durch das eigene Gebiet hindurch das des andern bedroht werde. Den Einmarsch der Franzosen in Bünden und die Einladung an die Schweden, ins Land zu ziehen, betrachtete man in Innsbruck als schwere Verletzungen der Erbeinigung, und so lange die Franzosen in Bünden geduldet wurden und mit dem Kaiser im Kriege standen, war die Erbeinigung verletzt und außer Kraft.

Eine zweite Frage bildeten die Feudalrechte Oesterreichs im Prätigau und Unterengadin. Nach bündnerischer Auffassung erlaubten diese Rechte nicht auch die Freiheit des Glaubens einzuschränken. Oesterreich hatte sich aber im Jahre 1629 im Vertrag von Innsbruck als Landesherr gebärdet und die Religionsfreiheit verweigert. Nun wünschten die Bündner, die Erbeinigung wieder in Kraft zu setzen und zugleich die Religionsfreiheit zugesichert zu erhalten, somit für das Prätigau und Unterengadin die Rechtsverhältnisse von 1617 wieder herzustellen. Hatte sich in Innsbruck im Jahre 1629 der Geist des Restitutionsediktes geltend gemacht, so glaubten die Bündner aus den Verhandlungen jetzt den Einfluß des Friedens von Prag (1635) zu verspüren, der die Aufhebung des Restitutionsediktes auf 40 Jahre bestimmte, und sie hofften auch in der Religionsfrage zum Ziele zu gelangen. An den alten Feudalrechten (Zehnten, Wahl der Richter etc.) Oesterreichs in den acht Gerichten und im Unterengadin zu rütteln, dachten sie nicht. Die Ablösung dieser Feudalrechte hatten Meinrad Buol und seine Freunde, wie erwähnt, schon im Jahre 1634 durch Travers in Innsbruck angeregt. Die Möglichkeit eines Einvernehmens mit Oesterreich und der Befreiung vom Diktat des Père Joseph und Richelieu besprach man auf den Ratsstuben von Zürich, Basel und Bern; doch erkannte man dort die schwere Gefahr, die den Freunden dieses Planes von Frankreich her drohte (32). Die Einstellung Richelieus und des Père Joseph zum Vertrag von Cläven, die Lage der französischen Truppen im Veltlin, Rohans Krankheit und Untätigkeit bestärkten die Häupter im Entschluß, mit Oesterreich zu verhandeln.

Am 28. Juli (1636) nachts um 11 Uhr trat Wilhelm Bienner in Tschagguns im Montafun beim Wirt Benedikt Bertlin ein und wartete auf die Bündner, die durch ein außerordentlich heftiges Gewitter und Hagelwetter am Grubenpaß aufgehalten worden waren. Am Vormittag des 29. Juli trafen dann Düring Enderlin von

Montzwick von Majenfeld und Hauptmann und Landschreiber Leonhard Wildiner von Davos ein. Man überreichte sich die Kreditive, sprach von den Instruktionen und vereinbarte dann von den allgemeinen Besprechungen zu bestimmten Vorschlägen, zu einem Traktat an sich oder als Erklärungen zur Erbeinigung überzugehen. Auf Vorschlag Bienners eröffneten Enderlin und Wildiner im Auftrage der Häupter ihre Wünsche und Begehren, die auf dem Beitag in Davos kurze Zeit zuvor vertraulich besprochen worden waren. Sie legten diese auch schriftlich vor, wobei sie die Zusicherung verlangten, daß über alles unbedingtes Stillschweigen beobachtet werde; die nachfolgende Korrespondenz solle an sie persönlich gerichtet werden, damit namentlich der Frankreich ergebene Bürgermeister Finer in Chur von der Sache nichts erfahre. Der Wirt Bertlin, der über St. Antönien im Prätigau Handel trieb, sollte unauffällig die Briefe befördern. Die Begehren der Bündner waren in zehn Artikel zusammengefaßt und besagten: Die Erbeinigung von 1518 soll unverändert weiter bestehen und soll «den claren Verstandt» haben, «sowohlen in christlichen als in weltlichen Sachen bey der Freyheit zu bleiben» in allen X Gerichten und Orten, wo das Haus Oesterreich zu gebieten hat. Der Vertrag von Glurns (von 1534), besonders aber der Vertrag von Innsbruck von 1629 sollen annulliert werden. Dagegen sollen alle Privilegien, die seit 1518 vom Hause Oesterreich den zehn Gerichten und dem Unterengadin gewährt worden sind, sowie alte Gebräuche und Gewohnheiten bestätigt werden. Die römisch-katholische wie die evangelische Kirche sollen in voller Freiheit an allen Orten Bündens, im Prätigau, Unterengadin, Räzüns wirken können. Der Vertrag mit Spanien, der Ende August und anfangs September 1634 von Jenatsch in Mailand vereinbart worden sei, solle bestehen und das Veltlin, Bormio und Cläven als Untertanengebiet wie vor 1617 unter die Herrschaft der Bündner zurückkehren. Der evangelische Kultus sei mindestens in einer Kirche im Veltlin und in Cläven zu dulden. Daneben forderten die Bündner Schadenersatz für die Kriegsbeschädigten Jost Rascher u. a. Wildiner verlangte zudem die Herausgabe der Kirchen-, Pfarr- und Armenleutbücher und des Davoser Landgesetzbuches. Wilhelm Bienner erinnerte darauf an den Schaden, den Bündner den Oesterreichern zugefügt hatten. Die Diskussion über alle Begehren der Bündner dauerte den ganzen Tag und bis in die Nacht hinein. Die größte Schwierigkeit bot die Frage der Glaubensfreiheit, denn sie widersprach den Grundgesetzen Oesterreichs, wo die Reformation unter den Erzherzögen Ferdinand und Maximilian sich freier entwickelt hatte und unter Leopold stark bekämpft worden war. Trotzdem wollte Bienner die Forderung nicht zurückweisen, sondern wies nur hin auf die Schwierigkeiten, die die Zuteilung von Kirchengütern, Stiftungen etc. bringen werde. Darauf erklärten die Bündner, daß Kirchenvermögen, Kirchen und Pfrundhäuser in Bünden der Glaubensmehrheit gehören müßten. Zugeständnisse über die Vernichtung der Verträge von Glurns und Innsbruck und die Glaubensfreiheit machte Bienner noch nicht, denn dazu hatte er keine Vollmachten. Er erklärte aber, daß er alle Wünsche der Erzherzogin unterbreiten werde; diese werde sie an ihren Berater und Beistand, den Kaiser, weiterleiten. Somit müßten die Bündner sich bis zur Antwort aus Wien gedulden. Schon am 18. August kam ein Schreiben der Erzherzogin an die Häupter, in dem wieder die Glaubensfreiheit als schwierigste Frage erschien; doch waren die Bündner wie Erzherzogin Claudia entschlossen, weiter zu verhandeln (33). Oesterreich und Spanien wünschten diese außerordentlich günstige Gelegenheit zu ergreifen, um die Franzosen aus Bünden zu entfernen und damit den Feldzug in Italien und den Streit um die Bündnerpässe zu beenden. Die Möglichkeit eines annehmbaren Friedens war gegeben (34). Der Kaiser hatte zu den Verhandlungen der Erzherzogin Claudia mit den Bündnern seine Zustimmung gegeben.

Unterdessen war Rohan (von seiner Krankheit genesen) in Chur unermüdlich tätig, um Häupter und Räte und Bündner Offiziere zu befriedigen; er hoffte auch mit den Volksvertretern über die Aenderungen, die Richelieu und Père Joseph am Vertrag von Cläven vorgenommen hatten, verhandeln zu können; doch der Beitag ging auseinander, und der Bundstag versammelte sich kurz darauf in Ilanz. Dort war für die Volksvertreter keine Gefahr, von Frankreich unter Druck genommen zu werden, denn im Grauen Bund waren Volk und Führer Gegner Frankreichs geworden. Rohan beschwor noch in einem Briefe vom 21. Oktober den Schatzmeister Chavigny, für die Bezahlung der Offiziere zu sorgen und den Vertrag von Cläven ohne irgendwelche Aenderung zu ratifizieren, wenn nicht, sei Bünden und damit auch Italien für Frankreich verloren. Schon am 27. Oktober antwortete der König Ludwig XIII. vom Camp de Denain aus, wo er den schweren Kämpfen um Corbie folgte. Er befahl, den Vertrag von Cläven unverändert zu genehmigen und ihn an Rohan zu senden, damit der Wunsch und Wille des Bündner Volkes erfüllt sei. Ehe dies in Chur bekannt wurde, fiel am 28. Oktober 1636 in Ilanz die Entscheidung. Die Häupter und Räte, die im Dezember 1631 Rohan zum Führer gewählt hatten, beschlossen: «Die sechs Bündner Regimenter treten aus dem Dienst des Königs von Frankreich in den Dienst der III Bünde und stehen unter deren Schutz, d. h. wenn sie angegriffen werden, so werden die Bünde kämpfen». Es war die Antwort auf die Haltung Richelieus und des Père Joseph und auf die Drohungen Lasniers. Dann sandte der Bundstag eine Abordnung an den Friedenskongreß von Köln, damit dort die Interessen Bündens gewahrt würden, da die französischen «Minister sich nie erklären würdent, ohn fernere Hinterstelligkeit die abgetrunkenen Untertanenlande zu restituiren». Die Gesandten sollten über Innsbruck reisen und dort die Erbeinigung von 1518 erneuern und den Innsbrucker Vertrag von 1629, den Frankreich trotz Versprechen des Königs nicht ausgelöst habe, zurückverlangen. Das war die Hauptaufgabe. Zur Lösung dieser beiden Probleme wählte der Bundstag die Gesandten Joh. Schorsch, Meinrad Buol und Jörg Jenatsch (35). Mit Geschick hatten die Freunde des Friedens verstanden, den Bürgermeister Finer durch Jenatsch zu ersetzen. Er war in Ilanz erschienen, hatte seinen ehemaligen Freund Stephan Gabriel und dessen Sohn Luzius aufgesucht und eingehend die Lage Bündens mit ihnen besprochen, und die beiden hatten die Mittel und Wege, die die Bündner zu ergreifen beabsichtigten, gebilligt, versichernd, kein Ehrenmann könne mehr auf Seiten der Franzosen stehen. Das entsprach auch den Aeußerungen Tacks in Chur (36). Das militärische Verhältnis Jenatschs zu Rohan war gelöst, er trat wieder in den politischen Dienst der Häupter. Vor der Abreise besuchten Jenatsch, Schorsch und Buol in Begleitung des Landrichters Conradin von Castelberg, des Bürgermeisters Michael Finer und des Landammanns Joh. Anton Buol von Parpan den Herzog Rohan und erklärten ihm den Inhalt der Sendung. Rohan war erfreut, daß die Bündner auch nach Köln reisen wollten; es kam ihm als ein kleines

Zugeständnis an Frankreich vor, und er versprach, die französischen Abgeordneten in Köln über die Interessen der Bündner zu unterrichten. In Köln war eben der päpstliche Legat Kardinal Ginetti (Oktober 1636) eingetroffen, um den Friedenskongreß vorzubereiten; die Abgeordneten der Mächte sollten erscheinen. Auch Richelieu, der den Ausbruch des Bürgerkrieges oder ein Attentat befürchtete, war zunächst dem Frieden nicht abgeneigt. Der Entschluß der Häupter und Räte in Ilanz, mit Oesterreich und Spanien-Mailand zu verhandeln, gab den führenden Männern in Bünden klare Ziele (37).

Am 15. November 1636 ritten Meinrad Buol als Vertreter des Zehngerichtenbundes, Johannes Schorsch als Vertreter des Grauen Bundes und Jörg Jenatsch als Vertreter des Gotteshausbundes, begleitet von ihren Dienern und dem Landschreiber Leonhard Wildiner, in Innsbruck ein. Zwei Tage darauf wurden sie von der Erzherzogin Claudia und ihren Ministern empfangen und «spürten von Ihrer Durchlaucht alle gnädige und gute disposition». Sie brachten ihre Begehren, ähnlich denen in Tschagguns vor, besonders die Erneuerung der Erbeinigung und die Beseitigung des Vertrages von Innsbruck von 1629, in dem Oesterreich den acht Gerichten und dem Unterengadin die Religionsfreiheit versagt hatte. Diese Forderungen wurden auch schriftlich wiederholt auf Grund der Originalurkunden, die die Bündner bei sich führten. Die Ratgeber der Erzherzogin betonten auch hier, wie Bienner in Tschagguns, daß die Erneuerung der Erbeinigung nur durch die Entfernung der Franzosen aus Bünden möglich werde. Das Schreiben der Bündner wurde durch Eilboten dem Kaiser nach Regensburg gesandt. Die Erzherzogin und ihre Räte zeigten von Anfang an ihre Bereitwilligkeit, über alle Wünsche der Bündner zu verhandeln; der Kaiser aber zögerte noch, die Begehren zu erfüllen. Da es sich in den acht Gerichten und im Unterengadin besonders um die Glaubensfreiheit handelte, so holte er sich bei den maßgebenden Beratern in Wien nähere Auskunft ein. Auch der Kaiser verwies mit Rücksicht auf die Verhandlungen Frankreichs am Wienerhof über die vorgesehene Konferenz von Köln auf die kommenden Besprechungen über einen allgemeinen Frieden, in dem die Veltlinerfrage erledigt werden könne.

In Innsbruck wurden indessen die Besprechungen mit den Ratgebern der Erzherzogin Claudia und auch mit dem spanischen Gesandten weitergeführt. Jenatsch und seine Mitarbeiter hofften, in acht bis zehn Tagen die Entscheidung des Kaisers zu besitzen.

In Chur tagten unterdessen der Landrichter des Grauen Bundes, der Bundespräsident des Gotteshausbundes und ihre Berater (Ratsgesandten), darunter besonders Fortunat von Juvalta; sie unterhielten mit den Gesandten in Innsbruck einen Meinungsaustausch, und sie konnten als wichtigste Neuigkeit nach Innsbruck melden, daß Rohan nun von Paris die Zustimmung des Königs zum Vertrag von Cläven in unveränderter Form erhalten habe. Der Entscheid des Königs vom 27. Oktober war von Chavigny erst am 3. November nach Bünden abgesandt worden. Rohan bemühte sich darauf, die Rückberufung der Gesandten aus Innsbruck zu erwirken und den Beitag zur Annahme des Vertrages von Cläven zu bewegen. Die Bündner wollten aber vom Vertrag nichts mehr wissen, und Rohan, der über die Verhandlungen in Innsbruck wie über die Pläne der Bündner genau unterrichtet war, meinte, die Unzufriedenheit in Bünden rühre vor allem von den Offizieren her, die so lange nicht bezahlt worden seien. Richelieu sandte 20 000 Livres aus seiner Schatulle, und dazu ließ Rohan die Geldkisten des Königs in Chur gegen den Willen des Intendanten Lasnier öffnen und bezahlte den Offizieren 130 000 Livres. In den Unterredungen mit Anton Molina, der das Regiment Schauenstein erhalten hatte, erfuhr Rohan, wie Lasnier die Offiziere beschimpft hatte; er beruhigte sie und forderte in Paris die Abberufung von Lasnier. Darauf stellten sich die Offiziere wieder unter den Befehl Rohans, obschon der Beitag sie davon abmahnte, besonders mit Rücksicht auf die Besprechungen in Innsbruck. Rohan wollte nun vor allem Jenatsch und Molina wieder auf seine Seite bringen, weil er ihren Einfluß sehr hoch einschätzte. Er versprach im Gespräch mit Molina, den beiden Obersten in Frankreich eine Kompagnie zu geben, wie Brügger und Salis sie besaßen und zu gleichen Bedingungen, wie sie Rudolf von Schauenstein in Lyon zugestanden worden war. Molina mochte unverzüglich über diese Gespräche, über die Verluste, die durch den Abfall von Frankreich den Offizieren drohten und anderes mehr an Jenatsch nach Innsbruck berichtet haben. Dieser antwortete am 13./23. Dezember durch Landschreiber Wildiner und mahnte die Obersten zur Geduld;

sie sollten bereit sein, für das Vaterland Opfer zu bringen und den Mut nicht sinken lassen. Jenatsch hatte seine Wahl getroffen und ließ sich durch die Versprechen Frankreichs nicht mehr verlocken (39). Der Staatssekretär und Minister Léon Bouthillier, comte de Chavigny, meldete noch zu Handen der Häupter, wenn es den III Bünden daran gelegen sei, die Anerkennung des Königs für den Vertrag von Cläven und den Besitz des Veltlins zu erhalten, so müßten sie sich nun erklären, damit der König ihre Begehren in Köln unterstützen könne. Auch darüber wurden die Gesandten in Innsbruck unterrichtet. Sie hatten von den Häuptern schon den Befehl, nicht nach Köln zu gehen. Nun antworteten sie klar und bestimmt: zwar sei die Entscheidung des Kaisers noch nicht eingetroffen, doch sei ein neuer Eilbote nach Regensburg unterwegs, und die Haltung der Erzherzogin und der Räte verspreche Erfolg für die Bündner; darum sei es ratsam, die Entscheidung über die Artikel von Cläven und über die Anträge von Rohan auf die Seite zu legen, bis die Gesandten aus Innsbruck wieder zu Hause seien und über ihren Erfolg selber reden könnten. — Ein Zwischenfall brachte eine Mißstimmung in die Verhandlungen in Innsbruck: die Unterengadiner hatten die Altäre in den Kirchen zerstört und wollten die Kapuziner vertreiben. Darüber beschwerten sich die Räte in Innsbruck. Die Gesandten baten darauf die Häupter, die Engadiner zur Rechenschaft zu ziehen, worauf die Erzherzogin und ihre Räte versicherten, daß eine befriedigende Lösung für die Wünsche der Bündner gesucht werde. In den folgenden Tagen kam von Wien der Bericht, der Kaiser sei bereit, die Begehren der Bündner zu befriedigen. Nun wurden die Verhandlungen rasch weiter geführt und am 7. Januar abgeschlossen. Man hatte sich auf den Grundlagen der Vorschläge von 1634, 1635 und 1636 auch über die Vertreibung der Franzosen aus Bünden geeinigt. Die Bündner erhielten zudem die Zusage, daß in den acht Gerichten und im Unterengadin die Religionsfreiheit zugestanden und die Rechtsverhältnisse von 1617 wieder hergestellt würden. Die Verhandlungen mit Don Federigo Henriquez, dem Vertreter Spaniens, kamen erst am 16. Januar 1637 zum Abschluß; sie ließen die Veltlinerfrage offen. Das Verhältnis zu den Untertanen und zu Mailand sollte in Mailand und Madrid geordnet werden, und Henriquez versprach, er werde den bündnerischen Gesandten dort eine gute Aufnahme sichern. Bei dem großen Interesse, das Oesterreich, der Kaiser und auch der König von Spanien an einem Frieden mit den Bündnern und an der Vertreibung der Franzosen von den bündnerischen Pässen hatten und bezeugten, durften die Bündner an eine rasche und befriedigende Lösung der Aufgaben glauben. Fortunat Juvalta, der die ganze Entwicklung der politischen Lage miterlebt und in allen Verhandlungen mit Rohan und auch mit Oesterreich mitgewirkt hatte, bezeichnete die Bedingungen von Innsbruck als annehmbar (37).

Jenatsch war stolz auf die Ergebnisse von Innsbruck; er schrieb später an Stephan Gabriel: «Für das Unterengadin und das Prätigau habe ich mit vielem Schweiß und Mühe, Gott ist mein Zeuge, die Gewissensfreiheit, auf die sie selbst unter Zustimmung und auf Antrieb der beiden Bünde verzichtet hatten, in Innsbruck im vergangenen Winter herausgeholt, den Spaniern, denen sich die Veltliner in Knechtschaft gegeben haben, die Artikel, die ihr gesehen habt, abgerungen» (38). Jenatsch hatte die politische Lage Oesterreichs für die bündnerischen Interessen ausgenützt. Nun erwartete er nach seiner Rückkehr nach Chur den Bruch mit Frankreich, und da ließen die Huldigungen, die er als Führer des bündnerischen Geschäftes in Innsbruck erlebte, den ehrgeizigen Mann auch an seine eigenen Interessen und an seine Zukunft denken. Er schrieb am 22. Dezember (1636), während der Verhandlungen, und als man noch auf die Entschließungen des Kaisers wartete, einen Brief an die Erzherzogin Claudia:

«Um Ihrer Durchlauchtigsten Hoheit zu beweisen, daß ich von ganzem Herzen wünsche, als wahrer Diener und unter dem gütigen Schutz Ihrer Durchlauchtigsten Hoheit zu leben, gedenke ich, daß sich in unserem Lande die Herrschaft Räzüns findet, die Ihrer Durchlauchtigsten Hoheit zu eigen und ein besonders günstiger Ort für den ist, der sich seiner bedienen kann bei der Wahl in die wichtigsten Aemter des Grauen Bundes. Wenn diese Herrschaft gut regiert wäre, könnte sie Ihrer Durchlauchtigsten Hoheit verschiedene gute Dienste leisten, und wenn Ihre Durchlauchtigste Hoheit die Gnade erweisen wollte, die genannte Herrschaft mir anzuvertrauen unter den Bedingungen, die von der Güte Ihrer Durchlauchtigsten Hoheit als gerecht beurteilt werden, würde ich dies als mein besonderes gutes

Glück betrachten, und es wäre mir Gelegenheit geboten, entschlossen den Dienst anderer Fürsten zu verlassen, die es noch mit dem Aufwand großer Geldsummen (versuchen), die sie mir schuldig, und auf diese Weise würde ich festbleiben und ganz dem Schutz und Dienst der Durchlauchtigsten Hoheit ergeben sein.

Ich bitte Ihre Durchlauchtigste Hoheit, mir gnädigst zu sagen, was zu meinen Gunsten in diesem Geschäft geschehen kann und beuge mich vor ihrer Durchlauchtigsten Hoheit.»

Jenatsch als Inhaber der Freiherrschaft Räzüns, in einer Machtstellung im Grauen Bund, als Führer und Vertreter der österreichischen Politik und Interessen, befugt, alle drei Jahre den Landrichter vorzuschlagen, das war ein kühner Gedanke des ehrgeizigen Mannes. Auch die eine unerläßliche Vorbedingung für diese Stellung fehlte nicht, Jenatsch war katholisch. Dennoch kam die Angelegenheit nicht zur Sprache, denn Räzüns war in den Händen der katholischen Planta; Johann Heinrich von Planta, der Neffe des Ambrosius in Malans, war Inhaber des österreichischen Pfandlehens, und in Innsbruck wünschte man die Freiherrschaft den Planta zu lassen (39).

Jenatsch, Meinrad Buol und Johannes Schorsch reisten nach Mitte Januar 1637 von Innsbruck durch das Engadin, um die dortigen Verhältnisse zu erforschen. Jenatsch und seine Mitarbeiter durften mit Hinsicht auf die Erfolge in Innsbruck, die dem Unterengadin den Frieden und die Gewissensfreiheit bringen sollten, Genugtuung empfinden. Jenatsch fand seine Landsleute in guter Stimmung und seiner Sache gewogen. Er reiste dann bis Zuoz, denn er war nicht gewillt, im Unterengadin wieder persönlich ins Wespennest der Konfessionen zu greifen; er hatte auch keinen Auftrag, es zu tun. Von Zuoz aus schrieb er nach Innsbruck und warnte vor den Umtrieben des Ritters Rudolf von Planta gegen den Landammann Peter Leoni und seinen Sohn, den Arzt Joh. Leoni. Jenatsch trachtete das Bündner Volk zu einigen, und seine Engadiner waren bereit, ihm zur Seite zu stehen, wenn es galt, die Franzosen zu vertreiben. P. Ireneo schrieb nach Rom: «Sie haben jetzt die Glaubensfreiheit, und dies bestimmt die Bauern, die Franzosen aus dem Lande zu jagen» (40).

XVII

Jenatschs Heimkehr
Der Aufstand der Bündner und der Abzug der Franzosen 1637

Jenatsch kam von Innsbruck mit dem festen Entschluß nach
Hause, mit Frankreich zu brechen und die Verträge von Innsbruck
durchzusetzen. Das sprach aus dem Briefe, den er am 26. Januar
1637 von Zuoz aus der Innsbrucker Regierung schrieb. Er berichtete, daß die Vertrauensmänner schon am 3. Februar versammelt sein
würden, um über die Verträge zu beraten, und man werde das Ergebnis unverzüglich mitteilen. Auf der Reise von Zuoz nach Chur
fragte ihn ein Bauer in Filisur, wie es mit den Bündner Angelegenheiten stehe. Jenatsch antwortete: «Wenn ihr imstande seid, die
Franzosen aus dem Lande zu jagen, so können wir einen guten Vertrag haben.» Diese Erklärung wiederholte er auch in Chur; er
sagte, er bringe Gutes, aber man müsse die Franzosen vertreiben (1).
In Chur mußte Jenatsch zunächst das Zimmer hüten; er war auf
der Fahrt aus dem Engadin mit dem Schlitten gestürzt und hatte
sich eine Schulter verletzt. Obschon Rohan über die Verhandlungen
in Innsbruck unterrichtet war, schickte er doch den Stadtschreiber
Johann von Tscharner zu Jenatsch, um von diesem selber zu erfahren, was er aus Innsbruck mitbringe. Jenatsch wich pflichtgemäß
einer Antwort an Rohan aus und ließ glauben, die Erzherzogin Claudia habe die Boten mit leeren Worten abgefunden. Daneben arbeitete er im Stillen mit aller Kraft, um die Pläne zur Ausführung zu
bringen. Am 6. Februar trat der Beitag zusammen. Jenatsch berichtete den Volksvertretern, was in Innsbruck geschehen war, daß
Oesterreich bereit sei, den acht Gerichten und dem Unterengadin die
politische und die Gewissensfreiheit zu geben, daß es zur Erlangung

der Untertanenländer behilflich sein wolle und den Paß für die Truppen und den Verkehr gemäß der «Erbeinigung» zu regeln wünsche. Es waren schöne diplomatische Erfolge, über die er berichtete, die das Vertrauen zu ihm und den Mitgesandten wecken mußten. Ueber die weiteren Bestimmungen sprach er nur andeutungsweise, indem er betonte, über die Pässe (und Inkraftsetzung der Erbeinigung) könne Bünden nicht wohl beraten und befinden, solange es sie gar nicht besitze. Noch zurückhaltender war Jenatsch im Gespräch mit dem Herzog Rohan; er hatte diesem schon aus Innsbruck geschrieben, daß man dort nur auf der Grundlage des Regensburger- und des Monsoniovertrages unterhandeln wolle, und erst müßten die Bünde selbst im Besitze eines Forts oder einer Schanze sein. Der Herzog ließ sich auch jetzt scheinbar beruhigen; den Wunsch nach dem Besitz der Rheinfeste (oder «Fort de France») hatten die Bündner schon oft vergebens ausgesprochen. Die Franzosen hatten sie gebaut, und Rohan fühlte sich glücklich, sie in diesem Augenblicke fest in der eigenen Hand zu haben.

Jenatsch aber trat am gleichen Abend des 6. Februar mit seinen Gesinnungsgenossen im Hause des Bürgermeisters Gregor Meyer zusammen, und hier erklärte er ausführlich, was in Innsbruck geschehen war; es wurde dann vereinbart, die Vorbedingungen zum Vertrag von Innsbruck zu erfüllen und die Franzosen zu vertreiben. Die versammelten Männer verpflichteten sich «geheim und verschwiegen in wahrer Aufrichtigkeit und Treue», alles zu tun, um dem Wohle des Landes zu dienen und «jeden Confidenten zu schützen». Die Teilnehmer dieser Verbindung waren entschlossen zu handeln (2). Es waren Männer aus allen Teilen des Landes, von beiden Konfessionen, nicht Vertreter von Parteien, sondern des ganzen bündnerischen Volkes. An der Spitze standen die drei Häupter und neben ihnen die Volksvertreter. Jenatsch war nur der Berater und Vertreter der Häupter und Räte; er hatte keine Verantwortung für ihre Beschlüsse, denn er hatte nie eine politische Stellung in den Behörden inne gehabt und gehörte also nicht zu diesen «Concadenati» oder zum «Kettenbund», obschon er auf die Entscheidungen einen großen Einfluß ausübte.

Inzwischen hatte der Landrichter Caspar Schmid von Grüneck im Einvernehmen mit den Häuptern auch mit Serbelloni und dem

Statthalter Leganez in Mailand verhandelt (3). Jenatsch und Rosenroll teilten das Rohan mit, dann verständigten sich Jenatsch und Florin mit Serbelloni über die Haltung, die Mailand während der Erhebung des Bündner Volkes einnehmen sollte. Die spanischen Truppen sollten bis Colico, an die Grenze des Veltlins und Cläven, vorrücken und dort bereit stehen. Den Kampf gegen die Franzosen wollten die Bündner allein führen; die Spanier sollten nur im Notfall um Hilfe gebeten werden, nämlich wenn Venedig zu Gunsten der Franzosen in den Kampf eingreifen sollte. Bei diesen Besprechungen wünschte Serbelloni, daß Rohan gefangen nach Mailand ausgeliefert werde. Das lehnten Jenatsch und Florin ab. Hingegen forderten sie das Recht, sofort das Veltlin besetzen zu dürfen. Serbelloni berief sich auf den Vertrag von Monsonio, an den er sich halten müsse. Rohan wurde durch seine Anhänger auch über diese Besprechungen unterrichtet. Ein Diener Serbellonis erzählte zudem in Mailand im Gasthaus dem Studenten Scandolera aus Samedan, sein Herr, Serbelloni, ziehe mit 5000 Mann Fußvolk und 1000 Reitern ins Veltlin, die Bündner seien bereit, die Franzosen aus der Rheinschanze und aus dem Veltlin zu vertreiben; ferner berichtete er auch vom Briefwechsel zwischen Serbelloni und Jenatsch und Florin. Scandolera kam nach Cläven und meldete das alles dem Ulysses von Salis und Prioleau; darauf stellte Rohan Jenatsch in Gegenwart Prioleaus zur Rede. Jenatsch half sich aus der Verlegenheit, indem er behauptete, es sei alles eine spanische Intrige, um ihn zu verdächtigen. Eine mailändische Zeitung brachte dann das ganze Abkommen von Innsbruck. Rohan sandte das Blatt an Jenatsch; weitere Schritte wagte er nicht zu unternehmen, da er glaubte, daß Bünden ihm Zeit lassen wolle, um alle Forderungen zu regeln. Zudem dachte er daran, wie eifrig sich Jenatsch für die Annahme der Clävner Artikel eingesetzt hatte (4). Rohan wurde doch besorgter, denn auch von Venedig wurde er gewarnt, es sei in Innsbruck ein Abkommen gegen Frankreich abgeschlossen worden. Wieder stellte er Jenatsch zur Rede, doch dieser wahrte als Vertrauensmann der Häupter und Räte pflichtgemäß das Geheimnis und bediente sich einer Ausrede. Je mehr sich aber die Gefahr der Entdeckung des Vorhabens steigerte, um so eifriger gingen alle Vorbereitungen zum Aufstand vor sich. Anfangs März schrieb dann Jenatsch an Domenico Vico, den neuen venezianischen Residenten in Zürich, der Vertrag mit Oesterreich sei geschlossen. Vico aber, der von seinem Berichterstatter in Chur über alles, was in Bünden geschah, unterrichtet wurde und wie dieser alles vom Standpunkt der französischen Interessen aus ansah, anerkannte weder das gute Recht der Bündner, die Interessen ihres Landes zu vertreten, noch die vaterländische Gesinnung Jenatschs und seiner Kreise und schrieb nach Venedig: «Das Haupt der neuen großen Bewegung in Bünden, so sagt man, ist Oberst Jenatsch, durch große Versprechen und Hoffnungen der Erzherzogin Claudia beeinflußt; daneben soll er auch schon bedeutende Geschenke erhalten haben. Das ist gegenwärtig der Führer in der Regierung Bündens» (5). Die Gaben waren sicher sehr bescheiden gewesen.

Jenatsch war in Innsbruck wie die andern Abgeordneten beschenkt worden; das war damals an jedem Hofe üblich, namentlich wenn eine große Arbeit, ein Staatsabkommen, zum Abschluß gekommen war. Er mochte auch besondere Ehrungen erlebt haben, die seinem Ehrgeiz geschmeichelt hatten; doch das vermindert nicht die Bedeutung seiner Tätigkeit und seines Erfolges. Am 6. März (1637) hielten Jenatsch und seine Vertrauensmänner im Hause Gulers in St. Margreten in Chur wieder eine Beratung, und am 10. März versammelte sich der Beitag. Das war ein Wunsch Rohans, der über die Rückerstattung von Bormio, Veltlin und Cläven nochmals verhandeln wollte. Die Abgeordneten forderten wieder die unbedingte Rückgabe der Gebiete, die Soldzahlungen und die Pensionen und gaben Rohan noch Zeit bis zum 1. Mai, diese Begehren zu erfüllen. Zudem wurde schon eine Kommission von neun Mitgliedern bestellt, darunter die drei Häupter (Castelberg, Meyer und Buol), die vom Untertanenland Besitz ergreifen sollten. Von den Eidgenossen verlangten die Abgeordneten, daß der Paß für französische Truppen gesperrt werde, um so mehr als Lasnier drohte, mitten in der Stadt Chur die Pike aufzupflanzen (6). Rohan sandte seinen Sekretär in aller Eile nach Paris; von dort kam inzwischen nur ein Drittel des Soldes (7). An die Erfüllung der Bedingungen der Bündner durch Richelieu war nicht zu denken. Darum faßten Jenatsch, die Häupter und Obersten den Entschluß, rasch zu handeln. Schon am folgenden Tag, am 11. März meldeten Jenatsch, Rosenroll, Joh. Peter Guler und Joh. Anton Buol der Erzherzogin Claudia: «Wir geben

Ew. Durchlaucht Kenntnis vom Entschluß, zur Ausführung zu schreiten. Außer auf Gott vertrauen wir auf die (Huld) Güte des Hauses Oesterreich. Wir bitten, uns nicht zu verlassen; wir werden unserseits arbeiten für das Wohlergehen und den Frieden des Landes und für die Wiedererlangung unserer Freiheit, wie es Ehrenmännern gebührt.» In einer Beilage hieß es weiter: «Wir haben uns nun entschlossen, am 20. dieses Monats zu den Waffen zu greifen; es werden sich ungefähr 8000 Mann versammeln, von denen 6000 gegen die Rheinfeste ziehen werden, um sie zu belagern. Da der Boden gefroren ist und die Pallisaden nicht zu beseitigen sind, so werden wir alles versuchen, um die Festung mit Kriegslist zu nehmen. Dem Grafen Serbelloni haben wir mitgeteilt, er möge vorrücken und zwischen Riva und Chiavenna Stellung beziehen, um den Franzosen den Anmarsch aus dem Veltlin zum Entsatz von Cläven zu verhindern. Wir werden dann mit bedeutenden Kräften das Schloß Cläven angreifen, dessen Befehlshaber (Salis) Bündner ist und wohl daran denken wird, die Festung in den Besitz der Franzosen zu geben. Nun ist es Zeit, die Versprechen zu erfüllen, um den Erfolg des Unternehmens zu sichern, vor allem darf, wie verabredet, aus Mailand das Geld für die Truppen und auf Gutenberg die Munition nicht fehlen. Gegen Bregenz sollen kaiserliche Truppen ziehen, um für alle Fälle bereit zu stehen; dann mag Oesterreich die Eidgenossen mahnen, keinen Gegnern (Franzosen) den Paß durch das Land zu geben und zugleich erklären, daß Oesterreich sich verpflichtet fühle, den Bünden gegen jeden Angriff zu helfen. Ich (Jenatsch) glaube meine Sache geleistet zu haben, und wir freuen uns, daß unsere Zeit gekommen ist. Wir haben die Absicht, Rohan gefangen zu setzen, um das Unternehmen besser zu sichern. Wir erwarten, daß kaiserliche Truppen ohne zu säumen marschieren werden» (8).

Am Montag den 13. März traten die Häupter, Obristen und Kriegsräte der III Bünde zusammen, um die weiteren Maßnahmen zu beraten. Es wurde vereinbart, vor Beginn des Aufstandes in einem Aufruf an die Gemeinden mitzuteilen, aus welchen Gründen man sich entschlossen habe, die Franzosen aus dem Lande zu weisen, und welche Abkommen in Innsbruck und in Mailand abgeschlossen worden seien. Alle Gemeinden sollten aufgefordert werden, in Waffen bereit zu stehen, um die Beschlüsse auszuführen. Sodann sollte Jörin Wiezel als Gesandter zu den Eidgenossen gehen, um diesen den Aufstand zu begründen (9). Dann wurde beschlossen, Conradin von Planta in Zuoz zu befehlen, seinen persönlichen und schriftlichen Verkehr mit Rohan «still zu halten». Rudolf Planta auf Steinsberg sollte seinen Schwager, den Vikar Ulrich Rhea à Porta in Schuls über alles unterrichten, die Unterengadiner sollten während der ganzen Aktion still bleiben, weil sie zu weit abseits seien. Sie sollten sich aber nicht gelüsten lassen, «diesem Wesen etwas zuwider zu tun». Die Oberengadiner bekamen die Aufgabe, den Berninapaß (gegen die Franzosen im Veltlin) zu bewachen und Rheinwald den Splügen. Oberst Andreas Brügger, Bürgermeister Michael Finer, Lorenz Tschudi und Hauptmann Stuppa wurden aufgefordert, sich nicht gegen die Bewegung zu stellen, sondern ihre Kompagnien zu den Bündnern stoßen zu lassen. Als der gefährlichste Mann erschien den Häuptern und Obristen Ulysses von Salis in Cläven. Er war der eifrigste Diener Frankreichs und kaum in Versuchung gekommen, sich den andern Bündnern anzuschließen. Er sollte nach dem Beschluß der Häupter und Obristen «mit Leib und Leben» dafür haften, daß die Festung Cläven mit samt der Munition und den Vorräten nicht in die Hand der Franzosen übergehe.

Der Brief Jenatschs und der Obristen vom 11. März gelangte erst am 17. März in die Hand der Erzherzogin. Als am 14. der Empfang des Briefes noch nicht gemeldet worden war, schrieb Hans Viktor Travers von Castels aus an Carl Colonna, den Freiherren von Fels, der im Auftrage der Erzherzogin Claudia auf Schloß Gutenberg bei Balzers die weitere Entwicklung abwartete und erkundigte sich, ob er von der Erzherzogin Befehle erhalten habe, mit Mannschaften, Kanonen und Munition bereit zu stehen, um den Bündnern im Notfall zu helfen, «so das nit ist, so wolle sich der Herr angentz bei tag und nacht nüt versummen und bei ihr. hertz. fr. Dht. befehle erholen». Travers warnte bei dieser Gelegenheit Carl Colonna vor den Spionen des Bischofs Joh. von Flugi unter der Steig, die im Dienste Rohans standen. Erzherzogin Claudia hatte aber alle Vorbereitungen anbefohlen, Carl Colonna mit dem Oberbefehl betraut, und kaiserliche Truppen konzentrierten sich um Lindau (10). Jenatsch hatte schon am 13. März mit dem Obersten Carl Colonna, Freiherrn von Fels, die Verbindung aufgenommen. Am 15. berieten die «Häupter und zugeordneten Räte» die Instruktion für Jörin Wiezel. Sie begründeten gegenüber den Eidgenossen ihr Begehren und bekundeten die «Absicht das Zwinghuss, die Veste an der Rhyn Bruggen» in ihre Gewalt zu bringen. «Die Schanz am Rhyn haben sie uns hinderrucks mit französischer Nation besetzt und haltend dieselbe mehr für unsere Gefangenschaft und Absperrung des Landes». Dann folgten bittere Klagen über die Mißhandlung des Bündner Volkes durch die Besetzungsmacht Frankreich (11). Am 18. März erließen dann die Häupter und Räte das Manifest an das Volk, worin sie nicht ohne Grund über die Treulosigkeit Frankreichs klagten und die Männer des Landes aufforderten, auf den 20. März an die Seite der Regimenter zu treten, die Schanze am Rhein zu besetzen und die Franzosen zu vertreiben. Die Häupter und die Offiziere trafen eilig die letzten Vorbereitungen und bauten Sturmleitern, legten Vorräte und Munition an. Obschon Jenatsch den Oberbefehl hatte, wurde vereinbart, daß das Paßwort täglich von einem Regimentsinhaber zu geben sei. Um auch keinen Widerstand der Prädikanten zu erleben, wurden die Dekane in alle Pläne eingeweiht. Trotzdem wählte Georg Saluz in Chur am 19. März den Text seiner Predigt aus Matth. Kapitel 26, Vers 14—17: Da ging hin der Zwölfen einer, mit Namen Judas Ischarioth, zu den Hohepriestern etc.

Am Morgen des 18. März hatten die Obersten und Häupter noch Kriegsrat gehalten; dann eilten die Offiziere ins Domleschg zu ihren Regimentern. Die Häupter folgten ihnen bis gegen Ems und nahmen dort in der Ebene die Truppen in Eid und Pflicht. Darauf marschierten die Regimenter unter Anführung Jenatschs mit fliegenden Fahnen gegen Chur. Dort wollten sie Rohan gefangen setzen. Als sie erfuhren, daß er in die Rheinschanze geritten sei, folgten sie ihm nach Zizers und über die Landquart, um in die Festung einzudringen. Hinter den Regimentern erschienen bald (20. März) die ersten Fähnlein der Gemeinden. Das Regiment Brügger in Maienfeld und an der Steig mußte sich der Bewegung anschließen. Bünden stand geeinigt in Waffen zum Kampf bereit. Nur in Klosters und in Schiers hatten bei der Sammlung der Mannschaften einzelne Männer die Stimme für Frankreich erhoben; in Maienfeld gab es Leute, die den Salis und Brügger verpflichtet oder ergeben waren und Rohan dienen wollten (12).

Rohan, der schon einige Tage zuvor wieder von Mailand aus gewarnt worden war, hatte alle Anordnungen getroffen, um die Schanze zu verteidigen und von Zürich noch 1000 Mann zu Hilfe erbeten. Dann wollte er ins Veltlin reiten. Wünschte er im bevorstehenden Kampf an der Spitze der Haupttruppe und der Festung Cläven zu stehen? Baute er dazu noch auf die Hilfe Venedigs? «Do ist er mit gueten Worten ufhalten worden», sagt Travers, und wieder in die Rheinschanze geritten. Als er wieder auf dem Wege nach Chur war, machte ihn ein Knabe in Masans auf die flatternden Fahnen der anziehenden Bündner aufmerksam, und er kehrte in die Schanze zurück. Hier wollte er Zeit gewinnen, bis eidgenössische Abgeordnete zur Vermittlung da waren und er dem König seine Lage schildern konnte. «Der herzog ist gar demütig worden, hat auch begert zu parlamentieren, er hat sich erboten die Veste an der rein brucken den Zürchern zu übergeben und die im Veltlin uns, nur das man im Platz gebe, bis er seinem König möge berichten, das es im nit den Kopf koste in Frankreich». Auch die Bündner erkannten bald, daß die Feste nicht so leicht fallen werde. Schon am 20. März, während die Fähnlein aus dem Prätigau und Davos und aus dem Oberland im Anmarsch waren, schrieben Johann Peter Guler, Jenatsch und Joh. Simeon de Florin an Carl Colonna nach Feldkirch, man werde nicht ohne die Hilfe der Oesterreicher auskommen und bitte ganz besonders um die Stellung von 100 auserlesenen Pferden, dann um Kriegsmunition und «ein halb Dutzend große Stück zu der Batterie samt allem Zubehör». Die Pferde wollte man so rasch als möglich haben, um die Festung zu blockieren, denn Jenatsch und die Obersten hofften, daß die Festung wenig Proviant habe und rasch ausgehungert sei (13).

Als die Gesandten von Zürich und Glarus eintrafen, begehrten sie einen Aufschub der Kriegshandlungen, um die Angelegenheit durch die Tagsatzung entscheiden zu lassen, die wenige Tage später in Baden zusammentreten sollte. Rohan stimmte anfangs dem Vorschlag zu; allein die Bündner lehnten ihn ab, denn sie erwarteten von den Eidgenossen und namentlich von der Vertagung in dieser Sache nichts Gutes. Zwischen Rohan, Saint-Simon und Oberst Schmid wurden die Bedingungen einer Kapitulation (seit dem 22. März) weiter besprochen. Die Häupter sandten aber Hans Viktor

Travers und Jenatsch nach Feldkirch zu Colonna, um von den Vorschlägen Rohans zu einem Vertrag Kenntnis zu geben und darzulegen, was die Bündnertruppe für die Eroberung der Feste nötig habe. Dabei gestand Jenatsch dem Oberst Colonna gegenüber, daß der Aufstand in den Gemeinden auf einigen Widerstand gestoßen sei, weil diese nicht nach altem Brauch um ihre Zustimmung gefragt worden seien, ferner werde zum Vorwurf gemacht, daß die Führer dem Herzog Rohan Zeit gelassen hätten, sich in die Schanze zu retten und sich dort mit dem Regiment Schmid zu verbinden und zu verteidigen. Da die Besetzung der Straße nach dem Veltlin auch Mannschaften brauchte, so wünschten Jenatsch und Travers von Oesterreich noch 1500 Mann und die erwähnten Pferde. Colonna gab unverzüglich dem Oberst Hausmann die Befehle, die Truppen auf 1. April bereitzustellen. Inzwischen hatte Rohan durch Vermittlung von Oberst Schmid auf freiem Felde bei der Rietmühle mit den Obersten Florin, Guler und mit Stephan Thys in Anwesenheit der eidgenössischen Vertreter die Bestimmungen der Kapitulation vereinbart, und diese wurde am 26. März unterzeichnet. Jenatsch und Florin brachten dem Oberst Colonna diese Nachricht und legten ihm den Vertrag vor. Colonna fand, man habe Rohan zu lange Zeit gelassen, um das Land zu räumen. Jenatsch bemerkte dagegen, daß die Verhältnisse im Veltlin nicht rascher zu ordnen seien. Rohan übergab gemäß der Kapitulation die Festung an die Zürcher unter Oberst Schmid und versprach das Land mit den französischen Truppen bis zum 5. Mai zu verlassen. An Richelieu schrieb er am folgenden Tag: «Il y a longtemps que je prevoyais ce desordre, mai les affaires du Roy n'ayans peu permettre d'y pourvoir entièrement, j'ai au moins cette consolation d'y avoir aporté tout ce qui dependait de moi.» Er sagt mit Recht: «Die Interessen des Königs erlaubten nicht, die Bünde zu befriedigen; ich habe das Meine getan» (14).

Rohan und Saint-Simon wurden nach der Unterzeichnung der Kapitulation vom Regiment Jenatsch nach Chur begleitet. Hier mußten sie die Zeit bis zum Abmarsch der Truppen zubringen. Die Häupter und Kriegsräte ließen sie überwachen. Molinas Truppen beobachteten besonders die Vorgänge am bischöflichen Hof, denn über die politische Gesinnung und Haltung des Johannes von Flugi, der seine Wahl Frankreich verdankte, durften Jenatsch und Travers mit Recht im Zweifel sein. Er hatte zwar in den Tagen des Umschwungs Jenatsch gebeten, ihn in Innsbruck zu empfehlen, um von seiner Stellung zu Frankreich abzurücken, doch soll Rohan, der sich anfangs in Chur ruhig in seine Lage gefügt hatte, nachher versucht haben, mit Hilfe des Bischofs zu entfliehen.

Um den Abschluß der Kapitulation vom 26. März zu melden, hatten die Häupter den Hauptmann Joh. Corai nach Mailand zum Statthalter Leganez gesandt. Während Corai wenige Tage später wieder nach Mailand ritt, um für die Truppen Geld und Munition zu verlangen, ging Hauptmann Ulrich von Albertini nach Cläven, um im Auftrage Rohans den Ulysses von Salis von seinem Eid gegenüber dem König zu entbinden, und Albertinis Begleiter Verigny brachte dem Marschall de Lecques die Meldung von allem, was geschehen war und den Befehl Rohans, den Abmarsch vorzubereiten. Albertini ging dann im Auftrage der Häupter auch zu Serbelloni und bat ihn, alle Feindseligkeiten gegen die Franzosen im Veltlin zu unterlassen. Unterdessen versammelte sich die Tagsatzung in Baden und Jörin Wiezel, Joh. Gaudenz Schmid von Grüneck und Rudolf von Salis-Zizers erwirkten den Beschluß, keinen französischen Truppen den Durchmarsch nach Bünden zu erlauben (15).

Um das Einvernehmen mit Leganez und Serbelloni aufrecht zu erhalten und die schwebenden Fragen zu erledigen, wurde Anton Molina am 31. März nach Mailand gesandt. Er legte Leganez den Vertrag der Bündner mit Rohan vor. Dann bat er den Statthalter wieder, die spanischen Truppen von der Grenze zurückzuziehen, wenn der Abzug der Franzosen beginnen werde. Sollte aber Venedig ins Veltlin einmarschieren, so möge Mailand (gemäß der Vereinbarung) mit 3000 Mann den Bünden zu Hilfe eilen und Geld und Lebensmittel liefern.

Den Bündnern drohte nun wirklich eine große Gefahr vom Veltlin her. Der Marschall de Lecques weigerte sich die Kapitulation vom 26. März anzuerkennen und mit den Truppen abzuziehen. Er unterhielt einen lebhaften Verkehr mit dem Grafen Francesco Brambati in Bergamo und hoffte auf die Hilfe von Venedig, das wirklich Proviant und Munition liefern wollte und auch Mannschaften an die Grenze des Veltlins sandte. Lecques forderte Rohan auf, sich ihm zu nähern und womöglich nach Chiavenna zu kommen. Dann besetzte er die Stellungen gegen Colico und befestigte sie. Besonders baute er auf die Treue des Ulysses von Salis gegenüber Rohan und dem König.

Schon vor seiner Abreise nach Innsbruck am 4. November 1636 hatte Jenatsch Ulysses von Salis an die freundschaftlichen Beziehungen, an die Verwandtschaft der Frauen erinnert und mit den Worten geschlossen: «Ich empfehle Ihnen die Interessen des Vaterlandes; wenn es diesem gut geht, so wird es uns allen gut gehen.» Der Beschluß der Häupter, Obristen und Kriegsräte am 13. März war auch der Sorge entsprungen, Salis werde, vor die Wahl gestellt, zur Heimat oder zum König von Frankreich zu stehen, sich für letzteren entscheiden. Schon in der Nacht des 19. März hatte Salis den Brief der Häupter mit dem Befehl erhalten, das Schloß Cläven vor der Besetzung durch die Franzosen zu hüten. Er antwortete ausweichend, an seinen Eid erinnernd, den er Rohan bei der Uebernahme der Festung (1635) geleistet habe und sagte, er werde so handeln, wie seine Ehre es ihm gebiete, d. h. zu Frankreich stehen (16). Die Häupter wiederholten ihren Befehl und machten Salis für seine Haltung verantwortlich. Trotzdem unterhielt Salis seine Beziehungen zu Marschall Lecques weiter und meldete diesem die Vorgänge in Chur. Aber Joh. Schorsch wachte mit den Rheinwaldnern am Splügen, und Jenatsch unterließ es nicht, Salis die Verbindungen mit Lecques vorzuhalten. Indessen hatte aber Rohan dem Ulysses von Salis den Befehl erteilt, den Häuptern zu gehorchen, und damit wurde den Häuptern und Salis ein schwerer Konflikt erspart. Ulysses von Salis und sein Bruder Carl sahen indessen in Jenatsch, wenn auch mit Unrecht den Urheber des Aufstandes, durch den ihre Stellung in Cläven zerstört worden war, und die leidenschaftliche Abneigung der beiden Aristokraten gegen Jenatsch sollte ihre Folgen haben (17).

Marschall Lecques, der sich über die Kapitulation Rohans hinwegsetzen wollte, glaubte immer noch auf Ulysses von Salis bauen zu dürfen. Er weigerte sich, die Befehle Rohans anzuerkennen. Da erbat sich Rohan von den Häuptern (am 7. April) die Erlaubnis, selbst zu Lecques ins Veltlin zu reiten, um diesen zum Gehorsam zu bringen oder dann selbst die Truppen abzuführen. Aber die Häupter antworteten dem Herzog, er solle sich den Gedanken aus dem Kopf schlagen, an die Spitze der Truppen im Veltlin zu treten. Er möge jedoch Lecques schreiben, daß man ihn aufsuchen und nach Kriegsrecht behandeln werde; man werde ihm zeigen, daß man auch in Bünden das Kriegshandwerk verstehe. Darauf wünschte Rohan, sich nach Zürich zurückzuziehen. Er erhielt zur Antwort, er möge zuerst die Rheinfeste in die Hand der Bündner geben. Betroffen von dieser Forderung, ließ er Jenatsch rufen und zeigte diesem ein Schreiben an Lecques mit dem strengen Befehl zu gehorchen, dazu einen Brief an den französischen Gesandten in Venedig. «Ich, der ich den Franzosen auch dann kaum traue, wenn ich es mit eigenen Augen sehe, fragte den Herzog, was er zu tun gedenke, wenn Lecques den Gehorsam verweigere», erzählt Jenatsch, und er erlangte von Rohan eine Erklärung, daß dieser, sobald er erfahre, daß Lecques Widerstand leisten wolle, unverzüglich die Zürcher aus der Rheinschanze entlassen, die Festung den Bündnern übergeben und abziehen werde. Er stellte dabei in Aussicht, am 20. April Bünden verlassen zu haben (18). Jenatsch konnte nun hoffen, den Widerstand Lecques im Veltlin rasch zu brechen. Zugleich war Oberst Colonna in Feldkirch gebeten worden, die Grenzen bei Balzers und am Rhein scharf zu überwachen und keine verdächtigen Personen durchziehen zu lassen; dann waren nach allen Seiten Kundschafter ausgeschickt worden und hielten alle Vorgänge im Auge, denn Jenatsch befürchtete, es sei nicht ausgeschlossen, daß in der Eidgenossenschaft von den Freunden Rohans oder von Frankreich ein Gewaltstreich gegen Bünden vorbereitet werde (19).

Rohan hatte schon am 8. April den ehemaligen Kommandanten der Rheinfeste Isaac de Saint-Simon mit dem Befehl zu Lecques gesandt, unverzüglich den Abmarsch vorzubereiten und am 15. oder 16. April die Kavallerie über Chiavenna und den Splügen reiten zu lassen. Saint-Simon brachte Lecques auch die Zusicherung, daß Serbelloni sich zurückziehen werde, wenn der Abmarsch beginne. Doch Lecques wollte noch die Befehle des Königs prüfen und sandte seinen Bruder, den Oberstwachtmeister Gallian und Claude Bourgoignon zu diesem Zwecke nach Chur. Rohan ordnete darauf la Blagnière nach Paris an den König ab. Wie Saint-Simon unterdessen im Veltlin tätig war, ist nicht völlig klar. In Chur war am Tage seiner Abreise (8. April) Prioleau eingetroffen (20). Er hatte für die Bezahlung des Soldes bedeutende Summen bis Zürich gebracht. Schon tauchte die Vermutung auf, Rohan habe bei der ganzen Haltung Lecques die Hand im Spiele, der Abzug der Franzosen solle möglichst verzögert und dann ganz verhindert werden. In diesem Verdacht wurden die Häupter bestärkt, als zugleich mit Prioleau der Feldmarschall Guébriant eintraf, der bei der Truppe im Veltlin dienen sollte, aber zunächst in Chur gemeinsam mit Prioleau den Versuch machte, die Bündner umzustimmen. Dann traf noch in den gleichen Tagen der Nachfolger Lasniers ein, der neue Intendant bei der Truppe, Jean d'Estampes, sieur de Valançay, ein Freund Lasniers, der nun hemmungslos mit Versprechungen und Geld bei den maßgebenden Bündnern zu wirken versuchte. Rohan schilderte dem neuen Indendanten seine Lage: es fehlten Lebensmittel, der Schweizer und des Obersten Schmid von Zürich hatte Rohan sich nicht sicher gefühlt, die deutschen Truppen unter der Steig und Serbelloni am Comersee waren ihm eine zu starke Bedrohung. Dann wies Rohan den Intendanten an Jenatsch, Rosenroll und Rudolf Travers, damit er versuche, wie weit er sie bringe. Allein die Häupter und Räte ließen sich von ihrem Entschluß nicht abbringen (21).

Am 10. April ritten Jenatsch, Johann von Tscharner und Landvogt von Travers nach Balzers zu Carl Colonna und besprachen die Lage. Sie rechneten damals noch damit, daß Rohan bis zum 20. Bünden verlassen haben werde. Lecques Versprechen blieb noch aus, und als Jenatsch, Rosenroll, Albertini und Enderlin am 12. April in Splügen mit Don Nicolas Cid Veador, dem Oberbefehlshaber über die Truppen im Herzogtum Mailand, zusammentrafen, versprachen sie, keine neuen Vereinbarungen mit Rohan einzugehen. Cid beschwerte sich, daß die Häupter das Abkommen mit Rohan ohne Zustimmung des Statthalters Leganez abgeschlossen hätten, und er wollte die Franzosen vor dem 5. Mai aus dem Lande haben. Jenatsch aber forderte, daß Mailand sich an das Abkommen der Bündner mit Rohan halte und die französischen Armeen unangefochten abziehen lasse. Diese Zusage verlangte Jenatsch auch besonders, weil Ulysses von Salis und Lecques behaupteten, Serbelloni bedrohe den Abzug und werde Lecques beim Abmarsch überfallen. Die Bündner versprachen in Splügen, die festen Stellungen bei Mantello und Riva zu zerstören, doch blieben diese in Cläven, Sondrio, Tirano und Grossotto erhalten. Jenatsch begehrte, daß auch Fuentes zerstört

340

werde; Cid redete sich aus, er wolle in dieser Sache die Befehle des Königs in Madrid einholen. Später wollte er die Festung schleifen lassen, wenn man ihm den Herzog Rohan ausliefere. Diesen unehrenhaften Vorschlag lehnten die Bündner ab (22).

Als die Zusage von Lecques noch immer ausblieb, sandten die Häupter am 15. April Joh. Peter Guler nach Feldkirch zu Carl Colonna und ließen diesen bitten, 2000 Mann Fußvolk, 300 Pferde, 6 grobe und 6 kleine Geschütze und eine Haubitze samt allem Zubehör bereit zu halten. Die Häupter hatten den Beschluß gefaßt, wenn die französische Armee nicht zur festgesetzten Zeit den Abmarsch antrete, so werden sie «den Duca di Rohan in ordentlichen Arrest nehmen und die Festung am Rhein unversehens überfallen». Den Zeitpunkt des Einmarsches über die Luziensteig wollte man noch festlegen. Guler wünschte unter anderm auch Geld zur Bezahlung der Truppen. Das lehnte Colonna ab, denn er hatte dazu keine Befugnisse; doch die Truppe sollte unverzüglich in Lindau bereit gestellt werden. Guler berichtete bei diesem Anlaß, Venedig stelle Truppen bereit, und von den Franzosen im Veltlin vernehme man, daß man nicht daran denke, das Tal zu verlassen; Frankreich habe zudem große Geldsummen nach Zürich geliefert, um die Armee in Bünden zu erhalten (23). Zwei Tage später (17. April) erschien Guler wieder in Balzers und meldete, Rohan habe durch Saint-Simon von Marschall Lecques das Versprechen erhalten, daß er am 19. April mit den Truppen abmarschieren wolle. Vorher könne er sich nicht auf den Weg machen, weil Serbelloni die Brücken auf dem Wege nach Chiavenna zerstört habe. Bünden erwarte mit Bangen den Tag des Abmarsches, denn die ganze Haltung Rohans mache alle Bündner äußerst mißtrauisch. Am Tage zuvor (am 16. April) habe er die Häupter noch einmal dringend um die Erlaubnis gebeten, nach der Rheinschanze reiten zu dürfen, um mit Prioleau, der von Paris gekommen war, über Privatgeschäfte reden zu können. Die Häupter hatten Rohans Gesuch abgewiesen. Ihre Hoffnung, daß Rohan mit den Truppen abmarschieren werde, schwand immer mehr, und Guler bat Oberst Colonna wieder, 2000 Mann Fußvolk und 100 Reiter bereit zu stellen. Diesmal gestand Colonna, daß Oberst Schmid in Bregenz von Innsbruck keine Anweisung mehr besitze, Truppen zu liefern, doch wandte er sich an die Erzherzogin Claudia um neue Instruktionen

(24). Am 21. April meldete der Kriegsrat aus Chur, noch immer höre man nichts vom Abmarsch, man erwarte deshalb baldigst die begehrten 100 Pferde nach Balzers (25).

Indessen war der österreichische Zahlmeister in Chur bei den Häuptern und Kriegsräten erschienen und hatte sich die Lage erklären lassen. Dann hatte Molina ihn nach Feldkirch zu Oberst Colonna begleitet und einen Brief Jenatschs mitgebracht, in dem dieser die rasche Bereitstellung der gewünschten Truppe erbat. Jenatsch sagte, Lecques behaupte immer wieder, der Abmarsch der Truppe werde durch Serbelloni gefährdet, man wisse nicht, was Lecques beabsichtige, und «da wir den Franzosen wenig und ich ihnen nichts traue», so müsse gehandelt werden. Colonna möge noch vier Wagen Munition nach Maienfeld senden und auf Gutenberg Werkzeuge für Befestigungsarbeiten bereit halten. Colonna sandte Oberstleutnant Hausmann nach Lindau mit dem Befehl, die Truppen zu sammeln und nach Balzers zu führen, von wo aus er sie selbst über die Steig bringen werde. Als Colonna aber nach Balzers reiten wollte, kam ein Bote der Häupter von Chur und meldete, Lecques werde am 26. April abziehen, man möge die Truppen noch zurückhalten. Ueber diese Befehle und Gegenbefehle wurde man in Innsbruck, Lindau und auch in Feldkirch ungeduldig, und Colonna deutete an, daß die Truppen nun nicht zur Verfügung stehen könnten, ohne daß Bünden sie unverzüglich übernehme und unterhalte (26). Vertraulich teilte Colonna Jenatsch mit, daß sowohl von den Häuptern als von Kriegsräten der dringende Wunsch geäußert werde, mit eigener Kraft zu Werke zu gehen und keine fremden Truppen ins Land zu ziehen.

Der Abmarsch der französischen Truppen war weniger durch Rohan als durch den Intendanten Jean d'Estampes und durch Prioleau verzögert worden. Sie hatten keine Mühe gescheut, um die Herrschaft Frankreichs in Bünden wieder herzustellen, und Rohan hatte sie unterstützt. Besonders im Verkehr mit Jenatsch zeigte sich der Herzog äußerst liebenswürdig (il signor Duca di Rohan che mi mostra carezze straordinarie). Prioleau machte in seinem Eifer den Unterhändler. Er ging zu Jenatsch und forschte, was getan werden müßte, um die Bündner zu befriedigen. Jenatsch sagte: «Es ist zu spät.» Dennoch versuchten d'Estampes und Rohan in den folgenden

Tagen, Jenatsch zu bearbeiten. Er ließ sie hoffen, um für die bündnerischen Rüstungen Zeit zu gewinnen. Er war sogar einverstanden,
einen Boten an Lecques zu senden, damit dieser den Abmarsch aus
dem Veltlin verzögere, denn die Bündner waren mit den Vorbereitungen zur Besetzung der festen Plätze im Veltlin nicht fertig. D'Estampes ließ dann vernehmen, daß er vom König noch besondere
Aufträge habe. Da sandten die Häupter Florin und Rudolf Travers zu ihm und zu Rohan, um zu erfahren, was er bringe. Rohan
nahm das Wort und sagte, der König suche ja nicht seine eigenen
Interessen, sondern wolle die Bündner vor dem Erbfeind Oesterreich
bewahren, mit dem sie eben einen Vertrag abgeschlossen hätten. Die
Unzufriedenheit von einigen — es war eine Anspielung auf Jenatsch,
Rosenroll, Travers und Molina — dürfe nicht den Ruin des Landes
herbeiführen; sie sollten das wohl bedenken. Sie antworteten, sie
seien bereit, das alles ihrer Versammlung zu berichten; dann erschienen sie am folgenden Tag und erklärten, daß d'Estampes zu spät
gekommen sei; sie hätten gewünscht, er wäre einen Monat früher erschienen, dann hätten sie den Vertrag mit Frankreich unterzeichnet. Seit dem 11. März betrachteten sie sich als gebunden. Das
Verlockendste im Angebot der Franzosen war die unmittelbare Uebergabe der Untertanenländer, die diese in Aussicht stellten. Daß Richelieu dies nicht ohne das Einverständnis mit dem Papst und mit
Spanien tun konnte, wurde nicht ausgesprochen (27).

Nun erwog d'Estampes den Weg der Gewalt, und Prioleau
eiferte gegen Jenatsch. Er stellte dar, wie man sich der Person Jenatschs bemächtigen und Chur nehmen wolle. D'Estampes fand
Rohan anfangs den Plänen nicht abgeneigt und war darüber glücklich, denn für solche Unternehmungen war Rohan sonst nicht leicht
zu haben. Da erklärten die Häupter, die französischen Fußtruppen,
die aus dem Veltlin im Anzuge seien, sollten in kleinen Einheiten von
4—500 Mann an der Stadt Chur vorbeiziehen und diese nicht betreten dürfen, weil sie leicht Krankheiten hereinschleppen könnten. Rohan erwiderte, es sei nur die Angst, diese Truppen könnten einen
Handstreich unternehmen. Die Truppen kamen und marschierten
zehn Schritte vom Tore vorbei, wo nur vier oder fünf Mann Wache
hielten. Prioleau und d'Estampes warteten vergebens auf einen Befehl von Rohan. Da kam Feldmarschall Henri de Lecques aus dem

Veltlin an. Er war am 24. April aus dem Veltlin abgezogen, hatte seine Truppen mit Munition versehen und in Chiavenna Ulysses von Salis aufgefordert, ihm rasch zu folgen. Er hatte im Veltlin schwere Sorgen erlebt; er war seit Beginn der Erhebung mit seiner murrenden Truppe abgeschnitten gewesen, ohne Brot, dazu noch von der Pest heimgesucht, die große Zahl der Soldaten barfuß. Trotzdem erklärte er, wenn ihm der Vertrag Rohans mit den Bünden bekannt gewesen wäre, hätte er dem Befehl nicht gehorcht. Nun müsse man unverzüglich etwas unternehmen, um die Ehre Frankreichs zu retten. Rohan antwortete, daß man in Paris alles wolle, wenn es zu spät sei. Darauf erklärte Lecques ohne Kenntnis der wirklichen Gesinnung der Bündner: «Die Mehrheit des Volkes ist für uns; wir wollen in der Nacht die Stadt nehmen.» Rohan wandte ein: «Dann sagen unsere Freunde, das sei Raub und fallen von uns ab.» Lecques schlug vor, die Anhänger Frankreichs in der Stadt zu verständigen. Allein Rohan mußte eingestehen, es sei niemand mehr zuverlässig; alle Häupter seien verschworen, und die Freunde Frankreichs wagten nicht zu erscheinen (28).

Am folgenden Tage waren die Tore der Stadt bewacht und geschlossen. Lecques und Prioleau wollten die nächste Nacht zu einem Ueberfall auf Jenatsch und die Stadt Chur benutzen; doch Lecques sagte schließlich, Rohan werde nichts unternehmen; er kenne ihn zu gut, er fürchte für seine eigene Person, und aus diesem Grunde sei er auch nicht mehr ins Veltlin zurückgekommen. In Wahrheit kannte Rohan die Vorsichtsmaßnahmen, die Jenatsch getroffen hatte und dachte an die schweren Folgen eines Ueberfalles, während Lecques den Angaben des Ulysses von Salis Glauben schenkte. Man fand in der Stadt auch niemand, der sich für die Sache der Franzosen hergegeben hätte, und darum warteten d'Estampes und Prioleau die Ankunft des Obersten Ulysses von Salis ab. Zwei Tage vergingen. In dieser Zeit legte man sich einen Mordplan zurecht: Das Regiment Frezelière war noch im Anmarsche aus dem Veltlin. Lecques sollte sich bis Zizers begeben und sich bei Rudolf von Salis verbergen, der ankommende Ulysses sich mit 20 bis 30 Soldaten im Hause eines Freundes oder in einem Keller verborgen halten und Oberstleutnant de la Roque-Cervier allenfalls als Befehlshaber dabei sein. Rohan sollte den Abmarsch antreten; dann sollte das Regiment Frezelière schnell vor Chur rücken, Lecques von Zizers zurückeilen, Salis und seine Leute sollten aus ihrem Versteck hervortreten, die Stadt, die nach Lecques unwahren Angaben nur 300 Mann Bündnertruppen hatte, besetzen und Jenatsch und seine nächsten Freunde oder Anhänger niedermachen. Rohan wollte auch diesen Plan nicht billigen und sagte: «Ich habe mein Wort gegeben.»

Eines Tages waren Jenatsch, Rosenroll und Travers bei Prioleau erschienen, und Prioleau dachte, nun wäre der günstige Augenblick da, alle drei im Zimmer zu töten. Er unterließ es, bestellte aber den Hauptmann Laurent, den Offizier der Garde Rohans, und bot ihm 6000 Livres an für den Ueberfall auf Jenatsch und ebenso viel für die Ermordung von Rosenroll und Rudolf Travers. Laurent war bereit, die Tat auszuführen, aber es kam nicht dazu. —

Inzwischen war Salis angekommen. Er wurde in die Wohnung Rohans zu einer Unterredung geladen, an der Saint-Simon und Lecques teilnahmen. Nach den Angaben von Salis hätten sich Jenatsch und seine Gefährten in Chur sorgenlos einem schwelgerischen Leben hingegeben. Das Gegenteil ist wahr. Jenatsch und die Häupter kannten den ganzen Ernst der Stunde, die schwere Gefahr für das Land und das Volk und die Verantwortung, die sie trugen (29).

Lecques versuchte nun Salis für seine Absichten zu gewinnen. Die Stadt sollte von den französischen Truppen überrumpelt werden, und Lecques wollte an der Spitze von einigen Getreuen in das Gasthaus zur «Glocke» eilen und Jenatsch, Travers, Rosenroll und andere niedermachen, andere durch Geld und Gunst wieder zu Frankreich zurückführen. Lecques, Prioleau und d'Estampes redeten auf Salis ein, es wäre verdienstvoll, für den König etwas zu tun, und zudem sei es für Leute seines Herkommens doch sehr peinlich, sich von Jenatsch und seinen Verschworenen beschimpfen zu lassen u. a. m. Salis antwortete: «Es ist zu spät; ich habe Rohan vor Jenatsch gewarnt, auch Prioleau ermahnt, ihn nicht für den besten Freund zu halten; ich habe dem Herzog geschrieben, er möge sich wohl in Acht nehmen. Hätte man meinem Rate Gehör geschenkt, so wäre man anders daran» (30). Salis versprach noch nachzuprüfen, was geschehen könnte und berichtete dann, es sei nichts mehr zu tun. Das widerspricht seiner Erzählung über Jenatschs damaliges Leben in Chur. Lecques bot Salis an, ihm sein ganzes Vermögen von 100 000

Livres zu ersetzen, wenn die Ausführung mißlinge und er Schaden erleide. Salis erwiderte: «Es ist aussichtslos.» Rohan lehnte die Pläne ab, indem er sagte: «Brauchen wir Gewalt, so haben wir das Volk gegen uns; die Kaiserlichen werden ins Land eindringen, und das arme, unschuldige Volk wird der Knechtschaft verfallen. Versuchen wir deshalb auf gütlichem Wege, Bünden wieder auf unsere Seite zu ziehen.» Lecques erhob heftige Einsprache gegen die Haltung Rohans, doch verzichteten er und d'Estampes auf weitere Pläne. Noch wenige Stunden vor dem Abzug bot Prioleau Jenatsch 50 000 Scudi für sich an und versprach dazu, Brügger und die beiden Schauenstein zu entlassen, Jenatsch die drei Kompagnien dieser Offiziere zu geben und ihn überdies zum Feldmarschall zu ernennen. Jenatsch wies alle Anerbietungen ab. Es war nicht seine Sache, die er vertrat, sondern die der III Bünde. Am 5. Mai ritt Rohan in Begleitung von Lecques, Prioleau, d'Estampes und Saint-Simon von Chur zur Rheinschanze. Jenatsch, Florin und Travers begleiteten Rohan. Dieser gab Oberst Schmid den Befehl, die Rheinschanze zu räumen und sie den Bünden zu übergeben. Die Truppen folgten Rohan über die Grenze. Joh. Peter Guler übernahm die Festung. Rohan und die Offiziere setzten dann den Weg fort. Auf diesem Ritt gegen Ragaz, so erzählt Salis, war Lecques mehr als einmal im Begriffe, Jenatsch zu erschießen. Er hatte schon die Hand an die Pistole gelegt, um seinen Plan auszuführen. Der Herzog bat ihn inständig, nichts zu unternehmen. Beim Abschied bot Jenatsch Lecques die Hand; dieser wies sie mit der Bemerkung zurück, er könne einem Verräter an seinem König nicht die Hand bieten (3). Diese Erzählung findet sich nirgends in den französischen Berichten von Rohan, Lecques, d'Estampes, Guébriant, noch bei Sprecher und andern Bündnern, und sie ist angesichts der Lage und Verhältnisse nicht glaubwürdig; Jenatsch wäre die Antwort nicht schuldig geblieben.

Rohan setzte am gleichen Tage die Reise fort. Der Herzog hatte im ganzen Verkehr mit den Bündnern als pflichtgetreuer Diener Richelieus und des Père Joseph die Pläne und Interessen Frankreichs nach Kräften gefördert, den Bündnern wenig Vertrauen entgegengebracht und daher auch ihre Begehren nach Besetzung der Rheinfeste entschieden abgelehnt. Er war in Wahrheit den Bündnern wenig gewogen; seine Erklärung, er habe sie geliebt, ist eine Redensart, nicht mehr; aber er hatte im ganzen Verkehr mit ihnen, entsprechend seiner Bildung und seinem Wesen, eine würdevolle Form gewahrt. Zu besonderem Dank hatte die Haltung Rohans gegenüber den Bündnern diese nicht verpflichtet, doch die Häupter unterließen es nicht, ihm persönlich die Gefühle der Hochachtung auszusprechen; sie schrieben ihm: «Es liegt uns fern, Ihrer Hoheit ein Unrecht anzutun; wir werden Ihre Güte, Ihre Liebenswürdigkeit und Ihr Wohlwollen diesem Lande gegenüber vor der ganzen Welt rühmen, und wollte Gott, daß sie mehr beachtet worden wären. Wenn Lasnier und andere Minister uns so begegnet wären wie Ihre Hoheit, so wären die Dinge nicht zu diesem Ende gelangt.» In dieser letzten Behauptung lag ein Irrtum. Rohan war das bedauernswerte Opfer der Machtpolitik Richelieus, der in Bünden in Jenatsch und den Häuptern und Räten auf entschlossene, kühne Politiker und würdige Patrioten traf. Ihre Haltung verdient so viel Achtung als die Rohans und besonders seiner Gehilfen; ihr Verhalten gegenüber Frankreich war eine Pflicht gegenüber der Heimat. Sie haben sie treu und in Ehren erfüllt.

Nach dem Abzug der Franzosen atmete Bünden auf. Hans Viktor Travers schrieb am folgenden Tag (6. Mai) an Erzherzogin Claudia: «Bis dato kan ich nit anderist schriben als Gott hat dis Werck geregiert, das mier also die franzosen seint ab kommen, one angesehen, das sy gewiss ein grossgelt habent überkommen uss frankrich, und habent, durch ire lüt ein gross pratick gfürt, hat aber bis dato Gottlob bey uns kein volgen kan, es ist aber nit zu schlofen, sondern das man sehe, daz sy nit etwan nüwe pratick in der Eidgenossenschaft anrichten. Den die fürnemsten irer lüt seint mit im (Rohan), bis nach Zürich, als oberster von Salis, oberster Brücker und andere, es ist ouch vil doran glegen, dass die herren spanischen nit zu hart sigen mit dem Veltlin, wie solches alles mit dem friherrn Colonna discoriert ist.» Die Sorge um die Haltung Spaniens in der Veltlinerfrage klang schon durch (32).

Kaum war d'Estampes in Ragaz angekommen, so schrieb er an de la Meilleray, den Rat und Kanzler des Königs, und klagte, es sei den bündnerischen Offizieren mit keinem Anerbieten beizukommen gewesen. Jeder habe sich über Lasniers böse Worte beklagt; indessen glaube er nicht, daß dies die Ursache des Unglücks sei. Er

347

schlug dem Kanzler vor, er solle 100 000 Taler geheim nach Zürich senden. Rohan möge bei dem Herzog von Longueville in der Franche Comté Dienst tun, um jederzeit zur Rückkehr bereit zu sein; er selbst bleibe in Zürich. Von dort aus wollte er den Mord an Jenatsch, Travers und Rosenroll vorbereiten. Er schrieb: «Quelques uns tiennent qu'en faisant tuer trois hommes, la faction espagnole seroit dissipé, il y a moyen d'en venir a bout avec de l'argent» (33). In einem Schreiben an den König beurteilte d'Estampes später die Haltung Rohans; er sagte: «Rohan entfernte sich aus dem Veltlin und von Lecques und seiner Truppe, anstatt sich ihm in der Gefahr zu nähern, denn er dachte zu sehr an seine eigene Person und an seine Gesundheit und wollte nicht mehr im Veltlin sein. Die Warnungen der französischen Partei (Salis) und Venedigs ließ er unbeachtet. Da Rohan wußte, daß Jenatsch der einzige Urheber des Aufstandes war, hätte er sich seiner «so oder anders» bemächtigen sollen, statt dessen unterhielten er und Prioleau mit Jenatsch einen vertraulichen Verkehr, wie mit keinem andern (eine Einflüsterung von Salis). Der Vertrag, den Rohan endlich mit den Bündnern schloß, war unwürdig und das um so mehr, als die Bündner keine Kanonen besaßen und die IV Dörfer sowie das Prätigau dem Herzog Lebensmittel und jede Hilfe mit den Waffen anboten und auch das Ober- und Unterengadin auf seine Seite getreten wären (unzutreffende Behauptungen). Die Ausrede Rohans, daß eine Armee im Norden Bündens und Serbelloni im Süden erschienen seien, ist schlecht, denn Lecques stand im Süden fest. Zudem war es ein großer Fehler Rohans, Lecques zum Abmarsch zu zwingen, da dieser als Gefangener ihm nicht zu befehlen hatte. Rohan hätte eher sterben sollen, als einen solchen Vertrag zu unterzeichnen.» Er fährt fort: «Il est donc certain ou que led. Sr. Duc, qui estait habile homme, et cognu pour tel, avait l'esprit troublé ou qu'il y eut trop de timidité en son fait ou beaucoup de malice et ce qui le condamne: C'est de s'être retirer du service du Roy et n'être point venue commander l'armee en la Franche Compté et d'être demeurer à Genève.» Er schließt: «Rohan fürchtete die Verhaftung; er konnte nicht wissen, daß sie anbefohlen war, aber das böse Gewissen sagte es ihm, «que la Mte fit reflexion sur les troubles des Huguenots, dont il était le chef» (34). So schwer verkannte d'Estampes die Lage in Bünden und machte

Rohan für die Fehler Richelieus und des Père Joseph verantwortlich. Der König gab am 29. Juli d'Estampes den Befehl, Rohan zu verhaften (35).

Rohan blieb bis zu Beginn des Jahres 1638 in Genf. Er hatte vor seinem Abschied in Chur gesagt, er werde in der Nähe bleiben und sei für alle Fälle bereit zu helfen, denn er erwarte mit Bestimmtheit, daß Bünden bald wieder die Freundschaft Frankreichs begehren werde (36). Inzwischen versuchte er durch seine Gemahlin seine Haltung in Bünden bei Richelieu zu rechtfertigen und eine neue Stellung zu erhalten (37). Auch der Staatssekretär Léon Bouthillier, comte de Chavigny, nahm sich seiner an; es war alles umsonst. Rohan hatte am Hofe gefährliche Widersacher, und Chavigny riet ihm deshalb, nach Venedig zu gehen. Richelieu hatte aber trotz seiner Gegnerschaft die Herzogin von Rohan wieder empfangen und ihr auch den Wunsch ausgesprochen, Rohan möge von Genf aus auch weiterhin alle Vorgänge in Bünden genau beobachten. Rohan unterhielt auch einen Briefwechsel mit seinen Anhängern in Bünden und erhielt von dorther die Nachricht, daß die Stimmung in Bünden sich allmählich zu Gunsten von Frankreich ändere. In Genf erwartete er von Richelieu Befehl, was er in Bünden zu tun habe, denn er beabsichtigte in diesen Tagen durch Graubünden nach Venedig zu reisen (38).

Die Republik Venedig hatte Rohan im Jahre 1630 eine Pension auf sieben Jahre ausgesetzt. Um die Erneuerung dieser Pension zu erwirken, hatte er schon zu Beginn des Jahres 1637 nach Venedig reisen wollen. Nun sollte Venedig ihm zugleich politisches Asyl werden. Von hier aus konnte er auch versuchen, wieder die Gunst des Königs von Frankreich und Richelieus zu erlangen, die politische Entwicklung in Bünden beobachten und sie zu Gunsten Frankreichs beeinflussen. Das war um so leichter möglich, weil Venedig an der Beseitigung des spanischen und österreichischen Einflusses in Bünden ein großes Interesse hatte. Die Stellung Venedigs zu Bünden hatte auch den Häuptern, Obristen und Kriegsräten während des Aufstandes viel zu denken gegeben. Am 13. März 1637, als in Chur die Pläne der Erhebung besprochen wurden, hatten die Häupter sich wohl überlegt, daß Venedig zwar die politische Haltung Frankreichs in Bünden mißbilligte, aber daß man an der Adria den Kampf gegen

Habsburg und selbst die Absichten auf Mailand begrüße. Daß die Bündner nun dieses ganze, große Unternehmen Frankreichs plötzlich schwer gefährdet, ja zum Scheitern gebracht und Venedig wieder isoliert war, konnte im Rate an der Adria niemand billigen. Die Häupter hatten schon am 13. März den Beschluß gefaßt, Venedig durch den Residenten Domenico Vico in Zürich zu erklären, daß der Vertrag mit Spanien nur dem Schutze der III Bünde diene, die Freundschaft mit Venedig und anderwärtige Verbindungen seien ausdrücklich vorbehalten, und Rohan fügte dann später auf den Wunsch Jenatschs noch selber ein Schreiben an den französischen Gesandten in Venedig bei, das er Jenatsch zeigte und das auch diese Erklärung über den Vertrag enthielt. In seinem eigenen Schreiben, das Jenatsch dem der Häupter beilegte, erklärte er: «Wir suchen nichts als unser Recht, die Rückgabe unseres Gutes, und niemand wird uns von diesem Kampfe abbringen, ehe wir unser Ziel erreicht haben werden.» Venedig antwortete den Häuptern und Jenatsch in freundlichen Worten. Jenatsch wünschte darauf mit Domenico Vico zu sprechen, um alle Zweifel in seine Gesinnung gegenüber Venedig zu beseitigen. Vico schwieg. Jenatsch beteuerte auch Rohan gegenüber, daß die Not des Landes ihn und andere auf diese politischen Bahnen getrieben habe; er selbst wolle nicht als «spagnuolo» angesehen werden. Den Vertrag von Innsbruck bezeichnete er treffend als Vergeltung für den Vertrag von Monsonio (39).

In Paris hatte die Nachricht von der politischen und militärischen Niederlage Frankreichs in Bünden niederschmetternd gewirkt; sie war von weittragender Bedeutung. Das Veltlin, das für Frankreich politisch und strategisch eine so große Rolle spielen sollte, war verloren, der Weg durch Bünden nach dem Veltlin und nach Mailand gesperrt. Mailand, das Herz Europas, der empfindlichste Punkt der habsburgischen Weltmacht, das Ziel der französischen Politik in Italien, das noch kurz zuvor vor den französischen Armeen gezittert hatte, jubelte auf; die Gefahr war vorüber. Der Feldzug in Italien, den Père Joseph so herbeigesehnt, hatte wenig Aussicht mehr auf Erfolg. In ganz Europa wirkte sich der Streich Jenatschs und der Bündner aus. Venedig machte sich neue Sorgen; die Feinde Frankreichs schlossen sich enger dem Kaiser an. Die katholischen Eidgenossen atmeten auf, die Gefahr, im Süden von Frankreich eingekreist zu werden, war vorüber, die evangelischen Eidgenossen sahen das Prestige Frankreichs erblassen, und Richelieu selbst gestand, die Ereignisse in Bünden seien «le plus grand chagrin qu'il eût eprouvé dans sa carrière» (40).

XVIII

Jenatschs Bemühungen um den inneren Frieden
Verhandlungen in Asti; der innere Widerstand, Stephan Gabriel;
Verhältnis Jenatschs zu den Häuptern
Johann Peter Guler, Mordpläne gegen Jenatsch
Verhandlungen in Lindau, Januar 1638, vor der Tagsatzung in Baden,
Februar 1638; Rohan in Zürich und bei Bernhard von Weimar
Jenatsch bereitet die Verteidigung Bündens vor; innere Streitigkeiten:
die Erbschaft des Rudolf von Planta, Schuls, Samnaun.
Johann Peter Stampas Ermordung
Breisach fällt am 17. Dezember 1638; Abmarsch der Bündner
Soldtruppen aus Mailand Ende Dezember 1638

Die Niederlage Frankreichs in Bünden hatte besonders den
Père Joseph tief erregt; er konnte auch vor der Herzogin von Rohan
seinen Aerger nicht verbergen. «Der Herr von Rohan», sagte er,
«muß wirklich ein armer Mann gewesen sein, um sich auf diese
Weise überraschen zu lassen.» Richelieu beherrschte sich und entschuldigte den Père Joseph bei Prioleau; doch die Graue Eminenz
wollte die Bündner rasch zum Gehorsam bringen; 10 000 Mann sollten sich wieder der Alpenpässe bemächtigen und die Wege nach
Italien bahnen. Richelieu dachte jedoch nicht daran, diesen Plan
zu verwirklichen (1). Die militärische und auch die finanzielle Lage
Frankreichs erlaubten solche abenteuerliche Unternehmungen nicht.
Zudem hatte Jenatsch den Widerstand gut organisiert und war bereit, die Heimat mit ganzer Kraft zu verteidigen. Der Weg ins Veltlin wäre Frankreich auf jeden Fall sehr teuer zu stehen gekommen;
von dort aus stand aber noch der Kampf um Mailand, das Hauptziel Frankreichs, bevor. Auch die Lage auf den deutschen Kriegs-
schauplätzen erlaubte Frankreich keineswegs, eine so schwere Aufgabe
anzupacken, denn kaiserliche Hilfsvölker waren nach dem Norden
gezogen und standen im Begriffe, die Schweden um die Früchte des
Sieges von Wittstock zu bringen. Brandenburg, das sich den Schweden anschließen wollte, wurde gezwungen, an die Seite des Kaisers
zu treten; die Aussichten der Schweden, Norddeutschland zu gewinnen, waren dahin, und das Zusammenwirken mit Herzog Bernhard

von Weimar, der von Westen her über den Rhein vordringen sollte, war unmöglich geworden. Zudem wurde dieser von Richelieu veranlaßt, an der Seite des Herzogs von Longueville die Franche Comté vom Feinde zu säubern, und das rechte Rheinufer blieb somit vorläufig in kaiserlichen Händen. Diese Lage erlaubte Frankreich nicht, einen Feldzug nach Bünden zu unternehmen, und Oliver Fleming, der englische Resident in Zürich, bezeichnete einen Versuch Frankreichs, wieder nach Bünden zu gelangen, als «une folie ridicule».

Auch als Bernhard von Weimar (am 6. August 1637) bei Rheinau über den Rhein zog, erschien Johann von Werth, und der Herzog mußte schon im September wieder ins Elsaß zurückkehren, im Bistum Basel Winterquartiere aufschlagen und auf französische Hilfsvölker warten. Während dieser Zeit war General Gallas vom Rhein aus gegen die Schweden unter Banér gezogen und hatte sie zusammen mit den kaiserlichen Feldherren Hatzfeld und Götze bis ins feste Stettin zurückgedrängt. Bis zum Ende des Jahres 1637 war der Kaiser Ferdinand III. im Norden und am Rhein entschieden im Vorteil, und er schien ein erdrückendes Uebergewicht zu erlangen; damit war aber auch die Gefahr beseitigt, daß Richelieu und Père Joseph den Kampf gegen Bünden wieder aufnehmen konnten.

Da brachte Bernhard von Weimar eine Wendung in der Kriegslage; er zog, ohne auf den französischen Zuzug zu warten, am 28. Januar 1638 mit 8000 Mann von Zwingen an Rheinfelden vorbei ins Fricktal, überschritt am 30. Januar bei Säckingen den Rhein, nahm am 31. Januar Laufenburg, dann Waldshut und kehrte vor das befestigte Rheinfelden zurück. Als er sich am 28. Februar zum Sturm auf die Festung vorbereitete, erschienen die kaiserlichen Heere unter Johann von Werth und Savello; es kam zum Kampf, und Bernhard von Weimar mußte nach Laufenburg ausweichen. Am 3. März erschien er wieder, schlug die Kaiserlichen, und am 23. März kapitulierte Rheinfelden. Der Herzog von Weimar war Herr am Oberrhein; nur Breisach hielt stand. Der Vormarsch über den Rhein konnte aber Bünden erneut in Gefahr bringen.

Zu den äußeren Gefahren kamen innere Wandlungen und Schwierigkeiten, die Besorgnisse erregten. Oesterreich und Spanien erfüllten nur zögernd die eingegangenen Verpflichtungen und untergruben dadurch die innere Einigkeit und Entschlossenheit, mit der die Bündner im März 1637 aufmarschiert waren. Jenatsch hatte somit das Hauptziel, die Rückgabe des Untertanengebietes und den inneren und äußeren Frieden noch keineswegs erreicht; aber er war kein «homme de néant», wie der erbitterte Gegner d'Estampes ihn nannte, und hinter ihm stand noch immer eine überwiegende Mehrheit des Volkes und seiner Vertreter; es war nicht «une infime minorité de patriciens, officiers et magistrats», wie Eduard Rott in seiner einseitigen Darstellung glauben lassen möchte. Es war ein Volk, das die Leiden der Besetzungszeit nicht vergaß und die Ziele der französischen Machtpolitik durchschaut hatte. Jenatsch ließ sich durch nichts entmutigen. Er stand auch jetzt im Vordergrund des Geschehens; die Häupter und Räte schenkten ihm namentlich in militärischer Hinsicht Vertrauen und hießen sein Wirken gut. Im Volke aber begannen die aristokratischen Gegner (wie Ulysses von Salis und sein Bruder Carl, Joh. Peter Guler und Conradin Planta) Mißtrauen zu säen; sie schoben Jenatsch die Mißerfolge in den Verhandlungen mit Oesterreich und besonders mit Spanien zu, jubelten über die Erfolge des Bernhard von Weimar, sahen in diesem, dem französischen Heerführer, den «kommenden Messias». Der Bund der bündnerischen Aristokraten und ihrer Diener mit dem äußeren Feind drohte Jenatsch und der Heimat Verderben zu bringen. Jenatsch trat den Gefahren entgegen, so im Streit der Bünde mit dem Bischof wegen der Herrschaft im Veltlin. Der Bischof berief sich darauf, daß Massimo Visconti seiner Zeit das Veltlin, Bormio und Cläven dem Bischof Hartmann geschenkt habe und erhob Ansprüche auf die Mitherrschaft im Untertanenland. Diese Ansprüche hätten die Häupter und Räte kaum beschäftigt, wenn nicht Richelieu und Père Joseph, aber auch der spanische König und der Papst sie geschützt hätten. Richelieu hatte Rohan während der Verhandlungen in Cläven beauftragt, im Vertrag von Cläven auch die Ansprüche des Bischofs zu beachten. Auch in Innsbruck und in Mailand war den Bündnern dieser Anspruch des Bischofs in Erinnerung gebracht worden. Jenatsch bestrebte sich deshalb, diese Streitfrage als innere Angelegenheit zu behandeln und mit dem Bistum Frieden zu schließen, damit der Bischof nach außen, in Rom und in Madrid, auf den Kampf verzichte (2). Die Verhandlungen mit dem Bischof Johannes

von Flugi endeten mit dem Vertrag vom 12. Mai 1637 im bischöflichen Schlosse in Chur. Neben dem Bischof hatten sich sein Dekan
Michel Hummelberg, der Kustode Bernhard Gaudenzio, Landrichter
von Castelberg, Bürgermeister Gregor Meyer, Meinrad Buol, Oberst
Jenatsch und Johann Anton Buol an den Besprechungen beteiligt.
Der Vertrag war von Mailand empfohlen worden, sollte dem Papst
vorgelegt und dann in den allgemeinen Friedensvertrag aufgenommen werden. Er bestimmte, daß der Bischof jedes zweite Jahr einen
Podestà im Untertanenlande (Bormio und Veltlin), doch nicht den
Kommissar in Cläven und den Landeshauptmann in Sondrio ernennen dürfe; den Podestà sollte er ohne Rücksicht auf die Konfession
wählen können. Dieses Recht sollte dem Bischof auch Mittel zur
Tilgung der großen Schulden des Bistums liefern. Der Bischof Flugi
versprach, den Vertrag allen seinen Vertretern zu senden und alles zu
tun, damit das Veltlin, Bormio und Cläven den Bünden zurückgegeben würden. Im Abkommen lag Jenatschs wohlbedachte Absicht,
den Einfluß des Bischofs auf die Verhandlungen mit Spanien zu beseitigen. Die Gemeinden aber verstanden die Ziele Jenatschs wenig
und lehnten den Vertrag mit dem Bischof ab; sie wollten diesem nur
das geben, was er nach den Vereinbarungen von 1530 und 1584
erhalten hatte, nämlich 1000 kaiserliche Pfunde (3). So kam es,
daß der Bischof seine Ansprüche in Mailand und in Madrid wieder
anmeldete und sie zum Nachteil der Bünde verfechten ließ. Die
Mächte der Gegenreform hatten demnach einen Grund mehr, um
die Duldung der Protestanten im Veltlin zu versagen. Den Geist des
religiösen Friedens vertrat Jenatsch auch in den andern Fragen, die
der Lösung harrten, so im Engadin, im Veltlin und Puschlav. Zunächst aber beschäftigten ihn politische und militärische Beziehungen
zu Madrid, Mailand, Oesterreich und Venedig.

An der Adria war mit der Vertreibung der Franzosen das Vertrauen zu Jenatsch geschwunden; das mußte den Engadiner und
Prädikantensohn, der von Jugend auf zu Venedig eine tiefe Neigung
empfunden hatte, schmerzen. Venedig machte zwar Richelieu und
Père Joseph und ihre Politik für den Abfall der Bündner verantwortlich, aber die Serenissima war nun von ihren Freunden und Verbündeten abgeschnitten und zu einer Friedenspolitik in Italien und
gegen Oesterreich und den Kaiser gezwungen.

Als während des Abmarsches Rohans und seiner Truppen im April 1637 Bernhard von Weimar im Elsaß erschienen war und sich das Gerücht verbreitet hatte, der Herzog beabsichtige, sich wieder der Alpenpässe und Graubündens zu bemächtigen, da waren Jenatsch und die Häupter wieder bewußt geworden, was die venezianische Freundschaft für sie bedeutete, und Jenatsch verschwieg nachher auch dem spanischen Statthalter Leganez gegenüber nicht, wie hoch er die guten Beziehungen zu Venedig einschätze. Die Aussichten, mit Venedig wieder gute vertrauensvolle Beziehungen zu gewinnen, waren aber um so geringer, als der venezianische Resident Domenico Vico in Zürich völlig unter dem Einfluß von Joh. Jakob Rahn in Zürich und seines Schwagers Joh. Peter Guler und auch des Dr. Fortunat Sprecher, seines «confidente molto sensato» stand. Jenatsch mußte deshalb mit um so größerer Entschlossenheit versuchen, mit Spanien und Oesterreich allein zum Ziele zu gelangen. Spanien hatte die bündnerischen Truppen, die zur Vertreibung der Franzosen gedient hatten, bezahlt; dann wurden sie bis auf drei Regimenter (3000 Mann Fußvolk und 100 Reiter) entlassen. Die drei Regimenter bekamen an Stelle des Ulysses von Salis, Brüggers und Molinas neue Führer; es waren Christoph Rosenroll, Rudolf Travers und Paul Buol. Jenatschs Einfluß auf diese Wahlen ist unzweifelhaft erkennbar. Diese Truppen besetzten die wichtigsten Punkte in Bünden und im Untertanenland. Johann Peter Guler, der seit dem 5. Mai die Rheinfeste befehligte, teilte jetzt seine Stellung mit Rudolf Travers; Oberst Joh. Simeon de Florin stand in Reichenau zur Sicherung des Kunkelserpasses, Rosenroll ging nach Mantello (Veltlin), Buol nach Tirano und Jenatsch nach Cläven. Diese wichtigste Stellung war Jenatsch am 10. Mai von den Häuptern zugewiesen worden; zugleich hatte er den Befehl erhalten, die Festung Riva zu schleifen. Salis behauptet, Jenatsch habe schon früher sein Auge auf diese bedeutende Stellung im Süden geworfen. Das könnte dem Streben des ehrgeizigen Mannes entsprechen, dessen Schwächen, ob wahr oder erfunden, Salis unermüdlich aufzudecken versucht. Schon am 18. Mai war Jenatsch mit seiner Truppe dort und forderte Carl von Salis, den Bruder des Ulysses auf, ihm das Kastell so zu übergeben, wie sein Bruder es von den Franzosen übernommen habe. Am 25. Mai erschien dann Ulysses mit seiner Truppe in Chur und entließ sie dort. Er ging nach Marschlins und betrieb von dort aus eine leidenschaftliche Propaganda gegen Oesterreich und Spanien, auch gegen Jenatsch und die Häupter (4).

Jenatsch ließ sich in Cläven durch seinen Bruder Nuttin vertreten; er selbst reiste am gleichen Tag im Auftrage der III Bünde nach Mailand, um sich den bündnerischen Abgeordneten anzuschließen, die in Mailand über die Rückgabe des Veltlins verhandeln sollten. Er benutzte die Gelegenheit, um den venezianischen Vertreter, den Sekretär Gierolamo Bon, aufzusuchen, denn das Schweigen der Venezianer bereitete ihm schwere Sorgen. Die Bündner waren durch wirtschaftliche, politische und vielfach durch persönliche Beziehungen so eng mit Venedig verbunden, daß man auch im Volke eine Trübung dieser Verhältnisse nicht leicht hingenommen hätte. Zudem mußte sich Jenatsch sagen, wenn Frankreich gegen Oesterreich und den Kaiser ins Feld ziehe und Bünden und Mailand bedrohe, so sei es für Bünden äußerst wichtig, die Stellungnahme an der Adria zu kennen, denn Venedig konnte im Falle einer besonders günstigen Konstellation sogar an die Aufgabe seiner Neutralität und an den Kampf gegen seine Nachbaren im Norden und im Westen denken. Jenatsch, der die Gefühle und Gedanken der Venezianer wohl kannte, versicherte dem Sekretär Bon, er selbst habe unvergängliche Verpflichtungen gegenüber der Republik (di dover alla Serenissima Republica obligatione immortale, rinconescendo dalla singolare sapienza di tanti eccellentissimi Senatori»), und er beteuerte, daß das Bündner Volk seine Einstellung zu der Republik voll und ganz teile. Er legte dann die Gründe der Erhebung gegen Frankreich dar und knüpfte schließlich die Hoffnung daran, die Staatsmänner Venedigs möchten die Bündner verstehen. Nach seiner Verabschiedung von Bon sprach sich Jenatsch von dieser Unterredung äußerst befriedigt aus. Aber der Venezianer sah die Dinge anders an. Ueber die Gedanken und Hoffnungen, die man an der Adria an einen Vormarsch des Bernhard von Weimar ins Reich knüpfte, schwieg er sich aus; doch um so deutlicher äußerte er sein Mißtrauen über die Absichten Spaniens in Bünden und über die kommenden Verhandlungen. Jenatsch ist ihm nicht nur das Haupt der bündnerischen Delegation nach Mailand; er wird von ihm als Leiter der Bündner Geschäfte überhaupt angesehen, doch nicht ohne

357

eine Opposition («et qui è tenuto per il direttore di tutte le cose della Retia, contro il gusto di Molina, Salice e di Brücker et questi si stima, et tuttavia seguano con l'affetto il partito di Francia»). Bon meldete auch die Ankunft der Veltliner mit dem Erzpriester von Sondrio und schloß, die Bündner werden sich täuschen. Ende Mai sollten die Verhandlungen beginnen (5). Landrichter Johann Gaudenz Schmid von Grüneck, Jenatsch, Joh. Peter Guler, Joh. Simeon de Florin, Hauptmann Ulrich von Albertini und Domkustos Bernhard Gaudenzio (als Vertreter des Bischofs) trafen sich zu diesem Zwecke in Mailand. Der Empfang und die ersten Unterredungen mit Leganez stärkten das Mißtrauen der Bündner gegen Spanien. Der spanische Statthalter verlangte, daß Bünden alle Festungen mit Ausnahme der Rheinschanze zerstöre, die Rheinfeste sollte mit starken Truppen im Solde des spanischen Königs besetzt bleiben. Ferner sollten die Untertanen zu den Verhandlungen zugelassen werden und der Vertrag von Monsonio die Grundlage für alle Besprechungen bilden. Jenatsch und Guler dachten in der Entrüstung daran, heimzukehren, ja vielleicht kam ihnen der Gedanke, sich wieder an Frankreich zu wenden, und der englische Resident schrieb: «Wenn die Franzosen jetzt noch in Bünden wären, würden sie es nicht mehr verlassen» (6). Da kam Don Henriquez aus Innsbruck an, begütigte die Bündner und führte sie dem Leganez nach ins Lager von Asti, um dort die Rückgabe der Untertanengebiete zu besprechen. Hier erkämpften Jenatsch und seine Mitgesandten dann mühsam die Artikel 1—22 des späteren Friedens von Madrid oder des ewigen Friedens mit Spanien, der die Rückgabe des Veltlins regelte. Die Religionsfrage, d. h. die Duldung der evangelischen Kirche im Untertanengebiet, wurde hier nicht geordnet. Wie Spanien und Oesterreich schon im Januar 1637 in Innsbruck erklärt hatten, sollten die Bündner mit dieser Forderung zum König nach Spanien reisen und sie dort durchsetzen, und Leganez versprach in einem Briefe an die Häupter, die vereinbarten Artikel und die Freiheit für den evangelischen Glauben dem König zu empfehlen. Der Nuntius hatte schon im Mai, während die Gesandten aus Bünden auf dem Wege nach Mailand waren, nach Rom geschrieben, es sei nicht zu verstehen, daß die Bündner die Franzosen vertrieben hätten, ohne sich die Untertanenlande zu sichern, und wenn «die Abgeordneten nun in Mailand ankommen, werden sie das Gegenteil von dem erfahren, was sie vorausgesetzt haben» (7).

Den scheidenden Gesandten Bündens bot Leganez wie üblich goldene Ketten an. Jenatsch und Guler wiesen sie zurück, indem sie erklärten, noch gebe es Differenzen zu regeln, und zudem sei der Vertrag vom König zu genehmigen. Leganez und seine Umgebung waren darob erstaunt und mißtrauten den Bündnern. Guler besonders war hier zur Einsicht gekommen, welche Schwierigkeiten sich den III Bünden noch entgegenstellten. Er bezweifelte, daß Bünden je die Gerichtsbarkeit und die freie Religionsübung im Untertanenland erhalten werde, denn Leganez hatte sich den Begehren der Bündner hartnäckig widersetzt. In diesem Sinne schrieb er damals nach Bünden, und della Manta, der savoysche Gesandte in Luzern, beurteilte die Lage noch hoffnungsloser: «In acht Tagen werden die Abgeordneten wieder zurück sein, hineingezogen in den Ruin dieses betrübten und betrogenen Vaterlandes» (8). Die Bündner waren schon mit schweren Bedenken nach Mailand gereist. In den Beratungen, die in Chur vorausgegangen waren, hatten sie erfahren, daß Leganez die Untertanen anhören wolle, daß die Religionsfreiheit versagt bleiben oder die Rückgabe verzögert werden solle, und Jenatsch hatte sich beklagt, daß er angefeindet werde. Er hatte den Spaniern zu sehr vertraut und den Verhandlungen zu zuversichtlich entgegengeschaut. Er reiste mit Guler über Chiavenna ins Engadin, und am 20. Juli 1637 kamen sie von St. Moritz nach Chur, um gemeinsam mit Florin und den übrigen Gesandten den Häuptern und Räten über den Ausgang der Beratungen zu berichten.

Noch ehe der Bundstag (am 5. August) den Vertrag von Asti besprach, war Jenatsch wieder nach Cläven abgereist; denn am 1. August sollten die vier bündnerischen Freikompagnien zu je 500 Mann (laut Artikel 9 des Traktates) nach Mailand ziehen und ihren Dienst antreten. Rudolf Travers war schon am 27. Juli mit 400 Mann aus Bünden abmarschiert; dann waren die Kompagnien Guler und Jenatsch bis Cläven gefolgt und warteten dort auf die Truppen von Florin, Buol und Rosenroll, um gemeinschaftlich nach Mailand zu ziehen. Die Bezahlung der Truppe erfolgte regelmäßiger als unter Frankreich; doch die Soldaten gedachten mitunter des schöneren Dienstes unter den Bourbonen. Bei der Abrechnung des Soldes und des Truppenunterhaltes bezahlte Mailand auch die Ausgaben der Führer für die Zeit der Erhebung; es war eine Summe von 39 957 Gulden und 15 Kreuzern; davon erhielt Jenatsch für seine Ausgaben 6708 Gulden und 20 Kreuzer. Diese Summe diente zur Entschädigung für die Arbeit der Gesinnungsgenossen und als Ersatz ihrer Auslagen, Reisen u. s. w. Das Geld, das Mailand für die «Ausschütze», die Truppen der Gemeinden, zur Vertreibung der Franzosen gab, betrug 36 714 Gulden und 20 Kreuzer. Auch diese Summe behielten die Obersten für ihre Auslagen zurück; später wurden aber ihre Erben durch ein Strafgericht gezwungen, das Geld den Gemeinden zurückzuerstatten. Die ganze Summe, die der Landeskasse oder den Obersten für die Regimenter und andere Truppen entrichtet wurde, belief sich auf 232 037 Gulden und 54½ Kreuzer (9).

Noch bevor die Verhandlungen in Asti abgeschlossen waren, hatte die evangelische Synode in Samedan angekündigt, daß sie sich allen Traktaten mit dem Ausland widersetzen werde, wenn diese nicht «dem Nutzen des Vaterlandes dienten und die alte Freiheit in geistlichen und weltlichen Dingen auch im Untertanenland herstellten». Dann wandte sie sich gegen die «ungewöhnliche Landesverwaltung», die durch wenige und ohne Begrüßung des Volkes geübt werde und drohte mit Widerstand.

Der Bundstag, der vom 5. bis 8. August 1637 in Chur tagte, war von einer gedrückten Stimmung beherrscht, die zuweilen zu stürmischen Auseinandersetzungen führte; die Tätigkeit der Salis im Prätigau und Unterengadin, ihr Einfluß in der Synode machte sich geltend (10); dazu forderten die Eidgenossen, die Rheinfeste müsse zerstört werden. Es gab nun keine Wahl; man mußte den Weg weiterschreiten und die Ergebnisse von Asti den Gemeinden vorlegen. Häupter und Räte empfahlen den Gemeinden mit 42 gegen 19 Stimmen die Annahme der in Asti vereinbarten Artikel und die Wahl der Boten an den spanischen Hof. Der Bundstag hatte Dr. Jakob Schmid von Grüneck, Rudolf Andreas von Salis-Zizers und Hauptmann Andreas Sprecher von Davos als Gesandte bezeichnet, und der Bischof stellte Domkustos Bernhard Gaudenzio als Vertreter seiner Interessen. Die Häupter gaben diesen Gesandten drei Monate Zeit, um mit dem König von Spanien die Fragen der Rückerstattung der Untertanenlande und der Religionsfreiheit zu regeln und ließen den

Marchese de Leganez wissen, daß sie nach dieser Zeit vom Untertanenlande unbedingt Besitz ergreifen wollten. Am 7. August reisten
die Boten nach Spanien ab. Leganez hatte Johann Simeon de Florin
und Jenatsch als Gesandte gewünscht; doch Jenatsch hatte gute
Gründe, an der Sendung nicht teilzunehmen. Die Prädikanten
schenkten der politischen Tätigkeit des Konvertiten kein Vertrauen.
So hatte Stephan Gabriel sich in Zürich beklagt, daß die Häupter
Jenatsch im März 1637 zu Rohan nach Cläven gesandt hatten, um
bessere Vertragsbedingungen zu erlangen. Jenatsch hatte zudem
allerhand Vorwürfe gehört und in Asti seine bittere Enttäuschung
erlebt. Ueberdies zweifelte er am Erfolg, vor allem in der Religionsfrage, denn er kannte den Widerstand in Rom, Madrid, Mailand und
in Bünden selbst. Indessen tröstete er sich und andere damit, daß
sich die religiöse Frage nach dem Uebergang der Länder an Bünden wohl auf gütlichem Wege regeln lassen werde. Noch ehe die
Gesandten Bünden verlassen hatten, schrieb der Bischof Johannes
von Flugi nach Rom an die Propaganda, man möge dahin wirken,
daß in Madrid das Veltlin nicht zurückgegeben werde, ehe der Bischof von Chur in seinen Forderungen befriedigt sei (11). Während
die Gesandten noch in Mailand weilten, war P. Ireneo dort eingetroffen; er bat den Marchese de Leganez, er möge ja die Duldung
der Protestanten im Untertanenland verhindern, und heimgekehrt,
wurde P. Ireneo von den katholischen Führern in Bünden selbst
(Florin, Corai u. a.) aufgefordert, in Rom dahin zu wirken, daß
man den König von Spanien ersuche, den evangelischen Bündnern
weder freie Religionsübung noch den Aufenthalt in den Unter-
tanengebieten zu gewähren (12). Jenatsch kannte die Kräfte, die
am Werke waren; die Sorge um den Vertrag mit Spanien belastete
daher sein Gemüt, aber er sann auf Abwehr. Er wußte, daß Ulysses
von Salis und sein Kreis den Widerstand gegen die Häupter und
Räte und besonders gegen ihn mit Hilfe der Prädikanten ins Volk
zu tragen versuchte, und so schrieb er an Stephan Gabriel, der im
Grauen Bund großen Einfluß besaß: «Lange schwankte ich im
Geiste, ob es zweckmäßig sei, diese wenigen ungeschickt abgefaßten
Worte an dich zu schreiben, oder ob es besser sei zu schweigen. Zum
Schreiben drängte mich der leidenschaftliche Eifer für Heil und Frei-
heit des Vaterlandes, an das ich so gefesselt bin, daß ich ungeschminkt

mit reinem Gewissen zu sagen wage: Herr, richte mich nach Deiner
Gerechtigkeit. Zum Schweigen riet dies, daß man mich beschuldigen würde, aus Angst vor Aufruhr oder Gerede unter dem Volk, dies
zu tun. Es entschied meine allzu starke Vaterlandsliebe, es entschied
der rechtschaffene Sinn und die Treue, die ich mir von dir dem
Vaterland gegenüber verspreche. Du hast, erlauchter Herr, den
sichtbaren Arm Jehovas gesehen in der Sache, die wir unter den Händen haben. Friedlich abgezogen sind aus unserem Graubünden die
Truppen, die weit stärker waren als die unsrigen; sie haben Festungen verlassen, die die Feinde fürchten mußten anzugreifen und an-
zuschauen; sie haben mit gesenkten Köpfen jeden Quartiergeber,
auch den geringsten, den sie vorher mit rohen Worten zu verfluchen
pflegten, aufs liebenswürdigste behandelt, haben alles bei ihrem raschen Durchzug genau bezahlt und andere ungezählte Beweise des
Schreckens gegeben, den ihnen der Herr eingejagt hatte. Vernimm
noch größere Dinge! Gerade zu dieser Zeit rückten die österreichischen Truppen auf beiden Seiten nach unserem Befehl entweder vor
oder zogen sich zurück. Die Venezianer, die uns, wenn ich frei reden
darf, schon längst verachteten, begannen, von Erstaunen ergriffen,
unser Land zu verehren, das Männer hervorgebracht habe, die bevor
sie reden, solche Taten zu vollbringen wüßten. Die Macht der (Staaten) Republiken hängt ab von ihrer Würde und ihrer Einschätzung.
Kaum kann ich glauben, daß schon seit (ganzen) 100 Jahren bei
allen Fürsten Europas unsere Republik, die doch nicht die beste ist,
sondern sich eher in schwankendem Zustand befindet, jemals in größerer Schätzung und Ehre gestanden hat als jetzt .... Aber eure
Religion macht euch vielleicht besorgt, die ihr wieder (im Veltlin)
hergestellt wünschet. Ich will dir aufrichtig sagen, erlauchter Herr,
was ich hierin getan habe; ich habe immer geraten, daß mit den
Spaniern darüber gar nicht geredet werde. Wir wollen auf die Rückerstattung unseres Gebietes dringen, sagte ich, und das Uebrige wird
zu seiner Zeit geschlichtet werden. Hättet ihr mir vertraut, es würde
euch nicht reuen .... Ich möchte daher nicht, daß ihr durch einen
verblendeten Aufruhr das Volk gegen mich aufreizt; Gott, der Erfor-
scher der Herzen, ist ein gerechter Beschützer und wird meine Un-
schuld nicht ungerächt lassen. Wenn ihr ungerechterweise, was ich
kaum denken kann, mich mit dem Haß und dem Geschrei der Volks-

massen belastet, so hütet euch wohl, daß das Vaterland keinen Schaden erleidet . . . .» (13). Bevor die Antwort von Gabriel eintraf, reiste Jenatsch von Cläven nach Mailand, um mit den Boten und mit Leganez die Haltung der Gesandten in Spanien zu beraten. Im Einvernehmen mit den Bündnern lud Leganez die Untertanen ein, auch ihre Boten zu senden, damit eine dauernde Verständigung erzielt werde (14). Als sich dann die Abgeordneten zur Weiterreise nach Madrid bereit machten (16. September), kehrte Jenatsch nach Cläven zurück und fand dort die Antwort Gabriels vor. Dieser verteidigte in seinem Brief die Beschlüsse der Synode und klagte, daß die Volksfreiheit beschränkt, im Vertrag mit Spanien die Religionsfreiheit geopfert werde u. a. m. Jenatsch betonte in seiner Entgegnung sein Vertrauen zu den Abgeordneten nach Madrid und fügte hinzu: «Wenigstens beklagt euch nicht über Jenatsch; er wollte nicht dabei sein, um euch Genugtuung zu geben . . .» Dann schloß er bitter: «Bereits habt ihr die Keime zu einer Volksbewegung gelegt; fahrt nur munter fort. Indessen hütet euch vor der Menge; sie herrscht stolz, wenn ihr siegt und, wenn ihr besiegt werdet, wird sie demütig, am Strick gefesselt, dienen. Erinnert euch an den Vertrag von Mailand von Anno 1622 und an den von Innsbruck von 1629.»

Jenatsch übte in Cläven die militärische Gewalt aus. Diese Stellung war ihm von den Häuptern zugewiesen worden, weil er besondere militärische Fähigkeiten besaß, nicht etwa weil er bei ihnen beliebt gewesen wäre; er war aber der unentbehrliche Mann. Es wäre jedoch ein Irrtum zu glauben, daß Jenatsch eine unbeschränkte Macht im Staate ausgeübt und die Häupter bevormundet habe. Männer wie Meinrad Buol mit seinem harten und festen Willen und Räte wie Fortunat von Juvalta u. a. wachten mit ganzem Verantwortungsgefühl und mit peinlicher Gewissenhaftigkeit über das Geschehen und hielten die Zügel fest in ihrer Hand. Ein kleines Intermezzo mag das Verhältnis Jenatschs zu den Häuptern und Räten erhellen: Jenatsch hatte nach der Rückkehr von Chur nach Cläven im Oktober 1637 in irgend einer Angelegenheit einmal mit scharfen Worten über die Häupter losgezogen; diese erfuhren das. Unverzüglich faßten sie den Beschluß: «Obrist Jenaz zu Cläven wird wegen verübter ungezumter schmachwort von seinem ordentlichen Oberherren gemeiner dreyer Bünten in verhafft uf das Schloss Cläven gesetzt»; die Häupter fanden noch für ratsam, daß der Herr Obrist «im arrestierten uffenthalt» bleibe, bis sie weiteres befohlen hätten. Jenatsch fügte sich dem Befehl der Häupter, und diese schenkten ihm darauf wieder ihr Vertrauen. Wiederholt erklärte er auch später, daß er nichts ohne den Auftrag der Häupter unternehmen werde (15).

Von den Häuptern bekam Jenatsch die Anweisung, alles für die Sicherung der Festung Cläven zu tun. Daneben beschäftigte ihn der politische Widerstand in Bünden weiter. Auch in der Grafschaft Cläven regten sich die Untertanen; um so mehr äußerte sich Jenatschs ungestümer Wille, sich zu behaupten. Die Veltliner und Clävner, die das Bemühen der Bündner um die Duldung des evangelischen Glaubens in ihren Gebieten kannten, waren mißtrauisch, um so mehr als die Mission und die kirchliche Leitung den Unwillen nährten. So kam z. B. der Bischof Lazaro Caraffini von Como, das geistliche Oberhaupt in Cläven und im Addatal, im Oktober 1637 nach Cläven; er zog das Fischereirecht im Lago di Mezzola an sich und belehnte damit die Bewohner der Grafschaft gegen eine jährliche Abgabe. Als die Häupter davon hörten, erhoben sie dagegen Einsprache, und Jenatsch, der eben in Chur war (Oktober 1637), wurde beauftragt, dem Willen der Häupter Nachachtung zu verschaffen. Als Jenatsch in Cläven ankam, ließ er den eifrigsten Verfechter der bischöflichen Ansprüche, den Kommissar Francesco Piperelli Fertini überwachen und dann verhaften (16). Als aber die Untertanen die Hilfe des Statthalters Leganez anriefen, erlangte dieser gegen Bürgschaft bei Jenatsch die Freilassung des Fertini. Es galt auch gegenüber Mailand Rücksicht zu nehmen, um die Verhandlungen in Madrid nicht zu stören.

In den III Bünden nahm indessen der Widerstand gegen Jenatschs Werk und Persönlichkeit zu, je länger die Verhandlungen in Madrid dauerten. An Stelle des Ulysses von Salis, der Mitte Juli nach Paris gereist war, trat mehr und mehr sein Vetter Johann Peter Guler in die schärfste Opposition zu Jenatsch. Er hatte schon im März, als die Häupter über die Stellung von Salis in Cläven berieten, diesem seine guten Dienste angeboten. Am 10. August hatte Guler dann dem Gesandten Andreas Sprecher nach Mailand geschrieben: «Zu Alexandria (Asti) ist der Religionspunkt nicht tractirt worden, sonder vor Ihr Cath. Majestät remittirt in form wie es der Insbruggisch tractat ausweise, davon sich nichts alteriren soll...» und dann gab er den Rat, «Ehe denn mit böser spedition heimkhommen, ist euch tausend malen besser unverrichteter sachen abreisen... als zu nichtswertiger verrichtung brauchen lassen» (17). Guler hatte gehofft, daß der Umschwung des Frühjahres 1637 seinen Aufstieg bringen werde. Er war von einer stillen Besessenheit des Geltens und Scheinens erfüllt, aber an Begabung und Charakter dem Vater so unähnlich, daß ihm der Weg zu den öffentlichen Aemtern trotz seines Herkommens bedeutend erschwert war. Als er sich nun von Jenatsch in den Schatten gestellt sah, suchte er wieder gute Beziehungen zu den Aristokraten, zu seinen Vettern Ulysses und Carl von Salis, die ihre Entfernung aus Chiavenna und der Aufstieg Jenatschs mit Ingrimm erfüllte. Gulers Schwager I. I. Rahn und sein Zürcher Kreis konnten ihn auf seinem Wege nur bestärken. Er fühlte sich auch persönlich von Jenatsch gekränkt, weil er seine mailändische Kompagnie geringschätzig beurteilt hatte. Guler schrieb seinem Vetter Andreas Sprecher, dem Gesandten nach Spanien: «Ich vernemme, dasz etliche insonderheit Ob.Jenatz ein verdrusz tragen, dasz wir in Italia mit unserem volk so wol bestanden und den preisz darvon erlangt, darumb er sich nit geschämt, unser volk herauszen auf das ärgste zu verkleinern, sonn wir nit mehr als 12 mann hätten. Er möchte solche possen bleiben lassen, und ihr möget auch gute und verhoffte information bei den spanischen ministris, wo es sich fügt, thun, damit unsere ankläger, die heimlich und öffentlich sein, zu schanden werden; denn ihr wiszt ja, wie stark mein Compani gewesen ist, von welcher ich nit ein mann abgedankt habe, aber der eintzig vermacht unsz diesz mal unglegenheiten...» Guler wurde auch der Vertrauensmann der Prädikanten und der Gegner Jenatschs; er suchte Verbindungen mit Venedig und Frankreich zu gewinnen, und um ihn sammelte sich eine neue französische Partei, die die Rückkehr der Franzosen erstrebte (18).

Die größte Gefahr für Jenatschs Stellung und auch für sein Leben kam in diesen Tagen von Frankreich und von Savoyen. Während des Abmarsches der Franzosen, der absichtlich verzögert wurde, hatte sich d'Estampes in Zürich, wie erzählt, schon mit dem Plan befaßt, Jenatsch, Travers und Rosenroll zu ermorden. Mittlerweile entwickelte der savoysche Gesandte Valerio della Manta den größten Eifer, um Jenatschs Werk und Stellung zu vernichten. Er hatte den Auftrag, in Verbindung mit Frankreich die Truppentransporte des Reiches nach Italien, besonders nach Mailand, zu verhindern, weil sich Savoyen von ihnen bedroht fühlte. Nun war die Vertreibung der Franzosen aus Bünden ein harter Schlag für den Herzog von Savoyen, so lange er sich als Verbündeter Frankreichs betrachtete, und Graf della Manta mußte sehen, wie er den Durchzug der deutschen Truppen durch Bünden verhindern konnte. Er setzte sich mit politischen Führern in Bünden und im Veltlin in Verbindung; es waren Freunde Spaniens und auch Anhänger von Venedig, so Landammann Gaudenz Schmid von Grüneck, Anton von Salis, der Kanzler Paravicini und sein Bruder, der Erzpriester in Sondrio. Dann reiste er nach Sargans und traf dort mit den Paravicini, mit Rudolf von Marmels aus dem Lungnez, Gaudenz Schmid und Salis zusammen; sie sollten gegen die Anwerbung von Truppen für Mailand und gegen den Durchzug deutscher Truppen durch Bünden nach Italien im Beitag und in politischen Kreisen wirken. Es war schon in den Tagen, da Jenatsch, Guler und Florin nach Asti unterwegs waren und Travers und andere die Freikompagnien für Mailand bildeten. Paravicini forderte bald darauf für die Vertrauensmänner Savoyens eine Summe von 1600 Dublonen und bemerkte dazu, daß d'Estampes einzelnen 20 000 Livres angeboten habe, damit sie den Durchzug verhinderten (19). Mochte nun der Graf della Manta von den Bündnern ermutigt sein oder von d'Estampes, er war so zuversichtlich gestimmt, daß er am 15. Juli 1637, in den Tagen, da Guler und Jenatsch enttäuscht aus Asti im Engadin ankamen, nach Turin meldete, daß sich innert zwei Monaten in Bünden eine völlige Aenderung der Verhältnisse vollziehen werde und die Franzosen wieder in das Land einrücken würden. Dieser Umschwung werde Jenatsch und seinen Freunden das Leben kosten. Della Manta mahnte durch Paravicini die Veltliner, sich niemals den Bündnern zu unterwerfen, und in Bünden selbst sollten die Schmid, de Marmels, à Marca u. a. die Gelegenheit benutzen, um die Freunde Spaniens zu stürzen. In Mailand reizte er die bündnerischen Soldaten später zur Desertion, und in Bünden bearbeitete er die Gemeinden für die Rückberufung der Truppen, die Ende Juli in spanische Dienste gezogen waren. Den

Mordplan gegen Jenatsch wollte della Manta ohne die Einmischung Frankreichs ausführen. Er erwartete vom Herzog die gewünschte Summe von 20 000 Talern, wovon 10 000 im voraus zu bezahlen seien und 10 000 nach vollendeter Tat. Aber die Antwort aus Savoyen blieb aus, und della Manta behauptete, das Spiel sei ihm verdorben worden. Zudem gestand er, daß seine Vertrauensmänner in Bünden den Kampf mit Jenatsch nicht wagen wollten. Nun beschränkte er sich darauf, den Rückzug der Truppen aus Mailand zu veranlassen und unter der Führung der Franzosenfreunde die Gemeinden in Bünden zum Aufstand zu reizen. Er behauptete, Frankreich gäbe Millionen, wenn es wieder die Stellungen in Bünden haben könnte (20). Und wirklich suchte der französische Gesandte Blaise Méliand in Solothurn, in aller Stille die Wege nach Bünden zu bahnen. Er prüfte auch die Pläne des Grafen della Manta, die er über Paris erfahren hatte. Er sandte einen Vertrauensmann nach Luzern zum savoyischen Gesandten und anerbot sich, 30 000 Livres zu liefern, wenn della Manta einen Erfolg in Aussicht stellen könne; doch della Manta hatte keine genauen Vorschläge oder wollte die Pläne nicht preisgeben, und vor allem fehlte der Mann, der es gewagt hätte, Jenatsch zu ermorden. Méliand versprach, wachsam zu sein: «Je veillerai soigneusement a Prendre les occasions qui s'en pour-(r)ont presenter...» (21). Auch am Hofe in Paris war man nicht untätig. Ulysses von Salis, der um die Mitte Juli (1637) nach Frankreich gereist war, hatte in Genf den Herzog Rohan besucht und wurde bald darauf in Paris vom Pater Joseph empfangen (22). Dieser wollte nach langer Rede wissen, wie Frankreich wieder nach Bünden gelangen könnte. Salis erklärte ihm, daß ohne eine gute Armee Bünden nicht wieder zu nehmen sei, und daß der Erfolg auch dann noch zweifelhaft bleibe. Père Joseph berichtete darüber dem Kardinal Richelieu, und dieser setzte seine Bemühungen fort; nicht nur wurde bald darauf Rohan gebeten, von Genf aus alle Vorgänge in Bünden zu beobachten, auch Méliand pflegte die Beziehungen zum Grafen della Manta und zum Interpreten Lorenz Tschudi in Chur und schlug in Paris vor, man solle Ulysses von Salis nach Bünden senden, um die Freunde Frankreichs zu sammeln. Nach den Berichten des Residenten Vico besaß Ulysses von Salis nicht die Zuneigung oder das Vertrauen des Volkes in Bünden; doch Père Joseph und Richelieu bauten auf den gekränkten Ehrgeiz des Aristokraten (23). Anfangs Januar wurde dann Oberst Andreas Brügger durch den Grafen von Noyers auf Begehren des Königs nach Bünden beurlaubt, und auch er traf mit Rohan in der Schweiz zusammen. Père Joseph ließ darauf Salis wieder zu sich rufen, denn Méliand behauptete, daß er der einzige sei, der die Freunde führen könnte. Père Joseph wollte Salis bereden, ebenfalls nach Bünden zu reisen, um dort zu prüfen, was für den König getan werden könnte. Salis forderte aber Geld für ein solches Unternehmen, und da Père Joseph keines in Aussicht stellen konnte, blieb er in Paris (24). Zudem haßte er Brügger und wollte wohl nicht mit diesem zusammen handeln. Die Kriegslage war damals für Frankreich auch keineswegs ermutigend, denn Bernhard von Weimar war, wie gesagt, von Johann von Werth über den Rhein zurückgedrängt worden. Um so mehr aber hofften Richelieu und Père Joseph durch die Eroberung der Alpenpässe den Krieg rasch beenden zu können. —

Jenatsch aber unterhielt unterdessen im Einvernehmen mit den Häuptern rege Beziehungen zu Oesterreich, um von dort aus über die Bewegungen des Herzogs von Weimar unterrichtet zu werden; er traute diesem die verwegensten Unternehmungen zu und beobachtete mißtrauisch, wie «Zürich und Basel unter den Druck des Herzogs von Weimar geraten waren» und wie die «Umtriebe der Franzosen und Engländer» sich in der Schweiz auswirkten (25). Dazu kam im Spätherbst von den Gesandten in Madrid die Nachricht, daß der venezianische Gesandte in Madrid zusammen mit dem Nuntius gegen die Rückgabe der Untertanengebiete an die Bündner wirke. In dieser Lage dachte Jenatsch trotz aller Enttäuschung wieder an das alte Vertrauensverhältnis Bündens zu Venedig; er wollte auch jetzt durch freundliche Beziehungen zu Venedig die Gegner der österreichisch-spanischen Verhandlungen, vor allem die Prädikanten, beruhigen, Bünden innerlich befrieden und zugleich in der Freundschaft der Republik Venedig eine Rückendeckung bilden, um der Gefahr aus dem Lager des Herzogs von Weimar besser begegnen zu können. Er bot dem Rate Venedigs jede Genugtuung an und bat um das alte Zutrauen; zugleich wünschte er die Erneuerung seiner Pension. Venedig sah aber jetzt in Jenatsch den Führer der spanischen Politik, und das frühere Verhältnis war nicht wieder herzustellen (20).

Im Bemühen, die Sicherheit des Landes zu gewährleisten, regte Jenatsch in Innsbruck an, der Kaiser möge dem General Johann von Werth befehlen, auf den ersten Hilferuf der Bündner diesen zu Hilfe zu eilen und schon vorher eine Truppe in Lindau zu halten. Er ging zudem im Auftrage der Häupter mit Rosenroll und Florin nach Lindau zu Oberst Schmid, dem Befehlshaber der dortigen Truppen, und zu Oberstleutnant Ludwig Manigckhor, um mit ihnen die Verteidigung Bündens und Vorderösterreichs zu besprechen. Aus Lindau zurückgekehrt, prüfte er mit den Häuptern und Ratsgesandten auch die Vorkehren an der Südfront; er dachte wohl, daß Ueberraschungen im Süden nicht ausgeschlossen seien, wenn die Nordfront von Bernhard von Weimar ernstlich gefährdet sei. Entschlossen, Bünden vor jeder Gefahr einer Besetzung zu bewahren, machte er den Häuptern und Ratsgesandten Vorschläge über die Verbesserung der Straßen und Brücken von Cläven (Novate) bis an die Veltlinergrenze, über den Bau einer Holzbrücke bei Sasso Corberio und wurde mit der Ausführung dieser Pläne betraut. Dann erhielt er Befehl, überhaupt alles zu tun, was zur Erhaltung der bündnerischen Herrschaft in Cläven geschehen könne. Die Häupter hatten nach Zürich geschrieben und angefragt, ob ein Angriff von Bernhard von Weimar zu befürchten sei; sie erhielten die ausweichende Antwort, Zürich wisse nichts von einer weimarischen Gefahr, die Armada des Herzogs von Weimar sei im Hochburgund. Und doch konnte della Manta, der Vertreter des Herzogs von Savoyen, schon am 16. Januar von den Vorbereitungen des Herzogs von Weimar zum Aufbruch melden.

Zu Ende des Jahres 1637 war Jenatsch über die Lage in Bünden einigermaßen zufrieden, doch wies er in einem Briefe an Erzherzogin Claudia wieder darauf hin, daß nur die Rückgabe der Untertanengebiete die innere Ruhe und den Frieden wiedergeben werde. Zudem sei ein unerwarteter Streich Frankreichs gegen die Bünde nicht ausgeschlossen. Er selbst hatte das Gefühl, das Vertrauen in Innsbruck in vollem Maße zu besitzen, und einflußreiche Männer am Hofe der Erzherzogin, wie der Oberhofmeister Graf Hieronymus Montecuculi, der Günstling der Erzherzogin, hatten ihn ermuntert, die Erhebung in den Adelsstand zu wünschen. Jenatsch, der das Gefühl hatte, den Frieden zwischen Bünden und Oesterreich hergestellt und auch für die Stellung Oesterreichs große Dienste geleistet zu haben, wandte sich, von seinem Ehrgeiz beeinflußt, am 15. Januar 1638 an die Erzherzogin Claudia mit dem Wunsche, es möchte ihm die Vermehrung seines Wappens und zugleich das Lehen Megdberg (bei Hohentwiel) gewährt werden. Claudia versprach in einer Antwort vom 5. Februar 1638 eine wohlwollende Erledigung der Bitte, und Jenatschs Gesuch ging an den Kaiserhof. Das Bild seines Wappens mit der vorgeschlagenen Aenderung sandte Jenatsch an den Grafen Montecuculi. In Wien blieb das Gesuch Jenatschs liegen, sei es daß Montecuculi, der Vertreter Bienners in Innsbruck, sich nicht für Jenatsch einsetzte oder daß Bienner, der damals viel in Wien war, am Hofe gegen Jenatsch wirkte. Jenatsch war aber dennoch rastlos tätig (27).

Die Sorgen um die Sicherheit für Bünden stellten sich wieder ein, als die evangelischen Eidgenossen, bearbeitet von Méliand und Oliver Fleming, dem englischen Residenten in der Schweiz, und von Venedig immer dringender die Zerstörung der Rheinfeste forderten, um — wie Jenatsch nicht ohne Grund befürchtete — Bernhard von Weimar die Wege nach Bünden zu ebnen. Jenatsch ging Ende Januar 1638 in Begleitung von Johann Corai, Johann von Tscharner und Joh. Peter Enderlin selbst nach Baden an die Tagsatzung. Die Kunde vom Vormarsch und von den ersten Erfolgen des Herzogs von Weimar hatte sie noch in Chur erreicht. Mit Klarheit und Schärfe vertrat Jenatsch vor der Tagsatzung (2. Februar) die Ansicht der Räte in Bünden, daß die Rheinschanze eine Sicherung vor Ueberraschungen, eine erste Stellung für die bündnerischen Truppen sei, wenn sie von der Eidgenossenschaft her oder vom Bodensee und Rheinufer aus angegriffen werden sollten. «Die Festung ist von Bündner Bauern besetzt und behütet und nicht von Fremden; sie sperrt ohne Unterschied den Franzosen und dem Herzog von Weimar den Weg in unser Land», sagte er; «sie muß uns zum Schutze der Heimat erhalten bleiben; wir werden selber wachen, daß sie nicht in fremde Hand gelangt». Die katholischen Orte waren von den Erklärungen befriedigt, die evangelischen Eidgenossen vermochten zwar ihre Neigung für Bernhard von Weimar nicht zu verbergen, mußten aber die Gefahren, die für Bünden im Anzuge waren, anerkennen und verzichteten nun auf ihr Begehren. Sie versprachen auch, die Neutralität zu wahren und jeden Durchzug nach Bünden abzuwehren. Die Folgen für die Eidgenossenschaft, die sich aus einer neuen Besetzung Bündens und Oesterreichs durch Frankreich ergeben mußten, schienen allmählich auch einzelne Eidgenossen zu beschäftigen.

Jenatsch, Johann Corai, Johann von Tscharner und Johann Peter Enderlin hatten von den Häuptern den ausdrücklichen Befehl erhalten, nicht über Zürich zu reisen, weil sich Rohan dort aufhielt, um wie Jenatsch und die Häupter mit guten Gründen glaubten, Bünden für eine allfällige Aktion Frankreichs auszukundschaften. Rohan stand mit Bernhard von Weimar in Verbindung. Die Häupter hatten Zürich wissen lassen, warum die Gesandtschaft nach Baden Zürich nicht betreten werde. Jenatsch wich in Baden auch der Begegnung mit Méliand aus und reiste dann mit seinen Begleitern nach Luzern zum spanischen Gesandten Casati, um sich mit diesem und mit den katholischen Eidgenossen zu besprechen (28).

Am 18. Februar berichtete er dem Beitag in Chur über die Ergebnisse seiner Mission. Die Zusicherungen der Eidgenossen in Baden konnten weder ihn noch die Häupter und Räte ganz beruhigen, denn sie kannten die wachsende Neigung für Bernhard von Weimar in Zürich und erkannten den Druck, den Frankreich zu seinen Gunsten ausübte. Jenatsch wurde dabei in seiner Ueberzeugung bestärkt, daß der Herzog von Weimar eine Ueberraschung Bündens und Oesterreichs vorbereite; er war denn auch entschlossen, alles aufzubieten, um die Heimat zu verteidigen. In der Befürchtung, der Herzog von Weimar beabsichtige die Rheinschanze zu nehmen und dann nach Osten gegen Tirol zu ziehen und von dort aus in Bayern und Oesterreich einzudringen, beklagte er sich, daß Leganez die Besatzungen in der Rheinschanze nicht verstärken wolle, und er mahnte die Erzherzogin Claudia und ihre Minister, den Bünden den inneren Frieden zu geben, indem alle Verhältnisse im Prätigau und Unterengadin auf die des Jahres 1620 zurückgeführt würden, wie es die Erzherzogin in den Verhandlungen von 1637 in Innsbruck zugesagt habe. Auch auf die Beziehungen zu Spanien kam er zu sprechen und sagte mit Nachdruck, daß ein befriedigender Abschluß der Verhandlungen in Madrid und die Rückkehr der Gesandten den Uebelgesinnten in Bünden jeden Vorwand zur Opposition nehmen, den inneren Frieden und damit auch die Einheit und Kraft nach Außen geben würde (29).

Im Zusammenhang mit den Besprechungen mit Oesterreich hatte Jenatsch wiederholt auch dem Statthalter Leganez die Gefahr dargestellt und ihn gebeten, die Besatzung an der Rheinfeste zu verstärken. Schon im Sommer 1637, als Bernhard von Weimar gegen das Elsaß vorrückte, hatte Jenatsch die Häupter und Räte veranlaßt, von Spanien eine stärkere Besetzung der Rheinschanze zu fordern. Im September des gleichen Jahres, als sich die Gefahr verminderte, war die Besatzung bis auf 400 Mann entlassen worden, und dabei war es geblieben, obgleich Häupter und Räte erneut ein Aufgebot von 3000 Mann begehrt hatten. Jenatsch hatte dann im Januar 1638 durch den spanischen Gesandten in Innsbruck, Don Federigo Henriquez, versucht zu seinem Ziele zu gelangen; auch das war umsonst gewesen. Leganez konnte weder die sofortige Rückgabe des Veltlins noch die Verstärkung der Besatzungen zusagen. Die Besprechungen in Baden und die Nachrichten von den Erfolgen Bernhards von Weimar am Rhein ließen bei Jenatsch die ernstesten Sorgen für die Heimat aufkommen. Er schrieb nun nach der Tagsatzung oder in den darauffolgenden Tagen in Luzern — es mochte vor der Berichterstattung in Chur sein — an Leganez und schilderte die schwere Gefahr, die den Bünden, Oesterreich und damit auch Mailand durch den Vormarsch Bernhards von Weimar drohe; er versicherte eindringlich, es heiße jetzt wachsam sein und die ganze Kraft bereit stellen. Diesmal wirkten seine Vorstellungen; auch Leganez sah jetzt die Gefahr. Er entschloß sich, den Grafen Biglia nach Chur zu senden und ihm 10 500 Scudi mitzugeben. Biglia bekam den Befehl, in Chur zu bleiben, die spanische Propaganda im Lande zu verstärken und mit Jenatsch und den Häuptern die Bewaffnung und Abwehr im Lande vorzubereiten. Leganez war nun in Sorgen, und auch in Mailand war man beunruhigt. Leganez war selbst entschlossen, alles zur Verteidigung einzusetzen und beim Anmarsch des Weimarers sofort Riva di Chiavenna zu besetzen. Es hieß auch, Jenatsch sei schon auf dem Wege nach Mailand. Da reiste Biglia am 24. Februar von Mailand nach Chur. Die Häupter hatten nach der Berichterstattung Jenatschs am 18. Februar Jenatsch und Rosenroll, die sich anschickten, zu ihren Truppen nach Mailand zu reiten, beauftragt, dem Statthalter Leganez die Gefahr zu schildern, die vom Rhein her drohte und von neuem die Zustimmung zu einem Truppenaufgebot auf Kosten Spaniens zu begehren; zugleich sollten sie auch die Rückgabe des Veltlins verlangen, um angesichts des kommenden Kampfes die innere Ruhe und Einheit zu fördern. Jenatsch hatte schon früher die Gesandten in Spanien eingeladen, einen Vertreter heimzusenden, um die Häupter über die Gesinnung und die Absichten des Königs von Spanien aufzuklären. Die Abgeordneten in Madrid hatten am 24. Februar nach Chur gemeldet, der König wolle die Religionsfreiheit im Veltlin nicht zugestehen, und Wilhelm Schmid von Grüneck, der Sohn des Gesandten Dr. Jakob Schmid, trat mit dem Schreiben an die Häupter und Räte die Rückreise an (30).

Der Aufenthalt Rohans in Zürich im Hause des Joh. Jakob Rahn hatte während dieser Zeit das Mißtrauen Jenatschs und der Häupter gestärkt, denn Rohan hatte seine Beziehungen zu den Gegnern der Häupter und Jenatschs nach dem Abzuge aus Bünden weiter unterhalten, ihnen vom Kampf gegen Bernhard von Weimar abgeraten, und dem König Ludwig XIII. hatte er angeboten, Bünden wieder mit Waffengewalt zurück zu erobern (31). Richelieu hatte ihn gebeten, die Entwicklung des politischen Lebens in Bünden nicht aus dem Auge zu lassen. Dann aber war er aufgefordert worden, Genf zu verlassen, und er wünschte, wie erzählt, nach Venedig zu gehen. Dabei wollte er die Gelegenheit ergreifen, um im Dienste des Königs die neuen Verhältnisse in Bünden zu ergründen. Die Vertrauensmänner in Bünden hatten ihm wieder versichert, daß sich die Stimmung dort sehr geändert habe, und der König finde wohl keine bessere Gelegenheit, die Wiederbesetzung Bündens durchzuführen. Rohan hatte geantwortet, er könne von sich aus nichts tun und werde nach Befehlen handeln. Die Herzogin hatte dann von Richelieu zu erfahren begehrt, wie Rohan auf seiner Reise in Bünden oder in Venedig dem König dienen könne (32). In Zürich wartete Rohan nun auf die Antwort der Häupter und Räte, ob ihm die Durchreise gestattet werde. Jenatsch hatte nach der Tagsatzung von Baden aus an Rohan ohne Zurückhaltung geschrieben, daß der Vormarsch des Herzogs von Weimar die Bünde nötige, wachsam zu bleiben und die Bewegungen des Heeres genau zu beobachten. Er selbst reise nach Luzern, um über die Gefahren und deren Abwehr zu beraten; der Zeitpunkt für Rohans Reise sei daher schlecht gewählt, und auch sein Aufenthalt in Zürich müsse in diesem Zusammenhang verdächtig erscheinen. Rohan hatte jetzt keinen Weg nach Venedig offen und trat in die Dienste des Herzogs von Weimar; er wollte dadurch seinem König dienen und diesen zwingen, seine Aufrichtigkeit, seine Treue und seine Ehrenhaftigkeit anzuerkennen. Vierzehn Tage später wurde er bei Rheinfelden verwundet. Am Hofe verwandelte sich der Haß in Bewunderung, und der König schrieb dem Herzog von Rohan Worte des Dankes und der Anerkennung; doch der Herzog starb wenige Tage später. Der venezianische und der englische Resident und evangelische Eidgenossen begleiteten die Leiche nach Genf, wo sie in der Kathedrale beigesetzt wurde.

Inzwischen waren Jenatsch und Rosenroll (anfangs März) auf der Reise nach dem Süden, als sie dem Grafen Biglia begegneten und mit ihm wieder nach Chur zurückkehrten. Biglia besuchte die Rheinschanze, und die Häupter schilderten ihm die Gefahr, in der Bünden schwebe; sie betonten, diese sei um so ersichtlicher, da Rohan bei Bernhard von Weimar weile. Rohan habe zum Angriff auf die vier Waldstätte am Rhein geraten, um dann allmählich wieder in Bünden und von hier nach Tirol und Oesterreich und nach dem Süden einzudringen. Wenn Graubünden aber das Veltlin aus den Händen Spaniens zurückerhalte, so werde das Volk getreu an der Nordfront mitkämpfen. Biglia versprach, den Bündnern jede Hilfe zu leisten, wenn der Herzog von Weimar sie angreifen sollte (33). Jenatsch und Rosenroll traten darauf die Reise nach Mailand an. Als wenige Tage später die Nachricht eintraf, Rheinfelden sei gefallen, beschloß der Beitag, die Pässe zu schließen und das Volk für die Verteidigung bereit zu halten.

Jenatsch und Rosenroll waren unterdessen in Mailand angekommen, und Leganez erfuhr nun, wie die Vorgänge am Rhein auf die Bündner, auf Häupter und Volk sich ausgewirkt hatten. Zudem schilderte ihm Jenatsch auch eindringlich, wie sehr das Volk gegen Spanien aufgebracht sei, weil der König sich weigere, das Veltlin herauszugeben. Diese Haltung Spaniens schwäche die ganze Front Oesterreich-Bünden-Mailand. Es sei darum nicht zu verwundern, wenn die französische Propaganda immer dreister und wirksamer werde. In dieser Absicht sei auch Brügger von Paris heimgeschickt worden. Auch der Mißerfolg von Savello und Joh. von Werth vor Rheinfelden und die Teilnahme Rohans am Kampf hätten das

Volk beeindruckt. Seine Ausführungen wirkten auf Leganez und auf dessen Berichte nach Madrid. — Jenatsch ging dann schon am 5. März nochmals zu Gierolamo Bon; er bat ihn, sich für den gefangenen Hauptmann Planta (?) einzusetzen und beteuerte wieder, daß Häupter und Volk Venedig aufrichtig zugetan seien, und auch hier sprach er von der Tätigkeit der französischen Propaganda in Bünden. Rosenroll war unterdessen nach Chur zurückgereist und hatte gemeldet, daß Spanien zu den 600 Mann in der Rheinschanze noch 1000 Mann besolden werde, doch die Rückgabe des Veltlins verweigere der Statthalter auch jetzt; Leganez berichtete dann aber, daß Wilhelm Schmid aus Madrid in Mailand angekommen sei (16. März) (34).

Dieser reiste zusammen mit Casnedo von Mailand nach Chiavenna zu Jenatsch, mit dem die Schmid enge und vertrauliche Beziehungen unterhielten. Am 17. April erschien er in Chur vor dem Beitag und berichtete über die Besprechungen in Madrid. Er bestätigte, daß der König unter dem Eindruck der Vorgänge am Rhein die Verträge von Innsbruck und Asti anerkannt habe (24. Februar), jedoch die Wahl der Beamten und die Religionsfreiheit nicht zugestehen wolle. Die Gesandten in Madrid hätten deshalb eine Abschiedsaudienz verlangt, aber die Mahnungen des Leganez, weiter zu verhandeln, hätten die Fortsetzung der Besprechungen veranlaßt.

Im Beitag in Chur entspann sich jetzt der Kampf mit der Opposition. Die Prädikanten hatten sich am 13. April in Chur versammelt, und ehe Schmid vor dem Beitag seinen Bericht erstattete, baten Georg Saluz, Hartmann Schwarz und Luzius Gabriel die Zürcher Theologen um Rat und Hilfe. Sie gestanden, im März 1637 der Vertreibung der Franzosen zugestimmt zu haben; nun aber werde die Religionsfreiheit im Veltlin versagt, «ihr Stand werde höhnisch mißbraucht und dem ehrsamen Volk die Freiheit täglich entzogen». Da Spanien die Religionsfreiheit, die es in Innsbruck versprochen — das traf nicht zu — nicht zugestehen wolle, verlangten die Prädikanten die Rückberufung der Gesandten und den Abbruch der Verhandlungen in Madrid. Stephan Gabriel in Ilanz hatte unterdessen vom Gesandten Dr. Jakob Schmid von Grüneck in Madrid einen Bericht vom 25. Februar erhalten, worin dieser meldete, daß der König im Veltlin nur die katholische Kirche dulden werde. Gabriel schrieb darauf am 15. April nach Zürich: «Wir haben an alle Pfarrer unserer Kirchen in Bünden geschrieben und ein Copei beigelegt. Wir bättend Euch durch den Namen unseres Herrn Jesu Christi, dass Ihr uns unseres Ampts erinnern und hilflich hand bieten wellind» (35). Mit den gleichen Klagen und Bitten traten die Vertreter der Synode auch vor den Beitag. Wilhelm Schmid trat ihrer Behauptung entgegen, daß in Innsbruck oder in Asti jemals die Religionsfreiheit für das Veltlin zugestanden worden sei. Weiter behaupteten die Prädikanten, Guler habe im März 1637 erklärt, der Vertrag von Innsbruck verheiße vollständige Zufriedenstellung in Glaubenssachen. Das traf aber nur für das Prätigau und Unterengadin zu. Darauf erklärten die katholischen Volksvertreter am Beitag: «Wir wollen keinen Bruch mit Spanien und auch den Uebergang des Untertanenlandes in unseren Besitz nicht verzögert wissen.» An dieser Auffassung hielten die Katholiken und die Freunde Jenatschs fest. Wilhelm Schmid aber wollte nicht mehr nach Spanien zurückreisen (36).

Häupter und Räte verhandelten deshalb mit Graf Biglia und mit Dr. Francisco Maria Casnedo, dem Gesandten des Leganez, um für die freie Religionsübung der Protestanten noch Zugeständnisse zu erlangen; die beiden ließen indessen keine Hoffnung auf bessere Bedingungen aufkommen. Nun beauftragten die Räte Wilhelm Schmid, unverzüglich nach Madrid zu reisen, dort auf der vollen Anerkennung der Artikel von Asti zu bestehen und im Veltlin in allem gleiche Stellung wie die Eidgenossen in den tessinischen Vogteien zu begehren; wenn nicht, sollten die Gesandten heimkehren (37). Die Häupter befürchteten jedoch, daß diese Sendung den Bruch mit Spanien herbeiführen werde. Sie dachten an die Folgen und sandten noch eigene Anweisungen nach Madrid; diese besagten, die Gesandten sollen von den Artikeln von Asti um kein Jota abweichen, in der Religionsfrage hingegen sich bemühen, soviel als möglich zu erreichen. Dem Grafen Biglia und Dr. Casnedo übergaben die Häupter, wie Sprecher behauptet, ohne Wissen der Gemeinden und eines Teils der Räte eine Erklärung, in der sie dem Ausschluß der evangelischen Kirche aus dem Untertanenland zustimmten. Damit wurde der Bruch vermieden; doch nun beschuldigten die Prädikanten Jenatsch, er habe den evangelischen Glauben preisgegeben. Statt ein Befreier zu sein, erschien er in den Augen der Gegner als Verräter am Glauben, obschon an Religionsfreiheit im Veltlin, nach dem was in Rom, Madrid, Monsonio und Paris seit 1620 verhandelt und vereinbart worden war, gar nicht gedacht werden konnte und Jenatsch für die Beschlüsse der Häupter keine Verantwortung trug. Jenatsch selber gab auch jetzt die Hoffnung nicht auf, daß die Zukunft Mittel und Wege bringen werde, um dem evangelischen Glauben Duldung zu gewähren und die Prädikanten zu versöhnen. Er empfand wie die Häupter, daß Spanien hart sei. Wenn es aber keine Einsicht habe, schrieb er dem Gevatter Andreas Sprecher von Davos nach Madrid, so möge die bündnerische Gesandtschaft kurz abbrechen und heimkehren; in Madrid möge man mit Hinsicht auf den Glauben tausend Bedingungen stellen, aber «z'letzt wird man halten, was man mag und kann» (38). So schrieb Jenatsch im April 1638. Wie er sich die weitere Haltung dachte, sagte er nicht. Jedenfalls wollte er nicht auf die Besitznahme des Untertanenlandes verzichten. Diese Lage nützte Méliand aus; er erschien bei seinen Anhängern und Vertrauensmännern, mahnte sie, das Volk über die spanischen Absichten aufzuklären, und Andreas Brügger konnte nach Paris berichten, alles stehe gut und Stuppa reise nach Paris, um von den Erfolgen der Freunde Frankreichs zu erzählen (39).

Jenatsch hatte zu Beginn des Jahres 1638 das Haus und die Güter des Anton Molina «auf dem Sand» vor dem Metzgertor in Chur für 19 000 Gulden gekauft, und seine Familie siedelte nach Chur über. 12 000 Gulden sollte er innert Monatsfrist entrichten und 7000 Gulden später aus den Guthaben für seine Truppe in Mailand (40). Das Haus ging im Jahre 1652 an die Familie von Cleric über und ist noch heute in ihrem Besitz. Der Berichterstatter Vicos meldete, die Churer seien (aus konfessionellen Gründen) darüber erbost, und Molina werde den Kauf wohl noch rückgängig machen (41).

Inzwischen schien die äußere Gefahr vorübergehend verschwunden zu sein, denn Bernhard von Weimar hatte nach der Eroberung von Rheinfelden Ende März die Gebiete an der Schweizergrenze verlassen und kämpfte um die Eroberung der Hauptfeste am Rhein, um Breisach. Trotzdem hatte Jenatsch mit der Werbung der 1200 Mann begonnen, die Spanien schließlich für die Rheinschanze und die Steig zugestanden hatte. Der spanische Gesandte in Innsbruck sollte die Truppe bezahlen. Weil diese Werbungen während des

Beitages begannen, sagten die Gegner Jenatschs wieder, sie solle zur Beruhigung der Unzufriedenen dienen (42). Das Werbegeschäft veranlaßte dann Jenatsch nach Innsbruck zu reiten, und die Häupter beauftragten ihn, auch die Artikel über die Religionsfreiheit in den acht Gerichten und im Unterengadin, die Anstände mit den Taraspern, kurzum die Herstellung der Rechtsverhältnisse vor 1620 zu besprechen. Und endlich hatte Jenatsch (1637) seinen ältesten Sohn Paul (geboren 1629) den Kapuzinern in Innsbruck zur Erziehung und Schulung anvertraut, und auch diesem galt seine Reise nach Innsbruck (45).

Jenatsch vertrat in Innsbruck kraftvoll das Recht der Prätigauer und Unterengadiner auf freie Religionsübung und brachte den Wunsch vor, es möchten die Erzherzogin und ihre Minister die Leute der acht Gerichte und des Unterengadins nicht mehr als Untertanen bezeichnen, wie das geschehen war (44). Er pflegte in einer höflichen, aber doch frischen und kecken Art die Dinge beim Namen zu nennen und ohne Zurückhaltung die Wünsche und Begehren darzulegen; auch diesmal hatte er Erfolg. Die Erzherzogin sprach ihm die Erfüllung seiner Wünsche zu und beschenkte ihn beim Abschied mit einem Kleinod. Darauf ritt er ins Unterengadin, denn Kommissare der Erzherzogin sollten dort mit den Vertretern der III Bünde zusammentreffen und alle Schwierigkeiten im Unterengadin regeln. Jenatsch bereitete im Sinne der Häupter diese Konferenz vor, indem er die Fragen mit den Vertretern der Gemeinden besprach. In Chur angekommen, schrieb er am 20. Mai dem Oberhofmeister Montecuculi: «Durch das Unterengadin reisend, fanden sich auf mein Ersuchen die Abgeordneten der Gemeinden in Zernez zusammen, und ich sagte ihnen das, was Ew. Durchlauchtigste Hoheit mir befohlen hatte, versichernd, daß alle Verhältnisse auf die früheren oder ehemaligen Zustände zurückgeführt würden; sowohl für das Gerichtswesen von Tarasp wie für das übrige waren die Gemeinden äußerst beruhigt und allgemein einverstanden, daß Ew. Durchlauchtigste Hoheit die Wahlen zum Criminalgericht (Statutrichter für Untertasna) vollziehen lasse, wie es vor den letzten Wirren geschah...» (45).

Bei all diesen Geschäften ließ Jenatsch die Entwicklung der Kämpfe des Herzogs Bernhard von Weimar im Elsaß nicht aus den

Augen und setzte die Werbungen fort. Der spanische Graf Biglia, der in Chur beim Bischof wohnte und die Frage der Truppentransporte und Werbungen erledigte, gab Jenatsch den Auftrag noch 1500 Mann zu werben; doch im Beitag machte sich der Widerstand bemerkbar. Sei es, daß die Vertrauensmänner des Grafen della Manta, wie Fortunat Sprecher, Gaudenz Schmid, Conradin Planta von Zuoz u. a. mitwirkten oder sonst der Unwille wegen der Verhandlungen in Madrid sich äußerte, der Beitag erklärte, erst möge Spanien das Veltlin zurückgeben; wenn aber Spanien die Truppen in Bünden zum Schutze der Nordgrenze einsetzen wolle, so habe man nichts dagegen einzuwenden. Jenatsch meldete zu gleicher Zeit dem Statthalter Leganez, der Unwille gegen die Verzögerung der Rückgabe des Veltlins mehre sich, und schon heiße es im Volke, Spanien werde überhaupt nicht einlenken (46). Graf Biglia reiste darauf nach Mailand zurück.

Unterdessen hatte der Kaiser die Eidgenossen benachrichtigt, daß Feldmarschall Graf Götze gegen den Rhein ziehe, um Bernhard von Weimar aus dem Reiche zu vertreiben; der Kampf liege auch im Interesse der Eidgenossen, deshalb möchten auch sie ihn unterstützen. Diese antworteten dem Kaiser: «Wir halten uns an die Erbeinigung und hätten gewünscht, daß Bernhard von Weimar unseren Boden nicht betreten hätte, aber wir werden wachen, um künftig die Neutralität zu erhalten, und zudem sind wir Verbündete Frankreichs» (47). Anfangs Juli reisten die bündnerischen Abgeordneten: Landrichter Christian de Florin, Bundeslandammann Meinrad Buol, Johann von Tscharner, Ambrosius von Planta, Landvogt Hans Viktor von Travers und Georg Jenatsch nach Zernez, um den Streit der Erben des Ritters Rudolf von Planta-Zernez und seiner Frau Margareta geborne Travers von Zuoz beizulegen. Rudolf von Planta, der Kastellan auf Tarasp und sein Bruder Anton, die Söhne des Pompejus, hatten nach dem Tode des Oheims Rudolf in Zernez die Gelder (30 000 Gulden), das Mobiliar und die Güter in Zernez, Ramez bei Meran, Bormio u. s. w. mit Beschlag belegt. Die andern Erben (die Brüder der Margareta Planta geb. Travers und ihre Nachkommen in Zuoz, dann die Planta: Katharina Travers-Planta, Barbara Travers-Planta, Rudolf Planta auf Steinsberg und sein Bruder Johann, die Nachkommen der Anna Prevost-Planta im Bergell und des Joh. Bapt. Balthasar Planta in Süs usw.) wurden so der Erbschaft beraubt.

Den ersten Versuch der Vermittlung zwischen den Erben machte der Bischof Johannes von Flugi. Dann kam der Streit vor den Gotteshausbund und vor die III Bünde. Da ein großer Teil des Erbgutes in Oesterreich lag, sollte der Landeshauptmann an der Etsch ebenfalls sein Urteil fällen. Endlich sollten sich bündnerische und österreichische Kommissare über die Teilung einigen. Um die hohen Prozeßkosten zu vermeiden, vereinbarten die Planta und Travers, daß ein Drittel des ganzen großen Vermögens den Travers in Zuoz auszurichten sei. Ueber den Rest ($^2/_3$) sollten sich die Planta einigen. Noch hatte der Kastellan Rudolf seine Unterschrift nicht gegeben; trotzdem bat Joh. Viktor Travers (der Gatte der Barbara Planta) im Auftrage der Planta-Erben die Erzherzogin in Innsbruck, die Verhandlungen vor dem Landeshauptmann an der Etsch und vor den bündnerischen und österreichischen Kommissaren zu verschieben. Landvogt Travers unterstützte dann Rudolf Planta- Steinsberg (bei Ardez) in allen Streitfragen der Erbschaft und auch der Praktik (Politik) des Unterengadins. So empfahl er dem Bischof von Chur und der Erzherzogin Claudia, ein Lehen des Bischofs, das der verstorbene Kavalier Rudolf Planta inne gehabt hatte, dem Steinsberger als Aeltesten der Ansprecher zu übergeben. Der Steinsberger war auch Statutrichter in Obtasna, und «hat ouch bey dem gemeinen mann am meisten gunst». Travers versuchte daneben den Kastellan zur Herausgabe des Vermögens zu bewegen und meinte, über die Besetzung der Aemter im Unterengadin werde man sich schon verständigen können.

Auch Jenatsch unterstützte die Partei des Rudolf Planta-Steinsberg in allen Streitfragen der Familie Planta und des Unterengadins, und sein Freund Jörin Wiezel in Zuoz, der Rechtsgelehrte des Engadins, vertrat die Sache des Steinsbergers und der Travers in Zuoz. Jenatsch hatte sich früher durch Vermittlung des Bischofs Johann von Flugi mit dem Kastellan ausgesöhnt; aber er war schon ein leidenschaftlicher Gegner des verstorbenen Kavaliers Rudolf Planta gewesen und hatte diesen in Innsbruck bekämpft, so daß selbst die Erzherzogin Claudia Jenatsch von den Feindseligkeiten gegen die Planta abgemahnt hatte. Nun entwickelte sich beim Kastellan Rudolf de Pompejus Planta von neuem eine Rach- und Mordlust gegen den Vetter Rudolf auf Steinsberg und ganz besonders gegen Jenatsch.

Selbstverständlich führten die Verhandlungen in Zernez in der Erbfrage zu keinem Ergebnis (48).

Am 9. Juli 1638 trafen die bündnerischen Abgeordneten mit den österreichischen Vertretern Jakob Kurz und Andreas Hyraus von Homburg zusammen. Die Häupter hatten auch Fortunat Juvalta gebeten, aus dem Oberengadin zu den Verhandlungen zu erscheinen. Jenatsch und Hans Viktor von Travers waren von der Erzherzogin besonders als Gesandte gewünscht worden. Man prüfte die Fragen der Gerichtsbarkeit von Tarasp und wünschte im Grunde dessen Vereinigung mit dem Unterengadin, doch ohne Erfolg. Dann sprach man über den Wiederaufbau der Brücken von Schuls und von Martinsbruck, und endlich war der Streit der Konfessionen in Samnaun beizulegen. In Samnaun gab es 200 Katholiken und 14 Protestanten. Der Kapuziner daselbst wünschte, daß den Protestanten kein Gottesdienst erlaubt werde; auch die Kirchengüter sollten den Katholiken allein gehören. Er rief die Hilfe der Propaganda an; diese wandte sich nach Innsbruck. Auch Jenatsch sollte sie unterstützen. Hans Viktor Travers ging von Castels nach Saumnaun und untersuchte die dortigen Verhältnisse. Er fand die «Herren Patres» sehr ungeduldig. Der Prädikant Bischof in Remüs war am Auffahrtstage erschienen und hatte in der Kirche predigen wollen, der Kapuziner hatte sich geweigert, ihn zuzulassen, und der Statthalter Ulrich Rhea a Porta hatte ihm geraten davon abzusehen. Darauf hatten sich die Protestanten in einem Privathaus zur Predigt versammelt. Travers verpflichtete die Vertreter der beiden Konfessionen, keine Neuerung oder Aenderung der Verhältnisse vorzunehmen und im Frieden zu leben. Nach seiner Darstellung wäre das ganze Engadin katholisch geworden, wenn die Franzosen (1631) nicht erschienen wären, und nun, da sie das Land verlassen und Gewissens- und Glaubensfreiheit bestünden, beobachte man besonders im Unterengadin die Neigung, wieder zur evangelischen Kirche überzugehen. Auch Jenatsch meinte, wenn der Prädikant in Samnaun predige, so werde alles zu ihm gehen. Travers wie Jenatsch fanden die Samnauner gleichgültig und lau und miteinander im Frieden lebend, daher die Erregung des Kapuziners. In Schuls, wo die Kommissare dann tagten, wurde der Streit unter dem Einfluß von Jenatsch im bündnerischen Sinne geregelt. Der Entscheid lautete: die Mehrheit bleibe im

Besitze der Kirche und der Einkünfte, die Minderheit darf ihren Glauben frei ausüben. Jenatsch wirkte auch im Geiste der Duldung und des Friedens. Er mahnte hier den Kapuziner, den Prädikanten zu dulden, damit auch die wenigen Katholiken im Engadin Gegenrecht genießen dürften, und der Pater bekam zu hören: «Ich muß bestätigen, was ich so oft gesagt habe, daß in dieser Generation keine Religion ist», und er fuhr fort, «leben und leben lassen»; es war ein Wort, das er oft wiederholte, so auch in Innsbruck (49). Dieselbe Gesinnung bekundete Jenatsch auch bei anderer Gelegenheit. P. Girolamo da Lecce stand mit Jakob Robustelli in engen Beziehungen und war von diesem nach Mailand gesandt worden, um zu bewirken, daß die freie Religionsübung im Untertanenland und auch im Puschlav versagt werde. Bernardo Masella, der Podestà von Puschlav, hatte den Gedanken gutgeheißen. In einer Predigt in Puschlav sollte P. Girolamo die Katholiken ermahnt haben, bei einem neuen Ueberfall der Protestanten weder jung noch alt zu schonen. Jenatsch erfuhr das und äußerte in einem Briefe an seinen Gesinnungsgenossen Anton Lossio, der mit seiner Truppe auf Kastell Grosso war, seine Entrüstung über den Pater: «Di gratia signor Podestà fatemi sappere il vero, che realmente non posso credere che la passione habbia trasportato un Padre religioso caritatevole di predicare una tale bestialità, indegnità, porcheria ch'un paese ove le due religioni sono si bene, et se l'ha fatto non volema perdonargliela...» Der Pater bestritt die Wahrheit der Anklage (50). Jenatsch vertrat mit allem Nachdruck den Gedanken der religiösen Duldung; diese sollte den inneren Frieden sichern und den äußern fördern. Es war bei ihm nicht nur menschliches Empfinden, ein innerer Drang, sondern die Einsicht in die Notwendigkeit. Die Beschuldigung der Gegner, Jenatsch wolle den evangelischen Glauben ausrotten, ja er beabsichtige, die Protestanten zu ermorden, Gerüchte, die überall verbreitet wurden und die der Antistes Breitinger im Nachruf wiederholt, waren unbegründet oder reine Erfindung.

Jenatsch hatte nach den Verhandlungen in Schuls vom 11. Juli 1638 das Engadin verlassen und hielt sich wieder in Cläven auf. Hier wurde am 26. Juli Johann Peter Stampa auf grausamste Art ermordet. Stampa war ein getreuer Anhänger der Franzosen und besonders des Ulysses von Salis; er rühmte dessen Tätigkeit in Cläven (1635/37) und stellte sie in Gegensatz zur militärischen Verwaltung der Grafschaft durch Jenatsch. Dieser mißtraute dem Stampa, bezeichnete ihn als einen französischen Spion und drohte ihm mit dem Tode — so äußert sich Sprecher —. Im Kreise Gulers in Chur beschuldigte man Jenatsch als den Urheber des Mordes, und Johann Jakob Rahn, der anfangs August bei seinem Schwager Guler in Chur auf Besuch war, erzählte über dieses Geschehen dem venezianischen Residenten Domenico Vico, der dann von seinem Berichterstatter in Chur noch eingehendere Meldungen über den Fall erhielt. Sprecher gibt nicht nähere Gründe für die Tat an; er belastet seinen verhaßten Todfeind Jenatsch und will seinen Gesinnungsgenossen Stampa nicht in ein schiefes Licht bringen, vielmehr nennt er Joh. Peter Stampa einen edlen Bürger. —

Nun hatte im Frühjahr 1638, in den Tagen, da Bernhard von Weimar vor Rheinfelden stand, der Kaufmann Peter Stampa — allem nach identisch mit diesem Johann Peter Stampa — ein Schiff mit Munition, Lunten, getrockneten Fischen den Rhein hinuntergeschickt; es sollte die Waren ins Lager des Herzogs von Weimar führen. Bei Laufen wurde das Schiff von Hans Stapfer, dem Vogt von Andelfingen, aufgehalten, entladen und die Ware nach Baden gebracht. In Chur, wo es keinen Stampa, wohl aber einen französisch gesinnten Bürgermeister Michael Finer, Wirt zum «wilden Mann» gab, nahm man sich des Peter Stampa an und bat Zürich, die Waren herauszugeben. Die Eidgenossen, mit denen Zürich die Angelegenheit besprach, sahen die Handlungsweise Stampas als die von «friedhässigen und unguten Leuten», als Vergehen oder Verrat gegenüber der Heimat an. — Wollte Jenatsch den Landesverräter treffen? Es ist auffallend, daß der Mord an Stampa, soweit bisher bekannt, nur bei Sprecher und im Kreise Gulers und dann von Hans Viktor Travers erzählt wird; weder Juvalta, Anhorn, noch Salis, noch Jakob Wigeli, der Avisenschreiber in Chur, der Berichterstatter des Bartholomäus Anhorn, der sonst das Sensationelle liebt, sprechen davon. — Hans Viktor Travers, der Landvogt auf Castels, meldete nach der Ermordung Jenatschs an Erzherzogin Claudia, Jenatsch habe durch fünf Soldaten den Edelmann Jan Pedro Stampa mit einem Messer ermorden lassen; dieser Stampa habe eine ehrliche Freundschaft (Salis) gehabt, die habe dann bei der Ermordung Jenatschs auch ihr bestes tun wollen, da es aber verschwiegen bleiben solle, so könne er (Travers) nichts weiteres sagen (51). Jenatsch verließ Cläven Ende Juli und kehrte nach Chur zurück. Aus dem Elsaß kam in den folgenden Tagen die Nachricht, daß Turenne mit einer Hilfstruppe (2000 Mann) für Bernhard von Weimar eingetroffen sei, und dann meldeten die Avisen die schwere Niederlage der kaiserlichen Truppen unter Götz bei Wittenweiler (9. August 1638) und den Beginn der eigentlichen Belagerung von Breisach (Mitte August). Während dieser Zeit waren kaiserliche Truppen auf dem Marsche durch Bünden nach Mailand. Die Bevölkerung in allen Tälern, die von den Soldaten berührt wurden, und besonders die Unterengadiner wollten den Durchmarsch nicht dulden. Auch della Manta hatte sich wieder mit seinen Vertrauensmännern in Bünden in Verbindung gesetzt. Er nennt Lorenz Tschudi, Fortunat von Sprecher, Conradin von Planta, Hauptmann Carl à Marca und den Dompropst Mohr: dieser war um den 10. August in Luzern beim savoyischen Gesandten und reiste dann heim, um gegen die Truppendurchzüge zu wirken. Ob Mohr nun den Versuch unternommen, Jenatsch wieder für Frankreich zu gewinnen, ist ohne Bedeutung; jedenfalls läßt sich die Behauptung, daß Jenatsch diesen feilen, prahlerischen Kleriker für solche Fragen gebraucht habe, nicht nachweisen (52).

Jenatsch hatte während dieser Vorgänge doch nicht so starke Zurückhaltung geübt, wie die Gegner es darstellen; er versuchte vielmehr weiter auf die Stimmung im Volke beruhigend einzuwirken, konnte aber auch sehr energisch auftreten. So stellte er den Hauptmann Stuppa, einen eifrigen Diener der Franzosen, scharf zur Rede; dieser hatte sich im März 1637 mit seiner Unterschrift verpflichtet, nichts gegen die bündnerischen Häupter zu unternehmen und war jetzt einer der Hauptagitatoren und Intriganten im Dienste des Auslandes. Jenatsch drohte ihm mit der Strafe, die ein Landesverräter verdiene, aber die Opposition wurde durch die Zusammenstöße nur noch eifriger und bearbeitete das Volk, um den Einmarsch Frankreichs zu ermöglichen. Freilich hatte die Mehrheit des Volkes die Tage der Besetzungszeit nicht vergessen und wollte sich nicht um die Früchte der Widerstandsbewegung bringen lassen. Zudem genossen die Führer der Opposition, vor allem die Aristokraten, nicht das Vertrauen des Volkes. Aber auch der venezianische Resident Vico, der von Rahn, Guler und Fortunat von Sprecher angefeuert wurde, gab gute Ratschläge zum Nutzen der Franzosen und meinte, man müsse dem Volke in Bünden klar machen, daß die Freiheit in Gefahr sei, daß mit Spanien nur zum Schaden der bündnerischen Freiheit verhandelt werde.

Da Jenatsch sich auch über die Notwendigkeit einer Reform der Verwaltung in den Untertanenlanden geäußert und im Sinne des Hartmann von Hartmannis (1603) die Wahl der Beamten nicht den Gemeinden und den Meistbietenden überlassen wollte, so posaunten Leute wie Lorenz Tschudi, Guler und Stuppa u. a. wieder aus, Jenatsch wolle einen Streich gegen die rätische Freiheit führen, die Demokratie durch die Diktatur ersetzen, die Volksherrschaft beseitigen und die Prädikanten zum Schweigen bringen (53). Vorsorglich habe er Geld und Wertsachen nach Mailand gebracht, und Guler und seine Gesinnungsgenossen vereinbarten, ihn mit scharfem Auge zu überwachen, um seinen bösen Absichten und Taten zuvorzukommen. Sie waren, wie sie sagten, entschlossen ihn zu töten und der «Freiheit des Vaterlandes» zu opfern. Das waren Gespräche, denen I. I. Rahn Ende Juli (1638) im Hause seines Schwagers Guler und im Kreise der Gegner Jenatschs gelauscht und die er, heimkehrend, dem Residenten Vico in Zürich gemeldet hatte. Er wußte aber noch mehr: Guler und seine Umgebung waren auch entschlossen, den Ausflüchten der Spanier ein Ende zu setzen und, wenn das Veltlin nun nicht zurückerstattet werde, mit 4000 Mann über die Berge zu ziehen und den alten Besitz «zu holen»; Venedig sollte ihnen beistehen. Sie waren bereit, der Republik jede Forderung zu erfüllen, um Hilfe zu erlangen. Guler bot Venedig die Rheinschanze und die Steig zur Besetzung an; dafür sollten er und seine Anhänger von Venedig Munition, Lebensmittel und Geld erhalten, und Venedig sollte so «die geistige und politische Freiheit schützen; die Gefühle der führenden Männer waren diesem Wechsel sehr zugeneigt». Mit Frankreich allein wollten sich Guler und seine Leute nicht verbinden, sondern nur im Einvernehmen mit Venedig auch die Hilfe Frankreichs genießen. Indessen stand Guler auch mit Méliand in Verbindung. Er selbst nahm an der Seite Jenatschs (und Buols?) an den Beratungen der Häupter, Obristen und Kriegsräte teil, wenn militärische und außenpolitische Fragen zu besprechen waren (54). Er war also über alles unterrichtet; doch ging er in seinem hochfahrenden, prahlerischen Wesen eigene Wege, die sich mit den Pflichten eines Festungskommandanten nur schlecht vertrugen.

Jenatschs Bemühen, den Intrigen der Opposition entgegenzutreten, hatte wenig Erfolg. Noch größere Sorgen bereiteten ihm aber die Fortschritte Bernhards von Weimar, der nach dem Sieg von Wittenweiler am 15. Oktober auch den Herzog Karl von Lothringen bei Sennheim und am 22. den kaiserlichen General Götz vor Breisach schlug. Die spanische Partei in Graubünden geriet dadurch wieder in Gefahr; die Opposition, besonders auch die Prädikanten frohlockten und lauschten wieder den Nachrichten vom «kommenden Messias». Von Paris aus, wohin Stuppa zur Berichterstattung eilte, wollte man die Propaganda in Bünden wieder unter die Leitung des Ulysses von Salis stellen, dem allein man genügend durchgreifende Kraft zutraute, um die Häupter und Jenatsch zu stürzen und zur Besetzung Bündens zu verhelfen. Brügger schien zu zurückhaltend zu sein, ohne Anhang im Lande und zu sehr auf die eigenen Interessen bedacht (55). Guler, dem die Annäherung an Frankreich nicht recht gelingen wollte, knüpfte Beziehungen zum Herzog von Weimar an, und der englische Resident Oliver Fleming, dem der Herzog von Weimar später nach dem Fall von Breisach davon erzählte, meldete dem Domenico Vico, der Herzog von Weimar beobachte die Geschehnisse in Bünden mit großer Neugierde; er unterhalte mit Bündnern, die ihre Gesinnung gewechselt, weil Spanien ihnen keine Genugtuung geboten habe, geheime Verbindung, und er fügte hinzu: «soweit ich erkennen kann, bearbeiten die protestantischen Orte diese Leute für einen nötigen Dienst, um die Pässe und Verkehrswege von Italien in das Reich aus der Hand Oesterreichs und Spaniens zu nehmen, da die genannten Orte erkennen, daß sie als erste die schädliche Wirkung vom Uebergang der Pässe an Oesterreich-Spanien verspüren müssen. Es ist die Ansicht vieler, daß der Herzog von Weimar als besonders leutseliger Fürst in guten Verhältnissen sich mit noch größerer Leichtigkeit der bündnerischen Pässe bemächtigen könne als der Herzog von Rohan; dazu zeigt der Herzog von Weimar eine große Neigung für dieses Unternehmen.» Vom Lager von Breisach aus hatte Bernhard von Weimar geschrieben, er werde Breisach nehmen oder das Leben lassen, und wenn einmal die Feste erobert sei, werde er seine Armee über Schaffhausen und St. Gallen nach Bünden führen. In Verbindung mit der Opposition in Bünden, die ihn rief, wollte er dann in Italien einfallen (56). Gulers Wunsch, Bernhard von Weimar in der Rheinschanze als «Befreier Bündens» und als Waffengefährten für die Eroberung des Veltlins zu begrüßen, sollte sich nicht erfüllen. «Das ist ein Geschäft für eine andere Zeit», sagte der Herzog; doch seine Verehrer in Graubünden gaben die Hoffnung nicht auf, daß diese Zeit bald kommen werde. Vorläufig kamen sie auf andere Pläne. Guler bildete sich ein, eine Erhebung des ganzen Bündner Volkes zustande bringen zu können, und Vico meldete, im Geheimen werde von den Prädikanten mit großem Eifer daran gearbeitet. Einer der Hauptkämpfer und Gegner Jenatschs, der Ilanzer Prediger Stephan Gabriel, «der die Bündner gut leitete, um sie gegen die Spanier zu führen», war allerdings am 6. November 1638 gestorben, aber sein Sohn Luzius vertrat ihn im Geiste und in der Kraft (57).

Die Erfolge des Bernhard von Weimar und das Treiben seiner Verehrer in Bünden veranlaßte die Häupter, anfangs November Georg Jenatsch und Hauptmann Joh. Schorsch nach Mailand zu senden, um dem Statthalter Leganez die Gefahren darzulegen. Noch gingen überall die Gerüchte, daß der Herzog bald den Marsch nach Bünden antreten werde, und in Basel hatten Vertreter Englands, Frankreichs und Venedigs eine Beratung, bei der sie sich mit der Frage des Marsches nach Bünden befaßten. Um diesen Gefahren zu begegnen, verlangten Jenatsch und Schorsch in Mailand für die Bünde die Erlaubnis, das Veltlin, Bormio und Cläven unverzüglich in Besitz nehmen zu dürfen, denn dadurch seien die Gegner entwaffnet. Doch Leganez trat auf dieses Begehren gar nicht ein. Schorsch blieb noch in Mailand, um über diese Frage weiter zu verhandeln, Jenatsch ritt nach Cläven zurück. Als sich dann die Nachricht vom bevorstehenden Fall von Breisach verbreitete, beriefen Bürgermeister Joh. Bavier und etwelche «Ratsgesandte» wieder die Häupter samt drei oder vier Räten aus jedem Bunde nach Chur, und diese beauftragten Jenatsch und Rosenroll, wieder nach Mailand zu gehen und die Rückkehr aller bündnerischen Truppen zu verlangen; diese sollten die nördlichen Zugänge nach Graubünden besetzen. Zugleich sollten Jenatsch und Rosenroll erneut die unverzügliche Rückgabe des Veltlins fordern, um Bünden die innere Ruhe und Geschlossenheit zu geben (58). Gerüchte besagten schon, die Verhandlungen in Madrid seien abgeschlossen worden, die Gesandten auf der Rückreise begriffen, und die Häupter hatten schon Mitte Oktober dem Volke erklärt, sie erwarteten alle Tage einen entscheidenden Bericht aus Madrid. Von Bern, Basel, Schaffhausen und Zürich gingen aber Mahnungen ein, keine «dem evangelischen Wesen schädlichen Artikel anzunehmen» und von «geistlichen und weltlichen Freiheiten» nichts zu opfern (59).

Jenatsch und Rosenroll fanden bei Leganez auch diesmal kein Gehör; er sah in den Truppen, die in Mailand dienten, eine Sicherheit für die Einhaltung der Verträge; er wollte sie also nicht ziehen lassen. Er versuchte die Bündner zu beschwichtigen und behauptete nun, Bernhard von Weimar werde Bünden niemals angreifen. Statt die Kompagnien heimziehen zu lassen, verlangte er die Entlassung der 300 Mann der Rheinschanze, die unter Guler standen. Als dann Jenatsch die Zerstörung von Fuentes begehrte, forderte Leganez das Versprechen, daß Bünden sich nie mit Venedig verbinden werde. Er schien von den Absichten Gulers unterrichtet zu sein. Jenatsch kehrte enttäuscht und sorgenvoll nach Cläven zurück. Der Versuch, das Unheil abzuwenden, war gescheitert. Auch die unverzügliche Besetzung des Veltlins durch die Bünde hatte Leganez wieder abgelehnt. Jenatsch wollte dennoch nicht den Krieg; er ließ die Partei Gulers wissen, wenn sie einen Einfall ins Veltlin unternehmen sollte, so werde Spanien das Addatal besetzen und der Kaiser und die Erzherzogin Claudia ihre Truppen in Bünden einmarschieren lassen (60). Guler wartete trotzdem weiter auf eine günstige Gelegenheit, um losschlagen zu können. Er baute weiter auf Bernhard von Weimar, auf die Intervention der evangelischen Städte und vor allem auf Venedig. Durch seinen Schwager I. I. Rahn wandte er sich anfangs Dezember 1638 abermals an Domenico Vico und erneuerte sein Angebot vom Sommer des gleichen Jahres, nämlich die Rheinfeste, die er befehligte, und die Pässe Venedig auszuliefern gegen Unterstützung mit Geld, Munition und Vorräten im Kampf um das Veltlin. Dabei stellte Guler diesmal in Aussicht, die allgemeine Zustimmung der Gemeinden erlangen zu können. Er drängte nun um so mehr, als er von Jenatsch erfahren hatte, Leganez habe erklärt, wenn Bernhard von Weimar Breisach nehme, so werde er das Veltlin, Cläven und Bormio besetzen.

In Chur sprachen die Gegner Jenatschs offen von seiner Vernichtung, und die Häupter fanden es ratsam, ihn zu warnen, weil einzelne Briefe aus Innsbruck und aus Mailand an ihn als den Oberbefehlshaber gerichtet waren und er sich dadurch den Anschein des Machthabers gebe. Im übrigen aber wirkte er im vollen Einverständnis mit den Häuptern und den bedeutendsten Führern im Volke; doch wie die Verhältnisse sich wenden konnten, wenn ein Teil der Massen sich erhob, hatte Jenatsch sattsam erlebt. Er ließ Cläven mit Doppelpforten versehen und verstärkte die Wachen, um für seine eigene und der bündnerischen Feste Sicherheit zu wachen.

Der bevorstehende Fall der Festung Breisach hatte ganz besonders Oesterreich in die größte Aufregung gebracht; der Kriegsrat versammelte sich anfangs Dezember 1638 und besprach eingehend die Maßnahmen der Verteidigung Oesterreichs. Generalfeldzeugmeister von der Golz, Oberstleutnant Manigckhor und Oberst Keller beurteilten die Lage in ähnlicher Weise. Sie dachten an drei Möglichkeiten des Angriffs. Nach dem Fall der Feste Breisach werde Bernhard von Weimar ohne große Hindernisse durch die Schweiz ziehen und Bünden überfallen oder über Feldkirch und den Arlberg auf Innsbruck vordringen oder durch Bayern über die Ehrenbergerklause nach Süden ziehen. Am Arlberg und bei Landeck wie im Norden des Landes sollte deshalb die Verteidigung organisiert, die Landmilizen in Tirol und im Vorarlberg aufgeboten und Munition und Vorräte bereit gestellt werden. Dazu hoffte der Kriegsrat, daß Spanien die gefährliche Lage nicht verkennen und Bünden kräftig unterstützen werde. Die Häupter und Räte in Bünden sollten gemahnt werden, keine Maßnahmen zu unterlassen, die zur Verteidigung des Landes dienten. Weiter empfahl der Kriegsrat der Erzherzogin Claudia Dr. Matthäus Klaus als Sonderbeauftragten mit Instruktionen und Briefen der Erzherzogin an Oberst Jenatsch zu senden, um die «hohe importanz der Lage mündlich sincerieren zu lassen». Schon hatte der spanische Gesandte in Innsbruck nach Mailand geschrieben, Leganez möge die Wünsche der Bündner auf Vermehrung der Truppen und Rückgabe des Veltlins erfüllen, mit Bünden und Oesterreich der drohenden Gefahr vorbeugen und auf diese Weise eine gemeinsame Abwehr ermöglichen. Es war in den ersten Dezembertagen (61).

Am 17. Dezember (1638) eroberte Bernhard von Weimar die Festung Breisach; der Weg über den Rhein nach Osten war für Frankreich frei. Am 18. Dezember starb Père Joseph in Paris; man erzählte, Richelieu habe, sich über den sterbenden Père Joseph beugend, diesem ins Ohr geflüstert: «Père Joseph, Brisac est à nous.» Jenatsch meldete in seinem letzten Brief die beiden großen Ereignisse der Erzherzogin Claudia mit den lakonischen Worten: «Am Tage da Breisach fiel, starb auch Père Joseph, Kapuziner in Frankreich, so daß er nicht der Ueberbringer jener Neuigkeit in der andern Welt sein konnte.»

Ganz Europa maß dem Falle der Festung Breisach außerordentliche Bedeutung zu, denn sie war das Eingangstor nach Süddeutschland und Oesterreich und auch nach Bünden. Leganez berief den Gesandten Carlo Casati aus Luzern zu sich und beauftragte dessen Bruder Francesco in Bünden zu wachen, daß die französische Propaganda nicht alle Hoffnungen für Spanien zerstöre, denn bei Guler und den Freunden Frankreichs löste die Nachricht große Freude aus. Sie sprachen offen von der Rache für Rohans Vertreibung. Frankreich beeilte sich, den Eidgenossen die Pensionen zu bezahlen, um die Stimmung zu pflegen. Die Häupter in Bünden hingegen waren in Sorgen und die «Alteration — daß anders es nicht geschienen, als wann der Teufel selbsten aus der Hellen losgelassen worden». Jenatsch und Rosenroll ritten eilig nach Mailand und verlangten, daß Leganez jetzt die bündnerischen Kompagnien unverzüglich heimreisen lasse, um die Mannschaften an der Luziensteig, in der Rheinschanze und an den Pässen zu verstärken. Vor der Abreise hatte Jenatsch noch eine Unterredung mit dem Landvogt auf Castels, Hans Viktor Travers; dieser stellte ihm schwer besorgt die innere Gefahr, die Tätigkeit der Franzosenfreunde, vor und mahnte ihn, von Leganez besonders die Zustimmung zur Besetzung des Veltlins durch die Bündner zu erwirken. Jenatsch möge Leganez daran erinnern, wie Frankreich die Rückgabe des Untertanenlandes hinausgeschoben, bis das Volk in Bünden das Vertrauen verloren, den Franzosen keinen Glauben mehr geschenkt und dann Leib und Leben daran gesetzt habe, um sie aus dem Lande zu treiben; so könne es auch den Spaniern ergehen. «Die Gegner gewinnen an Boden», fuhr Travers fort; «sie haben immer betont, Spanien werde das Veltlin nicht zurückgeben, sondern die Bünde bis zu einem allgemeinen Frieden vertrösten; die Religion sei kein Grund, das Untertanenland den rechtmäßigen Besitzern vorzuenthalten, denn im Tessin könne man auch miteinander leben». Jenatsch stimmte Travers zu und versprach in dieser Sache sein Möglichstes zu tun.

In Mailand fanden Jenatsch und Rosenroll trotz der Mahnungen aus Innsbruck zunächst wieder kein Gehör. Da erschien Graf Biglia von Chur her und schilderte die Stimmung der Prädikanten und des evangelischen Volkes, ferner die große Gefahr, die den Häuptern und dem Lande drohe, Jenatsch aber, der entschlossen war, nicht ohne die Truppen heimzureiten, trat Leganez immer freimütiger entgegen und mahnte diesen, die im Kapitulat in Innsbruck versprochene Hilfe zu gewähren und nicht zuzuwarten, bis Bernhard von Weimar die Bündner wirklich angegriffen habe, sonst werde auch die Hilfe des Kaisers und Oesterreichs ausbleiben, und drastisch fügte er hinzu, es sei nicht recht, einen Menschen sich im Schlamme wälzen zu lassen und ihn dann erst in der letzten Not an den Haaren herauszuziehen. Der Marchese de Leganez mußte nachgeben, so ungern er eine starke Truppe unter der Führung der Häupter und Jenatschs sah. Jenatsch meldete erleichtert nach Chur, er hoffe bis Weihnachten mit der Mannschaft, auch mit dem Gelde für die Truppen der Rheinfeste und für Private heimzukehren; die Häupter sollten diese Nachricht im Volke verbreiten. Die Besitznahme des Veltlins aber gestand Leganez gemäß den Befehlen aus Madrid auch jetzt nicht zu. Da indessen die Gegenpartei erfuhr, daß Bernhard von Weimar sich zunächst nach Burgund gegen Herzog Karl von Lothringen wenden werde, sah sie, daß der Augenblick für die gewaltsame Besitznahme des Veltlins noch nicht gekommen sei, dies um so mehr, als Guler von Venedig ohne Antwort blieb und die Gefahr von Osten und von Süden nicht zu unterschätzen war (62).

Die Freikompagnien waren auf dem Rückmarsch; Jenatsch hatte von den Häuptern Befehl, sie in Cläven einzuquartieren. Dann wünschte er, seine Besatzung zum Teil nach Chur mitziehen zu lassen, allein die Häupter wiesen ihn an, die Besatzung nicht zu schwächen. Die Gegner, besonders französische Diener und Agenten wie der Interpret Tschudi und Hauptmann Stuppa verbreiteten in Bünden und in Zürich das Gerücht, die Häupter seien von Jenatsch beherrscht, er wolle jetzt mit Hilfe der heimkehrenden Truppen einen Staatsstreich wagen und sich zur militärischen Stellung auch die politische Macht im Lande aneignen (63). Die Häupter aber wollten beweisen, daß sie im vollen Besitz der Macht seien. Jenatsch dachte an die Erregung im Volke, an die Gefahr für seine Familie. Deshalb bestimmte er im Einvernehmen mit den andern Truppenführern, daß die Kompagnie des Rudolf Travers in Chur bleiben solle. Auf Wunsch des Churer Stadtrates beschlossen aber die Häupter, die Mannschaften an die Steig, in die Herrschaft und in die IV Dörfer unterhalb Chur zu verteilen. Als von den Häuptern den Offizieren befohlen wurde, in die bestimmten Quartiere zu ziehen, fügten sie sich schweigend den Anordnungen.

Nun erkundigte sich Hans Viktor Travers in besorgter Erregung bei Jenatsch, wie sich Leganez zur Veltlinerfrage gestellt habe, denn er sagte sich, das Ansehen der Partei müsse schwinden, wenn Spanien sich fernerhin weigere, das Untertanenland herauszugeben. Wenn aber gar Bernhard von Weimar bei dieser Lage anrücken sollte, so würden viele Bündner in Versuchung geraten, die Gegner Frankreichs zu verlassen und zum Herzog von Weimar überzugehen. Travers war über die Pläne und das Treiben der Leute um Guler gut unterrichtet und gab jetzt sogar Jenatsch den Rat, er möge das Land verlassen, denn sein Leben sei in Gefahr. Jenatsch erkannte seine Lage; trotzdem wollte er Travers beruhigen. Obschon sich Leganez der Besetzung des Veltlins durch die Bündner entschieden widersetzt hatte und Jenatsch eine klare Antwort an Travers schuldig blieb, so sagte er nun doch: «Im Februar wollen wir das Veltlin in Besitz nehmen, denn bis dahin sind die Gesandten aus Spanien zurück.» Travers meinte, Jenatsch habe in diesem Sinne eine Zusage des Leganez, um so mehr als Jenatsch die gleichen Aeußerungen auch andern Bündnern gegenüber wiederholte. War er auch innerlich von schweren Sorgen geplagt, so wollte er das äußerlich nicht zugeben; zudem mochte es seine Ueberzeugung sein, daß die Entscheidung nahe sei. Seine Hoffnungen stützten sich auf den Kaiser und auf die eifrigen Bemühungen der Erzherzogin Claudia, die ihm am 6. und am 10.

Dezember im Sinne des österreichischen Kriegsrates nach Mailand geschrieben hatte. Er hatte schon in der ersten Hälfte Dezember mit Travers zusammen der Erzherzogin Claudia versichert, daß die Rückgabe des Veltlins alle inneren Schwierigkeiten lösen würde. Bünden würde dann geschlossen Bernhard von Weimar und den Franzosen begegnen und damit an der Seite Oesterreichs auch die Gefahr von Außen abwenden. Daraufhin wandte sich die Erzherzogin Claudia am 15. Dezember an den Kaiser und legte diesem dar, Spanien bringe Bünden in Gefahr und damit auch Oesterreich, denn wenn das Veltlin nicht recht bald den Bünden zurückgegeben werde, so könnten die Bündner sich wieder Frankreich zuwenden; angesichts der Gefahr, die durch Bernhard von Weimar von Westen drohe, würde der Abfall Bündens zu einem Verhängnis für Oesterreich. Die Erherzogin bat den Kaiser, alles zu tun, um Spanien zur Rückgabe des Veltlins zu bewegen; wirklich tat dieser nicht nur unverzüglich Schritte beim spanischen Gesandten in Wien und bei Leganez in Mailand, sondern ein kaiserlicher Sondergesandter reiste eigens nach Madrid, um dem spanischen König die Gefahren zu schildern und alles daran zu setzen, damit Spanien die Untertanenlande an die Bündner herausgebe. Die Erzherzogin Claudia hatte außerdem durch Carl Colonna, Freiherrn von Fels, den Häuptern zugleich versichern lassen, daß sie alles tun werde, um den Bünden zu helfen und die Rückgabe des Veltlins zu befürworten. Eine gewaltsame Entscheidung im Veltlin wünschte Jenatsch womöglich zu vermeiden (64).

XIX

Heimkehr der Truppen aus Mailand, Januar 1639
Bernhard von Weimar und Richelieu
Jenatschs Ermordung am 24. Januar 1639
Ursachen und Urheber des Mordes
Frankreichs Versuche Bünden als Interessensphäre
zurückzugewinnen

Schon vor dem Fall von Breisach hatten die Häupter in Bünden
die Nachricht erhalten, daß der Angriff des Herzogs von Weimar
gegen Bünden auf Ende Dezember 1638 zu erwarten sei. Die Kunde
von der Kapitulation von Breisach hatte dann die Gemüter in Chur,
ganz besonders die Kreise Gulers, mächtig erregt. Als Auswuchs
der leidenschaftlichen Bewegungen waren Gerüchte, Verleumdungen und Beschuldigungen aller Art jetzt wieder stärker im Zuge als
je zuvor. Jenatsch sollte bestimmt nach der Diktatur trachten, die
Gegner vernichten wollen und dann das Veltlin besetzen usw. Diese
unsinnigen Lügengewebe, die bis in die Sitzungen des Beitages drangen, fanden immer wieder Glauben. Die Häupter mußten dem Treiben der Gegner Jenatschs entgegenwirken und im Innern Bündens
wie nach außen ihre Entschlossenheit und ihre Kraft zeigen. Sie
schrieben an Zürich: «Wir werden von unterschiedlichen Orten im
Vertrauen avisiert, daß, nachdem Breisach gefallen ist, die Waffen
gegen rätische Lande geführt werden sollen», und sie versicherten,
daß sie unzweifelhaft auf das Bündnis mit Zürich und den Eidgenossen bauen würden. Ferner erklärten die Häupter, das Kriegsvolk
sei einzig und allein zur Verteidigung der Heimat zurückgekehrt.
Gleichzeitig ordnete der Beitag an, daß alle Befehle und nötigen
Anordnungen für die Truppe nur von den Häuptern des Landes erteilt werden dürften. Diese inneren Maßnahmen und Rücksichten
zwangen die Häupter auch dazu, mindestens äußerlich die militärische Verbindung mit Oesterreich zu verleugnen. Als nämlich Carl
Colonna, der Freiherr von Fels, nach dem Fall von Breisach in Chur

erschien, um weiter die gemeinsame Abwehr zu besprechen, wobei er unter anderm die bündnerische Hilfe für den Vorarlberg, also den förmlichen Abschluß eines Schutz- und Trutzbündnisses wünschte, wagten die Häupter nicht, den Gemeinden diese neue Verbindung zu empfehlen, vor allem nicht solange der König von Spanien keine befriedigende Antwort erteilt hatte und das Veltlin nicht zurückerstattet war. Der Kaiser Ferdinand III. und die Erzherzogin Claudia konnten auf ihre Bemühungen in Madrid hinweisen, doch das Volk in Bünden und seine Führer wollten die Auswirkung sehen (1). Die Häupter und Räte wollten mit ihren Beschlüssen den Gegnern die Gelegenheit zu neuen Gerüchten und Anklagen gegen Jenatsch nehmen, denn sie waren sich bewußt, daß dieser trotz all seiner Hemmungslosigkeit in diesen Tagen der unentbehrliche Mann geworden war. Sein Mut, seine Tapferkeit, seine Unerschrockenheit und sein Scharfsinn machten ihn zum hervorragendsten Führer der Truppe, und da die militärischen Aufgaben so eng mit den politischen Absichten der Bündner zusammenhingen und Jenatsch dazu als großer Redner und klarer Denker sich auch für die politischen Geschäfte vortrefflich eignete, mußten ihn die Häupter und Räte sowohl für militärische als auch für politische Angelegenheiten zu Rate ziehen. Auch die Obersten und Kriegsräte hörten auf ihn; sie anerkannten Jenatschs Befähigung, folgten seinem Rate und den Anordnungen, die er ihnen empfahl. So sorgte er nach allen Seiten für die Bedürfnisse der Armee und der Heimat, doch ohne daß die Häupter das Heft aus der Hand gegeben hätten. Die letzte Entscheidung lag unzweifelhaft bei ihnen, und trotzdem schob man die Verantwortung für alles Geschehen Jenatsch zu. Unermüdlich — wie der venezianische Resident immer wieder meldet — waren die Kanzel und ihre zum Teil von Frankreich bezahlten Diener an der Seite Gulers und der Aristokratie mit Anschuldigungen und Erfindungen bereit. Dabei war man in diesen Kreisen für Frankreich gar nicht begeistert und hätte mißtrauisch genug eine Verbindung Venedigs mit Frankreich vorgezogen, um der Gefahr einer neuen Vergewaltigung durch Richelieu zu entgehen. Es war ein Jammerbild eines zerrissenen Volkes in schwerer Not. — Von den Eidgenossen erwartete Jenatsch wenig Hilfe und Unterstützung. Zürich, dessen Neigung für den Herzog von Weimar nicht zu leugnen war, erschien ihm politisch unzuverlässig. Ein Marsch durch die evangelischen Orte lag durchaus im Bereich der Möglichkeit, obschon Zürich beschlossen hatte, jeden Durchzug zu verhindern. Jenatsch war deshalb entschlossen, mit Oesterreich eine Front zu bilden, um den Angriff des Feindes abzuwehren oder bei günstiger Gelegenheit selbst die Offensive zu ergreifen. Hinter der Front, die Jenatsch trotz allem so stark als möglich gestaltete, hätte er mit Hans Viktor Travers und den Häuptern gerne das Volk in Kraft und Einheit gesehen. Daß die innere Geschlossenheit fehlte, war aber ganz besonders Spaniens Schuld. Immer noch stand die Rückgabe des Veltlins und die völlige Befriedigung des Prätigaus und des Unterengadins aus. Jenatsch klagte deshalb nicht über das Bündner Volk, sondern über einzelne Führer und über das Ausland, besonders über Spanien, das in starrer Behauptung der Großmachtswürde und Gewalt die Bünde als Kleinstaat in unwürdiger Weise hinhielt.

Die Bündner Truppen hatten am 29. Dezember Mailand verlassen, und Jenatsch kam am 3. Januar in Chur an. Wenige Stunden zuvor hatte ein Wirbelwind den hölzernen Turm der St. Luziuskirche zerstört und die Fähnlein von der Spitze von St. Martin und vom Rathaus auf die Straße heruntergeworfen. Jenatsch erschrak bei diesen Nachrichten, als ahnte er Unheil. In Chur und auf dem Lande herrschte die größte Spannung; das Volk erwartete mit wachsender Ungeduld die Rückkehr der Gesandten aus Madrid, und anderseits lauschte es den Gerüchten über die Bewegungen der Armee des Bernhard von Weimar (2).

Jenatsch hatte nach der Ankunft in Chur vermieden, Hans Viktor Travers gegenüber sein innerstes Empfinden und seine Gedanken über die innere und äußere Lage Bündens näher zu erörtern. Trotz der Hoffnungen, die die Intervention des Kaisers und der Erzherzogin in der Veltlinerfrage in Mailand und in Madrid in ihm geweckt hatten, sah er die Lage als sehr ernst an. Die Grenze war nun neben der Besatzung der Rheinfeste noch mit 1200 Mann besetzt, doch fürchtete er, Leganez könnte diese Truppen wieder nach Mailand zurückberufen, ehe die Gefahr geschwunden sei. Wie zu Beginn des Jahres 1638, als Bernhard von Weimar gegen Rheinfelden und Laufenburg vorgerückt war, so suchte sich Jenatsch auch jetzt die Pläne des Herzogs von Weimar zu erklären, und er meinte nun, daß dieser den Marsch am Bodensee vorbei nach Tirol plane, um Bünden zuerst zu isolieren und dann zu besetzen und sich den Weg nach Italien zu öffnen; dies um so mehr, als die Spanier aus Piemont abgezogen waren und sich dadurch die Stellung Frankreichs dort gebessert hatte. Der Vorstoß einzelner Truppenteile des Weimarers gegen Konstanz erschien Jenatsch als Vorzeichen einer wachsenden Gefahr (3). Er schrieb an die Erzherzogin: «Es ist sicher, solange die Franzosen diese Plätze am Rhein, so nahe unseren Grenzen halten, können wir uns keiner Sicherheit erfreuen. Und wie ich immer gesagt habe oder wie ich andere Male sagte, es sind zwei Gründe, warum die Franzosen an die Wiedereroberung dieser Pässe denken müssen: der Abzug der Spanier aus Piemont und die drohende Besitzergreifung von Konstanz und Lindau — besonders noch, da diese Truppen zur Gefahr für Tirol werden; ich hoffe auf Gott, das werde nie geschehen, solange sie uns bewaffnet sehen. Auch die Eidgenossen, die vier Städte wollen es nicht, wenn nicht aus guter Gesinnung, so doch um nicht in den Krieg hineingezogen zu werden. — Ohne Zweifel, wenn wir die Franzosen von einer Seite aus angreifen, werden die Kaiserlichen ihnen in den Rücken fallen, und dann müssen die Franzosen Unterkunft und Lebensmittel nehmen, wo sie sie finden.»

So sah Jenatsch die Heimat vor dem Entscheidungskampf mit Frankreich; mit seinem geschärften Wirklichkeitssinn überlegte er die Gefahren, besonders auch im Innern des Landes; er war jetzt verschlossen, mißtrauisch, empfindlich, bereit jeden Widerstand niederzuschlagen — wie im Fall Stampa. Die wiederholten Mahnungen des Hans Viktor Travers, das Land zu verlassen, da man ihm nach dem Leben trachte, erwog er mit schneidender Kälte, trotzte der Gefahr und auch seinen persönlichen Widersachern und den Landesverrätern. Der Erzherzogin Claudia vertraute er kurz seine Sorgen an: «Hier im Lande herrscht der große Wunsch, daß unsere Gesandten in Spanien den Weg finden möchten, mit guter Genugtuung heimzukehren, wie es versprochen wurde.» Die Erzherzogin selbst aber möge entschlossen ihren Beitrag für den inneren Frieden Bündens leisten; sie solle einen Kommissar ins Prätigau senden, um wie in alter Zeit den Treueid zu empfangen, aber nicht mehr verlangen, d. h. die acht Gerichte sowie das Unterengadin seien bereit, ihre alten Feudalpflichten zu erfüllen, doch wollten sie die volle Freiheit des

Glaubens genießen; damit könne die Spannung zwischen Bünden (besonders Prätigau und Unterengadin) und Oesterreich beseitigt und zugleich die innere Einigung Bündens gefördert werden. In diesem letzten Schreiben kam Jenatsch noch einmal auf die Frage der Vermehrung seines Wappens und auf das Lehen Megdberg zu sprechen. Vielleicht dachte er jetzt daran, nach der Entscheidung des Kampfes mit Frankreich der politischen und militärischen Stellung in Bünden zu entsagen und sich nach Megdberg zurückzuziehen. Seit seinem ersten Gesuch um die Vermehrung des Wappens anfangs des Jahres 1638 hatte sich seine Lage wesentlich verändert. Jenatschs Einfluß und Bedeutung mußte anders gewertet werden. Die Erzherzogin wandte sich jetzt von Neuem an den Kaiser Ferdinand III., legte ihm dar, was Jenatsch in Mailand auch im Interesse Oesterreichs und seiner Sicherheit getan habe und bat den Kaiser um die Gunst für Jenatsch. Zugleich ließ sie Jenatsch berichten (18. Januar), daß ein Kommissar ins Prätigau kommen werde, um den Treueid in der alten Weise entgegenzunehmen und das Volk zu beruhigen. Jenatsch erfuhr auch, daß die Frage von Megdberg von neuem geprüft und Montecuculi mit der Ausfertigung des Adelsbriefes beauftragt werde. Diese Meldung erhielt Jenatsch noch vor seinem Tode. Nur wenige Tage vor seinem tragischen Ende hatte Hans Viktor Travers ihn um ein großes Darlehen an die Erzherzogin gebeten. Jenatsch hatte das Gesuch höflich abgewiesen und sich entschuldigt, sein Hauskauf in Chur und ein großes Darlehen an den Abt des Klosters Weingarten, Dietrich von Horb, hätten seine Mittel erschöpft. Er hatte nicht lange zuvor (1638) neben dem Kauf des Hauses und Gutes «auf dem Sand» in Chur noch 15 000 Gulden dem Abt des Klosters Weingarten bei Ravensburg geliehen. Der Abt hatte sich mit seinen Mönchen vor den Schweden nach Feldkirch ins alte Johanniterhaus gerettet und Jenatsch die Herrschaft Blumenegg verpfändet. Als dann später zu Beginn des Jahres 1639 Travers das Darlehen erbat, konnte sich Jenatsch wohl mit gutem Grund entschuldigen, daß er den Wunsch nicht erfüllen könne (4).

Auch einer neuen Einladung, nach Lindau zu kommen, um mit Oberst Schmid und Oberstleutnant Manigckhor neue Maßnahmen zur Verteidigung gegen Bernhard von Weimar zu besprechen, wollte Jenatsch nur im Auftrag der Häupter folgen, um so mehr, als er selbst über die Bewegungen der weimarischen Truppen im Elsaß sehr genau unterrichtet war, an eine momentane Gefahr nicht glaubte und zudem seine Gegner in Chur im Auge behalten wollte. Wenige Tage später verbreitete sich in Innsbruck das Gerücht, man habe starke Truppenteile des Herzogs von Weimar zu Fuß und zu Pferde im Anmarsch gegen Bünden beobachtet. Jenatsch, Hans Viktor Travers und die Häupter wurden sofort davon benachrichtigt; allein sie kannten die Vorgänge genauer, denn die Kundschafter des spanischen Gesandten Carlo Casati in Luzern beobachteten bei Tag und bei Nacht alle Bewegungen von der Luziensteig bis Basel, und in Basel selbst wachten ihre Berichterstatter. Sogar aus Paris gingen vertrauliche Berichte ein: «Seid glücklich, wenn Bernhard von Weimar anderwärts tätig ist, aber hütet euch». Die Spione waren angewiesen, ihre Berichte an Francesco Casati, der seit dem 15. Januar in Chur war, zu senden. Er unterrichtete Jenatsch und die Häupter genau über die Vorgänge im Elsaß und in der Eidgenossenschaft.

Die Gefahr, daß der Herzog Bernhard von Weimar gegen die Bündner ziehen werde, wurde immer geringer, ohne daß man in Bünden die Ursachen gekannt hätte. Das kam so. — Durch den Einzug in die Feste Breisach stand der Herzog von Weimar als Besieger des Kaisers, als Retter und Helfer des protestantischen Volkes in Deutschland da. Er hatte durch seinen harten Kampf um Breisach die Kaiserlichen gezwungen, die Truppen aus Westfalen, Thüringen und Hessen zum Entsatz von Breisach heranzuziehen, und somit waren die kaiserlichen Heere von den Schweden und ihren Verbündeten nach dem Süden zurückgedrängt worden. Der Herzog Bernhard wollte nun den Kaiser zusammen mit den Schweden von Norden und von Westen her in die Enge treiben und ihn so zu einem Frieden zwingen auf der Grundlage der Religionsfreiheit. Dagegen war er entschlossen, die Kämpfe im Dienste des französischen Imperialismus aufzugeben; somit trat der Gedanke eines Krieges um Bünden, die Alpenpässe und Italien vorläufig ganz in den Hintergrund. Den Anlaß zu diesem Wandel hatte Richelieu gegeben. In einem Vertrag vom 27. Oktober 1635, als Bernhard von Weimar in den Dienst Frankreichs getreten war, hatte der Kardinal Richelieu dem Herzog von Weimar die Abtretung der Gebiete im Elsaß und Hagenau, die ehemals Oesterreich gehört hatten, zugesagt. Die evangelischen Eidgenossen hatten sich schon über die Entstehung eines Kleinstaates (der Landgrafschaft Elsaß unter Bernhard von Weimar) an ihrer Grenze gefreut, weil sie den Kleinstaaten um sich den Vorzug gegeben hätten (Savoyen, Oesterreich, Lothringen, Elsaß) und sie auch schon ihre schweren Bedenken zur Entfaltung der Großmacht Frankreich hatten. Kurz nach der Einnahme von Breisach (17. Dezember 1638) verlangte aber Richelieu, daß die eroberte Festung Breisach an Frankreich abgetreten werde, denn Frankreich habe auch die Kosten des Krieges zu tragen gehabt. Der Herzog von Weimar war darüber entrüstet und klagte dem englischen Residenten bei den evangelischen Eidgenossen, Oliver Fleming, über das Begehren des Kardinals und daß er zudem auch zu wenig Truppen und Geld besitze, um den Krieg weiterzuführen. Er sehe sich gezwungen England um Geld und Mannschaften zu bitten, um Richelieu und seinen Begehren freier entgegentreten zu können. Dann fuhr er fort, so sehr ihn die Frage eines Krieges um die Alpenpässe beschäftige, so falle dieser Gedanke vorläufig dahin. Die Truppen des Herzogs zogen zunächst nach Burgund. (Als er dann im Sommer die Offensive gegen den Kaiser begann, erkrankte er und starb am 18. Juli 1639. Frankreich zog das Gebiet im Elsaß zum Leidwesen manches Eidgenossen an sich). Das waren die Gründe, warum Jenatsch den Hans Viktor Travers auf Castels beruhigen konnte, und dieser meldete im Auftrage Jenatschs noch am 21. Januar nach Innsbruck: «Wegen unseres Vaterlandes bin ich etwas trosthafter, als ich vor etwas Zeiten gewesen bin, denn es ist ganz offenbar, daß sie (die Franzosen) unser Vaterland also in Eile, wider ihr verhoffen, haben müssen verlassen, und ihr intent ist, sich wieder de novo unserer Lande oder Pässe zu bemächtigen; ja nicht allein sie, sondern ihre Leute (Guler und Salis) in Bünden, so sie begünstigen, ob sie schon müssen bekennen, daß dieses Geschäft an sich gut sei und für das Vaterland», und auf die Gespräche mit Jenatsch hinweisend, sagte er: «Aber insonderheit haben alle gutherzigen eine bessere Hoffnung mit Hilf Gottes diesen Februar den Posses des Veltlins zu überkommen, alsdann hoffe ich zu Gott unsere contrari werdent müssen schwiegen; man hat alle Zeit gute Sorg, was möglich ist und mit spähen und anderm» (5). Mit diesen Worten gibt Travers auch die Gedanken und Sorgen Jenatschs aus den letzten Tagen seines Lebens. —

Wie auf einem Feuerhengst war Jenatsch durchs Leben und über die Abgründe hinweg gejagt, ohne die Gefahren zu ermessen. Nun wachte er ein letztesmal im Dienste der geliebten Heimat, um sie in einem Endkampf vor den Machtgelüsten des imperialistischen Frankreich zu retten.

Drei Tage später bereiteten ihm die Söldlinge des Feindes und seine persönlichen Gegner ein tragisches Ende. Die Gelegenheit zur Ausführung des lange schon gehegten Mordplanes bot sich, als Rudolf (de Pompejus) Planta im Januar 1639 nach Chur kam, um den Streit um das Erbe des Oheims Rudolf Planta-Zernez wieder vor den Bischof zu bringen und den erwähnten Vergleich zwischen den Planta zu besprechen. Rudolf Planta, sein Vetter Zambra-Prevost und Guler mit seinen Vettern Salis und mit seinen Vertrauten hatten sich die Hand gereicht zur Ausführung der Tat. Rudolf Planta hatte die Leitung des Unternehmens übernommen (6). Im Schloß Haldenstein fand Guler bei seinem Verwandten Julius Otto von Schauenstein Hilfe. Dort bereiteten Planta und Joh. Baptista Prevost, genannt der Zambra, die Mordtat vor, und der Freiherr gab ihnen 27 seiner Haldensteiner mit, denn man mußte mit dem Widerstand Jenatschs und seiner Umgebung rechnen. Der Freiherr folgte dann der Mordbande nach Chur, wo auch Carl von Salis mit den beiden Herkules, den Neffen des Ulysses von Salis, Jakob Molina, der Schwiegersohn des Ulysses, und Conradin Beeli erschienen. In Zambra hatte die Opposition den Mörder gefunden.

Jenatsch war Montag den 24. Januar nachmittags, von seinem Haus und Landgut «auf dem Sand» durch das Metzgertor in die Stadt gegangen und traf hier bei der Martinskirche in «Stephan Reiten» Laden mit Johann Peter Guler, Johann von Tscharner und Gaudenz Tack, dem Prädikanten und Schulmeister an der Lateinschule, zusammen. Zwischen Jenatsch und Tack entwickelte sich ein lebhaftes Gespräch um «hohe Sachen», d. h. wohl um die Mission der Bündner in Madrid und um die ganz Bünden bewegende, drohende Gefahr, die die Eroberung der Schlüsselfestung Breisach am Rhein und die nachfolgenden Truppenbewegungen für Bünden bedeuteten. So verweilte Jenatsch eine Stunde «unter sonderbarem Gespräch und zierlichen Reden, wie er sie wohl können», in der Gesellschaft. Da es Abend wurde, verließ Gaudenz Tack die Obersten.

Ob er wohl ahnte oder gar wußte, was der an diesem Tage schweigsamere Guler sann? Tack wirkte an der Lateinschule zusammen mit Hartmann Schwartz, dem vertrauten Freunde Gulers. Inzwischen waren die Obersten Jenatsch, Guler und Tscharner einig geworden, unter «Licht Zeit einen Trunk süssen Veltliner Wein zu tun und was Gutes zu essen», und zu diesem Zwecke wurde das Pastetenhaus hinter dem «Gasthaus zur Glocke» ausersehen. So schritten Guler, Tscharner und Jenatsch vom Martinsplatz die (heutige Post-) Straße hinunter und bogen unterhalb der «Glocke» auf einen Seitenweg links zum «staubigen Hüetli» ein. Hier wirtete Lorenz Fausch, ein Schützling Gulers und Tacks.

Lorenz Fausch aus Jenins war, kaum dem Knabenalter entwachsen, nach Italien ausgewandert, wahrscheinlich ins Venezianische und hatte sich dort nach Art vieler Bündner den «kulinarischen Künsten» zugewandt; er diente dann an verschiedenen Orten bei vornehmen Familien als Koch. Eines Tages aber verschwand der schöne, stattliche, junge Mann hinter den Mauern eines Kapuzinerklosters. Wahrscheinlich hatte ein eifernder Mönch den jungen protestantischen Bündner entdeckt und ihn «con forza o per amore» diesen Weg geführt. Hier lebte Lorenz Fausch 24 Jahre; doch eines Tages kam über ihn die Sehnsucht nach der Heimat; er verschwand aus dem Kloster und zog über die Berge nach Chur (1633). Hier fand er im Hause des Johann Peter Guler Zuflucht und trat in das Regiment, in dem dieser unter Rohan Frankreich diente. Er wandte sich wieder dem alten Glauben zu, und die Prädikanten nahmen sich seiner an. Indessen war den Kapuzinern in Bünden die Rückkehr des Bruders Lorenz Fausch nicht entgangen. Mochte er in Brescia ihr Klosterbruder gewesen sein oder kannten sie ihn als den ehemaligen Konvertiten? Kurzum, der französische Gesandte Du Landé, das Werkzeug des Père Joseph in Paris, mußte hören, daß es nicht angehe, einen abtrünnigen Kapuziner im Solde seiner allerchristlichsten Majestät zu halten. Guler sollte den Mann entlassen, der ein guter Soldat und dazu ein vortrefflicher Koch war. Zunächst blieben die Bemühungen Du Landés ohne Erfolg, denn Guler und die Prädikanten hielten die schützende Hand über den Verfolgten, und auch Rohan stand zu ihnen. Im Jahre 1636, «als der Teufel noch immer am Werk war», wie Gaudenz Tack schreibt, beschäftigten sich die

Kapuziner neuerdings mit dem entlaufenen Ordensbruder, und diesmal suchten sie die Unterstützung Jenatschs. Die Prädikanten berieten von neuem, was für Fausch geschehen könne; doch der neue Gesandte Lasnier gab nicht nach, und Rohan mußte schweigen, weil er in Paris schon genugsam verdächtigt wurde, er beschütze besonders die Protestanten. Fausch sollte also weichen. Gaudenz Tack schrieb im Namen der Synode an Professor Tronchin nach Genf und bat ihn, den Lorenz Fausch der Herzogin von Rohan in Genf zu empfehlen, er werde im Hause der Herzogin sicher gute Dienste leisten; dabei rühmte er nicht nur seine äußere Erscheinung, sondern bezeichnete Fausch als einen ehrbaren, frommen Mann, von gutem Lebenswandel, fähig zu mancherlei Diensten und Arbeiten. Eines aber sollte verschwiegen werden, nämlich daß er 24 Jahre Mönch gewesen sei. So wanderte Fausch Ende Juli 1636 mit dem Empfehlungsschreiben nach Genf und übergab dort den Brief dem Prediger und Professor Tronchin. Was die Herzogin zum Exkapuziner sagte, wissen wir nicht; doch dieser war nicht lange in der Rhonestadt (7). Wieder zog es ihn in die Heimat, und am 6. Dezember des gleichen Jahres 1636 trat er mit Margareta Kern in der Martinskirche in Chur zur Trauung vor Pfarrer Andreas Lorez, übernahm das Haus zum «staubigen Hüetli», und Oberstleutnant Johann von Tscharner leistete dann für seine der Stadt schuldige Steuer, wie man es von Beisässen damals verlangte, Bürgschaft. Im Jahre 1638 wurde Fausch Familienvater (8). Die Frage, ob Guler das abgelegene Haus für die Freveltat gewählt, und ob er den Pastetenbäcker ins Vertrauen gezogen, drängt sich naturgemäß auf.

Jenatsch war offensichtlich arglos mit Tscharner und Guler ins «staubige Hüetli» gewandert. Zu ihnen gesellte sich auch Ambrosius Planta, der sie zuerst in der «Glocke», dem ersten Gasthaus der Stadt, gesucht hatte, und der wie Tscharner zu Jenatschs Vertrauensleuten zählte. Man aß und trank und war fröhlich, besonders Jenatsch war in aufgeräumter Stimmung und forderte Spielleute. Als diese kamen, wurde «mitunter ein Däntzlein getan». Jenatsch ließ auch Oberst Rudolf Travers, den Bruder des Landvogtes auf Castels, rufen, der mit seiner Frau Katharina, Tochter des Pompejus Planta, im benachbarten Gasthaus zur «Glocke» wohnte. Tscharner aber wurde heimgerufen. Er war ein ernster, getreuer Protestant, aber er stand durchaus zu Jenatschs Politik und zu seinem Bemühen um die Heimat und um den Frieden (9).

Während sich hier im «staubigen Hüetli» die fröhliche Stimmung anließ, ritt zwischen 7 und 8 Uhr abends ein Mann auf weißem Roß vom Hause in «St. Margreten» in Chur nach Haldenstein, wo die Vorbereitungen zum Ueberfall auf Jenatsch getroffen wurden, und zwischen 10 und 11 Uhr kam Joh. Baptista Prevost, der Zambra genannt, an der Spitze der Männer von Haldenstein nach Chur, wurde vom Torwächter in die Stadt gelassen und klopfte bald an die Türe des Hauses zum «staubigen Hüetli». Schon waren Jenatsch, Rudolf Travers, Ambrosius Planta und Guler aufgestanden; die Diener hatten die Laternen angezündet, um auf dem Heimwege zu leuchten; da eilte der Pastetenbäcker Fausch die Treppe hinunter, öffnete die Türe und sah vor sich die bewaffnete Schar der Masken und bewaffneten Männer und an der Spitze die Hünengestalt Zambras, des Mannes im schwarzen Pelz (10). Eine Maske grüßte ihn höflich und bat um die Erlaubnis für die ganze Schar, eintreten zu dürfen. Der Wirt antwortete, er habe etliche Obersten droben und wolle um deren Zustimmung bitten. Er stieg hinauf und meldete Jenatsch und den andern Obersten: «Gestrenge Herren, es sind wie vermutlich gut Burschen drunten in Maskeraden, die begehren herauf.» «Freilich soll man sie herauflassen», antworteten die Obersten insgemein, «denn auch wir sind hier, um uns lustig zu machen» — es war Fastnachtszeit. Fausch leuchtete der geheimnisvollen, stummen Gesellschaft die Treppe herauf; Zambra, der um Haupteslänge die andern überragende Mann im schwarzen Pelz, trat in die Stube und rief scheinbar fröhlich: «Ha Signor Jenatsch», worauf ihm dieser die rechte Hand bot und mit ihm einen Tanz beginnen wollte. Zambra aber hielt die dargebotene Hand fest, zog mit der Linken eine Pistole unter dem Pelz hervor und schoß damit auf Jenatsch. Der Schuß ging fehl, und Jenatsch griff zurück zum Leuchter auf dem Tisch, um sich zu erwehren; aber schon war die zweite Maske im Zimmer und schlug den Leuchter aus der Hand Jenatschs, dann fuhr die Axt des dritten «uff den Kopf, dass ihm das Hirn ingeschlagen» und er tot zusammenbrach. Der Diener Jenatschs, Rudolf Volkart von Kloten, hatte vergebens versucht, seinen Herrn zu verteidigen und die Streiche mit der Laterne aufzufangen; er war zu

Boden geschlagen und bedroht worden. Oberst Rudolf Travers hatte sich durch die Schar der Masken hinausgedrängt und war nach Hause gegangen. Guler hatte sich unterdessen ins Nebenzimmer zurückgezogen. Ehe noch Licht gebracht wurde, trat Zambra abermals ins Zimmer, sprang auf die Leiche Jenatschs und führte mit seinem spitzen Fausthammer noch zwei Streiche auf den Toten, um sicher zu sein, daß er sein Geschäft erledigt habe. Ambrosius Planta, der während des Mordes im Zimmer geblieben war, mahnte den Rohling, von seinem Wüten abzustehen; doch Zambra drohte ihm mit dem blutigen Hammer, wenn er sich der Sache annähme (11). Die Musikanten waren gezwungen worden, ihr Spiel weiter fortzusetzen, und die Mörder verließen eilig das Haus und zogen durch die offen gelassenen Tore der Stadt nach Maienfeld, um Oberst Andreas Brügger das gleiche Schicksal zu bereiten wie Jenatsch; Brügger aber war rechtzeitig gewarnt worden und hatte sich nach Glarus geflüchtet (12). Brügger war in Paris beurlaubt worden in der Hoffnung, daß er in Bünden am Sturz der Häupter und Jenatschs mitwirke; er hatte in seinen Briefen nach Paris glauben lassen, daß er mit Tschudi, Stuppa u. a. die Aufgabe erfüllen werde, sich aber doch wenig um das Treiben der französischen Partei bekümmert und auch mit Jenatsch die alten Beziehungen unterhalte. Dazu kam der Neid und Haß des Ulysses und seines Bruders Carl von Salis gegenüber dem reichen aus dem Volke aufgestiegenen Mann, der zudem in Paris etwelches Ansehen genoß (13).

Auf dem Rückweg ins Engadin wollte der Kastellan Rudolf (de Pompejus) Planta mit Hilfe Zambras auch seinen verhaßten Vetter und Miterben, den Rudolf Planta auf Steinsberg bei Ardez ermorden. Er überfiel ihn in Fetan; doch die Bauern eilten dem Ardezer zu Hilfe und vereitelten den Plan des blutgierigen Vetters.

In Chur versammelte sich der Rat noch in der Mordnacht und ließ die Briefe abholen, die Jenatsch auf sich getragen hatte. Am Morgen wurden dann die Tore geschlossen gehalten und eine lässige Untersuchung eingeleitet. Jenatsch wurde noch am gleichen Tage mit militärischen Ehren und bei großem Volksandrang zu Grabe getragen. Er fand seine letzte Ruhestätte in der Churer Kathedrale (ein Bericht sagt unter der Orgel). Die Offiziere, die den Abend mit ihm zugebracht hatten, fehlten bei den Begräbnisfeierlichkeiten. Der

Kapuziner Justus hielt die Gedächtnisrede und verglich Jenatsch mit dem «streitbaren Helden Macchabeo»; die Grabplatte, geziert mit dem Wappen der Familie, erhielt die Inschrift:

GEORGIUS JENACIUS
SAGO TOGA CALAMO INCLUTUS
FIDE RENATUS RHOETICI
DUX MILITIS POST INSVBRI
PROMOTA DIVI FOEDERA
FATIS OBIVIT INVIDIS
DVM SAVLE PAVLVS REDDERIS
ANNO MDCXXXIX
REQUIESCAT IN PACE*

Die Untersuchung blieb ergebnislos, denn nachdem die Behörden die Dienerschaft und Oberst Travers angehört hatten, wagten sie nicht oder wollten sie vielmehr nicht die allzudeutlichen Spuren nach «St. Margreten» und Haldenstein verfolgen oder den Torwächter und seine Frau, die in später Stunde den Zambra mit 27 bewaffneten Männern hereingelassen und die Tore für den Rückweg offen gelassen hatten, über den Grund ihres sonderbaren Verhaltens befragen. Selbst die Diener Gulers durften nicht über die Gäste in St. Margreten ausgeforscht werden, und Guler, der Schwager des Bürgermeisters Meyer, wurde nicht einmal vorgeladen. Kein Wunder, daß der venezianische Resident in Zürich von der Begünstigung der Mörder sprach; dabei wies er ganz offen auf Frankreich hin, das den Meuchelmord veranlaßt habe, und in Chur selber war man überzeugt, daß Frankreich den Mord gewünscht oder befohlen und bezahlt habe, so meldete der Berichterstatter des Domenico Vico in Chur (14).

In Wirklichkeit haben persönliche und politische Gründe den Mord veranlaßt. Hans Viktor Travers erfuhr am 25. Januar auf Castels mit «Bedauern und Verwunderung» vom Tode Jenatschs und

* Georg Jenatsch, berühmt als Kriegsmann, Staatsmann und Schriftsteller, im Glauben wiedergeboren, Führer des rhätischen Heeres, erlag nach glücklicher Förderung des Bundes mit dem heiligen Mailand einem tückischen Schicksal, während du, o Saulus, wieder zu einem Paulus wurdest. Anno 1639. Er ruhe in Frieden.

dachte sogleich, es handle sich um die Auswirkung «französischer Praktik». Er ritt am folgenden Tag nach Chur, um besonders von seinem Bruder Oberst Rudolf zu erfahren, von wem und aus welchen Gründen Jenatsch ermordet worden sei; er sprach in Chur wohl auch Meinrad Buol. Hans Viktor Travers war ein derber Mann, doch freimütig und wahrhaftig; er stand durch seine Ehe mit Barbara von Planta, einer Nichte des Pompejus, den Planta, Schalkett und Prevost nahe, doch war er in konfessioneller wie in politischer Hinsicht ein versöhnlicher Charakter und besonders bemüht, den Frieden herbeizuführen. Nicht anders dachte auch sein Bruder Rudolf, der Gemahl der Katharina Planta. Mit ihrem Bruder Rudolf (de Pompejus), dem Kastellan auf Schloß Tarasp, standen Katharina und Rudolf Travers im Prozeß um das vorenthaltene Erbe des Oheims. Beide Brüder Travers unterhielten mit Jenatsch einen beständigen Verkehr und genossen sein Vertrauen, denn sie dienten mit ihm gemeinsam den Bestrebungen des Friedens und guter Beziehungen zu Spanien und Oesterreich. Der Kastellan auf Tarasp beschuldigte Jenatsch, er habe die Brüder Travers im Erbprozeß besonders begünstigt. Rudolf Travers war wohl nicht frei von einer gewissen Eifersucht und von Neid gegenüber Jenatsch. Er mochte auch seiner Frau anvertraut haben, daß das Leben Jenatschs gefährdet sei, und er selbst hatte sich nicht ohne Grund aus dem «staubigen Hüetli» geflüchtet, denn er war einer von denen, die sein Schwager, der Kastellan, nach dem Tode Jenatschs zu den «Jenatzischen» und den zukünftigen Opfern seiner Rache zählte. Die Behauptung, Katharina sei am Morde Jenatschs irgendwie beteiligt gewesen, ist eine der vielen Erfindungen oder Kombinationen um die Gestalt Jenatschs.

Hans Viktor Travers, der in Chur die Fäden von St. Margreten nach Marschlins, Grüsch, Maienfeld und Paris verfolgen konnte, kam zur Ueberzeugung, Jenatsch sei als Opfer seiner Missetaten, der persönlichen Rache und nicht der «französischen Praktik», wie er im ersten Augenblick vermutet hatte, gefallen. Jenatsch habe als Prädikant (1618) zusammen mit Blasius Alexander den Erzpriester von Sondrio und Joh. Bapt. Prevost nach Thusis geschleppt und sei dort der Haupturheber ihres Todes gewesen; der Sohn Joh. Bapt. Prevost, der Zambra, habe den Vater gerächt. Zudem habe Jenatsch, wie erzählt, im Jahr 1638 als Befehlshaber in Cläven durch fünf Soldaten einen Edelmann Jan Pedro Stampa töten lassen, und dessen «fründschafft», möchtend beim Morde auch «ihr Bestes getan haben». Er deutete damit die Teilnahme des Carl und Ulysses von Salis am Morde an, ohne an andere Gründe ihrer Rache, wie an den Verlust ihrer Stellung in Cläven und an ihre Bemühungen um die französische Machtstellung in Bünden zu denken, denn bei den Salis wie bei Guler hatten persönliche und politische Gründe mitgespielt. Dieses Verhältnis Jenatschs zur Aristokratie und auch zu seiner Umgebung zeichnete Travers weiter: «Es hat Oberst Jenatsch nicht in grosser Gunst gestanden, weder bei Vornehmen noch beim gemeinen Mann; auch hatte er in Chur keine ‚Freundschaft‘, er ist weder dem gemeinen Mann, noch den Vorgesetzten ‚lieb gsin‘. Ich habe ihn oft gewarnt, er solle aus dem Lande ziehen; er hat mir nicht folgen wollen; sonst hat er sich, soweit er es konnte, in den Geschäften des Landes redlich und wohl gehalten, was ich gesehen und gespürt habe; allein ‚er hat zu viel übernehmen wollen und damit viele Leute disgustiert‘.» Seine rege politische Tätigkeit, die die Häupter und Volksvertreter von ihm forderten, machten die Gegner zum Verbrechen. Vierzehn Tage später sagt Travers: «Kein Mensch redet vom Tode Jenatschs, so daß man nicht offen sagen könnte, wer ihn getötet hat, aber ich glaube, ich habe den Argwohn auf die rechten. Erst seit seinem Tode wird es offenbar, daß er gar zu sehr auf seinen Vorteil bedacht war, so daß kein Oberst und kein Hauptmann den zehnten Teil hat erübrigt als er, obschon sie weniger prächtig gekleidet waren. Man hat gefunden, daß er nur im Jahre 1638 dem Prälaten von Weingarten, der ihm Blumenegg versetzte, 15 000 R. und für sein Haus in Chur 19 000 R. ausgab; das ist viel in einem Jahr.» So schrieb Travers am 15. Februar 1639. Das war das Zeugnis eines Mannes, der als Katholik stillschweigend über Jenatschs Konversion hinweggegangen war, der mit seinem Bruder Rudolf, dem Schwiegersohn des Pompejus von Planta, über das ganze Sein Jenatschs gesprochen und nun ohne persönlichen, politischen oder religiösen Haß und Leidenschaft — ohne die erdichteten Geschwätze der Gegner — über Jenatschs Leben und Wirken ruhig urteilte. Auf Jenatsch lasteten die schweren Taten der Jugend; sein Wesen, sein wildes Temperament hatten ihn im Dienste der Aristokratie schuldig werden lassen, sein Ehrgeiz, sein Erwerbssinn, seine geschäftliche Fähigkeit hatten Neid und Haß geweckt, die Niederlassung des Konvertiten in Chur die Gegner noch gereizt, aber der Heimat und ihrer Wohlfahrt hatte er getreu gedient und sein Leben geopfert. Jenatsch, der Jahre lang als handelnde, gestaltende Kraft im Staate gewirkt, der selbst ins Rad der europäischen Geschichte kräftig und entscheidend eingegriffen hatte, war natürlich mit den Affekten von Freund und Feind belastet, und die Rückwirkungen auf sein Leben waren nicht ausgeblieben. —

Die aristokratischen Gegner ermordeten ihn in einem Augenblicke, da der Erfolg seiner ganzen Politik in Frage stand, da Spanien ihm den höchsten Preis, die Rückgabe des Veltlins, versagte und einerseits ganz Bünden sich von Spanien betrogen sah, anderseits die Sippe der aristokratischen Mörder damit dem siegreichen Frankreich die Wege nach Bünden öffnen wollte. Das Schweigen über das tragische Ende des großen Politikers und Militärs war in diesem Augenblick verständlich.

Die Männer von Haldenstein, die ihre Hilfe liehen, brauchten keinen Richter und Rächer zu fürchten, denn sie waren Herrschaftsleute des Freiherrn Julius Otto von Schauenstein. Die Landsatzungen und Ordnungen der III Bünde berührten die Haldensteiner nicht. Verbrecher, die sich in Bünden nicht sicher fühlten, fanden in Haldenstein eine Freistatt. Jenatsch hatte den Freiherrn beleidigt und die Haldensteiner gedemütigt; er war in Haldenstein deshalb verhaßt, und der Freiherr hatte die Ausführung des Mordes begünstigt. Die Opposition bemühte sich nun eifrig, die Mörder, die Urheber und die Mitschuldigen am Mord zu schonen und zu schützen. Das Bündner Volk sollte glauben, es handle sich nur um die Blutrache; dieselbe Axt, die den Pompejus Planta getroffen, habe den Schädel Jenatschs zerschmettert. Doch Fortunat Sprecher, der selber zur Opposition gehörte, besonders seit der Vertreibung der Franzosen ein leidenschaftlicher Gegner Jenatschs war und den Hergang des Mordes genau kannte, sprach nicht von Blutrache, sondern gab mit andern Berichterstattern die Einmischung Jenatschs in die Erbteilung und die Begünstigung der Travers und der Planta-Steinsberg als Grund für den Mord an. Viel deutlicher spricht Sprecher noch in den Berichten an Domenico Vico vom ganzen Geschehen und den politischen Hintergründen, natürlich im Sinne der französischen Interessen und ihrer Diener in Bünden. Wie eifrig sich Sprecher der Opposition annahm, zeigte er in den folgenden Tagen (15).

Als die tapfere Witwe Anna Jenatsch auf Recht und Sühne beharrte und, unterstützt von ihren Verwandten, gerichtliche Klage führte, erschien Dr. Fortunat von Sprecher bei ihr und brachte sie «mit sonderbaren Argumenten» von ihrem Entschlusse ab. Sie sollte nach seinem Rate alles Geschehene Gott befohlen sein lassen. Mit andern geistlichen und weltlichen Vertretern des Magistrates wies er hin «auf die verwirrten» Sachen ihres Gemahls, auf den großen Reichtum, den er hinterlassen, auf die bevorstehende Geburt ihres Kindes, und dann empfahl er ihr «der wahren reformierten Religion», der sie anhing, zu gedenken und «auch ihre drei Töchter zum fleißigen Besuch des Gottesdienstes» anzuhalten — im übrigen sich aber ganz in den Schutz der Obrigkeit zu begeben, um das Vermögen in Feldkirch, Venedig, in Chur, in Davos und die Interessen bei den Truppen in Cläven und in Mailand zu wahren. So meldete Jakob Wigeli, der Churer Berichterstatter, seinem Freunde Bartholomäus Anhorn nach Gais über den seltsamen Dienst, den der Chronist Fortunat Sprecher seiner Stadt, den Freunden Frankreichs, den Mördern und ihren Komplizen leistete. Nach seinen weitern Aussagen bemühten sich sodann angesehene weltliche und geistliche Vertreter im Auftrage des Magistrates, den Sohn Paul «auf den rechten Weg» zu bringen. Er war, ehe er nach Innsbruck kam, «vom Vater ernstlich in der römisch-katholischen Religion» unterrichtet worden und bereitete jetzt den Beauftragten große Mühe, um so mehr als der Pater Justus ihn in seinem Glauben bestärkte (16).

Die Einwendungen, die Fortunat Sprecher nach dem Bericht Wigelis gegen das Leben Jenatschs erhebt, sind der Ausdruck des politischen und persönlichen Gegners. Auch über das Verhältnis Jenatschs und offenbar auch seiner Töchter zum kirchlichen Leben schienen der Magistrat und die Geistlichkeit in Chur nicht befriedigt zu sein. Dazu war Jenatsch reich geworden. Der Reichtum des Aristokraten ist selbstverständlich, der des aufgestiegenen Mannes ist in den Augen des Zeitgenossen ein Unrecht oder vom Bösen. Kurz zuvor hatte sich der Avisenschreiber Wigeli über den Nachlaß des Pfarrers

Stephan Gabriel (50 000 Gulden) entrüstet. Mehr als dies bedeuten Sprechers Worte von den «verwirrten Sachen». Jenatschs politische Tätigkeit an der Seite der Häupter, der Kampf gegen Frankreich, der vorläufige Mißerfolg in Spanien bilden die Anklage der Gegner, zu denen Sprecher gehört. Am 26. Juli 1639 noch schrieb Sprecher an den Theologen Theodor Zwinger nach Basel: «Wir werden hin- und hergetrieben von Parteien und Streitigkeiten, und obschon jener kühne Sipheus (sollte heißen Typheus) von dem Schicksal weggerafft worden ist, das er vorher vielen andern zugefügt hat, so fehlen nicht einige, die, wenn ihnen Begabung und Schicksal Gelegenheit gäben, nichts Geringes versuchten. Ihm (Jenatsch) hat jemand — wohl Sprecher selber — unter Verwendung der Grabschrift des Tibull nachgerufen:

«Hic jacet immiti consumptus morte Janâsus, accippe pro factis praemia digna tuis» (17).

«Hier liegt, vom grausamen Tode dahingerafft, Jenatsch; empfange für deine Taten den würdigen Lohn.»

Für die Nachwelt haben Fortunat von Sprecher und Ulysses von Salis gesorgt, daß ihre persönliche und politische Einstellung, ihre Vorliebe für das von Jenatsch geschlagene Frankreich, ihre aristokratische Abneigung gegen den Mann aus dem Volke überliefert wurde (18). Ueber den Mord äußerte sich Ulysses von Salis in ähnlicher Weise wie Sprecher. Er fühlte sich als der Aristokrat, der vom Volksmann in den Schatten gestellt worden war. Sich selbst und seines Bruders Anteil am Morde zu verbergen, bestätigt er: «Zambra und Rudolf Planta haben Jenatsch gemordet, unterstützt von Guler und seinem Kreis, weil Jenatsch befehlen wollte und bei den Spaniern angesehener war als sie» (19). Und endlich läßt sich auch der Mörder oder der Leiter des Mordes hören. Bald nach dem Mord wurden Rudolf (de Pompejus) Planta und sein Komplize, Hauptmann Zambra, zur Hochzeit des Thüring Enderlin mit der Tochter des Lorenz Tschudi ins Prätigau eingeladen. Sie nahmen ihre Spielleute mit, und diese unterließen nichts, um mit ihren Possen andere Spielleute zu überbieten und sich den Zuhörern und Zuschauern angenehm zu machen. «Planta und Zambra stellten sich dann mit ihren Spielleuten à part; aber ihnen war es nicht darum zu tun, die Gäste zu belustigen, sondern aus dieser hochzeitlichen Komödie eine Tragödie zu machen.» Zwei oder drei Prätigauer, die unter Jenatsch gedient hatten, sahen diesem Spiel zu. Auf diese wurde nun von Planta, Zambra oder den Spielleuten mit einem «Rohr» gezielt und «losgebrannt». Der Schuß ging nicht los; dennoch gab es eine mächtige Erregung unter den Gästen, weil diese befürchteten, Planta und Zambra könnten es auch auf sie abgesehen haben. Aber Rudolf Planta wandte sich ohne Scheu an das Hochzeitspaar und die Gäste und erklärte, mit der Hand auf Zambra weisend: «Dieser ist der Mann, der den Jenatsch ermordet und ich der rechte Direktor der plantischen Faktion, und er wolle nicht erweichen, bis alle Jenatzischen auf gleiche Weise hingerichtet seien und das aus Ursachen, die ihme wohl bewusst» (20). So meldet Jakob Wigeli aus Chur. Auch nach seiner Darstellung galt es nicht Jenatsch allein, sondern ihn und seine Partei zu vernichten, die im Lande regierte. Die Ermordung des Pompejus war kein entscheidender Grund für das Unternehmen gegen Jenatsch, denn Guler hatte (1621) auch zur Gesellschaft gehört, die in Grüsch die Freveltat gegen Pompejus vorbereitet hatte, und Ulysses von Salis war damals zum mindesten der Mitschuldige, wenn nicht der Urheber der Tat gewesen. Zudem war Rudolf (de Pompejus) Planta, der jetzt Zambra und seine Gesellen zum Morde geführt hatte, nicht der zartempfindende Mensch, der sich nahezu zwanzig Jahre lang nach der Rache für den Tod des Vaters gesehnt hatte; vielmehr hatten die politischen Verhältnisse und die Beschäftigung Jenatschs mit dem plantischen Streit den unmittelbaren Anlaß gegeben. Dabei büßte Planta keineswegs sein Ansehen und seinen Anhang ein; Travers konnte am 25. April nach Innsbruck schreiben: «Die Geistlichen, die es wohl möchtend ersparen, mit dem ab Tarasp haltend, die guten Herren Patres Capuziner, weil er katholisch ist; mit dem andern (Rudolf Planta von Steinsberg) ein teil bredikanten, ein Teil bredikanten seint, die haltend es auch nit wider dem uf Tarasp» (21).

Trotz allem aber brachte der Tod Jenatschs keinen Umschwung im politischen Leben Bündens; es gab noch genug Männer, die seine politische Tätigkeit und sein Werk zu schätzen wußten, und zudem fehlte es in der französischen Partei, wie Sprecher in seinem Briefe andeutet, an würdigen und begabten Männern, um andere politische Wege einzuschlagen. Die Gegner Jenatschs ergingen sich auch fernerhin in Streitigkeiten, Drohungen und Prahlereien, die fruchtlos blieben und die völlige Unfähigkeit dieser Parteimänner zeigte. So wurden sie auch in Paris und in Venedig eingeschätzt. Jakob Wigeli schrieb am Tage nach dem Tode Jenatschs nach Zürich und nach Bern, «was wunderlicher nit vil erhörter Brutonischer und Walsteinerischer casus» sich in Chur begeben. Er gedachte des Toten mit den Worten: «Er war resolut und hertzhafft, grosz von leib und gemüth, in der Religion aber unbeständig und curios. Er war ein Mann von sonderbarer und gleichsam miraculoser eloquentz und anderen qualiteten, dem im practicieren und gemüther an sich zu ziehen, niemand zu vergleichen.» Er lobte die «stille» Untersuchung durch den Magistrat der Stadt Chur und beteuerte, «gute, ehrliche, vaterlendische lüth haltents für das gemeine vaterlandt esz eine sonderbare notdurfft gewesen sye, sollichen man usz dem mitel zu rumen, damit gmeinem weszen desto besser rath geschafft werden könne ... und das Instrument des Königs von Spanien so gar zeitlich zerbrochen, ehe alles ,uszgeschmiedet' worden.» Dennoch verschweigt dieser Gegner nicht, daß andere den Mord an Jenatsch als eine «fräffne that» ansähen und wünschten, daß Jenatsch vor den Richter gestellt worden wäre. Die Gegner seien aber nicht zufrieden, daß nur Jenatsch gefallen ist und erklären, es gebe in Bünden mehr Männer von Jenatschs Art und Gesinnung, und damit «in Landen» nichts mehr dergleichen geschehe, solle man seine Gesinnungsgenossen gefangen setzen. Sie dachten an Travers, Rosenroll, Tscharner, die Häupter und andere, die Jenatschs Wirken und Werk gebilligt und gefördert hatten (22). Guler wollte wenige Monate später diese bösen Absichten in die Tat umsetzen.

Auch die ehemaligen Amtsbrüder Jenatschs, die Prädikanten, hatte der Tod Jenatschs nicht versöhnt. Aus einem ladinischen Gedicht ertönen die Schmähungen über den verhaßten Konvertiten und den spanischen Parteimann:

> Gott hat er gekannt
> Und hat ihn verraten,
> Sein Wort gepredigt
> Und hat es verleugnet.

Seine Sakramente
Waren ihm eitel
Saufen und Fressen
Das war ihm lieb.

Sein Vaterland
Hat er in Schlingen gebracht
Und sich vermessen,
Das klare Evangelium auszulöschen.

Der Ischariot
Hat versucht,
Sich über alles zu setzen
Den Nächsten zu verraten,

Mit Mord
Mit Unzucht,
Mit Diebstahl,
Auch mit Zauberei...

Er wurde nicht gerächt,
Von niemand beweint;
Die Getreuen Gottes
Hatten Trost.

Habet Abscheu
Vor diesem großen Verräter (23).

Mit diesen unwahren Anschuldigungen im Stil und Ausdruck der Zeit urteilten die Gegner Jenatschs, um ihr nichtswürdiges Verbrechen, den Mord an Jenatsch, zu rechtfertigen. Die Forschung muß feststellen, daß alles, was Jenatsch für die letzten Jahre seines Lebens und Wirkens in politischer Hinsicht vorgeworfen wurde, Unwahrheit und Verleumdung seiner Gegner, der Mörder und ihrer Komplizen war. Jenatsch war in keiner Weise das Instrument des Königs von Spanien und hätte seine politische Tätigkeit vor einem gerechten Richter und vor seinem Volke rechtfertigen können; er hatte den Häuptern und dem Lande getreu gedient. Der geschwätzige Schulmeister Jakob Wigeli, der Berichterstatter des Pfarrers Bartholomäus Anhorn, konnte kurze Zeit nach dem Morde nach Gais berichten, wie sehr Jenatsch auch jetzt noch die Stadt in Unruhe versetze: «die Hölle habe ihn trotz vil seelmässen, dryssigsten, betten und leüten» nicht behalten. Er sei von «Caron» zurückgesandt «per posta in stiffel und sporen dachar kommen und aviso von unden heraufgebracht», daß die jenigen die im hauss wahren, nitt die 18 000 silbercronen (darum es erkoufft wahr) nemmen wolten und mehr desse grausamen spectackels gewertig sein: sunder in puncto sich dess hauses enteüsseret und solchem Frömbden gast allein einrumung zuo lassen (24). So schuf die rege Phantasie der «getreuen Gottes» zu ihrem Trost Jenatschs «Höllenfahrt und Wiederkehr».

Da in Chur kein Recht zu finden war, erschien eines Tages Oberst Rosenroll mit seinen Gesinnungsgenossen bewaffnet in der Stadt, um Recht und Sühne zu fordern. Die Gegner, die «interfettori», die Urheber des Mordes, sahen sich gezwungen, sich ebenfalls bewaffnet zu zeigen — so daß die Häupter, d. h. Bürgermeister und Rat der Stadt dazwischen treten mußten, um die Parteien zu zwingen, ihre Waffen niederzulegen und miteinander über eine Versöhnung zu verhandeln. Dabei verlangten die Urheber der Tat dreist und entschlossen, was die Berichte Wigelis und des venezianischen Residenten auch besagten, daß der Tod Jenatschs als eine Sühne für sein politisches Verschulden (demeriti), für seine politischen Bestrebungen anerkannt werde. Die Häupter (governanti) lehnten diese Erklärung ab, denn sie hätten dadurch den Mord gutgeheißen und Jenatsch für schuldig erklärt, zugleich aber auch ihre eigene Politik verurteilt. Sie forderten von beiden Parteien, den Frieden zu wahren; aber den Willen und den Mut, die Freveltat am großen Patrioten zu sühnen, hatten sie nicht. Rosenroll war von diesem Ausgang seines Unternehmens gar nicht befriedigt, denn er sah den Tod Jenatschs durch den verbrieften Spruch oder Frieden der Behörden erledigt, aber nicht gesühnt. In den Verhandlungen hatte die Partei Gulers erkennen lassen, daß sie zur Eroberung des Veltlins schreiten wolle. Daraus schöpfte Rosenroll die Hoffnung, wenn Gulers Partei wie im Wormserzug (1621), im Kampfe um das Veltlin unterliege, so komme der Tag, an dem er Jenatschs Tod rächen könne (25).

Wohl traten Guler und andere Offiziere mit ihrer Forderung, die Meinrad Buol, Jenatsch und die Mehrheit der Bündner in Besonnenheit und politischer Klugheit abgelehnt hatten, offen hervor; sie verlangten auch selbst die Offizicre zu wählen; sie wollten wie Jenatsch ihre Vertrauensleute begünstigen. Mit den bündnerischen Truppen wollten sie rasch ins Veltlin ziehen und vom Lande Besitz ergreifen, da «Jenatsch sie nicht mehr daran hindern» konnte (26). Die Nachrichten aus Solothurn scheinen Guler vorläufig von seinen Plänen abgebracht zu haben.

In Paris hoffte man, über die Leiche Jenatschs hinweg den Freunden Frankreichs in Bünden die Hand reichen, Bünden rasch mit Gewalt besetzen, die politischen Widersacher in Bünden vernichten und dann die Südfront gegen Mailand aufrollen zu können. Salis möchte zwar in seinen Memoiren den Leser auch über diese Pläne Frankreichs hinwegtäuschen, indem er dem König die nichtssagende Frage über Jenatsch in den Mund legt: «N'est il pas vray qu'il estoit un Mechant homme?» (27). Das Geld, das Frankreich schon im Sommer 1637 für die Ermordung Jenatschs angeboten hatte, scheint jetzt durch die Hände Gulers gegangen zu sein. Die hohen Summen, die jetzt flüssig waren, stammten nicht aus Gulers eigener Tasche, denn Travers schrieb: «Der Guler und seine Gesellen haben gewiß von den Franzosen Geld, denn sonst wären sie nicht so müßig, denn man kennt den Guler wohl und wie geizig er ist»; auch den Avisenschreiber Wigeli in Chur beschäftigte dieser Gedanke (28). Carl von Salis erhielt eine Kompagnie in Frankreich; Ulysses von Salis wurde (1641) in Anerkennung der Dienste, die er dem König geleistet hatte, Feldmarschall. Wenige Tage nach der Unterredung des Königs mit Salis, am 4. März, war Prioleau, der ehemalige Sekretär Rohans, schon auf dem Wege nach Bünden. Er kannte die Leute und die Verhältnisse daselbst; er hatte sich in den ersten Maitagen des Jahres 1637 mit den Mordplänen gegen Jenatsch beschäftigt und nachher an der Seite Rohans die weitere Entwicklung der spanischen Politik in Bünden verfolgt. Nun war er überzeugt, daß Spanien seinen besten Mann in Bünden verloren habe: «Il est certain que le gouverneur de Milan ayant perdu Genas a perdu sa tramentane en ce pai là et que ses remises et delations ne sont plus reçues de bonne part de sort que peut estre se resoudra il a une telle restitution plustot que de voir les Grisons sur le point de rechercher autre assistance ...» (29). Prioleau befürchtete nur, daß Spanien jetzt den Begehren der Bündner Gehör schenken und die Untertanengebiete rasch zurückerstatten werde, um sie nicht in die Arme einer andern Macht zu treiben. Er hatte sich in Solothurn mit dem Gesandten Méliand über seine Mission verständigt. Als er in Chur ankam, war eben die Nachricht eingetroffen, daß die Bündner Gesandten in Madrid am 1. Februar «mit Satisfaktion» vom König entlassen worden seien und von Barcelona mit einer Extragaleere nach Genua geführt werden sollten. Nun hofften die Häupter und Räte auf eine rasche Lösung der Veltlinerfrage. Hans Viktor Travers meinte schon, daß nun die Widersacher «ihr Maul halten würden». In dieser Lage ließ Prioleau in Chur glauben, er sei auf der Durchreise nach seiner alten Heimat Venedig; dennoch ermutigte er die Freunde Frankreichs für eine aktive Politik. Sein König, erzählte er, habe eingesehen, daß er die Bündner (1636/37) degustiert habe, und die Bündner hätten ganz recht gehabt, die Franzosen zu vertreiben. Nun solle Bünden aber zugreifen, das Veltlin nehmen, und wenn es Geld oder Mannschaften brauche, so werde der König alles geben. Die Religion solle im Veltlin wie in Bünden völlig frei sein; das könne der König von Spanien nicht zugeben. Selbst einen General hatte Prioleau für die Bündner bereit; es war Baron de Lecques. So sollte die Besetzung Bündens nach dem Vorbilde von 1631 vor sich gehen.

Prioleau versuchte Ambrosius Planta, Johann Tscharner, Joh. Anton Buol und Guler, die Führer der Bündner Truppen, zu bearbeiten. Er ging zu Guler, dessen Treiben und dessen Ambitionen er kannte und eröffnete ihm, daß er im Auftrage des Königs von Frankreich zu ihm komme; der König wünsche ihn zum Haupt seiner Partei in Bünden zu machen. Guler, ergriffen vom Zutrauen und von der Ehre, die ihm erwiesen wurde, erklärte sich bereit, die Partei im Geheimen zu führen. Er versicherte, es geschehe nicht um der Vorteile willen, die der König ihm biete, sondern er tue dies lediglich zum Vorteil des Landes, denn der spanische Vertrag sei unvereinbar mit den Interessen der III Bünde. Dann verlangte er vier Tage Zeit, um sich mit den Gesinnungsgenossen zu besprechen und hielt mit ihnen bei Nacht an geheimem Orte eine Beratung. Dabei wurden die Grundlagen zu einer Vereinbarung mit Frankreich gesucht. Sie hieß in den Hauptpunkten: Bormio, das Veltlin und Cläven werden ohne irgendwelche Bedingung oder Einschränkung zurückerstattet; die Festungen werden von den Bündnern und den Franzosen je zur Hälfte besetzt; der König unterhält bis zur Herstellung der völligen Ruhe 3000 Mann Bündner Truppen im Lande; er bestellt einen französischen General (de Lecques), der mit drei Beratern den Bündnern zur Seite steht. Von der Religion wird nicht weiter gesprochen; doch wird ausdrücklich gesagt, daß der evangelische Gottesdienst in Cläven erhalten bleiben müsse. Das hieß, Frankreich besetzt jetzt gemeinsam mit seinen Anhängern die Festungen und das Land und vernichtet die Landesbehörden und die Gegner Frankreichs. Auf dieser Grundlage waren Guler und seine Freunde (Guler, Julius Otto von Schauenstein, Hartmann Schwartz, Conradin von Planta in Zuoz u. a.) bereit, ein Abkommen zu unterzeichnen und Bünden wieder den Franzosen auszuliefern. Prioleau war überzeugt, es wäre nun die Gelegenheit da, sofort wieder mit französischen Truppen in Bünden einzumarschieren, denn Guler konnte als Befehlshaber der Rheinschanze den Feinden den Weg öffnen. Doch hatte Prioleau nun auf einmal schwere Bedenken gegenüber den Begehren Gulers und seiner Gesinnungsgenossen; er meinte z. B., daß der König kaum einen General entbehren könne, und die religiöse Frage könne nicht ohne Rücksicht auf Rom und Madrid erledigt werden (30).

Mittlerweile hatten Häupter und Räte von der Anwesenheit Prioleaus und von den landesverräterischen Verhandlungen erfahren und waren im Begriffe Prioleau verhaften zu lassen; er wurde aber rechtzeitig gewarnt, saß am 4. Tag auf und ritt wieder dem Schweizerlande zu. In Zürich rühmte er sich über seine Erfolge und die Aussichten in Bünden. In aller Eile sollten Truppen gegen Bünden ziehen, um den evangelischen Städten im Schweizerland wie den Prädikanten in Bünden «contentement zu geben», und damit der Kaiser den Bündnern nicht helfen könne, sollten die Holländer einen Angriff unternehmen, Bernhard von Weimar über den Rhein nach Bayern und Oesterreich marschieren, denn «der Franzosen ganz intent» sei, sich der Pässe zu bemächtigen. Der Kaiser werde abgesetzt, und der König Ludwig XIII. «sige schon Kaiser in ihrem Sinn»;

die Spanier werde man aus Italien vertreiben, die Venezianer stünden zu Frankreich, weil der französische Gesandte in Konstantinopel den Frieden zwischen Türken und Venezianern vermittelt habe; aus Paris solle viel Geld in Solothurn ankommen, und in der Schweiz sollten neue Truppen geworben werden (31). So prahlte Prioleau. Guler, den Domenico Vico als «Capo nel Rhetico governo» bezeichnete, weil er ihm eine größere Bedeutung zumaß, als er sie besaß, war entschlossen, am Beitag der Bünde die Besetzung des Veltlins mit allem Nachdruck zu begehren, denn Prioleau hatte den unverzüglichen Einmarsch ins Veltlin empfohlen, um Frankreich die Gelegenheit zum Einmarsch in Bünden zu geben. Der spanische Gesandte Francesco Casati beklagte sich über die Verhandlungen Prioleaus und erhielt zur Antwort, wenn Spanien seine Versprechungen erfülle und die Untertanengebiete zurückgebe, so seien alle Befürchtungen unbegründet (32). Prioleau und der Gesandte Méliand in Solothurn sahen nach und nach in den Forderungen, die Guler und sein Kreis unterbreitet hatten, unüberwindliche Schwierigkeiten; trotzdem ließen sie Guler hoffen, daß Frankreich seinen Anhängern in Bünden zur Seite stehen werde.

Der Besuch Prioleaus, seine prahlerischen Versprechungen für die Zukunft Bündens und schließlich das französische Geld wirkten noch lange im Lande weiter. Vor allem regten sich jetzt die Unterengadiner wieder — Père Joseph war tot — Prioleau hatte viel von der zukünftigen Freiheit des Glaubens im Veltlin und in Bünden gesprochen. Als sich die Unterengadiner kurz darauf erhoben und die Kapuziner vertrieben, schrieb Travers nach Innsbruck: «Ich hab wirklich die Gedanken, die Unterengadiner werden etwas Anlaß haben von heimlicher französischer Praktik.» Als dann um Jörgi die Wahlen des Statutrichters oder Criminalrichters und des Civilrichters oder Landammanns im Unterengadin (in Obmontfallun: Zernez, Süs, Lavin, Ardez, Fetan) zu treffen waren, kam es zu heftigen Kämpfen. Auf der einen Seite standen Rudolf (de Pompejus) Planta, der österreichische Kastellan auf Tarasp mit seinem Hauptmann Zambra, unterstützt von Balthasar Planta-Süs, von den wenigen Katholiken und den Kapuzinern und von drei Prädikanten, auf der andern Seite sein protestantischer Vetter Rudolf Planta auf Steinsberg bei Ardez mit dem stärkeren Anhang der evangelischen Bevölkerung und fünf Prädikanten des Unterengadins. Planta-Steinsberg siegte in den Wahlen, worauf der Kastellan mit Zambra ins Brescianische ging und 25 Banditen anwarb, die er an die Grenze des Unterengadins und bei Nacht nach Tarasp führte. Die Gemeinden mußten zu ihrer Sicherheit Wachmannschaften aufbieten. Er lauerte dem Steinsberger auf; er tötete einen von seinen Begleitern, selbst aber entkam der Vetter auf Steinsberg. Darauf lockte der Kastellan seinen Vetter nach Bormio, um die dortigen Güter des Oheims zu teilen, wie er sagte. Auf dem Heimwege (Oktober 1640) ließ er ihn durch einen Banditen in den Abgrund stoßen; dann flüchtete er sich mit Zambra nach Venedig. Schon im Juli 1640 hatten der Kastellan, Zambra und andere Mitschuldige am Tode Jenatschs in venezianische Kriegsdienste ziehen wollen, darunter Joh. Peter Guler, der Baron Julius Otto von Schauenstein, Jakob Molina und Jakob Planta, der Schwager des Fortunat von Sprecher; Johann Martin Besser hatte sie dem venezianischen Residenten empfohlen, aber sie waren abgewiesen worden. Auch der Kastellan und Zambra kehrten bald wieder nach Hause zurück. Doch nun wurden sie verhaftet und nach Ardez ins Gefängnis gebracht. Jetzt verlangten die Gegner, darunter wohl auch Georg Wiezel, nachdrücklich, daß auch der Mord an Jenatsch untersucht und gesühnt werde, denn der Kastellan und Zambra seien die Mörder Jenatschs (33). Zambra durfte sich selbst im Gefängnis töten; die Leiche wurde später in Vicosoprano aus dem Familiengrab geholt und unter den Galgen gebracht, weil der Zauberer und Mörder Guersch Stampa ihn an seinen Verbrechen als mitschuldig erklärt hatte. Zambra erschien dann den Bergellern auf allen Wegen als Wolf mit einem langen, hinten herabhängenden Ohr, und zielten die Jäger auf ihn, so gaben die Waffen kein Feuer (34). Planta wurde am 24. Februar 1641 im Auftrage der Blutsverwandten des ermordeten Vetters von vier Vermummten im Gefängnis getötet.

Am 3. Mai 1639 waren die Bündner Gesandten aus Madrid in Genua an Land gegangen, und am 25. Mai traten sie: Dr. Jakob Schmid von Grüneck, Rudolf Salis-Zizers und Andreas Sprecher von Davos vor die versammelten Häupter und Räte und berichteten über ihren langen Aufenthalt in Madrid. Sie waren dort ehrenvoll behandelt worden und hatten sich in mancher Hinsicht verständigen können. Der Vorschlag des Jesuitenpaters Pagan, das Veltlin gegen das Vorarlberg zu tauschen, war von den Bündnern entschieden abgelehnt worden und hatte nicht viel zu schaffen gemacht; doch in der Religionsfrage waren sie nicht zum Ziele gelangt. Der Fall von Breisach hatte die spanische Regierung veranlaßt, nach einem Abschluß zu streben. Die Empfehlungen des Kaisers, mit der Rückgabe der Gebiete nicht zu zögern, hatte der kaiserliche Gesandte zwar nur mit Widerwillen weitergeleitet, weil er vorher die Veltliner so eifrig unterstützt hatte. Aber die Nachricht von der Ermordung Jenatschs hatte dann auch in Madrid wie in Innsbruck und Wien einen peinlichen Eindruck und auch Besorgnisse erweckt; der König hatte die Notwendigkeit erkannt, die Gesandten zu entlassen und die Rückgabe des Veltlins zu vollziehen und hatte deshalb Dr. Francisco Maria Casnedo beauftragt, mit den drei Gesandten nach Bünden zu reisen und die Verhandlungen abzuschließen (35).

Nun vermißten Häupter und Räte den Mann, der mit unvergleichlicher Gewandtheit und Geistesschärfe die Interessen der Bünde vertreten konnte. An seine Stelle trat Hans Viktor Travers, eine zwar rauhe, robuste Natur, ohne die Geschmeidigkeit Jenatschs, doch ehrlich, wahrhaft und schlagfertig, mit guten Einfällen bereit; dazu besaß er wie wenige Bündner eine Einsicht in alle Verhältnisse und in die Möglichkeiten einer Lösung der Aufgaben. Als Casnedo verlangte, daß im Veltlin nur katholische Amtsleute wirken sollten, antwortete Travers: «Do wird nüt dorus; eher als das die andern, so nit katholisch seint uns das gunent, lassen sie alles fahren und fangen etwas neues (neue Verhandlungen) an, vor allem, weil sie von Frankreich und auch von Venedig Geld empfangen werden und das Bündnis mit Spanien nicht gerne gesehen haben.» Als dann Casnedo forderte, daß mindestens die Hälfte der Amtsleute katholisch sein sollte, kam wieder die lakonische Antwort: «Do wird nüt dorus.» Travers erinnerte Casnedo daran, daß diese Frage in Asti entschieden worden sei; Bünden wünsche, daß Spanien nicht an erledigten Artikeln rüttle. Ebenso kurz angebunden war Travers gegenüber der Forderung Casnedos, die Festungen im Veltlin und in Bünden zu schließen oder zu zerstören; er erzählt: «Do hab ich gebeten, sie sollen doch still schwigen, denn wer erhalte die Leute in den Festungen als sie; Bünden habe überhaupt nicht die Mittel, sie zu erhalten, vor allem nicht die Rheinschanze, die so schlecht gebaut sei, daß es besser wäre, die 100 000 Livres wären nie angewendet worden; wenn ein Feind heranzöge, wäre die Rheinschanze nur zu seinem Vorteil.» Schließlich trat Graf Biglia für eine rasche Lösung ein, denn der französische Gesandte Méliand wünschte mit den Häuptern und Räten zu verhandeln. Er erschien am 7. Juni vor dem Beitag, wurde aber höflich abgewiesen. Trotzdem lud Prioleau Guler ein, einige Personen nach Genf zu senden, um über alle Fragen einer neuen Verbindung mit Frankreich zu verhandeln. Auch Travers, der nicht geneigt war, auf alle Wünsche Casnedos einzugehen, befürchtete, daß die Intrigen Frankreichs schließlich zum Ziele führen könnten und bemerkte zu den spanischen Vertretern Casnedo, Biglia und Francesco Casati: «Wenn ihr zwischen eurem König und den Bündnern gute Beziehungen haben wollt, so sagt ja, d. h. stimmt den Vereinbarungen von Innsbruck und Asti und den Konzessionen für die Protestanten in Cläven zu.» Casnedo mußte seinerseits unter anderm eingestehen, ehe der König in Madrid diese (Bündner) Pässe andern gönne, werde er ein Königreich daran setzen. Travers hatte auf Bedingungen beharrt, auf die sich beide Konfessionen in Bünden einigen konnten und darum auch besonders Konzessionen für die Protestanten in Cläven erkämpft. Er hoffte deshalb, daß das Abkommen in der Abstimmung der Gemeinden (23. Juni) und dann am Beitag in Ilanz (19. Juli) angenommen werde; doch bemerkte er: «Die Gegner sind tätig insonderheit nicht alle, doch viel Prädikanten, wie im Ober- und Unterengadin, wo man den Vertrag verwerfen wird, um auf eine andere Lösung zu warten» (36). Guler, der allmählich erkannte, daß das Volk und seine Vertreter den Frieden mit Spanien wollten, entschloß sich, die Drohungen, die er oft ausgesprochen hatte, in die Tat umzusetzen. Mit seinen Anhängern und einem Teil der Truppen der Rheinfeste wollte er am 8. Juli die Häupter und Räte in Chur überfallen, verschiedene töten, andere gefangen setzen, um so den spanischen Vertragsabschluß zu verhindern, die Franzosen ins Land zu rufen und das Werk Jenatschs zu vernichten. Der Plan wurde aber bekannt, und der Rat lud Guler vor sich. Anfangs leugnete er alles; dann gab er zu, er habe erklärt, daß kein Vertrag mit Spanien in Kraft gesetzt werden solle, denn der Vertrag bleibe ohne die nötigen Grundlagen (ohne Glaubensfreiheit) und könne nicht bestehen. Guler verließ darauf den Rat und ritt in die Rheinschanze. Die Kunde von den Plänen Gulers erweckte große Unruhe im Lande; die Katholiken befürchteten ein «vespro siciliano», und Hans Viktor Travers berichtete nach Innsbruck: «Verschienen Freitag, den 8. Juli, ist abermalen ein mörderische Verräterei entdeckt worden, denn selbigen Tag haben alle spanischer Faktion von den Franzosen auf dem Rathaus zu Chur sollen ermörd werden; der Rädelsführer soll sein der Oberst Guler.» Nun wollte ein Teil der Räte Guler als Befehlshaber der Rheinschanze absetzen. Schließlich wurde beschlossen, Oberst Johann Peter Enderlin solle unverzüglich von Maienfeld in die Rheinschanze gehen, die Soldaten des Gehorsams gegen Guler entbinden und eine Wache für die Sicherheit des Rates herführen. Der Bote traf aber Enderlin nicht zu Hause, und die Ausführung des Beschlusses unterblieb (37). Als sich dann am 19. Juli Häupter und Volksvertreter in Ilanz versammelten, um die Mehren (Abstimmung) der Gemeinden vom 23. Juni entgegenzunehmen und den Vertrag mit Spanien abzuschließen, erschien Guler in Waffen, von ungefähr 40 bewaffneten Männern begleitet. Einzelne Prädikanten wie Hartmann Schwartz in Chur und der junge Luzius Gabriel hatten den Widerstand geschürt, doch der Wille zum Frieden war zu stark. Auch ein Abgeordneter Zürichs kam, warnte vor dem Abschluß und sagte, der Kaiser sei nun schwach, und die Franzosen würden Spanien genug zu tun geben; zudem seien die XIII Orte einig und mächtig und würden nach Mitteln trachten, daß die Bündner einen bessern Vertrag bekämen, besonders in der Frage der Religion. In Ilanz war aber auch Rosenroll bewaffnet erschienen, und der spanische Gesandte Casnedo erklärte, Guler habe gegen den Frieden gewirkt und müsse die Rheinschanze verlassen. Guler verließ am folgenden Tag die Versammlung mit dem Entschluß, sich zu wehren und den Kampf fortzusetzen (38). Die Abstimmung erbrachte ein schwaches Mehr für den Vertrag. Der Bundstag in Davos sollte die Abgeordneten zum Abschluß des Vertrages in Mailand und zugleich die Amtsleute nach dem Veltlin, die in Ilanz gewählt worden waren, vereidigen; sofort nach der Unterzeichnung des Vertrages in Mailand sollten die Beamten eingeführt werden. Guler, Hartmann Schwartz, Schauenstein, Conradin Planta u. a. hatten unterdessen die Hilfe der evangelischen Städte angerufen; Hartmann Schwartz wandte sich an Breitinger in Zürich und bat um die Unterstützung durch die Zürcher Kirche; Breitinger mahnte zur Geduld. Der Staatsschreiber Johann Heinrich Waser widerriet dem Geheimen Rat in Zürich, sich mit Guler einzulassen, ritt aber dennoch zum Gesandten Méliand nach Solothurn und besprach die Pläne Gulers auch mit dem Schultheißen von Erlach in Bern. Auf dem Rückwege von Solothurn begegnete er dem Baron Julius Otto von Schauenstein, der im Auftrage Gulers den Gesandten Méliand zum raschesten Handeln bewegen sollte (39). Zum Bundstag in Davos erschien Guler wieder, begleitet von 15 Personen und überreichte Häuptern und Räten einen Protest gegen den Vertrag mit Spanien. Die Räte waren bereit, ihn anzuhören und fragten, ob er bessere Mittel und Wege wisse als die, die das Volk und die Räte nun beschlossen hätten. Guler antwortete, man solle gemach tun, die XIII Orte würden zu besseren Bedingungen verhelfen; zudem sei Bünden Frankreich verpflichtet. Die Abgeordneten hatten diese Einwendungen schon in Ilanz gehört. Auch zwei Boten der Stadt Zürich, die jetzt eintrafen, brachten die gleichen Gedanken zum Ausdruck, und ähnlich lauteten Schreiben Zürichs und Berns an die Gemeinden, die aufgefordert wurden, den Vertrag zu bekämpfen. Die Häupter beantworteten die Schreiben und unterließen es nicht, Zürich auf das Treiben Gulers und seiner Freunde hinzuweisen, die mit Hilfe Zürichs einen Aufstand in Bünden hervorrufen wollten. Die Gesandten nach Mailand sollten nach fünf Tagen in Cläven eintreffen, um die Amtsleute des Untertanenlandes einzuführen.

Am 3. September 1639 wurde der Friede in Mailand unterzeichnet. Der Geist von Monsonio war überwunden. Der Vertrag brachte zwar nicht das, was Bünden noch 1617 besessen hatte; indessen war er nach der Ueberzeugung der Staatsmänner Bündens eine Notwendigkeit auf dem Wege zum ersehnten Frieden. Der französische Imperialismus, die Politik und Haltung Frankreichs in den Interessenfragen Bündens hatten Jenatsch und seine Mitarbeiter auf diesen Weg gezwungen. Fortunat Juvalta sagt: «Die Rückgabe dieser Lande, welche wir von den Freundschaft heuchelnden Franzosen niemals zu erlangen vermochten, erhielten wir zuletzt von unseren Feinden selbst, den Spaniern, und nach fortwährenden zwanzigjährigen Unruhen, Aufständen, Kriegsverheerungen, Elend und dem allertraurigsten Druck wurde durch Gottes Hilfe Friede und Freiheit im Bündnerlande wiederhergestellt» (40). Der Prädikant Jachen

Antoni Vulpius von Fetan behauptet in seiner «Historia retica» sogar, Rohan habe selbst den Bündnern zu diesem Wege geraten, und der Rat sei gut gewesen (41).

Während die Bündner zur Unterzeichnung des Friedensvertrages nach Mailand ritten, bereiteten Guler und Conradin von Planta sich vor, diese Gesandten als «Erzlandesverräter» zu empfangen, sie zu ermorden und ihre Güter einzuziehen. «Caron hatte sein schiffli ylfertig in guter bereitschaft etliche nach dieser immerwährenden püntnerischen Tragödie auff Genatzische Wyss hinüberzuführen», sagt Wigeli; es blieb aber bei den Drohungen. Guler kam jedoch nicht zur Ruhe; er setzte sich nach dem Tode des Herzogs von Weimar mit dessen Generälen in Verbindung, an deren Spitze der Generalmajor Johann Ludwig von Erlach stand, um sie gegen den Vertrag mit Spanien zu bearbeiten und ihre Einmischung in Bünden zu erwirken. Nach dem Bundstag in Davos (August 1639) sandte er den Jakob Molina ins Lager der Weimarer zu Erlach und forderte ihn auf, eine scharfe Kriegsdrohung an die Häupter und an die Gesandten nach Mailand zu senden. Als die bündnerischen Gesandten auf dem Rückwege von Mailand waren, erhielten sie durch einen Eilboten die Kriegsdrohung der Generäle in Breisach. Die Häupter kannten schon den Urheber des Briefes und seine Hintermänner; in ihrer Antwort schilderten sie die Leidensjahre des Bündner Volkes und warnten die Generäle vor dem «friedhässigen und betrüber ihres gemeinen Vaterlandes». Dann baten sie die Generäle, den Bündnern nach soviel Jammer und Elend den Frieden zu gönnen (42). In ähnlicher Weise hatten die versammelten Landesväter schon im August 1639 von Davos aus Zürich, Bern und die übrigen Eidgenossen dringend gebeten, «alles so den lieben Frieden, die Ruh und Einigkeit «perturbieren könne, zu unterlassen» (43). Guler wünschte darauf in den Dienst Frankreichs zu treten; er behauptete, nur die Gefahr für sein Leben habe ihn im Jahre 1636 zum Abfall von Frankreich gezwungen, aber er genoß auch in Frankreich kein Vertrauen. Im Herbst 1639, als die Wahl Tscharners zum Bürgermeister in Frage kam, sammelten sich die Gegner nochmals, um ihn von den Aemtern fernzuhalten. Johann von Tscharner fand jedoch das Zutrauen der Stadt und ihrer Vertreter und diente der Stadt noch Jahre lang in Ehren.

Die Häupter setzten das Werk der Befriedung Bündens fort. Am 6. Januar 1640 reiste eine Gesandtschaft nach Innsbruck; es waren mehrheitlich Männer, die Jenatschs Politik unterstützt hatten, nämlich Landrichter Conradin von Castelberg, Johann Heinrich Planta in Räzüns, Johannes Schorsch, Bürgermeister Joh. Bavier, Caspar Frisch, Ulrich Rhea à Porta, Meinrad Buol, Jann Sprecher und Ambrosius Planta. Hans Viktor Travers hatte, wie erwähnt, schon im Jahre 1634 in Innsbruck die Anregung unterbreitet, es möchte die Erzherzogin Claudia die Rechte in Bünden an die Gemeinden abtreten oder verkaufen; seither war immer wieder von dieser Ablösung gesprochen worden. Die Verhandlungen führten schließlich in den Jahren 1649 und 1652 zum Loskauf der Herrschaftsrechte Oesterreichs und damit zur völligen Selbständigkeit der acht Gerichte und des Unterengadins. Mit Unrecht schrieb sich Ulysses von Salis das Verdienst zu, die Wege zu diesem Ergebnis gewiesen zu haben (44). Einen Erfolg aber hatten die Salis, Guler und ihr Anhang im Jahre 1644 zu verzeichnen. Im Jahre 1642 hatte Guler Bundslandammann werden wollen; er war aber seinem Verwandten Meinrad Buol unterlegen. Wiederum scharten sich darauf Carl von Salis und Ulysses von Salis, Düring Enderlin, Hartmann Schwartz und die alten Feinde Jenatschs und Buols um Guler und trieben die Gemeinden in den Kampf. Sie errangen mit Hilfe Zürichs im Waserspruch (1644) einen Erfolg. Als Guler aber am 28. Januar 1656, von seinem Freunde Hartmann Schwartz begleitet, zum Ueberfall auf den bischöflichen Hof in Chur schritt, wurde er von den Schildwachen der Stadt getötet.

Der Friede von Mailand vom 3. September 1639 ersparte den Bündnern auch den Weg nach Münster und Osnabrück; dennoch war man in Bünden in den Tagen der Verhandlungen in Westfalen nicht ganz unbesorgt um die Entscheidungen, die dort fallen sollten. Der Bürgermeister Johann Tscharner wandte sich deshalb als Haupt des Gotteshausbundes an Statthalter Hirzel in Zürich, um durch diesen dem Bürgermeister Johann Rudolf Wettstein in Basel die Interessen der Evangelischen in Bünden zu empfehlen. Er wünschte besonders Unterstützung in der Frage der Entlassung der Kapuziner. Die Verhandlungen in Osnabrück und in Münster ließen auch die Stellung Bündens und des Veltlins nicht ganz unberührt. Frankreich sagte in seiner Friedensproposition an Spanien: «Wegen der bündnerischen Streitigkeiten das Veltlin betreffend, soll es bei dem Accord zu Monzon aufgerichtet, verbleiben und alles in den Stand darinnen es 1617 gewesen, versetzt werden; wäre es daß sie einen Vergleich untereinander selbst aufgerichtet, so mögen sie sich (Bündner und Veltliner) in einer gemeinsamen Versammlung entschließen und solches zwei oder drei Monate, nachdem der Friedensvertrag ihnen angekündigt worden, den beiden Königen durch ihre Deputation anzeigen.» Auch Richelieus Nachfolger Mazarin sah noch im Vertrag von Monsonio den Ausgangspunkt für die Anknüpfung neuer Beziehungen zu Graubünden. Doch Spanien ging mit Rücksicht auf den Friedensvertrag vom 3. September 1639 darüber hinweg und sagte in § 13 der Friedensproposition vom 24. Februar 1647: «Die Bündner und die Veltliner verbleiben in ihrem heutigen Zustand und Verhältnis; sie mögen bis vier Monate nach dem Abschluß dieses Friedensvertrages erklären, welche Form der Regierung sie besitzen wollen.» Johann Rudolf Wettstein sandte dann den Häuptern zur Beruhigung eine Kopie des Friedensvertrages; doch die Häupter und Räte in Bünden wollten wissen, was zwischen Spanien und Frankreich in der Frage des Veltlins geheim verhandelt worden sei, und sie beschlossen, auch den Vertreter der Niederlande «ihres Interesses halber zu begrüßen». Wettstein schrieb von Basel nach Münster an Dr. P. Heider von Lindau, damit dieser bei den Franzosen über diese Frage nachforsche, und dann riet er den Bündnern, sich mit Hilfe von Zürich in Solothurn zu erkundigen. Dr. Heider ging in Münster zuerst zum schwedischen Vertreter Graf Johann Oxenstierna, dem Sohne des Kanzlers. Dieser stellte sich jedoch unwissend und wies Heider an Abel Servien, den Vertreter Frankreichs, einen alten Gönner Rohans. Servien empfing ihn unfreundlich und sagte, es wolle sich nicht geziemen, davon zu reden, da die Bündner von der Freundschaft mit dem allerchristlichsten König, der für sie so viel getan habe, freventlich zurückgetreten und Verbündete des Hauses Oesterreich geworden seien. Heiders Einwand, dieses Volk Rätiens habe einzig für seine Freiheit gewacht, und es könne als Verbündeter der Eidgenossen unmöglich der Feind Frankreichs sein, suchte Servien mit der Bemerkung zu entkräften, das Volk sei in Parteien zerrissen, doch vielen Bündnern habe der Bruch mit Frankreich wirklich mißfallen. Als dann Dr. Heider nach den geheimen Verhandlungen fragte, antwortete Servien ausweichend, so daß Heider befürchtete, Bünden sei in Hinsicht auf geheime Verhandlungen nicht sicher; er beabsichtigte deshalb sich noch an den spanischen Legaten Brun zu wenden, um mehr zu erfahren; doch Wettstein erhielt in dieser Sache wohl keinen weiteren Bericht (45).

Frankreich versuchte in den folgenden Jahren wiederholt seinen Einfluß in Bünden zurückzugewinnen und mit dem Freistaat zu neuen Verhandlungen zu kommen; Spanien sorgte jedoch dafür, daß es zu keinem Ergebnis kam. Im Innern Bündens ließ die Aristokratie, vertreten durch Carl und Ulysses von Salis mit ihrem Anhang, den Kampf gegen die Freunde Jenatschs nicht ruhen. Zwar bot Carl von Salis bei der Hochzeit seiner beiden Töchter mit Gubert von Salis und mit Hartmann von Planta im September 1658 eine Verständigung zwischen den Parteien an. Sie kam nicht zustande, denn jedermann wußte, daß sie eine Unterordnung unter die Bestrebungen der Aristokratie, besonders der Salis und damit auch Frankreichs bedeutete. Schon im Juli 1659 veranlaßte dann Carl von Salis mit Hilfe des französischen Dolmetschers Lorenz Tschudi und des Prädikanten in Schiers einen Auflauf. Eine Schar Bauern zog nach Davos vor den Bundstag und verlangte Rechenschaft über die Gelder, die Frankreich 1637 für die Bündner Truppen geliefert habe, und auch über die Gründung und den Zweck des «Kettenbundes» von 1637. Das Volk sollte glauben, daß das französische Geld von Jenatsch und seinen Freunden veruntreut worden sei. Diese Verleumdung sollte dazu dienen, um im Dienste des französischen Gesandten de la Barde in Solothurn den Vertrag vom 3. September 1639 zu stürzen und die Männer, die mit Jenatsch die Franzosen und Rohan aus dem Lande gewiesen hatten, zur Rechenschaft zu ziehen. Schon auf dem folgenden Beitag in Chur (November 1659) gaben Oberst Christoph Rosenroll, Bürgermeister Joh. von Tscharner und Landammann Joh. Anton Buol von Parpan, die noch lebenden Mitarbeiter Jenatschs, Rechenschaft über die eingegangenen Gelder und über ihre Verwendung; aber die Gegner hetzten und schrien nach einem Strafgericht, und dieses verurteilte die alten Gegner Frankreichs und sogar den Sohn Jenatschs, Paul, der in dieser Zeit im Häupterkongreß saß, zu Geldbußen, die aber Spanien bezahlte. Der Kettenbund wurde nachträglich von den Gemeinden mit 38 gegen 12 Stimmen als gut und notwendig anerkannt. Carl und Ulysses von Salis hatten in diesen Kämpfen ihren ganzen Einfluß geltend gemacht, und de la Barde drohte im Namen Frankreichs mit einer Schrift an den Papst über die Verletzungen des Vertrages von Monsonio, die er auch dem spanischen König übermitteln wolle. Um die politische Wirksamkeit der Salis kräftig zu fördern, mußte der Prädikant (in Maienfeld) an einem Sonntag von der Kanzel verkünden, daß das Haus des Carl von Salis für alle Leute offen stehe, die essen und trinken wollten. Das gleiche geschah in Grüsch; der Marschall Ulysses von Salis ließ die vollen Weinfässer auf die Straße rollen, um die Bauern zu bewirten und sie gegen die Buol, Sprecher in Luzein und Davos und andere zu bearbeiten (46).

Das Volk in Bünden war aber in seiner Mehrheit gewitzigt und lehnte das Werben Frankreichs und der Aristokratie und auch die spanische Einmischung entschieden ab; den Namen des Friedensstifters Jenatsch vergaß aber der Bauer trotz aller Bemühungen der Gegner nicht. Das Bündner Volk war im Sturme der Zeiten gereift; der Trieb des Bündners, das Bedürfnis, nach eigenem Gesetz zu leben und zu handeln, zu nichts Wesensfremden gezwungen zu werden, machte sich immer mehr geltend. Das Vertrauen in die Aristokratie war dahin. Sie war lange Zeit die Vermittlerin der Kultur und des Fortschrittes gewesen; ihre Zeit war vorbei. Der Bauer wurde immer mehr bewußt, daß er allein stand; er war im politischen Leben ruhiger, besonnener und allmählich weniger beeinflußbar geworden, entschlossen, sich eine sichere Zukunft aus eigener Kraft vorzubereiten und zu schaffen. Dieser Geist einer besseren, nicht an wildem Parteileben kränkelnden Demokratie war das Werdende, im Sturm sich langsam läuternde Wesen Bündens. Der sehnsuchtsvolle Wunsch Jenatschs, das Volk zu wecken und zu einigen, Bünden eine neue Lebensform und den Frieden zu geben, stand vor der Verwirklichung. Jenatsch hatte die neue Zeit und die neue Politik eingeleitet. Sein zäher Kampf gegen den Vertrag von Monsonio und gegen die politische Vergewaltigung durch Frankreich hatte zum Erfolg geführt und sicherte in der Zeit, da Bünden noch nicht ein eidgenössischer Ort war, die wirtschaftliche Existenz und die Selbständigkeit des Freistaates, bis die französische Revolution das Verhältnis im Süden zerstörte und Bünden, mit den Eidgenossen verbunden, neue politische und wirtschaftliche Lebensmöglichkeiten gewann.

Das Volk Bündens rief in den schweren Zeiten des Krieges nach weisen politischen Führern, wie besonders ein Fortunat von Juvalta von Zuoz es war; aber es bedurfte neben den Politikern auch des großen, unerschrockenen Kämpfers, der seine körperlichen und geistigen Kräfte, seine ganze Leidenschaft in den Dienst der Heimat und ihrer Befreiung und des Friedens stellte. Das war Jörg Jenatsch. — Man darf sich fragen: Wohin hätten die Aristokraten und ihre Diener das Bündner Volk in diesen Tagen schwerer Not geführt? Welche Folgen hätte ihre Politik für Bünden, für die Eidgenossen und für die Nachbarn haben müssen? — Die Wahl des Führers zeigte doch eine beachtenswerte politische Reife des kleinen Bergvolkes.

Jenatsch war mit seiner Körperkraft und Geisteskraft, mit seinem Mut und seiner Kühnheit in seiner Art eine selten große Erscheinung; seine Leidenschaft, sein Bündnerblut, seine Hemmungslosigkeit lassen ihn in seiner Zeit als den «gewaltigen Puntsmann» erscheinen. Und doch war er im Grunde seines Wesens durchaus der Mensch seiner Zeit, seines Herkommens, seiner Engadiner Heimat, mit den Widersprüchen zwischen eigener tiefer Leidenschaft und Menschlichkeit und Seelenfrieden. Die Anklagen und Verdächtigungen gegen Jenatschs Politik, gegen sein Verhältnis zur Heimat, entsprangen dem persönlichen und dem Parteiempfinden der Gegner, mitunter auch der irrtümlichen Deutung der Aufgaben und Ziele Jenatschs; sie sind durchaus unhaltbar, und Travers' schlichte Worte: «In den Geschäften des Landes hat er sich redlich und wohl gehalten», sind gerechtfertigt. *In seinem Verhältnis zu Heimat und Volk, in seiner Politik und militärischen Führung liegt auch seine ganze Bedeutung.*

In engem Zusammenhang mit den Ereignissen der Zeit entwickelte sich das Leben Jenatschs. Die Kampfstimmung, die Vater und Sohn im Sommer 1610 auf der Wanderung nach Zürich begleitete, in Verbindung mit dem feurigen Temperament, zeichnete den Weg der Zukunft. Die Studien brachten dem hochbegabten Sohne nicht das Aufblühen einer großen Seele und die Entwicklung edlerer Züge, den inneren Ausgleich des jungen Menschen, denn sein

Streben folgte dem Rufe der Zeit, dem Kampf. Die Jugend wurde zur wildesten Sturmfahrt, doch nicht ziellos, nicht ohne den Willen und die Ueberzeugung zu haben, mit seinen Taten dem Glauben und der Heimat zu dienen.

Er schloß sich der bündnerischen Aristokratie an, trat mit ihr an die Seite Venedigs und dann Frankreichs. Macht und Gewalt — eigene und der Partei — verwickelten ihn und seine Kampfgenossen in menschliche Schuld. Der reifende Politiker und Militär erkannte in seiner leidenschaftlichen Liebe zur Heimat die Gefahren, die infolge der aristokratischen Politik dem Lande drohten. Er wandte sich vom Parteitreiben und auch von der Aristokratie und ihren Dienern mehr und mehr ab und sann auf Wege, die zur Befreiung des Landes und zum Frieden führen sollten. Auch jetzt (1631) baute Jenatsch noch auf Frankreichs Hilfe. Als dieses aber Bünden für seine imperialistischen Pläne besetzte und dauernd in der Gewalt zu haben trachtete, wandte sich Jenatsch mit vielen führenden Männern, wie Meinrad Buol, Jakob und Caspar Schmid von Grüneck, Fortunat Juvalta u. a. und mit den Häuptern von Frankreich ab. Es war der Wendepunkt in der Geschichte Bündens, ein gewaltiges Wagnis politischer und militärischer Art, dessen Mißlingen für Bünden und auch für seine Nachbaren unabsehbare Folgen gehabt hätte. Jenatsch führte sein Volk mit starker Hand zur Befreiung und leitete damit eine lange Epoche des Friedens ein. Dabei griff er mächtig in das politische und militärische Schicksal Europas, besonders Frankreichs, aber auch Venedigs, Oberitaliens und der Eidgenossen ein. Vor allem befreite er Bünden und Oberitalien von der Lebensabhängigkeit von Frankreich. Dadurch aber schuf «der gewaltige Puntsmann» sein tragisches Ende. Jugendschuld und Ehrgeiz des überragenden Mannes dienten den Mördern und ihren Hintermännern zum Vorwand, um im Bunde mit dem Ausland den großen Patrioten zu vernichten; sein Werk aber lebte fort. — Er war auch dem Auslande der kühne, bewunderte Politiker und Militär, der dem größten Staatsmann des Zeitalters, Richelieu, eine schwerste Niederlage bereitete und fähig erachtet wurde, auch dem großen Feldherrn der Zeit, dem Herzog Bernhard von Weimar, die Stirne zu bieten.

Am Grabe des großen Staatsmannes J. R. Wettstein sagte der Basler Antistes, statt auf Wettsteins Person solle man besser auf die Sache sehen und dabei erkennen, daß er «für das Vaterland ein gesegnetes Instrument gewesen sei». Diese Worte mag sich auch der Bündner im Gedanken an das Leben und Wirken Jenatschs zu Herzen nehmen.

Anmerkungen

I

An der Spitze des Staates der III Bünde standen die drei Häupter: der Landrichter als Haupt des Grauen Bundes (mit Ilanz als Hauptort), der Bundespräsident im Gotteshausbund (Chur), der Bundeslandammann im Zehngerichtenbund (Davos). Sie bildeten den Häupterkongreß und tagten gewöhnlich im April, Juni oder Juli, Oktober oder Dezember in Chur. Wurden zu den Häuptern noch drei (hie und da fünf) Männer aus jedem Bunde für wichtige Beratungen zugezogen, so bildeten diese Männer den großen Kongreß oder Beitag mit dem Sitz in Chur. Er versammelte sich gewöhnlich im Januar und Februar.

An diesen beiden Versammlungen war der Bundespräsident der Vorsitzende, der Stadtschreiber der Schreiber oder gleichsam der Kanzler der III Bünde. Er empfing die Korrespondenz des Auslandes und der Eidgenossen.

Der Bundstag, die Versammlung der Häupter und der 63 Vertreter aus den Gerichtsgemeinden, trat gewöhnlich am 24. August (Bartholomäustag), das erste Jahr in Ilanz, das zweite in Chur, das dritte wieder in Ilanz, das vierte in Chur und das fünfte in Davos zusammen. Das Haupt des Bundes, in dem die Versammlung stattfand, leitete die Beratungen oder die Sitzungen.

Häupter, Beitag und Bundstag besprachen die inneren und äußeren Geschäfte des Landes; die endgültige Entscheidung über neue Gesetze, Bündnisse und Verträge mit dem Ausland traf das Volk in den Versammlungen der Gerichtsgemeinden (Landsgemeinden).

(1) Universitätsbibliothek Basel, Matrikelbuch I; Raeto-romanische Chrestomatie von C. Decurtins VII, 373.

(2) Universitätsbibliothek Basel, Matrikelbuch I. Die genauen Zahlen der Studenten lassen sich nicht feststellen, da einzelne die Aufnahmeprüfung bestanden, sich jedoch nicht immatrikulieren ließen. Vgl. Rudolf Thommen. Geschichte der Universität Basel 1532—1632 S. 70 ff. Quellen zur Schweizergeschichte Band 24, Bullingers Briefwechsel mit den Bündnern. Die Familie Jenatsch war im 16. und 17. Jahrhundert besonders im Oberengadin in Samedan, Camogasc, Scanfs, aber auch in Tin-

zen, Filisur und Bergün vertreten. Anton Jenatsch mag um 1430—50 in Samedan gelebt haben; sein Sohn Andreas zeichnet 1470 als Notar, und 1544 begegnet uns ein Andreas Johannes Antonius Jenatsch als Besitzer des Buches: Joannis Ravisii Textoris. Epistolae Lugdun, apud Seb. Gryphiam (Archiv von Albertini in Ponte). Er ist vielleicht identisch mit dem Notar Anton (1542, 1544), wohl kaum mit dem Richter Anton Jenatsch aus den Jahren 1585/86.

Andreas Genatsch ex Engadina
immatrikuliert in Basel 1553, Pfarrer in Pontresina 1559—76

Anton, Richter und Notar 1585/86	Isreal Jenatsch 1584 in Basel immatrikuliert, Pfarrer in Silvaplana, Lohn, St. Moritz † 1623 Ursina Balsamin † 1615

Susanna † 1641 Joh. Jodocus	J ö r g 1596—1639 Anna Buol 1598—1673	Katharina † 1648 Balthasar Bifrun	Nuttin † 1645 Elisabeth Traver:

Ursina 1627—93 Landa. . Margadant	Katharina 1629—1692 Rittmeister Christ. Sprecher	Paul, Bundslanda. 1629—1676 1. Elis. Välär 2. Jakobea Buol (Parpan)	Dorothea 1632—1692 1. Joh. Sprecher 2. Jakob Buol	Anna 1635 -58	Georg 1637 -1672 Barbara v. Sprecher	Jörg 1641—90 Maria v. Plant: † 1710

Der verwandtschaftliche Zusammenhang mit Johannes, Lehrer und Notar, mit dessen Söhnen Joh. und Anton, mit Elias dem älteren und dem jüngeren, mit Landammann Caspar (1623), mit dem Pfarrer Anton Jenatsch in Filisur (1590—1624) und Ammann Johannes in Filisur, mit Susanna, der Gattin des Pfarrers Jesaja Schucan († 1650) ist nicht mit Bestimmtheit zu erklären. Der letzte männliche Nachkomme Jörgs, Johann Ulrich Jenatsch, Oberstleutnant in k. u. k. österr. Diensten, starb in Chur 1911. Seine Schwester Anna Barbara (1823—1893) war seit 1853 mit General Johannes Lukas von Mechel in Basel verheiratet. Oberst Joh. Ulrich und Anna Barbara Jenatsch waren Nachkommen von Bundeslandammann Paul Jenatsch und Jakobea Buol von Parpan.

(3) Annalas della Societad raeto-romantscha 16, 66 und 38, 52 und 53. Im Jahre 1645 zählten Silvaplana 119, Surley 85, Champfèr 108, Samedan dagegen 600 Einwohner.

(4) Staatsarchiv Chur, Mscr. A 66. Herr Dr. Jules Robbi in St. Moritz war als Knabe bei der Oeffnung des Grabes von Israel Jenatsch anwesend; er berichtete dem Verfasser in verdankenswerter Weise von der außerordentlichen Größe der zu Tage geförderten Gebeine.

(5) Fundaziun Planta Samedan, Kopialbuch des Pfarrers Luzi Papa fol. 95 1622. Vgl. dazu Mscr. A 66 des Staatsarchivs in Chur.

(6) Archiv St. Moritz. Quadernus novus omnium habendor. Ecclesiae Sancti Mauritij. Archiv Samedan, Kirchenbücher.

(7) Zentralbibliothek Zürich, Simmlersche Sammlung Bd. 161, Israel Jenatsch an Caspar Waser, 20. August 1610. Ernst Haffter, Georg Jenatsch, Urkundenbuch enthaltend Exkurse und Beilagen. Chur 1895, S. 12.

(8) Archiv der Sacra Congregatio de Propaganda Fide in Rom (A. P.) vol. 213, P. Ignazius an die S. C., Milano, 26. Juni 1624. Er spricht vom Schwiegersohn Pfarrer Johannes Jodocus und Susanna Jenatsch, der Tochter des Israel: «Desidera di farsi prete (Jodocus), la moglie persiste ostinatissima nell' heresia con quasi niuna speranza di conversione, è figlia di un predicante, de maggiori tristi, che siano nella Retia.» Mengia Jodoci, die am 20. Februar 1674 unter den Taufzeugen im Kirchenbuch von Samedan genannt wird, könnte zur Familie des Johannes Jodocus gehören. Nuttin Jenatsch studierte 1622 zusammen mit Johannes Jenatsch an der Universität in Basel. Joh. Jenatsch setzte die Studien in Padua fort (1623).

(9) Zentralbibliothek Zürich, Simmlersche Sammlung Bd. 161, Israel Jenatsch an Caspar Waser, 20. August 1610. Jakob Favonius war 1598—1606 in Zürich, dann Pfarrer in Casaccia. Ernst Haffter, Georg Jenatsch. Ein Beitrag zur Geschichte der Bündner Wirren. Davos 1894, S. 29 ff.

(10) Haffter 32.

(11) Conradin Bonorand, Die Entwicklung des reformierten Bildungswesens in Graubünden zur Zeit der Reformation und Gegenreformation, Thusis 1949, S. 26 ff., eine gründliche, wertvolle Forschungsarbeit. Conradin Bonorand, Bündner Studierende an höheren Schulen der Schweiz und des Auslandes im Zeitalter der Reformation und Gegenreformation. Jahresbericht der Hist.-Antiq. Gesellschaft von Graubünden 1949. Anzeiger für Schweizergeschichte XVI, 442.

(12) Haffter 33, 34. Diese Anklagen hatte schon Augustin Stöcklin um 1628 aufgebracht, sie sind nicht zu beweisen.

(13) Staatsarchiv in Chur, Mscr. 651a.

(14) Haffter 36.

(15) Staatsarchiv in Chur, Mscr. 651a.

(16) Staatsarchiv Graubünden. Salis-Planta Archiv. Jenatsch an Baptista von Salis, 2. Juni 1616.

(17) Universitätsbibliothek Basel, Matrikelbuch II, Ulrich Albertini hatte sich wie Blasius Alexander, der 1611 das Baccalaureatsexamen bestand und 1613 Magister wurde, nicht immatrikulieren lassen.

(18) Staatsarchiv Graubünden, Salis-Planta Archiv. Baptista von Salis an seinen Vater, 1. August 1616. Universitätsbibliothek Basel, Mscr. Frey-Grynäus II 7 Nr. 40, 41, 42; Johann Anton Buol an Theodor Zwinger, Genf, den 28. März, 24. Mai und 19. Juni 1619. Johann Anton Buol von

Parpan (1600—1662) war der Sohn des Ulrich Buol (1566—1622), der
mit Israel Jenatsch in Basel studiert hatte. Er ging mit den Salis im
Frühjahr 1619 nach Genf, wo er am 22. März immatrikuliert wurde. Nach
Abschluß seiner Studien kehrte er nach Parpan zurück, wo er das Haus
seines Urgroßvaters, Hartmann von Hartmannis, bewohnte (das Schlößchen) und der Heimat diente. Wie sein Urgroßvater war er bemüht, den
Zehngerichtenbund von Oesterreich zu befreien; er erlebte den Loskauf,
über den er zusammen mit Jenatsch, Hans Viktor Travers und Meinrad
Buol von Davos mit Oesterreich verhandelte. Seine Tochter Jakobea
heiratete (1669) Paul Jenatsch, den Sohn Jörgs. In Genf studierten die
wenigen evangelischen Veltliner vor allem Theologie; die Zahl der Bündner Studenten war klein: Johannes Guler (immatrikuliert am 26. Mai
1580), Jakob und Georg Planta von Chur (1600), Caspar Alexius (18.
Nov. 1606), Andreas Salis (24. Dez. 1606), Luzius Gabriel (5. Nov.
1617), Joh. Anton Buol von Parpan (22. März 1619), Stephan à Camenisch von Tamins (4. Mai 1620), Johann de Niga (1626), Fortunat Gabriel (1631), Ruinelli Jecklin ab alta Rhaetia (8. Mai 1633), Andreas à
Salis (1633), Herkules à Capaul (1636), Joh. Bapt. Stupanus (1640),
Daniel Pestalozzi (1640), Christian Gaudentius von Ilanz (18. April
1644). Ueber Alexius vgl. seine Briefe an Jakob Zwinger, Universitäts-
bibilothek Basel, Mscr. Frey-Grynäus II 8 Nr. 32 und 9 Nr. 3, 4, 5; dazu
Staatsarchiv Genf. Sommaire des lettres reçues de 1600—1640 au sujet
des affaires des Grisons, P. H. 2571, 2601, 2669, 2693 etc. Bibl. Publ. et Universitaire, Corresp. relative à l'histoire des Grisons de 1600—1640, vol.
20—26, lettres de G. Alexius. Zentralbibliothek Zürich, Simmlersche
Sammlung, Bd. 170, fol. 23, 24 ff. und 51, 1622, 1623.

II

(1) Comte de Saint Aulaire, Richelieu. Paris 1932.

(2) E. B. Bibiliothèque Nationale Paris, f.fr. 16012, fol. 63, Bellièvre an Vi-
eilleville, Chur, 9. Okt. 1564.

(3) Universitätsbibliothek Basel, Mscr. Frey-Grynäus II 14 Nr. 30, Herkules
von Salis an Jakob Zwinger, Grüsch, 8. Juni 1608. Bonaventura Toutsch
wurde im März 1609 in Basel immatrikuliert. Ueber das Verhältnis der
Prädikanten zur Aristokratie, besonders zu Herkules von Salis, der sich
als Führer der Aristokratie betrachtete, vgl. auch Zentralbibliothek Zürich, Simmlersche Sammlung, Bd. 160—167, 169 und Mscr. L 20, fol.
18 ff. Dazu E. B. Aff. Etr. Grisons 2, Herkules von Salis an Sillery, Chiavenna, 30. Sept. 1609, die venezianischen Berichte im Eidg. Bundesarchiv
(E. B.) und Biblioteca Ambrosiana Mailand, E. S. VI, 8, fol. 6, Successo
in Grisoni, 20. April 1607. Jean Martin Demézil. Une correspondence di-
plom. du règne de Henri IV. Louis la Fèvre de Caumartin, ambassadeur
en Suisse 1605—1607 dans Annuaire-Bulletin de la société de l'histoire

de France anné 1943 (Paris 1944), p. 97—112, lettres inédites conservées dans les archives du Château de Meslay (Vendomois).

(4) Ulisse de Salis-Marschlins. Memorie. S. 1. Scaramelli schreibt am 6. März 1619 über Herkules von Salis, er sei «capo di nome (der Partei) odiosissimo al Populo e similmente a molte case degli uomini più civile (Filza 14 Grisoni). Anton Molina hatte in Paris studiert, Joh. Pol in Basel.

(5) E. B. Bibliothèque Nationale f.fr. 16027 und 10718, Villeroy an Paschal, Paris, 21. Jan. 1610. Filza 8 Grisoni, Herkules von Salis an Vincenti, 23. Okt. 1611, 23. und 24. Jan. und Ende Jan. 1612.

(6) E. B. Filza Grisoni, Herkules von Salis an Vincenti, 23. Okt. 1611.

(7) E. B. Bibl. Nat. f.fr. 10718, Paschals Corresp. mit dem König, mit Puysieux und mit Villeroy. Nuntiatur Fabricius Verallo 1606—1608 und d'Aquino 1612—1613. Zentralbibliothek Zürich, Simmlersche Sammlung Bd. 161—163, Herkules von Salis, Stephan Gabriel, Georg Cazin, Luzius Papa u. a. an C. Waser; dazu E. Usteri, Bürgermeister Leonhard Holzhalb 1553—1617.

(8) E. B. Filza 4 Svizzeri e Grisoni, Barbarigo, 30. Sept 1613 bis 3. Sept. 1614.

(9) Biblioteca Ambrosiana Mailand, Parte sup. Et. 181, Alfonso Casati an Giulio della Torre, Luzern, 28. Mai 1615 und Maximilian Mohr al Gran Cancelliere di Milano, Einsiedeln, 28. Mai 1615. E. B. Nunziatura Svizzera, der Nuntius an Cardinal Borghese, Luzern, 24. März 1614; Filza 4, Svizzeri e Grisoni 9. Mai 1615.

(10) Friedrich von Salis war nach längeren Studien im Ausland am Hofe Heinrichs IV. Almosenier und vor 1606 katholisch geworden. Er hatte sich dann mit drei theologischen Abhandlungen an die bündnerischen Prädikanten gewandt: «Ho assaltato li Ministri Grigioni con tre diversi Trattati, a li quali sin hora non ho risposta, se bene doi anni fa m'hanno scritto che mi risponderebbono. Il che non puotendo tentenderunt arcum suum, si sono voltati alle calumnie et hanno fatto tanto che m'hanno disgratiato appresso di mio padre et alli giorni passati sicome hora ne sono avisato, gli hanno persuaso di esheredarmi, si come ha fatto in presenza di tutto il Magistrato, convocato perciò espressamente... (E. B. Biblioteca Vaticana, Codex Lat. Barberini 7986, Federico Salice al Cardinal Barberini, di Sanoy, 1. September 1610). Kurz darauf, im September 1610 erhielt er die Antwort von Stephan Gabriel im Briefe des Vaters (Rätoromanische Chrestomatie VI, 16). Er lag damals schon seit längerer Zeit schwer krank in Sanoy; doch war er entschlossen, den Prädikanten zu antworten. Im Jahre 1613 beriefen Bischof und Kapitel von Chur ihn als Coadjutor des Bistums (E. B. Nunziatura Svizzera, 10. und 31. August 1613) und Cardinal Maffeo Barberini, der spätere Papst Urban VIII. ermunterte ihn, dem Rufe zu folgen (A. P. vol. 344, fol. 324, Barberini an Fed. Salis, Bologna, den 9. Juli 1614). Er nahm die Würde nicht an; seine Krankheit und ein gewisser Widerstand im

Kapitel in Chur mögen ihn zu dieser Ablehnung bestimmt haben. Im Sommer 1615 kam er nach Samedan zu seinem Vater und zur Stiefmutter; er hatte in drei Tagen vier Besprechungen mit den Prädikanten, und er schied, versöhnt mit dem Vater, hoffend, daß er ihn für die katholische Kirche gewinnen werde. Ueber den Kampf gegen die Treibereien der venezianischen Parteigänger für Barbarigo schreibt er: «et sendomi accorso delli artifici con i quali cercavano'di spontare detta legha et particolarmente con fare predicare gli Ministri che chionque non la favoriva non era amicho dell Evangelio, sendo questo l'unico et soveranno mezzo di introdurre detto Evangelio nell'Italia et assicurare il Paese contro le continue et solite insidie Spagnoli, feci una risposta e breve oratione persuasiva del contrario, la quale corse per tutto il paese et operò cosi bene che il Popolo cominciò a accorgersi dell inganno...» E. B. Biblioteca Vaticana, Codex Lat. Barberini 7986, Fed. Salis an Cardinal Barberini, Pariggi, 2. November 1615. — Friedrich von Salis starb schon 1616.

(11) Rott E. Méry de Vic und Padavino in Quellen V.; Giov. Batt. Padavino. Relazione de Grisoni, in Rhäthia III, 186—247; Céresole V. Les depêches de Padavino ecrites pendant son séjour à Zürich, Quellen II. und Rott E. Venise et les Ligues Grises in Quellen V.

(12) In seiner Rechnung steht: Al (Conrad Jecklin) predicante di Tosana per convocar i predicanti vicini 25 fl., al predicante (Georg Cazin) di Tamins 15 fl., 12. und 15. Januar 1617. Am 2. März 1616 schreibt Padavino: «Conradin Jegklin, nostro fidelissimo, per trattenere in buon proposito e procuri accarezzare molto il Landvogt Caspar di Schauenstein che stà a Chazzes perchè è persona di grandissima autorità e seguito nella lega Grisa». Filza 12 und 13 Grisoni, Scaramelli.
Landesregierungs-Archiv für Tirol in Innsbruck, Grenzakten Fasc. 40 Pos. 5, Hans Viktor Travers an Erzherzog Leopold, 1. und 8./18. April 1616; Padavino an die III Bünde 8./18. und 9./19. März 1616, Gueffier an die Gemeinden 8./18. April 1616.

III

(1) E. B. Filza 12 Grisoni, Moderante Scaramelli, dalla Piazza, 10. Juli 1617.

(2) Octavian Mey in Cläven sprach den Vers: Casuram dicas, decipit illa canes. Sprecher I, 107. Vgl. Anhorn, Graubündner Krieg 27, und die Corresp. des Oct. Mey mit Caspar Waser in der Simmlerschen Sammlung.

(3) Juvalta, Fortunat von. Denkwürdigkeiten hg, von Conradin von Mohr, S. 49.

(4) Juvalta 49. Vgl. Haffter 422, auf die Sinnesänderung bei Janett und nicht bei Jenatsch hinweisend. Janett ging nach Zillis und starb 1626. A. P. vol. 66, fol. 485. P. Gaudentio an Scappi, 10. Mai 1626.

(5) In Sils amtete Balthasar Tuoin(g)a von Fetan, in Urmein Emanuel Ke-

sel von Celerina, in Tschappina Caspar Zappa von Zernez, in Präz Ulrich Dominicus Stupan von Süs, in Filisur Luzius Papa von Samedan, in Splügen Parcifal Anton Vulpius von Fetan, in Hinterrhein Joh. Schweigly von Fetan, in Andeer Nannus Deya, in Flims Stephan Gabriel von Fetan, in Tamins Georg Cazin von Süs, in Scheid Joh. Peer von Sent.

(6) Conradin Bonorand, Die Entwicklung des reform. Bildungswesens etc. Thusis 1949. S. 55 ff. Camenisch Carl. Carlo Borromeo und die Gegenreform im Veltlin, Chur 1901.

(7) Ulisse de Salis. Memorie 67. Periodico di Como 1914, 1915. Giovanni Baserga. Il movimento per la riforma in Valtelina e le sue relazioni con Ginevra, p. 126. E. B. Nunziatura Svizzera. Nuntius d'Aquino an Cardinal Borghese, Lugano, 13. August 1613. Universitätsbibliothek Basel, Mscr. Frey-Grynäus II, 9 Nr. 3, Caspar Alexius an Jakob Zwinger, Paris Cal. Sept. 1605, März 1606, Juli 1606. Le livre du Recteur, Catalogue des Etudiants de l'Academie de Genève 1559—1859, S. 69, 374. Archives d'Etat Genève. Lettres reçues par la Segneurie de Genève 1600—1640 au sujet des affaires des Grisons P. H. 2571, 2601, 31. August 1616, 22. Juli und 18. August 1617. Bibl. publ. et universitaire de Genève. Corresp. ecclesiastique relatives à l'histoire des Grisons de 1600 à 1640, vol. 20—25, Briefe von St. Gabriel, I. P. Danz und Caspar Alexius. Bibl. Trivulziana, Milano, Cod. 1166. Conrad Buol an C. Alexius, 22. August 1617; Mitglieder der Kirche von Sondrio an Alexius, 1. August 1617. Alexius war zunächst als Pfarrer von Sondrio gewählt worden und wurde von seiner Gemeinde schriftlich begrüßt; die Schule sollte aber die Hauptarbeit werden. Juvalta 57.

(8) E. B. Nunziatura Svizzera Xc, Lugano, 16. und 30. Juni 1618; Zentralbibliothek Zürich, Mscr. L. 20, fol. 6 Herkules von Salis an C. Waser, 14. Sept. 1613.

(9) E. B. St-A. Firenze, Archivio Mediceo 4172, 20. Nov. 1620.

(10) E. B. Filza 12 Grisoni, Ercole Salis, Chiavenna, 19./29. Dez. 1617 und Jacomo Schmid, Chiavenna, 19. Nov. 1617.

(11) E. B. Filza 13 Grisoni, Scaramelli, 7., 21., 25. März 1618. Scaramelli an Landrichter Christ. von Sax, 23. Febr. 1618.

(12) Eidg. Abschiede V, 2 Seite 7, 16 und 27; Sprecher I, 90.

(13) Juvalta 50.

(14) Haffter 45.

(15) E. B. Filza 12 Grisoni Scaramelli, Piazza, 21. Okt. 1617. Paschal sagt: «d'une avarice enragée, au reste plein d'orgueil et d'insolence insupportable, cet homme par la commune opinion estant coupable de peculat, d'injustice de cruauté et de trahison et par tels moiens s'estant acquis la heine publique». E. B. Bibl. Nat. f. fr. 10718. Avis donnés par Paschal 24. décembre 1618; Annalas 48, 124 ff.

(16) E. B. Filza 13 Grisoni, Scaramelli, 7. März 1618, Häupter waren: Christian von Sax, Luzi Beeli und Hans Sprecher.

(17) E. B. Filza 13 Grisoni, Scaramelli, 4. April 1618; Salis 67, über den Einfluß des Herkules von Salis auf das Strafgericht von Thusis.

(18) E. B. Filza 13 Grisoni, Piazza, 18. April 1618; Staatsarchiv Zürich E II 384. fol. 425, 428. Alexius und Blasius Alexander an die Zürcher Pfarrer, Cläven, 30. März 1618. Die Zürcher Pfarrer und Professoren (Joh. Jakob Breitinger) an die rätische Synode, 10. April 1618.

(19) Staatsarchiv Graubünden, Landesakten, Unterengadin I, Georg Saluz an Rudolf Planta, Juni 1629. Fleury, Histoire de l'Eglise de Genève II, 425—431. Oskar Pfister, Calvins Eingreifen in die Hexer- und Hexenprozesse von Peney etc. Jacob Burckhardt. Historische Fragmente hg. v. Werner Kägi, S. 113 ff. zu Calvin.

(20) E. B. Nunziatura Svizzera Xc, Sarego nach Rom, Lugano. 28. Januar 1618. Er schreibt: «ripond'anco a quel ch'io scrissi loro per aiuto e braccio alli cattolici Grisoni contro li novatori et persecutori del Vescovo di Coira, dell'arciprete di Sondrio...» Ueber diese Verschwörung gegen Venedig berichten: Pietro Daru. Histoire de la République de Venise, Paris 1821. Leopold Ranke. Die Verschwörung gegen Venedig im Jahre 1618. Eugenio Musatti. Storia di Venezia, Milano 1936, vol. II, cap. XXIV. Italo Raulin. La congiura spagnuola contro Venezia, nuovo archivio Veneto 1893, 78 ff. Alessandro Luzio. La congiura spagnola contro Venezia nel 1618 in Miscellanea di Storia Veneta, serie terza, tomo XIII, Venezia 1918.·Achille de Rubertis. La congiura spagnuola contro Venezia 1618 in Archivio storico italiano Anno CV, 1947. Vgl. dazu Zwiedineck-Südenhorst I, 1 ff.

(21) Nunziatura Svizzera Xc Sarego noch Rom, Lugano, 17. Okt. 1617 und 28. Jan., 18. Mai 1618.

(22) E. B. Nunziatura Svizzera Xc, Sarego, Lugano 11. Juni und 16. Juli 1618.

(23) E. B. Nunziatura Svizzera Xc, Sarego, 30. Juni und 16. Juli 1618.

(24) E. B. Filza 13 Grisoni, Scaramelli, 11. Juli 1618; Haffter 52.

(25) E. B. Filza 13 Grisoni, Scaramelli, 11. Juli 1618.

(26) E. B. Bibl. Nat. f. fr. 10718 Avis donnés par Paschal, 24. décembre 1618; dazu Biblioteca Trivulziana Mailand, Codex 1166, Luzius Papa, Ponte Campovast, 4. Juli 1618, als Urheber des Aufstandes im Unterengadin werden genannt: Jakob Ant. Vulpius, Joh. Dorta, Joh. Salomon Blech, Nikol. Ant. Vulpius, Blasius Alexander, Georg Jenatsch und Anton Fabritius.

(27) E. B. Filza 13 Grisoni, Scaramelli, Piazza, 22. und 25. Juli 1618.

(28) E. B. Filza 13 Grisoni, Scaramelli, Piazza, 26. Juli 1618.

(29) E. B. Biblioteca Nazionala, Napoli. Bibl. Brancacciana. Relatione de Paesi, governi, costumi etc. XE 57 fol. 5. «bandieri guidate dalli predicanti et alcuni delli Salice heretici, fautori della partita di Veneta. «Nunziatura Svizzera Xc, 6. Okt. 1618, dazu Sprecher I, 74 ff.

(30) E. B. Nunziatura Svizzera Xc, 29. April 1604, 28. August 1612, 25. Sept.

1618; 30. Juni 1618 schreibt der Nuntius: «et ivi haver aperte le scuole per leggere ... non sono comparsi scolare, et è caduta poi dal cielo una brina, che ha levato i frutti, et l'uva in particolare, onde li detti predicanti si sono partiti, non essendovine restati se non due, che insegnano la grammatica». Vgl. dazu auch Quadrio 93, Bonorand 55 ff.

(31) E. B. Filza 13 Grisoni, Scaramelli, Piazza, 8. und 15. August 1618.

(32) Juvalta 50 und 55; Haffter 55 ff. Bürgermeister im Amt war Luzi Beeli von Belfort.

(33) Sprecher I, 80—88.

(34) Vgl. Kind Chr. Das zweite Strafgericht in Thusis 1618 im Jahrbuch für Schweizergeschichte VII.

(35) Sprecher I, 82 ff. Die Salis waren aus wirtschaftlichen und aus religiösen wie aus politischen Gründen scharfe Gegner des Rusca. Joh. Bapt. von Salis hatte an die Gründung der Schule von Sondrio die Hoffnung geknüpft, einen Palast daselbst verkaufen zu können. Biblioteca Comun. Verona II. Bd. Sarego an Cardinal Borghese, Lugano, 6. August 1618. Ueber die Grausamkeit bei der Folterung des Rusca erzählt P. Rusconera, Luzern 1619. Rusca wurde zu Tode gemartert. Wie diese Greuel der Zeit «mit voller Bejahung des angeblichen christlichen Gewissens» möglich waren und zu erklären sind, erläutert das Buch von Oskar Pfister, Calvins Eingreifen in die Hexer- und Hexenprozesse von Peney etc. Zürich 1947.

(36) Zentralbibliothek Zürich, Mscr. B 252, S. 135. Georg Saluz sollte gesagt haben, die Stadt Chur sähe lieber soviel Teufel als soviel Prädikanten, die Stadt habe ihm verboten, mit den Prädikanten Gemeinschaft zu haben, es werde noch Prädikantenblut kosten, er habe mit Gueffier Verkehr unterhalten etc. Zu Saluz standen Stephan Manz in Haldenstein, Conrad Toutsch in Lavin, Andreas Stupan in Ardez und Octavian Mey in Cläven.

(37) Haffter 59, 60. Bündner Monatsblatt 1901, 33, 34. Vgl. Tönjachen, Baldiron und die drei rätischen Bünde S. 58 über die Haltung der Prädikanten.

IV

(1) Biblioteca Ambrosiana, Milano, G 231, 233, 234, Et. 181 Correspondenz mit Cardinal Federigo Borromeo. E. B. Nunziatura Svizzera Xc, Sarego an Cardinal Borghese, Lugano, 28. Juli 1618.

(2) E. B. Nunziatura Svizzera Xc, Sarego an Cardinal Borghese, 6., 8., 13., 26. Oktober 1618. Quadrio 110; Sprecher I, 92, 99. Mery de Vic, Vertreter Frankreichs in Solothurn.

(3) E. B. Nunziatura Svizzera Xc. Sarego an Cardinal Borghese, 21. Dez. 1618.

(4) Annalas 48, 136. Casati lieferte 6000 Taler an Pompejus Planta, 1875 fl. an Luzi de Mont für den Abt von Disentis. Der Nuntius schrieb am 19. März 1619: «secretamente aveva preparati denari alla somma de 8000

o 10 000 scudi per dare agli esulati e condannati Grisoni in tempo opportuno, che possono entrare a far altro motivo nella patria per somministrare poi più secondo bisogno.»

(5) Eidgenössische Abschiede V, 2, S. 70.

(6) Bei Sprecher I, 96, heißt er Platto.

(7) Juvalta 61, 62.

(8) Haffter 68; Annalas 5, 102 ff.

(9) Juvalta 57; Haffter 69; E. B. Filza 14 Grisoni, Piazza, 19. Juni 1619. Am 24. April 1619 schreibt Scaramelli: «Alessio principal predicante tra i Ministri, et che in buona parte e stato istrumento in quest ultimo di far cacciar la fation Spagnola, il quale persuaso dal suo affetto, et insieme dal Signor Vico, il cui credito presso queste nationi non può esser maggiore, sotto mano presta oper(a) utilissima ai interessi di V. S. Universitätsbibliothek Basel, Mscr. Frey-Grynäus II 8 Nr. 250—252, Joh. Ant. Buol an Theodor Zwinger, Parpan, 29. Dez. 1619, 24. April 1620.

(10) E. B. Filza 14 Grisoni, Scaramelli, 19. Juni und Ende Juli 1619.

(11) E. B. Nunziatura Svizzera Xc, Sarego an Cardinal Borghese, 15. Juni 1619, «che s'era dato ordine, che fossero presi il figlio d'Ercole Salici et un predicante, ma che erano scampati, come l'istesso Ercole et altri con alcuni predicanti imbrattati, vedendo questo modo da farsi si sono assentati». Rudolf Salis, Bruder des Ulysses, konnte sich aus Chur flüchten, auch à Porta war nach Zürich gezogen.
Brief Jenatschs an Jakob Ruinelli vom 16. Mai 1619. Original im Archiv Sprecher von Berneck in Maienfeld, Kopie im Staatsarchiv Graubünden, fehlerhaft abgedruckt in Fortunat Juvalta. Hinterlassene Beschreibung der Geschichte gemeiner dry Bünde von H. L. Lehmann S. 112, 113. Jakob Ruinelli hatte im August 1610 in Basel sein Studium begonnen, mit ihm Martin Cazin von Chur, Balthasar Tuoina aus dem Engadin, Jakob Stupanus, Anton Schorsch von Splügen und Nikolaus Paravicini aus dem Veltlin. Von der Predigt des Blasius Alexander auf dem Kirchenhügel von Tamins sprach Dekan Georgius Cazin vor Gericht in Chur. Landesregierungs-Archiv Innsbruck. Grenzakten III Fasc. 40, Pos. 9. Prozeß wider Bl. A. Bläch 1619.

(12) Sprecher I, 106.

(13) Haffter 67.

(14) E. B. Filza 10 Svizzeri. Rechnungen von Vico. Juli und Sept. 1619.

(15) Salis 57; Haffter 72.

(16) E. B. Nunziatura Svizzera Xc, Sarego an Cardinal Borghese, 4. Nov. 1619. Die revolutionäre Stimmung flaute ab, als Geld- und Brotmangel sich einstellten. Damit das Volk sich nicht aus Mangel «zerlaufe», eilten Pfarrer Caspar Bonorand von Grüsch, Nikolaus Carl von Hohenbalken und Jakob Perla nach Zürich und Bern und erwirkten die Sendung von Geld und Brotgetreide. Staatsarchiv Basel, Pol. Q 16, XII S. 37, 38; Staatsarchiv Zürich A 248, 14, Dez. 1638.

(17) Juvalta 61; Sprecher, Fortunat. Historia von denen Unruhen und Kriegen. St. Gallen 1701, S. 99, 137.

(18) A. P. vol. 343, fol. 151, 152. Claudio Venosta tötete dann im Juli 1620 den Anton Salis. Joachim Montalta war wegen seiner Härte bei den Untertanen verhaßt, A. P. 343 fol. 151, 1617, 1618. Ueber die Haltung der katholischen Bündner als Beamte im Untertanenland heißt es: «questi sono suggetti alla pluralità de'voti»; dann folgen die Klagen über ihre Amtsführung, so gegen Paul Walter (1611), Wolf Montalta (1613), Joh. Soliva (1611), Joh. Florin (1615), Gallus de Mont (1597), Joh. Paul Beeli, Johann von Planta, Paul de Florin (1585), Joachim Montalta, Kaspar von Schauenstein etc. A. P. vol. 343, fol. 151. Die Gründung der Schule von Sondrio war von Kaspar von Schauenstein gefördert worden, und Joachim Montalta und Luzi Scarpatetti hatten sie geschützt.

(19) Sprecher I. 125 ff. Juvalta 62. Juvalta schreibt: «Zur Unterstützung dieser Beamten sandten die Davoser Richter dreißig Trabanten nach Tirano, was den Katholiken großen Schrecken einjagte und für den Fall, wo man den Prozeß in der Art fortgeführt hätte, wie er eingeleitet worden, viele katholische Familien an den Bettelstab gebracht haben würde. Diese Erbitterung der Gemüter wurde noch dadurch erhöht, daß die Richter zu Davos viele der angesehensten katholischen Untertanen, wie sie es zu Thusis getan und vergebens zu einer Mäßigung ermahnt worden waren, inzwischen mißhandelten und verfolgten und nicht eher davon abließen, als bis die gemißbrauchte Geduld in Wut und Aufruhr ausbrach und jenes schreckliche Blutbad zur Folge hatte, in welchem so viele unschuldige Menschen reformierten Glaubens auf das frevelhafteste grausam und verräterisch niedergemetzelt wurden . . .»

(20) Im März 1620 bezahlte Vico: Jenatsch 300 fl., Herkules von Salis 320, Rudolf von Salis, Sohn des Herkules, 238, Bonaventura Toutsch 300, Caspar Alexius 100, Blasius Alexander 120, Joh. à Porta 300, Landrichter Schmid von Grüneck in Ilanz 320, seinem Diener 12, Stefan Leonardi in Räzüns 100, dem Hauptmann Juvalta 320, dem Hauptmann Tognola 320, Paul Buol in Davos 100, dem Landammann von Zernez 100, dem Kommissar Travers in Zuoz 100, dem Joder Casut 100, dem Christ von Sax 150 fl. Von Conradin von Planta in Zuoz kauft er Käse für Venedig. Dann bezahlt er unter anderm im April 1620 an Conradin von Planta-Zuoz 320 fl., im Mai an Fortunat Juvalta 80, dem Kommissar Travers 170, Paul Buol 80, an Jenatsch für Auslagen 96,5 etc. Viel ansehnlicher waren die Summen, die Vico im Juni und Juli vergabte: Conradin Planta für das Unterengadin und Puschlav 960 fl. 10 Batzen, Landammann Tadeo für Misox 880, Herkules von Salis für Grüsch 566 fl. 10 Batzen, Janett für Schams 800, Rudolf von Salis für Schiers und Seewis 1024, an Ruinelli für Fürstenau 480, an Kaspar Schauenstein für Thusis 320 Gulden. Die Ausgaben des Monats Juli beliefen sich auf 14 909 fl. und 8 Batzen.

443

(21) Archivio di Stato Venezia. Esposizioni Principi, 19. Juni, 18. Juli, 25. Juli 1620.

V

(1) Archivio di Stato Venezia, Senato Secr., 13. August 1620. Zwiedineck-Südenhorst, I, 201. Barocci et Berchet, Le relazioni della Corte di Roma nel secolo decimosette vol. I., 127.
(2) Reinhardt, H. Correspondenz von G. und A. Casati, S. 13.
(3) Landesregierungs-Archiv Innsbruck, Leopoldinum Fasc. 66 Kasten C Nr. 57. Meldung von Gioieri über die Vorbereitungen in Calanca. Salis Memorie 66.
(4) Cantù, Storia di Como II, 66, 224; Quadrio, Dissertazione II, 130; III, 231.
(5) Baserga im Periodico di Como 1914/15, S. 33. Salis Memorie 67.
(6) Biblioteca Ambrosiana Milano, Serie ES VI, 8, Relazione all'Eccmo. Signor Duca di Feria dello stato delle cose di Valtelina, 29. Sept. 1620. Origine della sollevazione di Valtellina contro gli heretici.
(7) Reinhardt, H. Der Veltlinermord, 32 ff.; Rott, E. Représentation diplomatique III, 309 ff. Annalas 48, 154. E. B. Bibl. Nat. f. fr. 4070, 13. März, 9., 23. Juli und 3. Sept. 1620, Gueffier an Cœuvres. Archivio di Stato Venezia, Dispacci di Roma und E. B. Nuntiaturberichte, Sarego an Cardinal Borghese.
(8) E. B. Bibl. Nat. f. fr. 4070, 171, Gueffier an Cœuvres, Solothurn, 13. März 1620.
(9) E. B. Bibl. Nat. f. fr. 4070, 173 Gueffier an Cœuvres, 3. Sept. 1620; fol. 137, 140, Miron an Cœuvres, 9. und 23. Juli 1623. Fagniez I, 164, 166, 190.
(10) Staatsarchiv Basel, Pol. P 6 1617—1649, Glarus an Zürich, 23. Aug. 1620; Zürich an Basel, 24. Aug. 1620; Wallis an Zürich, 31. Aug. 1620.
(11) Zentralbibliothek Zürich, Mscr. L. 20, 164. Bericht über den Zug ins Veltlin.
(12) Zentralbibliothek Zürich, Mscr. L. 20, 164; Salis Memorie 19, 20, 93.
(13) Summarischer Begriff aller Frantzösischen Verhandlungen in Pündten von Anno 1602 bis Anno 1640; Wahrhafte Relation u. a.
(14) Landesschriften: der Kelchen-Krieg u. a.
(15) Baserga 33.
(16) Staatsarchiv Basel, Missiven B 32, Basel an Zürich, 25. Sept. 1620 und Missiven A 75, 2. Okt. 1620; E. B. Bibl. Vaticana Cod. Lat. Barberini 7844, Giulio della Torre an Cardinal Ludovisi, Milano, 10. März 1621.
(17) Archivio di propaganda fide Rom, vol. 342, 194, der Nuntius an die S. C. Luzern, 24. Januar 1623. Truogs Angabe, Alexius habe in Untervaz gewirkt, ist nicht haltbar.
(18) Staatsarchiv Basel, Pol. P 6, 1617—1649, Zürich an Basel, 26. Sept. 1620.
(19) Haffter 95; Annalas 48, 169 ff.
(20) Archivio di Stato Venezia, Senato Secr. 30. Jan., 6. und 20. Febr. 1621; dazu Zwiedineck-Südenhorst I, 140 ff. Haffter 98, 99.

(21) Molina, La Valteline ou Mémoires, Discours, Traitez etc. 1631, S. 224.
(22) E. B. Gueffier, Récit veritable du soulèvement en Valteline 1620 und Mémoire vom 30. Okt. 1620; Archivio di Stato Venezia. Dispacci di Roma, Filza 98, Piero Contarini, Rom, 9. Sept. 1623.
(23) Annalas 48, 169 ff.
(24) Reinhardt, H. Correspondenz von G. und A. Casati, S. 32, 33.
(25) E. B. Nunziatura Svizzera, Sarego an Cardinal Borghese, 6. März 1621. Sprecher I, 222, Archiv von Tscharner Chur XLV, 331.
(26) E. B. Bibl. Nat. 500, Colbert 429, fol. 204, März 1620.

VI

(1) Archiv von Tscharner Chur XLV. Annalas 48, 173.
(2) Haffter 165. Haffter, Urkundenbuch 62 ff.
(3) E. B. Bibl. Nat. f. fr. 4132. Courtin de Villiers an Miron, Venise 2. April 1621 und 4132, 108 Mémoire de Villiers, 12. März 1621.
(4) E. B. Filza 13 Svizzeri, Lionello, 3. und 14. März 1621.
(5) Haffter 107, 443.
(6) Ueber «Calvins Gottergriffenheit und Dämonie und Verlagerung von der Liebe Christi auf Dogma, Sakrament und Kirche, auf dogmatische Starre», vgl. Oskar Pfister, Calvins Eingreifen in die Hexer- und Hexenprozesse von Peney etc. Zürich 1947. Jacob Burckhardt, Historische Fragmente hg. von Werner Hägi S. 130 spricht vom «Mord als Hilfsmittel» in der Zeit des 16. und 17. Jahrhunderts: «Es liegt nahe, daß zunächst bei Abwesenheit aller legalen Rechtsmittel, da man Richter in eigener Sache wird, eine Regierung oder ein Individuum die Zernichtung des Gegners unternimmt.» Der populären Ansicht der Zeit gemäß, sahen die Mörder den Tyrannenmord als erlaubt, ja als löblich an, und der politische Gegner Pompejus war nach ihrer Ansicht ein Tyrann. Ueber diese Auffassung sagt Jacob Burckhardt: «Hier halten alle mit: der ‚milde' Melanchthon und auch Luther. Ersterer wünscht es gegen Heinrich VIII., nach Hinrichtung des Thomas Cromwell. Dann vertraten die Jesuiten die entsprechende Ansicht.»
(7) E. B. Nunziatura Svizzera Xc, Sarego an Cardinal Borghese, Lugano, 13. März 1621. Sarego schreibt: «che trattando Pompeo Pianta Cattolico di persuadere quelle genti (die Engadiner) a questo accordo, una truppa di Eretici si levo con le armi, e andò ad assaltarlo alla casa dove diffendendosi ci è restato morto». Bibl. Nat. f. fr. 4132, 120, Courtin de Villiers an Miron, Venise, 2. April 1621 und Mémoire de Villiers, 12. März 1621.
(8) E. B. Nunziatura Svizzera Xc, Sarego an Cardinal Borghese, 20. März 1621. Er schreibt: «dubitandosi di moto degli avversarii eretici dal fatto succedeto contra li Pianti»; dazu vgl. Rott III, 395 und Blutige Sanfftmut der Calvinist. Prädikanten etc. Staatsarchiv Basel, Pol. P. 6 1617—1649, 1621 Verzeichnis etwelcher Rädlfürer und anstifter alles Uebels.

445

(9) Staatsarchiv Basel, Pol. P 6, 1617—1649. In Ilanz und Trins wurde Messe gelesen; dabei beriefen sich die Katholiken darauf, daß die Religion im ganzen Lande frei sei. Den Prädikanten von Trins und Tamins geschah kein Leid.

(10) Annalas 48, 177 ff. Joh. Florin (mit andern venez. Freunden) spielte eine seltsame Rolle, die den Nuntius zu dieser Aeußerung veranlaßt haben mag. Bibl. Ambrosiana Milano Et 181, Castelberg an Giulio della Torre, 24. Aug. 1621.

(11) E. B. Filza 13 Svizzeri, Lionello, 19. März 1621. Wahrhafte Relation etc. Archiv für Schweizergeschichte VI, 248—281. Ueber die Vorgänge in Disentis vgl. Filza 14, Grisoni. Biblioteca Ambrosiana, Serie ES VI 8 1620, Origine della sollevazione di Valtelina und Et 181 sup. Abt von Castelberg an Giulio della Torre, 24. August 1621; Landesregierungsarchiv Innsbruck, Hofregistratur Fasc. 34, 16. Dez. 1621. P. Iso Müller, Der Kampf um die tridentinische Reform in Disentis von ca. 1600—1623.

(12) Staatsarchiv Basel, Pol. P 1 1619—1631 und Ratsprotokoll, 28. April bis 6. Okt. 1621. Die Krone zu 24 Batzen.

(13) Archivio di Stato Venezia, Dispacci di Roma, Filza 84, 12. und 23. Juni 1621. Bibl. Vaticana Cod. Lat. Barberini, 7844, Sondrio, 9. April 1621.

(14) E. B. Bibl. Vat. Cod. Lat. Barberini 7844. Leopold, 7. April 1621.

(15) Haffter 450. Stocker, Vom Jura zum Schwarzwald, II, 142, 145, III, 237.

(16) Haffter 124.

(17) Haffter 119, 120.

VII

(1) E. B. Bibl. Vaticana, Codex Lat. Barberini 7844. Giulio della Torre an Cardinal Ludovisi, Milano, 17. Mai 1621. Della Torre sagt, der Schwager der Salis vermittle den Verkehr zwischen den Salis und Feria.

(2) E. B. Nunziatura Svizzera Xc, Sarego an Cardinal Borghese, 24. April 1621. Er schreibt: «de quali si vede che non si può fidare».

(3) Reinhardt, Correspondenz 48, 50.

(4) Rott III, 441; Sprecher I, 280.

(5) Archivio di Stato Venezia, Dispacci di Roma, Filza 84, 12. und 23. Juni 1621. Ueber die Einstellung von Papst Gregor XV. und Cardinal Ludovisi zur Veltlinerfrage: Rott, III, 446—459; Anhorn, Pünten-Krieg 301.

(6) Haffter 131.

(7) Salis 111; Juvalta 67. Am 3. Sept. 1621 schrieb Luzi de Mont von Bellinzona aus an Cardinal Federico Borromeo in Mailand, er möge der Kämpfe gedenken, die gegen die Ausbreitung der Reformation in Italien gedient hätten. Wenn für die kath. Bündner keine Hilfe komme, seien sie gezwungen, mit den Protestanten gegen die Veltliner zu kämpfen. Seine Frau und seine zwei Söhne seien zu Hause in Gefahr; er empfiehlt die Söhne für das Collegium helv. oder das Collegium dei nobili (Biblioteca Ambrosiana G 231).

(8) Rott III 459; Juvalta 67.

(9) Salis, Memorie 112; Sprecher I, 291.

(10) Salis 112.

(11) Planta, P. Chronik der Familie von Planta 251; Salis 113.

(12) Juvalta 71 ff. Vgl. R. O. Tönjachen, Baldrion und die rätischen Bünde.

(13) Salis 115 ff., Sprecher I, 304.

(14) Staatsarchiv Basel, Pol. P 6 1617—1649. Verzeichnis etwelcher Rädlfürer.
Am 23. Juni 1623 stellte Thomas Planta von Süs, damals in Winterthur,
ein Empfehlungsschreiben für Johann Sebastian Salvet von Zernez aus,
der 1620 mit seiner Frau Margareta Planta und sechs Kindern nach der
Schweiz geflüchtet war. Auch Caspar Alexius, damals aus der Gefangenschaft in Innsbruck durch das Lösegeld der Genfer befreit und als Prediger in Genf tätig (30. November 1623), Stephan Gabriel in Altstetten
(22. April 1624), Gaudenz Tack in St. Gallen, Joh. Friedrich von Salis,
Samedan, Emanuel Stupanus, Professor der Medizin und Pfarrer Vincen-
tio Paravicini in Zürich unterzeichneten die Empfehlung. Jenatsch, dessen Mitschüler Johann Sebastian Salvet (Sylveti) 1615 in Zürich gewesen war, schrieb dazu die Worte:
Virum bonum in Christum et patriam fidum commendat obnixè
Georgius Jenatius.
Ich verdanke die Kopie des Empfehlungsschreibens Herrn Dr. Ernst
Haffter in Bern.

(15) Haffter 148 ff. Die Akten des Strafgerichtes von Chur (1619) waren
ebenfalls nach Innsbruck gesandt worden (durch R. von Planta).

(16) Archivio di Stato Venezia, Senato Secr. 1. März 1622. Flugblatt, Be-
trachtungen über den verg. Dialog zwischen dem Herrn General-Prov-
veditore der Republik Venedig und dem Gaspare Molina etc. S. 214.
Zwiedineck-Südenhorst I, 186—189.

(17) In einem umstrittenen Brief des Nikolaus Anton Vulpius heißt es: «Cum
patria nostra nulla alia ratione salva esse possit, quam si semel coniunc-
tis viribus comnes reluctantes e medio tollantur, conclusum est omnino
tam in consilio nostro quam apud politicos finaliter Episcopatum et civi-
tatem Curiensem funditus delere, deinde omnes Papistas in Rhetia...»
E. B. Bibl. comunale, Verona II Bd. Sarego an Borghese, 18. Okt. 1619,
dazu Sprecher I, 167 und Filza 15 Svizzeri, 5. Mai 1622.

(18) E. B. Filza 15 Svizzeri, Rota an Scaramelli, Wisseloch, 5. Maggio 1622:
«il capitano Ulisse Salice, fratello del capitano Rodolfo Salice, ed il signor Ignatio Gianatio Ministro calvino con molti altri di quella Religione
liberamente parlando dicono, che non sarà mai possibile a tener quei
paesi in sesta, finchè non habbino un principe della lor Religione, che o
con la presenta o con l'assistenza d'un Magistrato, o buon presidio per
qualche tempo non gli tenga in obedienza.»

(19) Haffter 152 und Exkurs IV. Sprecher verschweigt anderseits den Mord
des Ulysses von Salis an Wachtmeister Hans Jakob Braun von Basel.

Dieser diente in der Kompagnie des Hauptmanns Wambeldt unter dem Grafen Ernst von Mansfeld. Als er in Ladenburg eines Tages mit seinen Leuten auf die Wache zog, fuhr Ulysses von Salis ihn mit «hitzigen Reden» an, weil er nicht die erforderliche Anzahl Soldaten beisammen hatte. Der Wachtmeister Braun entschuldigte sich, daß er sich dessen «nichzit vermöge» und «die ermangelnden sich verhoffentlich» noch einstellen werden. Salis wurde aber zornig und sagte, daß er Lust habe, «ihm ein Kuglen durch den Leib zu jagen». Der Wachtmeister antwortete: Wenn er dessen «bemächtiget, möchte er es tun», Salis habe ihm übrigens nicht zu befehlen, das stehe seinem Hauptmann (Wambeldt) zu. Da zog Salis die Pistole, erschoß den Wachtmeister und ging davon. Basel stellte an Zürich, wo Salis eingebürgert war, das Begehren, Salis möge die arme Witwe entschädigen. Was dann geschah, ist nicht ersichtlich. Staatsarchiv Basel, Missiven B 32, 20. November 1622.

VIII

(1) E. B. Nunziatura Sarego 1613—1621. Lugano, 24. April 1621. P. Gillardon, Geschichte des Zehngerichtenbundes, Davos 1936. Tönjachen 149 ff.; Haffter 166 ff.

(2) Hans von Zwiedineck-Südenhorst. Die Politik der Republik Venedig während des dreißigjährigen Krieges I, 210.

(3) Haffter 465.

(4) Reinhardt, Corr. 119, 120.

(5) Sprecher I, 381, 382; E. B. Filza 15 Svizzeri, Scaramelli, 5. Juli 1622.

(6) E. B. Filza 15 Svizzeri, Rudolf von Salis an Scaramelli, da Zant in Egnedina bassa, 30. Juli 1622.

(7) Bündner Monatsblatt 1915, 165. Sprecher I, 393 ff. Salis 154.

(8) E. B. Filza 15 Svizzeri, Scaramelli, 30. Sept. 1622.

(9) E. B. Filza 15 Svizzeri, Scaramelli, 17. Sept. 1622.

(10) Salis 184.

(11) Zwiedineck-Südenhorst I, 216.

(12) Zwiedineck-Südenhorst I, 219.

(13) Zwiedineck-Südenhorst I, 221.

(14) E. B. Filza 15 Svizzeri, 30. Aug., 13. Sept., 12., 20., 31. Okt. 1622.

(15) E. B. Filza 16 Svizzeri, 11. Okt. 1623; in der Rechnung heißt es: «per un disnare alli capitani Guler, Salice, Giannatio et altri Grisoni in tutto dodici fl. 24».

(16) E. B. Filza 16 Svizzeri, 29. Sept. 1623.

(17) Sprecher I, 426 ff.

(18) E. B. Filza 17 Svizzeri, 1. März 1624. A. P. vol. 313. fol. 433, Ignazius an die S. C., Sondrio, 7. Juli 1624. Ignazius schreibt: L'ordine di amonire con lettera amorevole il cattolico che ha contravenuto alla libertà ecclesiastica che mi dà la S. C., di gia l'havevo esseguito a bocca non solo con

448

il capo cattolico della ligha, ma con gli consiglieri catholici, tali che non sanno che cosa sia libertà ecclessiastica, nè son capaci di corretione, et molte volte son peggiori delli istessi heretici, ciò ha provato per isperienza anco l'Illustrissimo Signor nuntio nelli trattati che fece con loro quando fù a Coira ...»

(19) Sprecher I, 434.

(20) A. P. vol. 213, fol. 62, 22. Febr. und fol. 78 P. Ignazius an S. C., 4. März 1623.

(21) A. P. vol. 343, fol. 19, 2. März 1623.

(22) A. P. vol. 213, fol. 91., 103., 104. 6. April, 28. und 29. April, 23. Mai 1623. Am 28. April schreibt Paganino Gaudenzio: «A me portano particolar odio, giudicandomi authore di queste demostrationi, però non timebo quid faciat mihi homo.» Am 29. April schreibt er: «pocho inanzi al mio arrivo partito il ministro heretico ... ricevendo io non pocha molestia da quatro principali gagliardi nelle sua opinione per interesse e speranze humane ... essendo entrati alcuni soldati nella comunità all'arrivo de quali li principali s'absentorono e gli altri con incredibile prestezza, si dichiararono catholici al numero di 800 venendo tutti da me come quello che altre volte gli predicavo, pregandomi a volerli istruire con la predica ... Hora può credere V. S. quanto sia stato il giubilo de catholici quando mi viddero montar in quel pulpito dal quale altre volte predicavo contro Santa Chiesa.»
Ueber diese Verhältnisse in Puschlav meldete Sisto Carcani, vescovo Germanicense, visitatore di Valtellina, von Puschlav aus am 3. August 1624 an die S. C.: «Al presente io mi trovo a Puschiavo paese assai numeroso di popolo di dove un anno e mezzo fa da certi soldati mossi dall'avidità della preda più tosto che dal zelo della fede, furono amazatti molti e depredati tutti i lutherani con dire ciò (il che non era) fosse fatto per comissione della Seda apostolica, il che fù non un modo di convertire gli heretici, ma un pervertire i catholici, con tutto ciò se bene degl'heretici rimastivi, altri fugirono, la maggior parte però fingendosi catholici per timore(e) restorono che però qui sono stati i padri Gesuiti in missione et non ne poterono ridurre a ricevere i Sacramenti eccetto che alcuni puochi, hora trovandomi qui in visita io mi sono affaticato con raggionamenti et publici et privati di farli veri catholici e se bene ho trovato gran renitenza per essere ancora essacerbati per il brutto modo che s'è tenuto da chi gli ha depredati sotto preteso di religione, et per la speranza che havevano di rihavere i predicanti lutherani con l'occasione della ricuperatione di Valtellina ...» A. P. vol. 213, fol. 506.

(23) A. P. vol. 213, fol. 13, 13. Oktober 1623.

(24) A. P. vol. 213, fol. 74, Como, 18. Januar 1623, dazu vol. 213, fol. 214, P. Constantin da Cremona an S. C. Chiavenna, 21. September 1624: «e mi disse (P. Ignazius) che detto signor Cavagliere Pianta tiene quegli heretici con gran timore e se gli viene agli orecchi che da qualche per-

sona sia impedito alcuno dall'andare alla Messa o alla predica lo castiga molto secretamente (severamente?) con pene personali e pecuniarie, e vole per ogni modo che ancor loro vi vadino, e per paura di peggio è obedito da tutti...»

(25) A. P. vol. 213, fol. 113, Feldkirch, den 7. Mai 1623.

(26) A. P. vol. 480. Ignazius an S. C. Da Scol. 17. Juli 1623.

(27) A. P. vol. 213, fol. 395, Ignazius an S. C., Milano, 26. Juni 1624. Johannes Jodocus hatte im Nov. 1614 in Basel das Studium begonnen.

(28) Annalas 48, 84.

(29) Jodoco ist noch im Jahre 1661 in Rom tätig.

(30) Ignazius schreibt: «... per li maestri di schuola, ch'ho posti in duoi lochi principali per l'istrutione delli figlioli, mi servita in un luoco quel predicatore (Jodoco) convertito, ma sento maggior gusto che vada a Milano conform'alla determinatione fatta dalla S. Congregatione. Ho pensato esser necessario a far stampare nella lingua retica il testamento nuovo, una dottrina christiana dell'Illmo Cardinale Bellarmino, et un libretto d'oratione, la causa è perche non trovo quasi casa alcuna di questi heretici, che non habbia il testamento nuovo della lor lingua, pieno di mille errori, il catechismo di Calvino et un libro di orationi infami, con certe canzoni che insegnavano a cantar a quei popoli in dilubrio della nostra santa fede. Hanno di più li predicanti insinuato a questi popoli che noi papisti gli levamo li libri della Scrittura che sono in lor lingua per ingannarli, siche il levarli tutti li libri senza haver altri da dargli, caggiona in loro mali effeti, sin'hora ho levato in tutto quell'ho potuto detti libri fuor che il Testamento, perche non ho trovato il poterlo fare, se prima non havevo da darli altri libri correti. Perciò li tre sopranominati libri sono di già preparati, il testamento nuovo ridott'al editione vulgata in quella lingua il Bellarmino tradotto ad litteram pur in quella lingua, l'orationi medesime et il tutto si farà approvare da Monsignore Vescovo di Coira se par bene alla S. C. che si stampino, al predicante che sta a Milano (Jodoco), che'è perfettissimo nella lingua, potrà correggere la stampa et così verrà a fare questo servitio, et fondarsi bene nelle cose della religione. Le qualità sue sono queste, è huomo di età 30 anni, dottrina assai buon filosopho, molto prattico della S. Scrittura, instrutto nelle controversie, di buonissimo ingegno, et quando non havesse moglie, credo riuscirebbe un buon religioso, et ha gran desiderio d'esser frate della religione. Le qualità sue sono queste, è huomo di età 30 anni, dottrina assai buon filosopho, molto prattico della S. Scrittura, instrutto nelle controversie, di buonissimo ingegno, et quando non havesse moglie, gli scrisse una lettera nella quale lo rimproverava con parole ingiuriosissime nominando che non poteva far maggior abominatione che essendo diventato un servitore di servire alla Messa a me, che m'hanno intitolato in questo nome: il trenta mille, mille diavoli, falso profeta et

il tutto sopporta egli patientemente ...» A. P. vol. 213, fol. 129. P. Ign.
an S. C., Morbegno, 14. Oktober 1623.

(31) A. P. vol. 3, fol. 50, Roma, 10. Februar 1624.

(32) A. P. vol. 213, fol. 362. Ignazius an S. C. Coira, 23. April 1624.

(33) A. P. vol. 213, fol. 193, 362, Morbegno, den 10. Februar, Coira, 23. April,
ferner fol. 434 und 476, 10. Juli und August 1624.

(34) A. P. vol. 213 fol. 509, 567. F. Amadeo da Milano so hieß der neue Prediger schrieb am 26. September 1624 von Soglio: «un popolo il più feroce,
protervo et incallito nell' heresia che sia in tutta la valle, et è di una
terra che si chiama Soglio nella quale sono i capi principali e piu ricchi
e nobili della fattione contraria, et è tanto ostinato che in tanto tempo
non ho mai potuto piegare pure una persona luterana a venire alle pre-
diche, con quanta industria et arte ho mai saputo adoperare; e quan-
tunque di ciò sia stato causa da loro natta ferocità e protervia, ad ogni
modo non si può negare, che gran fomento della durezza loro non sia
stato il voler essi, dopo esser stati privati del suo predicante, far sforzo
per continuare li suoi riti, a segno tale che (con occasione che io mi ab-
sentai da loro per andare al Capitolo) essi incominciarono a far congre-
gationi ogni giorni, et il di della domenica sin a tre volte, nelli quali,
altre al cantar salmi et orare, una vecchia, madre di due predicanti, fa-
ceva l'ufficio di predicantessa; ritornato ch'io fui, havendo ritrovato
un così notabile inconveniente, ne diedi subito aviso al Ecclmo. Marchese di Bagno et al inquisitore di Como ...» Der Kapuziner wollte in
die Versammlung gehen, die Soglier gingen in einen großen Saal und
schlossen sich ein ... «et oltre di ciò al mio compagno fu tirata una sas-
sata e le donne gli tiravano il capuccio e le braccia con altri dispreggi
quali longa fossa in racontare ...» Als die Prädikanten heimkehren wollten, gedachte Feria sie durch Mord beseitigen zu lassen; doch aus Rom
kam eine klare Mißbilligung des Gedankens als «offesa di Dio», und die
Propaganda wollte auch nicht, daß das Bergell als italienischer Boden
bezeichnet werde. A. P. vol. 3, fol. 134, Roma, 27. Juni 1624 und A. P.
vol. 3, fol. 81, 2. März 1624. Die «predicantessa» war wohl die Mutter
der zwei Paravicini; somit wäre Barth. Paravicini schon vor 1621 in
Soglio. Vgl. Truogs Angaben Jahresbericht 65, 214.
Diese konfessionellen Kämpfe des Unterengadins u. a. O. sind in dieser
III. Auflage kürzer gehalten, namentlich wo sie nicht von allgemeinem
Interesse sind und der Erklärung der politischen Verhältnisse (besonders zu Frankreich) dienen.

IX

(1) E. B. Filza 17 Svizzeri, 31. März 1624. Vat. Bibl. Ottoboniana 3135, Madrid, 17. Februar 1623. Hans Nabholz, Die öffentliche Meinung in Frankreich und die Veltlinerfrage zur Zeit Richelieus. Jahrbuch für Schwei-

zerische Geschichte. 26. Band 1901. H. v. Zwiedineck-Südenhorst, Die Politik der Republik Venedig I, 240.

(2) Archivio di Stato Venezia, Dispacci di Roma, Filza 85, 86, 87, Berichte von Ranier Zen und Piero Contarini, 20. Nov. 1621, 11. Juli 1622, 13. August, 24. Dez. 1622; Filza 89, 9. September 1623; Senato Secr. 19. Okt. 1623. Dazu Fagniez I, 192. E. B. Filza 17 Svizzeri, 31. März 1624.

(3) Sprecher I, 449.

(4) Archivio di Stato Venezia, Dispacci di Roma, Filza 89, 9. Sept. 1623. Filza Svizzeri, 11. Okt. 1623. Deliberatione Senato Secr. 30. März 1623.

(5) Archivio di Stato Venezia, Dispacci di Roma, Filza 89, 9. Sept. 1623 und Filza Svizzeri 16, 11. Okt. 1623 «Per un disnare alli capitani Guler, Salice, Giannatio ed altri Grisoni in tutto dodici fl. 24.» Deliberatione Senato Secr. 9. März 1623.

(6) E. B. Aff. Etr. Grisons 3, Zürich, den 10. April 1624: «Nous n'avons que les larmes pour exprimer notre malheur ... Il est vray que plusieurs choses ont avancé notre malheur, entre autre les mauvais offices de M. Gueffier, lequel a grandement desservi Votre Majestré ... la crainte nous sert si fort, que nous supplions derechef en tout humilité V. M. de nous assister à main armée, jugeant que la negociation sera infructueuse selon que nous avons fait entendre plus au long Mr. de Mesnil. Nous promettons d'entretenir dans les pais des Grisons la liberté des consciences ...» Archivio di Stato Venezia, Deliberatione Senato Secr. 10. und 11. März 1623. Jenatsch hatte als Sprachgewandter wohl auch für Obentraut das Wort geführt.

(7) Archivio di Stato Venezia. Deliberatione Senato Secr. 10. Juni 1623. E. B. Nunziatura Svizzera, Scappi an Barberini, 25. April 1624.

(8) Archivio di Stato Venezia. Deliberatione 4. März 1623. Filza 16 Svizzeri, 24. März 1623.

(9) Archivio di Stato Venezia, Senato Secr. 19. Dez. 1623, 3. und 14. Febr. 1624. Fagniez I 192.

(10) E. B. Filza 17 Svizzeri, 19. und 31. Mai 1624. Wie Leopold über die Verhältnisse dachte, äußert er sich am 5. September 1624 im Briefe an den Nuntius in Luzern: «Un anno è stato da me loro (den Kommissaren in Bünden) concesso per far questa risolutione, il qual per ancora non è finito, e già deve V.S. Revma. saperlo (warum er die evangelische Kirche im Prätigau dulde). Le cause sono state in particolare prima perche se havessi voluto sforzarli subito, havrei dato ad intendere che non per le ragioni della nostra Augustissima Casa, et mie, ma principalmente e solo per rispetto della religione havessi procurato di ricuperare et effetivamente havessi ricuperato li sopradetti paesi ... Gente la quala, quando havesse cominciato a stringersi con la forza, non ha dubbio alcuno che si sarebbe opposta et con tentar successivamente nuove ribellioni, non havrei mai potuto godere con quiete e pace li medesimi paesi come pur

fin hora con tal agevolezza, Iddio lodato, va seguendo . . .» A. P. vol. 213, fol 560. Ensisheim den 5. September 1624.

(11) E. B. Nunziatura Svizzera, Scappi an Barberini, 25. April 1624.

(12) Haffter 195.

(13) E. B. Filza 17 Svizzeri Cavazza an den Senat 19. Juli 1624 «et il Gianatio aggiunse che quando Vostra Serenità non vi era interessata non si curava si facesse alcuna cosa . . .» E. B. Filza 18 Svizzeri Cavazza, 8. August 1624. Zwiedineck-Südenhorst II, 186.

(14) E. B. Filza 18 Svizzeri, Cavazza, 23. August 1624: «Mostra il Marchese far gran conto de pareri et sensi del Gianacci e per il vero hanno giovato molto alla bona condotta di questi affari. Jo lo ho sempre partialmente accarezzato per il suo zelo et ardentissima divotione verso la Serenissima Republica . . .».

(15) E. B. Filza 18, Svizzeri, Cavazza, 23. August 1624.

(16) E. B. Aff. Etr. Grisons 3, 8. April und 12. Juni 1624. Grisons 3, fol. 67, Rudolf Schauenstein und Andreas Brügger an Cœuvres und Myron 30. Sept. 1624. Der Nuntius nennt Guler den wichtigsten «Eretico et uno dei piu perfidi rebelli». Nunziatura Svizzera. Scappi an Barberini, 10. April und 11. Juni 1624.

(17) E. B. Aff. Etr. Grisons 3, fol. 63, Bernard an Cœuvres und Myron, 13. Sept. 1624.

(18) Haffter 205.

(19) E. B. Aff. Etr. Grisons 3, 63, Bernard an Cœuvres und Myron, 13. Sept. 1624.

(20) E. B. Nunziatura Svizzera, Scappi an Barberini, 17. Nov. 1624. Aff. Etr. Grisons 3, Cœuvres an den König, 19. Nov. 1624. Sprecher I, 483 und Haffter 208 sagen, am 10. Nov. sei Cœuvres in Chur angekommen.

(21) E. B. Aff. Etr. Grisons 3, Cœuvres an den König, 19. Nov. 1624; Nunziatura Svizzera, Scappi an Barberini, 22. und 29. Nov. 1624.

(22) E. B. Nunziatura Svizzera, Scappi an Barberini, 9. Nov. 1624 und Haffter 484.

(23) A. P. vol. 213, fol. 643, Gaudenzio an die S. C., 18. Dez. 1624, vol. 342, fol. 248, der Nuntius an die S. C., 14. Januar 1625, vol. 342, fol. 257, der Nuntius an die S. C., 7. Febr. 1625, vol. 4, fol. 22 und 41, 8. Febr. und 15. März 1625, vol. 342, fol. 164, 1. April 1625, vol. 342, fol. 7, 8, 12, 71, 174, den 8., 15., 25. und 29. April 1625.
Paganino Gaudenzio (1595—1649) hatte in der Heimat bei Pietro Menghini Latein gelernt und in Basel (1612) studiert. Er wurde in die evangelische Synode aufgenommen und wirkte als Prediger in Mese bei Cläven. Er trat dann 1616 zur katholischen Kirche über und ging nach Italien ins Kloster; später wurde er Professor in Pisa. Vgl. Felice Menghini, Paganino Gaudenzio, Letterato Grigionese del '600. Milano 1941.

(24) E. B. Aff. Etr. Grisons 3, Vaubecourt an d'Herbaut, 23., 24., 25. Nov. 1624.

(25) E. B. Aff. Etr. Grisons 3, Cœuvres an den König, Camp de Samade, 28.

Nov. 1624; Cœuvres an d'Herbaut, 4. Dez. 1624. Sprecher I, 491; Salis 206. Molina behauptet in einem Briefe an d'Herbaut, daß Vaubecourt Piattamala genommen habe. Molina erstrebte eine Kompagnie und schmeichelte dem Gönner.

(26) E. B. Aff. Etr. Grisons 3, Cœuvres an den König, Tiran, 11. Dez. 1624. Grisons 4, Cœuvres an Raymond Philipeaux d'Herbaut, Sekretär des Königs, Sondrio, 23. Dez. 1624 und Traona, 29. März 1625. Dazu Sprecher I, 416—517. Salis 210, 211.

(27) Zwiedineck-Südenhorst II, 31, Salis 211.

(28) E. B. Filza 3 Valtelina, Traona, 13. März 1625.

(29) E. B. Aff. Etr. Grisons 4, Vaubecourt an d'Herbaut, Traona, 6. und 13. April 1625.

(30) E. B. Aff. Etr. Grisons 4 Vaubecourt an d'Herbaut, 6. April 1625.

(31) Salis 221, 234; Sprecher I, 517.

(32) E. B. Grisons 4, Vaubecourt an d'Herbaut. Traona, 18. April. Les capitains des Regiments qui sont a Chiavenna à d'Estrée, 5./15. Mai 1625 und Malo an d'Herbaut Traona, 4. Juni 1625.

(33) E. B. Aff. Etr. Grisons 4 d'Estrée an d'Herbaut, Traona, 29. Juni 1625.

(34) E. B. Filza 2 Valtellina, Alvise Valaresso, Tirano, 31. Jan. 1625 und Ende Febr. 1625.

(35) E. B. Aff. Etr. Rom 35, 83. Bethune an Cœuvres, Sept. 1624. Aff. Etr. Rom 37, 452, Cœuvres an den König, Morbegno, 8. Dez. 1625. Dazu Fagniez I, 192 ff. Im Brief vom 8. Dez. 1625 sagt Cœuvres, er werde sich die Gelegenheit zu einem Ueberfall auf Mailand nicht entgehen lassen.

(36) Salis 252. Sprecher I, 536.

(37) E. B. Aff. Etr. Grisons 5, Chiavenna 6./16. Mai 1626.

(38) Sprecher I, 539, Salis 251 erzählt die Episode anders.
In einem Bericht vom November 1625 schreibt Alvise Valaresso: «Et nel medesimo tempo il capitano Gianatio tenendo la strada della montagna, guadagnato pure un posto di non poco rilevo, penetrò quasi fine delle tre pievi, appartenenti al Milanese; di modo che qu'Popoli tutti spaventati, cominciarono à sgombrare dalle ville circonvicini. In che parve egli eccedesse le sue commissioni; et se ne formalizzo il Marchese, ma tutto che veramente questa fosse stata invasione, non però se ne rissentirono maggiormente gli Spagnoli...»

X

(1) A. P. vol. 213, fol. 353, Der Nuntius an S. C., 30. April 1624; vol. 213, fol. 367. P. Ignazius an S. C., 23. April 1624; E. B. Archivio Vat. Bibl. Barberini, Scappi an Barberini, 3. Dez. 1624.

(2) A. P. vol. 213, fol. 481, Ignazius an S. C., 11. Juni 1624.

(3) A. P. vol. 3, fol. 112 und 134, 24. und 27. Juni 1624.

(4) A. P. vol. 213, fol. 637, Ignazius an S. C., Zernez, 28. Dez. 1624.

(5) A. P. vol. 213, fol. 627, Cœuvres an P. Ignazius, Berbenno 27. Dez. 1624. «Tutta via con la presente mando ordini rugurosi, li quali valeranno in tal caso secondo l'authorità ampia che ne dò, oltre al signor colonello di Schauenstein, il quale aiuterà a V. P. in ogni suo bisogno secondo la mente di Sua Maestà et mia particolare, alla quale giongerò sempre la protettione nostra, per l'aumento della sua pia missione.»

(6) A. P. vol. 213, fol. 631, Cœuvres an Ministrali etc. Berbenno, 27. Dez. 1624.

(7) A. P. vol. 4, fol. 13 S. C. an Ignazius, 25. Januar 1625.

(8) A. P. vol. 4, fol. 636. Kopie der Erklärung der Abgeordneten der Gemeinden vom 5. Febr. 1625. Die katholischen Vertreter im Bundstag bedauerten im allgemeinen diesen Kampf, auch das Auftreten der Kapuziner und die Geringschätzung des Volkes durch diese fremden Mönche.

(9) A. P. vol. 342, fol. 8, den 15., 25., 29. April 1625.

(10) A. P. vol. 213, fol. 626, 7. Febr. 1625.

(11) A. P. vol. 342, fol. 38, P. Ireneo und Fra Donato an S. C., Mai 1625. Wenn P. Ignazius und seine Gefährten durch die Dörfer gingen und mit dem Horn (an Stelle der Glocken) die Leute zum Gottesdienst riefen, gingen die Frauen ihnen mit Stöcken entgegen, aus den Fenstern flogen bisweilen Steine und ertönten Beschimpfungen. A. P. vol. 68, fol. 328, Constanz, 28. Mai 1626.

(12) A. P. vol. 342 fol. 38, P. Ireneo und Fra Donato an S. C., 5. Mai 1625.

(13) A. P. vol. 342, fol. 21. Molina und Schauenstein an Cœuvres, Agnedina bassa, 16. und 18. Mai 1625.

(14) A. P. vol. 342, fol. 50, 60 29. Juni 1625.

(15) A. P. vol. 4, fol. 168, S. C. an den Nuntius, Roma, 4. Okt. 1625.

(16) A. P. vol. 4, fol. 158, S. C. an P. Rudolf, Roma, 27. Sept. 1625; vol. 66, fol. 474, Fr. Rudolphus an den Nuntius, Delsberg, 24. Nov. 1625.

(17) A. P. vol. 66. fol. 475, 476. Fra Giacinto an Ignazius in Rom, Zernez Ende November und Dezember 1625.

(18) Sprecher I, 530; Salis 243. Im April 1626 war Jenatsch in Chur, und seine Truppe unter seinem Vertreter de la Borde (Cap. du regiment de Ruinelli) et le lieutnant du capitaine Genas avec lequel il (Salis) resolut de renforcer la garde de la dite pisse (bei Prada «entre la ditte pisse et Chiavenne») Bibl. Nat. f. fr. 3699, fol. 55, 6. April 1626, d'Harancourt an Cœuvres. Jenaz qui n'est pas encore revenu de parachever sa levée. E. B. Aff. Etr. Grisons 5, fol. 140, 6. April 1626.

(19) Haffter, Exkurse 89/90.

(20) E. B. Aff. Etr. Grisons 5. Der König an die Bünde, Blois 12. Juni 1626.

(21) Fagniez I, 192 ff. Wenn Richelieu einen Streich spielen wollte «un bel tiro, per non dir inganno», so bediente er sich «delle persone pie e devote». Fagniez I, 228.

(22) Fagniez I, 216.

(23) Archivio di Stato Venezia, Senato Secr. 5. Februar und 24. April 1627;

dazu Zwiedineck-Südenhorst II 61, 71. Sprecher I, 539 ff. Haffter Exkurse 88, 89.

(24) A. P. vol. 66 fol. 456, Ignazius an S. C. Meran, 25. Juli 1626 und R. Planta an S. C. Meran, 6. Sept. 1626.

(25) E. B. Aff. Etr. Grisons 6, Häupter an Richelieu 31. Mai 1627; Bibl. Nat. 500 Colbert 463 fol. 69, Mesmin an Bethune, 15. Okt. 1628. A. P. vol. 66, fol. 462, P. Ignazius an S. C. Luzern, 18. Sept. 1626. Zwiedineck-Südenhorst II, 61.

(26) E. B. Aff. Etr. Grisons 5, Châteauneuf an d'Herbaut, Chur, 30. Nov. 1626.

(27) Staatsarchiv Graubünden, Akten, Zutz, 22. Okt. 1626.

(28) E. B. Aff. Etr. Grisons 5, Susae, 5. Nov. 1626.

(29) Staatsarchiv Basel, Pol. P 1 Dreißigjähriger Krieg 1619—1631, 5. Dez. 1626.

(30) A. P. vol. 66, fol. 462, Ignazius an S. C., Como, 23. Okt. 1626.

(31) A. P. vol. 68, fol. 326, 15. Nov. 1626, vol. 68, fol. 12, der Nuntius an S. C., Luzern, 12. Dez. 1626, vol. 68, fol. 52, der Nuntius an Mesmin, 18. März 1627; vol. 68, fol. 297, Ignazius an S. C., Cernezzo, 29. März 1627; Affaires Etr. Grisons 6, Mesmin an die Gemeinden des Unterengadins, Chur, 31. März 1627.

(32) Sprecher I, 554; II, 216.

(33) Haffter 220; C. v. Jecklin. Das Duell Jenatschs mit Oberst I. von Ruinelli, 6./16. März 1627 in Jahresbericht der hist.-antiq. Gesellschaft Graubündens 1887. Jenatsch-Archiv der Familie Burckhardt-von Mechel in Chardonney s./Morges. Prozeß-Akten. Vgl. die romanische Leichenrede am Grabe Ruinellis von Georg Saluz in raeto-romanische Chrestomathie von Decurtius IV, 174.

(34) Sprecher I, 558.

(35) Haffter 488; es ist das Haus in Davos-Dorf, in dem in einem Rund-Medaillon der Kassettendecke das Wappen Jenatschs und das seiner Frau, Anna Buol, stehen und am Eingang in Stein gehauen, das Allianzwappen Jenatsch-Buol.

XI

(1) A. P. vol. 68, fol. 297, Ignazius an S. C., Cernezzo, 29. März 1627; vol. 68, fol. 102, der Nuntius an S. C. Luzern, 10. Mai 1627, vol. 68, fol. 281, Zernez, 25. Mai 1627 und Aff. Etr. Grisons 6, Chur, 31. März 1627.

(2) A. P. vol. 68, fol. 316, Ignazius an S. C., Milano, 16. Juni 1627.

(3) A. P. vol. 68, fol. 132, der Nuntius an S. C., Sion, 18. Juni 1627, vol. 6, fol. 98, der Nuntius an S. C. 17. Juli 1627, vol. 342, fol. 279, Sept. oder Okt. 1627.

(4) E. B. Aff. Etr. Grisons 6, Mesmin an d'Herbaut, Chur, 24. April 1627.

(5) E. B. Aff. Etr. Grisons 6, Châteauneuf an d'Herbaut, Chur, 30. Nov. 1627; Châteauneuf an Cœuvres, 23. Nov. 1627.

(6) Annalas 49, 18.

(7) E. B. Aff. Etr. Grisons 7, Mesmin an d'Herbaut, Chur, 19. Juli 1628. Die Bündner verweigerten in diesen Tagen die Werbung und den Durchzug venezianischer Truppen und meinten, Spanien werde das schätzen. E. B. Bibl. Nat. 500 Colbert 403, fol. 69, Mesmin an Bethune, Chur, 15. Okt. 1628. Fortunat Juvalta erklärte in Innsbruck, Bünden sei nicht dazu zu bewegen, den Vertrag von Monsonio anzunehmen. Bibl. Nat. 500, Colbert 403, fol. 70 Chur, 20. Okt. 1628.

(8) E. B. Aff. Etr. Grisons 7, Chur, den 15. Juli 1628.

(9) E. B. Aff. Etr. Grisons 7, Mesmin an d'Herbaut, 6. und 29. Juli 1628. Archivio di Stato Venezia, Dispacci Francia, Zorzi Zorzi, Parigi, 7. Aprile 1628.

(10) A. P. vol. 131, fol. 97 Ignazius an S. C., Chiavenna, 6. Nov. 1628.

(11) E. B. Aff. Etr. Grisons 7, Chur, 24. Juni 1628 und A. P. vol. 131, fol. 66. Ignazius an S. C., Ispruc, 12. Januar 1629. Gonsales hatte de Mont 600 Dukaten gegeben, um ihm zur Landrichterwürde zu verhelfen.

(12) E. B. Aff. Etr. Grisons 5, Chur, 10./20. Sept. 1626. Salis, Memorie 253.

(13) Salis 258.

(14) E. B. Archives du Ministère de la Guerre vol. 13, fol. 72, 15. Nov. 1626, dazu Salis 35 und 258 und Haffter 224.

(15) Haffter 491.

(16) Salis 258.

(17) Haffter 225.

(18) Sprecher I, 596.

(19) Sprecher I, 581.

(20) Sprecher I, 591 ff.

(21) Sprecher I, 587.

(22) Sprecher I, 550/551; Haffter 228/229.

(23) Archivio di Stato Venezia, Deliberazione Senato Secr. I, 237, März 1629. Filza 25 Svizzeri, Chur, 25. Februar 1629.

(24) Archivio di Stato Venezia, Filza 24, Scaramelli, 14. Okt. 1628. Deliberazione Senato Secr. 7. März 1629.

(25) Archivio di Stato Venezia, Filza 24 Svizzeri, Scaramelli, 19. Dez. 1628, 15., 27. Jan. 1629. Deliberazione Senato Secr. 27. März 1629.

(26) Archivio di Stato Venezia, Deliberazione Senato Secr., 1. Sept. 1629.

(27) Landesregierungs-Archiv Innsbruck, Hofregistratur Reihe D Fsc. 174, 1630 IX, Merode an Leopold 6. und 24. Januar 1630, 9. und 13. März 1630. Bassompierre an die Häupter 16. Febr. 1630. Collalto an Merode, 2. März 1630. Zwiedineck-Südenhorst, Die Politik der Republik Venedig II, 145, 146.

(28) Archivio di Stato Venedig, Esposizioni Principi vol. 38. Aff. Etr. Grisons 7. Brulart, 8. Nov. und 1. Dez. 1629. Carl J. Burckhardt, Richelieu 405; Rott IV, 1, 369. Zwiedineck-Südenhorst II, 146, 274 ff. L-A. Innsbruck, Hofregistratur Reihe D Fasc. 174, Travers an Leopold, 23. März 1630.

Archivio di Stato Milano, II Carteggio diplomatico 1556—1717, 27. März 1630, 10. April 1630.

(29) Archivio di Stato Venezia, Deliberazione Senato I, 237, 15. Juni 1629.

(30) Archivio di Stato Venezia, Deliberazione Senato I, 237, 15. Juni 1629, I, 325, 3. Nov. 1629. Beiträge vaterländischer Geschichte, 8. Bd. Basel 1866, S. 203 ff. Allg. Deutsche Biographie 13, 21.

(31) Archivio di Stato Venezia, Archivio degli Inquisitori, Busta 133, 143, 23. Nov. 1629.

(32) Archivio di Stato Venezia, Archivio degli Inquisitori, Busta 87, 22. und 26. Nov. 1629; Busta 143, 23. Nov. 1629. Consiglio di X 46, 47, 28. Nov. 1629. Anton Jenatsch hatte sich rechtzeitig flüchten können; gegen die Albertini war keine Verfügung irgendwelcher Art ergangen; sie werden in den Akten nie erwähnt. Nuttin äußerte sich in scharfen Worten über die Verhaftung und über maßgebende Männer in Venedig; es diente nicht der Sache Jenatschs.

(33) Archivo di Stato Venezia, Deliberazione Senato Secr., 28. und 28. Nov. 1. und 17. Dez. 1629. Archivio degli Inquisitori, Busta 143, fol. 45, Dez. 1629; Busta 133, 27. Nov. 1629.

(34) Archivio di Stato Venezia, Archivio degli Inquisitori, Busta 143, Dez. 1629, 5. Februar 1630; Deliberazione Senato Secr. 3. März 1630. Sprecher II, 283, 284 beschuldigt Jenatsch, er habe Beziehungen zum kaiserlichen Residenten in Venedig unterhalten; davon ist in den Akten nicht die leiseste Andeutung zu finden. Es ist auch nicht denkbar, daß Jenatsch während des Krieges und von Palma aus die Verbindung mit dem Residenten gesucht habe. Die Anschuldigung scheint erfunden zu sein.

(35) Haffter 236.

(36) Archivio di Stato Venezia, Archivio degli Inquisitori, Busta 104, 18. Februar 1629, Busta 87, 26. Februar 1629 (venez. Zeit).

(37) Archivio di Stato Venezia, Esposizioni Principi, Nr. 39, 10., 15., 18. März 1630; Consiglio di X, 47, 3. März 1630.

(38) Haffter 237.

XII

(1) Carl J. Burckhardt, Richelieu 403 ff. Joh. Bühring, Venedig, Gustav Adolf und Rohan, Halle 1885 1 ff. Gustav Fagniez, Le Père Joseph et Richelieu 1577—1638, Paris 1894 I, 436 ff. Sprecher II, 34. Jenatsch war am 15. März 1630 noch in Haft, am 18. war er entlassen. Archivio di Stato Venezia, Esposizioni Principi 1630 Nr. 39.

(2) E. B. Aff. Etr. Grisons 7, Brulart, 8. Nov. und 1. Dez. 1629. Planta, Chronik der Familie von Planta 219, Haffter, Urkunden etc. 111, 173. Filza Svizzeri-Bada-Zürich Scaramelli, 9. Aug. 1630, 15. Febr. 1631. Freundl. Mitteilung von Herrn E. Schneider-Zollinger in Bischofszell.

(3) Fagniez I, 445 ff. Rott, IV 1, 369.

(4) Zentralbibl. Zürich Mscr. B 26, 20, B 38, 14 und 18. Archivio di Stato Venezia, Dispacci Germania, Filza 73, 74. Sebastiano Venier und Pietro Vico, Berichte von Regensburg 1630, 1631.

(5) Fagniez I, 444, 450. Zwiedineck-Südenhorst II, 275.

(6) E. B. Aff. Etr. Grisons 7, fol. 483, Scol, 18. Okt. 1630. Fagniez I, 379 ff.

(7) Fagniez I, 492; Rott IV 1 S. 374, 492.

(8) E. B. Guerre 11, 98, die drei Bünde an Toiras und Servien, 4. Mai 1631. Fagniez I, 566.

(9) E. B. Guerre 15, 143, Servien an Molina, 11. April 1631, Guerre 15, 135 Toiras und Servien an die III Bünde, April 1631; Guerre 15, 55, Servien an Mesmin, 13. Febr. 1631, Guerre 20, 110, 115, Rohan an Toiras und Servien, 10. Febr. und 9. März 1631. Fagniez I, 566.

(10) E. G. Guerre 15, 27 Toiras und Servien an die III Bünde, 17. Juni 1631; Guerre 15, 285, 20. Juni 1631. Joh. Bühring 221, 224.

(11) Bühring 224, 358.

(12) Archivio di Stato Venezia. Dispacci Francia. Giorgio Genatio a Contarini, Dijon, 8. April 1631. Dazu Bühring 221, 222. Alvise Contarini schreibt am 22. April 1631 von Moret nach Venedig: «Per gl'affari d'Italia le precendenti supplirano anche nel punto del trattato di Monzon, il quale haverò sempre fisso nell'animo senza sturbar il resto, al generale proposito mando l'aggionta polizza, che mi hà scritto il Colonello Genatio da Digiun, che ritorna nel suo paese per assisterne al signor di Landel, il quale egli giudica capacissimo di ben servire.»
Ueber die Gründe seiner Ernennung als Oberbefehlshaber in Bünden erklärte Rohan am 3. Okt. 1631 vor dem Collegio in Venedig, er habe Briefe des Königs und von Servien und Toiras erhalten. Da er schon unter seinem Schwiegervater Sully in der Zeit Heinrichs IV. Oberst der Schweizer und Bündner gewesen sei, habe er Gelegenheit gehabt, die Geschäfte dieser Nationen zu fördern und sich viele Hauptleute verpflichtet (li quali riguardi, più che per alcuna qualità di mio valore); dies möge den König veranlaßt haben, ihn zu wählen. Er werde nichts gegen den Frieden in Italien unternehmen, sondern nur die Pässe und die Freiheit der Bündner hüten. Er wollte die Venezianer beruhigen. Archivio di Stato, Esposizioni Principi 40, 3. Okt. 1631.

(13) Sprecher II, 61.

(14) E. B. Aff. Etr. Grisons 7. Fontainebleau, 12. Okt. 1631; Grisons 8n n Mémoire sur l'escrit de Mr. le Cardinal, Avril 1632. Guerre 20, 88, 98, 31. Okt., 12. Dez. 1631 und 31. Dez. 1631, Rohan an Toiras und Servien und Rohan an Toiras und Du Landé. Filza 28 Svizzeri, Scaramelli, 29. Mai 1632. Landesregierungs-Archiv Innsbruck, Hofregistratur Reihe D, Fasc. 176, Travers an Erzherzogin Claudia, 29. Januar 1632.

(15) E. B. Aff. Etr. Grisons 9, Rohan an Richelieu, 9. Dez. 1631.

(16) Staatsarchiv Frauenfeld Nr. 7' 10' 38. E. B. Kopien aus dem Reichsarchiv

459

in Stockholm, Helvetica 1630—1710. Société Musée historique de la Réformation Genève. Archives Tronchin vol. 21 Briefe Rohans an Tronchin vom 23. Sept. 1632 bis 29. Okt. 1635; vol. 28, Seite 73, Brief von Gaudenz Tack an Tronchin, Bevers, 20. März 1632. Am 5. April 1632 schreibt Gaudenz Tack an Tronchin: «Da ich die beklagenswerten Charaktere einiger der Unruhigen (Unterengadiner) kenne, befürchte ich, daß sie alles zerstören (Pläne der Befriedung durch Rohan); immer wieder habe ich den erlauchten Fürsten gemahnt, sich zu hüten ... die Bestrebungen, Worte und Taten jener vielen sind leere Schatten; wenige wirst du finden, die etwas tun, was mit Tugend und Vaterlandsliebe verbunden ist.» Gaudenz Tack hatte in Zürich (1598) und Basel studiert, war 1603 in Basel immatrikuliert worden, 1608 Magister.

(17) A. P. vol. 76. fol. 100, 27. Nov. 1632. Sprecher II, 86.

(18) Bühring 233.

(19) Fagniez II, 131, 135 ff. Bühring 233.

(20) E. B. Filza 28, Scaramelli, 27. März 1632. Archivio di Stato Venezia, Dispacci Francia, Contarini 30. Dez. 1631 bis 23. März 1632. Aff. Etr. Grisons 8n n Memoire 1632. Bühring 23. Ranke, Franz. Geschichte II, 431.

(21) E. B. Aff. Etr. Grisons 8, Mémoire sur l'escrit de Mr. le Cardinal. Avril 1632.

(22) E. B. Filza 28, Scaramelli, Baden, 8., 15., 22. Mai 1632.

(23) E. B. Aff. Etr. Grisons 8, 38, Gustav Adolf an Rohan, 23. Mai 1632.

(24) E. B. Filza 28, Scaramelli, Chur, 22. Mai, 5. Juni 1632; A. P. der Nuntius an S. C. vol. 12, 64, Rom, 11. Juni 1632 und Rott IV, 1 624, Bühring 236.

(25) Archivio di Stato Venezia, Dispacci Prov. Gen. di Terra ferma Zorzi, Sept. und Okt. 1632; E. B. Aff. Etr. Grisons 8, Rohan an Gustav Adolf, 7. Juni 1632.

(26) E. B. Filza 28, Scaramelli, 10. Juli 1632.

(27) E. B. Filza 28, Scaramelli, 17. Juli und 16. Okt. 1632. Bühring 356 ff.

(28) E. B. Aff. Etr. Grisons 8, Mémoire de Rohan au Roi, 29. Sept. 1632. Louis XIII. à Rohan, Toulouse, 31. oct. 1631.

(29) E. B. Filza 28, Scaramelli 16., 23., 29. Okt. 1632.

(30) E. B. Aff. Etr. Grisons 8, 55. Der König an Rohan 31. Okt. 1632. Filza 28, Scaramelli, 24. Nov. 1632. Fagniez II, 322, Rott IV, 1 623.

(31) E. B. Filza 28, Scaramelli, 13. Nov. 1632.

(32) L-A. Innsbruck, Hofregistratur Reihe D, Fasc. 176, Travers, 11. Nov. 1632.

(33) Rott, IV, 1 667.

(34) E. B. Aff. Etr. Grisons 8, 68 Rohan und Du Landé an den König, 26. Dez. 1632: «Bref notre Etat est au comble de toute misère.» Rohan an Bouthillier, Chur, den 26. Sept. 1632.

(35) E. B. Filza 28, Svizzeri, Jenatsch an Scaramelli, Chur, den 28. Dez. 1632. Affaires Etr. Grisons 8, Rohan an Bouthillier, 17. März 1632. Salis 382.

(36) E. B. Aff. Etr. Grisons 8, Du Landé an den König, 27. Januar 1633.

(37) E. B. Aff. Etr. Grisons 8, 89, Du Landé an Bouthillier, 18. Jan. 1633. Grisons 8, 91, Du Landé an den König, 27. Januar 1633. Filza 29, Svizzeri, Scaramelli, Rapperswil, 30. März 1631.

(38) E. B. Archivio Vaticano Bibl. Barberini 85, 14, Scotti an Barberini, Luzern, 28. Jan., 4. Febr. 1633.

(39) E. B. Archivio Vat. Bibl. Barberini 84, 14, Scotti an Barberini, 11. Febr. und 11. März 1633. Aff. Etr. Grison 8, fol. 89, 91, Du Landé an Stuppa, 12. Jan. 1633; Du Landé an Bouthillier und an den König, 18. und 27. Jan. 1633; Rohan an Richelieu, 14. Febr. 1633; Archives du Ministère de la Guerre 18, fol. 82, 109 und 19 fol. 26, Servien an Rohan, 1. Febr. und 12. Juli 1633. Archives Tronchin Genève, vol. 21, Rohan an Tronchin, 8. und 30. März 1633, vol. 21, 86, Gaudenz Tack an Tronchin, 25. Febr. 1633. Später urteilt Tack anders über Rohan und über den König. Staatsarchiv Basel, Pol. P 1 1632. 1633, Zürich an Basel, 17./27. März 1633.

(40) E. B. Filza 29 Svizzeri, Scaramelli, 21. April und 12. Mai 1633.

(41) Staatsarchiv Basel, Pol. P 1 1632—1633, Rohan an Zürich, 6. Juni 1633.

(42) E. B. Filza 29 Svizzeri, Rosso, 14., 21. und 28. Juli 1633. Rohan an Tronchin, Zürich, 28. Juli 1633. Bibl. Nat. f. fr. 4106, fol. 8, 12, 15, 21, der König an Rohan, 21. März und 12. Mai, Bouthillier an Rohan, 12. Mai 1633.

(43) E. B. Bibl. Nat. f. fr. 4106, fol. 82, 106, 116, 120, Rohan an Bouthillier, 28. Juli, an Servien, 14. August, an den König, 14. August, an Bouthillier, 23. und 30. August 1633. Filza 29, Svizzeri, Rosso, 11. August 1633.

(44) Archivio di Stato Venezia, Dispacci Francia, Schmid von Grüneck an Soranzo, 3. August 1633. Fagniez II, 323 ff. Brambati stand auch im Verkehr mit Rohan.

XIII

(1) E. B. Aff. Etr. Grisons 8, 98; Instruktion für Du Landé, Chantilly, 26. April 1633.

(2) E. B. Aff. Etr. Grisons 8, 99; Filza 29, Rosso an den Senat, 10., 24., 30. Sept. 1633.

(3) E. B. Filza 29, Rosso an den Senat, 3. und 29. Sept. 1633; Bibl. Nat. f. fr. 4106, 3., 13., 27. September und 1. Okt. 1633. Staatsarchiv Basel, Pol. P 1 1633—1635, Rohan an die Eidg. Maienfeld, Ende Sept. 1633, Frauenfeld, 3. Okt. 1633; Feller 49/50. Vgl. Dierauer III, 586 ff.

(4) E. B. Bibl. Nat. f. fr. 4106 fol. 222, Rohan an Servien, 2. Okt. 1633 und fol. 225, Rohan an den König, 18. Okt. 1633, fol. 234, Servien an Rohan, 12. Okt. 1633.

(5) E. B. Filza 29, Rosso an den Senat, 1. Sept. 1633. Salis dagegen behauptet, Rohan habe immer ein blindes Vertrauen zu Jenatsch gehabt.

(6) E. B. Staatsarchiv Venedig. Senato i Corti (Secreta), Rg. 4, 1633, an Rosso in Zürich, 22. Okt., 4. und 5. November 1633; Filza 29, Rosso an den Senat, 10. Nov. 1633.

(7) E. B. Bibl. Nat. f. fr. 4106, fol. 262, 267, 271, Rohan an den König, 18. Nov. 1633; Rohan, Mémoire envoyé à ma femme, 18. Nov. 1633; Relalation de Prioleau, Nov. 1633.

(8) Bühring 266, E. B. Filza 29, Rosso an den Senat, 10. Nov. 1633.

(9) Eidg. Abschiede 5, 2 S. 794, 796. Bibl. Nat. f. fr. 4106, fol. 249, 254, 257, 258, Rohan an den König, 1., 8., 15. Nov. 1633, Rohan an Bouthillier, 8. Nov. 1633; Filza 29, Rosso an den Senat, Zürich, 3., 10., 17. Nov. 1633. L.-A. Innsbruck, Grenzakten 40 Pos. 5. Begehrende Artikel der Bündner 29. Juli 1636.

(10) E. B. Filza 29, Zürich, 24. Nov. 1633; Bibl. Nat. f. fr. 4106, fol. 282, 286, 291, Rohan an den König, 2. Dez., an Servien, 2. Dez. an Père Joseph, 5. Dez. 1633. Tronchin-Archiv Genf, Rohan an Tronchin, Chur, 6. Dez. 1633. Aff. Etr. Grisons 8, fol. 120, Mémoire von Rohan und Du Landé an den König, 5. Dez. 1633.

(11) E. B. Filza 30, Rosso an den Senat, 23. und 30. März, 6. und 27. April, 11., 25., 28. Mai 1634.

(12) E. B. Filza 29, Rosso an den Senat, 8. Dez. 1633; Filza 30, 1. Febr. 1635.

(13) Fagniez II, 159—169.

(14) Fagniez II, 171, 174.

(15) Fagniez II, 184.

(16) E. B. Aff. Etr. Suisse 27, fol. 327, 378, Richelieu an Vialard, Rueil, 16. April 1634. Rohan an Richelieu, 19. Januar 1634; Suisse 28, fol. 13, Instruktion für Vialard, 16. Februar 1634.

(17) E. B. Filza 30, Rosso an den Senat, 18., 25. Mai, 1. Juni 1634.

(18) E. B. Aff. Etr. Grisons 8, fol. 145, 148, 152, Du Landé an Richelieu, 17. Juni 1634; Du Landé an Bouthillier, 10. Okt. 1634. Filza 30, Rosso an den Senat, 18. Juni 1634.

(19) E. B. Filza 30, Rosso an den Senat, 30. März, 11., 28. Mai 1634.

(20) E. B. Aff. Etr. Suisse 27, fol. 39. Mémoire sur l'entreprise de la Valteline par M. de Rohan 1634.

(21) A. P. vol. 76, fol. 79, Ireneo an S. C., Crema, 15. Mai 1634. Vol. 76, fol. 128, Flugi an S. C., Coira, 14. Juni oder 14. Juli 1634.

(22) A. P. vol. 76, fol. 100, 27. Nov. 1632 und Sprecher II, 86.

(23) A. P. vol. 76, fol. 95. Actum vom 19. August 1633.

(24) A. P. vol. 133, fol. 152, Flugi an S. C., 18. Mai 1633 und vol. 133, fol. 188, 18. Juni 1633. E. B. Filza 30, Rosso, 29. Aug., 28. Sept. 1634; Nunziatura Svizzera, Scotti an Barberini, 5. Sept. 1634. Sprecher II, 266.

(25) E. B. Bibl. Nat. f. fr. 4106, fol. 131, Père Joseph an Rohan, 19. Aug. 1633. Rohan an Père Joseph, Richelieu, an Bouthillier und Servien, 3. Sept. 1633.

(26) A. P. vol. 133, fol. 124, der Nuntius an S. C., Luzern, 27. Juni 1633; Bibl. Nat. f. fr. 4106, 131, 135, Rohan an Père Joseph, 19. Aug., 3. Sept. 1633.

(27) A. P. vol. 76, fol. 110. Die Gemeinden an die III Bünde, 4. Sept. 1633.

(28) A. P. vol. 76 fol. 101, Chur, 14. Okt. 1633.

(29) A. P. vol. 14, fol. 38, Roma, 12. April 1634. Bibl. Nat. f. fr. 4106, 307, 311, 313, Rohan an den König, 13. Dez. 1633, Rohan an Bullion, 13. Dez. 1633. Rohan konnte in Paris erklären, die Kapuziner hätten schon lange Bünden verlassen müssen, wenn nicht er sie beschützt hätte.

(30) A. P. vol. 76, fol. 132, Coira, 10. Mai 1634.

(31) A. P. vol. 76, fol. 79, Ireneo an S. C., Crema, 15. Mai 1634.

(32) Jachen Antoni Vulpius, Historia Raetica hg. von Moor, S. 185.

(33) A. P. vol. 76, fol. 101, die «ministri» an die Engadiner, Coira, 14. Okt. 1633.

(34) P. Bonaventura war als Veltliner hier unmöglich gewesen und hatte im März 1634 die Gemeinde verlassen müssen. A. P. vol. 76, fol. 83, Ireneo an S. C., Semignone, 26. Juli 1634.

(35) Haffter Exkurse 113.

(36) A. P. vol. 76, fol. 83, 84, den 26. Juli und 28. August 1634.

(37) A. P. vol. 14, fol. 73, S. C. an Flugi, Roma, 5. August 1634.

(38) Vertrag vom 10. Okt. 1634 im Stiftsarchiv Disentis; dazu Haffter Urkundenbuch 113.

(39) Staatsarchiv Graubünden, Akten, Häupter und Ratsgesandte der III Bünde, 11. Juli 1634.

(40) E. B. Aff. Etr. Grisons 8, der König an Rohan, 26. April 1634.

(41) E. B. Filza 30, Rosso an den Senat, Zürich, 9. August 1634.

(42) E. B. Aff. Etr. Grisons 7, fol. 153, Instruktion für Du Landé, 18. April 1631; Archivio di Stato Milano, Carteggio diplomatico 1556—1717, Azzo Besta an Spinola, 27. März 1630.

(43) E. B. Aff. Etr. Grisons 7, fol. 155—157, Les Ligues Grises au Cardinal, 22. April 1631; die III Bünde an Bouthillier, 29. April 1631.

(44) Staatsarchiv Graubünden. Landesprotokoll, 20., 22. Juli 1634. E. B. Filza 30, Rosso, 9. Aug. 1634.

XIV

(1) E. B. Filza 30 Zürich, Rosso an den Senat, 29. August 1634.

(2) Alberti, Antichità di Bormio, Como 1890. I, 215, 221.

(3) E. B. Archivio Vaticano, Biblioteca Barberini 85, 16, Scotti an Barberini, Baden, 5. September 1634.

(4) E. B. Archivio Vaticano, Bibl. Barberini. 85, 16, Scotti an Barberini, Muri, 31. Oktober 1634.
Rohan schrieb am 27. Juni 1636 an Chavigny: Je suis obligé de vous dire que le Comte Brembaty qui se tient a Bergamo qui n'est qu'a dix lieu de la ville de Milan et qui a de bones habitudes, m'advertit sy soigneusement de tout ce qui sy passe qu'il meriterait que Sa Mte luy fit l'honneur de luy ecrire un mot du Gré que elle a du service qu'il luy rend. Il est a M. de Mantoue. Bibl. Nat. f. fr. 5190. fol. 140. Am 12. Mai

1635 schreibt Sabran an Rohan: «J'ai receue la votre par le moyen du marquis Francesco Brambati à Bergamo», Bibl. Nat. f. fr. 4135, fol. 121.

(5) E. B. Archivio Vaticano, Bibl. Barberini, Scotti an Barberini, 26. September und 31. Oktober 1634. Die Angaben über den Ort der Verhandlungen sind widersprechend, bald wird Brescia, bald Bergamo genannt, Cérésole 138 nennt z. B. Bergamo.

(6) E. B. Archivio Vaticano, Bibl. Barberini, 85, 16, Scotti an Barberini, den 31. Oktober 1634. Scotti schreibt: «Il pensiero de'Grisoni d'aggiustarsi co' Valtelini e insiemi co'Venetiani resta ancora celato, poichè ho penetrato, che in una Dieta fatta segrettamente a Coira fu risoluto di mettersi a tal impresa per scacciar i francesi, et uno de Capi Grisoni (Finer, M. Buol u. Schmid) autore del negotio sotto altro pretesto si ridusse in Valtelina e confidando solo il negotio al Robustelli, Governatore ed ad Azzo Besta, questi tutti furono in un congresso in Sondrio animati dal Conte Brabanti stringersi più con Venetiani che con altri come chi si sarebbero volontieri interessati per aver li passi e dagli uni e dagli altri, si ridussero dunque il colonello Gianatio per Grisoni et il sudetto Besta per Valtelini a Brescia da Giorgio Provedittore generale con risolutione de passarsene con l'istessa segretezza a Venetia; ma purchè il Gianatio credendo all'ora che Svezesi, de' quali Grisoni facevano tutti il loro capitale, havessero da rimanere superiori agli Imperiali, nel congresso di Brescia tenne la pretensione sua tanto alto, non volendo a Valtelini permettere, che la giudicatura e la Religion Cattolica' che il trattato andò a monte, ora si vedono ogni giorno piu cambiate le cose, e prosperati gli Imperiali, si pensava finite le vendemie di tornar a unirsi di nuovo insieme, mostrando risolutione i Grisoni di non soggiacersi a Francesi, e Valtelini a Spagnuoli...» Sprecher II, 216.

(7) E. B. Archivio Vaticano, Bibl. Barberini 85, 16, Baden, 3. September 1634.

(8) E. B. St.-A. Venezia, Senato 1 Corti, Secreta, Reg. 5, il Senato al Residente a Zurigo, 19. August 1634.

(9) E. B. Archivio Vat. Bibl. Barberini 85, 16, Scotti an Barberini, 3. Oktober 1634: «... volendo se potranno aggiustarsi le loro cose da per sè stessi, uscire da ogni dubbio dell'una e l'altra Corona...»

(10) Archiv Tronchin Genf, vol. 21, Rohan an Tronchin, Paris, 10. Nov. 1634.

(11) Staatsarchiv Graubünden, Landesprotokoll, 18./28. Sept. 1634. Staatsarchiv Basel, Pol. P 1, 1633 Sept. — 1635, Paris, 12. Sept. 1634. Filza 30. Svizzeri, Rosso, 12. und 19. Okt. 1634.

(12) Archivio Vat. Bibl. Barb. 85, 16, Barberini an Scotti, Roma, 14. Okt. 1634 und Scotti an Barb., Muri, 31. Okt. 1634. Filza 30, Rosso, 28. Sept. und 12. Okt. 1634.

(13) Stiftsarchiv Disentis, Vertrag vom 10. Okt. 1634. Staatsarchiv Graubünden. Die Gemeinden des Unterengadins, 29. Nov. 1634, Haffter, Exkurse 124 ff.

(14) E. B. Filza 30 Svizzeri, Rosso, Zürich, den 9. März 1634.

(15) Stiftsarchiv Disentis, Brevis Chronologia Nr. 91, Brief von Jenatsch an den Abt Augustin Stöcklin, 14. August 1638. E. B. Archivio di Stato Milano, Trattati Svizzeri, Carlo Casati 1630—1643, Luzern, 10. Okt. 1634. Filza 30 Svizzeri, Rosso, 1. Dez. 1634.

(16) Archivio Vaticano. Bibl. Barberini, Luzern, 11. und 12. Dez. 1634; Archivio di Stato Milano, Casati, 18. Okt. 1634.

(17) Staatsarchiv Graubünden, Landesprotokoll, 27. Nov. 1634. Salis 321 sagt: «Ma qualche occulta intelligenza, come è stato detto, che gli Austriaci havevano nel paese, e forse co'principali, fù causa che andasse ritenuto... Anders denkt Juvalta 98 ff.

(18) E. B. Filza 30 Svizzeri, 1. und 7. Dez. 1634.

(19) E. B. Archivio Vat., Nunziatura Svizzera 32, Scotti an Barberini, 19. Dez. 1634, Scotti an Barberini, 21. Dez. 1634 und 8. März 1635.

(20) E. B. Archivio Vaticano, Nunziatura Svizzera 32. Scotti an Barberini, 19. Dez. 1634. Scotti an Barberini, 21. Dez. 1634 und 2. Januar 1635.
Am 19. Dez. schreibt Scotti: «Il trattato si è voltato da Veneziani agli Austriaci, e in consequenza a Spagnoli e l'istesso colonello Gianatio è quello che fa la burla ai Veneziani, procurando di tenerli addormentati con speranza per essi non penetrando in effeti ne loro altre particolarità con il segreto, quale è l'avere Gianisio con alcuni (principali?) Griggioni patuito di unirsi in lega con Austriaci, mentre questi tenghono a proprie spese tre reggimenti de Griggioni istessi, a difesa dei paesi e che nell'unione vi si debba comprendere con qualche accordo la Valtellina, e promettono loro all'incontro di scacciare i Francesi a Milano, il tutto resta per concluso, eccetto il punto della Valtellina, per il quale si aspetta di momento il senso (?) del Re di Spagna e per non perdervi tempo hanno li suddetti Gianisio e Griggioni interessati spedito un confidente al Governatore Robustelli e ad Azzo Besta, per sapere la risposta di Sua Maestà, toccando all'ultimo, cioè al Besta l'andare dalla Valtellina, innanzi e indietro a Milano...»

(21) E. B. Archivio Vaticano, Bibl. Barb., Scotti an Barb., 2. Jan., 14. Febr. 1635.

(22) E. B. Archivio Vat., Bibl. Barberini, Scotti an Barb., 29./30. Jan., 6. Feb., 1635.

(23) E. B. Archivio Vat. Scotti an Barberini, 16. Jan. 1635.

(24) E. B. Archivio Vat., Bibl. Barb., Scotti an Barb. 7. Febr. 1635.

(25) E. B. Aff. Etr. Grisons 8, St. Germain en Laye, 15. Jan. 1635.

(26) E. B. Aff. Etr. Grisons 8, Du Landé an Bouthillier, Chur, 23. Jan. 1635.

(27) Juvalta 49 ff. Haffter 69, 429.

(28) Haffter 256, 421. Es scheint, Jenatsch habe die Bibel gewöhnlich mit sich geführt.

(29) E. B. Filza 29, Rosso, Bagni di Favera 1. Sept. 1633; Sprecher II, 284.

P. Iso Müller in Zeitschrift für Schweiz. Geschichte, 2. Heft 1950. Bündner Monatsblatt 6/7 1950.

(30) A. P. Miscellanea-Svizzera. Visitatio Fratrum M. C. Prov. Brixiae in partibus Rhaetorum per P. Marianum 1639. Haffter, Urkundenbuch 13, 14.

(31) A. P. vol. 77, fol. 155, 30. Januar 1635.

(32) A. P. vol. 77, fol. 214 und 318. Brief von der Hand Jenatschs vom 1. August 1635. Rohan, Mémoire 285 ff. und seine Erklärung über die Konversion Jenatschs bei Sprecher II, 208.

(33) Annalium Capuc. Provinciae Helveticae Brevis Series von der Hand des P. Elect. von Laufenburg. Rufin Steiner O. C. P. Geschichte des Kapuzinerklosters Rapperswil, Uster 1927, 140 erzählt: «P. Alexis von Speier kam einst ins Kloster Pfäffers; Jenatsch begegnete ihm hier (1623 oder 1624), zückte seinen Degen und stach nach ihm. Ein Konventherr konnte den Pater auf die Seite reißen, so daß der Stich nur durch den Rock in die Türe ging.» Als Jenatsch nach dem Grunde seiner Tat befragt wurde, erklärte er, in Mastrils habe er eine neue Kirche gebaut und P. Alexis habe später (1622) darin Messe gelesen und die Kirche Santa Maria Viktoria genannt.
A. P. vol. 343. fol. 166, Jenatsch an Podestà Antonio Lossio und Landesregierungs-Archiv Innsbruck, Leopoldinum Kasten C Nr. 57. Jenatsch an Erzherzogin Claudia, Chur, 17. Januar 1638.

(34) Staatsarchiv Graubünden, Archiv Ortenstein, Briefe Jenatschs an Gabriel vom 19. August und 13. September 1637. Universitätsbibliothek Basel, Mscr. G II 13 Nr. 41. Jesaja Schucan an Theodor Zwinger, Scanfs, 8. Februar 1639. Haffter Exkurse 127 ff. Juvalta 50. Anhorn X. Bd. in Haffter, Urkundenbuch 171. Dieser Teil ist von Anhorn selber, nicht von Wigeli in Chur.

(35) A. P. vol. 77, fol. 139, der Nuntius an S. C., 6. Febr. 1635.

(36) Bott I. Die ehemalige Herrschaft Haldenstein, S. 35 und Filz 30, Svizzeri, Rosso, 1. Febr. 1635; die Truppen hatten 1633 in Haldenstein Quartier gehabt und verlangten 1635 wieder Unterkunft. Vgl. Haffter 506.

(37) E. B. Filza 31 Svizzeri, Rosso, da Fara, 3. März 1635.

(38) E. B. Filza 30 Svizzeri, Rosso, 2. Febr. 1635. Stephan Manz, der alte Gegner (1619), lebte noch.

(39) E. B. Archivio Vat. Nunziatura Svizzera 24—31 und 32, Scotti an Barberini, Luzern, 30. Jan. und 8. März 1635. Archivio di Propaganda fide vol. 77, fol. 155, 28. Febr. 1635. Staatsarchiv Graubünden, Landesprotokoll, 27. Febr. 1635.

(40) E. B. Staatsarchiv Turin, Svizzera Mz 9, della Manta, Avisi de Svizzeri e Grisoni 1635.

XV

(1) E. B. Aff. Etr. Grisons 8, Saint-Simon an Richelieu, Fort de France, 25. April 1635, Grisons 8, 173, Mémoire, Compiégne, 29. April 1635. Die

Truppe stand seit 17. März 1635 unter Befehl des Isaac de Saint-Simon; er beklagte sich, daß keine genügenden Vorbereitungen getroffen worden seien, um den Platz zu verteidigen.

(2) Pieth, F. Die Feldzüge des Herzogs Rohan im Veltlin und in Graubünden II. Auflage, S. 10. Für die militärischen Fragen verweisen wir besonders auf dieses Werk.

(3) Landesregierungs-Archiv für Tirol in Innsbruck (L-A.), Hofregistratur, Reihe E, Fasc. 21, Travers an Erzherzogin Claudia, 22. April 1635. E. B. Staatsarchiv Turin. Svizzera MZ. 9, della Manta, Avisi de Svizzeri e Grisoni, April 1635. Nunziatura, Scotti an Barberini, 8. März und 31. Mai 1635. Vgl. Sprecher II, 111.

(4) E. B. Filza 31, Rosso an den Senat, Zürich, 26. Mai und 19./29. Mai 1635. Staatsarchiv Basel, Pol. P. 1633 Sept. — 1635, 5./15. Mai 1635.

(5) L.-A. Innsbruck, Hofregistratur, Reihe E, Fasc. 21, Travers an Erzherzogin Claudia, 22. April 1635 und 25. Mai 1635. Staatsarchiv Graubünden, Akten, Jenatsch an die Häupter, 27. Mai 1635.

(6) Staatsarchiv Graubünden, Landesprotokoll, 21./31. Mai 1635, 12. Juni 1635. Salis 318, 331, 334; Salis schreibt: non vale di dire esser più obligati di accudire alla salute della Patria che al servitio del Rè.

(7) L.-A. Innsbruck, Hofregistratur, Reihe E, Fasc. 21, 1635. Rudolf von Planta an Erzherzogin Claudia, Tarasp, den 17. Mai 1635, Haug, Berichterstatter in St. Gallen, an Oberst Schmid in Bregenz, 25. Juni und 14. Juli 1635 (Reihe E, 22). Haffter, Urkundenbuch 134—136.

(8) L.-A. Innsbruck, Hofregistratur, Reihe E, Fasc. 21, Travers an Erzh. Claudia, 20. Mai und 1. Juni 1635. Archiv der Familie von Tscharner, Staatsarchiv Chur, Band XC, 847. Staatsarchiv Graubünden, Landesprotokoll 21./31. Mai 1635 und 12. Juni 1635. Bibl. Nat. f. fr. 4135, Sabran an Rohan, 12. Mai 1635.

(9) Staatsarchiv Graubünden, Landesprotokoll 21./31. Mai 1635, 19./29. Mai 1635.

(10) A. P. vol. 77, fol. 211. Ireneo an S. C., Agnedina bassa, 12. Okt. 1635.

(11) Staatsarchiv Graubünden, Akten, Brief aus Fetan, 5./15. August 1635.

(12) Es waren vielleicht Simon Planta von Zernez und ein anderer Prädikant, der den Uebertritt nicht vollzog. Andreas Gallunus ging später mit zwei Kapuzinern von Madulein nach Trient und schwor seinen Glauben ab; in der Nacht aber flüchtete er sich über die Klostermauern und eilte der Heimat zu.

(13) Der Brief, den Gabriel und Vulpius an Jenatsch richteten, trägt die Adresse: «Dem erlauchten Herrn Oberst, dem gestrengen Herrn Georg Jenatsch, dem Herrn und besonderen Gönner der Davoser.» Der Brief und die Antwort Jenatschs sind nach Photokopien überprüft worden und daher die kleinen Aenderungen im Text gegenüber der I. und II. Auflage. Beide Briefe sind Kopien, wahrscheinlich von der Hand des P. Ireneo. Der Brief von Gabriel und Vulpius (A. P. vol. 78, fol. 304) lautet:

Gruß Dir, erlauchter Herr,

Wie uns eine gegenseitige Freundschaft seit vielen Jahren verbunden hat, wie wir Dich geliebt, wie wir Dich geehrt, wie wir uns über Deine Tapferkeit, Dein Glück, Deinen berühmten Namen gefreut haben, das brauchen wir nicht im voraus zu sagen. Du weißt das; Du hast uns oft durch Wohlwollen deinerseits bezeugt, daß Du es anerkennst. Aber nun ist diese unsere Freude über Dich schwer getrübt. Wir haben von Deinen Feinden vernommen, daß Du gegen die wahre Religion disputierst; das haben wir entschuldigt; wir sagten, Du hättest von Jugend an die Gewohnheit gehabt, die Leute zum besten zu haben. Wir haben von jenen gehört, Du besuchest Messen; das haben wir Deiner soldatischen Ungebundenheit zugeschrieben. Wir haben gehört, daß Du von dem evangelischen Glauben ganz abgefallen seiest; das konnten wir nicht glauben.

Und wer sollte glauben, daß der Herr Jenatsch, der von Kindheit an in die wahre Erkenntnis Gottes eingeweiht war, daß der Herr Jenatsch, ein Diener Jesu Christi, ein Gelehrter, ein Mann von hervorragender Urteilkraft in die Torheit verfallen sei, zu glauben, die lächerliche, kindische Religion der Papisten sei die wahre und allein seligmachende Religion? Der Herr Jenatsch soll dahin gekommen sein zu glauben, die Erdichtungen der Päpste hätten die gleiche Autorität wie die Schriften der Propheten und Apostel? Er soll nicht unterscheiden können zwischen dem ewigen Gott, dem Schöpfer aller Dinge und seinen Creaturen und soll diese anbeten? Er soll hölzerne und steinerne Bilder verehren? Er soll die Hoffnung seiner Seligkeit auf seine verdienstlichen Werke setzen, auf die Verdienste der Heiligen, auf die Messen, auf päpstliche Ablässe? Er soll glauben, daß die Päpste, deren manche der Kardinal Baronius schreckliche Ungeheuer nennt, nicht irren können? Daß der Papst die Macht hat, in den Himmel zu versetzen, wen er will, und in die Hölle zu werfen, wen er will? Daß er von den Geboten des Ewigen dispensieren kann; daß er etwas, was nicht Sünde ist, zur Sünde machen kann? Daß Gott die Sünden nur denen vergibt, denen sie die Meßpriester vergeben? Er soll glauben, daß ein Brocken, ein kleines Stück aus Mehl und Wasser, der ewige Gott sei, der Schöpfer des Himmels und der Erden, unser Erlöser? Er soll glauben, daß furchtbare Schlächtereien herrliche Taten seien, daß die Schlächter damit den Himmel verdienen? Er soll glauben, daß alle Evangelischen, die die Hoffnung ihrer Seligkeit auf ihren Schöpfer und Erlöser setzen, in erster Linie sogar sein eigener frommer Vater, verdammt seien? Wir glauben es nicht, wir glauben es nicht! Eher wird sich der Herr Jenatsch einreden, die Sonne leuchte nicht, das Feuer sei kalt, der Schnee sei schwarz, als daß er das glauben könnte. Das glaubt er nicht, das glaubt er nicht! Aber, was haben wir noch als Neuestes gehört? Du seiest ein Feind des evangelischen Glaubens geworden; Du seiest der Zerstörer des Vaterlandes, der Verfolger Deiner intimsten Freunde geworden; Du wollest unsere Engadiner der Religionsfreiheit berauben. Du wollest in unserem Vaterland, ganz besonders in der Kirche von Fetan, in der wir geboren und erzogen sind, Werkzeuge des Götzendienstes, Altäre, Bilder mit Gewalt in der Kirche aufgerichtet haben? Du drohest mit Feuer und Schwert, wenn sie nicht gehorchen? O Gott, warum hast Du es zugelassen, daß Dein geliebter Knecht, unser Bruder, so tief gesunken ist? Wir kommen zum Zweck des Briefes. Wache auf aus Deiner Schläfrigkeit! Erwäge die Eitelkeit dieser Welt; wie Du neulich in frommer Gesinnung zu sagen schienst. Fürchte den gerechten Richter des ganzen Weltkreises, fürchte die Menschen, fürchte Deine Feinde, traue nicht den neuen Freunden! Glaubst Du etwa, daß die Papisten Dir wohlwollen? Glaubst Du, daß die, welche Du beleidigt hast, mit Dir wieder versöhnt seien? Daß einzig N. Dich vor dem Zorn Gottes schützen kann? Das sitzt tief im Herzen (Vergil, Aeneis I, 26). Glaubst Du etwa, daß Deine Nebenbuhler, die Dir jetzt gegen ihren Willen schmeicheln, Dich verteidigen werden? Willst Du wirklich Deine wahren, aufrichtigen Freunde zum Haß gegen Dich bringen? Damit alle die neuen und die alten, sich über Dein Unglück freuen sollen? Wir haben Drohungen, Blitz und Donner vernommen. Hüte Dich, traue nicht auf Deine Macht und Kräfte; mächtig war Simson, aber er wurde gefangen; mächtig war Goliath, aber er wurde besiegt; die Machthaber in unserem Rhätien kennst Du selber. Könnten wir doch, gestrenger Herr, Dir unsere Herzen öffnen und zeigen; dann sähest Du, daß diese Warnungen aus wahrer, aufrichtiger, heiliger Liebe zu Dir kommen. Wir schreiben das nicht, um Dich zu kränken, nicht um Gift und Galle gegen Dich zu speien, sondern aus christlicher Liebe, aus aufrichtiger Anhänglichkeit, aus ungefärbter Lauterkeit. Wir zweifeln nicht, Du werdest unsere Dir Glück bringenden Warnungen in demselben Sinn aufnehmen, wie sie ergangen sind. Wir bitten, beschwören, flehen Dich im Namen Jesu Christi, das zu tun. Denke an jene fromme Seele (sie deuten auf Blasius Alexander hin), die Dich wie sich selbst liebte, die durch ihr standhaftes und glorreiches Martyrium die Ehre unseres gemeinsamen Erlösers verteidigte. Ach, mit welchen Augen wird er Dich anschauen, wenn er Dich am jüngsten Tag unter diesen Leuten findet? Und vollends wir, die wir Dich so hoch hielten, als Du noch fest standest, der Du unser Stolz warst, mit welcher Miene, mit welcher Scham, mit welchen Gefühlen denkst Du, daß wir täglich anhören müssen, was für bittere Worte aller Art unter diesem gerechten und heiligen Grund diejenigen über Dich ausgießen, die Dich sogar damals, als Du noch fest standest, weniger liebten? Ach Gott, ach Gott, du Quelle des Erbarmens, ewiger Gott, gib uns ihn zurück, den unser gemeinsamer Feind uns entrissen hat! Dies schreiben wir nicht ohne Schmerz, Seufzer und Tränen. Lebe wohl!

Die innigsten Freunde Deines Glückes
und Deiner Seligkeit.

Chur, den 29. Juli 1635. Stephan Gabriel.

Jakob Anton Vulpius.

(14) A. P. vol. 77, fol. 172, 174. Der Nuntius an S. C., Wyll, den 18. August
1635, 24. Sept. 1635 und vol. 77, 212, 361. Jenatsch an Kardinal Barberini.

(15) A. P. vol. 77, fol. 174. Der Nuntius an S. C., Wyll, 18. August 1635.

(16) A. P. vol. 15, fol. 114, Roma, 29. Nov. 1635.

(17) A. P. vol. 78. fol. 294. Der Nuntius an S. C., Luzern, 20. Dez. 1635.

(18) Rohan, Lettres du Duc de Rohan I, 483, 11. Febr. 1636. Nunziatura Svizzera 24—31, Gaudenzio an Barberini, Feldkirch, 9. Febr. 1636. Sprecher
II 161.

(19) A. P. vol. 78 fol. 303. Auch der Brief Jenatschs ist in Kopie vorhanden,
wahrscheinlich von der Hand des P. Ireneo. Auch hier wurde der Text
nach einer Photokopie nachgeprüft, er lautet (übersetzt aus dem Lateinischen):

Seid gegrüßt erlauchte Herren,

Obschon mit tausend Geschäften beladen, schon zum Marsch gegen die
Feinde und zum Kriege gerüstet, kann ich mich nicht enthalten, auf
Euern Brief voll Gift und Galle zu antworten. Ich werde es kurz machen, unter Verzicht auf alle rhetorischen Prunkreden und Exclamationen. Diese Dinge machen den Buben Freude, die Ihr in der Schule unterrichtet, den Weiblein pressen sie Tränen aus, aber nicht tapferen
Soldaten.

Entschuldigt mich nicht, daß ich die Messe besuche (von den Messen
redet Ihr verächtlich, besser wäre es gewesen, von den Predigten so zu
reden); klagt mich lieber an, daß ich sie nur selten besuche, ermahnt
mich, daß ich täglich mit Andacht am heiligen und lebendig machen-
den Opfer des Leibes und Blutes Christi teilnehmen solle, und dann
wird für meine Seligkeit recht gesorgt sein. Ihr nennt die Religion der
Papisten ein nichtiges Spiel und die, welche sie für die wahre Religion
halten, Toren? Das ist Geschwätz. Ihr citiert das Bekenntnis des Baronius, daß viele Päpste furchtbare Ungeheuer gewesen sein; aber ich
will Euch vielmehr mein Bekenntnis sagen, daß manche Päpste Erben
der künftigen ewigen Verdammnis sein werden.

Habt Ihr mich etwa sonst besiegt? Mein verehrter Augustinus redet zu
den Donatisten und ich zu den Calvinisten: Wenn in die Reihe der Bi-
schöfe, die sich von Petrus selbst bis zu Anastasius hinzieht (ich sage
bis zu Urban VIII., der jetzt auf demselben Stuhl sitzt), sich auch irgend
welche Verräter in jenen Zeiten eingeschlichen haben sollten, so beweisen
sie nichts gegen die Kirche; von ihnen sagt Gott in seiner Voraussicht:
Was sie sagen, tut; was sie tun, das tut nicht, damit die Hoffnung des

Gläubigen fest gegründet sei, die nicht auf einem Menschen, sondern auf Gott beruht. Ekelhaft ist alles, was Ihr gegen den Papst ausspeit: von der Vergebung der Sünden, von den Ablässen, von der Vollmacht, in die Hölle zu werfen und anderes, was nach aufgewärmtem Kohl riecht. Wir wollen doch, bitte, zuerst feststellen, wie groß und wie beschaffen die Autorität des römischen Pontifex in der Kirche Christi ist; dann kommt auf die Geschmacklosigkeit zurück; aber beginnt damit, wenn es Euch beliebt, vor dem Volk in Euren Predigten, nicht vor mir.

Ihr erwähnt die Verdienste oder guten Werke; aber zeigt mir zuerst, was Ihr darunter versteht, was die römische Kirche darüber urteilt, nicht was jeder in einem Winkel darüber gebrummt hat; dann wollen wir zur Bestätigung oder zur Bekämpfung schreiten. Das hl. Meßopfer nennt Ihr einen Brocken, ein kleines Stück aus Mehl und Wasser. Euer Abendmahl ist so etwas. Unser hl. Meßopfer soll uns sein gemäß jenem großen Konzil von Ephesus und Nicaea: das unbefleckte Lamm Gottes, auf den Tisch hingelegt, unblutig von den Priestern geopfert, und gemäß jenem heiligen Konzil von Ephesus und Cyrill von Alexandrien: das heilige Opfer, das lebendig machende, unblutige, das wir in den Kirchen darbringen; wir glauben, daß der Leib, der dargebracht wird, wie auch das kostbare Blut nicht von einer gewöhnlichen und uns ähnlichen Beschaffenheit sei, sondern wir fassen es auf als den wirklichen erschaffenen Leib und das Blut des Wortes, das alles lebendig macht.

Auf Grund von Berichten irgend welcher Leute, auf Grund von Aussagen Eurer lügnerischen Angeber aus dem Unterengadin klagt Ihr, daß ich Euer Vaterland zerstöre; aber laßt ab, mir Unrecht zu tun. Ich soll der Zerstörer Eures Vaterlandes sein? Der ich allein nebst Gott das Unterengadin, Euer Vaterland, vor dem Einfall der Feinde bewahrt habe, der ich Tag und Nacht mit meinen Soldaten von Martinsbruck bis «Champ sec» hin und her geeilt bin, um der Schwäche Eurer Leute, um nicht zu sagen, ihrem Wankelmut aufzuhelfen, die den Feind aus Angst einluden, Gesandtschaften zu ihm, ja sogar Kapuziner schickten, um für sich Gnade zu erbitten und beim Durchzug Lebensmittel herbeizuschaffen. Ich soll der Zerstörer Eures Vaterlandes sein? Der ich das Unterengadin stark (?) gemacht habe, dem Feind furchtbar; wie ich denn fest überzeugt bin, das Tal, das einst die erste elende Beute der Feinde war, werde jetzt auch am letzten Ort von ihm verlassen werden; aber Ihr, die Ihr Euch in Eurem Bette wohl sein ließet, während ich mich für seine Befreiung abmühte, Ihr wißt das nicht; daher bekümmert mich das auch weniger.

Mehr bekümmert mich und betrübt mich zu Euren Handen, daß Ihr die Altäre Gottes, so sagt mein verehrter Augustinus a), auf denen das heilige Opferlamm dargebracht wird, durch das die Schuldschrift getilgt wird, die gegen uns war, daß Ihr die Altäre Gottes, die der Wohnsitz von Leib und Blut Christi sind, auf dem zu bestimmter Zeit Leib und Blut wohnt, so sagt Optatus von Milevum (Citat aus Augustinus gegen die Donatisten), götzendienerische Altäre nennt; aber das ist Euer Gift, Euer Wahnsinn.

Wer hat Euch hinterbracht, daß ich Eueren Leuten mit Feuer und Schwert drohe, wenn sie nicht gehorchen? Ich glaube nicht, daß verständige Leute, wenn es solche unter den Eurigen gibt, das sagen werden. Sie wissen, wie freundschaftlich ich sie behandelt habe; ohne Zweifel hat einer von den Prädikanten des Unterengadins diese Lügen gegen mich ausgestreut. Einzig N. könne mich vor dem Zorn Gottes schützen? Da weiß ich nicht, wen Ihr meint. Vielleicht den Allerchristlichsten König, der uns wieder in unsere Heimat gebracht hat, und den Ihr ebenso belohnt wie mich für die Verteidigung Eures Vaterlandes? Der Herr kennt mein Herz und mein Gewissen; weder durch menschliche Ueberredungskünste noch durch irdische Versprechungen verführt, habe ich Euch in einer Glaubenssache verlassen, sondern gezogen vom Hl. Geist, dem ich mehr gehorchen mußte als Euch, und ich bin bereit, Euch und allen, die fragen, mit demütigem und sanftem Geist Rechenschaft zu geben der Hoffnung, die in mir lebt, so daß ich weder den Richterstuhl Gottes zu fürchten habe, geschweige denn Euch, noch Drohungen, sei es derer, die einst und jetzt mich hassen, sei es derer, die erst jetzt, sei es aus Unverstand oder aus Eifersucht, meine Feinde geworden sind. Meine Tage stehen in der Hand des Herrn, und ich weiß nicht, warum Ihr mir das vorwerfet? Glaubt Ihr etwa, ich sei etwas ängstlich geworden? Mit Gottes Hilfe habe ich oft Teufel und Welt bezwungen; ich werde sie noch ferner bezwingen, wenn auch meinen Feinden darob der Bauch platzt.

Aber die Trommel ruft mich anderswohin; beschwichtigt Eure Erregung, laßt Eure Exclamationen fahren, mit denen Ihr bei mir nichts ausrichten werdet, verhandelt freundschaftlich mit mir und es soll mir eine Freude sein, in Erörterung mit Euch das Wahre vom Falschen zu unterscheiden, die falsche Meinung, die Ihr von mir gefaßt habt, abzutun; glaubt nicht, daß ich das Irdische so außerordentlich lieb habe, oder daß irgend ein menschliches Wort, geschweige denn eine Berechnung mich von Euch getrennt hat; lest die heiligen Blutzeugen und Bekenner Gottes, die die Lehre der Apostel übernommen und bis zu uns geleitet haben, lest die heiligen Conzilien, die über Glaubenssätze entschieden haben, dann werdet Ihr vielleicht milder mit mir verfahren.

Lebt wohl, erlauchte Herren, und behaltet mich weiter lieb. O, daß der Herr Blasius noch lebte; der Geist lebt, der ihn und andere überwinden könnte; aber was Gott mit ihm und mit meinem geliebten Vater im Tod vorgenommen hat, das weiß der Herr. Ihr wenigstens sollt nicht an Eure Amtsvorgänger denken; Ihr wißt, was für Leute Eure Ahnen gewesen sind; nehmt Eure Zuflucht nicht zur alten Zeit und zu den Vätern; es mag Euch Eure Hl. Schrift genügen, so wie Ihr sie versteht.

Achtet nicht auf den Glanz des Stils und redet mit mir in einer andern Sprache; denn ich kümmere mich wenig um Grammatik und Rhetorik.

Von Herzen der Eurige

Zernez, den 14. August 1635. Jenatius.

a) Ueber Jenatschs Verehrung für den Kirchenvater Augustinus vgl. Ernst Haffter, Exkurse 13. Aus Cap. XXIV der «Meditationes» des Augustinus nahm Jenatsch die «Oratio ad Sanctos, ut nobis succurant in periculis» und setzte die erste Person Singular an Stelle des Pluralis hinein; es entstand so Jenatschs (persönliches) Gebet um die Fürbitte der Heiligen.

Die Frage über das Seelenheil der Vorfahren, die Jenatsch, angeregt durch Gabriel und Vulpius, berührt, wurde damals besprochen. Theodor Zwinger, später Professor der Theologie in Basel, schrieb eine Dissertation über die für einen strengen Calvinisten wichtige Frage, was von dem Seelenheil unserer Vorfahren, welche in der «Finsternis des Papsttums» gelebt, zu halten sei. Albert Burckhardt, Basel zur Zeit des dreißigjährigen Krieges II, 20.

Auch im Aberglauben war Jenatsch der Mensch seiner Zeit; er huldigte wie die Zeitgenossen dem Glauben an den Einfluß der Gestirne auf das menschliche Schicksal. Er kaufte am 1. Mai 1634 das Buch «Novae Motuum Coelestium Ephemerides von David Origano Glacense» und legte selbst astrologische Aufzeichnungen an. Die Einsicht in das Buch verdanke ich Herrn Dr. L. Caflisch, Vizedirektor der Zentralbibliothek in Zürich. Vgl. auch Haffter 258, 259, 515.

(20) E. B. Filza 31, Rosso an den Senat, Zürich, 11., 18. August und 8., und 15. Sept. 1635. Bibl. Nat. f. fr. 5190, fol. 4, Rohan an Bouthillier, Camp de Tiran, 3. August 1635 und fol. 19bis, Mémoire au Roi, 1. Sept. 1635.

(21) Archiv der Familie von Tscharner in Chur, Rohan an Joh. v. Tscharner, 6. und 12. Okt. 1635. Salis beschuldigt Jenatsch, er habe in verräterischer Weise mit dem Feinde verkehrt; das trifft nicht zu. Salis 333, 340.

(22) E. B. Bibl. Nat. f. fr. 5190, fol. 19bis, Mémoire au Roi, 1. Sept. 1635.

(23) E. B. Bibl. Nat. f. fr. 15913, fol. 206, 228, 292, Bellièvre an Rohan, Mantua, 17. und 23. August 1635. Rohan an Bellièvre, 18. Sept. 1635. Bibl. Nat. f. fr. 5190, fol. 64, Rohan an Richelieu, 23. Nov. 1635. Archives Tronchin Genève, vol. 21, Rohan an Tronchin, 22. Okt. 1635.

(24) E. B. Aff. Etr. Grisons 8, fol. 205 und Bibl. Nat. f. fr. 5190, fol. 52, Relation de ce qui c'est passé au Val de Fresle le 31. octobre 1635, dazu Bibl. Nat. f. fr. 5190, fol. 59bis, Relation vom 10. Nov. 1635; Filza 31, Rosso an den Senat, 3. Nov. 1635; Bibl. Nat. f. fr. 5190, fol. 51b, Rohan an Père Joseph, 5. Nov. 1635.

(25) E. B. Bibl. Nat. f. fr. 11228, fol. 2, Rohan an den König, 26. Sept. 1635. Bibl. Nat. f. fr. 5190, fol. 4, 56, der König an Rohan, 3. August und Rohan

an Bouthillier, 24. Okt. 1635. Vgl. bei Pieth, Rohan, die ausführliche Darstellung der Kämpfe.

(26) E. B. Filza 31, Rosso an den Senat, 15. Dez. 1635 und Bibl. Nat. f. fr. 5190, fol. 72, Rohan an Servien, Morbegno, 14. Dez. 1635.

(27) E. B. Bibl. Nat. f. fr. 5190, fol. 63, der König an Rohan durch den Herzog von Savoyen, Saint Germain e./L., 31. Okt. 1635; Bibl. Nat. f. fr. 5190, fol. 64, 66, Rohan an Richelieu, 23. Nov. 1635.

(28) E. B. Bibl. Nat. f. fr. 5190, fol. 63, der König an Rohan, 31. Okt. 1635.

(29) E. B. Aff. Etr. Suisse 28, Richelieu an Rohan, Rueil, 4. Dez. 1635. Bibl. Nat. f. fr. 5190, fol. 90, 91, Père Joseph an Rohan, 11. Dez. der König an Rohan, 12. Dez. 1635: Aff. Etr. Grisons 9, fol. 15. Der Festungsbau sollte auch den Zug nach Italien sichern; die Rheinschanze und die Feste Cläven waren die Hauptwerke, die Forts im Unterengadin sollten den Weg nach dem Bernina und Maloja schützen. L.-A. Innsbruck, Hofregistratur, Reihe E, Fasc. 22, Travers an Erzherzogin Claudia, 24. Sept. 1635; Fasc. 19, 29. Nov. 1635, Fasc. 22, 26. Dez. 1635. Die Mission Tscharners nach Innsbruck wurde des Kampfes wegen verschoben und dann nicht ausgeführt. —

XVI

(1) E. B. Bibl. Nat. f. fr. 5190. Mémoire pour M. Rohan, Saint-Germain, 25. Okt. 1635.

(2) E. B. Bibl. Nat. f. fr. 5190, fol. 78bis. Mémoire du Roy, Saint-Germain, 3. Dez. 1635.

(3) E. B. Aff. Etr. Grisons 9, Mémoire du Cardinal pour la réformation du traité de la Valteline.

(4) Juvalta, Denkwürdigkeiten 103. Die Häupter und Räte waren in Chur versammelt worden und Molina, der französische Dolmetsch, war erschienen, hatte im Auftrage Rohans angekündigt, der französische König habe sich entschlossen, Veltlin, Bormio und Cläven den Bünden zurückzugeben, darum möge der Bundstag bevollmächtigte Abgeordnete nach Cläven senden, damit die Rückgabe in solcher Gestalt behandelt werde, daß es «einen guten Bestand habe», vom Vertrag von Monsonio sei nicht mehr die Rede.

(5) E. B. Bibl. Nat. f. fr. 5190, fol. 90, 104bis, Père Joseph an Rohan, 11. Dez. 1635. Chavigny an Rohan, 6. März 1636.

(6) E. B. Bibl. Nat. f. fr. 5190 fol. 104, Chavigny an Rohan, 6. März 1636.

(7) Landesregierungs-Archiv Innsbruck, Hofregistratur, Reihe E, Fasc. 30, Travers an Erzherzogin Claudia, 1. Febr. und 22. Febr. 1636. Sprecher II 185 stellt die Sache so dar, als ob Jenatsch an der Seite Rohans die Verhandlungen in Cläven beeinflußt habe, das trifft nicht zu. Rohan verteilte 1000 Pistolen an Geld, von denen Ulysses v. Salis auch seinen Anteil hatte; er behauptet aber, das Geld sei an die führenden Bündner gegeben worden. Salis 340, 341, 354.

(8) E. B. Filza 32, Rosso an den Senat, 1. März 1636; Nunziatura Svizzera 32, Scotti an Barberini, 18. Mai 1636; Archiv Tronchin Genf, vol. 28. Brief von Gaudenz Tack an Tronchin, 17. Mai 1636.

(9) Landesregierungs-Archiv Innsbruck, Hofregistratur, Reihe E, Fasc. 30, 1. und 22. Febr. 1636, 9. März 1636; Staatsarchiv Basel, Pol. P 6 1617—1649, Zürich an Basel, 13. und 17. Febr. 1636.

(10) Landesregierungs-Archiv Innsbruck, Hofregistratur, Reihe E, Fasc. 30, Travers an Erzherzogin Claudia, 22. Febr. 1636; E. B. Aff. Etr. Grisons 9, fol. 14, Lasnier an Richelieu, Chur, den 14. April 1636. Filza 32, Rosso, 15. März 1636.

(11) E. B. Filza 32, Rosso an den Senat, Zürich, 29. März 1636.

(12) Landesregierungs-Archiv Innsbruck, Hofregistratur, Reihe E, Fasc. 30, Travers an Erzherzogin Claudia, 31. März 1636; Copialbuch, Missiven an Hof 1636, fol. 150. E. B. Filza 32, Rosso an den Senat, 17. Mai 1636. Staatsarchiv Graubünden, Akten 29./19. Sept. 1636, Protokolle IV 1, Band 20, Seite 14, Bd. 21, S. 209, 251.

(13) Archiv Tronchin Genf, vol. 28, Gaudenz Tack an Tronchin, 17. Mai 1636. «Aber sehr oft kommen die Phryger zu spät zur Vernunft.»

(14) E. B. Bibl. Nat. f. fr. 5190, fol. 123, 124a, Rohan an den König, 12. und 27. April 1636, Rohan an Père Joseph, 27. April 1636, fol. 132bis, 133, 133a, 134, 135bis, Rohan an Noyer, Trahona, 6. und 28. Juni; Rohan an den Herzog von Savoyen, 27. Mai und 7. Juni; Rohan an Bouthillier, 6. Juni 1636, fol. 143, der König an Rohan, Fontainebleau, 15. Juni 1636. Grisons 9, fol. 25, Lasnier an Richelieu, Chur, den 14. April 1636 und Lasnier an Richelieu, 10. Mai 1636. E. B. Filza 32, Rosso an den Senat, 3., 17., 24. Mai, 14. Juni 1636. Nunziatura Svizzera 32, Scotti an Barberini, 25. Mai 1636.

(15) E. B. Aff. Etr. Grisons 9, fol. 55, Frezelière an Richelieu, Sondrio. 7. Sept. 1636; Filza 32, Rosso an den Senat, 12., 14., 22. Juni 1636. Staatsarchiv Basel, Pol. P 6, 1617—1649, Chur, 18. Juni 1636; Fagniez II, 288, 302 ff.

(16) E. B. Bibl. Nat. f. fr. 5190, fol. 136, 138, Rohan an Richelieu und an Bouthillier, 15. Juni 1636; fol. 139bis und 140, Rohan an Chavigny, 21. und 27. Juni 1636. Grisons 9, 43, Rohan an Chavigny, 27. Juni 1636.

(17) E. B. Bibl. Nat. f. fr. 5190, fil. 142, der König an Rohan, Fontainebleau, 15. Juni 1636; Filza 32, Rosso an den Senat, 28. Juni 1636.

(18) Fagniez II, 286, 334 ff.

(19) E. B. Bibl. Nat. f. fr. 5190, fol. 148bis Mémoire de Prioleau, Trahona, 8. Juli 1636, fol. 146, 146a, 146b, 147, 148, Rohan an Richelieu, an Père Joseph, Trahona, 8. Juli 1636; der Herzog von Savoyen an Rohan, 28. Juni; de Hemery an Rohan, 26. Juni, Rohan an den Herzog von Savoyen, 6. Juli 1636.

(20) Fagniez II, 276, 285.

(21) Fagniez II, 276 ff.

(22) E. B. Bibl. Nat. f. fr. 5190, fol. 161. Bouthillier an Rohan, 26. August 1636.

(23) E. B. Bibl. Nat. f. fr. 5190, fol. 153, Rohan an Chavigny, 2. Aug. 1636.

(24) E. B. Bibl. Nat. f. fr. 5190, fol. 157, 159, Chavigny an Rohan, 3. Aug. 1636; der König an Rohan, 4. Aug. 1636.

(25) E. B. Nunziatura Svizzera 24—31, Scotti an Barberini, Luzern, 7. Sept. 1636, Salis 357.

(26) E. B. Aff. Etr. Grisons 9, fol. 55, Lasnier an Richelieu, Sondrio, 7. Sept. 1636. Bibl. Nat. f. fr. 5190, Rohan an Chavigny, 20. Sept. 1636.

(27) E. B. Aff. Etr. Grisons 9, fol. 159b, Rohan an Chavigny, 20. Sept. 1636. Staatsarchiv Turin, Svizzera Mz. 9. Avisi di Valtellina, Chur, 16. Mai 1636.

(28) Salis 358, der Verdacht, Jenatsch habe Rohan nach Chur gelockt, um ihn dort zu überraschen, ist nicht begründet.

(29) E. B. Aff. Etr. Grisons 9, fol. 57, 58, Lasnier an Richelieu, Sondrio, 21. Sept. und 7. Okt. 1636. Bibl. Nat. f. fr. 5190, fol. 159b, Rohan an Chavigny, 20. Sept. 1636.

(30) E. B. Bibl. Nat. f. fr. 5190, fol. 169, Mémoire an den König, Chur, 17. Okt. 1636, Rohan an Père Joseph, Chur, 17. Okt. 1636.

(31) Landesregierungs-Archiv Innsbruck, Hofregistratur, Reihe D, Fasc. 176, Travers an Erzherzogin Claudia, 19. Nov. 1632. Am 16. Sept. 1639 schreibt Travers: «Nun reden ich, dass dieser Landtammann ab Tafas, Meinrad Buol, in diesem ganzen Geschäft redlich ist zugestanden, mit gutem Hertzen und hertzhaft, das ich ihn anderes nit erken als für einen ehrlichen man.» Meinrad Buol hatte in seiner Jugend die Lateinschule von Davos, dann das Gymnasium in Chur besucht und war zum Studium nach «Deutsch- und Welschland» gezogen. Er beherrschte neben der deutschen die lateinische, italienische und romanische Sprache. Für seine Friedenspolitik, für die Verhandlungen mit Oesterreich und Mailand hat er, zusammen mit den Schmid von Grüneck, Jenatsch für die Unterredungen mit den genannten Mächten herangezogen. Ueber seinen Bildungsgang vgl. Conradin Bonorand, Reformiertes Bildungswesen S. 109.

(32) Landesregierungs-Archiv Innsbruck, Hofregistratur, Reihe D, Fasc. 176, Travers an Erzherzogin Claudia, 11. und 13. Nov. 1636.

(33) Landesregierungs-Archiv Innsbruck, Grenzakten III Graubünden, Fasc. 40 Pos. 5 Püntnerische Relation, 5. Aug. 1636.
Bald nachdem Meinrad Buol und seine Freunde (am Donnerstag nach dem 21. Juni 1636) in Davos die weiteren Verhandlungen mit Innsbruck und die Sendung von Enderlin und Wildener nach Tschagguns besprochen hatten, traf im Bad Fideris Mitte Juli der Basler Obristzunftmeister Joh. Rudolf Wettstein mit «bei sich habender Gesellschaft» ein, um dort seine Badeferien zu verbringen. Er stand jetzt in Basel und bei den Eidgenossen schon in hohem Ansehen und beobachtete wohl mit größ-

tem Interesse die äußert wichtigen Vorgänge dieser Tage in Bünden, die nicht nur für die Zukunft von Hohenrätien und der Eidgenossen, sondern sogar im europäischen Geschehen von Bedeutung werden sollten. Ob ihn gar das Interesse für die bündnerischen Geschäfte dorthin gelockt, wissen wir nicht. Wahrscheinlich hatte er sich auch schon bei Oberst Andreas Brügger in Maienfeld über die bündnerischen Fragen unterrichten lassen. Die Lage Bündens drängte in diesen Tagen zur Entscheidung, und Wettstein, der später an der Tagsatzung für die Bündner und ihre Bestrebungen viel Verständnis aufbrachte, scheint in der Sommerstille des Jahres 1636 Einsicht in die Geschäfte Bündens gewonnen zu haben, vielleicht auch bei Hans Viktor Travers, dem Landvogt auf Castels oder bei Bundeslandammann Meinrad Buol in Davos und bei seinem Besuch in Chur bei den drei Häuptern des Landes über die Verhandlungen dieser Tage in Feldkirch und in Tschagguns (28./29. Juli) eingeweiht worden zu sein. Vgl. auch Bibl. Nat. f. fr. 5190, Rohan an Chavigny, 21. Juni 1636.

(34) Staatsarchiv Graubünden, Landesprotokoll IV, 1 Bd. 21, 252, 271, 279. Jahresbericht der Hist.-Antiquarischen Gesellschaft Graubündens 1903, S. 97 ff.

(35) E. B. Bibl. Nat. f. fr. 5190, fol. 172, Rohan an Chavigny, 21. Okt. 1636; der König an Rohan, 27. Okt. 1636. Staatsarchiv Graubünden, Landesprotokoll IV, 1, Bd. 21, 251, 252, 21. Okt. 1636.

(36) Staatsarchiv Graubünden, Ortensteiner Archiv, Landsachen 1631—1640 Nr. 11. Jenatsch an Gabriel, 19. Aug., 13. Sept. 1637. Berichte der Gesandten in Innsbruck vom 28. Nov. 1636 bis 2. Januar 1637, dazu Landesprotokolle IV, 1 Bd. 21. Haffter, Urkundenbuch 157.
E. B. Bibl. Nat. f. fr. 5190, fol. 162—194a, Rohan an Bouthillier, an den König, 27. Okt., 4. Nov., 25. Nov. Richelieu an Rohan, 3. Nov.; der König an die Bündner, 4. Nov. 1636; Rohan an Noyer, 9. Dez.; Rohan an den König und an Père Joseph, 15. Dez. 1636. Aff. Etr. Grisons 9, 68, Mémoire du Duc de Rohan, 9. Dez. 1636.

(37) E. B. Bibl. Nat. f. fr. 5190, fol. 206, Bouthillier an Rohan, 3. Nov., 15. Dez. 1636. Filza 33 Svizzeri, Domenico Vico, 20. Dez. 1636. Du Puy 540, 2 Histoire particulière de ce qui s'est passé aux Grisons 1631—1637. Juvalta 105.

(38) Staatsarchiv Graubünden, Archiv Ortenstein, Jenatsch an Gabriel, 13. Sept. 1637.

(39) Landesregierungs-Archiv Innsbruck, Hofregistratur, Reihe E, Fasc. 29, Jenatsch an Erzherzogin Claudia, Innsbruck, 22. Dez. 1636. Jenatsch bezog für seine Reisen nach Innsbruck und Mailand vom 1. Nov. 1636 bis Juni 1637: 6708 fl. und 20 Kreuzer; für Innsbruck 768 fl., Schorsch und Buol je 480 fl. Erzherzogin Claudia verausgabte für die Bündner Mission (1636) 1050 fl.

(40) A. P. vol. 136, fol. 171, Ireneo an S. C., 20. Okt. 1637.

(1) Haffter 295.

(2) Sprecher II, 217 behauptet, Caspar Schmid habe von den Verhandlungen in Innsbruck nichts gewußt. Diese waren ganz allgemein bekannt.

(3) Haffter 302.

(4) Archivio di Stato Venezia, Dispacci di Milano Nr. 81, Gierolamo Bon, secretario, 21. März 1637.

(5) E. B. Aff. Etr. Grisons 9, Lasnier an Richelieu, Chur, 25. Nov. und 9. Dez. 1636. Filza 33, Vico an den Senat, 3. März und 14. April 1637. Rott V, 183.

(6) E. B. Aff. Etr. Grisons 9, fol. 93. Die Bünde an den König, Chur, 12. März 1637. Lasnier habe gedroht, «de planter la pique au milieu de Coire». Staatsarchiv Zürich, A, 248, 14. Die Häupter an Rohan, 12./22. März 1637.

(7) Rott V, 190.

(8) Landesregierungs-Archiv Innsbruck, Hofregistratur, Reihe E, Fasc. 38, Travers an Erzherzogin Claudia, 11. März 1637. Staatsarchiv Graubünden, Akten, 18. März 1637.

(9) Staatsarchiv Graubünden, Landesprotokoll 3./13. März 1637, S. 291. Staatsarchiv Basel, Pol. P 6 1617—1649, Häupter und Räte an Zürich, 8./18. März 1637. E. B. Bibl. Mazarine 1785, fol. 51.

(10) Landesregierungs-Archiv Innsbruck, Hofregistratur, Reihe E, Fasc. 38, Travers an Ramschwag und an Carl Colonna, 11. und 14. März 1637. Staatsarchiv Graubünden, Protokoll IV, 1, Bd. 21, S. 291, 292.

(11) Landesregierungs-Archiv Innsbruck, Hofregistratur, Reihe E, Fasc. 37, Erzherzogin Claudia an Jenatsch, 18. März 1637. Staatsarchiv Zürich, Graubünden A 248, 14, 5./15. März 1637.

(12) Landesregierungs-Archiv Innsbruck, Hofregistratur, Reihe E, Fasc. 38, Travers an Erzherzogin Claudia, 29. Juni 1637. Sprecher II, 223, 224.

(13) Landesregierungs-Archiv Innsbruck, Reihe E, Fasc. 38, Guler, Jenatsch und Florin an Carl Colonna, Zizers, den 20. März 1637; Travers an Erzherzogin Claudia, 24. März 1637. Haffter 311. Travers war gut unterrichtet; er begleitete die Prätigauer von ihren Sammelplätzen bis vor die Rheinfeste. Lecques behauptet (Aff. Etr. Grisons 9, fol. 124), die Prätigauer hätten Rohan Hilfe angeboten, und Oberst Schmid wiederholt es (Staatsarchiv Basel, Pol. P 6, 1617—1649, 11. März 1637).

(14) E. B. Aff. Etr. Grisons 9, Rohan an Richelieu, Fort de France, 27. März 1637. Landesregierungs-Archiv Innsbruck, Guler, Jenatsch und Florin, 20. März 1637.

(15) Archivio di Stato Venezia, Dispacci di Milano, G. Bon, 21. März 1637. Landesregierungs-Archiv Innsbruck, Reihe E, Fasc. 38, Jenatsch an Carl Colonna, 3. April 1637; Jenatsch an Erzherzogin Claudia, 8. April 1637; Carl Colonna an Erzherzogin Claudia, 24. und 27. März 1637. Staatsarchiv Florenz, Archivio Mediceo 4175, 25. April 1637. Vgl. Sprecher II, 234.

(16) Archivio di Stato Venezia, Dispacci di Milano, 29. März 1637. E. B. Aff. Etr. Grisons 9, fol. 132, Relation de Lecques, Febr. 1638, Salis 364 ff. Archiv von Salis-Marschlins: Fontes Historiae Raeticae II. Band, 105, 329, 339, 363, 373, 381, Jenatsch an Ulysses von Salis-Marschlins, Staatsarchiv Graubünden, Akten 1637, Ulysses von Salis an die Häupter.

(17) Salis Memorie 364 ff.

(18) Archivio di Stato Venezia, Dispacci di Milano Nr. 81, 29. April 1637. Landesregierungs-Archiv Innsbruck, Hofregistratur Reihe E, Fasc. 38, Jenatsch an Carl Colonna, 22. April 1637; Carl Colonna an Jenatsch, 24. April 1637. Staatsarchiv Graubünden, Brief von Salis an die Häupter und Kriegsräte vom 19. April 1637, Salis, Memorie 371. Die Briefe von Salis im Manuskript (Archiv) und in den Memorie lauten mitunter verschieden.

(19) Landesregierungs-Archiv Innsbruck, Hofregistratur, Reihe E, Fasc. 38, Colonna an Erzherzogin Claudia, 24. und 27. März, 10. April 1637, Travers an Erzherzogin Claudia, 24. März 1637. Haffter Exkurse 143/144. Jenatsch an Vico, Chur, 3./13. März 1637.

(20) E. B. Filza 33, Vico an das Collegio, 9. Mai 1637.

(21) E. B. Aff. Etr. Grisons 9, 124, Fautes importantes de Rohan. Fagniez II, 339. Vgl. Hans Roth. Aufzeichnungen des Junkers Hans Jakob vom Staal in Zeitschrift für Schweiz. Geschichte 1946, fol. 512.

(22) E. B. Aff. Etr. Grisons 9, Mémoire pour service de Sr. Priolo aux Grisons, 19. März 1637.

(23) Landesregierungs-Archiv Innsbruck, Hofregistratur, Reihe E, Fasc. 38, Jenatsch an Colonna, 3. April 1639. Carl Colonna an Erzherzogin Claudia, 17. April 1637; die Häupter an Colonna, 21. April 1637. E. B. Aff. Etr. Grisons 9, fol. 132, 13. Febr. 1638, Relation de Mr. de Lecques, dazu Salis 374.

(24) Landesregierungs-Archiv Innsbruck, Hofregistratur, Reihe E, Fasc. 38, Colonna an Erzherzogin Claudia, 10., 15., 17. April 1637; Häupter, Obristen und Kriegsrät an die österreichischen Obristen, 11. April 1637. Jenatsch an Colonna, 22. April 1637, Colonna an Jenatsch, 24. April, Travers an Erzherzogin Claudia, 6. Mai und 29. Juni 1637.

(25) Salis 376. E. B. Aff. Etr. Grisons 9 fol. 124. Fautes importantes que le duc de Rohan a commises en conservation de la Valtelline 1637 und Relation de Mr. de Lecques, 13. Febr. 1638. Filza 33, Vico, 23. Mai 1637. Landesregierungs-Archiv Innsbruck Hofregistratur, Reihe E, Fasc. 38, Colonna an Erzherzogin Claudia, 17. April 1637. Häupter an Colonna, 21. April 1637.

(26) Landesregierungs-Archiv Innsbruck, Hofregistratur, Reihe E, Fasc. 38, Travers an Erzherzogin Claudia, 6. Mai 1637, Jenatsch an Colonna, 22. April 1637. E. B. Aff. Etr. Suisse 28, d'Estampes à de la Meilleray, Ragaz, 5. Mai 1637.

(27) E. B. Aff. Etr. Grisons 9, fol. 124, Fautes importantes etc.

479

(28) E. B. Aff. Etr. Grisons 9, Instruction pour le Sr. d'Estampes que le Roy veult être tenue secrete pour arreter Rohan, 29. Juni 1637 und Ordre d'arrestation, 29. Juni 1637.

(29) Archivio di Stato Venezia, Senato, Corti Secreta, 16. Mai 1637.

(30) E. B. Aff. Etr. Grisons 9, fol. 126, Mémoire 1638. Vgl. Haffter 304 und 523.

(31) E. B. Aff. Etr. Grisons 9, fol. 117, Chavigny an die Herzogin von Rohan, 10. Nov. 1637. Salis 378.

(32) E. B. Aff. Etr. Grisons 9, fol. 127. Die Herzogin von Rohan an Richelieu, Paris, 14. Januar 1638. Landesregierungs-Archiv Innsbruck, Hofregistratur E, Fasc. 38, Travers an Erzherzogin Claudia, 24. März 1637.

(33) E. B. Aff. Etr. Suisse 28, d'Estampes à de la Meilleray, Ragaz, 5. Mai 1637. Aff. Etr. Grisons 9, 126, Mémoire 1638. Vgl. Haffter 304 und 523.

(34) E. B. Aff. Etr. Grisons 9, 124. Fautes importantes que Mr. le Duc de Rohan a commises en la conservation de la Valtelline 1637 und Relation de Mr. de Lecques, 13. Febr. 1638. Filza 33 Zürich, Vico an den Senat, 23. Mai 1637. Salis 376.

(35) E. B. Aff. Etr. Grisons 9, Instruction pour le Sr. d'Estampes que le Roy veult tenue secrete pour arreter Rohan, 29. Juni 1637 und Ordre d'arrestation vom 29. Juni 1637.

(36) E. B. Aff. Etr. Grisons 9, 117 Chavigny an die Herzogin von Rohan, 10. Nov. 1637.

(37) E. B. Aff. Etr. Grisons 9, 127, die Herzogin von Rohan an Richelieu, Paris, 14. Januar 1638.

(38) E. B. Aff. Etr. Grisons 9, 117, Chavigny an die Herzogin von Rohan, 10. Nov. 1637.

(39) Haffter, Urkundenbuch 143 ff.

(40) Landesregierungs-Archiv Innsbruck, Hofregistratur E, Fasc. 38, Travers an Erzherzogin Claudia, 24. März und 6. Mai 1637. Fagniez II 339. Jakob Burckhardt, Historische Fragmente 152: Einleitung in die Geschichte des 17. und 18. Jahrhunderts sagt: «Die große Hauptleistung ist: daß Frankreich periodisch in seine Schranken gewiesen wird. Dies ist eine echt europäische Angelegenheit. Gegen einseitige Oberherrschaft eines Einzelnen erheben sich alle Uebrigen. Europa will vielartig bleiben.»

XVIII

(1) Fagniez II 339.

(2) E. B. Bibl. Nat. f. fr. 5190, fol. 103bis, Chavigny an Rohan, 7. Jan. 1636. Im Sinne des religiösen Friedens erkämpfte er für die acht Gerichte und das Unterengadin in Innsbruck die religiöse Freiheit. Im gleichen Geiste erinnerte er die Propaganda in Rom an die Not des P. Ireneo und des P. Ramus im Nikolaikloster; dann empfahl er den Kanonikus Bernhard Gaudenzio, den Gegner des Bischofs, für die Dompropstei. A. P. vol. 136, fol. 140. Joh. Flugi an S. C., Coira, 26 aprile 1637.

(3) E. B. Nunziatura Svizzera 24—31, Scotti an Barberini, 12./24. Mai 1637.

(4) E. B. Bibl. Mazarine 1785, fol. 62, an Dubuisson in Paris, Chur, 25. Mai 1637. Salis hatte den Prädikanten Giov. Batt. Paravicini von Caspano nach Cläven kommen lassen, um den Gottesdienst dort zu erhalten. Bibl. Vat. Codex Barberini 7852, Carlo Pestalozza, Chiavenna, 20. April 1637.

(5) Archivio di Stato Venezia. Dispacci di Milano. Gierolamo Bon, vol. 81, 21., 22., 29. März, 27. Mai und 3. Juni 1637.

(6) E. B. Staatsarchiv Turin, Lettere Ministri, Mz 10, della Manta an den Herzog, Chur, den 1. Juni und Luzern, den 7. Juni 1637.

(7) E. B. Nunziatura Svizzera 24—31, der Nuntius an Barberini, Luzern, 24. Mai 1637. Filza 33, Vico an den Senat, 9. Mai 1637.

(8) E. B. Staatsarchiv Turin. Lettere Ministri, Mz 10, della Manta an den Herzog, den 1. und 13. Juni 1637.

(9) Haffter 329.

(10) E. B. Bibl. Mazarine 1785, fol. 73, an Dubuisson, Chur, den 11. August 1637, vgl. Salis 381.

(11) A. P. vol. 136, fol. 148, Chur, 4. August 1637. Rott V, 240.

(12) A. P. vol. 136, fol. 169, Ireneo an S. C., Mailand, 14. Sept. 1637.

(13) Staatsarchiv Graubünden, Ortensteiner Archiv, Landsachen 1631—1640 Nr. 11, Jenatsch an Gabriel, 19. August und 13. September 1637.

(14) E. B. Filza 34, Vico an den Senat, 12. September und 27. Sept. 1637.

(15) Staatsarchiv Graubünden, Landesprotokoll IV, 21, 413, 31. Okt. 1637.

(16) E. B. Filza 34, Vico an den Senat, 5. Dezember 1637.

(17) Planta-Archiv Fürstenau, Brief vom 10. August 1637.

(18) E. B. Filza 34, fol. 89, Guler an Vico, 8., 17. und 28. Nov. 1637; dazu Gulers Brief vom 10. August 1637, den ich Herrn Dr. E. Haffter verdanke.

(19) E. B. Staatsarchiv Turin, Svizzera, Mz, della Manta an den Herzog, Luzern, 29. Mai, 21. Juni, 3. Sept. 1637 und 16. Jan. 1638.

(20) E. B. Staatsarchiv Turin, Svizzera, Mz 10, della Manta an den Herzog, 3. September 1637.

(21) E. B. Aff. Etr. Suisse 28, Méliand an Chavigny, Solothurn, 17. Okt. 1637.

(22) Salis 384, vgl. sein Verhältnis zu Rohan.

(23) E. B. Aff. Etr. Suisse 28, Méliand an Chavigny, 24. Okt. 1637.

(24) Salis 386, 390; diese Angaben lassen sich nicht nachprüfen.

(25) Landesregierungs-Archiv für Tirol in Innsbruck, Jenatsch an den Grafen von Spaur, 23. Sept. 1637, Jenatsch an Erzherzogin Claudia, Jan. 1638.

(26) Haffter Exkurse 146 ff. 28. Dez. 1637.

(27) Staatsarchiv Graubünden, Akten, 19. Jan. 1638. Staatsarchiv Turin, Svizzera, Mz 10, della Manta an den Herzog, 16. Jan. 1638. Landesregierungs-Archiv Innsbruck, Hofregistratur, Reihe E, Fasc. 40, Claudia an Jenatsch, 5. Febr. 1638.

(28) E. B. Filza 34, Vico an den Senat, Zürich, 14. Februar 1637.

(29) Landesregierungs-Archiv Innsbruck, Hofregistratur, Reihe E, Fasc. 40, Erzherzogin Claudia an Jenatsch, 5. Februar 1638.

(30) Archivio di Stato Venezia. Dispacci di Milano, vol. 81, G. Bon, 24. Febr. 1638, vol. 82, 6. und 13. März 1638. Staatsarchiv Graubünden, Akten, Jenatsch an Henriquez, 31. Januar 1638, 4. März 1638.

(31) E. B. Aff. Etr. Grisons 9, fol. 127, die Herzogin von Rohan an Richelieu, Paris, 14. Jan. 1638. Auch die Häupter sahen Rohan als den Urheber der Pläne des Herzogs von Weimar gegen die Waldstätte am Rhein und gegen Bünden an: «Li dissegni di detto Signor Duca di Weimar contra questi paesi si ponno comprendere facilmente della persona del Signor Duca di Rohano, unico auttore dell'impresa sopra le città sylvatiche.» Rott V, 261, 263, 264, 297.

(32) E. B. Aff. Etr. Grisons 9, fol. 131, Rohan an die Herzogin, Zürich, 12. Febr. 1638. Rott V, 264.

(33) Staatsarchiv Graubünden, Akten, Kreditif für Jenatsch an Leganez, Februar 1638; hier wird Jenatsch als «del consiglio nostro» bezeichnet, und die «Consiglieri delle Tre Leghe in Coira congregati» unterzeichnen. Graf Biglia sollte in Bünden die Ausführung der militärischen Verpflichtungen (Werbung, Bezahlung, Stand und Verwendung der Truppen) überwachen; es waren meist Bündner Truppen; auf Bündner Seite besorgte Jenatsch diese Geschäfte und verhandelte im Namen der Häupter mit Biglia. Ob er sich als Leiter dieses Geschäftes «Direktor des spanischen Bündnisses» bezeichnete, ist nirgends nachzuweisen; seine Gegner behaupteten dies, um zu sagen, er strebe nach der Alleinherrschaft.

(34) Archivio di Stato Venezia, Dispacci di Milano, vol. 82, Girolamo Bon, 6. und 13. März 1638. Staatsarchiv Graubünden, Akten 4. März 1638. Von dieser Reise brachte Jenatsch das Geschichtswerk von Jo. Marianae Hispani. e Socie. Jesu. Historiae de rebus Hispaniae. Libri XXV. mit. Er schenkte das Werk dem Fortunat Sprecher; die Widmung lautet: Viro Illustri, juris utriusque Doctori Excellentissimo Historico eximio, fido patriotae amico optimo in signum benevolentiae donat Georgius Jenatius Colonellus. 20. Marty 1638, d.h.: Dem erlauchten Mann, dem ausgezeichneten Doktor beider Rechte, dem vorzüglichen Historiker, dem treuen Patrioten, dem besten Freund, schenkt zum Zeichen seines Wohlwollens Georg Jenatsch. Heute in der Kantonsbibliothek in Chur.

(35) Staatsarchiv Zürich A 248, 14, Georg Saluz, H. Schwartz und Luzius Gabriel, 3./13. April 1638; Stephan Gabriel fügte bei: wir möchtend auch wyssen ob das geschrey von Jan de Werd als sollte er mit üwerem Nachbur etwas Verständnus ghabt han, wahr sye oder erdichtet.

(36) E. B. Filza 35, Vico an den Senat, 18. April und 8. Mai 1638; dazu Sprecher II, 272 ff.

(37) Sprecher II, 274, Rott V, 305.

(38) Haffter 361, 379. Der Brief an Andreas Sprecher ist ein Beweis dafür, daß Jenatsch mit dem Beschluß der Häupter nichts zu tun hatte. Vgl. Pieth, F. Bündner Geschichte S. 225.

(39) E. B. Filza 35, Vico an den Senat, 12. Juli 1638. Aff. Etr. Suisse 28, Brügger an Méliand, 12. Mai 1638.

(40) E. B. Filza 34, Vico an den Senat, 27. Febr. 1638, Filza 35, Vico an den Senat, 19. Juni 1638. Wie dem früheren Besitzer überließ der Bischof Joh. v. Flugi auch Jenatsch die Wasserquelle im Weingarten hinter dem bischöflichen Schloß, genannt die Kupferschmiede. Vertrag vom 15. Juli 1638 im Besitze von Fräulein Nina von Cleric in Chur. 1652 verkauften Christian Sprecher, der Rittmeister und sein Schwager Georg Jenatsch jun. das Haus an den Apotheker Bernhard Cleric.

(41) Der «confidente molto sensato», der Vico die Ereignisse in Chur erzählt, dürfte niemand anders als Sprecher sein. Schon Vico sagt am 7. April 1640, Sprechers Gesuch um eine Pension empfehlend (Brief Sprechers vom 1. April 1640), Sprecher habe «parenti et adherenza in Grisoni di consideratione et ricevendo anch'io ben spesso da lui qualche communicatione di rillievo in publico servitio». Der Resident Pietro Dolce schreibt am 19. Mai 1640: Il Signor Dottor Fortunato Sprecher in Coira è soggetto di gran stima e nome nella Rethia e che professa singolare la divotione e la riverenza alla Serenissima Republica, ha egli meritato in altri tempi con i testimonii della servitù maggiore e partialità a pubblici interessi l'aggradimento di Vostra Eccellenza e continua infervoratamente ancora nei medesimi modi sostenendo in tutti i discorsi la pubblica protettione non curandosi dell'odio che ne riporta da spagnolizanti; mi ha certificato la riverenza de suoi fini diretti tutti al servitio di Vostra Eccellenza ancorchè non ne ricevi fino ad hora alcun ancorchè picciolo stipendio o ricognitione.» Er empfiehlt, ihm eine Pension oder Anerkennung zu gewähren (Filza 38, Zürich, 19. Mai 1640).

(42) E. B. Filza 34, fol. 286, Vico an den Senat, 18. April 1638.

(43) Staatsarchiv Graubünden, Landesprotokoll IV, 1 Bd. 21, 12. Mai 1638; Sprecher II 275.

(44) E. B. Filza 35, Vico an den Senat, 17. Juli 1638; Sprecher II, 275 ff.

(45) Landesregierungs-Archiv Innsbruck, Hofregistratur, Reihe E, Fasc. 40, Erzherzogin Claudia an Jenatsch, 8. Juni 1638; Jenatsch an den Grafen Hieronimus Montecuculi, 20. Mai und 13. Juni 1638. Leopoldinum Kasten C 57.

(46) E. B. Nunziatura Svizzera 24—31, Scotti an Barberini, 16. Mai und 20. Juni 1638.

(47) Staatsarchiv Basel, Pol. P 14, 1638—1648, Kaiser Ferdinand III. an die XIII Orte, 12. Juni 1638; die Eidg. an Ferdinand III., Juni 1638.

(48) Landesregierungs-Archiv Innsbruck, Hofregistratur, Reihe E, Fasc. 32, Erzherzogin Claudia an Jenatsch, 18. April 1638; Leopoldinum Kasten C. 57, Travers an Erzherzogin Claudia, 10. Juni 1638. Jenatsch an Erzherzogin Claudia, 19. Aug. 1638;

Conrad † 1611	Barbara Joh. Schalkett	Joh. Bapt. Balthasar	Anna Fabius Prevost	Pompejus † 1621 Kath. von Salis-Rietberg	Rudolf Rittcr † 1638 Marg. Travers v. Zuoz

Barbara Hans Viktor Travers v. Ortenstein † 1652	Daniel † 1623	Balthasar Steinsberg † 1622	Balthasar in Süs

Katharina † 1665 Rudolf Travers v. Ortenstein † 1642	Rudolf der Kastellan † 1640 Violanta v. Planta Räzüns	Anton in Meran † 1649

Rudolf in Steinsberg † 1640 Elisabeth à Porta	Johann in Wildenberg † 1669 Maria Jecklin von Hohenrealt

(49) Staatsarchiv Graubünden, Landesprotokoll IV, 1 Bd. 21, Seite 438, 439. 17./27. Mai 1638. Jenatsch an Montecuculi, Chur, 13. Juni 1638. Travers an Erzherzogin Claudia, 15. Aug., 4. Sept., 15. Dezember 1639 in Grenzakten III, Fasc. 40, Pos. 10. Bündner Monatsblatt 1919, 5 S. 153.

(50) A. P. vol. 343, fol. 166, 171, 179, 265; Genatio an Podestà Ant. Lossio, Bergogno li 9 maggio 1678 (Copie von Giov. Jenatsch).

(51) Landesregierungs-Archiv Innsbruck, Travers an Erzherzogin Claudia, 15. Dez. 1638; Erzh. Claudia an den Kaiser, 15. Dez. 1639. Staatsarchiv Zürich, Graubünden 248, 14, Chur an Zürich, 11. April 1638. Missiven B IV, 99, Seite 197, 214, 471, 473 vom 8., 11., 14. Februar 1638. Filza 35, Vico an den Senat, Zürich 7. und 28. August 1638; Sprecher II, 276, 277.

(52) E. B. Staatsarchiv Turin, Svizzera, Mz 10, Luzern, 28. Juli, 10. August und 14. September 1638; Rott V, 315; Salis 382 ff.

(53) E. B. Filza 35, Vico an den Senat, 30. Okt. und 20. Nov. 1638.

(54) E. B. Filza 35, Vico an den Senat, 31. Juli und 7. August 1638.

(55) E. B. Filza 35, Vico an den Senat, 3. Juli 1638. Brügger: «un huomo di bassa nascita, di poco generoso spirito, avezzo a marcantare e senza confidenti in paesi, nienti ardisce di dire ne operare contro Spagnuoli». Dieses Bild dürfte Vico von Sprecher erhalten haben. Jenatsch sagt: «huomo di stima, non è però di travaglio, et assai dedito allo quiete et al hotio familiare». Archivio di Stato Venezia, Dispacci di Milano, 6. März 1638.

(56) Rott V, 310, 311. Staatsarchiv Zürich, Graubünden 248, 14, die vier evangelischen Städte an Bünden, 30. November 1638.

(57) E. B. Filza 35, Vico an den Senat, 2. Okt., 27. Nov. 1638. Jakob Wigeli in Chur meldet am 16./26. Juli 1639: ist aber nit zu vergässen, das ein böses omen vorhär erfolget, indem kurtzlich selber Stadt und Gmeind Ilantz Predicant H: Steffan Gabriel unversächens tods verfahren und in

50 000 R. hinterlassen habe. Staatsarchiv Graubünden, Ortensteiner Archiv, Bd. 18.

(58) Staatsarchiv Graubünden, Landesprotokoll IV, 1, Basel 21, Seite 458, 17./ 27. Nov. 1638, S. 459, 20./30. Nov. 1638. Eidg. Abschiede V, 2, 1678. Filza 35, Vico an den Senat, 8., 10. und 20. Nov. 1638.

(59) Staatsarchiv Zürich, Graubünden 248, 14, die evang. Städte an die III Bünde, 30. Nov. 1638.

(60) E. B. Filza 36, Vico an den Senat, 4. Dezember 1638.

(61) E. B. Filza 36, Vico an den Senat, 12., 18. Dez. 1638, 1. Jan. 1639; Landesregierungs-Archiv Innsbruck, Copialbuch, Gutachten an Hof 1638, fol. 1072. 4. Dez. 1638.

(62) Landesregierungs-Archiv Innsbruck, Grenzakten III, Fasc. 40, Pos. 10, Jenatsch an Claudia, 13. Jan. 1639; Travers an Claudia, 15. Febr. 1639. E. B. Filza 36, Vico an den Senat, 1. Jan. 1639.

(63) E. B. Filza 35, Vico an den Senat, 30. Okt. 1638; Filza 36, Vico an den Senat, 15. Januar 1639.

(64) Landesregierungs-Archiv Innsbruck, Grenzakten III, Fasc. 40, Pos. 10, Kaiser Ferdinand III. an Claudia, 7. Jan. 1639; Claudia an Jenatsch, 26. Jan. 1639. Sprecher II 278, Rott V, 314.

XIX

(1) Landesregierungs - Archiv für Tirol in Innsbruck, Grenzakten III, Fasc. 40, Pos. 10, der Kaiser an Erzherzogin Claudia, 7. Jan. 1639; Claudia an Jenatsch, 26. Januar 1639; Oberstl. Manigckhor an den Kaiser, 29. Jan. 1639; Travers an Erzherzogin Claudia, 27. Mai 1639. E. B. Filza 36, Vico an den Senat, 1., 9. und 15. Januar 1639. Fagniez II, 382; Sprecher II, 278 ff.

(2) E. B. Filza 36, Domenico Vico an den Senat, 9., 22. Januar 1639; Eidg. Abschiede V, 2, 1678.

(3) L.-A. Innsbruck, Hofregisteratur, Reihe E, Fasc. 40, Claudia an Jenatsch, 5. Febr., 8. Juni 1638, 18. Juni 1639. Leopoldinum Kasten C Nr. 57, Jenatsch an Erzherzogin Claudia, 28. Mai 1638. Grenzakten III, Fasc. 40, Pos. 10, Briefe von Jenatsch an Erzh. Claudia, 13. Jan. und Mitte Jan. 1639. Travers an Claudia, 15. Jan. 1639.

(4) L.-A. Innsbruck, Grenzakten III, Fasc. 40, Pos. 10, Jenatsch an Erzh. Claudia, 13. Januar 1639; Travers an Erzh. Claudia, 21. Januar 1639; Oberstl. Manigckhor an Jenatsch, 18. Jan. 1639; Manigckhor an den Kaiser, 21. Januar 1639. Eine Kopie der Briefe Jenatschs wurde von Innsbruck aus jeweilen dem Kaiser zugesandt. E. B. Filza 36, Domenico Vico an den Senat, 22. Januar 1639.

(5) L.-A. Innsbruck, Grenzakten III, Fasc. 40, Pos. 10, Travers an Erzh. Claudia, 21. Jan. 1639.

(6) L.-A. Innsbruck, Grenzakten III, Fasc. 40. Pos. 10, Travers an Erzh. Clau-

dia, 21. Jan. 1639. Die Verhandlungen vor dem Bischof waren auf den 26. Jan. angesetzt. Die Mutter des Julius Otto Schauenstein war Regina Hartmannis; die Frau des Joh. Peter Guler war Margareta Hartmannis. Staatsarchiv, Chur, Archiv Ortenstein: Jakob Wigeli, bschribung der Püntnerischen hendlen usw. Seite 2 ff.

(7) Société du Musée historique de la Réformation: Archives Tronchin, Genève, vol. 28, S. 100, Gaudenz Tack an Tronchin, 29. Juli 1636.

(8) Zeitschrift für Schweiz. Geschichte IV. Jahrg., Heft 4, 1925, S. 3 Anm.

(9) Archives de Genève Nr. 2911 und Archives Tronchin, vol. 28, S. 45, Tscharner an Tronchin, 17. Juni 1634.

(10) Staatsarchiv Graubünden, Archiv Ortenstein Bd. 18. Jakob Wigeli, S. 3, 40. Die Varianten, Kürzungen und Ergänzungen der Berichte nach Zürich und Bern entstanden wohl während der Niederschrift. Vgl. Haffter, Urkundenbuch 152.

(11) Zeitschrift für Schweiz. Geschichte IV. Jahrg. Heft 4, 1925, S. 9.

(12) Staatsarchiv Graubünden, Archiv Ortenstein Bd. 18, Wigeli S. 11 ff.

(13) Rott V, 404 Anm. Archiv Ortenstein, Bd. 18. Wigeli S. 19.

(14) E. B. Filza 36, Vico an den Senat, 12. Febr. 1639.

(15) L.-A. Innsbruck, Grenzakten III, Fasc. 40, Pos. 10, Travers an Erzherzogin Claudia, 21., 26. Jan. und 15. Febr. 1639. E. B. Filza 36, Vico an den Senat, 28. Jan., 5. und 12. Febr. 1639. Es war Sitte der Zeit, daß der Tote am Tage nach dem Hinschied beerdigt wurde, so starb Georg Saluz am 20. Jan. 1645 und wurde am 21. Jan. bestattet. Man denke an W. A. Mozart, an Schiller u. a.

(16) Staatsarchiv Graubünden, Archiv Ortenstein, Bd. 18, Wigeli S. 11 f.

(17) Die tragische Szene im «staubigen Hüetli» verwandelte sich in der Phantasie der Gegner zu einem Gelage des Sardanapal. Schon am 8. Februar 1639 schrieb Jesaia Schucan von Scanfs an Theodor Zwinger nach Basel: «Ich weiß, erlauchter Herr, du hast das furchtbare Lebensende jenes unsauberen Apostaten Jenatsch vernommen, den das furchtbare und todbringende Beil am 14. Tag des vergangenen Januars ereilt hat, in Chur, wo er damals wie Sardanapal in Wollust, Trunkenheit, Musiklärm, Ueppigkeit und Streit sogar gegen die erkannte und bekannte Wahrheit in Sicherheit wütete. Um diesen Preis nämlich verkauft der Teufel die Reize, mit denen er die Gottlosen eine Zeit lang betört. Da nun der Kopf dieser Schlange zertreten ist, scheint sich die spanisch-römische Wut bei uns bedeutend abzuschwächen ...» Universitätsbibliothek Basel, Mscr. G II 13 Nr. 41; ferner vgl. Universitätsbibliothek Basel, Mscr. Frey-Grynäus II 11 Nr. 4, Fortunat Sprecher an Theodor Zwinger, Chur, 16./26. Juli 1639. Tibull I, 3 Elegie, Vers 53. Im Briefe steht deutlich Sipheus. Vgl. auch Sprechers Briefe in Felice Menghini, Paganino Gaudenzio, S. 325 ff.

(18) Salis, Memorie 401.

(19) Salis 401 ff.

(20) Staatsarchiv Graubünden, Archiv Ortenstein: Bd. 18. Jakob Wigeli, bschribung etc. S. 40.

(21) L.-A. Innsbruck, Grenzakten III, Fasc. 40, Pos. 10, Travers an Erzh. Claudia, 4. und 16. Sept. und 15. Dez. 1639. Bischöfl. Archiv in Chur. Rudolf Planta an den Bischof, Steinsberg, 4./14. Februar 1639. Mitte Juli 1639 versuchte der Kastellan wieder den Steinsberger Planta zu ermorden; denn «weillen gesagter Herr Hauptmann von Steinsberg lebte, möchte der von Tarasp und sy (seine Anhänger) zum Guberno des Landts nicht gelangen, so er aber umbracht were, wurde der von Tarasp Her und meister werden und sy sambt ihnen». Vgl. Sprecher II 287 ff. Ueber diese Verhältnisse vgl. vor allem die Briefe von Hans Viktor Travers an Erzherzogin Claudia vom Jahre 1639 in Grenzakten III, Fasc. 40, Pos. 10 in Innsbruck.

(22) Staatsarchiv Graubünden, Archiv Ortenstein, Bd. 18: bschribung etc.

(23) Haffter, Urkundenbuch 166 (gekürzt).

(24) Staatsarchiv Graubünden, Archiv Ortenstein, Bd. 18: bschribung etc. S. 11, 54 ff.

(25) E. B. Filza 36, Vico an den Senat, 12. Febr. 1639. Haffter 396, 397.

(26) E. B. Filza 36, Vico an den Senat, 26. Febr. 1639.

(27) E. B. Aff. Etr. Suisse 28, 16. Juni 1639. Salis 401.

(28) L.-A. Innsbruck, Grenzakten III, Fasc. 40, Pos. 10, Travers an Erzherzogin Claudia, 8. August 1639.

(29) L.-A. Innsbruck, Grenzakten III, Fasc. 40, Pos. 10, Travers an Erzherzogin Claudia, 8. August, 15. August und 4. Sept. 1639. E. B. Aff. Etr. Suisse 28, Prioleau an Richelieu, Büren, 26. Februar 1639.

(30) L.-A. Innsbruck, Grenzakten III, Fasc. 40, Pos. 10, Travers an Erzherzogin Claudia, 18. März und 30. März 1639.

(31) L.-A. Innsbruck, Grenzakten III, Fasc. 40, Pos. 10, Travers an Erzherzogin Claudia, 18. März und 30. März 1639. E. B. Filza 36, Vico an den Senat, 13. März 1639.

(32) L.-A. Innsbruck, Grenzakten III, Fasc. 40, Pos. 10, Travers an Erzherzogin Claudia, 5. und 15. März 1639.

(33) E. B. Filza 38, Giov. Martin Besser an den Residenten Dolce, 14. Juli 1640; Pietro Dolce an den Senat, 12. Januar 1641.

(34) Vulpius 192.

(35) L.-A. Innsbruck, Grenzakten III, Fasc. 40, Pos. 10, Travers an Erzherzogin Claudia, 27. Mai 1639. E. B. Filza 37, Vico an den Senat, 26. November 1639.

(36) L.-A. Innsbruck, Grenzakten III, Fasc. 40, Pos. 10, Travers an Erzherzogin Claudia, 27. Mai 1639.

(37) E. B. Filza 36, Vico an den Senat, 16. Juli 1639; Nunziatura Svizzera 24—31, Farnese an Barberini, 15. Aug. 1639; Rott V, 351.

(38) L.-A. Innsbruck, Grenzakten III, Fasc. 40, Pos. 10, Travers an Erzherzogin Claudia, 27. Juli 1639.

(39) L.-A. Innsbruck, Grenzakten III, Fasc. 40, Pos. 10, Travers an Erzherzogin Claudia, 14., 27. Juli und 4. August 1639. Staatsarchiv, Zürich 248, 14, Guler an den Bürgermeister in Zürich, 10. Juli 1639, an Hauptmann Bürkler, 10. Juli 1639. Staatsarchiv Basel, Missiven B, 41, Basel an Zürich und Bern, 13. Juli 1639.

(40) Juvalta 106.

(41) Jachen Antoni Vulpius, Historia retica 188.

(42) Staatsarchiv Graubünden, Archiv Ortenstein Bd. 18, bschribung etc. S. 76. L.-A. Innsbruck, Leopoldinum, Fasc. 66, Kasten C Nr. 57, Travers 14. Sept. 1639.

(43) Staatsarchiv Zürich, Graubünden 248, 14. Die Generäle an die III Bünde, Breisach, den 19./29. August 1639; Häupter und abgeordnete Ratsbotschaft an die Generäle in Breisach, 11./21. Sept. 1639. Staatsarchiv Basel, Politisches P 1, Häupter und Räte an die XIII Orte, Davos, 26. Juli 1639. Fagniez II, 409. Ueber Molinas Heirat: Archiv v. Salis-Samedan, vol. 10, 5. Nov. 1638.

(44) L.-A. Innsbruck, Hofregistratur, Reihe E, Fasc. 9, Erzherzogin Claudia an Anselm von Fels, 24. Nov. 1634.

(45) Staatsarchiv Basel, Politisches Q 16 Wettstein-Akten:
Q 16, IV, 195, Hirzel an Wettstein, 20. Dez. 1646.
140, Frankreichs Friedensproposition.
139, Spaniens Friedensproposition vom 24. Febr. 1647.
Q 16, VII, 113, Joh. Rud. Wettstein an die III Bünde, 3. Dez. 1648.
112, die III Bünde an Wettstein, 8. Dez. 1648.
107, Dr. Heider an Wettstein, 15. Dez. 1648.

(46) E. B. Francesco Casati al governatore di Milano 1641—1661, dazu die Instruktion für de la Barde 1661.

33 Jahre nach Pfisters Jenatsch-Biographie.
Neue Forschungsergebnisse und -perspektiven

33 Jahre nach Pfisters Jenatsch-Biographie.
Neue Forschungsergebnisse und -perspektiven
Jon Mathieu

Die dritte, neu bearbeitete und erweiterte Auflage der Jenatsch-Biographie von *Alexander Pfister,* 1951 erschienen und hier wieder aufgelegt, hat in Fachkreisen rasch Anerkennung gefunden. In der «Schweizerischen Zeitschrift für Geschichte» wies Bundesarchivar *Leonhard Haas* auf die langjährigen, kritisch-methodischen Quellenstudien Pfisters hin: «Damit hat das Jenatsch-Problem auf einer breiteren Verankerung denn je eine so gut wie abschliessende Ausgangslage zur Deutung erhalten.»[1] Die ehemals bahnbrechende Biographie von Ernst Haffter (1894/95) sei durch die neue Untersuchung «als entbehrlich zu betrachten». Ein Teil dieses schmeichelhaften Urteils erwies sich in der Folge als zutreffend. Pfisters Buch wurde tatsächlich zum Standardwerk. Haffter verschwand allerdings (namentlich wegen seines seriösen Anmerkungsapparats) nicht einfach in der Versenkung, und die recht zahlreichen Jenatsch-Forscher suchten weiterhin nach neuen Quellen – hin und wieder mit Erfolg.

In den frühen 1950er Jahren erschienen zwei Arbeiten, welche aus lokaler Sicht bestimmte Lebensabschnitte von Jörg Jenatsch beleuchteten. *Andreas Laely* fand im Davoser Archiv verschiedene neue Angaben über dessen Beziehung zu seiner Wahlheimat (Bürgerrechtsverleihung, politische Ämter, Hausbau, Armenspende).[2] Aus einer Studie zum Schlossgut Katzensteig, geschrieben von *Ernst Schneider-Zollinger,* erfuhr man neue Einzelheiten über diese ausserbündnerische Station Jenatschs.[3]

Wesentlich mehr Aufmerksamkeit erregten freilich zwei Funde, welche in der Folge – wenige Jahre vor dem Tod von Alexander Pfister am 7. Juli 1961 – an die Öffentlichkeit gelangten. Zuerst stiess *Giusep Pelican* im Generalarchiv des Kapuzinerordens in Rom auf Kopien von fünf bislang unbekannten Briefen, in denen Jörg Jenatsch dem Ilanzer Pfarrer Stephan Gabriel seine Konversion

[1] Leonhard Haas, Georg Jenatsch. Gedanken und Bemerkungen zur neuen Biographie aus der Feder von Alexander Pfister. In: Schweizerische Zeitschrift für Geschichte, 2. Jg., 1952, S. 252. Weitere Rezensionen im Nachlass Dr. A. Pfister (Staatsarchiv Graubünden, A Sp III 8 i, Schachtel 8/581); in diesem sog. Georg-Jenatsch-Archiv befinden sich, durch Regesten erschlossen, umfangreiche Materialien zum vorliegenden Werk.
[2] Andreas Laely, Aus Zeit und Streit. In: Davoser Heimatkunde. Beiträge zur Geschichte der Landschaft Davos, Band I. Davos 1952, vor allem S. 201–204: «Jörg Jenatsch in Davos». (Die Arbeit ist in separater Form schon 1951 erschienen). – Die späteren Studien zu diesem Thema – aus der Feder von Jules Ferdmann (1954) und Nino Künzli (1975) – brachten kaum neue Aspekte.
[3] Ernst Schneider-Zollinger, Katzensteig. Bischofszell 1953. Pfister korrespondierte schon früher mit ihm (Pfister, S. 458, Anm. 2).

erläuterte.[4] Im Sommer 1959 war der Anthropologe *Erik Hug* bei einer auf eigene Faust unternommenen Grabung in der Kathedrale von Chur erfolgreich: Er förderte die Gebeine des berühmtesten Bündner Staatsmanns zu Tage.[5] Das war ein in den Medien stark beachtetes Ereignis, welches die Diskussion um Jenatsch unerhört animierte und das Interesse vor allem auf die Ermordung lenkte. *Mathis Berger* wurde dadurch angeregt, eine neue, ebenfalls viel beachtete Theorie über die Vorgänge in der Mordnacht zu entwerfen, die er 1960 in einer gerafften und einer ausführlichen Version publizierte.[6] Im gleichen Jahr erschien ein umfangreicher Jenatsch-Roman, «Der Kampf mit dem Drachen» von Hans Mohler. Der Schriftsteller hielt sich darin recht eng an die historischen Quellen und schlug zugleich neue Interpretationsweisen vor. Später fasste er seine Deutung in einem wissenschaftlichen Artikel zusammen.[7]

Nach diesem publikumsträchtigen Höhepunkt wurde die Jenatsch-Forschung wieder zu einer stilleren Angelegenheit. *Jean J. Winkler* verfasste auf Grund von dreissig an den venezianischen Residenten in Zürich gerichteten Briefen, welche nur privat zugänglich sind, eine Studie über die Bündner Politik im kritischen Zeitraum 1620/21.[8] Die drei neuen darin publizierten Schriftstücke aus der Feder Jenatschs wurden in die Briefsammlung aufgenommen, die 1983 erschienen ist.[9] Diese Quelledition dürfte für die letzten Jahrzehnte den wesentlichsten Forschungsbeitrag darstellen. 80 der herausgegebenen Briefe sind noch von Alexander Pfister gesammelt worden, von dem auch eine – nachträglich

---

[4]   Abgedruckt in Pfister, Briefe, Nr. 38, 39, 41, 42, 43

[5]   Ein wissenschaftlicher Grabungsbericht liegt bisher nicht vor. Hug hat von 1959 an zahlreiche Vorträge über seinen Fund gehalten, welche in der Presse ausführlich rezensiert wurden (vgl. vor allem Siffredo Spadini, Das Grab des Jürg Jenatsch. Ergebnisse der wissenschaftlichen Untersuchung des Fundes. In: Der freie Rätier, 92. Jg., Nr. 302, 24. Dezember 1959; Raymund Staubli, Das Grab von Jörg Jenatsch in der Kathedrale von Chur. In: Bündner Tagblatt, 108. Jg., Nr. 4 und 5, 6. und 7. Januar 1960; ferner Das Grab des Georg Jenatsch. Ein Vortragsabend mit Dr. Eric Hug im Historischen Verein. In: St. Galler Tagblatt, 16. Dezember 1972). Der Ausgräber hat seine Aufzeichnungen dem Staatsarchiv Graubünden vermacht. – Die im Grab gefundenen Kleider Jenatschs wurden im Schweizerischen Landesmuseum von Frau *Sabine Lange* in mehr als einjähriger Arbeit restauriert und sind seit 1972 im Domschatz der Churer Kathedrale zu besichtigen. Das Landesmuseum wird möglicherweise einen Restaurierungsbericht publizieren; die diesbezüglichen Materialien liegen heute in einem Ordner vor. Im 78. Jahresbericht des Landesmuseums (1969, S. 26 f) finden sich zwei Fotos zur Konservierung des Jenatsch-Hemdes. Vgl. auch Stefan Bühler, Georg Jenatsch-Grabfunde. In: Neue Bündner Zeitung, 23. und 29. Juni 1972.

[6]   Mathis Berger, Die Ermordung Jörg Jenatschs. In: Bündner Jahrbuch 1960, S. 27–37, und Wer hat Jenatsch ermordet? Separatdruck aus Bündner Monatsblatt, Nr. 6, 1960 (40 S.); letztere Arbeit wurde 1972 neu aufgelegt. Auf die Reaktionen zu seinen Thesen wird weiter unten eingegangen.

[7]   Hans Mohler, Der Kampf mit dem Drachen. Ein Jenatsch-Roman. Zürich 1960 (583 S.); ein Kapitel daraus erschien bereits 1954 in der Davoser Revue, 29. Jg., Nr. 9, S. 168–175; die wissenschaftlich gehaltene Darstellung in: Bedeutende Bündner aus fünf Jahrhunderten, Band I. Chur 1970, S. 181–199.

[8]   Jean J. Winkler, Jörg Jenatsch und der erste Verlust des Veltlins. Zürich 1965 (59 S.). Die Studie bringt einige neue Detailinformationen; leider werden darin nicht alle Briefe in vollem Umfang wiedergegeben.

[9]   Pfister, Briefe, Nr. 82–84

überarbeitete – Einleitung stammt. Nach seinem Tod wurden weitere 15 Briefe gefunden, so dass die ganze Sammlung 95 Schriftstücke mit Jenatschs Unterschrift zugänglich macht. Die Transkription, Übersetzung und Bearbeitung besorgten *Rinaldo Boldini, Silvio Margadant* und weitere Fachleute. Einem anderen Aspekt, nämlich der genealogischen Forschung, ist in neuster Zeit *Dolf Kaiser* nachgegangen; er hat seine unveröffentlichten Ergebnisse freundlicherweise für die vorliegende Studie zur Verfügung gestellt.

Ergebnisse

Welches sind nun die neuen Resultate aus dem wissenschaftlichen Bemühen um die Person des interessanten Bündner Helden (mit oder ohne Anführungszeichen)? Was hat man seit Pfisters Biographie von 1951 über Jörg Jenatsch hinzugelernt?

Wie aus der beigegebenen Tafel hervorgeht, sind die *verwandtschaftlichen Zusammenhänge,* denen er entstammte, heute besser fassbar. Die verschiedenen Linien der Jenatsch-Samedan haben feste Umrisse angenommen. Das Bruderverhältnis in der zweiten Generation zwischen Andrea und Jan bzw. Anton ist allerdings nicht gesichert, so dass die Zuordnung der Zweige hypothetisch bleibt (Jörg nannte den Venediger Kaufmann Anton einmal «mio parente»[10] – es könnte ein Onkel zweiten Grades gewesen sein). Im engeren Umkreis unserer Hauptperson hat sich einiges «verändert»: Der Vater Israel besass zwei verheiratete Schwestern; die Mutter Ursina war eine Balastin;[11] die Schwester Chatrina blieb zeitlebens ledig; die zwei nach den Eltern benannten Geschwister, beide vermutlich früh verstorben, waren bisher unbekannt. Bezeichnend für die schlechte Quellenlage zur ersten Lebensphase Jenatschs ist die Tatsache, dass man sein Geburtsdatum noch immer nicht genau kennt, und dass die (für eine Biographie ganz schön wichtige) Frage offen bleibt, ob er zweimal geheiratet hat oder nicht. Über seine Kinder sind wir dann besser, aber bestimmt nicht vollständig informiert. So heisst es, die Frau Obristin sei, als ihr Mann ermordet wurde, schwanger gewesen;[12] die Churer und Davoser Taufbücher melden nichts davon.[13]

[10] Pfister, Briefe, Nr. 25; Pfister, S. 205, 210
[11] Der Name Balsamin (Pfister, S. 25, 434) hat sich seit dem Urkundenbuch von Haffter (S. 12) wohl auf Grund eines Lesefehlers eingeschlichen.
[12] Pfister, S. 410
[13] Auch die bisher angenommenen Verwandtschaftszusammenhänge auf der Frauenseite wären korrekturbedürftig. Laut Protokoll vom 13. Februar 1634 wurde die Erbschaft des gestorbenen Schwiegervaters Paul Buol in drei Stollen verteilt: Oberst Jenatsch, Frau Frena Buolin (Witwe des Hauptmanns Meinrad Margadant) und Leutnant Abraham Buol; Stadtvogt Peter Möhr habe sich der Erbschaft entschlagen (Laely, Beiträge, S. 203). Der von Anton v. Sprecher erstellte Buol-Stammbaum (Tafel 9) lässt sich damit nicht vereinbaren.

Stammtafel Jenatsch-Samedan nach dem heutigen Wissensstand[a]

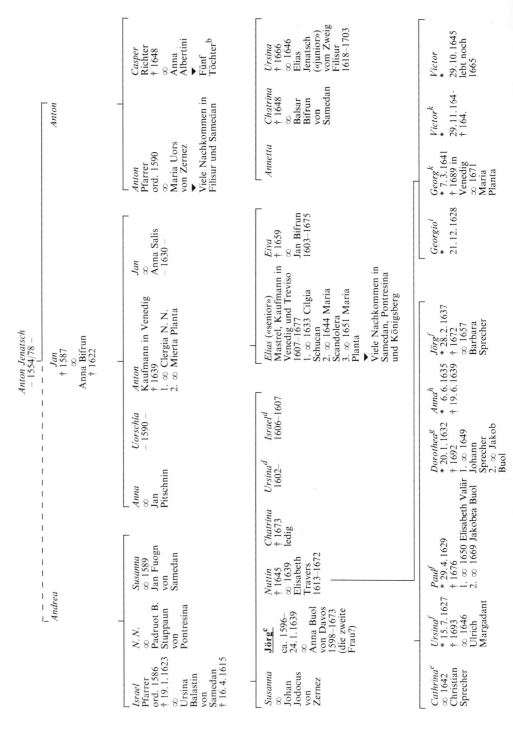

Anton Jenatsch
– 1554/78 –

Anton

Andrea

Jan
† 1587
∞
Anna Bifrun
† 1622

Israel
Pfarrer
ord. 1586
† 19.1.1623
∞
Ursina
Balastin
von
Samedan
† 16.4.1615

N. N.
∞
Padruot B.
Stuppaun
von
Pontresina

Susanna
∞ 1589
Jan Fuogn
von
Samedan

Anna
∞
Jan
Pitschnin

Uorschla
– 1590 –

Anton
Kaufmann in Venedig
† 1639
1. ∞ Clergia N. N.
2. ∞ Mierta Planta

Jan
∞
Anna Salis
– 1630 –

Anton
Pfarrer
ord. 1590
∞
Maria Uors
von Zernez
▶ Viele Nachkommen in
Filisur und Samedan

Casper
Richter
† 1648
∞
Anna
Albertini
▶ Fünf
Töchter[b]

Susanna
∞
Johan
Jodocus
von
Zernez

Jörg[c]
ca. 1596–
24.1.1639
∞
Anna Buol
von Davos
1598–1673
(die zweite
Frau?)

Nuttin
† 1645
∞ 1639
Elisabeth
Travers
1613–1672

Chatrina
† 1673
ledig

Ursina[d]
1602–

Israel[d]
1606–1607

Elias («senior»)
Mastrel, Kaufmann in
Venedig und Treviso
1607–1677
1. ∞ 1633 Cilgia
  Schucan
2. ∞ 1644 Maria
  Scandolera
3. ∞ 1651 Maria
  Planta
▶ Viele Nachkommen in
Samedan, Pontresina
und Königsberg

Eiva
† 1659
∞
Jan Bifrun
1603–1675

Annetta

Chatrina
† 1648
∞
Balsar
Bifrun
von
Samedan

Ursina
† 1666
∞ 1646
Elias
Jenatsch
(«junior»)
vom Zweig
Filisur
1618–1703

Cathrina[e]
1642
∞
Christian
Sprecher

Ursina[f]
* 15.7.1627
† 1693
∞ 1646
Ulrich
Margadant

Paul[f]
* 29.4.1629
† 1676
1. ∞ 1650 Elisabeth Valär
2. ∞ 1669 Jakobea Buol

Dorothea[g]
* 20.1.1632
† 1692
1. ∞ 1649
  Johann
  Sprecher
2. ∞ Jakob
  Buol

Anna[h]
* 6.6.1635
† 19.6.1639

Jörg[f]
* 28.2.1637
† 1672
∞ 1657
Barbara
Sprecher

Georgio[i]
*
21.12.1628

Georg[k]
* 7.3.1641
† 1689 in
Venedig
∞ 1671
Maria
Planta

Victor[k]
*
29.11.154·
† 164·

Victor
*
29.10.1645
lebt noch
1665

494

Anmerkungen zur Stammtafel

a) Die Tafel wurde – mit Ausnahme der in den Anmerkungen c–k genannten Informationen – von Dolf Kaiser (Zürich/Samedan) auf Grund von Notariatsprotokollen, verschiedenen Einzeldokumenten und Kirchenbüchern erstellt. Wir danken ihm für die Mitteilung seiner Ergebnisse. Er macht uns ferner darauf aufmerksam, dass die bei Pfister (S. 435, Anm. 8) genannte Mengia Jodoci nicht zur Familie des Johannes Jodocus gehört.

b) Nämlich: Uorschla ∞ 1628 Lumbrain G.F. Planta
   Anna ∞ 1628 Schimun Schucan von Zuoz
   Susanna † 1650 ∞ Joh. Schucan, Pfarrer, 1615–1673
   Inglina † 1650 ∞ 1641 Jan Juvalta † 1653
   Maria † 1688 ∞ 1650 Jan Curtin 1619–1682

c) Das Geburtsjahr von Jörg muss aus der chronikalisch überlieferten Altersangabe bei seinem Tod rückwärts errechnet werden (vgl. Haffter, S. 407, Anm. 11); es könnte auch 1595 oder eventuell 1597 betragen. – Dass Jörg 1620 ff mit einer Tochter von Paul Buol verheiratet war, geht aus einigen Quellenfragmenten hervor (Pfister, Briefe, Nr. 4, 8, 83; Haffter, S. 84, 185, 471 f; Pfister, S. 96, 140; ihr Name «Anna Buollin» erscheint aber erst beim Taufeintrag der Tochter Ursina. Weil die bekannten Kinder von Jörg 1627 ff geboren wurden, hat Anton v. Sprecher in seinem Jenatsch-Stammbaum die These aufgestellt, Kathrina – eine ältere Schwester von Anna Buol – sei die erste Frau von Jörg gewesen. Bei der heutigen Quellenlage muss die Frage offen bleiben. (Die Davoser Ehe- und Sterberegister setzen 1633 ein; in den weiter zurückreichenden Taufregistern erscheint bloss am 16.10.1625 eine nicht einzuordnende Barbla Jenatsch als Zeugin.)

d) Staatsarchiv Graubünden, A 66 Romanischer Sammelband. Ich verdanke den Hinweis Herrn Silvio Margadant.

e) Dass Cathrina, deren Geburt nicht zu dokumentieren ist, eine Schwester – oder Halbschwester? – von Jörg junior war, geht aus einer Quelle von 1652 hervor (Staatsarchiv Graubünden, A I 18 K/6 Kaufbrief für Güter im Sand; vgl. Pfister, S. 483, Anm.40).

f) Taufdaten nach Zivilstandsamt Davos, Taufregister 1597–1647. Sie beziehen sich auf den alten julianischen Kalender.

g) Ernst Schneider-Zollinger, Katzensteig, S. 19

h) Vgl. Zivilstandsamt Davos, Taufregister 1597–1647 und Kirchenbuch 1633–1817. Bei der Todesangabe, die sich bei Pfister (S. 434) findet, handelt es sich um eine Verwechslung. (Am 10.7.1658 starb das Töchterlein Anna von Jörg Jenatsch junior.)

i) Evangelisches Pfarrarchiv Poschiavo, Kirchenbuch 1627–1687. Vermutlich handelt es sich um ein illegitimes Kind. Ich verdanke den Hinweis Herrn Dolf Kaiser.

k) Gemeindearchiv Samedan, Kirchenbuch 1639–1806.

Zur *Person* Jenatschs gibt es seit der Grabung einige Zusatzinformationen bzw. Bestätigungen von schon Bekanntem. Er war mit seinen ca. 1,70 m tatsächlich recht «grosz von leib», wie es in einer Quelle heisst.[14] Seine Gesichtszüge auf dem Porträt von 1636 (vgl. vorne in diesem Buch) dürften realistisch sein; jedenfalls liess auch der Schädel einen hohen und schmalen Kopf, betonte Stirnhöcker und ein etwas grimmiges, vorgeschobenes Kinn erkennen. Eine Untersuchung des Gebisses ergab, dass der Herr Oberst unter starkem Kariesbefall und Zahnfleischschwund litt und sich drei Zähne ziehen lassen musste.[15]

Während uns der Dentist über die Gewöhnlichkeit des Bündner Karriereoffiziers aufklärt, berichten die Textilexpertisen von seiner Vornehmheit. Die Kleider, die er im Grab trug (und sehr wahrscheinlich auch an jenem vorerst normalen Saufgelage, an welchem er erschlagen wurde),[16] waren aus Samt und Seide. Anhand der Rekonstruktionszeichnung kann man sich ein annäherndes Bild von dieser zeit- und standesgemässen Luxusbekleidung machen:[17] Unter einem kurzen, mit Pelz verbrämten Samtmantel trug Jenatsch eine ärmellose Seidenweste; darunter befand sich ein kostbares Hemd aus Seidentaffet mit einem eingewobenen Blumenmuster, dessen Ärmel unter dem Mantel hervorschauten; die roten Wollhosen waren seitwärts mit Zierborten versehen. Es wird vermutet, dass diese exklusiven Stoffe aus Italien stammten. In einem Brief, den der Oberst und damalige Gouverneur von Chiavenna anno 1637 an einen seiner Hauptleute im Mailändischen schrieb, findet sich ein Hinweis dazu: «Di gratia pagate quel sartore umb die bantfüeter (Rockfutter), che ha fatto al Signor fratello et à me.»[18] Für die Bestellung von Schuhen waren ihm hingegen auch Churer Handwerker gut genug, wie ein anderes, während einem Kuraufenthalt in Bad Fideris verfasstes Schreiben nahelegt.[19]

[14] «Zürcher Relation», zitiert nach Haffter, Urkundenbuch, S. 153. Die Grössenangabe kann laut Mitteilung von Dr. Erik Hug nicht weiter präzisiert werden, weil die Schätzung nur auf der Knochenlänge des linken Beines beruht; die anderen Gliedmassen sind nicht vollständig erhalten. Gemäss Auskunft von Dr. Bruno Kaufmann (Naturhistorisches Museum Basel) dürften 1,70 m für das 17. Jahrhundert etwa 10 cm über dem Mittel liegen. – Dass Jenatsch (wie auf dem Porträt) eine füllige, allerdings nicht extrem dicke Figur hatte, scheint sich anhand der Kleiderreste zu bestätigen. Laut Sabine Lange, Textilrestauratorin, deuten die im Hemd eingenähten Spickel nicht unbedingt auf eine *wachsende* Leibesfülle; sie könnten der alten Webtechnik wegen (enge Bahnen) von Anfang an eingesetzt gewesen sein.
[15] Vgl. die in Anmerkung 5 genannten Rezensionen.
[16] Dafür sprechen die an den Kleiderresten festgestellten Blutspuren sowie die schnelle Beisetzung nach dem Mord (Pfister, S. 405).
[17] Nach Mitteilung von Sabine Lange, der wir die speziell für diese Studie angefertigte Zeichnung verdanken möchten, ist die Rekonstruktion in Folgendem ungesichert: Die Hosenlänge kann nicht genau bestimmt werden; möglicherweise gehörten noch (aufgelöste) Leinenspitzen zur Kleidung; die Schuhe/Stiefel wurden entweder zur Bestattung ausgezogen, oder sie haben sich nicht erhalten können. Aus den Mordberichten weiss man, dass Jenatsch noch einen Hut und einen Degen trug (Haffter, Urkundenbuch, S. 158).
[18] Pfister, Briefe, Nr. 94
[19] Pfister, Briefe, Nr. 91; vgl. auch Nr. 42

Abbildung 2
Die letzte Bekleidung von Jörg Jenatsch
(Rekonstruktionszeichnung auf Grund der Grabungsbefunde
durch Sabine Lange, Schweizerisches Landesmuseum, 1983)

Die alltäglichen Lebensumstände kommen sonst in den Briefen selten zur Sprache. Über die Beziehung Jenatschs zu seiner Wahlheimat *Davos* orientieren z.B. fast nur öffentliche Lokalquellen (die Pfister in seiner internationalen Sicht weitgehend unbekannt blieben). Am 9. Dezember 1627 wurde der Hauptmann «auf sein Anhalten und Piten» ins Bürgerrecht der Landschaft Davos aufgenommen.[20] Damit hatte er Zugang zu den politischen Ämtern: Nach der Rückkehr aus Katzensteig wurde Jenatsch im Frühling 1632 zum Zugeschworenen – Mitglied des Landrates – gewählt; bis zu seiner Ermordung liess er sich alljährlich in dieser Funktion bestätigen und nahm sie manchmal auch nachweislich wahr; 1636 wurde er von Davos an den gesamtbündnerischen Beitag abgeordnet.[21]

Eine wirkliche Machtstellung brauchte hierzulande offenbar auch in kriegerischen Zeiten eine lokale Basis. Ein Eingeheirateter wie Jenatsch hatte den Nachteil, nur die Verwandtschaftsgruppe seiner Frau als primären Freundeskreis zur Verfügung zu haben. Dem konnte man u.a. mit Patenschaften abhelfen. Die Davoser Taufregister sind denn auch eine recht interessante Quelle:[22] Nach einem ersten Auftreten als Zeuge im Jahr 1621 übernahm Jenatsch 1627, von Ende März bis Mitte November, nicht weniger als 17 Patenschaften. Ein paar Wochen später erhielt er das Bürgerrecht und trat in der Folge – auch wegen seinem Katzensteig-Aufenthalt – nur noch vereinzelt in Erscheinung. Als er sich ab 1632 wieder vermehrt Davos zuwandte, sah man ihn etwa viermal pro Jahr als Taufpaten, dies auch nach seiner Konversion. Der Glaubenswechsel hatte vor allem eine innerfamiliäre Verlagerung zur Folge: Jetzt bat man die Frau Obristin zu Gevatter (1635–1638: 37mal).

Jenatsch zeigte sich in Davos mit einer Stiftung für die Armen und einem Geschenk für das Rathaus auch als allgemeiner Wohltäter.[23] Vor allem aber besass er dort seinen bei Pfister nur flüchtig und vermutlich fehlerhaft erwähnten Wohnsitz (vgl. S. 185 und 456, Anm. 35). Von den verschiedenen Versionen, welche man in der Literatur über die ursprünglichen Jenatschhäuser in Davos Dorf findet, scheint mir folgende am wahrscheinlichsten. 1627 kaufte der dama-

---

[20] Laely, Beiträge, S. 202 ff.
[21] Pfister, Briefe, S. 38 und Nr. 39; früher vertrat der Biograph die Meinung, Jenatsch habe nie ein öffentliches Amt versehen (Pfister, S. 329).
[22] Zivilstandsamt Davos, Taufregister 1597–1647 (in den Jahren 1622–1625 sehr lückenhaft).
[23] Haffter, Urkundenbuch, S. 489 f. und Laely, Beiträge, S. 203 f.

lige Hauptmann von Seckelmeister Margadant das sog. Untere Jenatschhaus (jetzt Specker-Branger), wobei es zu einem Rechtshandel kam. 1634 baute er sich in der Nähe das sog. Obere Jenatschhaus (Villa Vecchia).[24]

Damals besass er also mindestens drei Häuser; denn das 1630 erworbene Schlösslein *Katzensteig* im thurgauisch-st. gallischen Grenzland blieb bis ungefähr 1637 in seinem Besitz. Das lässt sich an den Weinzehnten ablesen, die dem dortigen Schulamt bis 1636 von Jenatsch, nachher vom Junker Zollikofer, dem Käufer, bezahlt wurden.[25] In diesem Jahr zog sich der Oberst übrigens noch einmal, von Sorgen bedrängt, auf seinen Stützpunkt zurück. «Ich habe hie gut läben, will nicht von hinnen, ich wisse dan ein bessers an einem anderen ohrt», schrieb er am 29. April.[26] Das Gut, damals vom Bauern Michel Balz bewirtschaftet, muss einen ansehnlichen Umfang gehabt haben: Bei späteren Handwechseln wurden mehr als 10000 Gulden dafür auf den Tisch gelegt.[27]

Von Katzensteig aus hatte Jenatsch öfters Verbindung mit Rapperswil. Auch das war Grenzland, für einen Söldnerführer zur Rekrutierung von neuen militärischen Arbeitskräften besonders günstig. Eingegangen in die Biographie ist es freilich als Ort seines *Glaubenswechsels*. Zu diesem viel diskutierten Schritt hat sich der gewesene Prädikant in zehn teilweise ausserordentlich langen Briefen geäussert.[28] Etwa die Hälfte davon ist nur in Kopien überliefert und könnte zu Propagandazwecken verändert worden sein, wie das vermutlich hüben und drüben gemacht wurde.[29] Es ist selbstverständlich, dass ein Konvertit seinen Übertritt mit Glaubens- und Überzeugungsmotiven begründen muss – ebenso selbstverständlich werden ihm die Gegner Opportunismus vorwerfen. Trotz diesen Schwächen (fragliche Überlieferung, strukturelle Vorgegebenheit) belegen die Briefe meines Erachtens deutlich, dass Jenatsch zum überzeugten Katholiken wurde. Sie verweisen in differenzierter Form auf den Anfangspunkt seines Seitenwechsels (Abendmahlsfrage) und auf die Schmerzhaftigkeit dieses Prozesses («Volle fünf Jahre hörte ich unablässig jene furchterregende Stimme in meinen Ohren, die mir eindringlich zurief: Verlasse deine Heimat, deine

---

[24] Nino Künzli, Georg Jenatsch in Davos. In: Davoser Revue, 50. Jg., Nr. 3, 1975, S. 157 (Kaufvertrag von 1627 wird noch heute im Unteren Jenatschhaus aufbewahrt); Haffter, S. 488 (Rechtsstreit vom 5./15. Juli 1627); Laely, Beiträge, S. 203 (Gesuch vom 2. Mai 1633, an Fridli Schmidsch Hofstatt ein Haus erbauen und für die benötigten Dachkännel zwei Lärchen im St. Johannswald schlagen zu dürfen); Erwin Poeschel, Kunstdenkmäler des Kantons Graubünden, Band III. Basel 1937, S. 167 (Wappenstein Jenatsch-Buol mit Datum 1634 über dem Eingang des Oberen Jenatschhauses).

[25] Ernst Schneider-Zollinger, Katzensteig. Bischofszell 1953, S. 18, 20. Vgl. auch Pfister, Briefe, Nr. 25, 31.

[26] Pfister, Briefe, Nr. 90

[27] Ernst Schneider-Zollinger, Katzensteig, S. 20 ff.

[28] Pfister, Briefe, Nr. 31 (kurz vor dem Übertritt), 88, 35–39, 41–43

[29] Die Briefe Nr. 38, 39, 41–43 bzw. ihre Kopien sind im Generalarchiv des Kapuzinerordens numeriert (2., 3., 4., 5. Antwort) und zum Schluss mit einer jesuitischen Empfehlung zur Veröffentlichung versehen.

Verwandten und dein Vaterhaus und komme in das Land, das ich dir zeigen werde»).[30] Der schönste Grabfund ist ein Skapulier, ein reich verzierter Brustlatz, der als Ausweis einer religiösen Laienbruderschaft gedeutet wird[31] und offenbar auch zur Aufbewahrung von Briefen diente; er zeigt fast symbolisch, wie dem Oberst das katholische Brauchtum ans Herz gewachsen war (Abbildung 3).

Obwohl es bei Jenatsch naheliegend wäre, von einer gemeinsamen Veränderung von Lebensumständen und (wirklich geglaubten) konfessionellen Perspektiven auszugehen, ist die Frage der Konversion häufig in Entweder-Oder-Kategorien abgehandelt worden. Pfister legte Gewicht auf die geistige Entwicklung und wies politische Motive von der Hand (S. 273 ff). Was er nicht untersuchte, ist der Zusammenhang zwischen Karriere und Konfessionswechsel, ein Zusammenhang, der in den genannten Briefen ebenfalls anklingt. Als Hauptargument für die römische Kirche – als «Angelpunkt der ganzen Sache» – bezeichnete Jenatsch die Tradition; nur sie garantiere die richtige Auslegung der Heiligen Schrift, während die reformatorischen Neuerer die Interpretation bloss «aus ihren Gehirnen schöpfen» könnten.[32] Das war eine soziale Argumentation. Jenatsch hielt nun die Selbstverantwortlichkeit des Menschen für eine unmögliche, ja gefährliche Sache. Er befürwortete die traditionsverbundene Hierarchie, was ihm 1635 leichter fallen musste als 1620, denn inzwischen war er auf der gesellschaftlichen Stufenleiter erstaunlich hoch geklettert.[33] Bezeichnenderweise richteten sich seine ersten Briefe nach dem definitiven Glaubenswechsel an Spitzenleute der römischen Kirche.[34] Wenn er, wie beabsichtigt, Herr zu Rhäzüns geworden wäre, dann hätte sich die Verbindung zwischen Konfession und sozialer Position gleichsam institutionalisiert: Wer dort residierte, konnte kaum anderen Glaubens sein als die österreichische Erzherzogin.[35]

Die nachträglich aufgefundenen Briefe geben auch einige neue Einzelheiten zu den *politischen Ereignissen,* allerdings ohne das von Pfister entworfene Bild der Bündner Wirren zu verändern. Die vier im Winter 1620/21 verfassten Schreiben bestätigen den ungebrochenen Parteiaktivismus der jungen Prädikanten nach dem Verlust und dem erfolglosen Wiedereroberungsversuch des Veltlins.[36] Am

---

[30] Pfister, Briefe, Nr. 41, 43 (zitiert nach der deutschen Übersetzung).
[31] Es ist umstritten, um welche Verbindung es sich im einzelnen handelte. Laut Mitteilung von Dr. Erik Hug gibt es keine Parallelfunde. Er hat dazu ein Dossier von Expertisen mehrerer Spezialisten gesammelt (Mappe I b). Zu den verschiedenen Ansichten vgl. die in Anmerkung 5 genannten Rezensionen.
[32] Pfister, Briefe, Nr. 43 (zitiert nach der deutschen Übersetzung).
[33] Vgl. auch Hans Mohler, Georg Jenatsch. 1596–1639. In: Bedeutende Bündner aus fünf Jahrhunderten, Band I. Chur 1970, S. 189 f.
[34] Pfister, Briefe, Nr. 88, 35, 36
[35] Bei Pfister angedeutet (S. 327).
[36] Pfister, Briefe, Nr. 81–84; man vergleiche dazu auch Jean J. Winkler (Jörg Jenatsch und der erste Verlust des Veltlins. Zürich 1965, S. 18 ff.), wo einige zusätzliche Details zu finden sind.

Abbildung 3
Der katholische Jörg Jenatsch
Das auf seiner Brust gefundene Skapulier
(Foto Clemens Räber)

7. November wollten sie von Grüsch aus «senza licenza et contra volonta di nostri freddi indormentati politici» losschlagen, wenn es der venezianische Resident in Zürich erlaube. Von diesem Ort floss ein Teil der Gelder, mit denen die kämpferischen Geistlichen ihre «bravi» unterhielten; Jenatsch klagte am 5. Dezember über mangelnden Nachschub. Ein ander Mal berichtete er von einem möglichen politischen Druckmittel: Eine protestantische Synode könnte beschliessen, gemeinsam den Kanzeldienst zu quittieren, um ein Signal zu setzen. Das Angriffssignal war dann allerdings ein blutiger Mord: Der «Tod» von Pompejus Planta, heisst es in einem Brief vom 23. März 1621, sei ohne Einverständnis der einflussreichen Parteipolitiker «eingetreten» und habe die Gegner völlig verstört. Mit andern Worten: Der protestantische Sieg in Thusis und in der Surselva müsse als Verdienst der sieben militanten Unterzeichner (Casut, Hohenbalken, Alexander, Jenatsch usw.) gewertet werden. Man brauche jetzt dringend Hilfe; denn kaum seien die Pässe offen, werde man von allen Seiten überfallen werden.

Auch die schwierige politische Lage vor und nach der Vertreibung der französischen Armee unter Rohan zeichnet sich in einer Serie von neu aufgefundenen Briefen ab.[37] Ende April 1636 weilte Jenatsch, wie gesagt, in Katzensteig. Nach eigener Aussage war er wegen den Interessen des Vaterlandes und den ausstehenden Soldzahlungen derart in Verlegenheit, dass er vor seiner Rückkehr genaue Informationen aus Chur wollte. Am 20. Juni schrieb er aus Fideris Bad, die österreichische Verhandlungsbereitschaft sei reiner Schwindel. Kaum drei Wochen später, am 8. Juli, wandte er sich vom selben Ort aus in einer andern Tonart an Stephan Gabriel in Ilanz: Über die unglückliche Lage der Franzosen werde man keine Tränen vergiessen müssen. Am 4. Mai des folgenden Jahres befanden sich die französischen Truppen auf dem erzwungenen Abmarsch. Jenatsch war der grosse Mann und konnte dem Abt von Pfäfers versichern, dass die Leute von Vättis ungestört über den Kunkelspass Handel treiben dürften. Wenig später reiste der Oberst mit drei anderen mächtigen Politikern nach Mailand, um über die Rückerstattung des Veltlins – Ziel aller Bemühungen – zu verhandeln. Der Bericht an die Häupter in Chur tönte pessimistisch: Man solle sofort eine Delegation nach Spanien abschicken, hier sei nichts zu erreichen.

Dramatischer Ausdruck der wiederum zunehmenden politischen Schwierigkeiten war die *Ermordung* Jenatschs am 24. Januar 1639. Diese Bluttat beschäftigte die Phantasie der Zeitgenossen und der Nachwelt in hohem Mass. Zusammen mit dem Umstand, dass viele Parteien an der Beseitigung des «gewaltigen Puntsmanns» interessiert sein konnten, musste das zu mannigfachen Versionen über den genauen Tathergang führen. Der Ausspruch des Berichterstatters

---

37 Pfister, Briefe, Nr. 90, 91, 42, 92, 93

Wigeli, es gebe «fast so viel ungleiche meinungen als personen»,[38] hat jedenfalls heute noch eine gewisse Gültigkeit und wird sie vermutlich auch in Zukunft nicht ganz verlieren. Wer immer die «Wahrheit» über die Mörder herausgefunden hat, könnte ja doch ein verstecktes Indiz oder Motiv übersehen haben... In Kriminalromanen kommt einem in solchen Situationen der Autor mit seinen ebenso überraschenden wie definitiven Schlussfolgerungen zu Hilfe; in der Geschichtsschreibung scheinen die Morde an Mächtigen geradezu prädestiniert zu sein für das Dossier «unerledigte Fälle».

Eines freilich ist sicher. Jenatsch erhielt tatsächlich – wie in verschiedenen Quellen erwähnt[39] – mehr als einen tödlichen Streich auf den Kopf. Der ausgegrabene Schädel ist an der linken Schläfengegend glattkantig gespalten, was auf einen wuchtigen Schlag mit einem schneidenden Instrument (Axtschneide) schliessen lässt; auf der rechten Seite stellt man eine Impressionsfraktur fest, verursacht durch ein stumpfes Mordwerkzeug (Axtrückseite, Streithammer)[40] (Abbildung 4, S. 505).

Wer aber waren die Gewalttäter? Dieser Frage ist Mathis Berger in origineller und publikumswirksamer Weise nachgegangen.[41] Seine Theorie besteht aus zwei Elementen:

1. Die Haldensteiner Knabenschaft führte den Mord aus. Sie hasste Jenatsch, weil seine Truppen im Jahr 1634 zwangsweise in ihrem Dorf einquartiert waren.

2. Eine Gruppe von Aristokraten fungierte als Anstifter und Leiter. Sie ist anhand der Protokolle und Chroniken genau identifizierbar und handelte aus verschiedenen, vorwiegend privaten Rachemotiven.

Die erste These hat heftige und kontroverse Reaktionen hervorgerufen;[42] ich halte sie aus mehreren Gründen für unwahrscheinlich. Die einzige Quellenstelle,

---

[38] Zitiert nach Pfister, Briefe, S. 44, Anm. 60

[39] Berger, Ermordung, S. 25 f., 30 f., 39 f.

[40] Eine Detailbeschreibung in Siffredo Spadini, Das Grab des Jürg Jenatsch. Ergebnisse der wissenschaftlichen Untersuchung des Fundes. In: Der Freie Rätier, 92. Jg., Nr. 302, 24. Dezember 1959.

[41] Vgl. Anmerkung 6

[42] Der Ammann von Haldenstein hat sich dagegen eingesetzt: Gaudenz Lütscher-Lendi, Jenatschs Ermordung in Haldensteiner Sicht. In: Neue Bündner Zeitung, 84. Jg., Nr. 170, 171, 173 vom 18., 19., 21. Juli 1960; seine politisch motivierten Ausführungen sind über weite Strecken quellenkundig und gescheit. Die Entgegnung von Berger (Die Ermordung Jenatschs, auch in Haldensteiner Sicht. In: Neue Bündner Zeitung, 84. Jg., Nr. 179 und 180 vom 28. und 29. Juli 1960) brachte dagegen kaum neue Argumente. Sein später noch verstärkt vorgetragener Hinweis, dass schweizerische Fachautoritäten wie Hans Georg Wackernagel und Richard Weiss mit ihm einig gingen, kann jedenfalls kaum als relevanter Beleg gewertet werden (vgl. Mathis Berger, Ermordung «Gesslers» durch den jugendlichen Bürgler «Tell». Ein Vergleich mit der Ermordung Jenatschs durch jugendliche Haldensteiner. In: Bündner Monatsblatt, 1964, S. 267). Alexander Pfister, ebenfalls von Berger in Anspruch genommen, hat sich dezidiert gegen seine These ausgesprochen (Pfister, Briefe, S. 45–49).

die man als Hinweis auf eine Knabenschaft interpretieren kann, sind zwei Wörter in der «Zürcher Relation» (bursch, compagnie). Das ist alles andere als schlüssig. (Die Begriffe sollen laut indirekter Überlieferung zuerst vom Wirt des «Staubigen Hüetli» gebraucht worden sein: Wie konnte man einer Gruppe vermummter Gestalten von aussen die Knabenschaft ansehen?) Die historisch relevanten Quellen, die Berger vorlegt – nämlich die Zivilstandsdaten für einige in den Chroniken genannte Haldensteiner –, beweisen gerade das Gegenteil seiner These. (Es handelte sich um Verheiratete und folglich nicht um «Knaben».) In seiner Entgegnung hat Pfister zu Recht darauf hingewiesen, dass ein derart brisantes Attentat generell eher von bezahlten Parteileuten als von einer ganzen Jungmannschaft ausgeführt wurde.[43] Berger liess sich demgegenüber von einer Sichtweise leiten, welche von vornherein alle vermummten und fastnächtlichen Taten mit «archaischen» Jugendverbänden zusammenbrachte.[44] Auch sein Rachemotiv, die alte Einquartierungsgeschichte, wirkt ziemlich konstruiert.[45]

Der zweite Punkt der Theorie unterscheidet sich vor allem methodisch von früheren Studien. Berger betrachtet die Quellen (Zeugenverhör-Protokoll, Sprecher-Chronik) mit mehr Optimismus und legt sie auf kühnere Weise aus; von den möglichen Mordmotiven bevorzugt er die privaten, gefühlsmässigen. Pfister stellt in seiner Entgegnung andere Quellen in den Vordergrund (Berichte von Wigeli, Briefe von Hans Victor Travers) und folgt bei der Begründung einem etwas politischeren Ansatz. Im Endergebnis können sich die beiden Autoren bloss bei der Schuldzuweisung an einzelne Personen, innerhalb eines durch die Quellenlage ziemlich begrenzten Kreises von Aristokraten, nicht einigen. So spricht Berger den von Pfister als Mörder genannten Zambra Prevost frei, während umgekehrt Ambrosius Planta bei Berger als Schuldiger, bei Pfister aber als Ehrenmann figuriert.[46] Zu dieser Einzelbeurteilung ist später noch ein in-

---

[43] Pfister, Briefe, S. 48
[44] Die Knabenschaftstheorie bei Berger geht auf eine Bemerkung von Hans Georg Wackernagel zurück (Altes Volkstum in der Schweiz. Gesammelte Schriften zur historischen Volkskunde. Basel 1956, S. 310). Dieser stützt sich für unsere Gegend auf die Arbeit von Gian Caduff, Die Knabenschaften Graubündens. Eine volkskundlich-kulturhistorische Studie. Chur 1932. Die Untersuchung von Caduff beruht für die Zeit vor 1800 auf sehr fragmentarischem Quellenmaterial und bedient sich einer zweifelhaften Methodik (unkontrollierte, oberflächliche Vergleiche mit «Tiefkulturvölkern»; Vernachlässigung der historischen Wandelbarkeit, namentlich der Einflüsse des modernen Vereinswesens).
[45] Dazu Gaudenz Lütscher-Lendi, vgl. Anm. 42
[46] Berger, Ermordung, S. 24 und Pfister, Briefe, S. 46

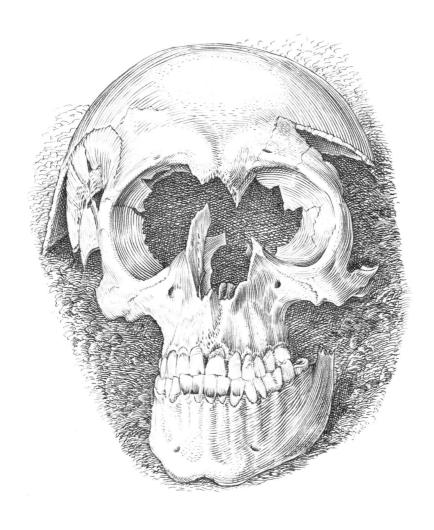

Abbildung 4

Der zertrümmerte Schädel von Jörg Jenatsch
Linksseitig ein schneidender, rechtsseitig ein stumpfer Schlag
(Kupferstich von Toni Nigg, 1959)

teressanter Beitrag publiziert worden, welcher die Fäden von Malans ins «Staubige Hüetli» untersucht; auch er vermag natürlich keine endgültigen Antworten zu geben.[47]

Perspektiven

Der historische Jenatsch verdankt seine moderne Popularität zum grossen Teil dem fiktiven Jenatsch, den Conrad Ferdinand Meyer in seinem erfolgreichen Roman dargestellt hat. Trotzdem – oder gerade deshalb – wird der Dichter bei Alexander Pfister kaum erwähnt. Es ist nun allerdings interessant, dass er die Romanversion an mehreren Stellen voraussetzt, indem er stillschweigend dagegen argumentiert.[48] Gleichzeitig übernimmt er die *Grundkonzeption* der Dichtung, nämlich die Verbindung von Biographie und Epochedarstellung. Bei Meyer wird laut eigener Aussage «der dreissigjährige Krieg in einer einzigen grossen Gestalt verkörpert»;[49] der Untertitel von Pfisters «Georg Jenatsch» heisst «Sein Leben und seine Zeit». Diese Werkstruktur hat im vorliegenden Fall nachteilige Folgen für die historische Deutung. Erstens wird die «Zeit» in verengtem Blickwinkel dargestellt. Zweitens ist die Bedeutung von Jenatsch in dieser Zeit nicht eigentlich Untersuchungsgegenstand, sondern Voraussetzung.[50] Betrachten wir – um mögliche neue Forschungsperspektiven zu gewinnen – zuerst den letzteren Punkt.

Welche Rolle spielte Jenatsch beim Thusner Strafgericht von 1618? In der Biographie von Pfister ist die Jugend des Prädikanten an dieser Stelle bereits geschildert; er kann jetzt «mehr und mehr in den Vordergrund des Kampfes und an die Seite der Aristokratie» treten (S. 60). In Wirklichkeit befand sich der junge Pfarrer damals in sozialer Hinsicht weit *unter* den vornehmen Familien, und sein Anteil am politischen Entscheidungsprozess ist nur schwer abzuschätzen. In der neuen Edition findet man z.B. keinen einzigen Jenatsch-Brief für

47 Robert Donatsch, Ein Brief des Pastetenbäckers Laurenz Fausch, Wirt zum «Staubigen Hüetli» in Chur. In: Bündner Monatsblatt, 1974, S. 153–167
48 Vgl. Franco Pool, Giorgio Jenatsch tra letteratura, leggenda e storia. In: Quaderni Grigionitaliani, Anno 52, N. 1, Gennaio 1983, p. 23. Andere Stellen wären etwa die Frage der persönlichen Beziehung zwischen Jenatsch und Pompejus Planta (Pfister, S. 61) oder die Umbenennung der Meyerschen «Volkspartei von Grüsch» (bei Pfister: «Grüscher Aristokratie», S. 118).
49 Zitiert nach Conrad Ferdinand Meyer, Jürg Jenatsch. Eine Bündnergeschichte. Historischkritische Ausgabe, hsg. von Alfred Zäch. Bern 1958, S. 302.
50 In der «Bündnergeschichte» von Friedrich Pieth hat sich diese Identifizierung von Bündner Wirren mit Jenatsch schon in der Gliederung niedergeschlagen. Er führt die Hauptfigur gleich im ersten Abschnitt durch eine biographische Skizze ein (S. 199). Conradin v. Moor entschied sich in seiner – kurz vor dem Meyer-Roman erschienenen – «Geschichte von Currätien und der Republik gemeiner drei Bünde» noch für einen anderen Weg; bei der ersten Nennung Jenatschs (1618) bezeichnet er ihn als «ausserordentlichen Charakter, wie ihn eben nur ausserordentliche Zeiten zu erzeugen pflegen»; eine vollständige Porträtierung sei aber verfrüht: zuerst müsse man «die Geschichte selbst sprechen lassen» (S. 353).

dieses Jahr. Vielleicht ist die Überlieferungsgeschichte überhaupt typisch für den Lebenslauf: Bis ungefähr 1634 sind die Briefe Jenatschs, vor allem die von ihm allein geschriebenen, ziemlich dünn gesät; nachher steigt ihre Zahl rasant an, um anno 1637 fast so viele zu umfassen wie vorher während zwei Jahrzehnten. Diese fulminante *Karriere* wird in der Biographie angedeutet, aber zu wenig klar herausgearbeitet.

Eine gute Grundlage, um die Karriere eines Söldnerführers im 30jährigen Krieg zu erforschen, wäre die bekannte Studie von *Fritz Redlich* über das deutsche Militärunternehmertum.[51] Darin werden die vielfältigen Mechanismen von Bereicherung und Vermögensbildung im Soldgeschäft des frühen 17. Jahrhunderts ausführlich untersucht. Zum gewöhnlichen Gehalt eines hohen Offiziers (für einen kaiserlichen Oberst ungefähr fl. 500 pro Monat; dazu fl. 150 in seiner Funktion als Kompagnieeigner) kamen gewöhnlich namhafte Geschäftsprofite, die sich hauptsächlich aus der Differenz zwischen vertraglich vereinbarten Zahlungen für Rekrutierung/Sold und dem effektiven Aufwand ergaben.[52] Eine solche buchhalterische Perspektive würde die Karriere Jenatschs zweifellos verständlicher machen (er selber war bekanntlich Experte auf diesem Gebiet). Das Jahrzehnt zwischen 1620 und 1630 erwies sich als besonders günstig für eine steile militärische Laufbahn, weil – wie Redlich im einzelnen darlegt – die Armeen damals sprunghaft wuchsen, und die Berufschancen für Offiziere, auch ihre Gehälter, anstiegen; viele der Führungskräfte waren übrigens sehr jung.[53] Jenatsch erscheint in dieser Sicht als typischer Vertreter einer Generation. Die feudalen Hoffnungen, die er hegte (man denke nur an seine Anträge auf Rhäzüns und das Lehen Megdberg bei Singen), waren ebenfalls eine weitverbreitete Erscheinung. Die ökonomisch erfolgreichen Militärunternehmer jener Periode strebten fast ausnahmslos nach einem höheren Status in der feudalen Ordnung.[54]

Eine genaue Untersuchung der beruflichen Aspekte würde vermutlich auch das Ausserordentliche an der Laufbahn Jenatschs schärfer hervortreten lassen: Aus den nicht-adeligen Schichten brachten es ja nur wenige zum Oberst.[55] Woher nahm ein ziemlich mittelloser Prädikant, dessen Vater seinerzeit eine mit fl. 100 pro Jahr besoldete Stelle angenommen hatte,[56] das Geld für seine ersten militärischen Investitionen? Welche Rolle spielte dabei die Heirat mit einer Haupt-

---

[51] Fritz Redlich, The German Military Enterpriser and his Work Force. A Study in European Economic and Social History, Vol. I. In: Vierteljahresschrift für Sozial- und Wirtschaftsgeschichte, Beiheft Nr. 47, Wiesbaden 1964, S. 143–532 (Part II: The Heyday of Military Enterpreneurship 1600–1650). Er benutzt auch Beispiele und Quellen aus Graubünden (S. 209 f.).
[52] Redlich, chapter VI und VII
[53] Redlich, S. 156 f., 159, 171, 179 f.
[54] Redlich, S. 420–434
[55] Redlich, S. 418 f.
[56] Pfister, S. 25

mannstochter? Wie wichtig war der Umstand, dass er für das Rekrutierungsgeschäft seine Erfahrung als Parteiaktivist einbringen konnte? (Die Mobilisierung von Anhängern, das Fähnlilupfen, hatte zweifelsohne gewisse Gemeinsamkeiten mit der Söldnerwerbung.) War das Ausspielen von verschiedenen Kriegsherren – Habsburg/Spanien und Frankreich – nicht stärker ökonomisch motiviert, als es Pfister in seiner rein politischen Sicht darstellt?[57]

Damit kommen wir zum anderen Punkt. Die Untersuchung von Pfister ist eine detaillierte Chronik der politischen Ereignisse und internationalen Einflüsse im Graubünden des 30jährigen Kriegs. Sie ist kein eigentliches *Zeitgemälde,* sie will die «Zeit» lediglich in bezug auf das «Leben» Jenatschs schildern. Er erkrankte nicht an der Pest, also finden die schrecklichen Epidemien wenig Beachtung. Er war kein Bauer, dem die Ernte vernichtet, das Vieh geraubt wurde und die Kinder im berühmt-berüchtigten «Hungerwinter» 1622/23 wegstarben. Der Verkehrseinbruch, welcher (nach einem beispiellosen Boom vor den Wirren) die Bündner Transitgemeinden hart traf, wird bei Pfister nicht untersucht, das Leben des einfachen Soldaten oder die Einquartierungen und ihre Finanzierung höchstens am Rand erwähnt. Viele dieser Themen wurden in der historischen Literatur bereits behandelt. Vielleicht könnte man sie einmal zusammenfassend betrachten: Gab es in Graubünden wie andernorts eine «Krise des 17. Jahrhunderts»?[58]

An Fragen und Perspektiven fehlt es nicht, auch die Quellenlage ist besser, als man gemeinhin annimmt. Wenn eine Biographie wie diejenige von Alexander Pfister über Jörg Jenatsch die Geschichte der Bündner Wirren nicht «abschliessend» behandelt, sondern Interesse daran erweckt, hat sie bestimmt einen wichtigen Zweck erfüllt.

---

[57] Die Bedeutung der französischen Soldrückstände für die Offiziersrevolte und die Vertreibung der Rohanschen Armee wird bei Conradin v. Moor stärker betont (Geschichte von Currätien und der Republik «gemeiner drei Bünde», 3. Band. Chur 1874, S. 909 ff.). Redlich stellt sie in einen weiteren Rahmen (S. 371, vgl. auch 265 f., 504 f.).

[58] Vgl. vor allem Eric J. Hobsbawm, The Crisis of the Seventeenth Century. In: Crisis in Europe 1560–1660, hsg. von Trevor Aston. London 1965. Er sieht zwar in der Schweiz eine prosperierende Ausnahme (S. 7, 9), und auch Martin Körner stellt keine generellen Krisenerscheinungen fest (Glaubensspaltung und Wirtschaftssolidarität 1515–1648. In: Geschichte der Schweiz – und der Schweizer, Band II. Basel und Frankfurt 1983, S. 21); aber in Graubünden standen die Dinge vermutlich anders als in der Eidgenossenschaft.

Literatur

Berger Mathis	Die Ermordung Jörg Jenatschs. In: Bündner Jahrbuch 1960, S. 27–37
Berger Mathis	Die Ermordung Jenatschs, auch in Haldensteiner Sicht. In: Neue Bündner Zeitung, 84. Jg., Nr. 179 und 180, 28. und 29. Juli 1960
Berger Mathis	Wer hat Jenatsch ermordet? Separatdruck aus Bündner Monatsblatt, 1960 (zit.: Berger, Ermordung)
Berger Mathis	Ermordung «Gesslers» durch den jugendlichen Bürgler «Tell». Ein Vergleich mit der Ermordung Jenatschs durch jugendliche Haldensteiner. In: Bündner Monatsblatt, 1964, S. 265–282
Bühler Stefan	Georg Jenatsch-Grabfunde. In: Neue Bündner Zeitung, 23. und 29. Juni 1972
Caduff Gian	Die Knabenschaften Graubündens. Eine volkskundlich-kulturhistorische Studie. Chur 1932
Donatsch Robert	Ein Brief des Pastetenbäckers Laurenz Fausch, Wirt zum «Staubigen Hüetli» in Chur. In: Bündner Monatsblatt, 1974, S. 153–167
Ferdmann Jules	Jenatsch-Häuser in Davos. In: Davoser Revue, 29. Jg., Nr. 7/8, 1954, S. 138–141
Ferdmann Jules	Jörg Jenatsch und das «Schlössli» auf der Oberwies in Davos. In: Davoser Revue, 29. Jg., Nr. 9, 1954, S. 175–178
Haas Leonhard	Georg Jenatsch. Gedanken und Bemerkungen zur neuen Biographie aus der Feder von Alexander Pfister. In: Schweizerische Zeitschrift für Geschichte, 2. Jg., 1952, S. 251–258
Haffter Ernst	Georg Jenatsch. Ein Beitrag zur Geschichte der Bündner Wirren. Davos 1894 (zit: Haffter)
Haffter Ernst	Georg Jenatsch. Urkundenbuch, enthaltend Exkurse und Beilagen. Chur 1895 (zit: Haffter, Urkundenbuch)
Hobsbawm Eric J.	The Crisis of the Seventeenth Century. In: Crisis in Europe 1560–1660, hsg. von Trevor Aston. London 1965, S. 5–58
Körner Martin	Glaubensspaltung und Wirtschaftssolidarität (1515–1648). In: Geschichte der Schweiz – und der Schweizer, Band II. Basel und Frankfurt 1983, S. 7–96
Künzli Nino	Georg Jenatsch in Davos. In: Davoser Revue, 50. Jg., Nr. 3, 1975, S. 155–160
Laely Andreas	Aus Zeit und Streit. In: Davoser Heimatkunde. Beiträge zur Geschichte der Landschaft Davos, Band I. Davos 1952, S. 186–268 (zit: Laely, Beiträge)
Lütscher-Lendi Gaudenz	Jenatschs Ermordung in Haldensteiner Sicht. In: Neue Bündner Zeitung, 84. Jg., Nr. 170, 171, 173, 18., 19. und 21. Juli 1960
Meyer Conrad Ferdinand	Jürg Jenatsch. Eine Bündnergeschichte. Historisch-kritische Ausgabe, hsg. von Alfred Zäch. Bern 1958
Mohler Hans	Auszug des verlorenen Sohnes (Ein Kapitel aus einem entstehenden Jenatsch-Roman). In: Davoser Revue, 29. Jg., Nr. 9, 1954, S. 168–175
Mohler Hans	Der Kampf mit dem Drachen. Ein Jenatsch-Roman. Zürich 1960
Mohler Hans	Georg Jenatsch 1596–1639. In: Bedeutende Bündner aus fünf Jahrhunderten, Band I. Chur 1970, S. 181–199

Moor Conradin von	Geschichte von Currätien und der Republik «gemeiner drei Bünde» (Graubünden), 2. und 3. Band. Chur 1871 und 1874
Pfister Alexander	Georg Jenatsch. Sein Leben und seine Zeit. Dritte, neubearbeitete und erweiterte Auflage, Basel 1951 (zit: Pfister)
Pfister Alexander	Jörg Jenatsch. Briefe 1614–1639. Hsg. von der Jörg-Jenatsch-Stiftung. Chur 1983 (zit: Pfister, Briefe)
Pieth Friedrich	Bündnergeschichte. Chur 1945
Poeschel Erwin	Die Kunstdenkmäler des Kantons Graubünden, Band III. Basel 1937
Pool Franco	Giorgio Jenatsch tra letteratura, leggenda e storia. In: Quaderni Grigionitaliani, Anno 52, N. 1, Gennaio 1983, p. 1–23
Redlich Fritz	The German Military Enterpriser and his Work Force. A Study in European Economic and Social History, Vol I. In: Vierteljahresschrift für Sozial- und Wirtschaftsgeschichte, Beiheft Nr. 47. Wiesbaden 1964 (zit: Redlich)
Schneider-Zollinger Ernst	Katzensteig. Bischofszell 1953
Spadini Siffredo	Das Grab des Jürg Jenatsch. Ergebnisse der wissenschaftlichen Untersuchung des Fundes. In: Der freie Rätier, 92. Jg., Nr. 302, 24. Dezember 1959
Sprecher Anton von	Stammbaum der Familie Buol. Chur 1940
Sprecher Anton von	Stammbaum der Familie Jenatsch. Chur 1941
Staubli Raymund	Das Grab von Jörg Jenatsch in der Kathedrale von Chur. In: Bündner Tagblatt, 108. Jg., Nr. 4 und 5, 6. und 7. Januar 1960
V.	Das Grab des Georg Jenatsch. Ein Vortragsabend mit Dr. Eric Hug im Historischen Verein. In: St. Galler Tagblatt, 16. Dezember 1972
Wackernagel Hans Georg	Altes Volkstum in der Schweiz. Gesammelte Schriften zur historischen Volkskunde. Basel 1956
Winkler Jean J.	Jörg Jenatsch und der erste Verlust des Veltlins. Zürich 1965

Register

512

Feria, Gomez Suarez de Figueroa y Cordova, Gubernator von Mailand 76f., 92ff., 97, 105f., 114, 127, 137, 141, 243ff., 246ff.
Fidelis von Sigmaringen, Kapuziner 133
Fideris, Bad 185
Finer Michael, Bürgermeister 322, 333
Florin de
- Christian, Landrichter 379
- Johann Simeon, Landrichter, Oberst 84f., 112f., 121, 135, 157, 201, 257, 290, 301, 343, 356, 358, 443, 446
- Paul, Hauptmann 443
Flugi v.,
- Johannes V., Bischof 46, 66, 132f.
- Johannes VI., Dompropst, Bischof 245, 257f., 270f., 275, 277f., 333, 336f., 354f. 361, 380
Frankreich 36, 43, 147
- Abzug der franz. Truppen (1637) 335ff., 365, 502
- Angriffsplan auf Chur 344f.
- Besetzung Bündens (1631, 1633–1636), 218ff., 228, 244ff., 250ff., 254ff., 270, 315
- Bündner Truppen in franz. Diensten 252, 284, 311, 322, 418, 428
- Entlassung der franz. Truppen (1632) 234ff.
- Feldzug ins Veltlin (1635) 284ff.
- Feldzug nach Italien (1635/36) 297, 314, 350
- Gesandte in Bünden s. Bassompierre, Coeuvres, Du Landé, Gueffier, Lasnier, Mesmin, Montholon, Paschal, Rohan
- Gesandtschaften nach 87, 235f.
- Kapitulation (1637) 335ff.
- Pensionen 188
- Pläne einer erneuten Besetzung Bündens (1637) 366ff.
- Rolle bei Jenatschs Ermordung 406, 416
- Verhältnis zu den Drei Bünden 36f., 155ff., 219f., 238, 311, 317, 321ff., 365f., 373ff., 377, 385ff., 416ff., 422, 428f., 464
- Vertreibung der franz. Truppen 272, 287, 309, 325, 328ff., 335ff., 365, 464
Frey Cecilio, Astrolog 192
Frisch Caspar, Hauptmann 291, 426
Ftan 168, 228, 257, 270, 292
Fuentes, Festung 44, 71, 340f., 388
Fürstenau 49, 61

Gabriel
- Lucius, Prädikant 20, 100f., 387, 423
- Stephan, Prädikant 20, 30, 45, 64, 68, 70, 78, 86, 100f., 276, 279, 292f., 295f., 310, 322, 361f., 375f., 387, 410, 437, 467ff., 484, 502
Galizius Philipp, Prädikant 21f.,
Gallas, österr. General 199
Gallunus Andreas, Prädikant 100f., 293, 467
Gambarella Francesco, Offizier 115
Gamser Georg, Bürgermeister 82
Gansner Christian, Wachtmeister 158, 161, 193
Gatti Claudio 88
Gaudenzio
- Bernardino, Domkustos 358, 360, 480
- Paganino, Prädikant 142, 449, 453
Germersheim 128
Geschichtsschreibung 10ff., 506
Giacinto da Preseglio, Kapuziner 171, 260
Gioieri Johann Anton, Podestà 51, 58, 65f., 70, 72, 75ff., 87, 90, 92f., 97, 103ff., 111, 114f.
Girolamo da Lecce, Kapuziner 382
Glarus 98, 335
Glurnser Vertrag (1534) 320
Gotteshausbund 251
Graubünden s. Drei Bünde
Grauer Bund 59, 93, 105f., 123, 159
- Abkommen mit Mailand 106, 109, 114
- Abordnung nach Mailand 105
- Venezianische Partei 69, 113
Gregor XV., Papst 93, 133, 147
Gritti Johann Luzius, Humanist 23
Grosotto, Festung 340
Guarda 168, 171
Gueffier, franz. Gesandter 48ff., 59, 66, 70, 86, 92, 96, 103ff., 121, 133, 137
Gugelberg Gregor, Bundspräsident 116
Guicciardi Giovanni, Hauptmann 94, 96
Guler
- Johannes, Oberst, Chronist 11, 43, 47, 52, 94, 97ff., 188f., 194f., 251, 262, 297, 301
- Johann Peter, Oberst 97, 108, 110, 116, 122f., 134, 153f., 156, 159, 165, 262, 279, 290, 297, 305, 341, 346, 354, 356, 358f., 364ff., 383, 385ff., 391f., 401ff., 411ff., 417ff., 422ff.
- Margareta, geb. Hartmannis 486
Gulfin
- Bartholomäus 112

516

- Fabius, Gesandter 78, 92, 105
- Johann Baptista sen., «Zambra», Wirt 43, 63, 69 ff., 407
- Johann Baptista jun., «Zambra» 401, 404, 407, 411 f., 419 f., 504
Prioleau Benjamin, Sekretär Rohans 339 f., 342 f., 345 f., 416 ff.
Pult Andreas 112

Quadrio Prospero, veltlin. Gesandter 94

Rahn Johann Jakob, Oberst 356, 365, 383, 385, 388
Ramo Jacob, Prior von St. Nicolai 480
Ramosch 168, 171, 257 ff., 289, 292, 463
Rampa Giacomo, Prädikant 141 f.
Raschèr Jodocus 173, 181
Regensburg
- Kurfürstentag (1630) 202, 212
- Vertrag (13. 10. 1630) 213
Reichenau, Brücken 316
Reitnau NN., Offizier 115, 134
Rhäzüns
- Aspirationen Jenatschs 326 f., 500, 507
- Schloss 113
Rhea à Porta
- N., Vicari 68, 80
- Ulrich, Vicari 426
Rheinschanze 220, 251, 256, 283, 285, 329, 332, 334 f., 346, 356, 358, 360, 370 ff., 375, 385, 388, 391, 422 f., 474
Richelieu Armand-Jean Du Plessis, Duc de, 146, 154, 173, 175 ff., 200 ff.
Rieder Gallus, Hauptmann 108 ff., 112, 114 ff., 123, 125 f., 129
Riva di Mezzola 219 f., 340, 356
Robustelli Giacomo, Ritter 67, 76, 94, 96, 105, 115, 141, 464
Rohan Henri, Duc de, Staatsmann, General 283, 425, 461, 482
- Abreise und Rückkehr (1633) 239 f.
- Abreise (1637) 346 f.
- Aufenthalt in Zürich (1638) 371, 373
- Clävner Vertrag (1636) 300 ff., 474
- Denkschriften (1634, 1635) 255, 296
- Feldzug nach Italien 297 ff., 310, 314
- Feldzug ins Veltlin (1635) 284 ff., 297 ff.
- im Dienst Bernhards v. Weimar 374
- in Genf (1637) 349
- Kapitulation und Abzugsverhandlungen (1637) 335 ff.
- Krankheit (1636) 316, 319
- Oberbefehlshaber in Bünden 216, 219 ff., 224, 226 ff., 244 ff., 250 ff.,

268 f., 273, 459
- Reise nach Paris (1634) 254 f.
- Tod (1638) 374
- Venezianische Pension 349
- Verhältnis zu den Bündnern 346 ff.
- Verhältnis zu den Kapuzinern 463
- Vermittler in der Eidgenossenschaft 231, 248
Rom, Vertrag (1624) 175, 177
Rosenroll Christoph, Oberst 110, 165, 185, 356, 415, 428
- Peter, Hauptmann 302, 312, 340, 345, 387 f., 423
- Familie 54
Romanische Sprache 133
Rueun 126, 135
Ruinelli Jakob, Oberst 50, 52, 54, 80 f., 88, 94, 108, 110, 114, 118 f., 126, 138, 156, 158, 162 ff., 184 f., 191 f., 442
Rusca Nikolaus, Erzpriester 58, 63, 66, 68 ff., 441

Sacco s.a. Sax
- Johann Peter, Werber 193
- Raphael, Werber 193
Saint-Jean de Maurienne, Vertrag (1630) 202
Saint-Simon, Isaac de Rouvroi, Sieur de, Kommandant der Rheinfeste 296, 335 f., 339, 345, 467
Salis
- Abundi, Soglio 108 f.
- Baptista, Soglio, Oberst 32 ff., 43, 45, 52, 85, 95, 125, 140, 191, 195, 435
- Baptista, Soglio 32
- Carl, Soglio 57, 95, 338, 354, 356, 365, 401, 408, 416, 426, 428 f.
- Friedrich, Samedan, franz. Almosenier 48, 56, 437 f.
- Gubert, Soglio, Podestà 144
- Gubert, Maienfeld, Bundslandammann 428
- Hercules, Soglio/Grüsch, Podestà, Gesandter 11, 43 ff., 50, 54, 56 ff., 60 ff., 72, 89, 98, 437
- Johannes, Soglio, Hauptmann 32
- Johann Baptista, Samedan, Vicari 43, 45, 66 ff.
- Johann Jacob, Soglio 57
- Rudolf, Soglio, Dreibündegeneral 45, 122 f., 126, 134 ff., 149, 156, 159 f., 163, 165
- Rudolf, Zizers, Feldmarschall 337, 344

519

522

Korrekturen zum Text der 3. Auflage

Seite	Zeile	
S. 20	Z. 20:	lies «Jachiam» statt «Gian»
S. 29	Z. 17:	lies «des Lateins» statt «des Latein»
S. 29	Z. 25:	lies «wurde» statt «wurden»
S. 37	Z. 30:	lies «Kaiserthron» statt «Kaisertron»
S. 72	Z. 36:	lies «Lugnez» statt «Lungnez» (alte, heute nicht mehr gebräuchliche Form)
S. 92	Z. 12:	lies «Ludwigs XIII.» statt «Ludwig XIII.»
S. 93	Z. 29	vgl. S. 72, Zeile 36
S. 113	Z. 16:	lies «Schams» statt «Schans»
S. 114	Z. 31:	vgl. S. 72, Zeile 36
S. 135	Z. 21:	vgl. S. 72, Zeile 36
S. 135	Z. 28:	vgl. S. 72, Zeile 36
S. 138	Z. 2:	lies «Zürich» statt «Züricht»
S. 141	Z. 14:	vgl. S. 72, Zeile 36
S. 201	Z. 7:	lies «Amtsantritt» statt «Amtsantratt»
S. 212	Z. 25:	lies «Geissel» statt «Geisel»
S. 388	Z. 31:	lies «J. J.» statt «I. I.»
S. 405	Z. 21:	lies «unterhalten» statt «unterhalte»
S. 434	Z. 10:	lies «Israel» statt «Isreal»
S. 460	Z. 41:	lies «26. Dez. 1632» statt «26. Sept. 1632»
S. 479	Z. 25:	lies «1637» statt «1639»
S. 482	Z. 3:	lies «Häupter» statt «Jenatsch»
S. 483	Z. 42:	lies «29. August 1638» statt «19. August 1638»
S. 484	Anm. 50:	lies neu «A. P. vol. 343, fol. 166, 171, 179, 265; Jenatsch an Podestà Antonio Lossio, 9. Mai 1638.»
S. 485	Z. 32:	«und Mitte Jan.» fällt weg